러시아 소비에트 문화와 문화정책

조병옥 지음

신아사

발렌틴 알렉산드로비치 세로프, 〈세르게이 파블로비치 디아길레프〉(1872–1929)』
디아길레프는 러시아의 문화, 예술 전분야에 영향을 끼침

일리야 예피모비치 레핀, 〈맨발의 톨스토이〉

알렉산드르 이사예비치 솔제니친

도스토예프스키

말레비치, 〈모나리자〉

Russia

Union of Soviet Socialist Republics

Союз Советских Социалистических Республик

말레비치, 〈추수〉

Russia

Union of Soviet Socialist Republic

Союз Советских Социалистических Республи

알렉산드르 게라시모프, 〈연단 위의 레닌〉(1930년)

Russia

Union of Soviet Socialist Republics

Союз Советских Социалистических Республик

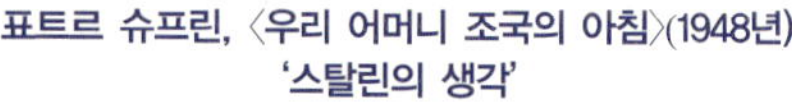

표트르 슈프린, 〈우리 어머니 조국의 아침〉(1948년)
'스탈린의 생각'

미하일 고르바초프 전 소련 대통령이 2012년 6월
영국 런던 외곽의 자선경매행사장에서 노래를 부르고 있다.

Russia
Union of Soviet Socialist Republics
Союз Советских Социалистических Республик

후르시초프 안드로포프

Russia

Union of Soviet Socialist Republics

Союз Советских Социалистических Республик

러시아인과 한인들의 애환과 역사가 깃든 아무르강

Russia

Union of Soviet Socialist Republics

Союз Советских Социалистических Республик

17세기 모스크바의 교회들

성모상에 대한 아이콘이 가장 많고 다양한 러시아

스푸트니크

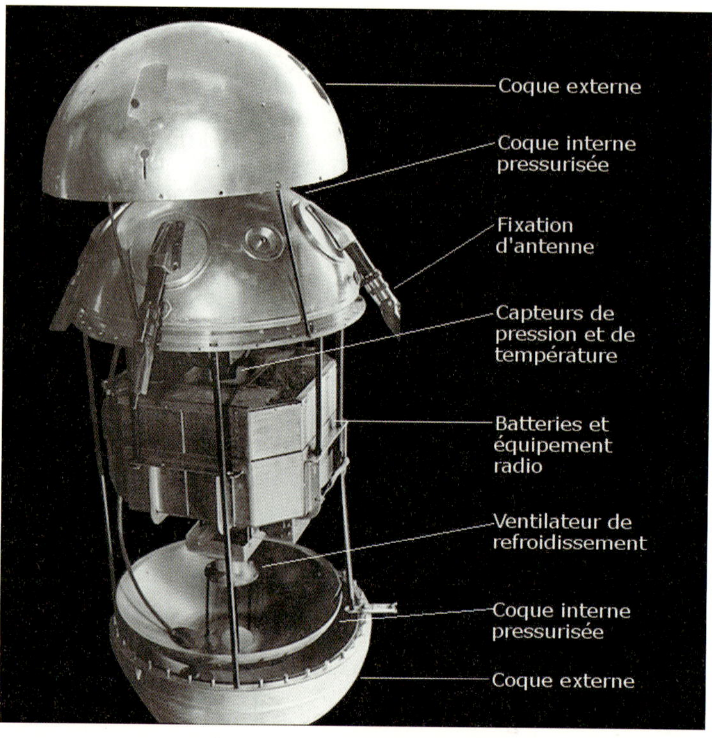

1957년 발사한 소련의 최초 우주선, 스푸트니크

소련의 첫 여성 우주조종사 발렌티나 테레시코바

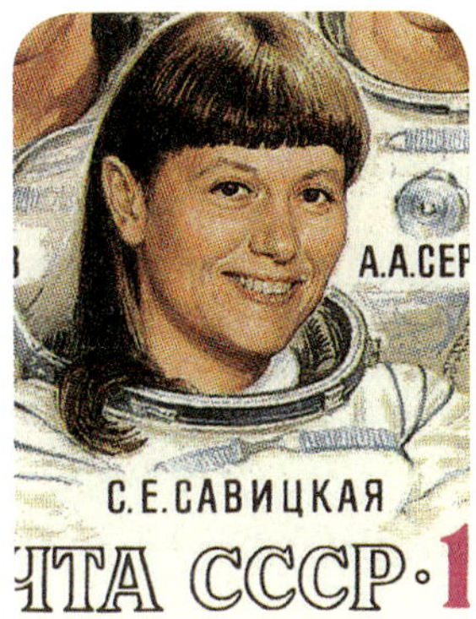

S. 사비스카야

2008년 한국의 이소연 박사
러시아 우주비행사와 함께 우주여행

서언

필자는 처음 외국인을 본 것이 러시아 사람이었다. 해방 후 북한에 주둔한 외국군대가 소련군대였기 때문이다. 그리고 외국말을 처음 몇 마디 배운 것도 러시아 말이었다. 고등학교 시절 필자의 독서의 범위 중 러시아 문학이 많이 차지하였다. 국내에 소개된 외국 문학 중 러시아 문학이 비교적 다른 외국 문학보다 많이 번역되었기 때문일 것이다. 프랑스 유학 시절에는 러시아 영화에 탐닉할 수 있었다. 그리고 소련이 철의 장막이라는 이미지 때문에 러시아에 대한 호기심과 흥미를 가질 수밖에 없었다. 나의 전공이 영화와 많은 관계를 가지고 있는 관계로 새로운 형식의 영화가 소련 영화감독들에 의해서 시작된 것을 알게 되면서 의식적으로 러시아 예술을 알아가려고 했다.

예술 애호가들에 의한 예술운동이 예술가들을 탄생하게 하고 예술이 러시아 국민의 의식 속에 흐르게 되었다는 사실은 러시아에 대한 흥미를 더욱 자극했다. 크고 작은 예술운동에 미술 역시 위대한 미술가들이 러시아에서 많이 탄생했고 소련시대지만 혁명의 초창기 새로운 미술이 창출되는가 하면, 특히 캔버스를 버리고 일반대중과 가까이 하고자 하는 미술 운동이 거리로 나와 공간미술, 설치미술을 만들어낸 위대한 작품이 소련에서 등장했다는 사실도 필자의 흥미를 더해 갔다.

80년대에는 비교적 소련에 관한 기사나 책들이 국내에서 금지되지 않아 러시아에 관한 기사를 많이 접할 수 있었다. 의식적으로 러시아에 대한 자료를 오랫동안 스크랩 해 놓았다. 서적, 신문, 잡지 등에서 수집했다. 90년대 소련의 개방시기를 맞아서는 여행을 할 수 있는 기회가 여러 번 있어 제정러시아시대부터 소비에트 러시아시대에 이루어 놓은 많은 문화와 그리고 예술들은 겉으로나마 나의 호기심을 달래 주는 기회를 가졌다.

나는 공산주의에 의한 전쟁을 겪었고 우리 가족이나 나라가 겪은 참상을 잘 안다. 그리고 정치적으로 70년간의 소련 공산주의 통치가 러시아인들은 물론 그들이 침략하여 공산화한 국가들의 국민의 고통도 잘 안다. 소련은 개방으로 변화하고 있다. 그러나 북한은 공산주의국가로 남아 있다. 북한의 1인 독재는 창건부터 지금까지 소련의 모사(模寫)판이다. 정치도 사회도 농경정책도 모사판이라는 것을 소련 자료를 다시 읽으면서 재확인했다. 공산주의 실상은 많은 영상물이나 출판물로 나와 있다. 판단을 돕는 매체물도 많이 나와 있다.

젊은이들은 과거와 미래 사이에 놓여 있다. 그들은 과거를 잊으려고 하고 있고 용서하려고 하는 좋은 특징을 갖고 있기도 하다. 그러나 우리나라가 공산화되어서는 안된다고 말하고 싶다. 나는 6.25전쟁의 아픔을 그림으로 그려서 전시한 일도 있다. 솔제니친은 공산주의 이데올로기를 피해야만 인류의 희망이 있다고 경고하고 있다. 고르바초프가 한국 국회에서 한 연설은 우리 인류가 모두 바라고 있는 희망의 말이다. 왜 고르바초프가 이런 말을 하게 된지를 우리는 깊이 새겨야할 것이라고 생각한다.

러시아는 70년간의 소련 공산주의를 끝냈다. 이 집필은 70년간의 공산주의 통치하의 소비에트와 제정러시아시대의 예술과 문화 그리고 정치, 사회를 일견한 것이다. 필자는 러시아 전문 학자가 아니다. 관심사에서 모아왔던 러시아에 대한 자료를 선별해서 장(章)으로 나누어 엮은 것이다. 내용 중에서 몇 장(章)만 필자의 고유한 내용이며 그리고 더러는 필자의 식견을 섞어 집필한 것이다. 대부분은 오래 전에 러시아 전문가들이 지상에 발표했던 것이다. 그것들을 일목요연하게 한 권으로 엮어 놓는 것도 필요로 하는 사람에게 유익한 교과서적 지식이 될 것이라고 생각한다. 이미 발간된 다른 저자의 러시아사에서도 러시아의 중요한 사건을 다룬 것이 있다. 그러나 이 책이 다르다면 같은 사건이라도 집중적으로 광범위하게 다룬 것이다.

어느 대학 총장은 우리 삶에 대한 의무는 "릴레이식 삶이 되어야 한다. 알려야 할 것 그리고 아는 것을 차세대에 전달해 주어야 한다."고 말하는 것에 동감하고 있다. 러시아 외교가 재개되면서부터 국내에 러시아에 관한 책이 전문가에 의해서 출판된 것들이 꽤 있다. 이 책의 정치, 사회의 내용은 한 사람의 러시아 전문가에 의한 연구가 아니다. 각기 다른 전문가에 의한 연구이며 공산주의를 직접 체험한 사람들의 증언들을 엮은 것이다. 다시 말하지만 집필에 대한 목적은 소련의 공산주의 70년 사만을 알고자하는 것이 아니다. 러시아의 위대한 문화와 예술을 알고 공산주의국가에 대한 식견을 갖는 것에 도움을 주려는데 있다.

우리는 지금 탈이데올로기의 시대에 산다고 하고 있다. 그리고 평화를 위해 스스로가 이데올로기에서 벗어나야 한다고 평화주의자들은 외치고 있다. 마르크스주의 위험을 지적하기도 했던 프랑스의 사회철학자 레이몽 아롱은 "공산주의는 평화라는 슬로건을 독점하고 이데올로기를 쟁취하기 위해 호전적이다."라고 말하고 있다. 여전히 주의가 다른 국가들은 블록이나 세력 팽창을 위해 경쟁하고 있다. 나는 70년대 초 프랑스 유학 시절 부장송에 있는 '리쁘'라는 시계공장에 연수를 하러온 북한사람들을 만나서 이야기할 기회가 있었다. 그들은 만나자 통일을 원하느냐고 묻고 있었다. 그렇다고 하니 이상하다는 듯이 되묻고 있었다. "그런데 평화통일을 해야 하는데 남조선에는 남의 나라 사람들이 있어서..."

이와 같이 그들은 하나같이 오랫동안 세뇌(洗腦)된 사상이 그들의 의식구조임을 알 수 있었다. 평화는 지고의 가치이고 삶의 행복의 조건이다. 그 평화야말로 탈이데올로기에서 생산되는 것이라야 한다. 나의 작업은 평화를 찾는 길을 위해 인간이 당한 고통의 역사를 낳게 했던 연원의 땅에서 무엇이 일어났던가를 알아보는 작업이다.

반체제작가 만델슈탐의 부인, 나제지다는 엘리자벳(영국 BBC 모스크바 특파원의 부인)과의 인터뷰에서(1960년대)용기 있는 젊은 사람들이 등장한다면 소련의 사태가 좋아지지 않겠느냐는 질문을 한다. 이에 나제지다는 젊은이들이 등장해도 그들은 레닌과 테러를 믿기 때문에 여전히 스탈린주의자가 될 것이라고 한다. 이유는 그들은 스탈린주의 영향을 모르고 있기 때문이라고 답한다. 인터뷰를 끝내면서 하고 싶은 말은 없느냐고 묻는다. 나제지다는 말을 하더라도 노파의 지껄임이라고 할 것을 염려해서 사양한다.

이 책은 시중에 나와 있는 러시아에 대한 출판물을 조사하고 차이를 두어 집필한 것이다. 혹자는 러시아 문화와 예술 이외에 소련에 대한 지나간 정치, 사회의 일면을 진부하다고 평할지 모른다. 필자는 이런 점도 깊이 생각한 끝에 작업을 시작했다. 개인의 판단이 진부하다고 하더라도 이 집필은 러시아의 예술과 문화, 정치, 사회에 있어서 엄연한 역사적 사실을 말하고 있는 것이다. 끝으로 이 책을 쓰기 위해 수집했던 참고물들을 제대로 밝히지 못하게 되어 수록하지 못하게 됨을 알리는 바이다.

2013년

저자 조병옥

목차

제1부 문화 · 예술

제2부 정치 · 경제 · 사회

제1부
문화 · 예술

- 러시아 문화와 예술
- 러시아 예술의 생성과정
- 러시아 영화발전과 외국영화인들의 러시아에서의 영화 활동
- 러시아의 고전 발레, 뒤늦게 발전, 세계의 표본 역할
- 영원히 빛나는 러시아 문학작가들의 작품
- 러시아 오페라
- 소비에트의 예술 정책 : 예술에 있어서 사회주의적 생산정책
- 러시아 문화의 형성 : 다민족 문화와 이념적 문화 형성
- 러시아어의 기원과 형성

제1장
러시아 문화와 예술

러시아 문화의 기저 : 러시아 정교의 영향

러시아 문화는 여러 종류의 다양한 문화에서 영향을 받으며 형성되었다. 가장 큰 영향을 받았던 것은 종교였다. 러시아인들은 예부터 오늘에 이르기까지 아름다움을 집약시켜왔다. 아름다움이 세상을 구원할 수 있다는 도스토예프스키의 사상도 오랫동안 기초된 민족의 사상에서 유래된 것으로 보고 있다. 음악, 미술, 문학 등을 통해 아름다움이란 과연 무엇인가에 대한 의문을 제기하며 느끼고자 끊임없이 노력해 왔다. 따라서 아름다움이야말로 감동을 일으키는 원천이 되었고 그것을 느끼지 못하는 인간은 죽은 고기 덩어리와 같다고 여겼던 것이다. 여기서 러시아인의 신앙이 싹트게 되었으며 나아가서 하나의 종교로서 자리를 잡게 된다.

10세기 말 키에프 러시아가 성립되었고 블라디미르 대공이 정권을 잡았던 시기에 동방으로부터 그리스 정교회의 신앙인들이 들어왔다. 그리스 정교는 누구보다도 키에프 사회의 상류층의 관심을 받았다. 그 이유는 그리스 종교회의 선교사들이 키에프 상류층과 먼저 접촉을 했으며 그리스 정교회 특유의 화려하고 장엄한 의식 때문이었다. 그 의식은 사람의 마음을 저절로 엄숙하게 하고 아름답게 했던 것이다. 이러한 상류층의 관심은 러시아 전역에 확대되거나 예수의 모습이 담겨진 그림이나 조각들을 무조건 사들이기도 했다. 그럼으로 당시 화가들도 이러한 영향을 받아 종교적 색채가 짙은 그림이나 판화 등을 갑자기 제작했다. 러시아는 서유럽과는 달리 성서 해석에 대해 융통성 있는 태도를 가졌다.

비잔티움으로부터 갖가지 요소들이 들어오긴 했지만 독창적으로 해석해 기독교를 표현하게 되었다. 비잔티움에서는 예수의 신적인 성경을 중시했지만 러시아는 예수가 행한 사랑을 중시했다. 그래서 구원에 이르는 일이 사랑, 정직, 자선 등을 행하는 데서 열려진다고 생각했다. 러시아 최초의 수도원장인 데오도시우스가 행한 활동을 보더라도 신의 사랑과 같은 인간의 행동을 숭배하고 있음을 알 수 있다. 그는 부유한 가정의 출신으로 교육을 받았으나 청년 시절부터 다 떨어진 옷을 입고 다니며 서민의 생활을 체험했다. 그는 전 생애를 남을 돕는 일을 하며 보냈다. 당시 러시아의 일부 계층은 악령이 존재한다고 생각했다. 그러나 기독교로 개종하는 그 자체를 악령은 싫어한다고 생각하고 악령을 쫓기 위해 많은 노력을 했다. 또한 예수와 악령을 번갈아 믿는 사람들도 있었다. 대개 이런 신도들은 기독교를 가장 늦게 받아들인 농민들이었다. 그들은 겸양이니, 청빈이니 하는 것을 쉽게 이해할 수 없었다. 뿐만 아니라 과거부터 그들이 섬긴 신이 그들의 생활과 직접적으로 관련된 자연신이였기 때문에 쉽게 종교를 바꿀 수 없었다. 그러나 그 당시 기독교의 세력이 강한 원인도 작용했으나 그와 함께 국가 정책적인 영향도 크게 적용해 많은 농민들이 결국 기독교로 개종하게 된다.

러시아 기독교는 몽고족의 지배로 잠시 중단될 수밖에 없었다. 몽고가 러시아와 비잔티움의 관계를 차단시킴으로써 비잔티움의 영향을 받고 있던 러시아는 자연스럽게 약화되어 갔다. 그러나 그러한 상황 속에서도 국민의 믿음을 유지시켜준 것이 있었다. 그것은 바로 수도원이었다. 고독과 평온 속에서 신앙인의 겸손한 자세를 보여준 수도자들이 모스크바의 북쪽과 동쪽 황야에 수도원을 짓고 정착해 있는 주변에 차츰 많은 사람들이 모여든다.

따라서 수도원은 활동 범위를 더욱 넓혀간다. 그들은 멀리 떨어져 있는 산림지대까지도 전도사를 보낸다. 1340년부터 1500년까지 약 150년 동안 북방의 변경지대에는 300여 개가 넘는 수도집단이 생겨난다. 이들이 모여 종교 중심지를 형성하고 러시아의 종교 문화를 보존하게 된다. 이 시기에 수도자 중 대표적인 사람은 라도네츠 세르기우스인데 그는 모스크바에서 얼마 떨어지지 않은 북쪽 황야에 성 삼위일체 수도원을 세우고 러시아인과 모스크바를 보호한다는 목적으로 포교활동을 한다.

"신과 인간과 대화"라는 신비로운 경험으로 그가 정신세계에 미친 영향은 매우 컸으며 후에 러시아 최초의 성인으로 불리게 된다. 그는 일반인과 많이 접촉하고 자연스럽게 모스크바의 여러 세속적인 것에 깊이 관여하게 된다. 클라코보 들판에서 타타르족(몽고족)전쟁을 할 때 그는 러시아 군대를 위해 승리의 기도를 드렸고 작전 계획도 조언했다. 그가 종교인으로 세속적인 것에 관여함으로써 정치 사회의 업적이 세상에 알려졌다. 러시아의 수도원의 성격도 두 가지로 구분되었다.

짜르와 종교 관계

수도원은 정부가 세속 생활에 직접 관여하는 모든 정책을 지지하고 지원해 주는 것과 다른 하나는 모든 세속적인 것에 관여하지 않고 오직 정신적인 수도사의 길을 걸어가는 것으로 구분된다. 서로 상반되는 형태로 인해 러시아인들은 서로 긴장된 줄다리기를 했다. 그러나 황제가 교회와 국가에 대한 모든 권한을 갖는 황제 교황주의 경향이 강해지면서 이와 같은 줄다리기는 곧 무너졌다.

황제는 부주교를 자기 마음대로 뽑았으며 파면하기도 했다(주교는 비잔티움에 속해 있었음). 누구도 황제의 권한을 침해할 수는 없었다. 따라서 교회의 지배층은 짜르(황제)에게 복종하지 않으면 안되었다. 오히려 황제의 보호를 요청하기도 했다. 이에 대해 짜르는 교회를 카톨릭과 이단으로부터 지켜주는가 하면 수도원이 소유한 땅의 안전까지 지켜주었다. 이러한 혜택을 많이 받은 성직자는 보롤크람 수도원장인 요셉이었으나 교회의 세속적, 사회적, 국가적 역할을 옹호하는 인물이었다. 종교의 예배나 기도 같은 외면적인 복종을 좋아했다. 이단자에 대해서는 그는 냉정한 태도를 취했고 그의 뜻을 어기는 자는 국가의 힘을 빌려 처벌했다. 반면 요셉과는 달리 신비주의 겸손, 정신적인 수도 등을 중시한 닐루스 소르스키는 포용과 설득, 기도만이 필요하다고 역설함으로써 짜르는 정신적인 수도사의 문제와는 아무런 권한도 없다고 주장했다. 그는 그 당시 많은 시련을 겪으며 국경 주변에 있는 많은 신도들을 정신적으로 이끌어 가는 데 전력을 다했다.

그리하여 16세기 러시아 정교회는 닐루스파와 요셉파가 공존하게 되었고 2세대에 걸쳐 대립을 계속했다. 그것은 가난 속에서도 복음을 전하는 변경지대의 종교와 풍요롭고 화려한 도시종교의 대립이었다. 그러나 이반 4세초에 요셉파가 승리함으로써 황제는 정교회의 모든 의식과 관습을 영원히 변치 않는 규율로 확정 지어놓았다. 손으로 십자가를 표시할 때 반드시 두 손가락을 사용하도록 했고 교인들이 열을 지어 나갈 때 할렐루야 하는 말은 두 번 이상 반복하지 않도록 했다. 외형 중시의 종교가 뿌리를 내리면서 30여 명의 성인이 새로 태어났다. 그리고 신자들도 증가했다. 그러나 종교의 우두머리는 대외적으로 만족할만한 위치에 있지 않았다. 러시아에는 명목상 비잔티움에 종속하는 부주교가 있을 뿐이었다.

이와 같이 종교가 비잔티움에 속함으로서 러시아의 종교 미술도 건축도 비잔 티움의 영향을 이 당시 받아서 더 화려하게, 섬세하게 함으로써 비잔티움의 미술을 능가하는 자기들만의 창조물로 만든다.

종교 문화의 형성

러시아의 종교 문화는 키에프를 중심으로 정착하여 생활을 하면서 세밀한 미적 문화가 형성되었고 정립된 종교 형태도 나타나기 시작했다. 당시 키에프 러시아 문화는 주변의 어떤 도시와 비교해 보아도 조금도 뒤지지 않는 조형미를 갖추어갔다. 특히 눈길을 끌었던 것은 3세기 세워진 소피아 대성당이 있다. 러시아인들이 이 성당을 처음 건축할 때는 기교적인 측면에서 비잔티움적인 기법을 활용하였다.

그러나 거듭 발전한 러시아의 건축 문화의 성당은 곳곳에서 볼 수 있는 비잔티움 건축을 능가하는 창조물로 등장했다. 러시아 민족의 혼이 담겨 있는 미술품과 정교한 조각도 등장했다. 당시 사람들은 키에프를 콘스탄티노플에 비교하며 자랑했다.

무수팬스키 사원은 15세기 말 러시아 미술 발달을 잘 나타내고 있다. 1475년부터 5년간에 걸쳐 건축된 이 건물은 러시아 내의 모든 미술가와 그리스미술가들이 협력하여 벽화를 그린 건물이다. 이 사원의 벽화는 성상화가 주류를 이루고 있고 장엄하면서도 화려한 색채로 표현했다. 그래서 이곳에서 황제들이 대관식을 할 때 마치 하늘에 온 것 같다는 말을 하곤 했다.

다민족의 문화와 이데올로기적 문화 형성, 민속문화와 도시문화

러시아는 다민족으로 구성된 나라로 공통된 전통적 문화를 갖고 있지 않다. 1917년 혁명 후 이념적으로 국가적 통제에서 기인한 문화 전통이 공통적인 사회 집단적 국가적 문화를 형성하게 된다. 이와 같이 여러 민족의 민속문화라던가 지역적 구성에서 오는 문화로 구분되어 내려오고 있다. 예를 들면 중앙아시아 지역에는 민족들의 최고의 문화가 갖는 특성이라든가 독자적인 교회제도 및 진보적 인텔리겐자들의 전통을 갖고 있는 그루지야와 아르메니아의 역사성, 그리고 일부 서부지방 민족의 여러 전통적 문화가 존속되어 오고 있다.

민속문화는 본래 러시아 정교나 그 밖의 종교들이 교구 단위로 형성되어 왔다. 따라서 민속문화는 사람들에게 세계에 대한 종교적 혁명이며 동시에 도덕적 규범으로서 받아들여져 왔다. 종종 운명론으로 빠지는 러시아인들의 자연에 대한 순응적 습관과 태도는 이러한 문화 전통에 기반이 되고 있다고 볼 수 있다. 또한 이 밑바탕에 깔려있는 도덕률이 신약성서에 기초하고 있지 않을지라도 현재까지 남아 있는 러시아인들의 따뜻한 인정이나 동포애에는 역시 러시아 정교에 기초한 민속문화로부터 이어져 내려오고 있는 것이다.

민속문화는 또한 공동체 문화로서 개인보다는 집단이 중요하다는 것을 가르쳐 주고 있다. 그래서 사람들은 이러한 공동체적 문화 속에서 개인이란 공동체 없이는 존재할 수 없다는 것과 아울러 공동체의 결정이 결과적이라는 것을 인정하고 있다. 종교의식이나 축제 그리고 민속음악이나 민속춤과 같은 것들은 모두 이러한 공동체 속에서 형성되어 온 것들이다.

민속문화에 반한 도시문화는 서유럽의 사상을 수용하거나 또는 이에 대항하는 과정에서 발견된 것이다. 이렇게 형성된 도시문화는 러시아인의 사명이라 할 수 있는 범슬라브주의를 발전시킴으로써 국가의 기반을 다져왔다. 서유럽의 사상과 문화는 합리주의 문화이다. 도시문화의 특징은 공동체적 집단의식의 서유럽의 세속화 경향이 이미 중세 말기에 나타나기 시작해서 스콜라 철학은 밀려나고 변증법적 사고방식이 득세하게 되었던 것이다. 이러한 변화가 러시아 사회에서도 나타났던 것이다. 그러나 변화과정에서 저항과 발전이 없었던 것은 아니다. 〈백치〉와 〈악령〉을 쓴 도스토예프스키와 몇몇 선각자들은 합리주의적 사고와 서구 사회적인 부패가 결국에는 멸망을 초래할 것이라고 믿고 있었다. 이를 막아보려고 의식 있는 사람들은 노력을 한다.

한편 지식 있는 사람들은 합리주의적 문화와 대중적 전통문화 사이에 큰 간격이 있다는 것을 깨닫고 서구문화에 익숙해진 자신들과 일반 국민들 사이에 어떤 공감대를 형성하고자 많은 노력을 했다. "인민에게로"라는 구호는 톨스토이와 같은 복음주의자들에게는 지혜로서 복귀를, 집단주의자들이나 마르크스주의자들에게는 인민의 계급의식의 각성과 고양을 각각 의미했다. 또한 수정주의자들 가운데 베르자예프(Berdyaev, 러시아 출신, 철학자, 마르크스주의에 대한 지식은 소비에트 공산주의 이해에 도움이 되지 않으며 오히려 러시아의 전통적 정치사상에 대한 이해와 소련 체제를 이해하는 데 유용하다고 주장)를 위시한 일단의 사람들은 "인민에게로"라는 구호를 기독교적 휴머니즘에 입각하여 해석하고 개인적 욕구와 공동체적 지향적인 작업을 서로 연결시키려 했다. 정치적인 노력 이외에도 문학을 비롯한 여러 예술분야에서 "인민에게로" 다가가려는 노력이 경주된다. 그 중에서도 순회파 화가(School of International Painters)와 같은 문화 운동은 사회주의 리얼리즘의 기초를 닦아 놓았다.

마르크스주의, 레닌주의 이념 문화

문화의 역할이란 주변 세계에 대한 보다 완전한 이해와 통제가 가능하도록 각 개인들로 하여금 자신들의 상황을 파악하게 해 주는 것이다. 모든 이념은 그것이 종교적이냐 혹은 세속적이냐에 관계없이 역사에 대한 해석이며 또 그 의미 반영이라고 볼 수 있다. 마르크스주의가 과거를 부정해 버린다는 것은 잘못이라고 하고 있다. 레닌은 마르크스주의가 19세기에 나타난 위대한 사상 즉 영국의 정치경제학과 독일의 관념철학 그리고 프랑스의 사회주의 등을 완벽하게 지향, 발전시킨 과학이라고 하고 있다. 마르크스주의에서 러시아적인 사상을 발견하는 것은 쉽지 않다.

그러나 러시아 사회에 흡수된 마르크스주의는 신속하게 러시아적 요소들, 즉 푸시킨, 톨스토이, 체호프, 쇼따 루스 따벨리, 알리 세리 노보이 등의 지적 전통과 아울러 헤르첸, 벨린스키, 체르니 세프스키, 도보롤류보프 등의 민주주의적 혁명사상과 친화적으로 결합되어 소비에트 마르크스주의의 체계를 수립하기에 이르렀다. 여타의 러시아 문화와 사상을 마르크스주의에 얼마만큼 반영하고 또 흡수하느냐 하는 문제에 대해서는 여러 결론이 나지 않았다.

일반적으로 러시아적이라고 하는 전통은 신슬라브주의 또한 집단주의라고 할 수 있다. 전통을 주장하는 사람들은 러시아민족 전통에 있어서 계승, 발전시킬 만한 것은 무엇보다도 정신적이고 도덕적인 유산이라고 주장하고 있다. 러시아 애국주의자라고도 불리는 이들 신슬라브주의자들은 농노제 폐지 이후 본격적으로 나타나기 시작한다. 자본주에 투쟁하는 인민들의 투쟁과정에서 선도적 역할을 수행한다는 이유에서다. 이들의 정신적 원천은 어린 시절에 대한 추억과 자신들의 토지에 대한 애착과 같은 것들이었다.

그러나 애국주의적 범슬라브주의 전통을 수용하는 데 반대하는 사람들도 있다. 여기에 속하는 사람들은 러시아 지성사에 나타난 위인들, 예를 들면 세라핌 사로프, 요한 크론스타트, 성상화가, 루블레프와 같은 성인들까지도 새로운 사관에 포함시킴으로써 너무나도 포괄적인 역사관을 초래할 수도 있다는 비판을 가한다. 또한 다른 비판적 입장에 있는 사람들은 러시아 애국주의가 민족주의를 부활하고 그로 인해 여러 가지 악영향, 예컨대 반유태주의, 외국인 혐오증, 또는 편협성 등과 같은 부정적 결과들이 초래되는 것을 지적했다.

이념적 문화의 형성, 교육, 과학의 기초 육성

러시아는 볼셰비키의 권력 장악으로 정치적 사회적인 면뿐만 아니라 문화적으로도 급격한 변화를 가져왔다. 즉 사회 전반에 걸쳐 소비에트적인 문화양식이 뿌리를 내림으로써 광대한 면적, 거대한 인구, 다양한 인종적 문화적 특성에도 불구하고 러시아에는 하나의 국가로 존속할 수 있었다.

소비에트 문화의 기저는 공산당의 정신에 있었다. 1917년 혁명 당시 2만 5천명에 지나지 않던 공산당원 수는 1930년 대의 대숙청과 2차 대전을 거친 뒤에도 계속 늘어났다. 1960년대에는 1,000만 명을 넘어섰다. 공산당은 모든 사회조직에 있어서 공산주의라는 단 하나의 이데올로기로 국민과 집단을 교육하고 지도해 나갔다.

점차 공산당은 당원이라는 사상 자체가 지위에 중요성을 나타내주며 가장 권위 있는 유일한 표식이 되기도 했다. 소련 공산당은 매우 철저하게 조직화되었다. 공장, 집단 농장, 학교, 군사조직, 등 소련의 공산당 조직은 3명 이상의 공산주의자가 있는 곳은 어디서나 결성될 수 있는 초급 당조직 즉 세포조직부터 시작하여 한 단계, 한 단계 올라가 마침내 소비에트 역사에서 주요 행사로 기록되는 당 대회와 상설기구인 당 중앙위원회, 서기국, 정치국에까지 이른다.

러시아 혁명은 공산당을 권력의 지위로 부상시킨 반면에 전체 사회계급의 붕괴를 가져왔다. 여러 세기동안 러시아 사회의 최고 집단으로 군림해 온 지주층은 1917년에서 1918년 사이에 급속히 사라졌으며 농민들은 그들의 땅을 소유하게 되었다. 금융, 산업, 상업계의 상층의 부르주아들도 볼셰비키의 국유화 정책의 5개년 계획 실시와 더불어 붕괴되었다. 결국 귀족이 지나치게 오랫동안 러시아 사회를 장악해 온 반면에 부르주아는 제대로 자라기도 전에 밀려나간 꼴이 됐다.

소련을 이야기할 때 빼 놓을 수 없는 것이 농민이다. 1928년의 경우 농민은 총 인구의 82%를 차지하고 있었고 몇 십 년간 공업화의 도시화를 거친 후 오늘날까지 단적으로 나타난 농민의 수다. 물론 농민이 소련에서와 같이 비중을 크게 차지하게 된 것은 그들의 숫자가 많아서일 뿐 아니라 정부에 의해서 추구된 정책에 의해서다. 소비에트 농민은 노동을 통해 5개년 계획에 전반적으로 봉사했지만 그에 대한 대가는 극히 미미한 것이었다. 스탈린 사망 후 흐루시초프와 같은 지도자는 농촌의 암담한 상태를 인정했으며 1956년 수개월간 언론에 비교적 자유를 누렸던 기간 동안에 작가들은 이를 묘사한 불멸의 작품을 남긴다. 볼셰비키혁명으로 인해 다방면으로 가장 많은 혜택을 받은 집단은 산업 노동자이다. 혁명은 노동자의 이름으로 이루어졌기 때문에 노동자들은 당의 간부, 적군 장교(붉은 군대), 심지어는 집단 노동자의 조직책까지 되는 등 사회적인 신분 상승에 앞장선다.

혁명 후 소련에 발전을 가져온 공로 중 빼 놓을 수 없는 것이 교육제도의 향상이었다. 교육만이 소련의 경제와 기술의 뛰어난 진보를 가능하게 했다. 볼셰비키혁명 시기에는 러시아 국민의 절반 정도만이 글을 읽을 줄 알았다. 더욱이 내전 동안에는 기아, 전염병으로 인한 사회혼란이 문맹의 종지부를 가져왔다.

볼셰비키정권은 재빨리 1922년부터 어린이를 위한 학교 설립뿐만 아니라 성인들의 문맹퇴치를 위해 대대적인 교육 정책을 추진하기 시작했다. 소련의 교육은 암기와 복습을 강조하여 엄청난 숙제를 부과했다. 그래서 어린이들 자신이 모든 숙제를 하기 위해서는 하루에 무려 280쪽을 읽어야 하는 것으로 알려지고 있었다. 소련의 학교는 수학과 과학에 치중하고 있었다. 이러한 이유로 과학은 소련의 문화 속에서 특수지역으로 남게 된다. 특히 과학을 추구했던 세계의 군사적 기술적, 경제적 지도국가가 되고자 하는 데 필수 불가결한 것이었다.

1957년에 발사한 세계 최초의 인공위성 스푸트니크호는 달 우주선 발사, 원자 및 수소 폭탄 제조 등 소련의 과학 수준은 당시만 해도 세계에서 최고의 수준이었다. 20세기 초 소련의 문화는 사회주의적 사실주의에 충실한 것이었다. 이것은 푸시킨이나 톨스토이가 나타내려고 한 삶 자체의 사실적인 묘사가 아닌 혁명 이념이나 정부가 필요로 하는 것을 묘사하는 것이었다. 비판은 없고 작가들은 지시된 계획에 따라야 했다. 이에 반항하는 작가는 자살하기도 했다. 〈의사 지바고〉를 쓴 파스테르나크도 예외 없이 추방당했다. 〈고요한 돈 강〉으로 유명한 솔로구프는 다소 정부의 요구에 따르면서 좋은 작품을 쓰려고 노력했으나 당의 요구에 따르기 위해 몇 번의 수정판을 내야 하는 고충을 겪기도 했다. 결국 소련 문학은 고리키 이후부터 빛을 잃고 긴 동면으로 들어가게 된다.

제2장
러시아 예술의 생성과정

러시아 예술의 발전은 러시아의 예술 후원자 사바 마몬토프의 영향에 근거한다. 사바 마몬토프는 철도왕으로서 1870년대 모스크바 근교에 있는 그의 영지 아브람 체보(Abramtsevo)에 예술촌을 건립함으로 당대 가장 진보적인 예술인들, 화가, 역사학자, 고고학자, 연기자, 건축가, 문필가, 배우 등을 불러들인다. 이들은 진보 주의자로서 1757년 엘리자베타 여왕이 설립한 체제 즉 긍정적이고 귀족적인 체제를 통해 러시아의 미술을 통제해 왔던 상트페테르부르크 미술 아카데미에 최초로 집단적인 도전을 한다. 황제와 귀족 계층, 관료들을 중심으로 한 후원세력이 모스크바의 부유한 상인들로 대체된 것은 1870년대에 이르러서이다. 사바 마몬토프는 이들 중 가장 유력한 인물이었다.

순회파(School of International Painters)

마몬토프의 써클이라고 불린 예술가의 모임은 새로운 러시아 문화를 창조하기 위해 공통된 요소를 지니고 있었다. 이 모임은 노예제도가 폐지된 지 2년 후 1863년에 미술 아카데미로부터 분리를 선언했던 미술가 단체에서 비롯된 것이다.

경제적으로 볼 때 자살과 다름없는 행위를 한 13명의 미술가들은 민중에게라는 이상에 매료되었다. 그들은 스스로를 방랑자들(혹은 순회파)이라고 불렀는데, 이것은 자신들의 이상을 실행에 옮기기 위해 러시아 전역을 돌며 순회전시를 했기 때문이다. 그 당시 도스토예프스키, 톨스토이, 뚜르게네프 같은 작가들과 무소르스키, 보로딘, 림스키-코르사코프 같은 작곡가들이 그러했던 것처럼 이 미술가들은 미술을 사회에 유용한 것이 되게 함으로써 그들의 행위에 정당성을 부여하고자 했다.

그들은 예술을 위한 예술관을 당시의 아카데미 철학과 동일시하면서 비난한다. 상트페테르부르크 아카데미의 중심을 이루었던 아카데미 전통에 정면으로 도전하면서 미술이란 우선 현실과 관련되어야 하고 현실에 종속되어야 한다고 주장한다. 미술의 진정한 기능은 인생을 설명하고 비평하는 일이며 현실은 미술 안에서 재현된 것보다 훨씬 더 아름답다는 것이 이들의 주장이었다. 이러한 생각은 1860년대 러시아의 대표적인 미학 선전가인 체르니셰프스키(Chernishevsky)가 주장한 것이었다. 그는 도브로리우보프, 네크라소프 등과 함께 미술가들에 큰 영향을 준다. 이들은 많은 예술부분에 있어서 이러한 민족주의적 미술운동의 지도자가 된다.

순회파 미술가들은 미술이 작품의 주제를 강조함으로써 사회를 개혁하는 행동세력이 되어야 한다고 주장한다. 체르니셰프스키는 "작품의 내용만이 미술이 공허한 오락이라는 비난을 면케 해 줄 수 있다."라고 주장했다. 따라서 농부들을 새로운 영웅으로 그려내면서 그들의 생활에 나타나는 순진함과 검소함을 가장 중요한 주제로 삼았다.

보통 사람들도 인정하고 감동할 수 있게 하려는 순회파 미술가들의 이러한 사명의식은 러시아 미술에 있어서 전례 없는 일이었다. 순회파 미술가들이 표트르대제가 러시아에 도입한 서구문화와 경제유형을 거부했던 친슬라브파 운동에 직접 참여한 것은 아니었다. 이후 세대의 많은 미술가들은 서구의 것을 버리고 오랫동안 중요시하지 않았던 민족주의 미술 전통과 러시아 농촌에 기반을 둔 새로운 민족화를 창조하려고 노력했다.

친슬라브파는 러시아의 문화가 서구와는 근본적으로 다른 역사 발전 유형을 따르는 고유의 운명을 지녔음을 알고 있었다. 그 고유의 운명은 서구에 대응하는 그리스 종교의 임무에 의해 고취되며 그 속에서 모스크바와 러시아의 옛 영광이 현재의 상트페테르부르크의 주권 및 그것으로 대표되는 모든 것을 대체할 것이라고 생각했다. 미술에서 중요한 것은 바로 모스크바로의 회귀였다.

현대 예술의 중심지 모스크바와 메세나들

모스크바는 러시아의 현대미술 운동의 기반이 된 민족주의 운동의 중심지가 되었다. 18세기 말 이래로 러시아 예술세계를 지배해 온 국제적인 신고전주의에 대한 거부와 그에 따른 민족예술 유산의 개발이 러시아 현대미술의 시발이 되었던 것이다.

이 운동의 후원층은 바로 모스크바의 부유한 상인들이었다. 순회파 미술가들은 신사적이고 분별력이 있는 P.M 트레타코프라는 후원자를 만나게 된다. 트레타코프는 이후 30년 동안 화가들의 작품을 지속적으로 사들였으며 1892년 모스크바시에 이 작품들을 기증한다. 오늘날 트레타코프 갤러리로 불리는 이 미술관은 전적으로 러시아 미술품으로만 이루어진 최초의 미술관이다.

또한 19세기 러시아 문화에 중요한 공헌을 한 후원자들로는 과학, 교육, 문화 분야에 많은 저서를 출판하는 데 도움을 주었던 솔다텐코프(Soldadtenkov)와 최초로 무대미술을 수집한 바흐루신(Bakhrushin), 그리고 5인조 민족주의 작곡가, 림스키코르사코프, 쿠이, 발라키레프, 무소르그스키, 보로딘을 후원했던 벨야예프(Belyayve)다.

20세기 초에는 그러한 전통이 계속되어서, 슈츠킨(Shchukin) 형제는 동양 미술, 러시아 민속 미술, 프랑스 인상주의와 후기 인상주의 회화를 수집한 것으로 유명하다. 특히 세르게이 슈츠킨의 인상주의 및 후기 인상주의 작품을 수집한 것은 그의 친구였던 이반 모로소프(Ivan Morosov)의 수집과 함께 현재 모스크바와 상트페테르부르크의 국립미술관에 소장되어 있으며 세계에서 가장 훌륭한 수집으로 평가받고 있다.

사바 마몬토프와 예술인촌 아브람체보

어느 후원자보다도 러시아 현대예술을 주도한 인물은 바로 사바 마몬토프다. 그는 가수이며 조각가, 무대연출가, 희곡작가이며 러시아의 철도왕으로 부호였다. 마몬토프는 러시아에 최초로 오페라극장을 설립했으며 많은 예술 분야를 후원하였고, 3대에 걸친 화가들에게 영감을 주었다. 그는 철도왕으로 야르항겔스크에 무르만스크를 지나 남쪽으로는 도네츠 바신까지 이르는 석탄을 북쪽으로 실어 날랐다. 초창기의 철도를 건설했다.

그는 모스크바 근교에 있는 자신의 영지 아브람체보에 예술인 공동체 마을을 건설하기 전 그는 이탈리아에서 성악을 공부하고 1872년부터는 겨울 휴가를 로마에서 보내며 고대 희랍예술에 매료된다. 그리고 화가인 그의 아내 엘리자벳을 처음 만나는 것도 로마였다. 이들 부부는 예술에 깊이 매료된다. 엘리자벳은 신앙심이 깊어 기독교의 부활에 깊은 신앙을 갖고 있었으며 초기 기독교 미술에 적용된 로마의 후기 미술에 흥미를 갖고 있었다. 그녀의 강한 성격과 종교적인 신념으로 후에 아브람체보에 교회를 짓는다. 이 교회는 러시아 중세미술과 건축의 실제적인 부활로 이어져서 러시아 현대미술의 발전에 커다란 영향을 주게 된다.

마몬토프가 만난 러시아 화가의 모임은 두 화가의 주도하에 순회파의 이상을 지니고 있었다. 그 중 한 사람인 조각가 안토콜스키(Antokolsky, 1848−1902)는 순회파의 초기 회원으로 그 당시 성공을 한 사람이며 다른 한 사람은 바실리 폴레노프(Vassily Polenov, 1844−1927)라는 모스크바 출신화가로 모스크바 대학을 나와 초창기 러시아 풍경화가인 사브라소프의 영향을 받았다. 폴레노프는 생의 대부분을 아브람체보에서 보내며 이곳에서 공동체를 형성하는 데 중요한 역할을 했다.

세 번째의 인물은 미술학자 아드리안 프라호프였다. 그는 다른 미술가들처럼 로마에서 공부를 했는데 그는 상트페테르부르크 아카데미의 장학금으로 공부를 한다. 후에 미술교수가 된 그는 러시아의 중세미술과 건축의 부활을 꾀했으나 후에 복원자들로부터 파괴자라는 비난을 받는다. 마몬토프는 이들 작은 그룹의 예술 애호가(Mécénat)들과 직접 교류한다. 이들 사이에는 상호교육 프로그램을 만들어 활동했다. 이 모임의 정신적인 지주는 프라호프였다.

그는 미술관, 유적지, 고대 무덤에 대한 흥미를 갖고 고대도시와 그 주변을 매일 탐험하도록 유도한다. 때때로 이들은 작업실에 함께 모여 그림을 그리거나 조각을 만들었다. 안토콜리키는 사바 마몬토프에게 조각을 가르쳤으며 마몬토프는 조각가로서 일생을 조각에 헌신한다. 마몬토프가 1890년 파산 이후 1년간 감시를 받으며 가택구금 되었을 때 가장 위로가 된 것도 조각과 도자기를 만드는 것이었다고 술회하고 있다. 예술인 그룹은 저녁에도 모여 새로운 러시아 문화의 창조에 대한 각자의 계획을 토론하곤 했다.

이러한 새로운 문화는 예술에만 국한된 것이 아니었다. 프라호프뿐만 아니라 마몬토프 부부도 민중의 삶의 질을 높인다는 이상에 매료되어 있었다. 마몬토프 부부가 1879년 아브람체보를 비롯해 그 주변의 넓은 부지를 구입했을 때 이들 부부는 1840년대 유명작가였던 전의 소유주 세르게이 악사코프의 전통 그대로 유지하겠다고 약속을 한다. 악사코프의 친구였던 고골리는 아브람체보에 자주 방문을 했다. 그는 이곳에서 〈죽은 영혼〉의 일부를 저술한다. 1840년대의 많은 다른 민족주의 작가들도 이곳에 머물면서 작품활동을 한다. 아브람체보는 1840년대에 작가들에게 했던 역할을 1870년대에 화가들에게 제공하게 된다. 마몬토프는 콜레라가 번지자 1871년 병원을 짓고 실제적인 활동을 아브람체보에서 한다. 다음은 병원의 빈 공간에 학교를 세운다. 이것이 이곳에 세운 최초의 학교인데 학교건물을 이웃마을인 비노크에서 통째로 뜯어 온 전통 목조 농가의 형태로 지었다. 인근 농가의 아이들을 교육했다. 교육은 마몬토프의 아내 엘리자벳이 맡았다. 이 학교의 부속 건물로 조각공방을 지었는데 러시아 양식의 건축으로 아브람체보에 처음 설립된 작업실이었다.

이 공방은 후에 전문기업에게 넘겨져 공동체에서 중요한 활동을 하게 된다. 전통 미술에 숙달되어 있는 수공업자들뿐 아니라 러시아 예술 전통의 실제적인 부활에 관심을 갖고 있었던 공동체의 여러 예술가들을 위한 작업장이었다. 이러한 측면에서 아브람체보는 개척적인 힘을 형성하고 있었다.

초창기 아브람체보의 회원들

1874년 봄 마몬토프 부부는 겨울을 이탈리아에서 보내고 러시아로 돌아올 때 파리에서 공부한 화가들을 러시아로 데리고 온다. 그 중 일랴 레핀이 있었다. 레핀은 폴레노프의 동료였다. 레핀은 파리에 흥미를 못 느끼고 있었다. 그는 마몬토프의 배려로 모스크바로 돌아왔다. 이 당시 파리에 있던 오페라 작곡가 세르프도 러시아로 돌아온다.

세르프는 마몬토프의 친구로서 이때부터 그는 아브람체보에서 예술활동을 하게 된다. 1879년 형제 화가인 빅토르 바스네프와 아폴리 마리후스 바스네프가 합류한다. 이때부터 장차 큰 관심이 될 마몬토프 공동체 생활이 시작되었다. 겨울에는 이들은 모스크바의 스파스카야 사도바야에 있는 마몬토프의 아름답고 편안한 집에서 독서모임을 하거나 드로잉 작업을 했으며 당시 모스크바의 인텔리겐자 사이에 열렬한 관심을 모았던 연극작품들을 공연하기도 한다. 여름에는 모두 아브람체보나 그 근교로 옮겨 활동을 했다. 레핀은 아브람체보에서 가족과 여러 해 동안 산다.

그는 그의 유명한 작품, 〈아무도 기다리지 않았다〉도 이곳에서 그렸다. 이 그림은 실물크기로 그린 몇 안되는 그림 중의 하나이다. 폴레노프는 화가로서보다는 고고학자 교사로서 아브람체보 공동체에 크게 공헌한다. 1882년 교수로 임명된 후 모스크바 대학에서 가르치게 된다. 그의 자유로운 사상과 강한 개성은 레비탄, 코로빈과 같은 화가들에게 자극적 활력소가 된다. 1880년대에 이 두 사람은 무대디자이너로 아브람체보에서 일하게 된다. 폴레노프는 과학, 고고학에 대한 지식으로 아브람 공동체 그룹에 기여했고 그의 영향력은 1880년에 짓기 시작한 아브람체보 소교회의 건축에 크게 반영된다.

중세 노보고르드 양식의 교회와
아브람체보 공동체 화가들의 성상화에 대한 연구

아브람체보에 교회를 건축하고자 하는 계획은 1880년 봄에 인접해 있는 강이 넘쳐 나서 부활절 예배를 볼 수 없었다. 만약의 경우가 또 발생할 때를 생각해 교회를 짓기로 한다. 예술가들은 이 건축물을 위해 아폴리나리후스 바스네초프(Apollinarius Vasnetsov 1845－1926)의 디자인에 따라 중세 노보고르드 교회의 양식으로 건설한다.

한편 이 계획을 실행하기 위해 폴레노프는 고고학자로서 중세의 러시아 건축과 회화에 대한 열정을 심어 주었으며 그의 부친으로부터 자료를 찾아내 연구한다. 이곳에 있는 예술가들이 디자인, 역사, 건축에 대한 정보 수집 등에 나섰지만 쓸 만한 출판물과 자료는 이 당시 거의 찾아 볼 수 없었다. 사실 러시아 중세 미술에 대한 학문적인 연구는 1850년대에 비로소 시작된다. 성상화들조차도 본래의 상태로 남아있는 것이 없었다. 파손된 작품들을 재발견하고 원래의 모습으로 복원하여야 한다는 요구가 서서히 표면화되었으며 이 요구는 1917년 혁명 후에야 체계화된다.

성상화에 대한 학문적인 연구는 17세기 유명한 공방에 제작을 의뢰했던 성상화들을 수집한 스트로가노프 집안에 의해 19세기 초에 시작되고 아브람체보의 공동체는 이러한 학문적 연구와 발견을 예술에 적용하는 데에 선구적인 역할을 했다.

아브람채보에 교회를 짓기 위해 시작된 러시아 중세미술과 역사에 대한 공동 연구 결과 아브람체보 공동체는 가장 훌륭한 건축과 벽화가 남아 있는 야로슬라부와 대로스토프를 방문해 많은 스케치를 해 가져오는데 이 계획은 폴레노프가 맡았다.

그리하여 아폴리나리우스 바스네초프의 디자인이 변경되며 특히 폴레노프는 그 지역의 농가에서 볼 수 있는 조각에서 영감을 얻어 장식을 디자인했다. 이러한 모티프를 찾는 과정에서 폴레노프는 특히 그가 흥미 있어 했던 이웃 농가 상인방에 있는 조각을 가져온다. 이것이 현재에도 아브람체보에 남아있는 민족농민미술관의 기초가 되었다. 아브람체보의 작은 교회는 1882년 말에 완성된다. 이것은 공동체가 공동작업을 한 작품이다. 모든 사람들이 교회 장식을 도왔고 심지어는 집을 짓는데도 참가한다. 정교한 나무장식들은 그 부지에 새로 설립된 공방의 미술가들에 의해 조각되고 채색되었다. 화가 레핀, 폴레노프, 미하일 네스토로프, 아폴리나리우스 바스네초프 등 이들은 성상화와 벽화를 그린다.

초기 러시아 여성 화가들의 공동체 제작

엘리자벳 마몬트, 마리아 야콘치코바, 엘레나 폴레노바 등 이들 여성 화가들은 아브람체보 교회를 위해 공동 작업을 한다. 그들은 성의와 덮개에 수를 같이 놓았다. 빅토르 바스네초프는 꽃무늬의 모자이크 바닥을 디자인했다.

아브람체보 교회에서 열린 첫 예식은 폴레노프와 마리아 야쿤치코바의 결혼식이었다. 마리아는 사바 마몬토프의 사촌 여동생으로 교회를 짓는 일을 돕기 위해 공동체에 합류한 러시아 초기의 여성 미술가 중의 한 사람이다.

엘레나 폴레노바는 역사학자로서 러시아 역사에 대해 관심이 많아 중세양식을 부활시키는 공동체 작업에 매료되어 이곳으로 왔다. 이 두 여성은 아브람체보에서 민속예술전통의 부활을 가장 열렬히 지속적으로 선전한 인물이며 이곳에서 목조각과 자수공방을 맡게 된다.

아브람체보의 중세미술 복원활동

교회를 완성한 후 중세미술에 대한 관심은 수그러들지 않고 오히려 높아졌다. 바스네프초프 형제는 러시아의 역사적인 복원에 몰두한다. 빅토르는 성상과 동화의 장면에, 아폴리나리우스는 중세 모스크바의 회화적 재창조에 있어서 전문가가 되었다. 아폴리나리우스는 결국 이 일에 일생을 바친다. 사실 이들보다 앞서 러시아의 중세회화를 복원하는 데 전념을 했던 최초의 화가는 바체슬라프 슈발츠(Vyacheslav Schwartz, 1838-1869)였다. 슈발츠는 역사학자로 역사연구를 하던 중 회화를 통해서 잊혀진 과거를 세세히 부활시켜 보려는 생각을 갖게 된다. 그의 그림들은 역사학자의 그림이지만 세부에 대한 그의 관심과 각고의 노력을 쏟아 부은 정확성은 높이 평가되었다.

사바 마몬토프 모스크바에 사립 오페라극장 설립, 일반 미술가가 무대미술을 그리는 유행을 창출

아마추어 작품을 과감하게 실험하던 마몬토프는 곧 모스크바에 전문적인 사립오페라극장을 설립한다. 황제의 칙령으로 가능했던 사립오페라극장의 설립은 예술가들과 장식미술 분야에 특별한 재능이 있는 러시아인 그리고 연기하는 것이 곧 삶인 사람들에게 새로운 활동 분위기가 열렸음을 의미한다. 이 오페라 극장은 1883년 림스키-코르사코프의 오페라 〈눈 아가씨〉를 공연한다. 무대 장치는 빅토르 바스네초프가 맡았다. 마몬토프가 무대예술에까지 흥미를 가지며 오페라극장을 설립하게 되는 것은 처음 아브람체보에서 일요일 밤에 독서모임을 점차 무언극으로 발전시키는 데서 시작된다.

1982년 겨울 마몬토프는 모스크바에 있는 그의 집에서 무대에 올렸던 무대작품을 이러한 무언극에서 더욱 발전시킨다. 초기 아마추어 작품의 근본은 민속 설화나 사적인 이야기를 재구성한 것으로서 대개 마몬토프에 의해 쓰여졌다. 마몬토프는 각자의 재능에 따라 역할을 맡겼는데 화가가 전통적인 무대화 대신 무대 장치를 그림으로써 사실적인 무대장치의 개념이 생겼으며 그것은 즉시 서유럽으로 전파된다. 이 개념은 바스네초프의 개념에서 시작되었다. 후에 그는 "처음에는 어떻게 해야 할지 전혀 생각이 없었다. 그러나 훌륭한 무대장식화를 그리게 되었다."라고 술회하고 있다.

1880년에 마몬토프의 사립오페라 극장에서 공연 때 일했던 바스네초프의 제자들, 코로빈, 레비탄, 골로빈 로에리치의 작품을 통해 발전되었다. 무대 장식을 위해 전문화가를 기용하는 마몬토프의 혁신적인 방식을 따라 1880년경에는 황제의 국립극장도 전통적인 무대장식가가 아닌 예술가들을 기용하기 시작한다. 결국 그들은 디아길레프와 함께 유럽으로 진출하게 된다. 이전에는 배경막이 배우들을 위한 배경장식에 불과했지만 이후 작품에 꼭 필요한 부분이 되었다. 이러한 변화는 무대 개념에도 혁신을 불러 일으켰다. 작품은 통합적으로 감상되기 시작했으며 배우는 자신의 연기를 무대장치, 의상, 스케치, 음악, 언어 등의 요소들과 맞추어야 했다. 그래서 종합, 즉 연극의 통일성이 중요한 개념으로 등장했다.

1880년 초 이러한 작품을 무대에 올릴 때 와서 공연하곤 했던 마몬토프의 사촌 스타니슬라브스키는 유럽에 영향을 준 사실주의 연극의 탄생을 하게 된다. 마몬토프의 사립오페라 설립은 림스키-코르사코프, 다르고무이슈키, 무소르그스키, 보로딘의 음악은 물론 러시아 대중음악에 이르는 광범위한 음악을 공연했을 뿐 아니라 사라핀의 음악도 소개되었다. 따라서 마몬토프의 극장(오페라극장)은 젊은 화가들에게 인기를 끌기 시작했다. 폴레노프는 가장 우수한 모스크바 대학생인 화가 콘스탄틴 코로빈과 이삭 레비탄이 이곳에서 작품과 함께 알려진다.

러시아 아방가르드의 탄생, 프랑스 인상주의 도입

콘스탄틴 코로빈(Konstaktin Korovin, 1861－1937)은 1885년 파리에서 인상주의를 접하고 프랑스의 인상주의를 반영한 러시아 최초의 화가가 된다. 같은 해 그는 마몬토프를 만나서 무대디자인 혁명을 이루는 데 기여하며 러시아에 인상주의 개념을 성공적으로 무대디자인을 통해서 나타냈다.

1901년 교수로 임명된 모스크바대학에서 중요한 영향을 끼친다. 20세기 초 러시아의 거의 모든 아방가르드가 그의 제자들이었다. 그들 중엔 쿠스네초프, 라리오네프, 콘차로바, 타틀린, 콘차로프스키, 마슈코프, 렌틀로프, 팔크, 이외에도 아브람체보의 화가인 세르프 그리고 화가이며 미래주의 시인이었던 브를리우크 형제, 쿠르체니프, 마야코프스키 등이 있다. 이들은 러시아의 전위파로서 세계의 현대미술을 이끌게 된다.

19세기 메세나로서 미술 수집가, 파벨미하일 트레야코프(1832－1892)

트레야코프는 모스크바의 거상이며 미술 수집가였다. 19세기 유명한 풍속화가인 실리제르의 〈유혹〉을 처음 구입한 것이 수집의 시작이었다. 그는 톨스토이와의 대화에서 그가 미술품을 수집하는 이유를 이렇게 말하고 있다. “우리나라의 미술품을 완벽하게 보존하기 위하여 필요하다고 여기는 모든 것을 입수하고 있습니다. 일상생활에서 떠나 쉴 수 있는 박물관과 예술품 수집을 진심으로 사랑하고 내가 사랑하는 것을 다른 사람들에게 전해주고 싶습니다.”

트레야코프는 당대의 화가, 크람스코이의 창작에 자극되어 러시아의 이익과 번영을 위한 헌신이 미술품 수집을 하게 된다. 그렇게 하여 러시아 초상화 화랑을 운영했다. 그는 화가들에게 특히 이동화가들에게 주문을 하여 초상화를 많이 그렸다. 초상화 화랑을 경영하며 1856년 파벨 미하일로비치와 세르게이 미하일로비치 트레야코프 기념 모스크바 미술관을 설립한다. 그리고 세르게이 미하일 트레야코프(동생)의 유언에 따라 수집 모두를 1892년 모스크바에 기증한다.

모스크바시는 '국립 트레야코프 미술관'으로 이름을 바꾼다. 이 미술관은 러시아 조형 미술의 최대 보고가 된다. 수집품은 6세기부터 현대에 이르는 유화, 판화, 조각 등 4만여 점에 달한다. 트레야코프는 자기만을 위해 미술품을 수집하는 수집가와는 달리 러시아 예술에 대한 애정과 국민적 가치를 확실히 하려는 열정으로써 러시아 화가들과 교우 범위를 넓히면서 러시아파의 회화를 수집했다. 그리고 많은 대중이 예술품을 접하기 위해 러시아 최초의 공공 박물관을 설립했고 1892년 수집품을 동생인 세르게이 미하일로비치 트레야코프의 수집품과 함께 모스크바시에 기증한다.

"이리하여 진정으로 회화를 열렬히 사랑하는 나에게 있어서 대다수 사람들에게 이익을 주고 모든 사람에게 만족을 주며 누구나 드나들 수 있는 공공 미술 보관소의 기초를 놓는다는 바람보다 더 훌륭한 바람은 있을 수 없다."며 트레야코프는 러시아 미술가들의 작품을 감식하고 수집하는 사람으로서 시민적 애국적 구상을 구현했다.

트레야코프의 이러한 구상은 1861년의 농노해방 이후 공공연히 자기의 의견을 말할 수 있는 풍조에 부합되었다. 민중은 사회의 위선을 폭로하고 전제정치와 철저히 투쟁하고 싶은 욕구가 생겼다. 그리고 민중의 마음속에는 문학과 회화가 어느 때보다 사상을 표명하는 강력한 수단이 된다고 생각했다. 더욱이 1870년에 예술 작품을 통해 생활의 여러 현상에 대한 예술가의 결의를 표명하여야 한다는 체르니 세프스키(1828－1910 작가, 혁명가)의 주장에 트레야코프는 고무된다.

체르니 세프스키의 호소에 고무된 화가와 음악가들은 독창적인 협동조합인 코뮌을 조직한다. 1870년 크람스코이(1837－1887)를 중심으로 한 이동미술(순회파) 전람회의 새로운 조합이 조직되었다. 트레야코프는 그들을 적극적으로 지지했다. 그는 작품의 제작 상황을 주목하며 그들의 작업실을 방문하며 후원도 한다. 그리고 주문을 하여 제작을 하게 한다. 그럼으로 19세기 러시아 미술에 큰 공헌을 한다.

러시아 예술 부흥을 위한 예술세계운동

러시아의 '예술세계(World of Art)운동'은 그 운동과 시대적 배경의 역사적 역할에 있어서 프랑스의 나비파와 유사하다. '예술세계운동'은 1880년대 말 알렉산드르 브누아의 지도하에 '스스로 교육하는 단체'를 표방하여 만들었던 네브스키의 픽 위크안스(익살이 풍부한 사람을 가리키는 말로 원래는 촬스 디킨스의 소설 〈픽 위크 신문〉의 주인공 이름을 딴 것)는 학생 단체에서 비롯했다. 이들이 다녔던 메이대학은 상트페테르부르크의 부유한 인텔리겐자들이 다니는 학교였다. 그들 중 대부분은 외국 혈통을 가진 학생들이었다.

이들의 특징은 1890년대 일어난 '예술세계운동' 회원들의 독특한 배경이 되기도 했다. '예술세계운동'은 그 당시 프랑스에서 일어났던 아르 누보(Art Nouveau)운동과 병행했으며 1890년대 20세기 초 러시아 아방가르드를 대표하게 된다. 브누아는 이 운동에 대해서 '예술세계'는 단체, 전시조직, 잡지의 세 가지 통합체로 여러 방식으로 사회에 영향을 주며 예술, 즉 문학, 음악을 포함하는 바람직한 태도를 고취시키고자 노력하는 공동체라고 개념 지우고 있었다.

아방가르드로서 러시아 예술부흥을 위한 알렉산드르 브누아의 활동

예술세계운동가 알렉산드르 브누아(Alexander Benois 1870−1960)는 메이대학 학생 단체를 만든다. '예술운동'의 화가이며 무대디자이너, 연출가, 학자, 비평가, 미술학자로 활동했다. 그는 미술뿐 아니라 전인적인 쇄신으로 삶의 전부를 포함하는 예술의 혁신 등 '예술세계'가 영원한 진리와 아름다운 매체로서의 예술에 대한 확고한 개념을 갖고 있었다. 요약하자면 그것은 예술을 위한 예술 옹호의 철학이었다.

브누아는 독일, 프랑스, 이탈리아 조상의 피를 받아 1870년 상트페테르부르크에서 태어났다. 브누아의 가문은 표트르대제가 서구로부터 미술가, 작곡가, 건축가들을 데려오기 시작한 후로 상트페테르부르크에 살게 된 외국가문이었다. 18세기 이래로 그들은 러시아의 문화 발전에 막대한 영향을 끼쳤으며 브누아 같은 많은 가문들이 재능 있는 예술가들을 계속 배출했다.

브누아 가문은 18세기 후반에 러시아에 왔으나 예술적 기질을 받은 것은 어머니의

가계인 베니치아의 카보스(Cavos)가문으로부터였다. 베네치아극장의 감독의 아들인 카테리노 카보스는 유명한 작곡가이자 오르간 연주자였다.

베네치아 공국이 실각한 후 고향을 떠나 상트페테르부르크에 있는 황실 극장의 음악장으로 취임하면서 가족들과 함께 이곳에 정착한다. 그의 아들인 알베르토 카보스는 상트페테르부르크의 마린스키 극장(지금은 키로프 극장)과 모스크바 볼쇼이 극장의 무대 설계 및 디자이너로 유명했다. 알베르토 카보스의 딸인 카밀라 카보스는 니콜라스 브누아와 1884년에 결혼한다. 그럼으로 니콜라스 브누아는 반은 프랑스, 반은 독일의 피를 받은 셈이다. 그는 상트페테르부르크 미술 아카데미 시절인 1836년 건축부분에서 금메달을 받아 당시 전통에 따라 이탈리아로 유학한다. 그는 그곳에서 러시아, 독일 미술 공동체와 독일의 낭만주의 화가 오버 베크, 러시아 화가, 이바노프와 소설가, 고골리를 알게 된다. 이와 같이 예술가 작가들의 영향과 특히 중세의 건축의 부활을 꾀했던 독일 나사렛 화가들의 이상은 젊은 건축가에게 깊은 인상을 주었다. 그 역시 러시아 건축의 부활에 대한 이상을 갖게 된다.

알렉산드르 브누아는 그가 자란 낭만적인 이상의 분위기에서 예술적 취향을 형성하였고 바로 그의 기질을 '예술세계'를 위해 이상화한다. 그의 가문은 동시대 다른 많은 가문과는 달리 서구와 단절하지 않고 오히려 선조의 복잡한 혈통으로서 프랑스, 독일, 이탈리아의 사상과 매우 친숙했다. 이러한 국제적인 감각은 '순회파'가 득세하는 동안 잃어버렸던 러시아 문화를 회복하는 것이 그들의 임무였다. '예술세계' 운동은 '예술세계' 회원들의 기본 성격이었다. 그러나 그들은 러시아에서 유럽 중심의 문화 복귀를 꾀한 것이 아니다. 그와는 반대로 러시아가 서구 유럽의 변두리 정도로 남아 있어서는 안된다고 믿고 있으며 유럽으로부터 고립된 민족 전통의 요새로 남는 것도 거부했다.

【예술세계】의 이상과 회원들 :
러시아 예술을 서구의 주류로 이끌어가고 있는 선구자들

'예술세계'의 목표는 러시아를 최초로 서구문화의 주류에 기여할 수 있는 국제 중심지로 창조하는 것이었다. 이를 위해서는 그들은 다시 독일, 프랑스, 영국의 사상과 접하기 시작하였다. 아브람체보공동체가 전념했던 중세 러시아의 미술뿐 아니라 순회파에 의하여 외래의 것으로 완전히 무시되거나 또한 표트르대제와 카테리나여제 치하에서 만들어져 소홀하게 취급했던 미술에 이르기까지 민족 유산에 대한 관심을 고취시켰다.

알렉산드르 브누아는 이러한 야심찬 계획의 중심인물이 되었다. 네프스키의 픽 위키안스는 브누아의 학교 동창들로 구성되었다. 드미트리 필로소프, 콘스탄틴 코소모프, 발터 누벨 등이 중심인물이었다. 필로소포프는 그다지 창조성이 있는 작가는 아니었으나 이 그룹에서 가장 문학적 능력이 있는 인물이었다. 후에 이 그룹이 신비적인 성격을 갖는 데 공헌한 상징주의 종교 철학자 메레슈 코프스키를 소개한 것도 그였다.

예술세계 잡지를 만들 때 필로소포프는 러시아 문학의 상징주의 1세대를 대표하는 벨리, 발몬트 등이 초기 작품을 발표하는 문학코너를 만든다. 브누아처럼 독일과 프랑스인의 혼혈 후손으로서 3개 국어를 하며 자라난 발터 누벨은 음악에 대한 강한 관심을 불러 일으켰다. 학생집단의 초기 회원이었던 콘스탄틴 소모프는 처음에는 그리 활동적이 아니었으나 에르미타주 미술관 관장의 아들로서 후에 잡지 예술세계의 회화 코너에 많은 기고를 했다.

이 밖에 네프스키 픽 위키안스 회원 중에는 메이대학의 다른 학생들도 끼어 있었지만 1890년에 학교를 졸업하면서 모두 그룹을 떠난다. 1890년 브누아는 에피큐로스 철학자로 유명했던 레온 바크스트라는 예명을 가지고 있던 화가이자 무대디자이너로 유명해진 레프 로젠베르크를 만난다. 그는 곧 '예술세계'의 일원이 되며 중추적인 미술가였다. 바크스트는 최초의 전문적인 미술가였다. 그는 반전통적인 것에 무조건 억압을 했던 아카데미의 편견을 경험했기 때문에 이 그룹에서도 가장 강렬한 반아카데미 선동자가 되었다.

【예술세계】 잡지를 통해 인상주의 소개

'픽 위키안스'의 회원들은 매일 방과 후 브누아의 집과 필로소포프의 집을 번갈아 가면서 토론을 했다. 이들은 코스모폴리탄적 분위기에서 원고를 읽고 토론을 했다.

그들의 토론의 주제는 개인적으로 관심 있는 분야는 무엇이나 가능했다. 브누아는 뒤러, 홀바인, 크라나호, 독일학, 폰마레스, 맨젤, 포이호바흐 랑불, 클림트, 등에 대해 토론을 했다. 이 당시 프랑스의 인상주의는 예술세계를 통해서 비로소 러시아에 알려진다. 그리고 1918년 출판된 에밀 졸라의 작품이 널리 알려졌는데 이 작품을 통해서도 러시아에 인상주의의 개념이 소개되었다. 1920년대까지 러시아 화가들이 프랑스와 독일의 현대예술에 대해 정보를 얻은 것은 리하르트 무터의 19세기 미술사와 빙의 친구이자 1908년대 아르 누보의 선구자였던 마이어 그레페가 쓴 미술사를 통해서였다. 또한 카지미르 말레비치가 쓴 많은 글에서 독일, 프랑스에 대해서 언급하고 있는데 이것 또한 이들에게 영향을 준다. 무터의 미술사에서 러시아에 대한 부분은 저자의 요청에 따라 브누아가 저술하였다.

브누아는 무터를 1890년대 초에 뮌헨에서 알게 된 후 '예술세계'에 참여하게 된다. '예술세계' 운동에서 브누아는 건축과 회화에 대해 토론하고 필로소포프는 알렉산드르 1세 치하의 사상과 시대상황 그리고 뚜르게네프에 대해 토론한다. 장차 러시아 발레 무대미술에 이름을 날린 바크스트는 이들 그룹의 토론에서 분쟁으로 발전할 때도 중개자로서 활동한 이들 중 가장 창의적인 예술가였다. 그는 작품 〈세레자드〉, 〈오리엔탈〉, 그리고 그리스풍의 발레를 위한 그의 애국적인 무.대장식에서 꽃을 피운다. 필로소포프의 사촌인 디아길레프는 1890년 말 시골인 페름에서 상트페테르부르크에 도착하여 '픽 위키안스'에 등장한다.

처음은 디아길레프의 촌스러움에 아무도 관심을 갖지 않는다. 그러나 그는 '픽 위키안스' 회원들의 복장을 오히려 촌스럽게 생각하며 자기들만을 추종하라는 그들을 경멸한다. 그리고 디아길레프는 학위를 따는 것보다는 사교모임과 무도회의 참석을 더 즐긴다.

【예술세계】와 디아길레프

1890년대 '예술세계' 그룹의 회원들은 메이대학을 졸업하고 관습대로 상트페테르부르크대학을 입학하기 전 대부분 외국으로 여행을 한다. 브누아는 현대 예술을 이해하기 위해 뮌헨으로 갔다. 한편 파리로 간 디아길레프와 필로소포프는 러시아에서 아직 인정을 받지 못하고 있던 인상파 화가들에게 깊은 영향을 받는다. 해외에서 돌아온 이들은 대학생활을 하면서도 예술에 대한 신념으로 창조하여야 한다는 임무를 갖고 있었다.

이 그룹의 어느 누구도 대학생활을 심각하게 생각하지 않았다. 디아길레프는 학위를 따는데 신경을 쓰지 않고 림스키 코르사코프에게 음악을 배우거나 예술가들을 만

나는 것에 관심을 갖는다. 4년에 끝나는 대학을 디아길레프는 6년에 졸업한다. 바크스트가 상트페테르부르크 아카데미 시절 모스크바출신 친구, 세로프와 코로빈이 '예술세계'에 가입함으로써 이 그룹이 딜레땅뜨(학술, 예술, 문학이 아마추어적인)한 분위기로 바뀐다.

또한 니콜라스 코에리치가 이 그룹에 가담하는데 그는 픽 위크안스보다 두 살 아래였으나 고고학의 전문적 지식을 갖고 많은 발굴을 하며 예술세계지에 과학적인 많은 논문을 기고한다. 1893년에는 상트페테르부르크 아카데미에 들어가 화가가 되기 위한 교육을 받는다. 그는 예술세계 잡지에 중요한 기고자가 되며 예술 활동을 한다. 그는 예술 활동의 일환으로 제1차 세계대전 이전 디아길레프의 무대를 가장 혁신적으로 개혁함으로써 바크스트와 함께 무대디자이너가 된다. 예술세계 잡지를 발행하는데 행정적 지원을 하려는 회원이 아무도 없었다. 브누아는 변덕이 많고 예민한 성격이었고 바크스, 코로빈, 세로프는 바쁘다는 핑계였고, 누로크와 누벨도 책임을 지기 싫어하는 사람들이었다.

결국 디아길레프가 회원들의 다양한 개성을 조화시킬 수 있는 성격이었다. 디아길레프는 여러 개성을 한데 모아 일련의 창조적인 기획으로 하여 처음에는 잡지 그 다음에는 전시 마지막에는 '예술세계' 운동의 가장 중요한 표현인 러시아 발레의 순으로 진행한다. 이 그룹에서 전시를 돕고 프랑스 인상주의를 전문적으로 소개할 프랑스 외교관이 이 그룹의 중요한 회원으로서 참가하게 된다. 그는 샤를르 비를르(Charle Birle)라는 이름을 가진 사람이다.

비를르는 1년 동안 '예술세계' 그룹에 참가하지만 그동안 고갱, 쇠라, 반고호의 작품을 소개함으로써 당시 프랑스 회화에 대한 그들의 개념에 많은 지식을 쌓게 된다. 비를르가 소개한 알프레드 누르크는 프랑스 문학에 해박한 지식을 갖고 있어 프랑스 문학을 이들에게 소개했다. 특히 비어줄리는 책, 삽화에 혁신을 일으키며 러시아에서 출판에 상당한 영향을 끼친다. 디아길레프는 음악에 대한 그의 주장과 권위가 대단한 것이어서 때로는 그의 스승 림스키 코르사코프의 가르침도 저버렸다. 이들은 젊었음에도 그들의 목표를 달성하려는 의욕이 넘쳐났다.

1895년 디아길레프는 다시 해외로 떠난다. 그는 그림을 수집하기 시작하여 많은 양의 수집품들을 가지고 러시아로 돌아온다. 디아길레프는 실제 문제를 밀고 나가는 재능과 추진력을 갖추고 있어서 '예술세계' 활동에 중심적 역할을 할 수 있었고 친구들을 끌어들일 수 있었다.

【예술세계】 잡지 발간

디아길레프는 예술 행정에 관심을 갖고 '예술세계'가 전시를 주관하는 모임으로 변신하는 데 기여하고 잡지 예술세계를 발간하려고 한다. 1896년 그룹회원들이 졸업을 하고 분산된다. 오직 디아길레프만이 '예술세계'를 주관하여 예술세계 잡지를 발간하려고 한다.

디아길레프는 졸업을 하고 결혼을 해서 파리에 가 있는 브누아에게 예술세계 잡지를 발간하는데 도와달라고 요청을 한다. 그는 예술적 삶 자체를 통합할 수 있는 잡지를 발간하려고 했다. 매년 전시를 계획하고 모스크바와 핀란드에서 유행하고 있는 산업 미술을 소개하려고도 했다. 브누아는 러시아로 돌아와 예술세계 잡지에 글을 쓰기 시작한다. 이 당시 그룹 회원들은 이념적 좌익과 우익 두 진영으로 나뉘기 시작한다. 새로움을 시작하고 새 시대에 뒤떨어진다고 생각하는 것을 공격하는 좌익파 지식과 감응의 포괄성에 있어 학자적 절충적인 우익으로 나누어진다.

디아길레프는 두 진영의 평화유지군으로 활약한다. 모든 방식에서 획기적이었던 잡지의 내용과 형식을 결정한 후에 문제는 재정적인 후원자를 찾는 것이었다. 테니 셔바 공주에게 후원을 요청했으나 그녀는 디아길레프가 똑똑하나 예술을 진지하게 공부한 사람이 아니었다는 이유로 거절한다. 아브람체보의 공동체를 설립한 사바 바몬토프가 쾌히 승낙한다. 그는 이 시기에 파산으로 어려움이 있었으나 아브람체보의 도자기 공방이 잘 운영되었고 그 도자기들이 단단한 재정을 차지하고 있었다. 1889년 예술세계 창간호가 마침내 나온다.

잡지가 발간되는 것은 디아길레프의 사촌인 필로소포프의 개인적인 노력이 컸다. 그는 잡지 발간의 기술적인 부분을 맡았으며 이 전에 러시아에서 사용한 적이 없는 특별한 종류의 가장자리에 무늬가 있는 종이를 사용해 삽화를 인쇄했다. 인쇄를 위한 목판을 짜는데 1년이 걸렸다. 잡지의 글자형은 18세기의 활자체로 미술에서뿐만 아니라 인쇄 기법에서도 혁신적인 기획이었다. 빅토르 바느네초프의 작품이 첫 호에 삽화로 실렸다. 그러나 그룹 내에서 논쟁이 일어난다. 필로소포프와 디아길레프는 바느네초프를 러시아의 새로운 빛나는 상징이며 경배해야 할 우상이라고 여긴 반면 브누아와 누베르 누르크는 '예술세계'의 근본적인 순수한 예술적인 가치기준과 문화 역사적인 현상을 혼동하는 것이라고 반박한다.

예술세계는 지상의 모든 것보다 모든 별들보다 위에 존재한다 라고 바크스트는 그가 잡지를 디자인한 상징에 대해 설명한다. 상징주의 애용은 작가들에 의해 소개되었으며 시인 블로크, 발몬트, 종교적인 작가인 메리슈코푸스키, 로자노프의 시와 그들이 영향을 받은 프랑스의 시인들, 보들레르, 베르렌느, 말라르메의 시들을 실었다. 잡지 발행 초기에는 시각 예술의 부분에 서구 유럽 여러 나라의 아르누보 미술가들, 비오졸리, 벤-존스, 건축과 실내 디자인의 매킨토시, 반데 벨테, 요세프 올브리히의 삽화가 많이 실렸다.

혁명 전, 후 러시아의 조형 예술

혁명 전 후 러시아에 있어서 조형 예술의 구성주의 추상화 운동은 말레비치의 쉬프레마티즘(Suprématisme 至上주의, 절대주의)의 순수한 기하학적 추상화의 서막이 열린다. 1910년경부터 모스크바에서는 서유럽의 전위적 미술 사조인 입체파주의 미래주의를 받아들여서 개방적인 새로운 예술 이념으로 만들려고 하는 급진적인 한 문화서클이 형성되고 있었다. 모스크바 그룹에 속하는 주요한 예술가들은 시인, 마야코프스키와 화가 타틀린, 말레비치, 엘 리스즈키, 조각가 페브스너, 나움가보 그리고 라리오노프 및 모스크바에서 독특한 미래파 센터를 만든 바얄야크 형제 등을 들 수가 있다.

쉬프레마티즘의 제창자, 말레비치

말레비치는 초기 그의 제작에서는 당시 서유럽 화가들에게 지배적이었던 일류미날리즘(발광發光주의)적인 양식이었다가 1910년경 그는 이런 리얼한 묘법을 그만두고 화면을 분석적인 입체주의에 따라 색을 제한한 기하학적 형태(Form, 형태)에 의해 구성하기 시작한다.

이러한 작품들을 말레비치는 '다야자크'전에 보여준다. 이후 말레비치는 파리를 거쳐 1912년에 분석적 입체주의에서 종합적 입체주의로 전환한다. 그래서 그의 형식적인 화면구조는 자유스러운 극단적 색채의 구성으로 채워져 있다. 이때의 그의 작품은 오르피즘이나 미래파와 마찬가지로 운동의 원칙을 리드미컬한 색채의 조화에 의해 구체화하려고 하는 칸딘스키와 아주 가까운 지점에 서 있다. 1913년에서 1915년 사이에 말레비치는 이론과 실천에 있어서 입체주의와 미래파의 규범에서 떠나 그는 1915년 '입체주의와 미래파에서 쉬프레마티즘'을 통해 비구상의 회화를 추구한다는 선언을 한다.

이것은 구상성을 환원하는 입체주의 방법을 소수의 상징적 기본요소에 집약하는 것으로 지향하는 것이다. 말레비치는 정방형, 원형 및 십자형 등을 화면구조의 기본적 형태라고 선언한다. 이러한 형태는 기하학적인 형상에 있어서 근원적인 직선의 상징임과 동시에 마술적인 연상(聯想)의 상징이다. 이러한 형태를 기본으로 하여 역동적인 운동의 방향을 활발하게 하는 타원형이나 부등변 4각형의 형성과 같은 복잡한 형태로 발전한다. 상트페테르부르크의 '0.10' 전에서 말레비치는 초기 쉬프레마티즘 작품을 출품했으며 그 중에 유명한 〈하얀 평면상의 검은 정방형〉(1913)도 있다.

이 작품에 대해 말레비치는 명상적 추상적인 중세기 비잔틴의 아이콘 예술의 전통을 따라 그 시대의 틀에 끼운 적당한 아이콘이라고 하고 있다. 검은 정방형은 구성적인 형태와 질적인 색채를 가능한 한 환원한 제로 지점으로 나타나고 있다. 추상화에 있어서 칸딘스키는 오성(悟性)과 정신적 조화의 통일을 추구하고 있는데 대해 말레비치는 자유스러운 순수직관에 의해 실용적인 논리와 우월성을 뛰어넘는 것이라고 하고 있다. 그리하여 이 두 사람은 작품 제작과정의 차이를 드러내고 있다. 한편 말레비치는 타틀린의 구성주의의 기술적인 건축과는 반대로 비구상적인 건축분야까지 쉬프레마티즘의 원리를 확대하려고 했다.

바우하우스나 드스틸 운동도 쉬프레미티즘의 원리에 가깝다. 혁명 후 예술 인민위원, 루나차르스키(Anatoli Lunatcharsky)의 자유주의 문화정책은 1917년 이후 말레비치, 엘리스즈키(Ellisszky)를 모스크바의 국립 고등학교에서 교편을 잡도록 한다. 그러나 1921년 제정된 신경제정책은 예술을 정치적으로 기능화하려고 과격한 정책이 이루어진다. 이러한 정책을 말레비치는 과격하게 비난을 하게 되며 그 결과 1920년 이후 말레비치는 퇴폐적 형식주의자로 낙인이 찍혀 빛을 발휘하지 못하게 된다. 그리고 러시아의 가장 뛰어난 전위 예술가 루나차르스키도 독일로 간다. 1926년 러시아로 돌아오지만 관제 예술정책으로 진위를 발휘하지 못한다.

사회 참여로서 예술의 도구화

1917년의 볼셰비키혁명은 그들이 혐오하는 기존 질서를 파괴하고 산업화에 기본을 둔 새로운 질서를 만든다. 좌익 미술가들은 무가치한 그림을 그릴 때가 아니라고 주장한다. 캔버스의 사각형은 소통의 수단으로는 너무 빈약하고 부적절하다고 강조한다. 모든 다리 그리고 광장은 그림을 그릴 수 있는 활동 장소가 되었다.

마야코프스키는 1918년 11월 겨울궁전에 있는 노동집단을 위한 토론에서 다음과 같이 말한다. "우리는 이제 죽은 작품이 숭배되는 미술의 장려한 무덤이 필요한 것이 아니라 거리에, 전차 선로에, 공장에, 공방과 노동자의 집에 있는 인간 정신이 살아 있는 공장이 필요하다."

마야코프스키와 같은 이념을 가진 화가들은 타틀린, 오시프브리크, 니콜라이 푸닌 등이 있다. 적극적인 건설자가 되려는 미술가들의 강한 욕구는 실제 재료와 실제 공간으로 된 타틀린의 구축물에서 처음 재기된 후 마음껏 표현할 수 있는 기회가 되었다. 사색적인 행위의 그림을 버리고 무가치하고 유행에 뒤떨어진 도구인 물감과 붓을 버린 이들은 물리적 실험에 뛰어든다. 이들은 미술이 사회에 참여하여 세계를 변화시켜야 한다는 것이다. 나탄 알트만은 겨울궁전 광장에 있는 중앙의 오벨리스크를 거대한 추상 조각들로 장식한다. 이러한 역동적인 미래의 구성물은 기둥의 받침대에 설치한다.

미술가들과 작가, 작곡가들은 물리적으로는 규모가 작지만은 똑같은 이념의 열정을 가지고 전 지역을 돌아다니며 혁명적이고 즉흥적인 야외극을 공연했다. 예술은 1917년 혁명 후 이렇게 대중에 섞여 그들의 작품을 선전하고 창조했다. 특히 연극은 미술과 같이 다른 예술 중에서도 가장 큰 혁명의 선전 도구가 되었다. 야외극장에서 타틀린, 야넨코프, 메이에르홀트는 무대배경을 디자인했다.

마야코프스키는 "거리를 붓 삼고 광장을 팔레트로 삼아라."고 외치며 이들은 혁명의 주제로 장식한 열차를 타고 혁명의 뉴스를 최전방까지 전한다. 이들이 혁명을 선전하기 위해 발휘했던 독창력은 한계가 없는 것 같았다.

레닌은 1918년 초에 혁명의 영웅들을 기리기 위한 선전탑을 마을마다 세워야 한다고 제안했다. 그러한 영웅들을 그린 화가들 중에는 프랑스의 세잔느, 꾸르베, 소련의 화가 벨린스키, 체르니세프스키가 있다.

주제와 형식이 어울리는 작품을 만들어낸 예술가는 타틀린이었다. 그 작품은 〈제

3인터내셔널을 위한 기념비〉다. 이 작품은 순수미술 분과가 혁명이 지난 지 2년 후 1919년에 모스크바 중앙에 세울 것을 타틀린에게 의뢰한 것인데 그는 1919년 12월에 시작하여 1920년에 완성한다. 그는 이 작품을 '제8회 소비에트 전시대회'에 출품한다. 타틀린은 이 작품에 대해 다음과 같이 말하고 있다. "공리적인 목적을 위해 순수하게 미술적인 형태를 회화, 조각, 건축을 혼합한 것이다."라고 설명한다.

이 작품은 곧 구성주의 운동을 발생하게 하는 역할을 하게 된다. 이 작품의 특성은 바로 타틀린이 기념비에 미적 원리로서 도입한 움직임(動)이었다. 가보의 움직이는 미술과 로드첸코의 모빌 작품들도 1920년경 같은 시기에 제작된다. 타틀린의 기념비는 엠파이어스테이트 건물의 두 배 높이로 유리와 강철로 만들도록 계획되었다. 나선형 강철로 된 틀은 원통형, 원추형, 입방체형의 유리로 된 몸체를 지탱하고 있다. 작품의 몸체는 기울어진 탑처럼 비대칭적인 축에 매달리게 함으로써 이 나선형의 리듬을 공간 너머로 확장시켰다. 원통형은 그 축을 따라 1년에 한 번 회전하며 이 부분은 강연회를 위한 대회 모임 등으로 사용되게 되었으며 정보국이 들어와 뉴스선언문 발표 등 전보, 전화, 라디오, 확성기를 통해 내보낸다.

다른 특징은 밤에 불이 켜지는 야외 스크린으로 뉴스를 중계하기로 되어 있다. 또한 특수 영상기를 설치해 흐린 날 문장을 쏘아 올려 폭풍을 위한 안내를 제시할 예정이었으나 이 영사기는 조수들이 만든 나무와 전선으로 만든 모형으로 완전하지 않았다. 이 탑은 미술가들이 건설하고자 꿈꾸어 왔던 이상적인 세계의 상징이었고 야심적이고 낭만적인 희망의 표상이었다. 새로운 세계를 건설하자는 이들의 활기찬 이념을 도구적인 면에서나 이젤(화판)을 퇴거시키는데 열렬한 운동을 했음에도 그들이 원하는 예술가, 엔지니어가 되기 위한 장비를 갖추지 못했다. 그러나 이들은 서구의 현대미술가들의 선구가 되었다.

러시아의 현대미술

러시아의 현대미술은 현대(Contemporary)라는 개념으로 시작한 타틀린이나 엘리시츠키, 로드첸코, 말레비치 등 20년대 화가들이 공간적이고 구조적인 조형성을 확대시키고 사색하면서 리얼리즘 미술은 "이야기거리"를 도입하는 형식을 보여주기 시작했다. 또 후기 인상파적인 감각과 입체주의와 조형성을 보다 부드럽게 파헤친다.

따라서 60－70년대 러시아 현대미술은 인상파도 아니고 입체파도 아닌 미술이라는 비평을 받는다. 소련의 공화국회원들조차도 이 범주에서 벗어나지 못했다.

그들은 이같은 관행을 18세기 중엽에 창설된 러시아 아카데미의 노선을 따라가는 것으로 받아들이고 있었다. 그러나 70년대의 정치체제의 반복되는 변화와 함께 미술계도 변화의 조짐을 보인다. 즉 프랑스의 꾸르베, 로뎅, 샤르뎅, 깔로, 제리꼬 등이 꼴베르가 세운 프랑스 아카데미에 항거하여 반아카데미즘을 보여주었듯이 러시아 공화국을 중심으로 젊은 작가들이 새로운 의식에 의한 예술, 순수한 조형성 추구의 러시아적인 신조형주의를 주창하고 나섰다.

그들 중 대표적인 인물이 미하일 체미아킨니나쓰며, 코미르 벨라미 등 30－40대가 주류를 이루고 있는 이들 작가들은 현재(1990) 러시아 컨템퍼러리의 대표적 화가들이다. 이들의 결실은 진부한 조형주의에서 벗어난 작가들로 평가되고 있다. 이들은 미국, 독일에서 인정을 받아 미국 소호의 일부 화랑에서 인정되어 그들의 작품을 전시하는 일이 있었다. 또한 이들은 파리, 암스테르담, 베를린으로 진출하여 작업을 하는 계기를 얻고 있다. 러시아 미술의 현대적 표현수단은 큐비즘에 의해 표현되었다. 1921년 말레비치는 "큐비즘과 미래파는 1917년 정치, 경제적 혁명을 예고하였던 것과 같이 예술에 있어서 혁명적이었다."고 쓴 바 있다.

즉 자본주의나 부르주아적 개인주의, 공리주의 등 한 시기의 종말은 큐비즘의 형식을 빌어 표현했으며 새롭고 개방적이며 복합적인 가능성을 드러냈다. 당시 이탈리아의 미래파, 화란의 드 스틸, 독일의 청기사파, 영국의 소용돌이파 등 전위적인 운동이 고무되던 상황에서도 러시아 미술은 매우 이질적으로 전개되었다.

이탈리아의 미래파가 매우 광란적인 형태로 드러내고 있음에도 러시아 시아 미래파는 합리적이고 건설적인 형태로 흘러갔으며 드 스틸의 도덕 지향, 독일의 청기사파의 내성적인 면에도 동요되지 않았다. 당시의 말레비치, 리츠스키 ,팹스너, 타틀린, 로드첸코 등의 작품은 서로 차이가 있었다. 이들은 미술활동과 생산활동의 차이를 거부했다.

즉 이들은 예술이 개인이나 사회에 영향을 미친다고 생각했다. 그러나 타틀린처럼 '최소한의 연료로 최대한의 발열량을 갖는 스토브 디자인'을 위하여 지성적인 것을 거부했던 극단론적인 주장을 펴는 작가들도 있었다.

정책에 의해 홍보 포스터로 변질된 화가들의 상황

30년대 이후 러시아 미술은 개성적인 첫 시대를 버리고 불모의 관학주의로 들어가게 된다. 이와 같은 정책은 20세기 초 새롭게 눈을 떴던 관람객들의 발전까지도 막아버렸다. 1932년 드디어 순수미술인 양식의 회화와 조각은 예술 연맹의 중앙집권화된 통제하에 들어간다. 아카데미에서 훈련을 쌓은 이삭 브로드스키의 휘하로 들어간다.

작가들은 발전적인 진지한 작업을 포기하고 일개 생산자의 위치로 전락했으며 그 후 타틀린은 연극 디자인과 도자기 작업을 하고 리츠스키는 전시회 레이아웃에, 로드첸코는 포토몽타주와 타이포그라피에, 말레비치는 공식 생활에서 아예 은퇴해 버린다.

30년대의 비극적인 결과로 러시아미술은 당 예술 위원회의 사전 예술작품 검열제도에 걸려 작품성이라는 예술적 가치에서 떨어졌고 인민의 삶과 희망을 노래하는 홍보포스터로 전락했다. 즉 정부는 작가들을 정부의 홍보포스터로밖에 생각하지 않았다. 당국의 예술정책에 공적으로 반대하는 작가들은 직장에서 쫓겨나야 했다. 회화나 조각은 비효율적이고 효과도 한정적으로 판단능력 있는 작가들은 대형 벽화제작이나 무대 미술가로 동원되었고 문인들은 러시아의 미래를 예고하는 서사적 시 낭송에 참여하게 된다. 유능한 영화감독은 다큐멘터리 제작에 참여하게 된다.

스탈린 사후의 화가들의 새로운 방향

60년대 말 문화의 뿌리가 단단했던 러시아인들은 스탈린 사후 그동안의 예술적 성과에 메스를 가한다. 선전물로 전락한 포스터예술은 통렬하게 공박 당하고 사회주의 리얼리즘보다는 차라리 19세기의 미술을 흠모하는 경향이 나타나기 시작했다. 이 당시 재평가되었던 작가는 이삭 레비탄, 바스네초프 등 이른바 뚜르게네프의 문학작품에서 회화적으로 묘사될 수 있는 〈가을 아침〉, 〈전사들〉과 같은 작품이다. 70년대 이후 러시아의 현대미술은 그들이 비참했던 과거에 대한 냉소주의 고발에 열을 올리고 있었다.

따라서 모든 작가들에게서 역사성의 성격이 짙게 풍기고 있다. 인체 작업은 큐비즘을 기조로 토막 시체, 가면을 흉하게 뒤집어 쓴 인물, 가시철망에 매달린 얼굴 등 소재조차 동일한 것이었다. 그러나 80년대 후 그들은 러시아인 특유의 강도 높은 정신적 에너지를 회복해가고 있다.

감수성과 의식의 문제를 변증법적으로 해결하려 하지 않고 서구의 조형주의의 필요성을 절감해 가고 있다. 18세기 성상화(聖像畵)가 보여주었던 러시아인 특유의 진기함이 현대미술의 각 장르의 표현 속에 노출시킴으로써 선전 미술에서 벗어났다. 러시아 현대미술가들이 내세우는 것은 서구의 현대미술의 모방이 아닌 러시아 현대미술이라는 것이다. 그들의 작업에는 추상표현주의 트랜스 아방가르드, 뉴페인팅, 네오지오 등 현대미술의 대중적 표현수단과는 다른 이미지를 보여주고 있다.

그것은 그들이 현대미술에 대한 해석의 차이기도 하다. 그러나 사실상 리얼리즘의 뿌리를 개념적으로, 조형적으로 담으려는 노력으로도 해석된다.

개방으로 가는 소련의 미술계, 모스크바의 사회주의 화가들과 서방세계의 화가들과의 합동 작업(애벌린스 바이스)

1988년 모스크바의 붉은 광장에는 50년대의 복고풍 스타일의 복장을 한 러시아 젊은이들이 레닌의 묘 앞을 거닐고 그들의 가슴에는 성조기와 망치와 낫이 그려진 스티커가 보인다. 피자를 사먹기 위해서 장사진을 치고 있는 주변 인도의 아르바트에는 서방 세계에서 온 관광객들이 레닌의 초상화를 사기 위해 상점에 몰려 서 있다. 사람들은 술집과 레스토랑에서 식사를 하고 있다. 건물, 상점, 사람들로 채워진 거리의 모습은 대도시의 풍경이다. 다양한 색채들은 지난날의 회색 톤의 일상적인 모습들을 밝게 해주고 있다.

9월에 있을 '대 회고전'의 마지막 정리를 마치고 조각가, 퀀터 워커는 뒤셀 드로프를 향해 떠나고 로버트 라우젠버그는 대규모 프로젝트에 대한 협의차 모스크바에 도착했다. 수년 전만 해도 비밀리에만 유포되었던 소련 미술가들의 주소가 지금은 관청을 통해 배포되고 있다. 그들의 모든 희망사항들이 점차 구체화되어 가고 있다. 고르바초프 이전에 소련을 방문했던 사람들에게는 그 차이점이 명백한 것이 아니다. 나 자신조차도 1972년 겨울 모스크바와 레닌그라드를 처음 방문했던 때를 돌이켜 생각해야만 할 지경이다. 수집품들이 네 줄로 걸려있는 집에 살고 있는 코스타키스는 철문 뒤편으로부터 서방에서 온 방문객을 조심스럽게 관찰하고 있었다. 그들은 이름이나 주소를 쓰지 않는다. 택시를 타고 한참이나 걸려서 도착한 곳은 좁고 높다란 계단식 건물이었다. 이곳에 비탈리 코마르와 알렉산드르 멜라미드가 작업을 하고 생활을 하는 공간이다.

나는 우선 하인리 뵐의 안부를 물었다. 코마르의 어머니는 독일 소설을 많이 번역하고 있었다. 우리는 바닥에 앉아 오랫동안 이야기를 했는데 여기서 소련의 사회주의 예술에 대해서 들을 수 있었다. 거기에는 사회주의 일상적인 이코노그라피가 마치 팝아트에서 대중소비문화의 묘사처럼 중심적인 역할을 하고 있었다. 사회주의 예술은 이데올로기적인 신화예술 안에서 결탁되어 있고 그 신화는 컨셉츄얼한 예술을 통해서 다양하고 흥미로운 색채를 드러내고 있다.

1977년 쾰른에 있는 발하프리하르츠 미술관에서 '질문(Fragen)'이라는 제목으로 소련 출신의 작가 코마르와 멜라드미르 그리고 미국의 더글라스 데이비드의 합동전이 열렸다. 그때 미국에 있는 작가와 소련에 있는 작가가 같은 시간에 검은 선 옆에서 영어와 러시아어로 쓰여진 '질문'을 들고 사진 촬영을 했다. 우리 사이에 경계선은 어디에 있을까? 이 사진은 그들의 작업에 핵심이며 그 행위는 장거리 전화를 통해서 주고받는 동시에 그 반응을 알아보는 형식이었다. 이 분리된 선, 가늘지만 너무나도 분명한 선의 의미는 인상적일 수밖에 없었다.

이 두 문화와 두 예술의 장(場)사이에 있는 검은 골짜기 즉 경계선은 오늘날 더 이상 존재하지 않는다. 이 경계선이 어느 날 갑자기 사라져 버리게 된 것은 변화하는 정치적 분위기 때문이다. 고르바초프의 페레스트로이카와 글라스노스트로 인해 예술과 문화의 측면에서 하나의 풍부한 그리고 상당히 고무적인 터전이 마련될 수 있었다. 놀랍게도 모스크바에는 미술시장이 있어 아직 열려지지 않은 예술분야에 대한 지대한 흥미와 그에 유관된 판매에 흥미를 갖게 했다. 예술 시장에 대한 전제 조건은 소련으로부터 수출을 위한 가능성과 그 구체적인 방법론을 들 수 있는데 미술품 수출은 어떤 연합에 속해 있는 작가들뿐 아니라 비공식적인 작가들의 작품도 가능했다. 지금까지는 살롱(Salon)이나 공식적인 연합의 조직을 통한 제한되었던 유통 구조가 트이게 되었다.

서방세계로 소개되는 소련 미술가들

미국으로 향한 첫 번째 화상으로서는 폴게트 크라우케를 들 수 있다. 컬렉터이자 미국에 소재한 독일은행의 부사장인 그는 자신이 수집한 작품들을 미국으로 수출하기 위해 소련정부로부터 미술 계약들을 체결하고 있다. 1987년 파리에서 열린 FIAC에서 갤러리에 프랑스가 소련 작가들을 대표작가로 내세우면서 소련의 작가들이 소개되었다. 스페인 마드리드의 마르코니 스튜디오에서는 소련 작가들의 작품으로 큰 전시회를 열었고 쾰른과 뮌헨에서 이러한 왕성한 활동의 최고봉은 1988년 7월 7일 모스크바에 있었던 소더비(Sotheby)의 첫 경매전이었다. 화려한 색채의 카탈로그는 현대 소련 경매품의 2/3이나 차지하고 있음을 보여준다.

이러한 활발한 전시 활동은 최근 폭발적으로 확대된 소련 미술에 대한 관심을 말해주고 있다. 에릭 불라토프의 전시회가 1988년 취리히 콘스트할레, 그리고 프랑크프르트와 본의 쿤스터베라인(kunstverein)에서 소련 미술의 대표작품들이 스위스 베른 미술관에서도 소개되었다.

또한 소련 미술의 흐름전도 소개되었는데 '레위 누스벨르그를 중심으로 한 그룹 움직임(Bewegung)'은 70년대 알렉산드르 그래거의 수집으로 일약 유명해진다. 그로 인해 작품의 질이 빈약해지고 때때로 망명작가들과 소련 국내작가들과 마찰이 생기게 되었다. 많은 내부적 문제와 진통은 관람자들에게 제대로 이해되지 않은 채 미술의 양상마저 불분명해졌다. 소련 미술에 대한 상업적 정보를 알렉세이 알렉세프가 파리에서 출간한 미술잡지 A-Ya에서 전해준다. 그 잡지에는 비공식적인 러시아 미술에 대한 '조망'이란 부제가 달려 있는데 얼마 전 폐간되기까지 1980년대에 비공식적으로 7번 출간되었다. 독일통신원으로 쾰른에 살고 있는 철학가이며 미술사가인 보리스 그로이스는 이 분야에서 상당히 유력한 중개자 중의 한 사람이다.

쾰른의 루드비히 미술관의 소련 미술에 대한 관심은 약 1년 전(1987년 현재)부터 시작된 것으로 당시 수집가였던 피터 루드비히와 그의 부인 이레네 루드비히는 수집가로서 성장했을 뿐 아니라 1982년 첫 전시회 이래 최근 상당히 발전을 했다. 왜냐하면 피터 루드비히는 정기적으로 모스크바를 방문했고 고르바초프의 시대와 함께 펼쳐질 개방시대를 예견한 몇 안되는 사람 중 한 사람이다. 이제는 1천여 점으로 불어났으며 300여 명이 되는 미술가들이 소속해 있는 수집품들을 선별하여야 하는 과정을 거쳐야 한다. 그런데 아직까지 서방세계에 소개된 작품들은 최근에 제작된 새로운 작품과 아직까지 소개되지 않은 작가들을 소개해 왔다. 놀라운 것은 공식적 예술가와 비공식적 예술가 사이의 경계가 무너지고 있다는 사실이다.

1982년 퀼른과 아첸에서 루드히 컬렉션이 '오늘의 소련 미술을 조명하다.'라는 제목을 내걸고 개최한 전시회는 비평가들이 적합하다고 하거나 전혀 비개혁적이다 라고 간주하는 작가들이 소개되었다. 그래서 사람들은 이들을 아방가르드라고 생각하게 되었다. 예컨대 소더비 카다로크를 통해서 처음에는 나탈리 네그테로바, 타티아나 나자렌트, 알렉드르 시트니코프, 등의 이름이 등장되었다. 이런 상황을 비평가들은 다음과 같이 말하고 있다. "소련의 미술현상은 밖에서 생각하는 것보다 훨씬 더 다양하고 복합적이다. 흥미로운 작업을 하는 공식적인 작가들이 있는가하면 뉴욕의 아트페어에서나 보았을까 하는 덜 흥미가 있는 작업을 하는 비공식적인 작가들도 있다."

예술가의 대부 톨스토이와 수집가 트레야코프, 화가 크람스코이

소설가나 시인이 미술에 흥미를 갖고 미술 평론을 하며 화가에게 길을 열어 주는가 하면 화가와 소설가의 만남이 서로의 예술을 풍요롭게 하고 있다. 잘 알려진 프랑스의 소설가, 에밀 졸라와 화가 세잔느의 경우도 그렇다. 19세기에 있어서 톨스토이는 러시아 문화에 중요한 역할을 하고 있다. 제정러시아 치하에서는 민중의 계몽과 각성을 강조하는 운동이 활발하게 일어나고 있었으며 이것은 엄격한 사실주의가 풍미하던 조형예술도 마찬가지였다.

이동파 화가들을 후원한 수집가 트레야코프와 국민적 지지와 존경을 한 몸에 받던 러시아 예술계에 대부 톨스토이와 교류는 19세기 러시아 문화를 더욱 풍요롭게 만들었다. 예술 애호가이며 미술 수집가인 파벨 미할로비치 트레야코프는 자기만을 위하여 그림을 모으는 여느 개인 수집가와는 달리 러시아 예술에 대한 애정과 그 국민적 가치를 확실히 하려는 의도로 러시아의 회화를 수집했다. 체르네이세프스키는 "인간의 개성은 세상에서 감정이 도달할 수 있는 최고의 아름다움이다."라고 주장했다.

19세기 후반 개성이라는 감정은 러시아의 민주적 인텔리겐자와 국민적 자의식을 나타내는 가장 중요한 조짐 중 하나였다. 이동파 화가들은 초상화에서 이러한 표현을 했을 뿐 아니라 그것을 만들고 있다는 점에서 중요하다. 뛰어난 동시대인을 깊이 평가하고 이해하면서 현재뿐 아니라 장래를 위해서 그들의 생생한 초상화를 보존하는 것이 얼마나 중요한지를 인식한 트레야코프는 1879년대 말 러시아문화에 대한 활동가들의 초상화를 수집하기로 결심한다. 이러한 구상을 수행하기 위하여 그는 훌륭한 초상화가들을 그들의 그룹에 끌어들인다. 체로프, 크람스코이, 레핀 등인데 레핀은 트레야코프의 주문으로 많은 초상화를 그린다. 인간의 개성과 현실을 반영한 19세기 러시아의 초상화를 트레야코프는 많이 주문함으로써 화가의 재능을 발휘하게 하고 결국 그 사람의 개인적 기록으로 사실주의적 초상화의 창조에 가장 효과적인 영향을 주었다. 트레야코프는 크람스코이, 페로프계, 레핀 등과 아주 가까이 지냈다.

특히 크람스코이의 창작에 그는 자극을 준다. 레핀의 말에 의하면 "러시아의 이익과 번영을 위한 헌신적인 활동으로 훌륭한 성과를 가져다주었고 더 나은 미래를 확신하며 그 이상을 위해 싸운 인물로 국가의 훌륭한 후예들의 초상화 화랑의 창시자다."라고 했다. 크람스코이는 자신의 작품을 독자적인 판테온 구조로 만든 최초의 화가 중의 한 사람이다.

크람스코이는 트레야코프를 위해 일련의 초상화를 제작했는데 그 중 가장 흥미 있는 것은 톨스토이의 초상화이다. 1873년 여름 크람스코이는 이웃에 살고 있던 톨스토이의 초상을 그린다. 이것은 그에게 큰 사건이었다. 크람스코이는 나야플랴나에 있는 톨스토이의 저택에서 4Km 거리에 있는 코즈플카－자세카에서 살고 있었다. 트레야코프는 크람스코이가 톨스토이와 가까운 거리에 살고 있다는 것을 알고 오래전부터 자신의 화랑에 톨스토이의 초상화를 가질 수 있는 희망을 크람스코이가 성사해 줄 수 있을 것이라고 생각한다.

트레야코프는 시인 페트(1820－1890)를 통해 4년 전 톨스토이에게 모델이 되어 달라고 했으나 거절을 당한다. 트레야코프는 크람스코이에게 톨스토이의 초상화를 그려달라고 열렬히 청한다. 크람스코이는 톨스토이를 만나 초상화를 그리게 해달라고 청하나 거절을 당한다. 톨스토이는 이미 트레야코프의 청을 거절했다고 단호히 말한다. 크람스코이는 언젠가 작가의 초상화가 만들어져 트레야코프의 화랑에 걸리게 될 것이며 그때 작가는 적절한때가 아니여서 후회할 것이라고 말한다. 크람스코이는 아주 짧은 시간에 초상을 그릴 것이고 만일 초상화가 마음에 들지 않은 경우 폐기해도 좋으며 트레야코프의 화랑에 반입하는 시기는 톨스토이의 자유대로 선택하라고 하자 그는 자식들에게 주기 위해 초상화를 그리려고 하니 그려서 복제품을 만들어 그것을 화랑에 가져갈 것을 청한다. 크람스코이는 두 개의 초상화를 그려서 자식들에게 줄 것과 화랑에 걸 것을 선택하라고 했다.

톨스토이는 크람스코이를 보고 상트페테르부르크에서 가장 새롭고 순수한 화가라고 생각하며 작가는 화가에게 흥미를 느끼고 서로가 더 잘 알려고 한다. 1873년 9월 6일 포즈시간이 시작되고 트레야코프는 기뻐서 크람스코이에게 "축하합니다, 설득 당하지 않는 사람을 당신은 설득했습니다."라고 축사를 보냈다. 톨스토이는 크람스코이에게 유례 없는 감동을 주었다. 크람스코이는 톨스토이의 초상을 그리기 어렵다고 생각했다. 그의 날카롭고 저력이 넘치는 고집스러운 눈빛, 냉철한 머리와 뜨거운 가슴 속을 느낄 수 있는 정력적인 얼굴을 마주하면서 차츰 무서움을 느꼈다.

크람스코이는 동시에 두 점의 초상화를 그렸다. 한 점은 크고 다른 한 점은 약간 작게 그렸다. 톨스토이는 농민들이 많이 입는 푸른 잿빛 옷을 입고 모델이 되었다. 그림을 그리는 동안 화가와 작가는 서로 관찰한다. 당시 예술계 인텔리겐자 사이에 풍문으로나 듣던 크람스코이와 같은 인물을 처음 친근하게 접한 톨스토이는 시민이자 사회 활동가로서의 뚜렷한 인간상을 그에게서 발견한다. 톨스토이는 날이 거듭할수록 크나큰 존경과 호감을 그에게서 품게 된다. 10월 3일 크람스코이는 훌륭한 러시아 초상화가 가운데 한 사람으로 영원히 남게 해 줄 작업을 끝낸다. 이 초상화에서 백작 톨스토이가 아니라 농민 옷을 입은 현자가 화면에서 직시하고 있다. 그의 눈빛은 놀라운 힘을 숨기고 있다.

아주 솔직하게 그려진 이 초상화는 색채 효과를 피하고 붓의 특징을 억제하고 있는 것이 오히려 작품의 유다른 고결함과 심원한 요소를 부여하고 있다. 톨스토이와 크람스코이의 만남은 두 사람의 창작에 뚜렷한 흔적을 남기게 된다. 1873년 톨스토이는 장편 소설 〈안나 카레니나〉에 전념했는데 작중 인물 중 화가인 미하일로프가 안나의 초상화를 그린다. 미하일로프에서 크람스코이의 개성을 엿볼 수 있다. 여러 화가가 톨스토이의 초상화를 그렸으나 크람스코이처럼 톨스토이가 가진 천성 중 민중의 슬픔과 한을 이해하는 재능을 면밀히 표현하지는 못했다. 민중의 괴로움을 응시하면서 인간으로서 가슴 아프게 생각한다고 소리높이 절찬한 미술 평론가 V.V. 스타소프(1824-1906)는 크람스코이의 작품을 독창성, 지식의 풍요, 예술적 천성의 힘, 선량함, 순수함, 불굴의 의지라는 톨스토이 백작의 개성, 그리고 고상하고 독특한 요소를 크람스코이는 묘출(描出)했다고 평했다.

그 후 톨스토이는 트레야코프의 초상화 화랑을 찾아 트레야코프와 그림에 대한 의견을 나눈다. 톨스토이는 트레야코프의 수집을 민족적인 러시아의 미술관이라고 말한다. 톨스토이는 트레야코프에게 훌륭한 작품을 놓쳐서는 안된다고 충고한다. 이에 대해 트레야코프는 "우리나라 작품을 완벽하게 보존하기 위해 필요하다는 것은 모두 입수하고 있습니다. 일상에서 떠나 쉴 수 있는 박물관과 수집을 진심으로 사랑하고 내가 사랑하는 것을 다른 사람들에게도 전해주고 싶습니다."라고 대답한다. 이동파 화가 및 러시아 화가들이 톨스토이의 초상화를 많이 그렸다. 레핀의 〈장미 빛 의자에 앉은 톨스토이〉(1809), 〈하모부니키 저택 서재에서 집필 중인 톨스토이〉(1893), 〈맨발의 톨스토이〉, 이 작품은 1980년대 서울에 있는 동화 갤러리의 기획전에 레핀이 그린 작품으로 소개된 일이 있다. 톨스토이와 레핀은 친구로서 자주 모임을 가졌었고 그들은 주로 레핀의 집에서 토론을 하는데 마치 큰 강당에서 하는 것처럼 서넛이 모여서도 탁자 앞에 서서 자신의 생각을 발표했다. 이때 사용했던 탁자는 레핀의 생가에 있는 토론하던 방에 보전되어 있다. 지금도 레핀의 생가를 방문하면 그들이 함께 했던 방을 볼 수 있다.

상트페테르부르크에는 레핀의 이름을 딴 예술아카데미로 레핀 아카데미가 있다. 톨스토이의 작품의 삽화를 그린 화가들도 많았다. 하르삭은 〈부활〉의 삽화를 그리고 니콜라이예프는 〈전쟁과 평화〉의 삽화와 〈안드레이 공작과 투신대위〉, 〈안나 카레니나〉의 삽화를 그렸다. 루다코프는 〈전쟁과 평화〉, 파스테르나크는 〈나타샤의 첫 무도회〉, 〈전쟁과 평화〉, 사오흐발로프는 〈귀족 모임의 카레니나〉의 삽화를 그렸고 조각가 칸츠부르크는 1891년 〈집필 중의 톨스토이〉라는 그림을 그렸다. 화가 파스테르나크는 〈닥터 지바고〉의 작가 보리스 파스테르나크의 아버지다.

예술품 보존에 대한 러시아인들의 민족적 의식

러시아 일반인들이 예술에 대한 흥미에 관심이 다른 나라 사람들과 달리 유별난 것은 건국초기부터 귀족 그리고 인텔리겐자들의 낙후된 국가에서 벗어나려는 의식에서 유래되었다고 볼 수 있다. 러시아는 건국 초기부터 서방세계보다 문화가 뒤떨어져 있었다.

예술에 대해 의식 있는 사람들은 물론 돈 있는 부자, 귀족, 지식인들은 옆에 있는 독일이나 프랑스 그리고 이탈리아로 여행을 하면서 자기들보다 앞선 문화예술에 대해 놀라며 부러움을 산다. 그래서 많은 것을 배워 온다. 표트르대제는 직접 여행을 하면서 자신이 과학을 개발하던가 이상형의 국가와 문화를 건설하려고 한다.

특히 인텔리겐자들, 예를 들면, 트레야코프, 아브람체보를 건설해서 예술인들을 키우고 후원했던 사바 마몬토프 같은 사람들이 그 예이며 그들은 하나같이 민족의식을 가지고 자신뿐 아니라 국가와 민족을 위해서 문화예술에 이바지하며 예술품들을 민중들이 접하도록 한다. 그리고 상트페테르부르크에서 활동하던 예술운동의 선구자들의 정신은 청년기부터 예술에 관심을 갖는 풍요로운 풍토를 만들고 있던 예술에 대한 정신이 러시아인들을 어려서부터 예술에 관심을 갖게 하는 풍토를 만든 계기의 하나이다. 1917년 혁명 후에 정책이 비록 예술가들을 정책 홍보에 이용했지만 오히려 그럼으로써 민중을 예술이라는 것에 직접 접하게 하는 구실을 하게 된다. 연극은 가장 정책을 선전하는 역할을 하게 된다. 그리고 도회가 아닌 곳에서도 연극 미술을 접할 수 있게 순회를 했다. 이와 같이 러시아 민중들은 하층 계급도 예술에 접할 수 있는 기회를 갖게 된다. 미술품만 하더라도 민중들이 다가올 수 있도록 하기 위해 예술품의 보고를 건축한다. 프랑스보다 미술관 건설을 늦게 했지만 프랑스의 미술관보다 많은 그리고 큰 미술관들을 모스크바뿐만 아니라 여러 곳에 건설한다. 물론 상트페테르부르크에 세운 것은 한때 그곳이 수도 역할을 한 이유도 있다.

왕정이 물러난 후에는 왕실 별장이 그대로 미술관의 역할을 하고 있어 대형 미술관으로 변모하여 러시아의 예술문화의 자긍심을 가지게 하고 있다. 이와 같이 예술에 대한 자긍심을 갖고 있는 러시아인들은 예술을 생활화하는 모습을 곳곳에서 볼 수 있다. 도시마다 대형박물관과 미술관들이 수를 헤아릴 수 없이 많은데 더욱 놀라운 것은 어느 곳이나 관람객들로 만원을 이루고 있다. 이것은 어릴 때부터 예술품을 감상하는 것이 교육적 전통이 되고 있다는 것이다. 러시아의 박물관들은 겉모습과는 달리 엄청난 문화재들을 간직하고 있다.

서구의 유명한 박물관들이 조각, 회화 등의 값진 미술품을 수장하고 있는데 반해 러시아 박물관들은 공예품에서 단연 으뜸가는 미술의 보고다. 특히 의상, 장신구 생활용품 등에서 보이는 화려함과 정교함은 손재주의 극치를 이루고 있다. 모스크바에 있는 크렘린궁의 크렘린 박물관은 제정러시아시대 황실에서 사용하던 옷과 집기, 마차들이 소장되어 있는 곳은 '아니냐몬드' 박물관으로 불릴 정도로 모든 전시품들이 어마어마한 보석으로 장식되어 있다.

에카테리나 여제 1세가 즉위할 때 입었던 드레스에 달린 은박에 99개의 보석을 달아 관람객의 눈을 사로잡고 있다. 왕관에 박은 커다란 다이아몬드와 각종 보석의 광채는 형용할 수 없을 만큼 화려하다. 표트르대제가 사용했다는 여덟 마리의 말이 끄는 마차는 사방 기둥에 조각한 비너스의 조각이며 수정으로 된 유리문에 전체를 금빛으로 도금해 놓았다. 심지어는 말안장에도 보석으로 박아 놓았다.

이 박물관에는 황실 유물뿐만 아니라 유럽 각국에서 선물로 보내온 각종 장신구와 마차들은 17-19세기의 극도로 사치했던 유럽 문화의 일면을 보여주고 있다. 성경책들도 표지를 보석으로 장식한 것은 당시에 종교가 형식에 치우쳐 부패해 갔음을 보여주고 있다. 크렘린 박물관에는 방마다 값진 보석류 등이 그득하고 중국을 비롯한 인접국에서 보내온 값진 미술품들로 세계문화의 전시장을 방불케 하고 있다.

이러한 사치와 종교의 부패가 러시아 혁명을 일으킬 수밖에 없었던 것을 보여주기도 한다. 넓은 벽에는 러시아를 위시한 세계 유명화가 작품들이 걸려 있는데 그 수준은 서구 세계의 소장품 못지않게 훌륭하다. 마치 러시아의 저력을 나타내고 있는 느낌을 갖게 한다.

우즈베크의 수도 타수겐트의 우즈베크 근대미술관은 사회주의 리얼리즘 회화들과 공예품들이 전시되어 있다. 그 중에는 'H.C 신'이라고 한 한국인의 작품도 있는데 이곳에 살고 있는 한인교포의 작품으로 추측되는 작품이 이곳에 있다. 이곳에는 1937년 스탈린에 의해 소련 소수민족의 강제 이민 정책으로 이주해 사는 한인들의 4세대까지 살고 있다. 우즈베크 근대 미술관에 소장된 대부분의 작품들은 소비에트 시대에 그린 그림으로 사회주의 리얼리즘 색채를 나타내는 것들이다. 모스크바와 멀리 떨어져 있고 신생 도시로서 사회주의 이후에 생긴 학교 등 문화시설도 모두 사회주의 치하에 건설된 것이다.

이와 같이 이들의 이념은 사회주의 환경에서 나온 것이어서 문화와 예술이 이념적이다. 근대미술 역시 다양하지 않다. 상트페테르부르크는 제정러시아시대의 수도였을 때 지은 이름이었으나 혁명 후는 레닌그라드로, 다시 스탈린 그라드로 바꾸었다가 개방 후 본래의 이름으로 바꾸게 된 것이다.

상트페테르부르크는 아카데미주의 예술과 진보적 예술이 동시에 발전한 도시이다. 그리고 모스크바 못지않은 예술의 도시이다. 사실주의 화가 레핀의 이름을 딴 예술학교인 레핀 아카데미가 있고 상트페테르부르크 아카데미가 있어 많은 예술가를 배출했다. 상트페테르부르크 아카데미나 레핀 아카데미는 모두 사실주의 아카데미 정신을 가진 학교들이다. 그러나 이곳을 졸업하고 진보적인 시대의 변천을 따라 진보주의로 간 예술가들이 많다. 예술 애호주의에서 발생한 도시여서 곳곳에 세계적인 대형 미술관을 소유한 도시이다. 소장품만 해도 하루에 다 볼 수 없는 미술관들이 있다. 즉 러시아 최대 예술 문화도시라는 것을 미술관들이 상징하고 있다.

러시아가 자랑하는 헤르미타지 미술관은 도시 중심에 세운 것으로 표트르대제가 40년을 걸려 심혈을 기울여서 건축한 겨울 궁전에 있는 이 박물관은 3백 22개의 진열실에 소장품은 3백만 점에 달한다. 헤르미타즈 박물관은 규모로도 세계 최대로 전시장을 다 보려면 24km를 걸어야 할 만큼 방대하다. 1764년 외국 미술품을 소장하는 박물관으로 개관되어 있는 이곳에는 에카트리나 여제가 황실의 몇몇 사람들에게만 관람을 허용함으로 당시 시민사회에서는 박물관을 여왕과 귀족만이 감상하는 곳이라고 비난을 받고 있었다. 1917년 혁명 후에는 일반에게 공개되기 시작했다.

헤르미타즈 박물관은 5개의 건물로 되어 있으며 선사시대부터 현재에 이르는 동서의 회화, 조각은 물론 각종 고고 미술품까지 인류 역사의 발자취를 볼 수 있는 진지한 미술품들이 소장되었다. 특히 보석으로 치장한 각종 공예품들은 현대미술이 아무리 발전되었지만 그 뿌리인 창조력은 크게 벗어나지 못했음을 엿볼 수 있다. 상상을 불허하는 타피스트리와 벽화들도 소장되어 있다. 아르메니아 출신, 아이바조브스키의 〈제1번 물결〉, 〈큰 파도〉 등은 사실적인 묘사의 대작이다. 마티스의 유명한 〈춤〉도 이곳에 있다. 24km 걸어야하는 이 광대한 전시실의 피로를 달래기 위해 전시실 곳곳에 음악가들이 연주를 하고 있다. 이것 또한 예술을 향유하는 러시아인들의 발상같다.

러시아 박물관도 상트페테르부르크에 있다. 11세기부터 현재에 이르는 30여 만점이나 되는 러시아인들의 예술품을 소장하고 있다. 이콘의 종주국답게 중세부터 융성한 성상화들이 주류를 이루고 있다. 1층에는 성화와 초상화 조각품들이 전시돼 있고 2층에는 19세기 이후의 회화들이 있다. 이 박물관에도 아바조브스키의 〈제10번 물결〉은 신비경을 연출하고 있다. 아카디플라스 토브의 〈정오〉 등 사회주의 생활상을 담은 대작품들도 소장되어 있다. 모스크바의 푸시킨 미술관은 주로 인상파의 그림들이 대부분이다.

푸시킨 미술관은 크렘린궁에서 멀지 않은 불크혼카에 위치해 있다. 19세기 말과 20세기의 서구 미술품, 특히 프랑스 회화들이 많은 것으로 유명하다. 고대 러시아와 이집트의 독특한 문화재들도 소장되어 있다. 소장품은 약 35만 점이 있다. 서구 사회와 미술이 개방되어 멕시코의 투탄카, 뉴욕의 메트로폴리탄 박물관의 소장품들이 교류되어 모스크바인들로부터 많은 호응을 얻었다.

이와 같이 러시아에서는 미술관끼리 교류가 이루어지고 있다. 최근 프랑스는 교류전이 아니라 외국미술관의 소장품과 동시에 전시를 하고 있는 경향이 늘고 있다. 푸시킨 미술관에서는 1912년부터 현재까지(2000년) 2만여 회의 전시가 열렸다. 이곳에서는 미술품만 아니라 음악. 강연, 연극 공연이 열리고 있다. 어린이들의 감성을 위한 미술 강좌가 계속되고 있다. 서구의 복제품들도 많이 전시되어 있는데 비너스 상을 비롯해 희랍 조각품들과 로댕의 〈생각하는 사람〉 등이 있다. 2층 전시장에는 모두 인상파의 복제품이 전시되어 있다. 마네의 〈풀밭에서 식사〉 등을 비롯해 르느와르, 마네의 다른 작품, 모네, 고갱, 고호, 마티스, 시슬리, 피카소, 보나르 등의 작품들이 많다. 혁명의 와중에서도 예술품의 가치를 인정하고 수집하고 보존하는 러시아인들의 예술 애호는 제정러시아시대로부터 내려오는 그들의 국민 의식이라고 볼 수 있다.

제3장
러시아 영화발전과 외국영화인들의 러시아에서의 영화 활동

프랑스가 1895년 뤼미에르에 의해 세계에서 최초로 영화를 발명한 후에도 러시아는 독자적으로 영화를 발전시키려고 하지 않았다. 문화에 뒤떨어져 있던 러시아인들은 영화라는 발명품을 상상할 수도 없는 일이여서 별로 관심을 갖고 있지 않았다. 그리고 뤼미에르 형제는 각국을 순회하면서 자기들의 발명품을 직접 보여주는 마케팅 겸 홍보에 열을 올리고 있었으나 러시아를 그들은 나중에야 염두에 두고 진출한다.

사실 영화의 발명은 뤼미에르 형제의 발명이 아니라 그들보다 앞서 토마스 에디슨의 발명품이다. 프랑스인들은 다른 사람이 발명하거나 창작을 가져다가 완성시키는 특성을 가지고 있다. 문학에서 낭만주의도 마찬가지로 그들은 다른 나라에서 시작한 (독일)것을 가져다가 더 발전시켰다.

이와 같이 뤼미에르 형제는 에디슨의 발명품을 한층 더 발전시켜 영상을 만들어 냄으로써 이 발명품을 가지고 선전을 위해 각국을 순회했던 것이다. 프랑스에서 영화가 발명된 지 1년 후 1896년 일군의 영화개척자들은 새로운 영화시장을 찾아 러시아로 몰려든다. 상트페테르부르크와 모스크바에는 니콜라이 2세의 대관식을 보기 위해 많은 사람들이 몰려든다. 이 관객들을 상대로 돈을 벌려고 몰려온 상인들 주위에는 프랑스, 영국, 미국 출신의 영화산업의 선구자들도 있었다.

즉 러시아 최초로 영화 관객이 창출된 것이다. 상트페테르부르크의 여름극장인 아콰리움(Aqarium)에서 연극 공연 중간에 뤼미에르 시네마토그라프를 삽입해 보여주는 마케팅 작전이 이루어져 영화 관객이 창출된다. 의심할 여지없이 이것은 대단한 흥미를 가져다 준다. 진기한 것이었다. 특히 기차의 도착, 싸움, 카드놀이, 수영 등이 나오는 장면이었다. 누구든지 시네마토그라프는 대중을 끌어당기는 자석이라고 단언했다. 기차가 달려오는 장면에서 그 당시 어디에서나 관객들은 달려오는 기차를 피하려고 소동을 했는데 러시아에서도 예외는 아니었다. 사람들은 놀라 밖으로 나가려고 일어나 나가는 소동을 부리게 된다.

1896년 5월 여름궁전인 헤르미타즈에서 에디슨 키네토폰(Edison Kinetophone)이 첫 선을 보이고 다음 상트페테르부르크에서 상연을 했을 때 무소르스키와 림스키 코르사코프에게 심대한 예술에 대해 영향을 준 비평가 인 73세의 블라디미르 스타스브는 동생에게 영화감상을 다음과 같이 보낸다.

"에디슨이라는 천재가 만들어낸 새로운 발명품인 활동사진을 보았을 때 내가 얼마나 즐거웠는지 아느냐? 그것은 정말 놀라운 것이었다. 우리 시대 이전에는 결코 그런 것이 없었다. 나를 졸라서 같이 가게 된 글라조프와 나는 너무나 황홀했던 나머지 끝날 때엔 에디슨 만세 라고 소리치면서 힘차게 박수를 쳤다. 아직까지 완벽한 것은 아니다. 인물과 대상이 가끔 배경과 뒤섞이어 흔들린다거나... 하지만 누가 감히 이 위대한 업적을 하찮은 것이라 몰아붙일 수 있단 말이냐! 그뿐만 아니라 우리가 앉아 있는 의자에서 불과 몇 피트 떨어진 곳에서 꿈틀대는 바다... 멘델스존의 〈고요한 바다〉를 볼 때 이 은빛 출렁이는 움직임에 따라 음악마저 제격으로 흘러나오는..."

또한 1896년 7월 막심 고리끼의 영화에 대한 감상을 보면 "나는 그림자의 왕국에 있었다... 나는 오몽(Aumont)에 있었고 그곳에서 뤼미에르의 시네마토그라프, 움직이는 사진을 보았다. 이것이 창조한 기괴한 인상이 너무 독특하고 복잡해서 과연 내 능력으로 그 분위기를 그대로 묘사할 수 있는지 의심스럽다. 그러나 그 원리가 정확하게 전달되도록 노력하려고 한다. 뤼미에르의 발명품이 있는 방에 불이 꺼지자 갑자기 영사막 위에 '파리의 거리'라는 거대한 회색 사진이 한 장 나타났다. 그 영사막을 응시하고 있으면, 마차, 건물, 다양한 포즈를 취한 사람들이 보인다. 이 모든 것들은 마치 움직일 수 없도록 된 것 같다. 온통 회색이고 하늘도 회색이다... 나는 아직도 뤼미에르의 발명품이 갖는 과학적 중요성을 갖지 못한다. 그러나 확실한 것은 그것이 현실적으로 존재한다는 것이다. 어쩌면 과학의 보편적인 목적, 즉 인간 생활의 개선과 인간정신의 발전이라는 목적에 이바지하게 될지 모른다."고 하였다.

영화와 톨스토이, "무엇인가 작품의 새로운 형식이 다가오고 있다."

1950년대 프랑스의 일군의 작가들은 문학에 있어서 새로운 형식을 시도한다. 톨스토이는 이들보다 50년 전에 영화라는 새로운 예술을 통해 문학에 대한 변화 없는 형식을 자각하고 새로운 형식을 욕망하고 있었다. 러시아에 영화가 알려진 지 13년 후인 1908년 톨스토이는 영화에 대한 그의 견해를 이렇게 말했다.

"회전 손잡이가 달려있고 찰깍하는 소리가 나는 이 작은 기구가 우리의 생활, 작가의 생활에 일대 변혁을 주게 될 것이다. 이것은 낡은 문학 예술방법에 대한 직접적인 공격이다. 스크린과 그 감정 없는 기계에 우리가 적응해야 할 것이다. 새로운 작품 형식이 필요하게 된 것이다. 나는 그것에 대해서 생각해 왔고 무엇인가 다가오고 있음을 감지하고 있다. 오히려 나는 그것에 대해서 나의 생각은 무엇인가 다가옴을 예견하고 있었다. 나는 그 변화를 더 환영한다. 신속한 장면의 변화 정서와 경험의 혼합, 이러한 것들이 우리가 익숙하게 접해 왔던 무겁고 지루한 작품들보다 훨씬 훌륭하다. 이것은 우리 생활에 보다 밀접하다. 또한 우리 생활상들이 우리 눈앞에서 순식간에 변화하고 뒤바뀌어서 마치 혼이 달아날 것만 같다. 영화는 움직임의 신비를 예고했다. 그래서 그것은 위대하다. 〈살아 있는 시체〉를 집필할 당시 나는 머리를 쥐어뜯고 손가락을 깨물었던 적이 있다. 왜냐하면 한 사건에서 또 다른 사건으로 신속하게 넘어갈 수 없었기 때문이다. 그러나 영화는 얼마나 훌륭한가. 드르르하면 한 장면이 만들어진다. 드르르하면 또 다른 장면이 만들어진다. 몇몇 사람들이 톨스토이에게 이윤에만 관심이 있는 사업가들의 영화가 흥행하고 있는 것에 대한 질문에 그는 "영화는 사업가들의 수중에 들어갔고 예술은 울고 있다. 그러나 어디에는 장사꾼이 없는가? 얼마 전 나는 연못에서 나비들이 햇볕을 받으며 보내는 그들의 짧은 생애를 보았다. 왜냐하면 해가 지면 그들은 죽고 만다. 그러나 나비들은 빙빙 돌며 날아다니고 있었다. 그런데 나는 갈대숲 기슭에서 날개에 옅은 자주빛 작은 반점이 있는 곤충 한 마리를 보았다. 그것도 주변을 빙빙 돌고 있었다. 바로 그 갈대 숲 사이에 커다란 두꺼비가 하얀 목구멍을 내보이며 가쁜 숨을 쉬면서 앉아 있었다. 그는 나비를 보지 못했다. 그런데 마치 나비는 두꺼비에게 자신이 발견되기라도 바라는 것 같이 날고 있었다. 두꺼비가 입을 벌리고 위를 바라보고 있는데 이상하게도 나비는 그 위를 계속 날고 있었다. 두꺼비는 재빠르게 턱을 닫아 물었고 나비는 사라졌다. 그때 나는 나비가 두꺼비의 위에 들어가 그곳에서 알이 부화되고 신의 땅에 다시 나와 유충과 번데기가 된다는 사실이 문득 떠올랐다. 그 번데기는 애벌레가 되고 그 애벌레로부터 새로운 한 마리의 나비가 나오게 된다. 그리고 나면 그 나비는 다시 빛이 내려쬐이는 태양 아래 날아다니게 된다. 이른바 새로운 생명의 창조는 도처에서 시작된다. 영화도 이와 마찬가지다. 영화 예술은 갈대숲이고 그곳에는 두꺼비, 장사꾼이 버티고 앉아 있다. 두꺼비 위 속으로 한 마리의 나비, 예술가가 날아다닌다. 단 한 번의 눈길로 사업가의 입은 예술가를 먹어 치우고 남는다. 그러나 그것은 곧 멸망을 의미하지 않는다. 그것은 단지 생식 방법의 일환이며, 또한 종족을 번식시키는 방법 중의 하나인 것이다. 요컨대 사업가의 뱃속에서 알은 수정과정과 부화과정을 계속하는 것이다. 그 알은 신의 땅에 다시 나타나게 될 것이고 다시 도처에서 그들의 아름답고 빛나는 삶을 시작할 것이다."고 하였다.

러시아 유성 영화의 탄생과 세계적 감독들의 탄생

러시아는 발성영화 초기부터 별로 괄목할 만한 영화생산을 하지 못했다. 러시아의 삼대 거물급 감독도 30년대 후반부터 활동을 한다. 도부첸코는 1930년 〈대지〉를 만든 후 1932년엔 〈이반〉을 만든다. 그러나 이 작품들은 모두 실패작이 되었다. 이젠슈타인은 미국에서 실패를 한 후 1932년 〈멕시코 만세〉를 만들고 경제적 어려움 때문에 중단하고 러시아로 돌아온다. 1935년에는 〈베젠느의 복장〉을 감독하지만 혹평을 받는다. 푸도프킨은 베를린에서 러시아로 돌아와 두 편의 유성 영화를 감독한다. 1932년 〈단순한 경우〉와 1834년 〈변절자〉를 감독한다.

이 두 편은 그가 만든 세 편의 영화와는 거리가 멀다. 반면 니콜라스 에크는 마자랭코의 작품을 번안한 1931년 작 〈인생 행로〉를 감독한다. 이 영화는 러시아 영화의 위대한 고전주의의 하나로 간주되고 있다. 이 작품의 성공으로 그는 국제적인 인기를 얻게 된다.

제1차 세계대전 기간의 러시아 영화 : 다양한 주제의 영화모색

세계 1차 대전은 프랑스에 있어서 영화의 쇠퇴를 가져오게 되며 따라서 미국 영화가 세계에서 최고의 위치를 차지하게 된다. 미국의 독립 제작사는 유럽의 영화 기술 방법을 완전히 적용하고 주제를 선택하여 유명한 배우와 감독에 의해 제작되는 장편영화를 주로 제작한다. 1914년부터 미국인들은 영화 시장의 지배권을 장악하고 로스앤젤레스로부터 20km 떨어진 200여 명이 살고 있는 작은 마을인 헐리웃에 영화사를 세움으로 장차 이곳에 세계 영화의 메카를 등장시킨다.

영화의 종주국인 프랑스가 몰락 일로에 있게 되고 유럽의 다른 나라들도 몰락하여 다른 국가의 영화사에 흡수되는 현상이었다. 러시아는 전쟁 초기에 애국심을 주제로 한 상당수의 영화를 만들어낸다. 바우에르나 기르디네, 가린느, 차르디닌, 스타레비치, 프로타자노프 등이 만든 영화들이 그러한 영화들이다. 러시아의 군사적 사정은 급속히 몰락하게 되고 영화인들은 다양한 형식의 영화를 만든다. 도피적인 영화나, 탐정물, 또는 도색적인 포르노 영화로 방향을 바꾸었다. 포르노 영화로서 가장 유명한 배우는 가이다리브, 올가 오즈프스카야, 이반 모스주킨, 나탈리 이젱코, 베라 콜론디나 등이다. 500편 이상의 영화와 장편영화 중 대부분은 1919년에 만들어졌다. 그 중에는 푸시킨의 원작을 영화화한 프호타자노프의 〈머리가 돈 여자〉가 있으며 이 영화에서 모스주킨은 처음으로 대역을 맡고 있다.

톨스토이나 도스토예프스키, 푸시킨 같은 대가들의 영감에서 나온 역사적 작품들은 특히 야코브 프로타자노프가 영화로 만든다. 1918년부터 영화인들은 그들의 정열과 예술을 혁명에 기여한다. 물질적 궁핍과 필름의 부족으로 영화인들은 장편영화의 촬영을 포기한다. 그리하여 타세나 드지가는 직접 러시아혁명의 장면을 영화로 찍는다. 러시아의 영화다운 영화는 1920년대에 들어와서 러시아에서 여러 분야에서 예술운동이 일어나게 되며 이 운동의 이론은 러시아 영화에 아주 큰 영향을 주게 된다.

새로운 형식의 러시아 영화 탄생 : 시네마 베리떼(Cinéma Verité)

드지가 베르토프는 시네마 베리떼(Cinéma Verité)를 만든다. 시네마 베리떼는 전통적 영화에 대한 이념 및 미학을 거부하고 새로운 형식 내지 기술적 표현을 추구하는 영화다. 즉 카메라가 포착할 수 있는 객관적 현실을 그대로 표현하고자 하는 것이다.

이러한 경향의 영화를 러시아에서 만들어내자 프랑스 비평가들은 시네마 베리떼라는 이름을 프랑스어로 붙인다. 드지가 베르토프는 또한 시네마 －외의(Cinéma－Oeil)의 창시자가 된다. 그는 순수하고 적나라한 현실을 포착하고 급작스럽게 일어나는 삶을 포착하고자 노력한다. 그리고 그는 글이나 시나리오나, 문학과의 결합이나 몽타주만으로 충분한 것만을 선택해 표현하려고 했다. 영화에 있어서 표현의 가능성에 관한 탐구는 다른 외국 작가들의 작품에서도 찾아볼 수 있다.

드지가 베르토프의 영향을 받은 작가들

월터 루트맨의 1928년 작 〈대도시의 교향곡〉, 로버트 시오드마크와 에드가 율머와의 합작인 1929년 작 〈일요일의 사람들〉, 장비고(프랑스 감독)의 1929년 작 〈니스에 관해서〉. 마르셀 까르네(프랑스 감독)의 〈노장〉, 〈일요일의 엘도라도〉 등은 베르토프의 영향을 받은 것이다.

배우 양성소, FEKS와 영화의 실험적 연구실

코젠트 세프, 타라우마크, 유트게비치, 구에라시모프 등의 FEKS(전통적인 배우에서 벗어나 새로운 것을 추구하는 배우들의 양성소)는 그들이 추구하는 영화와 반대되는 문학이나 극을 거부하며 경멸한다. 이들의 영화운동은 배우들의 역할과 몽타주의 속임수의 모든 방법에 의존하는 것이다.

레프 콜레초프가 설립한, '실험적 연구실'은 영화인들에게 창조자로서의 역할과 몽타주의 예기치 않은 결과를 보여준다(배우는 아무것도 아니고 감독만이 전부다). 이젠슈타인은 프도프킨, 클레초프, 도브첸코와 같이 러시아 영화의 네 거장의 한 사람이다. 그는 1924년 〈파업〉을 감독한다. 이 영화는 그가 만든 첫 장편영화다. 1928년 그는 벨기의 최우수 영화인 〈갑옷 입은 포템킨〉(1925)을 감독한다. 이 작품은 영화 운동에 의하여 만들어진 영화다. 극적 구성과 표현의 강도로서 걸작이다.

레옹 무시나크는 이 영화에 대해서 다음과 같이 말하고 있다. "생명력을 갖지 못한 영화는 비장한 진실을 드러낸 적이 없다. 그러나 이 영화는 영화 예술에 의해서 제작된 최초의 서사시적 영화다. 그리고 이 영화는 혁명적인 질서 속에서 가장 절대적이고 도덕적인 비중과 인간의 심오한 감성으로 앙양시키고 있다. 그리고 내용은 사회적 총체라고 할 수 있으며 연기자들의 탁월한 훈련에서 이루어지는 친근한 표현, 세부적인 구조, 영화의 전개가 뛰어나다. 이것은 영화 예술에 대한 혁혁한 입증이 되고 있다. 영화에서 현실의 감정은 정서와 불가분한 것이다. 이젠슈타인은 미국의 영화가 배우중심이 되게 하는 것이 얼마나 그릇된 것이라는 것을 말해주고 있다. 이젠슈타인은 어떤 철칙이나 이론이 없다. 그의 영화는 문학이나 극의 영향을 받지 않았다. 그의 영화는 전적으로 영화 자체이며 순수한 영화적 표현으로 순간을 표현하고 있다. 〈포템킨〉

은 리듬이 구성이 탁월하다. 리듬 구성은 몽타주의 효과에 있다. 이젠슈타인이 군중들을 촬영하는데 탁월하다."

이와는 달리 푸도프킨은 각 개인의 독자적 성격이나 심리현상에 무게를 두고 있다. 1926년 작 〈어머니〉가 그런 작품이다. 이 작품은 막심 고르키의 유명한 소설을 발췌한 것으로써 세계에서 가장 우수한 작품 중의 하나이며 푸도프킨의 주인공 베라 바라노프스카야와 니콜라이 바타로프를 유명하게 만든 작품이다.

푸도프킨의 1927년 작 〈상트페테르부르크의 최후〉와 1928년 작 〈아세아에 몰아닥친 폭풍우〉는 걸작이다. 푸도프킨은 영화에 있어서 움직임이 영상에 대한 일부라는 것을 아주 잘 이해하고 있다. 프도프킨과 이젠스타인은 인간의 가장 심오한 것을 나타내고 있다. 이젠스타인의 영화는 울부짖는 소리와 같은 반면 푸도프킨의 영화는 노래와 같다는 평이 일반적인 평이다. 푸도프킨의 스승인 콜레초프는 〈웨스트씨의 소련에서 모험〉(1924)과 〈죽음의 광선〉(1925) 그리고 1826년 걸작 중의 하나인 〈뒤라 렉스〉, 〈즐거운 카나리아〉(1927)를 감독한다.

드지가 베르토프는 '시네마 외이의'에 관한 자신의 이론을 표현함으로써 작가 자신의 문학작품의 의미를 더한다. 1927년부터 1928년에 걸쳐 만든 〈세계에서 여섯 번째의 지역〉, 〈카메라에 나타난 사람〉(1929)을 감독했다. 모두 걸작이며 〈카메라에 나타난 사람〉은 기록 영화의 장면을 모아 연계적으로 조립한 것으로 오데싸의 거리에서 찍은 생생한 장면들이다. 시네마-외이의(프랑스어 영화-시각)에 의한 새로운 작품은 영화에 대한 표현으로서의 언어를 창조하는데 목적이 있다. 영화 문학을 창조하기 위한 것이다. 〈카메라에 나타난 사람〉은 살아 움직이는 물체를 재빨리 포착하기 위해 관찰력과 민첩성을 입증한 것이다.

러시아 영화에서 네 거물급 중 한 사람인 알렉산드르 페트로비치 도브첸코의 영화들은 사랑, 죽음, 자연과 같은 영구적인 주제로 이루어졌다. 그것들은 러시아 영화의 독자적이고 일상적인 현실을 다룬 것이다. 그러나 한편 서정적인 면도 있다. 물과 흙에 대한 강력한 서정과 감정의 농도가 아주 고조된 점도 있다. 〈보물이 있는 산〉(1928)과 〈병기창〉(1928-1929)은 도브첸코의 대형 작품이다. 〈흙〉(1930)은 영상의 조형미, 육체, 감정의 진폭, 노래의 웅장한 서정성, 시각이 주는 즐거움으로 인해 세계 영화 중 가장 좋은 영화로 꼽히고 있다. 조르지 사둘은 "이 작품은 도부첸코의 걸작으로써 서정이 현대적 주제 속에 사랑, 죽음, 자연의 영원한 풍요가 결합되어 있다."라고 말하고 있다.

1925년부터 1930년에 러시아의 또 다른 일군의 영화감독들은 훌륭한 영화를 만든다. 바네트의 〈미스멘트〉(1926), 〈모자 상자의 소녀〉(1927), 〈투루브나이야가의 집〉, 에스터츄브의 〈로마노프의 몰락〉(1927), 〈오늘〉(1928), 무리오크의 〈상해의 증빙서류〉, 톰스코이의 〈대도시에서〉(1928), 〈낯선 강〉(1934), 에르물러의 〈폭풍 속의 어린이들〉(1929), 〈파리의 구두수선공〉(1928), 〈제국의 폐허〉(1929), 모스크빈과 제리니노브스키의 〈십자가의 모세〉(1925), 〈황금의 보고〉(1925), 이바노브스키의 〈12월〉, 카우프만의 〈봄〉(1930), 코친트세프 와 트라우베르드의 〈마치카와 우테니치의 대적〉(1925), 〈피어린 눈〉(1927), 무신의 〈스파르타쿠스〉(1928), 오크로프의 〈식욕을 파라버린 사나이〉(1928), 오제프의 〈삼백만명의 소송〉(1928), 〈41번 째〉(1917), 〈사물과 인간〉(1929), 〈성 게오로그의 기적〉(1930), 라줌니의 〈살인자들〉(1925), 라이즈만의 〈써클〉(1927), 차르딘의 〈자바〉(1928), 타리치의 〈이반 테리블〉(1928), 바실리에프의 〈잠자는 숲의 미녀〉(1930), 비스코프스키의 〈일요일 저녁〉(1925), 유트게비치의 〈검은 휘장〉(1929) 등이다.

1930년대는 러시아 영화계는 새로운 흥미를 고취시키는 영화를 생산한다. 1934년 작 〈차파이에프〉와 〈바실리에프 형제들〉은 그 중의 하나이며 이 작품은 내란 중에 빨치산(Partisan)의 두목이 된 혁명가의 이야기로써 특히 인간의 성격이나 영웅의 성품을 강조한 작품이다. 조르지 사둘이 쓴 작품은 인기가 있었으며 그는 현대적인 영웅의 유형을 창조한 것이다. 이 작품은 영웅 자신이 체험한 삶이다. 이 유형의 빨치산의 이미지란 털모자를 쓰고 빨리 달리는 마차 속에서 기관총 옆에 서 있는 것이 보편적이다. 이를 흉내 내는 러시아의 어린이들이 차파이에프 놀이를 하게 된다.

조르지 사둘 외에 에름러가 1938년부터 1939년에 걸쳐 감독한 〈위대한 시민〉은 심리적 관점에서 괄목할 만한 작품으로 평가된다. 드지가는 〈크롱스타트의 수부〉(1937)를 감독한다. 파리 영화제에서 이 작품은 1937년 그랑프리를 획득한다. 카이피즈와 지리키는 〈발티크의 위인〉을 제작했다. 러시아 영화 중 가장 훌륭한 영화들은 역사적 사건을 번안한 영화들이다. 이 가운데 도부첸코 감독은 〈아에로그라드〉(1935)에서 그의 재능을 발휘하며 〈치쵸흐〉(1939)에서 더욱 재능을 발휘한다. 페트로프는 〈피에르 그랑〉(1937)을 감독하며 프도프킨은 〈수보로로프〉(1940)를 이젠스타인은 위대한 고전 영화의 하나이고 걸작인 〈알렉산드르 네브스키〉(1938)를 감독했다. 이 외에 역사적인 주제를 담은 걸작들은 뮤지컬 코미디들이다.

알렉산드로프가 즐겨 다루는 장르로 〈즐거운 소녀들〉(1934)을 감독한다. 이 밖에 알렉산드로프의 영화에서 리오노프 오를로바 주연의 영화인 〈볼가 볼가〉(1936)는 미국풍의 고전적 코미디이다. 청소년을 위한 〈멀리 있는 보트〉(1937)와 조나단 스위프트의 소설을 번안한 푸트츠코의 〈새로운 걸리버〉, 돈스코이의 〈고르키의 유년 시절〉(1938)이 있다. 장 미트리는 이 작품에 대해 "이 영화는 아름다운 한편의 사랑의 노래이며 1880년대 러시아의 농촌의 소박한 생활을 담은 소박한 현실을 그린 것이다. 또한 이 영화는 30년대의 러시아의 최고 걸작이다. 그리고 1937년 작 유리 라이즈만의 걸작인 〈마지막 밤〉과 같은 매력적인 감정이 풍부한 작품이며 공상적이다."라고 말하고 있다. 조르지 사둘도 이 작품에 대해 "10월 어느 날 밤 로맨틱한 영지에 있는 새로운 로미오와 줄리에트의 우울한 목가적 시와 같다."고 평했다.

제2차 대전 당시(1940–1945) 러시아 영화 : 정부 주도의 영화생산

1941년부터 러시아 영화는 국가가 관여한다. 우수한 영화라는 것은 내란과 계급투쟁이라는 단 두 개의 주제만을 다루도록 국가가 강요한다. 영화관에서는 뉴스나 전쟁을 다룬 기록 영화, 역사물을 다룬 영화가 상영되었다. 역사물 중에는 이젠슈타인의 〈알렉산드르 네브스키〉, 페트로프와 도브첑코의 〈피에르 1세〉 같은 이런 영화들은 러시아에 대한 불가침 또는 조국애를 담은 것이다.

1940년부터 1945년까지의 기간에 몇몇 뛰어난 감독들은 자기들의 재능을 발휘하기도 한다. 피리에프는 〈모스크바에서 만남〉, 〈빨치산〉, 〈승리한 다음 저녁 6시에〉를 감독한다. 게리시모는 〈가면무도회〉, 〈대지〉를 감독했다. 에실리에프는 〈차리티즈니의 방위〉, 〈전선〉을 감독하고 유트게비치는 〈용감한 용사 쉬바이크의 새로운모험〉을 감독, 프로타지노프는 〈부카리의 마즈라딘〉을 감독, 라이즈만은 〈마첑카〉와 〈모스크바의 하늘〉을 감독, 발라토초프는 〈발레리 초칼라로프〉와 〈백치〉를 감독한다.

40년대에 있어서 러시아 영화의 특징적인 영화 중에는 1942년 〈모스크바에서 독일의 패배〉, 〈카르멘〉, 코마르프르세프와 우치텔 솔비트소프의 〈레닌그라드에서의 밤과 낮〉은 포위당한 레닌그라드를 배경으로 찍은 아주 강렬하고 감동적인 영상으로 구성되어 있다. 또한 지코프와 즈데파노바의 합작인 〈오리엔텔에서의 전투〉(1943), 라이즈맨의 〈베를린 점령〉(1945), 돈스코이의 〈무지개〉는 세계적으로 유명한 걸작으로 평가되는 것으로 우크라이나의 한 촌락에 일어나는 나치의 난폭함과 박진감 그리고 지적 감흥으로 구성되어 있다. 40년대의 러시아 영화를 상기시켜주는 것으로 풍자와 시적 감흥이 담긴 영상들도 발견할 수 있는데 1943년부터 1945년에 걸쳐 만든 이젠슈타인의 〈이반 테리불르〉은 형식면에서나 미학에 있어서 새로운 시도를 한 작품이다.

1945년 작 에물러의 〈결정적 전환기〉는 스탈린그라드(레닌그라드)의 전투를 다룬 영화로 심리적인 면과 인간의 냉엄한 면을 주제로 한 것이다. 이 영화에서 에물러는 그의 영화적 테크닉을 성취시킨 작품이다. 그의 영화 기술이란 관객들의 관심이나 주제를 토론에 의해 군 수뇌의 두뇌 속으로 인도하게 하는 일종의 세뇌적 재능을 말하는 것이다.

전후 러시아 영화(50년대에서 60년대) : 새로운 물결 (Nouvelle Vague)의 감독들의 등장

세계의 영화의 흐름은 네오 레알리즘이 유행하는 시기다. 프랑스에서 시작하는 누벨바그(Nouvelle Vague)라는 새로운 물결을 대부분의 러시아의 보수적인 영화감독들은 받아들이지 않았다. 그들은 50년대까지 고전적인 영화를 만든다. 감독들은 대중의 기호에 맞게 재구성해서 코미디, 멜로드라마, 탐정물, 희극 같은 것을 만든다. 러시아 영화계는 스탈린이 1953년에 죽을 때까지 선전을 위한 영화가 대부분이었다. 일각에서는 세계영화의 흐름에 동조해서 멜로드라마를 탄생시키기도 한다. 그러나 러시아 영화는 전쟁 시기에 국가 통제로 보잘 것 없는 영화들을 생산하게 된다.

이 시기에 만들어진 영화 중에는 돈스코이의 1947년 작 〈바르바라〉, 〈시골 여교사〉, 도부켕코의 1948년 작 〈미쉬렌〉, 그리고 라이즈맨의 몇 편이 있다. 영화의 새로운 예술성은 강요된 독단주의와 타협의 긴 세월이 지난 후에야 조금씩 표현된다.

새로운 시대의 러시아 영화인들은 결국 자유롭게 표현할 수 있게 된다. 새로 두각을 나타낸 감독들 중 츄크라이는 1956년 〈41번째〉, 1960년엔 〈병사의 발라드〉. 1961년엔 〈맑은 하늘〉 등을 감독했다. 카람토초프는 〈황새가 지날 때〉를 감독한다. 이 영화는 멜로드라마로 성공한다. 카이피츠는 1960년 〈강아지와 여인〉을 감독한다.

세계 영화계는 1955년 이후 전통적인 보수주의에 반기를 든다. 이 운동은 프랑스에서 제7예슬(영화)을 변모시키려는 흐름으로 나타난다. 그러나 프랑스뿐만 아니라 전세계에서 같은 시기에 민감하게 이 운동이 일어난다. 전통적인 형식에 대한 반기는

1958년부터 프랑스 영화에 있어서 누벨바그의 영화에서 역력히 드러난다. 누벨바그는 단편 영화를 만들고 있던 몇몇 감독들, 젊은 비평가들이 이 그룹에 속한다. 여기에 속하는 감독들은 연출이나 제작에 있어서 많은 자유를 추구하고 또한 연극적 전통에 너무 집착한 영화의 표현술 및 특성을 확실하게 함으로써 인물들이 나타내는 개성을 추구하려고 만들어진 많은 수의 누벨바그 영화들이 출현한다.

러시아 영화는 스탈린 이후에도 영화는 정부의 시책에서 벗어나지 못한다. 정부의 억제로서 다른 나라에 비해 퇴조된다. 1960년대 그래도 중요한 작품들이 나와 대중으로부터 인기를 얻게 됨으로써 성공을 한다. 성공한 작품들은 고전 문학을 번안한 것이며 동시에 스케일이 큰 영화들이다. 번안한 영화들은 원작보다 장엄하고 내면적이고 지역적인 것이었다.

이러한 영화들은 미카일롬이 1961년에 만든 〈일년 중 아흐레〉, 안드레이 타르코프스키가 1962년에 만든 〈이반의 유년 시절〉은 베니스영화제에서 금곰상을 받게 된다. 파라디아노프의 1964년 작 〈사나운 말들〉 그리고 톨스토이의 유명한 소설을 영화 한 봉다르츠크의 〈전쟁과 평화〉, 키진체프의 〈햄릿〉, 탈랑카네의 〈초년생〉, 토도로프스키의 〈성실한 마음〉이 있다.

1970－1980년대의 러시아 영화 : 세계에 개방

이 시기 러시아는 개방기운을 맞아 영화감독 중 뛰어난 감독들이 세계에 알려지기 시작함으로써 서방에 러시아 영화에 대한 관심을 갖게 된다. 특히 안드레이 타르코프스키는 서방세계에 잘 알려지게 된다.

그의 작품 1971년 작 〈거울〉과 1972년 작 〈쏠라리〉 등은 처음 알려진다. 서방세계에 알려진 감독들은, 미칼코브－콘잘로스키의 〈바나니 아저씨〉(1971), 〈시베리아드〉(1979), 세르게이 파파노프의, 〈사이야노바〉(1970), 글레브 팜필로프의 〈데뷔〉(1970), 요케이에프의 〈잔인한 사람〉(1974), 첸겔라이아의 〈피허스마니〉(1970), 마넬리아의 〈사나운 소년〉(1973), 블라디미르 멘체프의 〈모스크바는 눈물을 믿지 않는다〉(1980), 이 영화는 1981년 오스카 최고우수상을 탔으며 아주 훌륭한 영화로 평을 받는다. 내용은 시골 젊은이가 꿈을 실현하려고 모스크바에 와서 겪는 이야기다.

고르바초프 시대의 영화

1985년 고르바초프가 서기장으로 등장한 이후 러시아의 영화는 관의 간섭에서 벗어나게 된다. 이전에 제작된 영화들이 관의 제한으로 개봉되지 못했던 영화들도 빛을 보게 된다.

페레스트로이카가 시작되기 1년 전에 텐기즈 아블라제 감독이 만든 그루지아 영화 〈참회〉(1984)는 스탈린 체제 하의 숙청을 신랄하게 고발한 작품이다. 1986년에 이 영화가 개봉된 것은 페레스트로이카의 상징이 된다. 또한 게르만의 〈도상에서의 시련〉(1971), 미할코프 콘찰로스키의 〈사랑하고 있었지만 결혼하지 않았던 아샤〉(1966), 알렉산드르 소쿠로프 〈고독한 인간의 목소리〉(1978) 등 상영금지 처분을 받았던 작품들이 개봉되었고 상영금지 기준도 완화되었다.

감독들은 대담하게 자신들의 원하는 주제들을 다룰 수가 있게 되었다. 제2차 세계대전 당시 독일의 벨로루시 점령을 사실적으로 묘사한 엘렘 크리모프 감독의 〈와서 보라〉(1985)는 역사 탈신화를 다루고 있으며 소도시의 노동자 계층의 성폭력을 다루고 있다. 바실리 비출의 사회문제를 다룬 〈작은 베라〉(1988), 이 두 작품은 소련시대에 깊이 내재된 깊은 불만을 나타내고 있다. 세르게이 소로비요프의 〈아싸〉(1987)는 혁신적인 이야기로서 강력한 변화의 필요성과 세대 간의 갈등을 보여주고 있다.

이러한 개방 개혁의 분위기에서 러시아 영화의 페레스트로이카세대라고 할 만한 유능한 영화감독들이 등장한다. 페레스트로이카 이후 처음으로 이름이 알려진 소크로프는 〈좀먹는 나날〉(1988)에서 인간의 고독을 그려냈고 K. 샤프라나자프는 〈메신저 보이〉(1988)에서 가족의 붕괴와 세대 간의 단절을 소련적인 '신인류'를 묘사했다.

또한 가장 이색적이며 이제까지의 소련의 영화에 대한 상식을 완전히 뒤집어 엎은 올레그 뎁조프의 〈미스터 디자이너〉(1988)는 세기말적인 죽음의 냄새가 배여 있는 상황에서 말살된 러시아 아방가르드에 대한 강렬한 경의를 나타내고 있다. 이렇듯 80년대에는 러시아영화계에 새 조류가 등장한다. 국내의 성공과는 별도로 1990년 칸느영화제에서 감독상을 받은 바벨 류긴의 〈택시 블루스〉는 러시아 영화제작에 대한 외국의 인정을 보여주는 사례이다. 비록 몇몇 인텔리겐자들이 러시아 영화산업이 계속해서 예술성 높은 작품들의 제작과 보존의 관심을 기울일 것을 주장했지만 창작의 자유의 도래는 폭넓게 다가가면서 오랫동안 소련에서 상승해 왔던 긴장과 좌절을 풀기 위한 일종의 안전밸브로서 기능했던 영화가 과거 소련의 영화들 속에 나타나는 미묘한 애매함과 미묘함이 불필요하다는 것을 만들게 되었고 소련 영화의 주제와 관객들을 정면으로 대할 수 있게 했다.

다큐멘터리에서도 역시 변화가 일어난다. 유명한 라트비아 감독, 유리스 보드니엑스의 작품은 아프가니스탄 전쟁과 같은 금기되었던 주제를 둘러싼 신화와 거짓말들을 폭로했다. 깡패나 마약, 아프가니스탄 귀환병의 고민 등 깊이 파헤쳐지지 않은 젊은이들을 표현한 그의 혁신적인 영화 〈젊어진다는 것이 쉬운 일인가?〉(1997)는 점점 소외되어 가는 러시아의 젊은이들의 심금을 울렸다.

러시아의 애니메이션의 우수 감독, 유라 노루쉬지인은 〈동화 중의 동화〉(1979)를 감독한다. 제작자 알렉산드르 베드로프는 자신의 만화영화로 오스카상을 수상한다.

1990년대 초반은 러시아 영화산업의 암흑기였다. 입장료 상승과 비디오 대여 증가, 상영되는 영화가 질적하락으로 영화 관객수가 감소한다. 통계에 의하면 1987년 소련에는 38개의 영화 제작소가 있으며 장편 영화 318편(TV용 118, 다큐멘터리, 과학 영화 42편 포함), 단편 영화 1482편 비디오필름 22편이 제작되었다. 1990년에는 215편의 소련 영화가 제작 상영되었으며 수입 외화는 178편이었다. 연간 관객 총수는 40억 명으로 TV의 보급에도 불구하고 영화가 여전히 오락의 중심이라는 점에는 변함이 없었다.

1986년에서 91년 사이에 관객은 40억 명에서 25억 명으로 감소했다. 극장의 좌석은 매일 1천 4백만 좌석이 비어 있었다. 영화 관객들은 나이트클럽과 같은 다른 방향으로 관심을 돌렸다. 반면 제작자들은 기하급수로 증가하는 가격과 더불어 시장의 교훈을 배우고 있었다. 다른 예술과 마찬가지로 러시아의 영화 역시 소련 지배체제의 증언과 더불어 급속히 변화하는 시대의 흐름에 커다란 영향을 받았다.

이와 더불어 과거의 숨막히는 청교도적인 검열의 부재는 과도한 폭력과 타락 그리고 더 노골적인 성 묘사 등을 보여주는 영화들이 '체르누하'(문학예술 작품에서 사회의 부정적인 부분을 일부러 세밀하게 묘사하는 것)를 위한 경향에 경사한다. 새로운 러시아의 고단한 일상에 지친 관객은 다시 한번 영화 속에서 탈출구를 발견한다.

이런 영화들은 소련시대의 단순한 스토리로 예견 가능한 결말을 가진 것이다. 입장료가 여전히 문제로 남아 있지만 영화관은 다시 관객으로 가득 채워졌다. 그러나 대부분은 외국 영화들이었다. 여전히 영화가 생산되고 있었으나 아방가르드 감독들은 영화를 만드는 데 어려움이 있었다. 그러나 어려움이라는 것은 이데올로기 문제가 아니라 자본 문제였다. 러시아 영화감독들도 외국영화감독들이 처했던 어려움을 겪고 있었다. 룬긴과 콘찰로스키 같은 감독들은 외국에서 후원자를 찾는 데 성공하였고 자신들의 영화를 외국에 선 보일 수 있는 기회를 얻었다.

서구에서 가장 잘 알려진 포스트 소비에트 러시아 영화는 니키타 미할코프의 〈위선의 태양〉(1994)과 〈시베리아의 사랑〉(1999)이다. 〈위선의 태양〉은 스탈린 통치시기 숙청에 직면하게 된 내전의 영웅(미할코프 자신이 연기한)과 그의 가족을 그리고 있다. 이 영화는 엄청난 예산으로 러시아 영화 양식보다는 할리우드 영화에 보다 더 가까운 양식으로 만들어졌다. 이러한 사실은 이 영화가 오스카 최고 외국 영화상을 수상하는 데 도움을 주었다.

1995년 작 〈이슬람교도〉와 1996년 작 〈까프카스 포로〉는 최근 러시아 사회의 갈등과 갈등의 원인을 생각하게 하는 영화이다. 에브게니 미로노프는 〈이슬람교도〉에서 연기를 하는데 그는 아프가니스탄에서 몇 년 동안 포로로 잡혀있는 러시아 군인의 역할을 한다. 그는 그곳에서 이슬람으로 개종하고 고향으로 돌아오지만 가족들과 친구들은 그를 배척하고 적의와 소외를 드러낸다.

세르게이 보조로프의 〈카프가스 포로〉는 1996년 제1차 체첸 전쟁에 드러난 상처를 다룬 영화이다. 새로운 세대의 감독들은 변화된 조건과 관객의 새로운 취향에 적응하기 위해 노력하였다. 알렉세이 발라바노프가 감독한 영화 〈형제〉(1996)의 인기는 액션 영화에 대한 취향을 보여준다. 〈형제〉는 기본적으로 갱 영화로서 농촌 출신의 동생이 신러시아 범죄 두목을 위해 살인 청부업자로서 살아가는 형의 도회적 삶에 동화되어 가는 내용이다. 아이의 얼굴을 한 주인공의 망설임을 클로즈업함으로써 영화는 현대 러시아의 소비문화의 대비를 극대화시키고 있다.

알렉산드르 로고지킨이 감독한 코미디 〈국가 사냥꾼의 특징〉(1995)의 엄청난 성공을 대내외적으로 보여준 바와 같이 러시아인이 된다는 것이 무엇을 의미하는 것인지에 대한 이 영화의 설명과 익살스러운 유머에 기인한다. 체제붕괴 이후 러시아 영화는 힘겨운 과정을 겪고 있다. 국가의 지원이 사라진 이후 영화인들은 살아남기 위해 시장의 압력을 거부할 수 없게 되었다. 과거의 당 이데올로기가 자리하던 곳을 소비와 자본의 시장의 논리가 대신하게 되었다. 이러한 위기의 극복 방법으로 영화에 대한 점진적인 국가지원 확대와 러시아 영화 자체의 변화가 이루어지고 있다. 비디오테이프 불법 복제가 근절되고 세법이 정비되면서 영화산업의 활성화가 조금씩 이루어지고 있다. 그리고 영화 시스템도 관계 지향적인 흐름으로 가고 있으며 대중을 확보하기 위한 방안과 주제 역시 러시아인들에게 어필할 수 있는 문제에 고심하고 있다.

러시아의 중요 감독과 대표작

*덴즈키 아불라제(1924) : 〈참회〉(1984), 〈기도〉(1969), 〈소원의 나무〉(1976).

*그레고리 알렉산드로프(1903-1983) : 〈유쾌한 친구들〉(1934), 〈서커스〉(1936), 〈볼가 볼가〉(1938).

*레오 아른슈탐(1905-1979) : 〈조야〉(1944).

*알렉산드르 아스골도프(1932-) : 〈인민위원〉(1967).

*알렉세이 발라바노프(1959-) : 〈형제〉(1996).

*보리스 베르네트(1902-1965) : 〈모자상자를 가진 소녀〉(1927), 〈트르부나냐 광장의 집〉(1938), 〈변방〉(1933).

*에프게니 바우에프(1865-1917) : 〈피묻은 명예〉(1913), 〈대도시의 어린이들〉(1914), 〈파리의 왕〉(1917).

*세르게이 보드로프(1948-) : 〈카프카즈의 포로〉(1996).

*세르게이 본다르츠크(1920-1994) : 〈인간의 운명〉(1959), 〈전쟁과 평화〉(1966), 〈그들은 조국을 위하여 싸웠다〉(1975).

*바실리예프 세르게이 형제 : 〈차파예프〉(1934).

*지가 베르또프(1896-1954) : 〈키노프라우다〉, 〈카메라를 든 사나이〉(1929), 〈돈바신의 열광〉(1933), 〈레닌의 새 노래〉(1934), 〈룰라 보이〉(1937).

*레오니드 가이다이(1923-1993) : 〈솜씨 좋은 손〉(1968), 〈12개의 의자〉(1971).

*세르게이 게라시모프(1906-1985) : 〈기자〉(1967).

*알렉세이 게르만(1938-) : 〈도상에서의 시련〉(1971), 〈내 친구 이반 랍쉰〉(1983년 완성, 1985년 개봉).

*마리나 골돌스카야(1941-) : 〈솔로브키의 힘〉(1988).

*게오르그 디넬리야(1930-) : 〈마라돈〉(1979).

*알렉산드르 도브첸코(1894-1956) : 〈즈베니고라〉(1928), 〈병기고〉(1928), 〈대지〉(1930), 〈이반〉(1932), 〈아에로그라드〉(1935), 〈시초르스(1949)〉, 〈해방〉(1940), 〈미추린(1948)〉.

*마르끄 돈스코이(1901-1981) : 〈강철은 어떻게 단련되었는가?〉(1942), 고리키의 자전적 삼부작: 〈고리키의 어린 시절〉(1938), 〈세상 속에서〉(1939), 〈나의 대학〉(1940).

*알렉산드르 자르히(1908-) : 〈발틱 대리인〉(1937), 〈이야샤 해이피쯔〉(1905-1995), 공동

제작 : 〈정부의 일원〉(1940).

*유리 엘리엔코(1936－) : 〈검은 반점이 있는 하얀 새〉(1972), 〈머나먼 산하〉(1972).

*이오지프 이오셀리아니(1934－) : 〈낙엽〉(1966), 〈전원곡〉(1976).

*미하일 칼라도조프(1903－1973) : 〈불운자의 음모〉(1950), 〈학은 날아가고〉(1957).

*비탈리 가넵스키(1935－) : 〈얼어라, 죽어라, 부화하라〉(1991).

*엘림 그리모프(1850－) : 〈와서 보라〉(1985).

*올레 고발로프(1950－) : 〈쥐를 위한 음악회〉(1995).

*안드레이 곤잘로프스키(1937－) : 〈사랑했으나 결혼하지 않은 아샤 글라치나의 이야기〉(1967).

*글레쇼프 레프(1899－1970) : 〈볼셰비키 나라에서 웨스띠시의 기이한 모험〉(1924), 〈살인 광선〉(1933), 〈시베리아 사람들〉(1940).

*레프 클리드좌노프(1924－) : 〈내가 살고 있는 집〉(1957), 야곱세겔과 공동 제작: 〈프른 노트〉(1964), 〈죄와 벌〉(1970).

*세르게이 리브네프(1964－) : 〈망치와 낫〉(1994).

*세르게이 루키안치코프 : 〈고통〉(1988).

*파벨 룬킨(1949－) : 〈택시 블루스〉(1990).

*알렉산드르 네드베드킨(1900－1989) : 〈욕심쟁이〉(1935).

*블라디미르 맨쇼프(1939－) : 〈모스크바는 눈물을 믿지 않는다〉(1980).

*니키타 미하일로프(1945－) : 〈기계 피아노를 위한 끝나지 않은 희곡〉(1977), 〈요불로포프〉(1980), 〈위선의 태양〉(1994), 〈시베리아의 사랑〉(1999), 원제는 〈시베리아의 이발사〉.

*블라디미르 모트일(1927－) : 〈사막의 흰 태양〉(1970).

*끼리 무라또바(1934－) : 〈짧은 만남〉(1968), 〈긴 이별〉(1971), 〈M 무기력 증후군〉(1989).

*라쉬드 누그마노프(1964－) : 〈바늘〉(1989).

*토로무쉬 오케에프(1934－) : 〈희색 맹수〉(1973).

*그렙 반필로프(1935－) : 〈불꽃 속에 여울은 초대하지 않는다〉(1968), 〈시작〉(1970), 〈나는 말하고 싶다〉(1973년 완성 1976년 개봉), 〈테마〉(1979), 〈어머니〉(1990).

*세르게이 파리자노프(1924－1990) : 〈화마〉(1965), 〈잊혀진 조상의 그림자〉(1965), 〈석류나무 꽃〉(1969), 〈포미그리나트의 색깔〉(1970), 〈수람 요새의 전설〉(1984), 〈아쉭－케리므〉(1989).

*알렉산드르 페트로프 : 〈동화 중의 동화〉(1979).
*블라디미르 베트로프(1896-1966) : 〈표트르대제〉(1937-1939).
*로카 프레오브라젠스키(1881-1971) : 〈랴잔의 여자 농민〉(1927), 〈스테판 라진〉(1939).
*바실리 피쭐(1961-) : 〈작은 베라〉(1988).
*유리스 포드니에프(1950-1992) : 〈젊어진다는 것이 쉬운가〉.
*야곱 츠로다자노프(1881-1945) : 〈아엘리따〉(1934), 〈그의 부름〉(1925), 〈41번째〉(1927), 〈흰 독수리〉(1927), 〈성 요르겐의 축일〉(1930), 〈지참금 없이〉(1937), 〈부하라의 나스레진〉(1943).
*알렉산드르 보츠쉬킨(1940-) : 〈53년의 추운 여름〉(1987).
*프세볼로드 프도프킨(1893-1953) : 〈체스 열기〉(1935), 〈어머니〉(1926), 〈상트베테르부르크의 종말〉(1927), 〈징기스칸의 후예〉, 일명 〈아세아를 휩쓰는 폭풍〉(1938), 〈미닌과 표자르스키〉(1939), 〈수보로프〉(1941), 〈나히모프 제독〉(1946), 〈바실리 버르토코프의 귀환〉(1953).
*이반 프이리에프(1901-1968) : 〈부유한 신부〉(1938), 〈트랙터 운전사〉(1939), 〈세퍼드와 돼지 소녀〉(1941), 〈나타샤 필립포브나〉(1958), 〈백야〉(1959), 〈카라마조프의 형제들〉(1968-1969).
*율리 라이즈만(1903-1994) : 〈공산주의자〉(1958), 〈당신의 동시대인〉(1968-69).
*알렉산드르 로고쉬킨(1949-) : 〈국가 사냥꾼의 특성〉(1995).
*아브람 롬(1894-1976) : 〈침대와 소파〉(1927), 〈들 길〉(1929), 〈준엄한 젊은이〉(1936).
*미하일 롬(1901-1971) : 〈10월의 레닌〉(1937), 〈1년의 9일〉(1961), 〈평상의 파시즘〉(1966).
*알렉산드르 소그로프(1951) : 〈인간의 목소리〉(1978).
*에드아르 라자노프(1927-) : 〈운명의 아이러니 혹은 목욕을 잘 하셨습니까?〉(1975).
*세르게이 솔로비요프(1944-) : 〈유년기 이후 100일〉(1975), 〈구조자〉(1980), 〈직속 상속인〉(1982), 〈아싸〉(1987).
*브와지슬라프 스타레비치(1882-1965) : 〈아름다운 류가니다〉(1913), 〈크리스마스 이브〉(1913).
*베라 스프로에바(1903-) : 〈페테르부르크의 밤〉(1934), 〈보리스 고드노프〉(1955), 〈호반쉬나〉(1959).
*알라 수리코바(1940-) : 〈허무한 것〉(1978), 〈나의 남편이 되다〉(1981), 〈진심으로 우러나온 당신〉(1985), 〈카프신 대로로부터 온 사나이〉(1987).

*유리 타라치(1885-1967) : 〈농노의 날개〉(1926), 〈대위의 딸〉(1928).

*안드레이 타르코프스키(1932-1986) : 〈이반의 어린 시절〉(1962), 〈안드레이 류불로프〉(1966), 〈솔라리스〉(1972), 〈거울〉(1975), 〈잠입자〉(1979), 〈향수〉(1983), 〈희생〉(1986).

*올레그 텝조프(1954) : 〈비스터 디자이너〉(1988).

*표트르 도도롭스키(1925-) : 〈인터 걸〉(1989).

*블라디미르 호치넨코(1925-) : 〈이슬람교도〉(1995).

*마를렌 후치에프(1925-) : 〈강 건너 거리에서 봄〉(1956), 〈일리치의 초소〉(1964), 〈우리는 스무 살〉(1965), 〈7월의 비〉(1967), 〈맺는 말〉(1983), 〈5월이었다〉(1970), 〈파리의 붉은 돛〉(1971).

*미하일 치하우엘리(1894-1974) : 〈위대한 여명〉(1938), 〈맹세〉(1946), 〈베를린 함락 2부〉(1960).

*그레고리 추흐라이(1921-) : 〈병사의 발라드〉(1959).

*미하일 샤피로(1908-1971) : 〈로미오아 줄리엣〉(1955).

*체리나 이즈마일로바(1967) : 〈안나 카레니나〉(1975).

*엘다르 쉰젤리아(1933-) : 〈특별한 전람회〉(1969), 〈피로스마니〉(1972), 〈괴짜들〉(1974).

*라리사 쉐피트고(1933-1979) : 〈상승〉(1977).

*에스피르크 슈브(1894- 1955) : 〈로마노프 왕조의 몰락〉(1927), 〈위대한 길〉(1927), 〈니콜라이 2세의 러시아와 레프 톨스토이〉(1928).

*바실리 숙쉰(1929-1974) : 〈당신의 아들과 형제〉(1966), 〈이상한 사람들〉(1970), 〈스토브와 벤치〉(1972), 〈붉은 까마귀 밤 난무〉(1974).

*세르게이 이젠슈타인(1898-1048) : 〈전함 포트킴〉(1925), 〈파업〉(1925), 〈10월〉(1928), 〈옛것과 새것〉(1929), 〈멕시코 만세〉(1930), 〈베진 초원〉(1935-1937), 〈알렉산드르 네프스키〉(1938), 〈이반 대제 1부〉(1944), 〈이반 대제 2부〉(1946).

*니콜라이 예프(1902-1976) : 〈삶으로의 통행증〉(1931).

*프리드리히 에르믈레프(1898-1976) : 〈카트가의 종이 사고〉(1926), 〈위대한 시민 1, 2부〉(1938-1939), 〈위대한 전환점〉(1946).

*세르게이 유트게비치(1904-1985) : 〈레이스〉(1928), 〈대란〉(1932), 〈총을 든 사나이〉(1938).

제4장
러시아의 고전 발레, 뒤늦게 발전, 세계의 표본역할

국가의 후원과 무용학교의 설립

20세기에 와서 발레는 서구 여러 나라에서는 쇠퇴 일로에 있었지만 러시아에 있어서 흥행을 하고 있었다. 이유는 20세기부터 서구에서의 발레의 쇠퇴는 현대무용과 현대 발레가 유행하고 있었기 때문이다. 그러나 러시아에서는 공산주의 국가로서 문화정책이 진보적 예술의 도입을 금하며 발레단을 국가가 양성하고 보호하며 모든 국민이 예술을 즐길 수 있는 여건(저렴한 관람료)을 조성한 이유에도 있다.

러시아 발레와 프랑스 안무가들의 활동

러시아 발레는 프랑스 발레를 모델로 하여 발레가 발전했으며 국가가 발레학교를 설립하고 혜택을 준다. 러시아는 프랑스인 무용교사인 장-바티스트 랑데의 자문에 의해 발레학교인 제국 연극학교(École Impériale de Théâtre)를 1737년 5월 14일에 개설한다. 랑데는 특히 연극 활동에 흥미를 가졌었다. 랑데의 초청에 따라 오지리의 안무가인 힐 베르뎅이 6년간 상트페테르부르크에 체류하면서 이곳에서 그의 제자인 안지올리의 도움을 받아 많은 신화적 발레를 안무한다. 헬베르뎅이 러시아를 떠난 후에는 안지올리가 그 뒤를 이어 1766년에 영웅을 나타낸 〈버림받은 디동〉과 1768년 〈아르미드와 리날도〉를 창작한다. 그는 재능이 많은 안무가 랑데와 경쟁 관계가 된다.

샤를르 피크(프랑스인)는 1796년 상트페테르부르크에서 활동하는데 다른 여러 안무가를 능가한다. 맥시밀리안 가르델(프랑스인)의 작품인 〈푸시케〉를 발표한다. 1790년에는 〈양치기 소녀와 사랑〉 등의 작품을 발표한다.

발레의 다양한 변화와 표트르 1세의 발레에 대한 간섭

19세기 말 표트르 1세 황제는 무대에서 무용수들을 추방하고 나스텐카와 베릴로바에게 주로 안무를 맡기고 트라베스티(남자가 여자 역을 하고 여자가 남자 역을 하는 춤)에 특권을 준다. 쉬발리에 부르쏭(프랑스인)은 우수한 무용수로서, 슬라브의 민속 무용을 연구한다. 그러나 개성이 아주 강한 예술가가 나타난다.

스웨덴 태생의 프랑스인인 디드로(1769－1837)는 파리에서는 다느발과 베스트리의 전수를 받았다. 그리고 런던에서는 노베르를 만나 영향을 받고 파리 오페라와 리용 오페라에 전속 안무가로 활동한다. 그가 상트페테르부르크에서 계약을 할 당시 브르농빌은 노베르 이후에 가장 뛰어난 안무가라고 평을 했다.

러시아 발레에 있어서 디드로의 영향

디드로는 묘기를 무시하고 기술을 개발하고 판토마임을 중요시했다. 그는 무용과 연극적인 요소를 혼합하는데 노력하고 대단원을 구성하는데 주력했다. 무용수들의 의상을 개혁하며 꿈같은 선경의 효과를 연구한다. 푸시킨은 디드로의 춤을 가리켜 “디드로의 발레는 생생한 상상력의 특징을 가진 비범한 매력이 있다.”라고 했다. 음악과 밀접한 관계를 갖고 민족성을 상기시키는 인물의 개성을 가진 안무가가 되려고 노력한다. 그럼으로써 그의 발레에서는 민족성을 감지할 수 있게 된다.

1802년 디드로는 〈아폴론과 다피네〉를 발표함으로써 데뷔하지만 그는 무용학교에서 교육에 더 헌신한다. 이 시기 프랑스에서와는 달리 러시아에서는 여자 무용수들이 남자 무용수들보다 뛰어나서 외국으로부터 남자 무용수들을 불러오지 않으면 안 되었다. 1812년 전쟁으로 프랑스 무용수들은 러시아를 떠난다. 다만 외국 국적인 작품을 연출한 오귀스트 왈스벅만이 남게 되고 디드로도 러시아를 떠난다. 그는 4년 후 1816년에 다시 러시아로 돌아온다. 그러나 이때는 러시아가 제정러시아의 전제주의 국가로 되어 있던 시기다.

1817년부터 1828년까지 푸시킨의 작품을 번안한 〈코카스의 죄수〉와 같은 수편의 걸작들은 오랫동안 계속 공연되었다. 그의 작품을 공연한 무용수 가운데는 러시아 발레의 장래 단장이 되는 유명한 할쯔가 있다. 그는 에올리즈(바람의 신, 가벼운 솜털이

나는 듯한 비행의 공중동작, 일명 악숑 아에리엔느(Action Aériènne)에 능숙했다. 국제 극장의 관리들은 디드로의 재능과 무용학교에서 헌신하는 것을 인정하며 그의 발레를 계속 공연하게 하나 가가린 왕자는 그를 해임한다. 디드로의 제자 할쯔의 영향하에 1809년 모스크바 발레학교가 설립된다. 이 학교는 1811년부터 글로초프스키가 운영했다. 글로초프스키는 1830년 안무가로서 상트페테르부르크의 발레학교와 맞먹는 발레단을 조직했다.

모스크바 사람들은 열광적인 성격, 정확한 극적 표현 즉 상트페테르부르크 사람들에 의해 창조된 세밀한 표현들을 더 좋아했다. 모스크바와 상트페테르부르크 두 파는 오늘날까지 계속되어 오고 있다. 1858년 가를로 불라지스의 모스크바 등장은 볼쇼이 극장의 발레단의 비약을 가져왔다. 볼쇼이 극장에서 에카테리나 삼코보스키는 성공을 한다. 그는 후에 스타니슬브스키의 교수가 된다. 디드로와 오귀스트가 모스크바를 떠남으로써 모스크바 발레는 사양길에 든다.

러시아 현대 발레단의 설립과 쁘띠파

마리우수 쁘띠파(1810－1910)는 프랑스인으로서 러시아의 현대 발레단을 설립한다. 쁘띠파의 비범한 예술은 오래도록 지속된다. 그녀의 긴 예술 생명은 그녀가 베스트리의 제자가 되도록 한다. 그리고 뻬로와는 공동작업을 할 수 있었고 에슬러와는 같이 공연을 하고 푸킨과 파불로, 카르시바나를 양성한다. 쁘띠파가 18세기의 전통과 낭만주의 그리고 현대 사이를 있는 역할을 한다. 그는 낭뜨, 미국, 파리, 보르도, 마드리드를 번갈아 가며 활약 후 러시아로 다시 돌아와 이곳에서 60여 년간 머문다.

그녀는 뻬로가 〈파우스트〉를 창작하도록 도와주었다. 실은 쁘띠파는 뻬로를 만남으로써 예술적 성숙과 성공을 하게 된다. 1847년부터 제국 발레학교에서 가르치며 1855년 이 학교의 장학관이 된다. 4년 후 발레교사로 임명된다. 그리고 쁘띠파는 생레옹(프랑스인)이 러시아를 떠나게 되고 그녀는 러시아의 발레의 장래를 맡게 된다.

그녀는 러시아의 발레를 위해 50여 편의 작품을 안무하고 오페라의 회유곡(嬉遊曲)을 30여 편이나 창작한다. 이 고전적인 작품들은 현대에 와서 어떤 작품은 독무로, 어떤 작품들은 군무로 안무되어 발표되고 있다. 이 작품들은 노리에의 작품 〈트릴비〉(1871)와 같은 낭만주의 경향이 있는 요정들의 세계를 그린 것들이다. 화려하게 나타냄으로써 연극적인 요소가 없어졌다. 왜냐하면 화려한 입장무는 계속해서 행동을 방해하기 때문이다. 이러한 결점을 보완하기 위해 쁘디파는 역사가 쿠텐코프에게 요청해서 그와 함께 〈베니야데르〉(1877)와 〈라신느〉(1878)를 창작했다. 이 작품들은 에카테리나와 소콜로바에 의해 발표되었다.

황제와 말린스키 극장의 러시아 무용수들

말린스키 극장에 소속된 감독 및 무용수들 그리고 성악가들은 러시아 황제에 소속되었으며 황제는 이들의 종신 때까지 모든 편의를 도와주며 책임을 졌다. 유럽에 있어서 발레와 오페라에 대한 국가의 보조 액수와는 반대로 러시아는 거액을 발레와 오페라에 사용했다. 작품이 공연되는 밤은 완전히 무용에 헌신함으로써 중요한 작품을 창작하는 동기를 주었다. 즉 〈실피드〉, 〈버릇없는 소녀〉, 〈지젤〉, 〈에스메랄다〉와 같은 작품들을 번안하던가 아니면 원작 그대로 공연을 했다.

쁘띠파와 말린스키 극장의 무용수들

쁘띠파는 말린스키 극장의 운영자들이 발레 음악을 없애자 동시대의 활동하던 차이코프스키 같은 음악가들에게 발레 음악을 요청한다. 그럼으로 발레는 더욱 세련된 걸작을 낳게 된다. 1890년 1월 3일 발표된 〈잠자는 숲 속의 미녀〉는 이탈리아의 무희 카를로타 부리앙자와 쁘띠파의 딸인 마리 쁘띠파 그리고 파벨 제르디트가 같이 공연했다. 이 작품에서 이탈리아의 무용수 앙리코 체체티가 푸른 새로 분장하고 팔랑 팔랑 뛰는 춤을 춤으로써 남자무용수의 춤이 재평가를 받게 된다.

쁘띠파 이후 러시아 발레

1892년 쁘띠파의 병으로 〈호두까기 인형〉의 안무를 그의 후계자인 레프 이바노프(1834-1901)가 하게 된다. 이바노프는 변화 있는 춤을 특징으로 하고 있었다. 뛰어난 무용가로 그는 스승인 쁘띠파의 스타일을 충실하게 계승한다. 그는 〈백조의 호수〉(1895)에서 서정성을 뚜렷하게 나타냈다. 2막, 4막은 그가 창작했고 1막, 3막은 쁘띠파가 창작했다. 차이코프스키가 죽은 후 〈백조의 호수〉는 대단한 인기를 얻게 되지만 1877년 모스크바의 볼쇼이 극장과 관련을 맺음으로써 실패를 맞게 된다. 이 작품에서 마술사의 딸 역을 맡은 뻬에리나 렉나니는 32회 '후레떼'가 연속하는 스텝을 보여줌으로 이 기술에 있어서 기록을 남기게 되어 유명해진다.

러시아 발레와 디아길레프

러시아 발레는 낭만주의 발레 초기를 쁘띠파가 완성시킨다. 한편 러시아 발레는 외적인 자극에 의해 문호를 넓게 개방하는 새로운 시대가 디아길레프의 영향으로 이루어진다. 디아길레프는 발레 분야에서 더 알려졌으나 실은 예술 전 분야에서 러시아 문화를 발전시키는 데 큰 역할을 한 사람으로 러시아 문화사에 빛나는 인물이다.

디아길레프는 개성이 강하고 독창적이고 지적으로 뛰어나 발레에 대한 개혁에 중요한 역할을 한다. 이러한 관점에서 그는 발레 개혁의 본보기가 된다. 러시아 발레에서 디아길레프의 이름은 불가분의 관계를 갖고 있으나 그는 이 점에 관심을 갖고 있지 않았다. 그는 스승인 림스키 코르사코프의 음악에 더 관심을 갖고 비평에 열정을 쏟는다. 1899년 그는 현대미술을 옹호하기 위해 〈미르 이스 쿠스토프〉 신문사를 설립한다. 그는 제국 극장의 부감독으로 임명된다.

러시아 및 서유럽에 예술정신을 심어 준 디아길레프

디아길레프는 진정한 발레는 화가들에게 주도권을 주어 음악, 무용술, 장식미술의 완전한 요소와 조화를 이루어야만 한다고 생각한다. 그래서 디아길레프는 음악과 미술을 무용과 관계시켜서 연구한다. 그는 비타협적인 성격때문에 마린스키로부터 배타당한다. 1905년 타우리드의 미술전과 파리에서 미술전시회를 개최한다.

디아길레프의 예술에 대한 취향과 직감은 바로 그가 서양 문화와 러시아 문화에 대한 지식으로 하여금 예술에 대한 고무자로 만드는 기초가 되었다. 그의 친구인 알렉산드르 브누아와 레옹 바크스트를 주도적 역할을 하게 한 것은 디아길레프의 천부적인 소질을 그들로 하여금 발휘할 수 있기 때문이다. 그는 다른 사람과 비교할 수 없는 예술을 창조함으로써 보편적이고 판에 박은 듯한 것에 저항한다. 그는 작품이 변덕스럽다고 할 만큼 구경거리로써 복잡한 예술 작품을 만들어냈다.

그의 예술적 권위는 아무도 대적할 수 없을 만큼 높아 20세기에 봐이야르(옛 귀족)의 강력한 세습자로서 대중들이나 무용에 종사하는 사람들을 지배했다. 그의 세련된 매력은 지식층들의 마음을 사로잡았다. 파리에서 행해진 러시아 음악제 기간에 그가 이룩한 성공은 파리지앙들이 상트페테르부르크에 관심을 갖게 했다. 1909년 초기에 그는 블라디미르 공작의 후원으로 파리 오페라에서 발레와 오페라의 공연 시즌을 준비한다. 러시아와 프랑스에서 공연으로 모스크바와 상트페테르부르크의 중요한 무용수들이 모이기 시작한다. 그러나 급작스럽게 블라디미르 공작이 사망하자 그는 후원자를 잃게 된다. 그래서 공연 프로그램을 축소해야 했고 오페라를 사임하게 된다.

다시 디아길레프는 후원자들을 만나게 되는데 모두 프랑스인들이다. 미씨아 쎄르, 마담 에두아르, 그루필 공작 부인, 가브리엘 아스뛰르크 극단장의 후원으로 샤뜰레(Théâtre de Chatelet) 극장과 계약을 맺는다. 그는 이 기간 동안 파리에서 모험을 걸고 열정적으로 작업과 연습을 진행한다. 1909년 5월 19일에 샤뜰레 극장의 공연이 시작되고 그의 문예애호주의가 파리 사람들과 열정적인 분위기 속에서 부합된다. 그러나 관중들은 이 새로운 예술을 이해하지 못하지만 전문가들은 열렬한 박수를 보낸다. 이때의 공연을 무용수인 안나 노아이는 "나는 아직까지 존재하지 않았던 것을 보았다. 현혹되고 취하고 애착을 갖게 되고 유혹하게 하는 모든 것이 무대 위에서 행해지고 관중은 그물에 걸린 듯한 기분이었다."고 하였다.

광고엔 작품의 스타일과 다양한 색채를 나타내는 작품이 나타났는데 이것은 디아길레프의 무용단의 미쉘 포킨느의 교양과 예술에 대한 풍부한 지식과 무용수들의 재능을 나타내는 것으로 가득 차 있었다. 고띠에의 단편 소설을 포킨느가 번안한 〈아르미드의 누각〉은 브누아가 의상과 무대를 맡고 체랭킨의 음악으로 만들어졌다. 관중들은 폴로프친의 혁명적이고 다혈질을 나타낸 〈이고르 왕〉을 좋아했다.

디아길레프와 파리화가들과 전위적인 발레

디아길레프는 1915년부터 러시아와는 완전히 단절된 상태에서 파리에 무용학교를 세운다. 그는 화가들과 문인들을 그의 예술 작품을 만드는 데 찬조자로 삼는다. 피카소, 장 꼭또, 싸티 등 디아길레프를 위해 조언 및 창작에 협조한다. 마씬느는 장 꼭또와 피카소의 협력을 받는다. 피카소가 고안한 입체적인 옷을 그녀는 입고 춤을 춘다. 이 의상들은 전통적인 의상들과는 다른 아주 개혁적인 의상들이었다.

디아길레프는 전위적인 성향을 갖지 않았으나 그가 전위적인 프랑스 화가들에게 무용을 맡김으로써 이후부터는 그의 무용은 고전주의에서 벗어나게 된다. 그의 작품, 〈인형들의 요정〉은 로씨니의 음악 일부분을 레스피기가 편곡한 것으로 재미있는 줄거리를 아이러니하게 다룬 것이다. 또 디아길레프는 작품, 〈삼가모〉를 화가 앙드레 드렝에게 맡기는데 그는 천연색으로 무대를 장식한다. 공연할 때는 이 작품을 피카소에 맡겼는데 그는 아주 검소하게 그리고 입체적이나 드랭과는 달리 검소한 색상으로 무대 장식을 한다. 결국 디아길레프의 무용은 전위적인 발레로 변신하게 된다.

디아길레프의 전위무용과 파리 무용학교 설립

디아길레프는 1915년 파리에 무용학교를 설립하여 무용수들을 배출하는가하면 한편으로 파리 화가들과 협력하여 작품을 공연함으로써 아직도 잠자고 있던 유럽인들을 깨운다.

디아길레프의 무용단은 1920년 자끄 루쉐에 의하여 파리 오페라에 초대된다. 그의 무용단은 스트라빈스키의 〈로씨뇰〉을 다시 공연했다. 무대 장치는 그 당시 두각을 나타내고 있던 앙리 마티스가 맡았다. 앙리 마티스는 터키식으로 무대를 꾸민다. 이어서 디아길레프는 〈레오니드〉, 〈무쎈느〉의 두 작품을 공연했는데 스페인에서 많은 공연을 하고 돌아온 마씬느는 무궁무진한 시흥을 보여줌으로써 한층 더 그의 인기는 파리에서 절정에 달한다.

페르골레즈의 작품을 번안한 스트라빈스키의 〈풀리치 넬라〉는 피카소가 무대를 담당한 작품인데 이 작품에서 마씬느는 코미디 델 아르트르의 주인공들의 정신을 환기시키고 있다.

디아길레프와 러시아 무용수, 세르즈 그레고리예프와 발레리나 고용

마씬느를 통해 발표되는 디아길레프의 작품들은 보수에서 전향하는 특징을 이 시기에 더욱 확연하게 나타낸다. 이런 경향은 파리를 중심으로 전 예술분야에서 전통에 대한 반성이 일어남에 따라서 혁신운동이 활발히 전개되고 있던 시기였다. 무대 감독인 세르즈 그레고리예프는 디아길레프가 보수에서 전향하는데 불만을 품고 디아길레프와 결별한다. 포킨느가 디아길레프를 떠나게 되는 것은 디아길레프가 포킨느의 전위적인 면을 탐탁하게 생각하지 않았기 때문이었다. 그러나 포킨느가 그러했던 것처럼 그레고리예프도 다시 디아길레프의 무용단으로 돌아온다. 그러나 1921년 〈토싸지〉를 디아길레프의 무용단은 안무가가 없이 운영되었다. 디아길레프는 스트라빈스키와 차이코프스키의 악보로 〈잠자는 숲 속의 미녀〉를 화려하게 공연한다.

디아길레프의 무용단에서 활약했던 발레리나는 베라 르네필로바, 리노우베프 에고로바, 올가 스페시브세바 등이었다. 이들은 작품 〈오로르〉를 이 작품에서 서무(맨 먼저 추는 춤 Ballet d'Entrée)를 춘다. 이 작품은 런던의 알람보라 극장에서 150여 회나 공연되었다. 그러나 무용수들의 빛나는 공연에도 불구하고 경제적 실패로 돌아갔다. 무대 장식과 이들의 화려한 의상은 극히 인상적이었다. 이후 블로니 슬로바 니진스키는 디아길레프의 발레단에서 안무가로 활약하며 〈여우〉(1922)와 〈결혼〉(1923)을 발표한다. 무대는 나탈리 콘찰로바가 맡았으며 전위 화가들로 하여금 무대그림과 무용수들의 혁신적인 춤으로 무용은 더욱 전위적인 무용의 절정에 이른다.

이 작품은 리듬이 복잡하고 감정을 불러일으키게 함으로써 니진스키의 명성을 확실하게 해 디아길레프는 그녀에게 다섯 작품을 맡긴다. 〈성난 사람들〉은 조르쥬 오리크의 음악으로 된 것이다. 그 당시 입체파화가로 미술계에서 피카소와 함께 두각을 나타내고 있던 조르쥬 브라크가 무대 장식을 맡는다. 그러나 비평가들은 블로니슬로바의 모방적인 스타일과 현대화는 맞지 않는다고 평했다. 〈양치기 소녀의 유혹〉은 화가 후앙 그리가 맡았다. 이 작품도 비평가들은 혹평을 한다. 〈암 사슴〉에서 프란시쓰 풀레코의 음악이 돋보임으로써 성공을 한다.

그녀의 작품이 악평을 받는데도 불구하고 말로렌치는 니진스키가 파스텔그림 같다고 평한다. 디아길레프는 새로 그의 무용단에 에뜨왈(Etoile 최고의 무용수)인 영국인 패트릭 케이를 채용한다. 케이는 〈푸른 기타〉에서 지중해에서 떠오르는 미소년으로 분장한다.

디아길레프와 세르즈 리파

디아길레프는 1923년 니진스키의 제자인 세르즈 리파로 하여금 니진스키의 뒤를 있게 한다. 리파는 미모와 지성 그리고 보기 드문 완전한 육체적 조건을 겸비하고 있었다. 그는 늦게 무용을 시작했지만 체체티의 학교에서 기술을 습득했다. 디아길레프는 마신느에게 〈제피로와 풀로〉를 맡게 한다. 이 작품에서 리파는 화가 브라크가 구상한 의상을 입고 니진스키와 그리고 돌렝과 함께 춤춘다. 그러나 이 작품은 〈마뜰로〉에 압도되어 빛을 잃는다. 〈마뜰로〉는 페드르 푸르나가 무대를 맡았는데 "생명력과 에스프리가 넘치는 작품"이라고 호평을 받는다.

디아길레프의 후기작품과 러시아 무용수들

1920년대 중반에 들어 디아길레프 무용단의 임원들은 새로 교체하는 일이 빈번했다. 새로 교체되는 무희들은 러시아에서 오는 무희들도 있었고 런던에서 오는 무희들도 있었다. 그는 선배인 마씬느와 니진스키와의 유대로 풍부하게 그의 테크닉을 발전시킨다. 음악은 비트리오 리에티오가 담당했고 무대는 화가 유트릴로가 맡았다.

〈넵틴의 승리〉에서 가보와 페브스너의 건축적인 장식을 셀루로이드로 했는데 이 무대에서 리파와 스페시부트세바가 춤춘다. 1928년 〈오드〉는 화가 파벨 칠리체프가 고안한 아주 특이한 무대장식을 하고 마신느, 마보코프, 리파 등이 공연했으나 실패한다. 발랑씬느는 〈아폴론〉을 안무했는데 스트라빈스키가 쓴 순수하고 평화로운 작품으로 리파는 시의 여신들의 역할을 한다. 그리고 체르니체바와 두브로브스키, 그리고 다닐로바가 공연했다. 마씬느는 1827년 무용단이 만든 〈두 걸인〉, 〈무도회〉를 만든다. 이 작품은 화가 시리코가 담당했다.

〈탕아〉는 프로코비예프의 음악과 조르쥬 로우의 의상과 무대장식으로 되었다. 이 작품에서 리파는 연극적인 감각을 발휘한다. 〈탕아〉를 공연하던 바로 그날 밤 스트라빈스키의 새로운 곡예(曲藝)적 무용을 발표하며 리파는 안무가로서 데뷔한다. 공연의 시즌 마지막에 디아길레프는 늘 하던 대로 베니스에서 휴가를 보냈는데 발병되어 1929년 8월 19일 세상을 떠난다.

그를 중상하는 사람들은 디아길레프가 단순한 흥행사에 지나지 않았다고 혹평을 하고 있으나 그가 죽은 후 아무도 그의 매력적인 무용단을 이끌 만한 사람이 아무도 없었다. 디아길레프는 예술의 후원자로서 현대 예술의 원칙을 이해하려고 노력했다.

특히 러시아의 문학과 예술의 발전을 위해 창조성과 크게 노력했던 그의 업적은 러시아 예술사에 획을 남긴다. 그리고 그는 그를 위해 일한 예술가들을 통해 예술의 발자취를 뚜렷이 남겼다. 그의 작품은 하나의 본보기의 성격을 가졌다고 할 수 있다.

그리고 그가 발굴한 마씬느, 리파, 돌렝, 니네뜨, 바르와를 통해서 그의 작품은 생명을 연장하게 된다. 이들은 서양에 디아길레프를 대신해서 발레의 예술을 발전시킨다. 초기 러시아 발레를 발전시키는 것은 프랑스의 안무가 쁘띠파였다. 디아길레프는 발레에 대해 긴 잠에 있는 서양을 깨우는 것은 물론 러시아 현대예술에 공헌을 했다.

20세기 초 러시아 발레단과 프랑스 패션계와의 교류

세기말부터 20세기에 걸친 모드계는 더욱 많은 다른 예술장르와의 깊은 교류로 섬세함을 더해 갔다. 인상파의 화가들은 그 시적인 터치로 당시의 여성 의상을 오브제로 다루어 모드사의 연구가에게 전례 없는 생생한 자료를 남기게 된다. 모네나, 드가 등은 드레스의 무브망(운동성)이나 패션의 경향을 완전히 포착하고 있었고 피카소도 경마장에 나타난 모델들의 균형이 잡힌 실루엣을 정확하게 포착하고 있다.

예를 들면 작품 〈경마장에서〉(1901년 작), 더구나 알라모드한(유행의) 여성은 화가들의 모티브이긴 했지만 인상파의 회화 스타일 자체가 직접 모드에 영향을 미치는 일은 거의 없었다. 그들의 영향력은 오히려 섬유의 색조면에서 볼 수 있었다. 도세가 예술계의 다른 여러 분야와의 교류를 시작한 이래 화가들도 꾸뛰르에들에게 협력하고 있었다. 회화의 해방운동의 리더인 루오나 마티스, 블라맹크 등의 야수파는 1905년 이전에 없었던 싱싱한 밝은 색채를 들여왔다.

이어서 1909년 피카소나 부라크 등의 큐비스트(입체파)가 평면적인 회화에 새로운 차원을 도입했다. 이러한 근대 회화의 출현은 옯은 에드워드식 혹은 18세기식의 색채나 아르 누보 양식의 장식에 마음을 빼앗기고 있던 디자이너들을 자극했다. 그러나 모드에 가장 큰 영향을 준 것은 '발레'이다. 1903년 미국에서 이사도라 던칸이 파리로와 춤을 보였는데 그것은 몸의 행동에 대단한 자유를 주는 모드가 다가오는 것을 예고하였다.

1906년 '살롱 도톤느'(가을 살롱)에 세르즈 디아길레프가 러시아 미술을 전시하고 동방의 엑조틱한 무드로 파리지앙들의 마음을 사로잡는다. 이어서 1909년 디아길레프가 이번에는 러시아 발레단을 인솔하고 다시 피라로와 파리를 열광시킨다.

특히 레옹 박스타가 담당한 〈세에라자드〉나 〈클레오파트라〉의 무대장치에 오렌지나 감청색과 스카이 블루, 혹은 안나 파불로바나, 루빈스타인 등의 발레리나들의 의상에 금박이와 별을 군데군데 끼워 넣은 다채로운 색들은 눈부실 정도로 선명한 색조로 프랑스의 미술장식예술 그리고 모드에 충격적인 파문을 일으킨다. 이러한 색조는 이미 뿌아레가 선을 보인 것이지만 러시아 발레단으로 하여금 박차를 가하기 시작하게 된다. 그리고 유행을 만든다.

러시아 현대무용과 이사도라 던칸, 볼쇼이 발레단에 대한 이사도라 던칸의 영향

세계 무용관계자들은 러시아 볼쇼이 발레단이 이사도라 던칸의 영향을 받았다고 주장하고 있다. 무엇보다 현대무용에 대해 발전하고 있지 않았던 러시아 무용계에 영향을 준다. 그 증거로 발레리나의 유연성, 특히 풍부한 감정 및 서정적인 테크닉을 보여준 작품, 고대 희랍의 주신 〈바코스(酒神)〉를 들고 있다. 1920년대 세계의 예술 흐름은 전통에서 벗어나려고 하는 개혁 정신이 모든 장르에서 요동을 치고 있었다. 러시아에서도 미술분야를 선두로 개혁의 흐름이 유행하고 있었다.

그러나 무용에 있어서는 고전발레의 종주국 러시아는 좀처럼 현대무용을 발전시키지 않았다. 현대무용의 선구자인 던칸의 영향을 많이 받은 러시아인들은 현대무용을 육성하는 것은 물론 현대무용의 공연도 이사도라가 러시아를 떠난 후는 공연마저도 하지 않았다. 그리하여 러시아에는 현대무용이 존재하지 않는다고까지 이야기하고 있다. "예술은 나상(裸像)이다."라는 이념으로 무장한 던칸은 토슈즈를 벗어버리고 자연스럽게 맨발로 춤을 추는 것을 그녀의 철칙으로 삼았다.

던칸의 러시아 공연

던칸은 상트페테르부르크에서 1905년 공연을 한다. 이 당시 빼어난 발레리나로 구성된 세계 제일을 자랑하던 그녀가 간직한 예술적인 위대함과 그녀의 형식적 신무용(Modern Dance)을 보여주고 평가를 받기를 위한 것이었다. 그리고 던칸이 러시아로 무대를 옮겨 공연 및 무용교육에 이바지하게 되는 것은 무대디자이너였던 그녀의 연인 그레그 델리가 먼저 러시아에서 활동을 한 이유가 되며 그레그 또한 던칸의 예술이념에 동감하며 자극을 준다. 그녀의 마음을 러시아로 이끈 것은 던칸이 신무용에 갈채를 보내고 있던 러시아인 안무가 미하일 포킨이 있었기 때문이다.

19세기 말엽 발레(무용)에 대한 대중의 관심은 영국에서는 그저 뮤직홀의 음악 공연에 나오는 정도로 여기고 있었고 미국에서는 희극 정도로 관객의 취향에 따라 평가를 낮게 여기고 있었다. 이사도라 던칸을 비롯해서 미국 작가, 에디스와 르톤도 발레는 의미 없는 회전만이 눈앞에 펼쳐질 뿐이라고 했다. 현란한 장면으로 관객을 끌기 위해 미학적인 면에 지나친 소비를 했던 발레가 사양길에 접어들며 유럽 발레는 수준 이하로 저하되고 있었다. 오직 러시아만이 우수한 지도교사, 능력 있는 안무가, 재질 있는 무용수들의 일체로 그 명목을 유지하기 위해 안간힘을 쓰고 있었다.

러시아 현대무용과 던칸, 포킨, 스타니슬라브스키

던칸은 발레는 무표정하며 쇠고랑 같은 테크닉을 가졌다는 의견에 포킨은 동감한다. 개혁 정신으로 활동하고 있던 포킨은 던칸이 상트페테르부르크에 도착한 1년 전 새로운 형태로 발레와 무용, 음악, 무대 장치 등이 진보된 이론을 왕실협회에 피력하지만 포킨의 구상은 단호히 거절되어 발레 무대는 구태의연하게 남게 된다. 상트페테르부르크에서 이사도라의 공연은 호화로운 러시아 발레와 비교해 볼 때 그녀의 무용의 자연스러움, 담백함은 일대 혁신을 일으킨다. 세트도 없이 오직 던칸식 남색 천만을 두른 채 풀로로부터 받아드리는 조명과 그레그로부터 영향을 받은 무대 디자인, 대 작곡가들의 음악을 사용했다.

러시아인들은 이사도라 던칸의 무용을 심각하게 받아들였고 그녀의 자유스러운 스타일과 포킨이 주장한 자연 원리에 눈을 뜨게 된다. 이사도라의 영향을 받은 포킨은 1907년에 만든 〈유니스〉에서 무용수가 맨발로 희랍 의상을 입도록 했다. 포킨이 주장한 발레의 다섯 가지 원칙은 현대 발레의 아버지라고 불리게 되었고 포킨은 이사도라가 주장한 낭만적인 개념을 더 간결하게 묘사하고 있다.

이와 같이 현대무용은 20세기 이 두 개혁자에 의해 자연주의와 진실이 강조되고 무르익게 된다. 이사도라는 활동 무대를 상트페테르부르크에서 모스크바로 옮긴다. 그녀는 모스크바 예술극장 대표로 있는 세계적인 연출가 콘스탄틴 스타니슬라브스키를 만나서 그에게 큰 영향을 미치게 된다. 그는 이후 던칸의 절대적인 후원자가 된다. 스타니슬라브스키가 모스크바에서도 미국에서도 연출 무대의 변화를 시키는데 이것은 던칸으로부터 영향을 받은 것이다. 스타니슬라브스키의 연출 이론도 전적으로 이사도라 던칸으로부터 영향을 받은 것을 자서전, 〈예술 속에서 나의 인생〉(My Life in Art)에서 밝히고 있다. 러시아에서 그녀의 인기는 절정을 이루어 무용의 대학자적인 대우를 받게 된다. 그리고 이사도라의 무용에 대해 러시아 혁명 후 인기절정에 있던 시인 에쎄닌의 열광도 한 몸에 받는다.

1921년 다시 러시아에서 1천명의 행복한 어린이들을 교향곡에 맞추어 춤을 추는 것을 계획하지만 혁명 후의 혼란과 경제의 궁핍 속에서 이사도라의 꿈은 꿈으로만 남게 된다. 러시아 혁명 후 유럽과 러시아가 갈등에 있는 것을 그녀는 이 작품으로 하여금 유럽과 러시아를 결속하는 역할을 하고자 했던 것이다. 왕실 발레단마저도 말살 위기에 있었다. 그녀가 계획한 무용학교의 설립도 수포로 돌아갔다. 그러나 그녀는 에쎄닌 곁에서 소규모의 무용학교를 유럽에서처럼 무료로 운영하며 궁핍에서도 활동을 계속 했다. 그녀의 작품, 〈슬라브 행진〉(March Slave)은 러시아에서 느낀 고뇌와 환희, 슬픔의 감정을 표현한 작품이다. 그녀의 연인이었던 그레그 델리의 어머니 헬렌 델리(영국 배우)는 이 작품에 대해서 〈슬라브 행진〉만큼 슬픈 작품은 보지 못했다고 술회했다.

20세기 신무용을 주장했던 이사도라 던칸의 이론은 러시아의 포킨은 물론 러시아 발레의 발전에 지대한 영향을 주었다. 디아길레프와 세계무용가들이 부르짖었던 자유의 한계는 신체 테크닉으로부터 무대 의상, 유연성과 표현주의 발레를 염원했다. 던칸은 이런 것들을 그의 무용에서 실현시켰다. 이사도라는 온 몸으로 한 인간이 춤을 출 것을 강조했다. 이 개혁 사상은 무대와 무용의상을 파고들었으며 일반여성, 정치, 사회사업 등 여성의 사회 진출을 유도했다.

이사도라의 업적은 무용의 역사를 바꾸어 놓은 무용가로서 무용의 역사를 바꾸는데 헌신하는 활동의 무대를 러시아에서 생애의 중반을 보내며 지대한 영향을 러시아에 끼쳤다.

제5장 영원히 빛나는 러시아 문학작가들의 작품

〈붉은 수레바퀴〉와 솔제니친

솔제니친은 1917년 러시아 혁명과 그 근원에 광대한 서사시적인 〈붉은 수레 바퀴〉의 첫 권이 프랑스에서 발간되기 전 1984년 12월 프랑스의 일간지 '라 리베라쑝(La Libération)'의 다니엘 롱드와 대담을 갖는다.

다음은 롱드가 솔제니친을 묘사한 글이다.

솔제니친이 버먼트주 캐빈다쉬에 도착한 것은 1976년 10월이었다. 세상과 동떨어져 있는 그가 거처하는 마을은 겨울 몇 개월은 눈 속에 파묻혀있는 고즈넉한 촌락이다. 사냥과 스포츠, 관광지역인 버먼트에서도 캐빈다쉬는 18세기 중반에 들어선 마을이다. 1928년 이 고장에서는 소규모의 장인들의 활동이 있었다. 목재소 세 곳, 알콜 종류 판매소 두 곳, 방앗간 몇 군데, 식품상, 선술집, 블랙리버 다리로 흐르는 물이 방앗간을 돌아가게 한다.

솔제니친의 집은 외진 마을에서도 한참 떨어진 궁벽한 곳에 있었다. 험하고 가파른 언덕을 몇 번 올라 3시간쯤 걸어야 하는 곳이었다. 묘석들만이 늘어서 있는 인적 없는 묘지, 스키, 스쿠터를 파는 바라크(바로크 baroque)형 상점을 지나야 했다.

이윽고 나타나는 내려앉은 듯한 철책이 솔제니친가의 경계 표시였다. 자작나무와 단풍 관목들이 있는 20 헥타르 남짓한 대지, 연못과 테니스코트가 있고 금속제 출입문은 원격조정으로 열렸다. 이웃집들과 조금도 다름없는 모습이었다. 잣나무 샛길을 지나면 넓은 공터가 나오고 우중충한 집 두 채가 나타나면서 시야를 메웠다. 왼편은 살림 집, 오른편은 〈붉은 수레바퀴〉의 구상과 집필을 위해 솔제니친이 직접 설계해서 지은 작가의 집이다.

역사의 건축가인 솔제니친은 그 역사를 집필해 나갈 장소인 건축가이기도 했다. 아래층은 서재, 모든 러시아와 혁명이 그곳에 있었다. 2층에 있는 책상 위에는 잔글씨가 촘촘하게 써 있는 종이쪽지더미, 그것은 이미 분류가 끝나고 솔제니친의 펜을 통과한 4부의 원고들이었다. 솔제니친은 작업의 진전에 따라 2층에서 아래층으로 왔다갔다 한다고 했다. 집필과 최종 손질은 3층에서 또는 구름이나 거목의 잎사귀들과 바싹 붙은 비둘기 집에서 한다고 했다.

이 기하학적인 탑 속에는 침대와 조리실은 물론 예배실까지 갖추어져 있었다. 솔제니친은 스스로 설정한 고립 상태를 지탱해 갈 물자들을 구비하고 있었다. 그래서 한창 진행되고 있는, 〈붉은 수레바퀴〉의 원에서 벗어나지 않고 몇 해를 사는 것이었다. 그러나 그의 아내와 장모는 이웃과 교분을 갖고 생활하고 있었다. 그는 의도적으로 몸을 도사리고 자기가 겪지 않은 세월에 관한 상상적 기억과 생존자들이 전수해 준 기억들의 심연으로 곤두박질치듯 굴러내려 스스로 기억을 멸망으로 끌고 간 시대의 시작에 대한 위약한 증언들이 뒤엉킨 가운데 20세기의 요동치는 새벽을 거슬러 올라가 되살리고 있었다. 아침부터 저녁까지 휴식을 모르는 채 칩거하며 침묵과 묵상을 하며 집필에 열중하고 있었다.

그는 절반은 빅토르 위고이고 절반은 미슐레(Jule Michelet 1778－1874, 프랑스의 대표적 역사가), 현실과 그 변신 사이에서 집요하게 줄타기를 하고 있으니 전쟁의 생존자였다. 그는 수용군도와 병동암을 겪었던 사건에 맞서 최후의 투쟁을 계속 하고 있었다. 항상 싸우는 알렉산드르에게는 대왕(알렉산드르 대왕)의 풍모가 있었다.

작중 인물들을 조정하는 그림자 군대의 대장인 이 현대의 볼테르는 자기가 칼라수의 6천만 사자의 넋을 두 어깨에 짊어지고 있음을 결코 망각하지 않고 있었다. 러시아에서 살던 시절 그는 마치 장군 휘하에 사단을 전장에 내보내듯 책을 출간하거나 새 공세에 대비하여 긴장하면서도 생기에 넘친 군대를 보유하듯 작품을 써 놓았다. 가까스로 책을 출판할 수 있었던 작가, 전략적 승자인 노벨상을 원했고 온갖 무효화 시도를 반전시키며 그 상을 획득했다. 그리고 또 다른 의미에서 역사의 수레바퀴를 굴러가게 했다.

〈수용소 군도〉는 1973년 프랑스에서 출판되었다. 프랑스 좌익의 사망의 해인 1973년에 유럽은 지금까지 별로 알려지지 않은 러시아 혁명이라는 재난에 큰 소리를 낼 태세였다. 그러나 그렇게 하지 않았다. 솔제니친의 책 한 권으로 충분했던 것이다. 그리고 수용소군도는 상식이 되었다. 다가오는 죽음과 쌓여 가는 세월에 직면해서 솔제니친은 걸음을 서두르고 있었다. 그는 대륙이라도 일컬어지는 조국 러시아에 걸맞는 야심적인 작품을 시도했다. 아직도 써야 할 분량이 수천 쪽, 그 종착역에 도달하기 위해 채찍질을 당하듯 생활하고 있다. 그는 거의 외출을 하지 않았다. 캐빈다쉬의 농민들은 마을의 특별한 축일이 아니고는 길에서 그와 마주치는 일이 없었다. 여행도 마찬가지였다. 무엇 때문에 위험 받는 전진 기지에 휴식을 취하고 전투를 계속할 것인가. 여행 때 모스크바의 선전과 사할린의 레이다에 너무 가까이 쏠리는 것을 의식했었다. 테니스는 이따금 즐기는데 상상력의 위생상 피를 덥게 하기 위해서라는 것이다.

1918년 11월 어느 날 푸시킨 거리에서 운명이 그를 사로잡았다. 9세인 그에게 러시아 혁명사를 쓸 결심을 하게 한 것이다. 18세 때에는 혁명의 그림자가 갈고리를 걸었다. 러시아는 그를 놓아주지 않았을 것이다. 그는 65세(〈붉은 수레바퀴〉를 쓸 당시), 분초를 낭비할 수가 없었다. "나는 급하다." 그는 그때(1984년) 기획한 작업의 중반쯤에 이르렀는데 일을 끝마치기 위해서 가족을 총동원하고 있었다.

아내 나탈리는 수학자이며 장모 카테린느 스베폴로바는 물리학자이다. 세 아들, 에르몰리 13세, 아나트 11세, 스테판은 10세였다. 축구와 농구로 단련된 세 아이들은 영양이 좋고 몸도 날렵했다. 모두 마을의 공립학교에 다니고 있는데 아나트는 학교를 그만두었다고 했다. 지능이 너무 뛰어난데다 피아노를 치기 때문이었다. 그는 혼자 배우기를 더 좋아했다. 상냥하고 화기애애한 이들은 보통 가정과 똑같아 보였다. 그러나 다른 데가 있었다. 작가인 아버지가 기한 내에 끝낼 수 있도록 일손을 거들고 있었다. 집안 관리 등 실제적이고 어려운 문제들도 모두 자체 해결하고 있었다. 나탈리는 비서이자 보조자, 협력자에 최초의 독자였다. 에몰리는 타자작업을 돕고 있었고 스테판은 솔제니친이 언젠가 출간하려는 반쯤 잊혀진 러시아 단어 사전의 핵자를 맡고 있었다.

솔제니친은 1988년부터 이처럼 찬란한 독립의 삶을 영위하고 있었다. 고통을 받고 있는 고향의 악몽들은 아팔라치아의 화강암 안뜰에 맡겨두고 있었다. TV와 우편물만이 세상의 소음을 가냘프게 전달해 주고 있었다. 우람한 숲에 둘러싸여 가족 공동체의 도움을 받으며 모국어 안에 은거하고 있는 솔제니친은 여전히 영어를 쓰지 않고 있었다. 우리에게 "유럽인들은 여전히 영어를 쓰지 않는다. 유럽인들이여, 잘 버티어 나가시오."라고 말하고 있었다.

30년간의 〈붉은 수레바퀴〉의 구상

〈붉은 수레바퀴〉는 러시아 혁명의 전 시기를 커버하고 최고의 고위직으로부터 무명의 인물까지 역사적 실제 인물 1백여 명을 망라하는 이야기다. 지리적으로 십여 군데의 장소가 나온다. 작가는 교점을 1975년부터 구성하고 있다. 교점 방식을 채택한 것은 수학에서 빌리고 있다. 수학에서 교점의 개념은 어떤 곡선을 추구하기 위해서 그 곡선의 모든 점을 찍을 필요는 없다. 중요한 점들만 알아낸다는 것이다. 이 교점들의 자리가 정해지면 곡선이 윤곽이 보인다.

따라서 이 교점들의 작업을 집중시켰다고 말한다. 한 부분의 시간은 아주 짧아서 3주일을 넘지 않았다. 그 사이의 간격에는 아무것도 쓰지 않았다. 이야기는 1922년에서 끝난다. 그시기에 혁명의 모든 결과들이 구체화되고 사회적 역동성이 완성을 보이며 역사가 궤도에 굴러간다. 그러나 거기까지 나갈 수 있을 만큼 살 수 있을까 하는 의문을 갖고 서두르고 있었다. 애초부터 작품의 계획이 빗나가고 있다는 것이다.

감옥과 수용소 생활에서 겪는 개인적 체험으로 〈수용군도〉라는 이야기를 쓰느라 원 계획과 방향이 어긋났다. 그밖에도 암으로 죽음에 임박했던 자전적 요소들이, 또 다른 작품인 〈암 병동〉을 쓰게 했다. 생존의 필요한 것을 마련하기 위해 다른 일들을 해야 했다. 수학과 물리학을 가르쳤다. 여러 가지의 상황들이 그의 시간을 뺏어 갔기 때문에 1936년에 초안했던 〈붉은 수레바퀴〉의 구상은 방해를 받는다. 그래서 구상에 대한 생각은 계속하면서도 작업을 포기할 수밖에 없었다. 체계도 없이 책을 계속 읽다가 1969년에 와서야 작업에 다시 손을 댄다.

그는 이 서사시를 완결할 시간을 갖지 못하리라고도 생각했다. 1984년 12월에 끝낸 것은 1막이며 〈혁명〉으로서 1917년 8월, 9월, 3월의 세 교점으로 되는 것이다. 4월을 위한 작업도 거의 끝내고 있었다. 그것은 네 번째의 교점이 되는 것이다. 1917년은 극도로 압축되고 긴박한 한해다. 한 달, 한 달이 새로운 시대를 점화한다. 글자 그대로 4월에서 5월 사이에는 모든 상황이 바뀐다. 그렇기 때문에 1917년에 네 교점을 두어야 한다. 그것들은 2월에서 10월까지의 모든 파노라마, 모든 장면을 상연하고 있다.

따라서 거창한 작업이다. 솔제니친은 30년 이상 그 커다란 구상을 품고 있었다. 그는 혁명의 별자리에 태어났기 때문에 18세 때 이 작품을 쓰려는 욕망이 일어났는지도 모르겠다고 작가는 설명한다. 그가 어릴 때 혁명에 관해 이야기하는 어른들의 대화 가운데에서 형성된다. 혁명은 그를 덮고 있는 그림자였다. 그러한 여건에서 혁명이 그의 주위를 온통 사로잡은 것은 놀라운 일이 아니다. 혁명에 대해 작품의 구상은 확실히 말할 수 없으나 9세 때에 어떤 이유에서 작가가 되기를 결심한다. 10살 때 톨스토이의 〈전쟁과 평화〉를 읽는다. 여기서 역사적인 볼륨과 형식이 그를 뒤흔든다. 그때부터 그는 바로 혁명에 관한 책을 탐독하기 시작했다. 18세가 되기 전에 그런 구상의 구체적인 형태를 생각했으나 행동으로 옮기기엔 어렸다고 작가는 털어놓고 있었다. 그러나 열여덟이 되자 작품의 구상이 구체화하기 시작했다. 그 현상이 일어난 날과 상황을 확실히 기억하고 있었다. 그것은 몇 분 사이에 일어났던 것이다. 그 장소도 기억하고 있었다.

그것은 1936년 11월 18일 로스토프에서였다. 그 시절에는 소련에 일요일이 없었다. 일요일을 철폐하기 위해 6일이 1주였다. 아주 맑은 날이었다. 태양이 나지막이 내려와서 반짝이는 낮에 그는 푸시킨로를 따라 걷고 있었다. 그때 어느 순간 나무들은 이미 헐벗었는데 무엇인가 그를 사로잡았다. 그리고 소설을 쓰도록 강력히 명령한다. 그는 소비에트학교를 마치고 자연과학대학의 학생이 된 지 몇 달이 지난 때이다. 무엇보다 먼저 10월 혁명을 설명해야 하겠다는 생각을 한다. 그는 몇 해 전부터 서술을 시작해야 한다고 생각한다. 1차 대전을 다루지 않고서는 혁명을 설명할 수 없음을 깨닫는다. 그는 전쟁에 관한 책들을 통해 삼소노프의 파국을 발견하게 된다. 한 마디로 그것은 전쟁을 표현하는 본보기였다. 그래서 솔제니친은 삼소노프가 추적한 길을 반복하리라고 예감을 한다. 그가 1차 대전 때 있던 곳과 똑같은 장소, 똑같은 도시로 간다. 1937년에 그는 작품을 쓰기 시작한다. 작품의 구성을 구체화했고 각 장이 어떻게 되리라는 것을 알았고 모든 것이 결정되었다. 1937년 그때 써 놓았던 10여 개의 장을 1980년대에 다시 사용한다. 그는 전쟁에 나가서도 감옥에서도 작품에 대한 생각은 그치지 않았다. 그는 감옥에서 그들에 관해서 모든 것을 물어 기억해 둔다.

그 다음은 수용소 생활을 주제로 작품을 쓰는데 전념할 수 있게 된다. 혁명을 설명하기 위해서는 뒤로 물러나가는 것으로 충분치 않고 진정으로 러시아 혁명의 공포화 운동이 역사적 배후로 들어가야 한다는 것을 불현듯 깨달았다. 그래서 전쟁의 세월과 공포에 관해 성찰하기 시작한다. 1914년 8월의 특수사건을 발견한 것이 그때였다.

그것은 러시아로서뿐 아니라 우리시대의 서구에 있어서도 특수한 것이었다. 그것은 먼 역사다. 그리고 서방으로서 직접적인 사건성은 혁명의 공포에 관한 역사다. 2월 혁명에서 10월 혁명까지의 6개월은 유럽이 곧이어 10여 년간 걷게 될 길의 압축판인 놀라운 요약이다. "지금 서방(1984년 현재)은 매우 천천히 같은 길을 가고 있다. 나는

1914년의 전쟁을 마치 내가 살고 있었던 듯이 마음에 품고 사념하고 있다.

그것은 1차 대전쪽으로 보다 더 마음에 품고 사념하고 있다. 그리고 그것은 1차 대전쪽으로 보다 더 기울어 있다. 또한 이 모든 역사적 소재를 더 연수하면서 나도 모르게 그 시대의 유럽 전체를 느낀다. 유럽이 어떻게 자신의 멸망을 추구했던가를 나는 목격했다. 그러나 1차 대전은 하나의 촉매제다. 프랑스 혁명으로부터 2차 대전까지 19세기 전체에 걸쳐 자체의 멸망을 지향했다. 우수한 참고서들을 잃어버리고 번영과 물적 안일에 빠짐으로써 20세기 초에 유럽은 물질적 힘과 번영의 정점에 서는 것과 동시에 그를 기다리는 심연 속으로 굴러 들어가고 있었다. 내부에서 말이다. 내부적이라고 말하는 것은 1914년 지도자들 모두가 사건을 통찰하는 수준에 있지 않았기 때문이다. 모두가 기습당한 상황이었다.

어떤 시대가 닥칠 것인지 어떻게 대처하여야 할 것인지를 알지 못하면서 1914년에 휩쓸려 들어간 유럽 그대로의 모습에 대해 무서운 연민을 느낀다. 러시아에서는 그것이 즉각적으로 혁명으로 표현되었다. 그러나 유럽전체는 그로부터 계속해서 전락했다. 기술의 진보가 이 하강을 전혀 변경시키지 못했다. 그렇지만 유럽의 최종적인 선고를 받은 것은 아니다. 삶은 모든 것을 우리 손에서 결정적으로 좌우되도록 되어 있다. 오늘날(1984년 현재) 서방은 내리막길에 있다. 그러나 이런 저런 문명의 분파로서가 아닌 기독교적 의미에서 문명 전체가 파멸의 선고를 받았다는 뜻은 아니다. 나는 비관주의자가 절대 아니다. 민족이 정말로 심연의 밑바닥에 있는 순간에 출구도 갖고 있었다고 믿는다.

최근에 우리 혁명과 10월 혁명은 어떤 범세계적 과정의 특별한 인류에게 주어진 첫 신호였고 러시아 혁명은 두 번째 신호였다고 나는 생각한다. 공산주의는 무수한 인명을 죽였다. 나의 조국은 아마 국민의 1/3이 그것도 가장 우수한 사람들을 잃었다. 그러나 우리는 이 시련을 벗어나 더욱 풍요하게 되었다. 공산주의 정권하에서 사람들은 내적 재상승을 시작했다. 공산주의의 시련을 겪지 않은 사람들이 계속 하강하는 사이에 그들이 멸망하리란 말이 아니다. 그들은 아마도 하강과 재상승의 법칙을 경유할 것이다. 18세기와 19세기의 구조적 결함이 우리를 20세기의 지옥에 있도록 인도했다. 달의 그늘은 지구의 어느 부분을 가렸다가 이윽고 지나가도 또 다른 곳으로 간다. 마찬가지일 것이다. 그것은 지구를 스쳤다가 아마 포기할 것이다.

20세기의 시련들은 우리가 새로운 정신적 가치를 발견하도록 이끌고 있는 물질적 가치들을 새롭게 문제 삼기 위해서다. 도스토예프스키로부터 군테라까지 많은 작가들이 러시아를 유럽의 외각으로 밀어냈다고 하는가에 대해서 우리에겐 언제나 2중의 역할이 있다. 항상 그 역할은 존재해 있었고 언제나 있을 것이다. 솔직히 우리는 단독의 대륙에 있다. 대륙으로서 우리 자신을 발전시킬 권리가 있다. 우리가 서방과 동방의 생활 방식이 인접해 있음으로 우리 역사에서 양자를 동화시켰던 것은 우리를 유럽이나 동양에 돌리려는 것은 정당하지 않다. 종교적 국경이 유럽국경들을 정의하는 기본요소일 수 있느냐 하는 데에는 나는 그렇지 않다고 본다. 정교와 카톨릭의 경계선이 유럽의 경계선이라고 여기지 않는다. 18세기 훨씬 이전에 우리시대의 커다란 비극의 하나는 기독교의 분할이었다. 인류는 기독교의 단일성을 끝까지 지탱할 능력이 없다는 것이 밝혀졌다. 그 결과는 종교 전쟁이었다.

19세기에 도스토예프스키 같은 작가들은 이 분기(分岐)에 중요성을 부여했다. 그는 그 점을 대단히 걱정했다. 나로서는 이 모든 일이 지나간 일이라고 생각한다. 이 분할을 해묵은 옛일로 보고 모든 기독교인들뿐 아니라 지상의 모든 신앙인이 과격한 무신론에 반대하고 있음을 안다. 공산주의 내적인 상승은 일반적으로 정신적 가치의 재구축을 의미한다. 젊은이들은 아직도 사회주의 이상을 크게 평가하고 있다. 그러나 이제 공산주의 전제주의를 완전히 물리쳐야 한다.

사회주의 물질적 이상향을 넘어섰으며 사회주의 모든 각색에서 발견되는 국가주의 요소들은 역겨웠다. 우리는 그 이상들로부터 정화되었다. 이것이 우발적 정치적 변화보다 더 깊은 변화이다. 중요한 사실은 자유노조가 별을 볼 수 있었고 그리고 해산되었다. 물론 폴란드에서 일어난 사태는 이 같은 내적인 관심에서 파악해야 할 것이다. 그것은 공산주의 국가에서 작동중인 내적인 변모를 외관상 드러내는 첫 시위다. 반공산주의 운동은 각기 다른 나라에서 각기 다른 순간에 일어났다."

〈붉은 수레바퀴〉의 구도와 요소, 솔제니친의 문학에 대한 이념

나는 문학에 있어서 보수주의자이다. 이 말은 내가 문학적 창작에 대해 일반적 의미를 계승해 나가고 있다는 것을 말하는 것이다. 그것은 형식 자체나, 장르에 대한 것이 아니다. 1914년 8월에 대해 전통적이라고 하는 것에 대해 의견이 다르다. 전위작가가 된다든가 다른 사람들이 이제까지 쓰지 않은 어떤 새로운 것을 만들어 낸다든가 하는 것을 목적으로 삼을 수는 없는 법이다. 나는 그렇게 하려고 비교해서 새로운 것을 써야겠다는 따위의 생각을 하지 않았다. 나는 내가 다루려는 소재를 가지고 작업을 할 뿐이다.

19세기 이래로 우리 생활 템포는 변했다. 독서의 템포, 그리고 사고의 템포도 변했다. 10세기에 쓰던 식으로 이젠 쓸 수가 없다. 내 서사시에서 여덟 종류의 다른 장르를 이용하지 않을 수가 없었다. 다만 가장 적합하고 집약적인 도구를 찾았을 뿐이다. 페이지마다 그 부분의 작업을 가장 잘 완수할 수 있는 최상의 방식을 찾는 것이다. 그러나 솔직히 말해 내가 젊었을 때부터 들어온 '전위'라는 말은 나에겐 언제나 우스꽝스러운 의미 없는 말이었다. 마음과 영혼 속에 무엇인가를 지니고 있어야 한다.

한 작가가 단순히 전위작가에 지나지 않는다면 그는 아무것도 아닌 셈이다. 서구문학의 새로운 시도는 정신적 발견이 동반되어 있지 않은 것이라면 의미 없는 그저 놀라울 뿐인 진부한 것이라고 생각한다. 그것은 오로지 서구의 지성과 도덕성의 파괴를 지속화시킬 뿐이다.

유럽은 매우 고매한 정신적 구조를 가지고 중세로부터 빠져 나왔으나 여러 세기가 지나는 동안 그 구조는 타락하였고 곡예와 같은 지성의 유희로 대체되었다고 보아야 할 것이다. 전위주의도 그것을 파괴하는데 참여했다. 〈붉은 수레바퀴〉의 작업을 위해 98%의 자료는 오랫동안 수집해 왔고 2%만 도서관에서 찾으면 되었다(1984년 현재).

오랫동안 나이 많은 사람들(이제는 죽고 없다.)로부터 개인적 증언을 모았다. 소련에서도 수집할 시간이 있었으나 외국에 이민 가 있는 동안 많이 수집했다. 그러나 특별한 도서관을 갖고 있는 것이나 마찬가지다. 또 책을 보내 준 사람도 있다. 1919년도 신문 컬렉션도 다 가지고 있다. 소련에서 인쇄된 것이 많다. 2월 이후로는 아무것도 없다. 내 작업의 유일한 문제는 시간이다. 그것을 잘 이끌어 나갈 충분한 시간이 있을지 모르겠다. 그러나 소설 속에 자료를 너무 많이 넣어도 안된다. 그 대부분은 같은 말이 반복되는 생기 없는 언어로 쓰여 있다. 독자는 그것을 읽을 수 없다. 그것을 쓴 사람의 심리적 굴곡과 그 사람 주변의 사건들을 재구성하면서 나는 일을 한다. 모사의 장에서는 그 자료의 한계를 벗어나지 않는 범위 내에서 그것이 어떻게 만들어졌는지를 보여준다.

예컨대 그 자료가 전보라면 발신자의 의도와 수신자에게 그것이 불러일으킨 감정과 생각들을 보여준다. 신문은 15종류를 가지고 있다. 똑같은 일을 하고 있는 것이 하나도 없어서 매우 흥미롭다. 마치 폭발하듯 모든 사람들이 말을 하고 글을 썼다. 그 신문들은 살아 있다. 그 생명을 어떻게 이용하는가가 문제다. 부분 부분을 취해 사건들의 단편을 이용하고 그 신문들의 사고와 분위기, 그 기사의 작성자들에 대해 써 볼 수 있다. 나는 1백여 명의 인물들, 알려진 역사적 인물들을 가지고 있으니까 그들의 대화에 그 기사들을 삽입할 수 있다. 때로는 그대로 있는 것을 그대로 인용하는 것이 지극히 유리할 때도 있다. 왜냐하면 그럴 때는 사건뿐 아니라 그 시대에 사용하던 언어가 반영이 되기 때문이다. 나는 그것을 신문 몽타주 수법이라고 부른다.

이 몽타주 수법을 나는 도스패소스에게서 배웠다. 처음으로 감옥에 있을 때 그의 작품을 읽었다. 그의 아이디어가 매우 좋았다고 생각했다. 그러나 우리는 서로 다른, 서로 상반된다고까지 할 수 있는 방식으로 그 수법을 이용하고 있다. 도스패소스는 의미를 부여하지 않은 채 신문의 잡다한 이야기를 몽타주했다. 그것은 현실의 삶과는 별로 상관없다. 반면에 나는 사건을 만들어 갈 소재로서 그것을 이용한다. 나의 몽타주는 도스패소스와는 아주 다른 의미를 갖는다.

이 작품에는 또 내가 파노라마의 장이라 명명한 부분의 장들은 정확한 사건들을 기술하고 있다. 그러나 파노라마의 장은 개인적 해석을 허용하고 일정한 관용어들이 보다 높은 역사적 관점에서 조명되어야 하는 부분이다. 파노라마의 장은 활자를 사용하고 있다. 〈1918년 8월〉의 첫 권에서는 그런 장들은 독자들의 이해를 돕기 위한 요약으로 되어 있다. 두 번째 권에서는 파노라마의 장에서 스톨리핀스의 모든 행동과 운명을 다루게 되어 있다. 앞으로 쓸 부분에서도 어떤 사건들은 작은 글자로 썼는데 성미 급한 사람은 그 장을 읽지 않고 뛰어넘어갈 수 있게 하기 위해서다.

〈붉은 수레바퀴〉를 쓰는 중 나는 매우 중대한 문제에 부딪혔다. 잘 알려지지 않은 인물이라 할지라도 실제의 인물과 역사적 인물과 상상적 인물의 비율이 어느 정도 되어야 하느냐에 있어서 상상적 인물에 매우 큰 비중을 두는 의미 없는 유희를 상상할 수도 있다. 그것은 작가로서 할 일이 아니라고 믿는다. 역사적 사건을 가지고 유희를 즐기며 여기 저기 관찰자의 자격으로 몇몇 인물을 집어넣는 거나 마찬가지다. 나의 모든 관심은 실제로 존재했던 인물에 쏠려있다. 내 흥미를 끄는 것은 그들의 심리와 행위를 해석하는 것이다. 그때 반대로 제기되는 또 하나의 문제가 있다. 상상의 인물들을 완전히 없애버릴 수가 없는 것이다. 소설, 문학작품은 상상적 인물들을 필요로 한다. 그들은 잠시 동안 역사를 잊게끔 해주는 기름 같은, 혹은 옷감이나 바탕 같은 지극히 단순한, 매우 일상적인 삶의 오아시스 같은 존재다.

'3월'의 전개 부문에서는 상상적 인물에게 할애된 페이지가 전체의 10%에 불과하다. 그러나 그렇게 중요한 사건의 분할이 없는 '10－11월'에서는 상상의 비중이 보다 크다. '혁명'을 재현한다는 것은 작가로서는 특별한 작업이다. 그것은 전쟁이나 어떤 정치적 사건을 재현한다는 것과는 다르다. '혁명'은 지극히 광적인 템포를 지녔고 거기에는 수많은 인물들이 있다. 구성이 저절로 감지된다. 장과 장이 빠른 연대순으로 이어진다. 나는 혁명을 따라 한 발자국씩 간다. 때로는 새벽에 시작해서 해가 질 때에 끝나는 이야기도 있다. 그 도시의 모든 거리에서 일어났던 일들을 보여 준다. 그러나 그것은 충분한 것이 아니다. 좀 더 강력하게 활력을 불어 넣어야 한다. 일종의 분할화로 가는 것이다. 상호 충돌의 인상을 강화시키는 장들, 단편적 사건의 짤막한 이야기들을 삽입한다. 박진감을 강조하기 위해서는 또 영화적 수법을 사용했다. 군인들이 호텔을 포위하고 약탈하려는 대목에서는 몇 개의 장면을 보여 주는 것이다. '3월'에서 그것은 마치 영화적 비전 같은 것이다. 책을 읽으면서 스크린을 보듯 어떤 시점을 취할 필요 없이 하나의 장면을 볼 수 있게 하는 것이다. 또 격언들을 이용하고 있다. 매 주인공들이 이용하는 격언이 아니라 장과 장 사이에 홀로 고립되어 있는 격언들이다. 그것은 마치 민중 가운데 한 인물이 그 이야기를 듣고 자신의 생각으로 그것에 의미를 부여하는 것과 같은 것이다. 전개가 끝난 장을 해석함으로써 그것이 또한 다른 변모를 표현하는 것이다. '1914년 8월' 첫 권에서는 한 장교가 기차로 여행하기를 거부한다. 그는 조국의 땅에 몸을 비빌 필요를 느끼며 말을 타고 가려고 한다.

나는 이 글을 쓰고 있는 지금의 환경이 러시아에서 멀리 떨어져 있지만 좋다. 러시아에서는 생활 조건이 너무 끔직하다. 러시아를 떠날 때 나는 쉰 살이었다. 러시아와 나와의 만남은 오랜 것이었다. 이곳에서 일생을 살고 있다. 게다가 사람들이 내게 준 자료와 증언들로서 사건들과 동시대의 사람들과 살아 있는 접촉을 하고 있는 셈이다. 그것들을 읽을 때 러시아에 돌아간 느낌뿐만 아니라 1917년도에 내가 살고 있는 느낌이다. 내가 과학 교육을 받았기 때문에 작품을 쓰는데 도움이 되느냐고 하는데 대해 반드시 그렇지 않다. 그러나 문학은 독자적인 고유한 기능성을 가지고 있다고 생각한다. 문학뿐만 아니라 예술 일반이 모두 그렇다. 직관은 기술적 인식의 방식보다 수준 높은 인식의 방법이다. 다만 직관은 경험과 정신적 내용에 의해 걸러지고 풍부해야 한다. 학자는 직관에 의존할 수 없다.

그러나 작가는 모든 대륙들을 연구하여야 하고 그 대륙들 간에 허공 이외에 아무것도 없다 할지라도 작가는 그 허공을 직관의 힘으로 건너 뛸 수 있다. 직관은 비상한 경과를 갖다 준다. 예를 들어 그 장교는 크리모프 대령을 만난다. 그리모프 대령에 대해 아주 일반적인 사실밖에 알지 못한다. 그리고 나서 그 장교와의 장면을 썼다. 여러 해가 지나고 나서 미국에서 나는 그 대령에 관한 증언을 들었다. 그를 잘 알고 있던 사람에게서 들었는데 머리털이 곤두서는 기분이었다. 그 인물의 특징들을 내가 알아맞히었기 때문이다. 그가 겪은 중요한 사건들로 미루어 보아 나는 그의 성격적 특징들, 농담의 방식, 남의 말에 대한 대꾸, 사람들을 판단하는 방식을 예감할 수 있었다. 그는 좀 투덜대는 타입이었다. 이런 것들이 전부 사실과 맞는다. 내게는 종종 이런 일이 일어난다. 전쟁과 위대한 소설과는 밀접한 관계가 있다고 보는 견해에 대해 그것은 전쟁의 스케일이 강렬한 감정의 표출이라는 점에서 그렇다. 그리고 이러한 현상은 문학에 적합하다. 그러나 혁명은 세계적으로 덜 재현되었다. 그 점은 혁명을 기술한다는 것이 전쟁을 기술하는 것보다 더 어려운 것이기 때문이다. 작가의 기쁨은 전투하면서 느끼는 군인의 기쁨과 흡사하다. 내 작품을 읽는 독자에서 듣는데 그것은 맞다.

〈떡갈나무와 송아지〉에서 작가로서의 나의 작업에 대해 이야기할 때 나는 많은 군인들과의 비유를 사용했다. 소련의 체제에 대해 대항했을 때 나는 나 자신이 군대의 사령관 같은 느낌이었다. 그때 나는 진정한 기쁨을 느꼈다. 내가 작품에 전적으로 매달려 있기 때문에 내 독서에 대해 궁금증을 갖고 있는 독자들이 있다. 나는 내 인생 전반부에 독서할 시간이 없었다. 수용소 생활, 숨어사는 생활, 생계를 유지하기 위한 작업, 수학 교사로서 학생들 숙제를 보아주는 일, 소설 쓰는 일, 그 모든 것들이 독서에 커다란 공백을 만들었다. 자료 수집에 많은 시간이 걸렸다. 다음날 쓰기 위해 필요한 것들을 준비해 놓지 않고서는 잠자리에 들 수 없었다. 하느님이 좀 더 살게 해 주신다면 자유로운 시간을 좀 더 가질 수 있을 것이다. 문학작품을 읽고 싶은 욕망이 크다. 내 생활에는 달리기 경주와도 같은 것이었다. 언젠가는 러시아 민중가운데서 인간적으로서, 작가로서 자유롭게 살아 돌아갈 수 있을 것으로 생각하느냐는 물음에 아무도 자신의 죽음의 시간을 알지 못한다. 인간은 자신의 미래를 알지 못한다. 그러나 내가 좀 더 살 수 있다면 모든 논리적 근거, 오늘날 소련과 세계의 가공할 현실에도 불구하고 나는 내 책뿐만 아니라 나 자신도 살아서 러시아로 돌아갈 것이라는 굳은 확신을 가지고 있다.

작가는 현재(2006년)러시아에 있다. 페레스트로이카 이후 귀국). 나는 내 나라, 내 집에서 죽을 것이라고 생각한다. 문학은 항상 현실관계의 역사이고 성년은 유년 시대에 우연히 포착된 다른 것들보다 더 빛나는 영상의 추구다." 솔제니친은 운명의 우연한 구축에 관해 〈붉은 수레바퀴〉에서 다음과 같이 말하고 있다. "우리 인생에서 가장 본질적인 핵심, 인생의 의미가 구심점을 부여해주는 핵심은 때로는 무의식적으로 그러나 그 다음은 우리의 의지에만 달려있는 것이 아니다. 마치 상황들 자체가 그 핵심을 키우고 발전시키기 위해 변화되는 것이다."

솔제니친은 열 살 때 〈전쟁과 평화〉를 읽고 거기에서 헤어나 본 적이 없다. 그의 인생의 핵심과 도정의 핵심이었다. 톨스토이에게서 그는 웅대한 규모, 장엄한 역사적 변화의 제작 그리고 집요하게 평행선을 이루는 수많은 주인공들의 출현을 빌어갔다.

〈의사 지바고〉와 보리스 파스테르나크, 58년 노벨상 수상

파스테르나크의 후기작품으로서 대표작인 〈의사 지바고〉는 1945년에서 1956년 사이에 쓰여진 유일무일한 장편 소설로 자전적 요소가 강한 작품이다. 작가의 모든 문필생활을 총 결산한 것 같은 작품이다. 작품 내용은 의사로서 인텔리겐자인 지바고가 볼셰비키혁명이라는 역사적 변혁기를 전후하여 체험하는 정신적·사회적 인생 역전을 그린 작품이다.

이 작품에서 작가는 정치적 접근을 하고 있다. 사회주의 리얼리즘 계열의 작품에서 인간이 사회적 경제적 조건에 의해 지배되는 정치적 존재로서 파악되는데 비해 이 작품에서는 인간이 어디까지나 개별적인 개체로서 인간의 삶이란 어떤 역사적 사건의 설명이 아니라는 것이다. 감정과 본능, 사고력과 정신적 노력의 과정 속에서 나타나는 독특하고 경이로운 모험이라는 것으로 파악되고 있다. 그렇기 때문에 소련 내에서 이 작품은 1957년 이탈리아 밀라노에서 이탈리아어 번역본으로 초판이 발행된다. 이것은 소련 내에서 발표되지 못하는 작품이 국외에서 간행되는 소위 타미즈타트(Tamiszdat)의 기원을 이루는 사건이 되었다.

〈의사 지바고〉는 이탈리아에서 출판 후 곧 이어서 여러 나라 언어로 번역되어 파스테르나크는 세계적인 반향을 일으키면서 그는 1958년 노벨상 수상자로 결정된다. 그러나 당국의 견제로 파스테르나크는 수상을 거부한다는 의사를 표해 노벨 문학상은 부재 수상으로 된다. 파스테르나크는 정치적 문제로 타의에 의해서 본의 아니게 상을 거부하지만 노벨상을 거부하는 사건은 그간 사르트르(Jean －Paul Sartre)에 이어 파스테르나크가 두 번째가 된다. 사르트르는 노벨상 자체를 무시하는 교만에서 거부하지만 후에 사망하기 전 노벨상을 받겠다고 하나 이번에는 노벨상 주최측으로부터 거절을 당한다. 파스테르나크는 이후 고난의 시기가 시작된다. 즉 노벨 수상 사건은 소련 내에서 커다란 스캔들이 되어 소련 사회를 들끓게 했고 파스테르나크는 가혹한 비난의 표적이 되었다. "파스테르나크... 우리 혁명과 우리 삶에 대한 악질적인 명예 훼손자의 배신적 행위에 대해 우리는 분노와 분개를 천명한다. 우리는 파스테르나크를 소비에트 작가로 이해하는 우리의 적들의 모든 시도를 부인한다. 그런 따위 소비에트 작가는 존재하지 않는다. 〈의사 지바고〉는 소련의 민중을 증오하는 우리 적들에게 매우 훌륭한 봉사를 하고 있다. 우리 조국과 우리의 위대한 업적을 경멸하는 파스테르나크에게 경멸을!" 이러한 표현은 당시 작가에 대한 비난과 질책의 한 부분이다.

결국 파스테르나크는 소련 작가 동맹으로부터 소비에트 민중과 사회주의와 평화 및 진보사업에 대한 배신행위라는 것으로 제명 처분된다. 그리고 그의 작품에 대한 출판이 금지된다. 그 후 파스테르나크는 1960년 5월 30일 모스크바 근교 페레젤키노에서 죽을 때까지 강제적 침묵과 고독 속에서 살아야 했다. 사후 1960년대 초에 이르러 파스테르나크에 대한 복권이 단계적으로 일어나기 시작한다. 먼저 시인으로 복권이 되었는데 산문작가로서는 인정되지 않았다. 이러한 상태는 89년대 중반까지 계속되었고 페레스트로이카 이후 본격적으로 그에 대한 복권이 추진된다.

1987년 1월 작가동맹은 파스테라나크 문학 유산위원회를 발족시키고 보스네센스키가 위원장이 되어 그의 작품을 출간하는 등 기념사업에 앞장선다. 이러한 작가 동맹 서기국은 파스테르나크의 작가동맹회에서 제명되었던 것을 취소한다. 그가 제명된 후 거의 30년 만에 복권이 이루어진 것이다.

1988년 〈의사 지바고〉는 잡지 〈새세계〉에 단행본으로 발간되어 공전의 인기 속에 소련 독서계를 석권했다. 이 작품이 1957년 발표된 후 서방 세계에서 현대 소비에트 산문문학 가운데 가장 뛰어난 작품의 하나로 인정받으며 많은 독자를 확보했지만 소련에서는 30여 년 후에 본격적인 소개가 된다. 1990년 2월에는 화려한 파스테르나크의 자택이 있었던 페레질키노에 있는 집에서 기념행사가 있었다.

그는 소비에트 문학과 사회에 한 사람의 위대한 예술가로 거듭 태어나게 된다. 특히 유네스코는 1990년을 '파스테르나크의 해'로 선포하여 고통 받고 억압당하던 예술가의 새로운 탄생을 기리며 축하했다. 러시아에서 파스테르나크의 연구는 이제 겨우 시작단계에 있다. 작품 출간과 더불어 국외가 아닌 러시아 내에서 이루어지고 있다. 그간은 국외에서 그의 연구가 먼저 시작되었다. 작가의 문학 세계에 대한 연구사업은 파스테르나크와 유사한 예술적 운명을 겪은 많은 러시아 문학인들의 재평가 작업에서도 동일하게 추진되고 있다.

영화 〈닥터 지바고〉는 영국 감독 데이비드 린이 만든 것이다. 닥터 지바고 역을 주연한 에집트 태생의 미국 배우인 오마 샤리프는 이 영화로 세계인들로부터 사랑을 받게 되며 더 유명해지게 되었다. 닥터 지바고는 오마 샤리프를 연상할 만큼 유명해졌다. 〈닥터 지바고〉는 현재(2006년) 뒤늦게 러시아에서 러시아인에 의해 영화로 만들어지고 있다.

음악, 철학에서 문학으로

보리스 파스테르나크(1890－1960)는 예술가의 집안에 태어난다. 그는 19세기 말 러시아의 유명한 화가였던 레오니드 파스테르나크와 루빈스타인의 제자로 당대에 유명한 여류 피아니스트인 로잘리아 카우프만의 아들로 모스크바가 출생지다.

따라서 보리스 파스테르나크는 세기말 전환기의 러시아 사회에서 가장 교육 및 문화수준이 높은 인텔리겐자 계층의 출신이다. 유년 시절부터 그는 문화계에 저명인사들을 만날 수 있었다. 톨스토이와의 만남도 그 중에 한 사람이었다. 그는 이처럼 미술과 음악, 문학이 매우 자연스럽게 일상생활 속에서 교차하는 가정 분위기에서 성장할 수 있었다. 파스테르나크가 관심을 가졌던 분야는 음악이었다.

그는 당시 저명한 작곡가였던 스크라이빈의 감화를 받아 짐나지야의 정규과정을 공부하는 외에 13세 때부터 6년 동안 모스크바 음악원을 다니며 그곳에서 음악 이론과 작곡을 공부했다. 어느 날 그는 음악이 자신의 길이 아니라는 것을 깨닫는다. 그리고 그는 그의 스승인 스크라이빈의 만류에도 불구하고 음악을 포기한다. 그는 갑작스럽게 철학에 심취하게 되며 1909년 모스크바 대학 철학과에서 철학에 몰두한다.

1912년 신칸트파에 매료되어 본거지인 독일 마츠부르크 대학으로 가서 코엔스 문하에서 수학한다. 여기서도 코엔스로부터 뛰어난 재질을 인정받아 계속 사사할 것을 권유받는다. 그러나 파스테르나크는 이때도 갑작스럽게 철학자가 되기에는 적합하지 않다는 생각에 이른다. 그리고 그는 모스크바로 돌아와 1913년 모스크바 대학을 졸업하며 관심을 문학으로 옮긴다. 문학은 그가 세 번째로 선택한 것이며 그의 생애가 끝날 때까지 두 번 다시 바꾸지 않고 문학을 자신의 소명의 길로 삼는다.

파스테라나크는 1913년 당시 열풍처럼 일어나고 있던 미래주의 문학 그룹 중의 하나인 센트리퓨가(Centrifuga 원심 분리기라는 뜻)의 한 회원으로 데뷔한다. 그 후 그는 시인으로 활동하며 여러 권의 시집을 내고 1920년대 이후부터는 산문도 쓴다. 대다수의 작품은 시작품이며 산문작품, 그리고 한편의 장편소설인 〈의사 지바고〉가 있다. 파스테르나크의 작품은 많지 않은데 그것은 그가 1930년대 중반 이후 사회주의 리얼리즘 소비에트 러시아문단이 확고해지자 그의 활동이 제한되었었기 때문이다. 파스테르나크가 1922년에 발표한 세 번째 시집 〈나의 누이의 삶〉으로 문단의 주목을 받기 시작했다. 이 작품집에 대한 문단의 평가는 매우 긍정적이어서 당시 만젤리탐은 파스테르나크의 시를 "새의 지저귐" 혹은 더할 나위 없는 건강한 시라고 평한다.

1920년대 많은 시인과 평론가들에 의해 파스테르나크는 새로운 미래 지향적 시단의 견인자로서 주목을 받는다. 그러나 한편으로 그의 작품이 고도의 메타포를 사용하며 과감한 생략법의 구사 등 일반 독자의 수준에서는 접근하기 어려운 점이 지적되었고 그로 인해 그는 폭넓은 일반대중을 위한 시인이라고 하기보다는 오히려 시인을 위한 시인이라는 평을 받게 된다. 그러나 1920년대 중반에 이르러 소비에트 러시아문단에 사회주의 리얼리즘 일색으로 경직되기 시작하자 예술과 정치성을 연계시킬 수 없었던 파스테르나크는 혹독한 시련기를 맞게 된다. 그는 스탈린 대숙청기의 개막과 더불어 개인주의 시를 추구하는 시인이라는 비판을 받는다.

1935년 파리에서 앙드레 말로에 의해 "금세기 최대의 시인 중의 한 사람" 이라는 극찬을 받는다. 파스테르나크는 이후 사실상 소련 내에서 작가 활동이 거의 금지되는 상태에 있게 된다. 저작활동을 할 수 없게 된 그는 그 후 오랫동안 번역업을 유일한 생계 수단으로 삼아 셰익스피어의 작품과 괴테, 쉴러 등의 독일 문학작품을 다수 러시아어로 번역하는 작업을 하며 생계를 이어간다.

제2차 세계 대전 중에는 당국의 정책완화로 잠시 작품활동을 재개하며 두 권의 시집 〈새벽 열차 안에서〉와 〈지상의 공간〉이라는 전쟁 시들을 발표한다, 종전과 더불어 파스테르나크는 또 다시 신랄한 비판을 받는다. 전후 초 강경 노선으로 급선회한 주가노프의 문학정책 이래 파스테르나크는 "개인주의를 추구하며 혁명에 대한 이해가 부족한 작가"로서 혹독한 비판을 받고 스탈린 사후까지 침묵을 지켜야 했다.

파스테르나크의 주요한 작품은 시집 〈구름 속에 쌍둥이〉(1914), 〈나의 누이의 삶〉(1922), 〈울타리 저 너머에〉(1917), 〈테마와 바리에션〉(1923), 〈제2의 탄생〉(1932), 〈새벽 열차 안에서〉(1943), 〈지상의 공간〉(1945), 산문집으로는 〈이야기들〉(1925), 장편서사시 〈1905년〉(1926), 〈쉬미트 소위〉(1927), 소설 〈의사 지바고〉(1956), 〈밀라노〉(1957), 〈날이 개면〉(1957) 이 있다.

파스테르나크, 사촌 누이와의 40년간의 서신 교환, 우정과 사랑의 자화상

파스테르나크의 사촌동생, 올가 프라이덴버그(Olga Freidenberg)가 파스테르나크와 40년간 교환했던 서신을 모아 〈서한집1910－1954〉(The Corespondence of Boris Fasternak and Olga Friedenberg 1910－1954)을 낸 후 뉴욕 타임즈(1982)는 그 〈서한집〉에 대해 다음과 같이 설명하고 있다.

이 멋진 책은 공포의 시대의 육체적·정신적 황폐에서 용케 구제된 예기치 않은 선물이며 예술작품이다. 이것이 구출된 것은 어디까지나 올가 프라이덴버그 덕분인데 그녀는 용케도 주고받은 편지의 대부분과 한 잡지에 게재된 회고담을 보존하는데 성공했다. 본질적으로 이 서한집은 역사적으로 문학적으로 중요한 기록이다. 우리 세기의 비극적 연대기에 영웅적인 한 장(章)을 더한 재능 있고 용기 있는 두 사람이 무의식적으로 만들어 낸 2중 자화상이다.

보리스 파스테르나크와 올가 프라이덴버그는 4촌간이었다. 파스테르나크의 아버지, 레오니드 파스테르나크와 올가의 아버지, 미하일 프라이덴버그는 오데사의 어린 시절부터 서로 아는 사이 였다. 레오니드의 누이인 앤이 마하일과 결혼했으며 후에 프라이덴버그家가 상트 페테르부르크에 정착하고 파스테르나크家가 모스크바로 옮긴 후 자주 왕래하게 된다. 그리고 여름을 함께 보낸다. 어린이들은 놀이 친구였으며, 동갑내기인 올가와 보리스는 변함 없는 단짝이 된다. 이들의 서신 교환은 이들이 20살 때인 1910년 봄에 시작된다.

올가가 몇십 년 뒤에 회상한 바에 의하면 보리스는 그 해 겨울 아주 다른 사람이 되어서 올가네 집을 찾아왔다. 그녀는 여러 해를 사귀는 동안 보리스의 이해력, 과장된 칭찬, 들뜬 기분에 익숙해져 있었다. 그러나 이 해에는 보리스는 관심이 많은데서 한 걸음 나아가 홀딱 빠져 있었다. 여러 곳을 거닐고 함께 차를 타고 다니는 동안 그는 애인으로서 그녀를 따라다니는 반면 올가는 그를 동기간으로 대했다. 그녀는 그 해 모스크바로 파스테르나크가를 방문했다.

7월에는 발트해안 에스토니아에 있는 메레클이라는 그림 같은 소도시의 별장을 잠시 찾아가게 된다. 그녀의 일기에 의하면 이곳에서 "그녀는 새롭고 의미심장한 그의 말이 열어놓은 조망(眺望)"에 매혹된다. 보리스는 몇 시간이나 계속 이야기를 했으며 올가는 그의 말을 다 이해하지 못했지만 그녀를 일상세계 밖으로 옮겨다주는 "난해한 무엇을" 좋아한다. 그는 그녀를 따라 상트페테르부르크로 갔다가 모스크바로 돌아갔다. 이 기억할 만한 7월은 멋진 편지들, 길고 정열적이고 몸이 떨리고 재기 발랄한 편지의 교환으로 가득 차 있다. 가장 주목할 만한 것은 보리스는 7월 23일 집에 도착하자마자 쓴 편지이다.

'개가 비명을 지르던 한 낮을 기억하니?'라고 시작되는 이 편지에는 다른 회상들이 이어진다. "우리가 읍 밖으로 나갈 때 지났던 나무가 늘어선 왼쪽 길, 읍이 변두리에서 큰 도로와 작별하는 충격을 겪고 감정을 바꾸어 센티멘탈 해지기 전까지는 스스로에 너무나 익숙했던 간이 포장도로가 생각나겠지? 길다란 초록색 저 끝에서 읍의 외곽에 이르는 그 나무가 줄지어 선 길은 또 다른 종류의 외곽의 전주곡에 불과하다." 길들이 말(언어)로 포장되지 않은 정신적인 스페이스의 시작을 표시하는 경계선에서 함께 만나고 이 길들 자체가 궁극적인 무엇이 되는 영혼의 외곽이 그것이다.

그리고 올가와 보리스가 자동차로 갈 때 "너와 내가 소속될 수 있는 플로트(flot)와 서정적인 모티브와 테마에 대한 열렬한 모색에서 ... 끝없는 만족처럼 보이던" 상트페테르부르크가 있다. 올가가 "그 도시와 모든 객관적 사물들에 대한 그런 개념의 독특성과 예외성"을 인식할 준비가 되어 있었더라면, 그녀는 "시인은 관찰을 하지 않는다. 다만 사실을 확인할 뿐이다. 네가 경험하는 세계의 명사와 동사들－정형(定型)동사와 명사들－이 형용사 즉 최고 질서의 개념, 우리가 접할 수 없는 사물 또는 실체에 돌려야만 하는 특성들의 소용돌이로 바뀐다."는 그의 말을 이해했을 것이다. 그러면서 그는 자기가 이야기하는 것은 "종교적 경험이 아니라 시적 개념 또는 창조적 슬픔이나 기쁨의 개념"이라고 덧붙이고 있다.

이 같은 아주 이질적인 차원의 경험들－개, 길, 자동차, 속세의 동사와 명사들, 서정적 테마, 영혼의 독특한 융합이 파스테르나크 자신의 서명이고 그의 모든 작품의 스탬프다. 이 편지 자체가 사랑의 선언이자 하나의 예술론(그가 21년 뒤에 자전적 에세이, 〈완전한 행동〉에서 체계화하게 되는 시 예술론의 초기판)이었던 것과 똑같이 그는 거기서 수(數)가 수학의, 의미는 역사의, 사상은 철학의 테마인 것처럼 파워는 예술의 주제라고 말한다. 그것은 그것이 작용하는 물질들－그 본질인 특정한 대상, 느낌, 인식보다 훨씬 넓고 깊은 테마이다.

닿을 수 없는 평행선에서 영혼의 교환

올가는 모스크바에 가겠다는 약속을 했지만 방문을 연기하다가 끝내 가지 않았다. 그녀는 일기에 기록한 대로 그녀의 정열은 가슴에서 우러난 것이 아니라 공상에서 생겨난 것이었으며 사촌 동생으로서 사랑이 없으므로 아무리 파스테르나크가 사랑하더라도 그와 사랑을 할 수 없다는 것을 깨달았기 때문이다. 그래서 그녀는 그런 구차한 설명을 하지 않기 위해 단호하고 잔인하게 그와 결별한다. 보리스는 깊은 상처를 입었지만 이해의 기억은 두 사람의 기억에 생생하게 남는다.

보리스는 1924년 올가에게 이런 편지를 한다. "과거 깊숙이 도달하고 현재도 계속되는 이 위대한 이야기, 바로 우리의 삶인 우울하고 견디기 힘든 이 이야기에서 너는 가장 좋은 것, 가장 심원한 것, 내가 가장 좋아하는 장(章)을 대표한다. 13년 전에 우리가 메리클에서 돌아오던 때를 기억하니...? 역 이름들을 기억하니...? 모든 것을 기억하고 있겠지...? 나는 한쪽으로 머리를 돌려 그 무서운 거리(距離)들을 응시한다. 마치 거센 먼지바람이 방금 불어 그것을 모두 휩쓸어 간 것 같다. 그 뒤를 따라 달려가서 그것을 붙잡아야 돼."

올가는 죽기 전 해에 쓴 마지막 편지에서 "자기 한 쪽은 예술의 일부분이 되는 것을 발견하는 진귀한 기쁨을 경험하는 것이 어떤 의미를 주는가에 대해 네게 말한 적이 있었는지 모르겠다. 그것은 사람을 한 쪽으로 넘어뜨리는 기쁨이다. 그림자처럼. 네가 생각하는 것은 이것이야. 네가 좋다면 우리가 젊은 시절의 선언, 우리의 마지막 유언이며 유서라고 불렀던 우리 젊은 시절의 '선언'들에 대해 말하고 있는 거야! 아 너는 기억하고 있구나. 너는 무엇이나 기억하고 있다니까. 그래서 너를 피해 물러났고 너와 나 사이에서 거의 두 줄기 철로 같은 거리를 느끼고 기차에 올라 네가 있는 모스크바로 가서 내 손가락이 네 삶을 건드리게 하는 것이 거의 불가능하다고 느낀 이유에 대한 내 대답이야. 나는 세상에서 너를 가장 좋아했기 때문에 네가 내게 어떤 존재인지를 전달할 말을 찾을 수 없었어."라고 말한다.

두 사람이 한때 장기간의 공백이 있었지만 40년 동안 편지를 교환하면서 서로를 돕고 서로가 격려하면서 비밀을 털어놓고 함께 기뻐한 것은 깊은 애정과 영혼에 의한 것이었다.

1차 대전 중에 파스테르나크는 의학적 이유 때문에 군복무를 면제받고 우랄에 있는 공장에 사무원으로 근무한다. 올가는 상트페테르부르크 적십자에서 간호원으로 근무한다. 이 시기에는 교신이 없다가 1921년부터 재개된다. 전쟁이 끝나자 내가 살아온 폭풍우에 지친 올가는 상트페테르부르크대학에 들어가 정열적으로 학문생활을 한다. 그것은 하나의 도피였다. "내가 수녀였더라도 나는 더 이상 열렬하게 기도하고 신을 숭배할 수 없었을 것이다."

이윽고 그녀는 언어학, 민속학, 희랍문학 분야에 대한 공헌으로 이름을 떨친다. 1932년에는 그녀가 창설한 레닌그라드 철학-역사연구소의 고전 철학 과장이 된다. 그녀의 박사학위 논문에 대한 공개적 옹호는 대성공이었으며 그녀는 유수한 학회에서 논문을 발표하고 헌신적인 학생들을 거느렸다. 그러나 그녀는 독자적인 코스를 추구하고 당 노선에 맹종하지 않았기 때문에 많은 불이익을 당해야 했다. 그녀가 출간한 책은 단 한 권으로 〈플로트와 장르의 시〉가 있다. 1936년에 나왔지만 3주 후에 이스베스차지에 의해 '유해한 횡설수설'이라는 비난을 받고 책방에서 수거 당했다.

이 무렵 보리스는 이런 편지를 올가에게 보낸다. "이 모든 소동에서 걱정하는 한 가지는 네 마음이 다치지 않을까 하는 것이다. 이런 경험은 네게 처음이잖아." 실제로 그녀는 만신창이가 된다. 그녀는 일기에 "출판을 할 수 없는 것은 피가 흐르는 옆구리의 상처 같다."고 썼다. 파스테르나크가 힘이 닿는 데까지 도와주었지만 결과는 없었다. 더욱 그녀는 점점 대학 사회에 퍼져 가는 중상 비방과 뒷공론과 거짓말의 분위기, '도덕적 학살'에 시달렸다.

파스테르나크에게 이런 편지를 보낸다. "나는 불가능한 상황에 놓여있어. 무슨 대가를 치르고서라도 여기서 벗어나야만 하겠어. 내가 직접 창설했고 16년 동안 이끌어온 과(課), 소련에서 하나뿐이고 내 일생의 최대의 사업이었던 과(課)를 포기하고서라도 말이야. 우리나라에서는 마르크시즘은 철학적, 과학적 방법이 아니야. 곤봉(棍棒)일 뿐이야. 그건 경찰권의 범주에 들어가는 것이기도 해."

그녀의 다른 저서, 〈이미지와 개념〉은 그녀가 죽은 지 33년 뒤인, 1973년에야 출판된다. 올가는 기지와 파워를 겸비한 문필가였다. 그녀가 이따금 기술하는 거만한 관료들의 스케치는 놀라울 정도로 신랄하며 스탈린의 테러에 희생된 동생 샤샤 이야기(그는 뚜렷한 이유 없이 체포되었다. 시베리아로 끌려가 다시는 소식이 없었다)는 애를 끓게 한다. 그리고 나치의 레닌그라드 점령 9백일간에 대한 직설적이고 간결한 묘사(그녀는 처음부터 끝까지 시련을 당했다)는 비극적인 깊이를 가진 문서다.

그녀는 보리스에게 보낸 편지에서 "손이 좁다란 틈에 끼이듯 이 무렵 우리의 삶은 사슬에 묶여 있었다."고 썼다. 보리스는 그녀가 보낸 박식한 글들을 열심히 탐독했으며 "넌 참 글을 잘 쓸 수 있는데..."라고 감탄하곤 했다(이 말은 파스테르나크가 자유롭게 작품활동을 못할 때).

그 두 사람을 지탱해 준 것은 예술에 대한 사랑, 지식에 대한 존경, 문화에 대한 신념이었다. "햄리트를 소리 내 읽는 것은 비견할 데 없는 즐거움이다. 세 시간 동안 자기가 가장 숭고한 의미에서의 숭고한 인간이라고 느끼게 된다. 용기 없고, 말을 똑똑히 못하고, 비굴한 동물이 아니라 정열과 기백이 가득한 인간으로서."

한편 올가는 독일이 폭탄으로 고향도시를 맹렬히 공격하는 동안 호머의 직론(直論)에 관한 이론과 씨름을 하고 있었다. 파스테르나크는 전쟁이 끝난 뒤에 다른 종류의 폭력, 악의에 찬 비판과 살인적인 규탄에 직면한다. "무언가 깊고 진실한 것, 진정한 첫 작업이 될 장편 소설을 쓰기로 한다. 여기에서. 지난 45년 동안의 러시아의 역사적 이미지를 전해주고 동시에 예술, 복음서, 역사 속에서의 인간의 삶 등에 관한 내 견해를 발표할 작정이다. 이 같은 문제의 글은 그에게 너무나 중요하기 때문에, 제2의 나인 소설이 계속 살아가면서 성장하지 않는 한 나는 한해도 더 살아갈 수 없을 것이야."라고 한다. 그가 생계를 의존하는 번역에 시간을 빼앗기면 '25시에' 소설을 쓰겠다고 말한다. 이 소설은 정말로 살아가고 성장해서 약 10년 만에 〈닥터 지바고〉가 되었다.

도스토예프스키, 〈죄와 벌〉, 〈카라마조프의 형제들〉, 〈악령〉 : 신앙으로 인도

도스토예프스키(Fyodor Mikhailovich Dostoevskii 1821－1881)는 모스크바의 빈민병원에서 태어난다. 아버지는 의사였다. 17세 때 상트페테르부르크에 있는 육군 공과대학에 입학했으나 군대식 교육과 훈련이 마음에 들지 않아 재학 시절부터 러시아 작가들의 작품에 심취한다. 23세 때 그는 문학의 길에 뛰어든다.

1849년, 그가 28세 때 사회주의자 페테라세프스키를 만나 사회주의 서클에 가입한다. 이 서클 회원들은 사회주의 작품 읽기 운동을 했다. 이 회에서 도스토예프스키는 벨렌스키가 고골리에게 보내는 편지를 낭독했는데 그 내용은 러시아 정부와 러시아 교회에 대한 신랄한 비평이었다. 그 해 12월 페테라세프키 사건으로 반정부 음모를 꾀한 위험분자로 체포된다. 그리고 사형선고를 받는다. 그러나 총살 직전 은사로 시베리아로 유배된다. 시베리아 수용소에서 4년간 보내며 그때 발생한 간질병은 일생

동안 그를 괴롭힌다. 그러나 그는 이곳에서 러시아 민중의 실체를 이해하게 되었으며 이 경험은 그의 작품에서 러시아 민족의 특성을 묘사하는데 토대가 되었다.

1853년 윤스크 감옥에서 나온다. 그는 출옥 후 다시 병사로 입대한다. 38세 때 간신히 모스크바로 돌아가는 허락을 받는다. 1856년 장교가 되었으며 하급 관리의 미망인과 결혼한다. 1859년 서부러시아로 복귀가 허락되어 1864년 형 미하일과 잡지, 브레미야와 에뽀를 경영한다. 1867년에는 아내와 형이 사망한다. 이 시기에 시베리아 감옥에서 경험한 것을 〈죽음의 집의 기록〉을 잡지에 기고했고 〈학대받은 사람〉을 연재한다. 그러나 잡지 브레미야는 당국에 의해 폐간되었고 에뽀도 재정난으로 폐간된다. 그는 악덕 출판업자로부터 가혹한 조건으로 3천 루블을 빌린다.

이것이 그의 운명에 중대한 전기를 마련하는 계기가 된다. 그는 계약을 지키기 위해 〈죄와 벌〉(1876)을 썼고 동시에 또 하나의 소설을 써야했다. 그는 여자 속기사 한 사람을 고용하고 26일 만에 〈도박자〉를 완성했다. 이 속기사가 바로 그의 두 번째 아내가 된다. 1867년 신혼부부는 빚쟁이를 피해 외국으로 떠난다. 그는 스위스와 이탈리아로 떠돌아야 했다. 〈백치〉(1868)와 〈악령〉(1871－1872)은 4년간의 외로운 외유시절에 쓴 작품이다. 1871년 외국에서 돌아온 후 그 이름은 차차 알려졌고 부인 안나 스니트키나의 내조로 생활은 나아진다.

그는 1880년 마지막으로 〈카라마조프의 형제들〉을 발표한다. 1년 후 1881년 1월에 폐병으로 사망한다. 그의 작품 모두가 러시아 문학계나 세계문학계에 주목을 받은 것은 그가 사망한 후다. 그러나 그의 작품은 명작으로서 고전으로 전 세계에서 널리 읽혀지고 있다.

철조망의 도스토예프스키, 작가 에프게니 바긴의 증언

러시아 작가 에프게니 바긴은 도스토예프스키 전집출판을 위해 분주히 일하던 중 체포되어 소련의 강제 수용소에 수감된다. 바긴은 '철조망의 도스토예프스키'라는 제목의 글에서 강제수용소 내의 도스토예프스키에 대한 심취자들의 생활을 세상에 소개한다(1983년 발표).

나의 삶을 온통 뒤흔들어버린 그 경험은 마치 도스토예프스키의 소설에서처럼 난데없이 순식간에 일어났다. 그때 나는 도스토예프스키 전집 출판위원회의 서기였다.

1967년 2월 14일 오전 평상시와 마찬가지로 레닌그라드의 러시아문학 연구소에서 동료 위원들과 만나고 있을 때, 러시아를 방문한 미국의 학자가 자신이 묵고 있는 호텔에서 저녁을 같이하며 우리가 하고 있는 일에 대해 이야기를 나누고자 나를 초대했다. 나는 그의 초청을 받아들였고 그날 저녁 거의 텅 빈 호텔 레스토랑에서 우리는 한 술꾼의 주정의 대상이 되었다. 그의 놀음에 지친 우리는 장소를 옮겨 내 친구의 방에서 이야기를 계속 하기로 했다. 그날 밤 집으로 늦게 돌아오는 동안에 내내 기분이 좋지 않았다. 그러나 우리나라에서는 외국인 특히 미국인이나 그 친구에 대한 그 같은 관심은 흔한 일이기 때문에 쉽게 잊어버렸다.

다음 날 나는 러시아문학 연구소에서 도스토예프스키와 프랑스 작가 마르셀 푸르스트에 대한 강연을 하기로 되어 있어 곧바로 잠자리에 들었다. 다음 날 아파트 내에 이상한 소리 때문에 보통 때보다 일찍 눈을 떴다(그때 아내는 출산 일이 다가와서 병원에 입원해 있었고 1백 40평방 피트 정도의 방에는 나 혼자 있었다. 이웃 방들에는 5가구가 있었다). 문을 두드리는 약한 소리가 있은 뒤 “전보 왔어요.” 하는 이웃 사람의 떨리는 목소리가 들렸다. 나는 침대에서 나오지도 않은 채 방문을 열었다. 그러자 나의 지저분한 조그만 방이 순식간에 사람들로 차버렸다. “손들어!” 권총이 내 턱 밑을 겨누었다. KGB요원의 표정은 매우 진지했다. “당신을 체포한다. 여기 영장이 있다.” 나로서는 놀랄 것도 없었다. 언젠가는 벌어질 일이었다. 그러나 연구소의 나의 동료들은 사정이 달랐다. 파랗게 질린 동료들은 나의 강연을 들으러 온 청중들에게 연사가 체포됐다고 발표했다. 청중들은 한 번씩 쳐다보고 말없이 떠나갔다. 이들 중 많은 수가 1930년대의 일을 너무 생생히 기억하고 있었던 것이다. 물론 내가 체포된 것은 도스토예프스키나 외국인과 만난 것과는 아무런 상관이 없는 일이었다. 물론 이들 중 하나만으로도 충분히 체포 이유가 될 수 있었지만 나의 체포 이유는 3년 동안 지하 반공체인 ‘VSKLSON’의 지도자 역할을 했다는 것이었다.

이렇게 하여 학자로서의 나의 생애는 갑자기 좌초되고 말았다. 그러나 도스토예프스키에 대한 나의 관심은 꺾이지 않았으며 학문적 분위기에서 격리돼 지나는 동안에도 계속 자라났다. 나는 감히 나 자신이 신의 섭리에 의해 특별한 처지에 놓였었다고 말할 수 있었다. 도스토예프스키의 발자취를 따라가는 동안 나에겐 이 위대한 러시아 문호의 메시지를 보다 깊이 이해할 수 있는 지평이 떠올랐다.

도스토예프스키와 나를 비교하자는 의도가 전혀 없는 가운데에서도 도스토예프스키의 경험을 어느 정도까지 겪어 보는 것이 나의 운명이었던 것이다. 체포되었을 당시 나는 29세였다. 도스토예프스키가 1849년에 체포되었을 때도 29세였다. 우리 두 사람의 체포 이유도 너무나 비슷하다. 〈가난한 사람들〉의 저자가 투옥된 것도 그의 문학 활동 때문이 아니라 지하단체에 가입했기 때문이었다. 그와 마찬가지로 나도 시베리아가 아닌 몰다비아(오늘날의 정치범들은 이곳에 있다. '유럽의 시베리아' 라고 부르고 있다)에서 8년간 갇혀 있었다. 내가 갇혀 있던 곳, 정치범 수용소의 상황은 도스토예프스키가 갇혀 있던 견고한 감옥과는 전혀 다르다(그는 후에 〈죽음의 집 기록〉이라는 작품에서 그곳 감옥 생활을 묘사했다). 그러나 나는 20세기의 수용소에서 도스토예프스키의 많은 작중인물들이 수용소로 들어오고 있는 것을 직접 보고 있었다.

그는 〈죽음의 집 기록〉에서 이들을 "우리 민족 중 가장 강하고 또 어떤 면에서는 가장 재능있는자들"이라고 불렀다. 도스토예프스키가 정신적 변화를 겪은 것은 이 곳 감옥에서였다. 이는 문서상으로 잘 나타나 있으나 널리 알려져 있지는 않다. 이곳에서 도스토예프스키는 무신론적 환경의 영향을 받은 젊고 급진적인 사회주의자에서 권위와 사물의 기존 질서에 대한 확고한 신봉자로 변한다. 그는 이곳에서 자유가 박탈당한 상태에서 러시아 민족을 알게 된다. 감옥에서 나온 후 그는 러시아 민족의 영혼을 〈죄와 벌〉, 〈백치〉, 〈미성년〉, 〈학대받은 사람들〉, 〈카라마조프의 형제들〉 등에서 러시아인의 영혼을 적나라하게 그려냈다. 지금도 서방의 독자들이 러시아인의 영혼을 알기 위해서는 도스토예프스키의 작품을 읽는 이상의 좋은 방법이 없을 것이다.

60년간의 공산통치(80년대 현재, 실제로는 개방까지 70년간의 통치)와 테러를 겪은 지금도 러시아인들은 도스토예프스키 시대와 마찬가지로 그들의 가슴 속 깊이 신을 섬기는 신앙심 깊은 민족이다. 나는 사실 몰다비아 수용소에서 시들어가고 있는 많은 사람들이 도스토예프스키의 작품세계에서 울려나오는 다양한 목소리들을 실현하고 있는 사람들이다. 십자가를 메고 고통 받고 있는 놀라운 사람들에 대한 이야기는 세계의 언론에 너무나 알려지지 않고 있다. 그러나 이들은 오늘의 러시아 민족의 가장 훌륭한 본보기가 되고 있다. 불행한 나의 동포들의 초상을 나는 그리고 싶다. 시인, 발렌틴 소코로프와 천부의 화가 유리 이바노프 시버스는 나의 가까운 친구가 됐다. 예술적 재능을 타고난 이들은 인간의 본성에 대한 탁월한 이해력을 갖고 있었다.

소코로푸는 자신의 詩에 발렌틴 Z/K라고 서명한다(러시아어 ze-ka〈제카〉는 죄수라는 뜻). 그는 반소(反蘇)내용의 시를 썼다는 죄로 그의 젊음과 건강과 생의 20년을 철조망 안에서 보냈다. 거칠고 느릿느릿한 〈백치〉의 주인공 파르폰 로고진의 외모를 닮은 소코로프는 뛰어난 서정시로 자신의 예민한 영혼을 표현했다. 그의 시들은 결코 수용소의 시가 아니었다. 그것은 자신의 쓰라린 체험을 진실로 예술적인 형태로 변화시킨 참된 시의 창조였다. 발렌틴 Z/K의 시는 얼른 보면 마치 도스토예프스키의 소설처럼 혼란스러워 보이지만 내적 조화의 의미가 스며있다. 도스토예프스키조차도 상상하지 못했던 그의 비극적인 시는 수용소에서 태어나도록 운명 지어졌던 것이다. 내가 아바노프 시버스를 처음 만났을 때 그는 수용소 생활 14년째였다.

그의 죄명은 사회주의적 현실주의에 대한 끈질긴 반대였다. 그는 수용소에서 풀려난 직후 다시 체포돼 정신 병원에 수감됐으며 아직도 그곳에 있다. 아바노프 시버스는 그가 수용소 내에서 몰래 그린 정치범들의 사실적 초상화들로 서방세계에 알려져 있다. 그의 그림 중 일부는 외국으로 빠져나가기도 했으나 도스토예프스키의 초상화를 비롯해 많은 그림들이 정기적인 수색에 발각돼 폐기됐다. 음악, 문학, 예술, 역사 등에 골고루 해박한 지식이 있는 그는 단 몇 줄의 문장만으로도 상황과 인물을 묘사할 수 있었다. 그의 풍부한 예술적 기질은 도스토예프스키의 다양한 작중 인물들을 융합시키기도 했다.

그는 도스토예프스키와 닮은 자신을 너무나도 잘 알고 있었다. 도스토예프스키의 작품의 주인공들에 내재해 있는 지하(地下)심리의 미묘한 뜻을 잘 파악하고 있었다. 수용소 생활은 그 나름의 보상을 준다. 그 사람들 중에서 정신적으로 통하는 영혼의 발견과 그들과의 의도적인 친목은 작가들에 의해 종종 픽션 또는 넌-픽션으로 묘사된다. 끝없는 문학 이야기가 철조망 안에서 나누어진다. 그 이야기들은 학문적 분석이라기보다 개인의 정신적 체험을 반영하는 것이다. 도스토예프스키와 그의 주인공들이 언제나 등장한다. 그러나 도스토예프스키의 모든 것을 맹목적으로 받아들이는 것은 결코 아니다. 철조망 속에서 생각만은 자유로운 사람들에게 우상 숭배란 이질적인 것이다. 어떤 죄수는 도스토예프스키에게 아주 독창적인 찬사를 던지면서 자기 자신을 그와 동등시하기도 한다.

이것이야말로 모든 사람들의 최대의 작위(作僞)라고 생각한다. 유리 흐라마추프라는 이름은 미국의 독자들에게는 특별한 관심의 대상이 되어야 한다. 50년대 초 그는 기자들까지 입석한 재판소에서 미 스파이 혐의로 25년형을 받았다. 그의 순교자의 생활이 시작된 것은 2차 대전 직후 냉전이 최고조에 달했을 때였다. 미 방첩대에 근무하던 그는 동료 한 명과 함께 첩보활동을 위해 우랄산맥에 낙하됐다. 그러나 그 동료는 즉시 소련 당국에 자수해 버렸다. 그 동료는 자수 전에 충성을 과시하기 위해 흐라마초프에게 총을 쏘는 것도 잊지 않았다. 흐라마초프는 기적적으로 목숨은 구했으나 불구가 되고 말았다. 고통의 세월 동안 흐라마초프를 지탱해준 것은 러시아문학, 특히 도스토예프스키에 대한 그의 정열적인 사랑이었다. 그는 도스토예프스키의 작품을 읽고 또 읽었다. 흐라마초프는 수용소에서 신앙인이 되었다. 신에 대한 강한 신앙과 함께 그는 전 세계의 자유의 보루로서 미국에 대한 신앙도 잃지 않았다. 그는 어떤 도움을 끈질기게 간구했다. 자신을 미국 시민이라고 믿었기 때문이다. 마침내 25년의 감옥생활은 끝난다. 그는 미국으로의 출국을 위해 비자를 탄원한다. 그러나 그는 80년 다시 법정에 서게 된다. 이번에는 그의 죄목은 여권법 위반이다. 그는 다시 감옥에 갇혀 지금도 일반범죄자로 죄수 생활을 하고 있다. 신앙인 또는 수용소 생활 동안 신앙을 갖게 된 사람들은 도스토예프스키 타입의 그룹을 형성을 하게 된다. 내가 잘 알고 지내던 파신 스페란스키라는 사람은 애초 철저한 니힐리스트였으나 수용소에서 도스토예프스키를 읽고부터 수용소 관리자들을 무신론자라며 삿대질을 할 정도로 철저한 신앙인이 되었다. 그는 이런 행동 때문에 몇 번이나 독방에 수감되기도 했다.

〈미성년〉의 마카르 돌고루키를 연상케 하는 미나 보카티리에프는 반소 선전죄로 7년형을 받았다. 그는 러시아 방방곡곡을 돌아다니며 은밀히 신의 말씀을 전했다. 거리나 광장에서가 아니라 도시 교외나 사제 집의 조그만 지하실에서였다. 그도 도스토예프스키를 사랑했다. 그는 도스토예프스키를 위대한 크리스찬으로 인식했다. 그는 도스토예프스키의 작품을 아주 색다른 방법으로 해석해 사람들을 놀라게 하기도 했다. 진정한 신앙인은 단순한 학자들과는 전혀 다른 각도에서 도스토예프스키를 바라보고 있는 것이다. 독자들은 도스토예프스키의 작품이 어떻게 수용소 내에 들어올 수 있는지 궁금할 것이다. 1960년 흐루시초프의 해빙시대 이후 수용소 내의 엄격하고 잔인한 것이 어느 정도 줄어들었다. 수용소를 떠나 복직할 수 있을 정도까지 운이 좋지 못한 사람들에게는 그나마 몇 가지 특권이 허용되었다. 그 가운데 하나가 집으로부터 보내오는 책을 받을 수 있는 것이었다. 물론 검열을 거쳐야 한다. 이러한 자유스러운 상태는 오래가지 않았다. 그러나 일단 수용소로 들어온 상당량의 책들은 주인이 수용소를 떠나면서 다른 사람에게 물려주는 방법으로 계속 남게 된다. 그러나 내 경우 수용소에 남겨 놓지 않고 가져온 〈나는 얼마나 나쁜 사람인가〉 책이 한 권 있다.

〈죽음의 집의 기록〉, 이 책을 나는 서방 세계에까지 가지고 나왔다(현재 1983년 바티칸 방송에 근무). 소련에서 마르크스 그룹에 가입해 엥겔스, 레닌 등의 고전을 읽고 해석하는 것이 죄로 여겨진다고 믿기 어렵다. 문제는 이들 그룹이 이 같은 작품에 대한 소련 당국의 해석을 그대로 받아들이지 않는다는 사실이다. 따라서 수용소에는 반마르크스주의자들이 많다. 이들은 재교육 및 개조를 위해 그곳에 보내지는 것이다. 그러나 대체로 이들이 철조망 속에서 겪는 일은 도스토예프스키의 영향으로 인한 정신적 가치관의 변화과정이다. 수용소를 나간 뒤 이들 중 마르크스주의자로 남는 경우는 드물다. 이 과정은 〈학대받은 사람들〉의 주인공, 사토프의 전향과정과 비슷하다.

사토프는 무신론적 허무주의에서 출발해서 신에 대한 새로운 갈망을 느낀 뒤 허무주의를 철저히 배격하게 된다(이는 사토프가 전에 혁명 동지의 손에 죽게 되는 장면에서 절정을 이룬다). 마르크시즘의 내부에서 마르크시즘을 접하게 되는 경우 그것에 대한 환상에서 벗어나기란 거의 불가능하다. 또 다른 절대 가치만이 정신적 공백을 메울 수 있는 것이다. 이 같은 전향이 가장 두드러진 예가 블라디미르 오시포프의 전향이다. 모스크바 대학에서 신(新)마르크스주의 그룹을 창설한 죄로 체포된 그는 수용소 생활 7년 동안 정(正)교의 교인이 됐으며 나아가 러시아 애국자가 되었다.

다시 도스토예프스키의 이야기가 되겠지만 오시포프가 수용소에서 가장 즐겨 읽은 책은 러시아 혁명 전에 출판된 〈작가의 일기〉다. 그는 이 책을 기적적으로 감시인의 눈을 피해 입수했다. 오시포프는 석방된 후 배체라는 정기 간행을 경영했다. 거기에 러시아 역사, 철학, 문학 등에 관한 흥미 있는 글을 발표한다. 거기에는 수용소에서 그의 체험이 나타난다.

이 같은 도스토예프스키와 러시아 역사에 관한 불치의 관심을 소련당국이 오랫동안 참고 보아 줄 이가 없었다. 그는 곧 다시 강제수용소로 보내졌다. 이번에는 반소활동의 죄목이었다. 그의 영향은 아직도 계속된다. 오시포프가 가장 찬양한 도스토예프스키는 논객으로서의 도스토예프스키였다. 1972년 미국의 볼티모오 선지(紙)와의 인터뷰에서 그는 도스토예프스키를 '심오한 민족주의 사상가' 및 '세계문학의 보편적 천재'라고 불렀다. 수용소 내의 동료들이 우리 민족의 가장 우수한 대표들이긴 했으나 그런 분위기에서도 도스토예프스키의 작품에 대한 나 자신의 인식은 더욱 깊고 날카로워졌다.

우리 '전(全)러시아 사회, 기독교 연맹'의 사업은 오로지 도스토예프스키와 기타 기독교 사상가들이 선언한 사상들에 고무 받고 있었다. '철조망의 도스토예프스키' 작품을 읽음으로써 우리는 우리의 이상에 대한 신념을 더욱 굳건히 할 수 있었다. 더불어 위대한 러시아 문호가 끊임없이 찬양했던 자유에 대한 우리의 신념도 강해질 수 있었다.

〈죄와 벌〉 : 신에게로 향하는 양심

어느 해 7월 저녁 무렵, 상트페테르부르크의 뒷골목에 있는 아파트 계단에 초라해 보이는 한 대학생, 라스콜리니코프가 올라간다. 4층에 사는 고리대금업자 노파한테 은시계를 잡히고 돈을 꾸는 것이 목적이지만 그밖에 노파의 신변을 살피는 것이 목적이었다. 라스콜리니코프는 범죄론 이라는 논문을 신문에 발표한 일이 있다.

그것은 선택된 자에게는 법을 초월할 권리가 있다는 내용이었다. 말하자면 사람에겐 범인과 비범인이 있어 비범인은 도덕을 초월하여 새법률을 창조할 권리를 가지고 있다는 것이었다. 그래서 아무리 생각해도 존재 가치가 있다고 할 수 없는 노파의 재산을 활용하기 위해 그녀를 죽이기로 마음먹는다. 그는 노파를 죽임으로써 그것이 어떤 증명을 가져다주느냐를 의심하면서도 결행을 결정한 것으로 단정한다. 그 다음 날 그는 마지막 준비를 해 가지고 외투 속에 도끼를 숨겼을 때 마당에서 누군가가 "6시는 벌써 지났다."고 소리친다. 범죄는 큰 노력 없이 끝난다. 그러나 그때 돌아온 노파의 동생 리자베타가 방으로 들어왔을 때 자위(自衛)본능으로 그녀마저 죽인다. 이 살인으로 자기가 가장 가치 없는 사람을 죽인 것으로 생각했으나 결국 자기도 한 마리의 이리라는 것을 증명하는 데 지나지 않음을 깨닫는다.

범행 후 라스콜리니코프는 악몽에 시달리는 열병 상태에서 며칠을 지낸다. 자백하고 싶은 충동을 느끼기도 하고, 자기가 죽인 노파를 위해 기도하고 싶어지기도 했다. 그런 생각들이 무서운 고독 속에서 서로 싸우는 것이었다. 그의 범죄는 우연적이었기 때문에 협의를 받지 않아도 되었다. 하지만 예심 판사인 포르피리는 이 범죄가 어떤 이론 아래 이루어진 것이라 판단하고 라스콜리니코프를 범죄자로 간주한다. 그러나 물적 증거가 없어 라스콜리니코프의 양심에 달렸다고 판단하게 된다. 털어놓지 않고는 마음이 편치 않은 라스콜리니코프는 신앙심 강하고 순수한 창녀 소냐를 찾아간다.

그는 소냐에게 자기의 범행을 고백한다. 그녀는 고백을 듣고 그를 껴안는다. 그리고 큰소리로 울음을 터뜨린다. "이 세상은 넓지만 지금 당신만큼 불행한 사람은 없어요!" 그러면서 지은 죄를 세상에 빌라고 권한다. "지금 곧 네거리에 나가 당신이 더럽힌 대지에 입 맞추세요, 그리고 큰 소리로 세상사람 모두가 듣도록 나는 살인자다. 라고 말하세요." 다음 날 어머니와 동생에게 이별을 고한 라스콜리니코프는 그 길로 소냐에게 작별하려고 간다. 그녀는 한 마디도 말하지 않고 상자를 꺼내 그의 가슴에 십자가를 걸쳐 준다. 그는 경찰에 가는 도중 광장에 들어간다. 광장 한복판까지 왔을 때

갑자기 그의 마음속에 어떤 강력한 감동이 일어난다. 그는 느닷없이 꿇어앉는다. 그리고 대지 위에 무릎을 굽히고 환희와 행복을 느끼면서 그 더러운 흙에 입을 맞춘다. 소냐는 떨어진 곳에서 그를 지켜보고 있다.

라스콜리니코프가 그녀를 본 순간 그는 그녀가 어디에 가든지 땅 끝까지라도 따라올 것 같이 느낀다. 그리고 그는 용기를 내어 경찰서로 간다. "그건 내가" 하고 라스콜리니코프는 입을 연다. 관계관이 물을 가지고 왔을 때 그는 물을 밀어내고 "범인은 나입니다. 그때 과부 할머니와 동생 리자베티를 죽이고 금품을 훔쳤습니다." 시베리아, 광막한 큰 강기슭에 있는 요새감옥, 거기에는 징역 수 라스콜리니코프가 이미 9개월이나 복역하고 있다. 판결은 그가 자수한지 5개월 만에 내린다. 범인이 깨끗이 자수했다는 점과 그밖에 정상이 참작되어 8년이라는 관대한 형량이 선고된다. 소냐도 그 뒤를 따라 죄수들의 부대와 함께 시베리아로 온다. 그들에게는 7년이라는 긴 세월이 남아 있다.

"도스토예프스키의 이 작품을 읽다보면 우리 자신도 마치 죄를 범한 듯한 기분에 사로잡혀 라스콜리니코프처럼 책임을 추궁 당해야 할 것 같은 착각에 빠진다. 이 작품의 뛰어난 특색은 이처럼 날카로운 현실감에 있다. 저지른 죄의 당연한 벌로서의 참을 수 없는 라스콜리니코프의 고뇌와 그에 대한 기독교적 구원의 대립이 이 작품의 주요 테마다."

〈카라마조프의 형제들〉: 모순은 모순을 낳는다.

표도르 카라마조프의 인생 목적은 육체의 쾌락을 추구하는 데 있다. 그리고 그 해결은 돈으로 해결할 수 있다고 믿는다. 그는 돈에 대한 집착을 가져 돈을 늘리는 데에만 생각을 갖는다. 그는 50세를 조금 넘었지만 젊어서부터의 육욕 생활로 극도로 쇠약해진다. 그러나 정신적으로도 하느님의 존재와 사후의 문제에 대해 고민한다. 그러면서도 타락한 생활에서 벗어나지 못한다.

표도르는 네 아들이 있었다. 장남 드미트리는 첫 아내 아데리타에게서 낳은 아들이다. 아데리타는 늘 지참금을 남편이 노린다고 해서 나간다. 둘째 아내 소피아에게서는 둘째 아들 이반과 셋째 아들 알료사가 태어난다. 그러나 그녀도 남편의 학대에 미쳐버린다. 표도르는 술을 마시고 백치인 거지여자 리자베타와 관계를 맺어 사생아인

스메르자코프를 낳는다. 장남 드미트리는 27세의 예비역 장교로 양가의 딸을 유혹하거나 천한 여자를 유혹하며 대금을 날린다. 그러나 그의 아버지의 악마적인 점은 띠지 않으며 오히려 순박한 러시아적 청년이다. 그는 연대공금을 유용한 대령의 약점을 이용하여 그의 딸 카테리나를 유혹하려 하나 아버지를 염려하는 그녀의 순정에 얽매여 약혼까지 한다. 그러는 한편 아름다운 요부 그루센카를 사랑하여 역시 그녀를 노리고 있는 아버지와 다툰다.

차남 이반은 24세로 머리가 좋고 유럽식 합리주의자다. 그는 자연과학의 입장에서 하느님을 부정하고 자작 극시 〈대심문관〉을 통해 자기 사상을 노래한다. 그 속에서 대심문관이 그리스도를 비난하는 말은 무신론의 극치다. 3남 알료사는 어렸을 때부터 수도원에 들어가 수업하고 있으며 서로 다투는 육친들을 그리스도의 사랑으로 화해시키려 한다.

사생아 스메르자코프는 뱀처럼 교활하고 저주받은 자기 출생에 한을 품고 있다. 그는 이반의 무신론을 자기식으로 단정하고 아버지 표도르에게 복수할 기회를 노린다. 12세 때부터 그는 간질을 일으킨다. 어느 날 밤 우연한 기회에 스메르자코프는 기어이 아버지를 죽이고 3천 루블을 빼앗는다. 애인 그루센카와 아버지 사이를 의심하는데 자택 안에 침입해 있던 드미트리는 야경하던 하인에게 들킨다. 그 하인에게 상해까지 입힌다. 경찰 수사가 시작되고 드미트리에게 불리하게 된다. 스메르자코프는 심한 간질병으로 생명이 위독했다고 의사는 증언한다. 그는 하인의 집에서 잔다. 3천 루블의 소재는 스메르자코프와 아버지 이외에는 아는 사람이 없게 된다. 탕자인 드미트리는 금전에 욕심이 없다고 하지만 드미트리에게는 범행혐의가 짙어진다. 아버지 변사 소식을 들은 차남 이반은 모스크바에서 급히 돌아온다. 그는 곧 형을 만나 여러 가지를 묻고 변명이 모호해 그는 형의 범행으로 단정한다.

그러나 한편 스메르자코프가 범인이 아닐까 하는 의심도 들어 입원 중인 그를 찾아가지만 말솜씨 좋은 스메르자코프에게서 증거를 잡지 못하고 의사 증언도 있고 해서 돌아간다. 이반은 의혹이 가시지 않아 스메르자코프를 다시 찾아간다. 그때 스메르자코프는 "당신이 전부터 아버지가 죽기를 바랐고 내가 아버지를 죽이기를 바라고 있었다."고 내뱉는다. 재판 전 날 세 번째 나타난 이반을 향해 스메르자코프는 "장본인은 당신이야. 나는 당신이 하라는 대로 했을 뿐이야."라고 말하고 그는 자살을 한다. 재판 날 이반은 정신착란 직전에 있다. 증인 심문이 시작되지만 여전히 드미트리에게는 불리한 증언만이 기다리고 있다. 마지막 증인으로 나온 이반은 갑자기 주머니에서 한다발의 돈을 꺼내들고 외친다. "이것이 스메르자코프에서 받은 3천 루블입니다. 범인은 스메르자코프입니다. 하지만 죽이라고 명하는 자는 나입니다." 이반은 마침내 정신이 돌아온다. 드미트리의 변호사도 스메르자코프이 일상을 설명하고 드미트리의 무죄를 주장하지만 물증이 없다. 이리하여 드미트리는 친부를 죽인 죄로 유형 20년에 처한다는 판결이 내린다. 도스토예프스키의 최후, 최고 걸작으로 꼽히는 복잡한 인간 생활의 축소판이다.

〈악령〉 : 구제되지 못하는 극도의 허무주의 사람들

주인공 니콜라이 스타브로긴은 러시아의 지방도시의 한 부유한 여자지주의 외아들이다. 그는 용모가 아름답고 두뇌 또한 명석하고 멋진 체격까지 소유한 청년이다. 그는 철저한 개인주의자며 무신론자다. 자기의 의지만을 믿을 뿐 도덕이나 습관, 명예, 법률을 인정하지 않는다.

그는 상트페테르부르크로 상경하지만 귀족 사회보다 평민들의 동네에서 안주하며 무절제한 생활을 한다. 절름발이, 미친 여자와 결혼을 한다. 두 번이나 결투를 일으키고 상대방을 죽였기 때문에 관직을 빼앗기고 유형을 당한다. 형을 마치고 고향으로 돌아가 얼마간 직업 없이 보낸다. 그는 정신착란을 일으켜 야회(夜會)석에서 명사의 코를 비틀거나 친구의 아내에게 입을 맞추거나 괴이한 행동을 한다. 그는 2개월 간 정신요양을 하고 병이 낫자 휴양을 위해 유럽 여행을 떠난다. 이 여행으로 인해 스타브로긴은 변화를 갖는다. 그것은 모순되고 그러나 지극히 광대한 사상이 잉태한다.

그는 샤토프, 키릴로프, 표트르라는 세 친구에게 그의 사상을 신봉하게끔 영향을 주게 되는 것이다. 따라서 그의 신봉자인 샤토프는 극단적인 종교적 민족적 성격이 짙은 러시아 국민의 구세(救世)사상을 갖고 있다. 그는 스타브로긴을 신처럼 존경하고 있기 때문에 자기 아내와 여동생이 그의 정욕의 희생이 되어도 미워하지 않는다. 후에 그는 혁명적인 비밀결사의 동료의 손에 암살당한다. 신봉자, 키릴로프는 반종교적 개인주의적 인신(人神)사상을 지니고 있다. 즉 인간에게 있어 완전한 자유는 살거나 살지 않거나 똑같아졌을 때 비로소 얻을 수 있다는 생각이다. 이 때문에 나중에 표트르는 샤토프를 죽였을 때 그 죄를 뒤집어쓰고 자살한다. 신봉자 표트르의 사상은 혁명사상이다. 그는 사회주의를 믿는 경박한 선동자로 스타브로긴을 우상하고 있다.

이처럼 세 사람의 친구들에게 영향을 끼친 스타브로긴 자신은 어떠냐하면 이미 사상에는 무관심하고 정신적으로 극도로 타락해 있다. 그는 표트르의 꾐을 받고 자기 아내인 미친 여자를 살해할 것을 인정하고 탈옥수에게 죽이도록 한다. 그날 밤 밀라노의 리자와 관계를 갖지만 이튿날 아침에는 냉정하게 떠나는 스타브로긴 자신도 목을 매 자살한다. 이리하여 샤토프도 키릴로프도 스타로비브긴도 악령에 홀린 사람들은 모조리 세상을 떠난다. 이 악령 속에 깔려 있는 도스토예프스키의 사상은 신이 존재하느냐 않느냐 하는 문제라고 생각된다.

이 작품에 대해 작가는 "주인공은 평생 동안 무신론자, 신자, 평신자 또는 이단자로, 그리고 다시 무신론자로 되어있다."고 말한다. 그러나 주인공 스타로브긴의 복잡한 성격은 그가 평생 동안 고민해 온 신의 존재에 대한 사고방식을 보여주는 것이다.

도스토예프스키는 이 작품의 구상을 1869년 모스크바의 농대(農大)에서 일어난 정치범죄 사건에서 얻었는데, 혁명 운동에 부정적이었던 그는 신도 없고 불사(不死)도 없고 도덕도 없는 허무적인 유물론자로 그린다. 이 작품은 도스토예프스키가 빚 때문에 이탈리아 밀라노에서 피신할 때 쓴 작품이다. 당시 작가는 원고를 우송할 돈도 없는 경제적으로 아주 곤경에 있었다. 1871년 고국으로 돌아갔으나 빚쟁이에게 쪼들려 부인은 마침내 이 어려움을 벗어나려고 〈악령〉을 자비로 출판하려고 결심한다. 이 계획이 성공하여 생활의 안정을 찾는다.

톨스토이의 〈부활〉 : 신을 찾아가는 과정

톨스토이의 〈부활〉은 작가의 생애 후반에 쓴 작품이다. 작가는 이 작품을 통해 문명의 발달과 부의 증대, 인민의 빈궁과 고뇌와의 모순을 그리고 사회의 허위, 관리의 부패, 기성 종교, 도덕의 타락을 비판하고 있다. 작품의 주인공, 네플류도프 공작은 젊은 공작의 딸과 약혼을 한다. 그는 유부녀와도 관계를 갖는다. 4월 어느 날 지방 법원의 한 배심원으로서 법정에 나가게 된다. 그날의 재판은 살인 절도 사건이다. 한 매춘부가 손님을 독살하고 돈과 반지를 훔친 것이다. 피고석에는 그 여관집 주인과 종업원들 그리고 그 매춘부가 나와 있다. 네플류도프는 무심코 피고석에 있는 매춘부의 얼굴을 보고 또 그녀의 이름을 듣고 놀란다. 잊었던 지난날이 떠오른다. 지난날 아주머니 댁에 머물렀을 때 그는 18세의 아름다운 소녀를 유혹해서 임신을 시킨다. 그는 돈을 주어 관계를 끊었다. 그 소녀는 세 살 때부터 아주머니 댁에 얹혀 딸처럼 사랑을 받으며 자란 하녀로 카추샤 마슬로바다. 얼굴은 거칠어져 있었다. 그러나 공작은 바로 피고가 마슬로바라는 것을 안다. 네플류도프에게 버림을 받고 집을 나간 카츄사는 7년 동안 세파에 시달리면서 남자에 대한 복수심에 불타 매춘부로 전락한다. 그러나 지금 여관집 종업원들의 꾀에 말려 살인자라는 누명을 쓰고 피고석에 서 있다. 판결은 4년의 징역형이 내린다. 카츄사는 억울하다고 항의하나 재판상의 착오와 법률상의 형식에 희생되어 시베리아 유형에 처하게 된다. 네플류도프는 몹시 고민한다. 그는 그가 마슬로바를 파멸시켰다는 고뇌에 차있다. 그는 용서를 빌려고 결심하고 다음날 아침 감옥으로 카츄샤를 찾아가 용서를 빌었으나 카츄샤는 그에게 증오에 찬 눈으로 냉대를 한다. 그러나 네플류도프는 끈질기게 면회를 요구해 결혼을 제의한다. 카츄사도 공작의 열성에 마음이 풀린다.

네플류도프는 카츄샤가 무죄 방면되도록 하기 위해 변호사를 사고 유력자를 찾아다니며 동분서주한다. 마침내 카츄사도 옛사랑을 돌이켜 그에게 마음이 쏠린다. 그러나 네플류도프가 애쓴 보람도 없이 다른 죄수들과 함께 시베리아로 떠난다. 네플류도프는 약혼녀와 영화로운 생활을 버리고 시베리아로 간다. 네플류도프의 주선으로 일반 형사범들 일행에서 정치범 그룹으로 옮겨진 카츄샤는 혁명가 시몬슨으로부터 영향을 받고 앞으로의 삶에 자신을 갖는다. 그리고 시몬슨을 사랑하고 존경하게 된다. 판결 취소 특사령이 내려졌다는 기쁜 소식을 갖고 달려간 네플류도프에게 카츄샤는 시몬슨의 결혼 신청을 받아들여 시베리아의 오지로 같이 간다고 말한다. 네플류도프는 성경을 펴들고 무한한 사랑과 진실을 추구할 결심을 한다. 〈부활〉의 여주인공인 카츄사 이름을 따서 제목 자체를 〈카츄샤〉라고 하여 영화로도 만들어졌다.

〈전쟁과 평화〉 :
당대 사람들의 삶을 그린 서사시적 그림, 인간의 내적 갈등(戰爭)을 넘어서 평화(平和)를 찾는 형이하학적인 면과 형이상학적인 이중(二重) 구조

〈전쟁과 평화〉는 모든 소설 가운데서 위대한 작품이다. 이 작품은 지력이 높고 상상력이 풍부한 많은 경험을 쌓아 인간성에 대해서 투철한 식견을 갖고 쓴 작품이다. 역사상 아주 중요한 한 시기를 다루는 데 있어 이 작품처럼 웅장하고 압축력 있는 필치로 쓴 작품은 전무후무하리라고 보는 견해가 많다. 〈전쟁과 평화〉는 서사시라고 부르는 것이 알맞다. 산문작품 치고 사실을 다루는데 있어서 그와 같은 수법으로 쓴 작품은 그 밖에는 없다고 생각한다. 톨스토이의 친구인 비평가 스트라코프는 다음과 같은 말을 하고 있다. "사람들의 삶을 그린 완전한 그림, 그 당대 러시아를 그려놓은 한 폭의 완전한 그림이다. 인민의 역사와 싸움을 그린 빈틈없는 한 폭의 그림이다. 우리 가운데서 행복, 위대한 것, 슬픔 등을 가진 것을 찾아낼 수 있는 한 폭의 완전한 그림-그것이 바로 〈전쟁과 평화〉이다."

톨스토이의 태생적 계급은 훌륭한 작가가 나온 일이 없는 계급이다. 어머니는 귀족 출신인 마루야 본콘스카라이다. 톨스토이는 다섯 형제 중 막내였다. 톨스토이가 태어난 곳은 어머니의 조상이 태어난 야스나 포리아나이다. 부모는 그가 어릴 때 세상을 떠난다. 톨스토이는 가정교육을 받고 자랐으며 대학은 상트페테르부르크 대학과 카잔 대학에서 공부를 한다. 성적이 좋지 않아 아무런 학위도 받지 못했다. 귀족인 그는 카잔시, 상트페테르부르크, 모스크바에서 언제나 상류 계급들의 사회에서 지냈다. 키는 작고 풍채는 귀풍을 지니고 있었으며 늘 무뚝뚝했다.

그는 자신의 얼굴에 대해 다음과 같이 말하고 있다. "내 얼굴이 보기 흉하다는 것을 나는 잘 알고 있었다. 절망에 빠진 일도 여러 번 있었다. 나처럼 코가 넓적하고 입술이 두텁고 재색 빛깔의 작은 눈을 가진 사람은 이 세상에서 행복을 누릴 수 없으리라고 생각했다. 나는 하느님께 기적을 행하여 주시고 얼굴을 좋게 만들어 주시옵소서 하고 기도를 드렸다. 나는 용모가 좋아진다면 그때 내가 가지고 있던 모든 것과 앞으로 차지하게 될 어떤 것이라도 그 값으로 치를 용기가 있었다."

톨스토이는 그가 보기 싫어한 얼굴에 매력이 넘쳐흐르는 일종의 정신력을 나타내고 있다는 것과 갈색 눈이 얼굴 표정에 매력을 더 해주는 사실도 모르고 있었다. 프랑스 작가 스탕달이 흉한 얼굴을 커버하려고 훌륭한 옷을 입었던 것처럼 톨스토이도 멋쟁이 옷을 입고 다녔다. 자신의 입장을 지나치게 의식하고 있었다. 카잔 시대의 동창생은 "나는 백작을 피했어요. 백작은 곱슬머리였으며 처음 만났을 때 차가운 표정이었으며 반쯤 감긴 눈으로 뚫어지게 바라보는 시선으로 나를 멀리하게 했어요. 그렇게 이상한 사람은 본 일이 없었지요. 이해할 수 없었습니다."고 말하고 있었다.

1851년 23세가 되는 해 톨스토이는 겨울을 모스크바에서 보내고 있었다. 이때 포병으로 코카사스 지방에 근무하던 형 니콜라이가 휴가로 모스크바에 왔다가 귀대할 때 같이 가서 입대한다. 톨스토이는 사관생도로서 반란을 일으킨 산도적과 싸웠고 여러 번 돌격도 했다. 그는 군대 생활에 대한 비판도 한다. "처음 군대 사회의 여러 가지 일이 내게 충격을 주었다. 곧 나는 그들과 한 패거리가 안되어도 일에 익숙해질 수가 있었다. 나는 자긍심도 친근감도 못 느꼈지만 행복하게 되는 한 가지 방법을 이루어 놓았다." 톨스토이는 거만한 젊은 사람이었다. 그는 하루 종일 피곤을 느끼지 않고 걸을 수 있는 건강한 사람이었다. 그는 쉬지 않고 12시간 동안 말을 탈 수 있었다. 그는 술고래였고 어떤 때는 도박에 져서 조상으로 물려받은 야스나 포리아나의 땅을 판 일도 있었다. 매독에 걸린 일도 있었다. 톨스토이도 다른 명문가 출신의 돈 많은 젊은이들과 다른 점이 없었다. 넘쳐흐르는 정열을 주체 못하고 방탕한 생활을 하는 것이 귀족들의 젊은 생활이었다. 동료들의 인기를 얻는 방법으로 방탕해야만 하는 것이 그 당시 젊은이들 사회의 풍조였다. 톨스토이의 일기를 보면 그는 카드 놀음으로 밤을 새우거나 밤새도록 술을 마시거나 여자와 같이 밤을 보냈다. 그러나 언제나 후회가 뒤따랐다고 쓰고 있다.

러시아인의 소설을 읽을 때 러시아인의 생활을 즐기는 것을 알게 된다. 톨스토이는 이와 마찬가지로 생을 즐기며 생을 낭비하는 젊은 시절을 보낸다. 그는 그의 생활에 대해 언제나 후회를 하기는 했으나 다시 후회할 일을 하고 있었다. 1854년 그리미아 전쟁이 벌어져 세바그또벌 항구가 포위되었을 때 톨스토이는 그곳에서 포대장으로 근무했다. 그는 쩰아나 강 전투에서 뛰어난 용맹성을 나타내고 중위로 진급한다. 1856년 평화가 찾아오자 사임한다. 그는 군대 생활을 하는 동안 수많은 스케치와 작품 그리고 유년 시대의 낭만적인 회고를 써서 많은 인기를 얻는다.

그는 모스크바의 생활을 싫어했으며 그곳에서 만난 사람들을 좋아하지 않았으며 그를 만나는 사람들도 그를 좋아하지 않았다. 톨스토이는 자신의 성실을 믿었으나 다른 사람의 성실은 믿지 않았다. 그는 통속적인 견해를 믿지 않았다. 그는 화를 잘 내고 야성적인 모순 덩어리였다. 다른 사람의 감정에 대해서 무관심했다. 다른 사람을 심문하는 듯한 그의 표정은 다른 사람들을 당황케 했다. 뚜르게네프는 그가 심문하는 태도로 말을 할 때 누구도 성을 내지 않는 사람은 없었다고 하고 있다. 톨스토이는 남이 자신을 비판하는 것을 몹시 싫어했다. 자기에 대한 나쁜 글이 있으면 그 글을 쓴 사람에게 도전장을 냈다.

따라서 친구들은 무모한 결투를 막기 위해 많은 노력을 해야 했다. 톨스토이가 살던 러시아는 자유주의 바람이 불기 시작했다. 농노의 해방은 가장 시급한 일이었다. 수도에서 몇 달을 보낸 뒤 톨스토이는 야스나 포리아나에 가서 자기 영지에 농노들에게 자유를 주려고 말을 했으나 농노들은 그의 말에 올가미가 들어 있다고 거절한다. 얼마 후 외유를 하고 야스나야 포리아나에 돌아와 농민들의 자제의 교육을 위해 학교를 세운다. 그 학교에는 규율이 전혀 없고 학생들을 벌 받는 일이 없게 했다.

톨스토이는 하루 종일 애들과 같이 지내면서 가르치고 같이 놀고 이야기를 해주는 생활을 했다. 그리고 노래도 같이 불렀다. 이때 어떤 농노의 아내를 사랑하게 된다. 그리고 그녀의 아들을 갖게 된다. 이 사건은 단순한 환상이 아니었다. 톨스토이는 일기에 "나는 이제까지 못 보던 사랑을 하고 있다."라고 쓰고 있다. 디모디아라는 이름의 사생아는 후에 톨스토이의 어린 아들이 타는 마차의 마부 노릇을 한다. 톨스토이의 전기를 쓴 사람들도 톨스토이의 아버지가 사생아를 갖고 있었으며 톨스토이는 늘 양심적 고민을 했고 농노 들의 비참한 생활을 향상시키기 위해 노력했다고 쓰고 있다.

톨스토이는 농노들의 애들을 교육해서 깨끗하고 품위 있고 자존심이 있는 사람으로 만들려하는 불타는 사람이었다. 그러나 뚜르게네프가 자신의 사생아를 위해 가정교사를 두고 가르쳤고 사생아의 복리를 위하여 노력한 것에 비하면 톨스토이는 자신의 사생아를 자기 아들의 마부 노릇을 하게 했다.

톨스토이는 어떤 특수한 일을 할 때는 모든 힘을 기울이지만 곧 실증을 느끼곤 했다. 그는 인내심이 없었다. 2년 동안 학교를 경영하다가 별로 효과가 없어 문을 닫는다. 톨스토이는 건강도 나빴고 자신감 상실로 작품에도 손을 대지 못했다. 절망에서 벗어나는 것은 결혼이라고 생각한다. 그는 많은 여자들을 여러 이유로 거절하고 18세의 소녀와 결혼을 한다. 아내 소피아는 모스크바의 상류계급의 딸이었다. 소피아는 상류사회에서 친교를 맺고 있던 베르스 박사의 둘째 딸이었다. 톨스토이는 결혼 당시 34세였다. 이들은 결혼 후 야스나 포리야나에서 생활을 한다. 그들은 11년 동안 여덟 명의 아이를 낳는다. 다음 15년 동안 다섯 명의 아이를 낳는다.

톨스토이는 승마를 즐기고 사격에도 뛰어났었다. 그는 재산을 불리어 볼가강 동안(東岸)에 새로 영지를 산다. 이때도 상류층 사람들의 생활이 그러하듯이 도박과 술, 여자 등으로 젊은 날을 보내게 된다. 그리고 아이를 많이 낳아서 영지를 나누어주고 영지를 돌아보고 사격과 승마를 즐기며 저택에 손님을 초대해 연회를 베푸는 것이었다. 상류층에는 자유사상을 가지고 무식한 농민들의 복리를 높이고자 하는 사람들도 있었다.

톨스토이가 이들과 다른 점이라면 세계적인 2대 소설 〈전쟁과 평화〉와 〈안나 카레리나〉를 썼다는 것이다. 톨스토이는 오랫동안 일기를 쓰고 있었다. 일기 속에는 그가 희망하던 일, 사상, 기도, 자책감뿐만 아니라 그가 죄악으로 생각하고 있던 성관계 및 후에 모든 일을 공개한다는 마음에서 자기 일기책을 소피아에게 읽으라고 준다. 일기를 읽고 난 소피아는 충격에 며칠 밤을 울고 난 다음 돌려주며 용서를 한다. 그러나 그녀는 잊지 못하고 있었다. 이 부부는 성격이 모두 강했다. 소피아는 소유욕이 강한 여자였다. 한편 톨스토이는 성격이 난폭하고 인내심이 없으며 고집쟁이였다. 톨스토이는 어린애의 젖은 어머니가 직접 먹여야 한다고 주장해서 소피아는 그의 의견을 받아들였다. 톨스토이는 열심히 일을 했다. 그리고 글을 쓴다. 그는 악필이어서 언제나 원고를 소피아가 다시 정서를 했다. 〈전쟁과 평화〉도 소피아가 정서를 일곱 번이나 해야 했다. 〈톨스토이 전기〉를 쓴 콜롬비아 대학의 시몬즈 교수는 톨스토이의 일상적 생활을 다음과 같이 적고 있다. "온 가족이 모여 아침 식사를 한다. 가장은 농담을 하고 풍자를 하여 이야기가 활기를 띄고 재미가 있게 한다. 다 끝나면 톨스토이는 일할 시간이군. 하고 차를 한잔하고서 서재로 사라진다. 그는 2시에 운동을 하는데 운동은 걷기 아니면 승마를 한다. 다섯 시에는 서둘러 저녁을 먹고 다시 저녁 산책을 한다. 그리고 책을 읽고 여덟시에 거실에서 애들과 같이 놀고 음악을 듣고 소리 내어 애들에게 책을 읽어 준다." 톨스토이의 생활은 바쁘고 유익하고 만족스러운 것이었다. 그러나 50세가 되어 죽음의 공포를 느끼고 있었다.

그는 〈참회록〉에서 "참으로 이상한 일이 5년 전에 내게 생겼다. 처음 나는 사는 법과 할 일이 무엇인지 모르는 난처한 순간과 삶의 정지를 느꼈다. 그리고 낙심하게 되었다. 그러한 상태가 사라지고 전과 같이 계속 되었다. 삶은 무엇 때문에 있고 무엇을 가져오는지가 문제였다. 나는 내가 서 있던 자리가 무너져 다리 밑에 아무것도 없는 것처럼 느꼈다. 내 삶의 기반은 사라지고 기반으로 삼을 것은 아무것도 없었다. 내 삶은 정지된 것이었다. 나는 숨도 쉬고 먹기도 하며 마시기도 하고 잠도 잤다. 그러나 어떤 것을 이루어 보겠다는 욕망이 없었고 삶을 이어갈 수가 없었다. 이와 같은 생각이 일어난 것은 내 삶이 빈틈없이 행복하다고 생각할 수 있을 때에 일어났다. 나는 나를 사랑하는 아내가 있고 나도 그를 사랑하고 훌륭한 애들도 있으며 아무 노력도 하지 않아도 불어나는 재산이 있는 것이다. 나는 많은 사람의 칭찬을 받고 있으며 내 이름이 유명하다는 것을 알고 있다. 나는 육체적으로나 정신적으로 강하다. 육체적인 면에서는 풀을 베는 농부에게 조금도 떨어지지 않았다."고 말했다. 톨스토이는 신을 믿지 않았다. 그는 신앙을 잃음으로써 인생의 수수께끼를 풀어 줄 이론이 없는 사람이었다. 그는 불행하고 만족을 모르는 사람이 되었다. "나는 무슨 이유로 사는지 모르며 꼭 살아야할 이유는 무엇인가." 자문해 보았으나 답을 얻을 수 없었다. 그는 신을 믿기 시작하는데 아주 감정적인 사람인 그가 이론적 탐구를 거쳐 신을 믿게 된다. 톨스토이는 "나는 살아 있으며 살아 있는 이유가 있어야 한다. 사람들이 신이라고 하는 것이 모든 이유 중 첫째 이유이다."고 하였다. 한동안 그는 러시아 정교회에 속해 있었으나 교직자들의 생활이 그들이 주장하는 이론과 모순을 이루고 있을 뿐만 아니라 그들의 주장을 믿을 수가 없다고 한다. 그리고 교회를 떠난다.

톨스토이는 무식한 사람, 가난한 사람들에게 가까이 가기 시작한다. 그들은 몽매하지만 참다운 신앙을 갖고 있는 것을 발견하게 된다. 그리고 자기들의 삶의 의의를 갖고 있다는 것도 발견하게 된다. 톨스토이는 진리는 예수그리스도의 복음에 있다고 생각한다. 그리고 사도신경을 믿지 않는다. 기독교의 본질이 사랑, 겸손, 자기부정, 악에 대해서 선으로 갚는 것이라는 결론을 스스로 내린 이상 그는 삶이 주는 즐거움을 버려야 했고 자기를 낮추고 스스로 고통을 받고도 남에게는 자비롭게 대하여야 되었다. 소피아는 정교회의 신도였다. 그녀는 남편의 생각이 달라진 것도 이해하지 못했다. 남편의 심리적 변화가 행동으로 나타나자 그녀는 불쾌해 했고 불쾌한 감정을 그대로 드러냈다.

톨스토이는 스스로 모든 일을 했다. 또 불도 자신이 피웠고 물을 길어 왔고, 자신이 먹는 빵은 스스로 벌어야 한다고 제화공을 불러 구두 짓는 법을 배웠다. 야스나 프리아나에서 농민들과 같이 땅도 갈고 풀을 달구지에 싣기도 하고 나무를 베었다. 먹기 위해 동물을 죽여서는 안된다고 하며 그는 채식주의자가 되었다. 그는 담배도 술도 모두 끊는다. 소피아는 애들의 교육 때문에 모스크바로 이사를 가야 한다고 주장하고 이사를 한다. 톨스토이는 그곳에서 빈부의 차이를 보고 무척 놀란다. 톨스토이는 자기가 가진 것을 버리려고 한다. 그러나 아내는 항의를 법에 호소하겠다고 하여 애들과 아내에게 재산을 물려주고 농민과 같이 살기 위해 집을 몇 번이나 나온다. 그리고 그는 야스나 프리아나에 살았다. 자신을 둘러싼 사치한 환경에 모욕감을 느끼고 부인과 자주 다툰다. 그리고 아내의 전통적인 교육 방법에도 불만을 갖는다. 그리고 자기 의사대로 재산을 버리지 않는 아내에 대해서도 불만이었다.

도덕가로 세계에 명성이 알려진다. 톨스토이의 사상에 따라 삶을 영위하려는 사람들이 부락을 이루었다. 그들은 톨스토이의 이론을 실천하며 많은 고통을 경험하게 된다. 그들이 겪는 일은 교훈이 되기도 했고 웃음을 자아내는 일도 있었다. 톨스토이는 남을 의심하는 성격이었고 논쟁을 좋아했다. 그는 자신의 생각과 다른 사람의 의견을 수용하지 않았으며 관용성이 없는 사람이었다. 그러나 자신의 생각은 숨김없이 표출하는 사람이었다. 톨스토이의 명성이 높아짐에 따라 영지를 찾는 순례자들, 신문기자들, 잡지기자들, 학생들, 관광객들, 각종 숭배자들, 제자들이 꼬리를 이어 야스나 프리아나를 찾았다. 소유욕이 강하고 질투심이 강한 소피아는 외래 손님들을 반기지 않았다. 그녀는 "다른 사람들의 행복을 위해 애쓰는 일은 삶을 아주 복잡하게 만드는 고로 나는 살기가 어렵다. 남편은 사랑과 신에 대해 교훈을 주면서 자기 가족에게 무관심하게 되었고 어중이떠중이들이 우리 주위에 들어오는 것을 방임하고 있다."고 말했다.

톨스토이의 사상을 처음 찬동한 사람은 쉴트코프라는 청년이었다. 그는 부자로서 국경 경비대 대위였으며 톨스토이의 무정부주의에 찬동하고 군을 떠난다. 그는 정직하고 이상주의자며 열정과 자신의 뜻을 남에게 강요 설득하는 능력을 가진 사람이었다. 쉴트코프와 톨스토이 사이에는 깊은 애정 관계로서 톨스토이가 죽을 때까지 계속되었다. 소피아는 쉴트코프의 포용력이나 남을 설득하는 능력으로 톨스토이에게 영향을 준다고 그를 싫어했다. 톨스토이의 몇 명 안되는 친구들은 톨스토이가 극단적이라고 비평을 한다. 그러나 쉴트코프는 그보다 더 극단적이었다. 그리고 톨스토이를 더 극단적으로 나가게 영향을 준다.

톨스토이는 자신의 정신적 성자에 마음을 쏟으며 영지를 돌보지 않아 1년에 6만 파운드의 수입을 올리는 영지에서 겨우 500파운드 밖에 수입을 올리지 못하자 소피아는 애들의 교육을 이유로 1881년 이전에 쓴 톨스토이의 출판권을 자신이 소유한다. 그리고 그녀는 빚을 지지 않고 출판을 한다. 출판은 번창하였고 필요한 돈을 충당할 수가 있게 된다. 쉴트코프는 톨스토이의 총애를 받게 되자 1881년 이후 쓴 모든 작품에 대해 출판권을 포기하고 아무라도 출판을 할 수 있다는 것을 선언하라고 톨스토이에게 설득한다. 결국 그의 요구는 성공한다. 톨스토이는 이에 더해 1881년 전에 쓴 책에 대한 출판권도 소피아로부터 내놓으라고 강요하여 늘 싸움을 하게 된다.

톨스토이의 가족은 판권으로 생활을 하고 있는데 톨스토이는 모든 재산을 다 버려야 한다는 사상과 모순되는 생활을 했다. 톨스토이에게 비극이 온 것은 소피아의 정사이다. 소피아는 이때 52세로 연하인 다니예프라는 젊은 작곡가와 사랑에 빠진다. 이로써 톨스토이는 고통에 있게 되고 그는 이혼을 하기로 결정을 하지만 다니예프가 소피아를 떠남으로써 이들의 정사는 끝난다. 톨스토이는 쉴트코프의 강요에 모든 판권을 버리고 누구나 출판을 하고 싶은 사람은 할 수 있도록 했다. 이것은 그가 모든 재산을 버려야 한다는 사상과 극단적인 쉴트코프의 주장을 성사시킨 것이다. 톨스토이가 〈전쟁과 평화〉를 쓰기 시작한 것은 36세 때였다. 걸작을 쓰기에 아주 좋은 나이였다. 톨스토이가 다루고자 한 것은 나폴레옹 전쟁 시대였다. 나폴레옹군이 러시아를 침공하고 모스크바시의 전소(全燒)와 나폴레옹군의 패퇴와 회멸(壞滅)을 클라이막스로 삼은 것이었다.

그가 처음 이 소설을 쓰려고 시작했을 때는 여러 가지 역사적 사실을 배경으로 하여 귀족사회의 가정생활을 다루려고 했다. 소설의 인물들이 정신 면에 여러 가지 영향을 주는 경험을 겪고 많은 사색과 고통 끝에 고요하고 행복한 삶을 보내게끔 하려고 했다(작가의 술회 중에서). 그러나 톨스토이는 이 작품을 쓰는 도중 두 적대세력이 죽을힘을 다해 싸우는 웅장한 모습을 그리는 데 더 많은 힘을 기울이게 된다. 소위 역사철학이라는 것을 생각하게 된다.

톨스토이는 전쟁에는 뜻밖에 일이 늘 생기고 보이지 않는 힘, 그릇된 판단, 말할 수 없는 사건 등이 있어 엄밀한 의미에서 전술 같은 것은 없고 따라서 군사적 천재는 없다고 생각했다. 역사의 진로를 바꾸는 것은 알 수 없는 일이라는 것이다. 톨스토이의 역사철학 속에는 나폴레옹이 별로 나오지 않으며 나온다 해도 나폴레옹은 초라하고 남에게 잘 속아 넘어가며 어리석고 우스운 인물로 등장하고 있다. 나폴레옹은 역사적으로 아주 보잘 것 없는 도구라고 하고 있다. 그리고 남자다운 위엄을 보이지 않는 인물로 보고 있다. 톨스토이는 러시아인들이 나폴레옹을 위인으로 취급한 데 대해 화를 내고 있다. 서머세트 모흠은 프랑스 혁명은 코르시카섬의 한 법률가의 아들인 나폴레옹처럼 야심 있고 똑똑하고 의지가 강하고 버릇없는 수많은 젊은이들을 출세시켰다. 나폴레옹은 외모도 뛰어나지 못하고 권력과 금력의 배경도 없었다고 생각한다. 〈전쟁과 평화〉에는 약 5백 명의 인물이 등장한다. 인물은 다 제각기 다르다. 이는 참으로 놀라운 일이다. 보통 소설에서 볼 수 있듯이 두, 세 사람 또는 한 그룹에만 한정되어 있지 않고 귀족인 로스토프의 집, 굴타진의 집, 베츠 코프의 집, 볼콘스키의 집 등 네 집의 온 가족에 미치고 있다.

이 작품은 제목이 가리키듯 전쟁과 평화를 다루고 있으며 이는 등장인물의 운명을 정하는데 아주 색다른 배경을 다루고 있다. 톨스토이는 작가들이 일반적으로 하듯 인물을 그릴 때 작가가 아는 인물을 중심으로 삼고 있다. 그러나 그는 그 인물들을 모델로 삼아서 단순하게 상상력만을 발동시킬 뿐 아니라 묘사에 아주 훌륭하다. 인물 중 로스토프 백작은 톨스토이의 할아버지를 그린 것이며 니콜라스 두토프는 작가의 아버지가 모델이며 감상적이고 매혹적인 한편 못생긴 메아리 공작부인은 작가의 어머니가 모델이 되고 있다. 피엘 베츠코프와 안듀르 볼콘스키는 톨스토이를 그린 것이라고들 하고 있다. 자신의 모습을 잘 알고 있던 톨스토이는 자기를 모델로 삼고 서로 다른 두 사람을 그려냄으로써 스스로의 성격을 밝히려고 애쓴 것이라고 추측하고 있다. 피엘과 안드류 공작 두 사람은 로스토프 백작의 딸 나타샤를 사랑한다.

톨스토이는 나타샤를 소설의 주인공으로 하고 아주 매력이 넘치는 처녀로 그리고 있다. 그러나 젊은 여인을 재미있고 매력있게 그리는 것은 작가에게는 힘든 일이다. 보통 소설에 나오는 젊은 여인은 흐릿하여 특색이 없고(영국 소설가, 댓거리의 〈배니티 페어〉), 까다롭고 건방지거나 오스틴의 〈맨스필드〉의 화니는 너무 똑똑하게 되고 또 믿을 수 없을 만큼 순진하고 거위처럼 철없는 도라 디킨스의 〈데이비드 커퍼빌드〉 등 젊은 여인들은 그리기 힘들다. 이와 같이 화가 역시 인생의 성장, 사랑 및 고통이 얼굴에 특색을 만들어 놓은 후에야 얼굴을 흥미 있게 그릴 수 있는 것이다.

소설가가 젊은 여인을 그릴 때 온갖 노력을 해도 젊음이 지니는 매력과 아름다움을 나타낼 수 있을 뿐이다. 그러나 톨스토이가 그린 나타샤는 아주 자연스럽게 그리고 있다. 나타샤는 예민하고 인정이 있고 소녀 같지만 여자로서 이상주의자이며 성품이 급하고 따뜻한 마음을 가진 여자다. 톨스토이는 많은 여자들을 그렸고 그 여인들이 모두 놀랄만한 실제적 인물 같이 그려져 있으나 나타샤만큼 독자의 마음을 끄는 인물은 없다. 톨스토이는 나타샤를 그릴 때 처제인 타냐 버튼스를 모델로 했다. 톨스토이는 나타샤를 사랑하는 피엘과 안드류를 더 잘 그리면서 삶의 의의와 목적을 찾고 열정을 쏟았다. 안드류 공작을 더 잘 그렸다.

그는 러시아에서 흔히 보는 여러 가지 조건이 낳은 산물이었다. 안드류 공작은 많은 영지를 가지고 있는 부자다. 농노도 많이 거느리고 있다. 농노가 불쾌한 행동을 하면 옷을 벗기고 때릴 수도 있었고 졸병으로 보낼 수도 있었다. 안드류는 특색이 있는 미남으로서 고결한 체하는 인물이기는 하나 거만하고 권세를 부리고 인내심이 없는 무분별한 남자로 그리고 있다. 그는 동료들에게는 냉정하고 오만하나 손아래 사람들에게는 친절하게 대하며 보호도 해준다. 한편 피엘은 이기심이 없는 사람이여서 누구든지 그를 알면 사랑하지 않을 수 없게 된다. 피엘은 흔히 볼 수 있는 귀족으로서 낭비와 여자들과의 관계가 많은 사람이다. 그러나 그는 자기의 낭비생활을 청산하고 자기의 영지로 돌아가 농노를 해방시키고 그들의 복리를 위하여 노력하기로 결심한다. 그러나 하인에게 속아 그의 훌륭한 뜻은 수포로 돌아가고 생활은 원점으로 돌아간다. 톨스토이는 작가가 속하는 계급에 실망을 한다. 자신의 삶의 의의를 찾을 수 있을 신의와 신앙을 구하여 구교도가 된다. 그는 〈전쟁과 평화〉에서 그려 놓은 수많은 인물 가운데서 단순한 졸병이 가장 독자의 마음을 끈다. 피엘이 그에게 이끌리는 것도 당연한 일이다. 졸병인 프라또 까라타예프는 모든 사람을 사랑한다. 그에게는 조금도 이기심이 없다. 고통을 견디어 나가는가하면 위험에 즐거이 다가가고 있다. 그는 부드럽고 고상한 성품을 갖고 있다. 감수성이 강한 피엘은 까라타예프에게서 선을 찾고 선을 믿게 된다. 피엘이 그에게서 배운 것은 "사람의 행복은 내적 생활에서만 찾을 수 있고 또 단순한 인간의 욕구를 만족시킴으로써 얻을 수 있다. 궁핍이 불행을 낳는 것이 아니라 지나친 부귀가 불행의 원인이다. 인생에는 부딪치기에 힘이 겨운 것은 아니다."는 것이다. 그리고 피엘은 자기가 헛되게 찾던 안정과 평화를 차지한 것을 알게 된다(윌리암 섬머세트 모홈).

체호프의 〈벚꽃 동산〉 : 절망 속에서 희망으로

5월 어느 날 새벽 라네프스카야 부인은 자기의 영지인 벚꽃 동산의 저택으로 5년 만에 돌아온다. 그녀는 외아들을 잃은 고통을 잊기 위해 파리로 떠났었다. 파리에서 한 남자를 만나 불행하게 된 그녀를 딸이 알고 데려오게 된 것이다.

아무런 실무 재능이 없는 오빠 가예프, 가사 처리에 전념하고 있는 양녀 와랴, 충실한 늙은 하인 필스, 상인인 로포힌 등이 반갑게 그녀를 맞이하는 가운데, 그녀는 오랜만에 보는 눈처럼 하얗게 피어 있는 벚꽃과 그리운 방들에 대한 감상에 젖어있게 된다. 그러나 리네프스카야 부인이 돌아오게 되는 큰 원인은 농노해방 이래 지주 계급이 몰락하기 시작했고, 그녀의 집 또한 예외가 아니다. 백과사전에 나올 만큼 유명했던 그녀의 벚꽃 동산도 기어이 경매에 내놓아야 할 운명에 놓였다.

상인 로포힌은 옛날 이 집의 소작인의 아들이다. 그는 지주 계급과는 반대로 새로 세력을 얻게 된 상공 계급의 물결을 타고 이제는 대단한 자산가가 되어 있다. 로포힌은 벚나무를 베어버리고 땅을 분할하여 별장지로 빌려 주는 것이 유익한 해결책이라고 이들에게 권한다. 부인 남매에게는 이 소리가 듣기 싫은 소리로 밖에 들리지 않는다. 그렇다고 돈을 낭비하는 것밖에 모르는 그들은 이렇다 할 묘책이 떠오르지 않고 오직 불안과 초조 가운데 한 여름을 지낸다. 한편 젊은이들 사이에는 새로운 시대와 청춘의 싹이 트기 시작한다. 순진하고 명랑한 아냐는 지난날 동생의 가정교사였던 트로 피모프의 힘있는 말에 끌려 미래에 대한 광명을 발견하고 좋아한다. "사람이 자유로워지고 행복해지기를 방해하는 비속한 환상을 버릴 것. 이것이 생활의 목적이며 의의예요. 그리고 전진이예요. 러시아 전국이 우리의 정원이죠." 하고 학생 트로피모프는 부르짖는다. 또 얌전한 양녀 와랴는 벌써 몇 해째나 로포힌이 결혼 신청을 해 주기만을 기다리고 있다. 주위 사람들도 이들이 결혼할 것을 단정하고 있는데도 로포힌은 좀처럼 결혼 신청을 하지 않는다.

시간은 지나가고 드디어 벚꽃 동산의 경매하는 날이 왔다. 그런데도 라네프스카야 부인은 무도회를 연다. 그러나 명랑하게 돌아다니고 있는 그녀의 머릿속에는 많지 않은 돈을 변통 하러간 오빠 가예프에 대한 걱정이 잠시도 떠나지 않는다. 얼마 후 힘없이 돌아온 가예프와 함께 온 로포힌의 입을 통해 뜻밖의 결과를 알게 된다. 벚꽃 동산은 로포힌에게 팔렸던 것이다. 로포힌은 기쁨을 참지 못해 소리친다. "내가 샀습니다. 읽을 줄도 쓸 줄도 모르고, 겨울에는 맨발로 돌아다니던 내가 온 세계에 둘도 없이 아름다운 영지를 갖게 되었어요. 악대 여러분, 더욱 힘차게 연주해 주세요. 새지주님 행차요. 벚꽃 동산 나리의 행차요." 이 말을 듣자 부인은 통곡한다. 그러나 부인 곁에 있던 아냐는 속삭이듯 "일어나세요, 엄마. 우리 더 아름다운 동산을 만듭시다." 하고 말한다. 부인은 다시 파리로, 가예프는 은행원이 되어 읍으로, 아냐는 대학에 돌아가는 트로피모프와 함께 모스크바로, 끝내 결혼 신청을 받지 못한 와랴는 남의 집 가정부로, 모든 사람들이 벚꽃 동산을 떠나는 날이 다가왔다. 사람들이 모두 떠나간 빈방에 외로이 남아 있는 늙은 하인 필스가 혼자 죽음이 가까운 몸을 뉘고 있는데 밖에서는 벚나무를 베는 기계 소리가 들려온다.

1903년에 쓴 마지막 희곡으로 농노 해방에 따른 지주계급의 몰락과 신흥 부르주아 계급의 등장을 주제로 하고 있다. 주인공 라네프스카야는 귀족으로 선조 대대로 내려오는 아름다운 벚꽃 등산이 저당에 잡혀 경매에 넘어가려는 데도 옛날의 감미롭던 생활의 추억과 꿈을 버리지 못하고 있다. 체호프의 전 작품들은 절망에 차있으며 미래에 대한 희망도 암시하고 있다.

〈벚꽃 동산〉에서 젊은이들도 희망에 차있다. 그리고 나이든 사람들도 새로 바뀐 환경을 딛고 새로운 길을 찾는다. 즉 젊음이 넘치는 새 생활에 대한 기대와 낡은 생활에 대한 마음의 정리를 표현하고 있다. 체호프의 기본적인 관심은 인간 의지와 환경, 자유와 결핍, 인간의 성격과 그의 운명 사이에서 일어나는 때때로 비극적인 관계를 보여

주려고 하고 있다.

체호프는 인간의 비극적 행위를 명료하게 들어내는 사실주의 작가이다. 그는 이념으로부터 자유로웠던 작가이다. 체호프(Anton Pavlovich Chekhov(1860－1904)는 러시아의 타간로에서 태어난다. 그의 아버지가 사업에 실패한 후 체호프를 남겨두고 모스 크바로 떠나 체호프는 일찍이 가정교사를 하면서 생활을 시작한다. 어머니도 모스크바로 도망을 가고 형제들도 어머니를 따라가서 체호프만 혼자 단칸로에 남게 된다. 16세 때 모스크바대학에 입학하고 어려운 가계를 돕기 위해 잡지와 신문에 7년간 400편의 단편과 글을 쓴다.

그 후 본격적인 작품 창작에 뜻을 두고 〈광야〉, 〈등불〉, 〈지루한 이야기〉를 발표하고 작가로서 자리를 굳힌다. 그는 특유의 재치와 익살로 주목을 받는다. 이 시기를 그가 필명으로 안또샤 체혼쩨라고 사용함으로써 체혼쩨 시대라고 부른다. 체혼쩨의 이름이 문단에 알려지자 문단의 선배인 그레고리비치는 체호프의 진실성에 대한 정확성을 들어 칭찬하는 편지를 체호프에게 보낸다. 체호프의 초기 작품들은 가족의 생계비를 벌기 위한 동기에서 그의 사상을 성숙시켜 발표할 시간이 없었다.

그의 작품이 사회적 비판을 한 것이라 할지라도 허무를 증오하는 인간적인 인격에 바탕을 둔 것이다. 1890년 시베리아를 거쳐 사할린으로 가서 유형수들의 생활을 조사한다. 그리고 1895년 〈사할린 섬〉을 발표한다. 이렇게 해서 그의 문학 세계는 사회적인 분야로까지 넓혀졌으며 서정주의를 바탕으로 한 작품들과 함께 다양한 작품들을 쓴다. 작가는 성실과 진실을 사랑하는 마음이 작가의 창조에 바탕이 되어야 한다고 주장하며 러시아 농촌을 휩쓴 대기근 시기에 농민 구제 운동에 힘을 쓰고 무료 진료를 시작한다.

이 시기에 체호프는 사회적 갈등을 이해하게 되며 사회 여러 분야에서 일어나는 삶의 비참한 원인에 관심을 갖는다. 그의 작품은 일화(日話)적 사건에서 사회적 주제를 증대시키며 유머는 사회 풍자적 성격을 띠게 된다. 이 시기에 그는 톨스토이의 도덕주의와 결별한다. 그는 생활이 나아지자 멜리호버에 영지를 사들여 이곳에서 사색과 체험을 하며 저술 활동을 한다. 〈상자 속의 인간〉, 〈갈매기〉등을 썼고 모스크바 잡지, 러시아 사상에 〈6호실〉,〈사할린 섬〉등을 발표한다. 1888년 모스크바 예술 극장에서 다시 공연한 〈갈매기〉가 성공을 거둔다. 이후 얄타로 거주지를 옮겨 이곳에서 주로 희곡 창작에 몰두하며 톨스토이, 고리끼, 부닌, 끄뿌린 등과 친교를 맺는다. 이 시기에 나온 작품으로는 〈바냐 외숙〉, 〈세 자매〉, 〈벚꽃 동산〉등의 희곡작품과 〈사랑〉, 〈개를 데리고 다니는 여인〉 등이 있다. 1901년 여배우 크니뻬로와 결혼을 했으나 말년에는 폐결핵과 싸우며 고독하게 살다가 1904년 7월에 바덴베르르의 호텔에서 죽는다.

〈결투〉: 자각에서 새로운 길로

라에프스키는 재무부 관리였으나 지금은 2년 동안이나 코카사스에 있는 피서지에서 하는 일 없이 지내고 있다. 그는 나제지다라는 유부녀를 데리고 도망을 와 있는 것이다. 하지만 이제는 이 여자와 어떻게 하면 헤어질 수 있을까 하는 것만 생각하고 있다. 오늘도 라에프스키는 바닷가로 찾아가 군의관인 친구 사모 이렌크에게 "나는 저 여자와는 죽어도 살기 싫다. 그렇다고 헤어질 수도 없어. 의지할 곳 없는 여자인데다가 벌이도 할 줄 모르고, 여자나 나나 무일푼이니 어떻게 하면 좋겠나." 사모이렌코도 그의 이런 푸념은 질색이면서도 어쩐지 모르게 그를 좋아한다. 대학 출신이며 배운 여자와 살고 있다는 것, 어려운 말로 이야기하는 점 등 어쩐지 자기보다 한수 위의 사람으로 여겨진다. 라에프스키는 또 다시 어려운 문제를 던진다. 여자의 남편이 죽었다는 소식이 왔는데 어떻게 했으면 좋겠느냐고 묻는다. 정식으로 결혼을 하라고 하자 그는 결혼을 할 수 없다고 한다.

사모이렌코의 집에 늘 식사하러 오는 두 젊은이가 있다. 한 사람은 흑해의 해파리를 연구하는 동물학자 폰 코렌이고, 한 사람은 신학교를 갓 나온 보조사제 포비에도프다. 폰 코렌은 행동적인 사람으로 라에프스키와는 정반대이다. 사모이렌코가 라에프스키의 이야기를 하면서 "저 사람은 참 딱하다. 물질적으로도 불행하지만 정신적으로도 낙망하고 있다."고 동정함으로써 자기도 수준 높은 고민을 하는 높은 사람들 축에 든 것 같은 기분을 갖는다. 그러나 폰 코렌은 "뭐가 딱해. 라에프스키가 만일 물에 빠진 것을 보면 나는 지팡이로 눌러 죽일 거야. 그 자식은 세상의 해충이고 병균이야. 병균을 죽이는 것은 사회의 책임이야."하고 말한다.

한편 나제지다는 라에프스키와의 생활에 진력을 내고 있다. 그녀는 라에프스키 몰래 물건을 사 빚을 지고 있는데 키리린이라는 서장과 두 번이나 관계를 가졌다. 라에프스키는 경제적으로 어려워 사모이렌코에게 300루블의 돈을 꾸어 달라고 한다. 돈을 꾸어주는 조건은 이 동네를 떠나라는 것이다. 라에프스키는 돈을 꾼다고 해도 자기 생활이 더 나아지지 않을 것을 알고 있다. 그는 사모 이렌코에게 약속된 돈을 받으러 가서도 "돈이 없거든 거절해도 좋아."하고 성을 낸다. 마침 그곳에 와 있던 폰 코렌에게도 달려든다. 그리고 결투를 제의한다. 라에프스키는 제 힘으로 어쩔 수 없는 모든 문제를 결투로 정리된다고 생각한다. 그러나 저녁 때부터 갑자기 공포와 불안이 닥친다. 그날 밤 그는 나제지다가 키리린과 같이 있는 것을 보고 더욱 절망에 빠진다. 결투 날 아침 폰 코렌과 마주 선 라에프스키는 결투라는 것의 의미를 이해하지 못한다. 그는 총구를 공중으로 향해 방아쇠를 당긴다. 폰 코렌은 조준을 한다. 그때 숲에서 누가 소리를 친다. 그 바람에 총알이 벗어나 라에프스키의 목을 스쳐간다. 소리를 지른 사람은 결투 구경을 보러 온 보조사제였다.

결투장에서 돌아온 라에프스키는 마치 오랜 감옥살이에서 돌아온 것처럼 새롭고 기쁨이 충만함을 느끼고 놀란다. 나제지다는 부정을 고백한다. 라에프스키는 말없이 그녀의 얼굴을 바라보며 미래의 행복한 생활을 서로 이야기한다. 이때부터 라에프스키는 딴 사람이 된다. 새벽부터 늦도록 부지런히 일을 한다. 빚을 갚기 위해 나제지다도 정식으로 결혼을 한다. 3월이 되자 폰 코렌은 배로 그곳을 떠난다. 폰 코렌은 자기를 배웅 나온 라에프스키를 발견하고 손을 내민다.

〈결투〉는 체호프의 작품 가운데서 가장 긴 소설이다. 코카사스의 자연을 배경으로 1890년대 러시아 인텔리겐자의 어두운 생활과 대립되는 두 부류를 그리고 있다.

〈갈매기〉: 비상

〈갈매기〉는 1896년 상트페테르부르크의 알렉산드스키 극장에서 처음 공연했을 때 실패한다. 1898년 모스크바 예술 극장에서는 큰 성공을 한다. 이 작품은 극 중 극이라는 구조로 되어 있다.

주인공의 작품 〈극 중 극〉속에 나타나는 테마 〈갈매기〉의 전체 구성이 있다. 그리고 다섯 쌍의 구조가 등장인물 열 명의 다양한 감정 속에 뒤엉켜 있다. 갈매기의 상징은 트리교린, 나나, 트레플레프와 관련되어 있다. 땅으로 추락한 갈매기의 영상은 트레프레프에게 치명적인 모습으로 변한다. 이 작품에서 말의 탈출과 도피를 나타내고 있다. 말을 통한 탈출이라는 안띠떼제가 갈매기의 비상 또는 추락이라는 떼제로 연결된다. 체호프의 희곡은 플롯이 없고 단조롭고 지루하다는 평을 받고 있다. 그러나 체호프는 삶이란 기존의 전통이 극이 보여주는 것처럼 일상생활의 매 순간을 극적인 사건으로 이루어지지 않으며 자살이나 사랑으로만 인생을 설명할 수 없다고 생각한다. 따라서 자주 일어나는 하찮은 것들을 무대에서 보여주어야 한다는 것이다. 체호프는 기존의 전통에 대한 개혁을 주장한다. 잘 짜여진 연극이 아니라 실제로 살아있는 인간들의 현실을 객관적으로 보여주어야 한다는 점을 주장한다. 극작가의 관심은 무엇보다 불만스럽고 정신적으로 예민하고 복잡한 삶을 살아가는 인간들에 있다.

체호프는 그들의 정신적인 극적 운명과 체험 속에는 당대 러시아의 모든 현실 운명과 체험에는 심오한 비극적 요소들이 잠재해 있다고 보았다. 체호프의 극에 나타나는 삶의 모습들은 사건의 질이나 내용 면에서 빈약하다. 그러나 주인공들은 그들을 둘러싸고 있는 삶의 일상적인 분위기에 갇혀 있지만 벗어나려고 격렬하게 몸부림치며 보다 좋은 미래가 곧 오리라는 확신으로 차 있는 것이 특징이다.

푸시킨의 〈예브게니 오네긴〉: 모호한 심리의 결과

예브게닌 오네긴은 상트페테르부르크의 멋쟁이다. 유부녀와 처녀 등 구별 없이 애정 행각을 하고 있다. 그는 레스토랑, 무도회, 극장, 사교계 등을 드나들며 소일을 하고 있다. 하지만 그런 그도 어느덧 그 사교 생활에 진력을 느끼며 우울증에 빠진다. 그래서 손에 잡히는 대로 책을 읽어보나 그것에서도 만족을 느끼지 못한다. 마침 그 무렵 큰 부자인 숙부가 죽어 유산이 굴러 들어온다. 오네긴은 숙부의 동네로 이사를 한다. 시골 생활에 처음은 활기를 얻었고 익숙해졌으나 그곳도 단조롭게만 생각이 든다. 이때 이웃 지주로서 독일에서 유학했던 랜스키가 돌아온다. 그는 독일식 이상주의를 신봉하는 사람으로 인생의 희망에 넘치는 정열적인 시인 기질을 가진 청년이다. 무료함을 주체하지 못하던 오네긴은 성격이 다른 랜스키와 뜻이 맞는다. 랜스키의 권고로 오네긴은 이웃 지주인 라린을 찾아간다.

옛 풍습을 이어가는 순박한 이 집에는 두 딸이 있다. 언니 타치아나, 동생 율리가가 있다. 랜스키는 화려한 것을 좋아하는 율리가를 사랑한다. 타치아나는 동생과는 달리 조용히 독서를 좋아하고 유모가 들려주는 이야기를 좋아하며 고독을 즐기는 공상적인 처녀이다. 오네긴은 미인인 율리가를 좋아하고 타치아나는 은근히 오네긴을 사모한다. 그녀는 어느 날 사랑의 편지를 오네긴에게 보낸다. 답장을 기다리던 그녀는 어느 날 시냇가에서 오네긴을 만난다. 그러나 그의 대답은 냉정했다. 자기는 가정의 단란한 행복을 찾는 사람이 아니며 벌써 오래 전부터 마음이 식어 사랑을 할 수 없는 사람이 되었다고 말한다. 한편 랜스키와 율리가의 사랑은 매우 열렬하여 결혼을 눈앞에 두고 있다. 어느 날 밤 무도회에서 오네긴은 랜스키를 조롱할 속셈으로 춤 상대로 율리가를 독차지한다. 그러자 랜스키는 창백해져서 오네긴에게 결투를 요구한다. 결투 결과 오네긴이 쏜 총알은 바라지 않던 랜스키의 죽음을 불러온다. 결투 이후로 고민하던 오네긴은 여행을 떠난다. 타치아나는 어머니와 함께 신랑을 구하러 모스크바로 떠난다. 오네긴은 얼마 후 여행도 지쳐서 고향으로 돌아온다. 도착하자마자 참석한 무도회에서 타치아나를 만난다. 그녀는 장군의 부인으로서 사교계에 스타로 등장하고 있었다. 오네긴은 몰라보게 아름답게 변한 그녀에게 마음을 빼앗긴 나머지 몇 번이나 사랑의 편지를 보내지만 답이 없다. 어느 날 밤 타치아나의 저택을 방문하여 안방으로 안내된 오네긴은 거기서 홀로 울면서 편지를 읽고 생각에 잠긴 타치아나의 모습을 발견한다. 몹시 수척해진 모습으로 자기 앞에 있는 오네긴을 보며 타치아나는 조용히 말한다. "나는 당신을 사랑했는데 당신은 어째서 이제야 내 뒤를 쫓으세요. 나에게 이러한 화려한 생활 같은 것은 아무것도 아닙니다. 저 시골에 살던 때는 정말로 행복이 눈앞에 있었는데. 이제 나를 잊어주세요." 이렇게 말하고 그녀는 자리를 떠난다. 오네긴은 다시 방랑의 길을 떠난다.

〈오네긴〉은 푸시킨이 7년 반 만에 완성한 작품이다. 이 작품은 시 형식의 소설로서 푸시킨의 최대 걸작이다. 비평가 넬린스키는 이 작품을 러시아 생활의 백과사전이라고 했다. 푸시킨은 처음 시로 시작해서 후에 소설을 쓰게 된다.

제6장
러시아 오페라

국민주의 오페라

러시아 오페라는 다른 서구 나라는 물론 동유럽 나라들처럼 이탈리아의 영향을 받아 발전하며 다시 문화의 국민성을 강조하는 자주적 국민주의 운동으로 발전했다.

오페라 국민주의 운동이란 이탈리아와 프랑스의 영향에서 벗어나 진정한 자국의 문화를 기초한 오페라로 창조하자는 운동이다. 국민주의 운동은 오페라가 탄생(1637년)한 지 200여 년이 지난 후 여러 나라에서 활발히 전개되고 있었다.

예를 들어 헝가리에서는 국민주의 운동이 1840년부터 시작되었다. 그러나 그 어느 곳보다도 국민주의 운동이 활발하게 전개되었던 나라는 러시아이다. 헝가리의 프란츠 헤르겔에 의하면 진정한 헝가리식 오페라를 찾자는 운동이 주창되었다. 스페인과 마찬가지로 헝가리에는 베르분코스라는 고유의 특색 있는 국민 음악이 있었다. 이것은 일종의 무용음악으로 독특한 리듬과 함께 거칠고 자유분방한 것이 특색이다. 체코슬로바키아에서는 베드리 스메타나가 에르켈과 같은 역할을 했다. 그는 8편의 오페라를 작곡했는데 〈팔려간 신부〉(The Batred Bride)는 시골 부락민들의 생활을 화려한 선율과 감화력이 있는 리듬 그리고 빛나는 관현악 구성으로 생생하게 그려낸 걸작으로 손꼽힌다.

우리에게 잘 알려진 드보르자크도 체코의 국민운동주의 작가주의 작곡가 중 한 사람이다. 국민주의 운동이 러시아에서 활발히 꽃을 피우게 되는데 러시아의 초창기 오페라는 그늘에 가려져 있지만 여제 안나 이바노프나 치하의 18세기에 이르러 점차 뚜렷한 면모를 띠게 된다. 이바노프나 여제는 1735년에 이탈리아 작곡가 프란체스크 아라야를 그녀의 궁에 초청한다. 그러나 이국적인 이탈리아 오페라를 육성하는데 온 힘을 기울였던 사람은 여제 카타리나 2세다. 그는 상트페테르부르크를 이탈리아 가수와 배우들이 종횡 무진 하는 집결지로 만들어 칼루피, 치마로가, 파이시엘로 같은 이탈리아의 주도적인 작곡가들을 끌어들였다.

한편 러시아 작곡가들을 육성하는데도 후원을 아끼지 않았다. 보르트냔스키(Bortnansky)를 이탈리아로 유학을 시키고 유학 후 1779년에는 궁정 예배당 악장으로 임명한다. 이러한 예술적 종속의 시대는 19세기 초에 이르러 프랑스로 옮겨진다. 프랑스의 작곡가 봐엘디외는 1803년부터 1811년 사이에 상트페테르부르크의 궁정 오페라 감독으로 있으면서 8편의 오페라를 공연한다. 그의 작품은 모두 불어로 쓰였다. 당시 궁정의 공식 언어는 불어였다.

러시아의 젊은 작곡가 미하일 글링카(Mikhail Glinka)는 봐엘디외의 음악을 비롯해 카루비니의 〈수송다〉, 메울의 〈요제프〉 그리고 봐엘디외의 〈붉은 두건〉(Le Chaperon Rouge)같은 프랑스의 작품을 다룬다. 글링카는 작곡가 다르고미지스키(Dargomizhsky)외 푸시킨, 고골코프스키와 같은 작가들과도 유대를 맺는다. 1830년대 초 그는 유럽 일대를 여행하고 돌아와서 독자적인 국민 오페라를 쓰겠다는 열망에 있었다. 이에 쇼코프스키가 러시아의 역사 중 한 사건을 소개로 제안, 그에 따라 1936년 글링카의 첫 오페라 〈이반 수사닌 Ivan Susanin〉(영어 제목은 황제에게 바친 목숨 A Life for the Czar)이 공연되어 대성공을 한다. 이어 민족성의 특성이 더욱 뚜렷해진 두 번째의 오페라 〈루슬란과 루드밀라 Ruslan and Ludmila〉(1842)가 등장한다.

〈이반 수사닌〉이 실제로 러시아의 주제하에 민족적인 특성을 다소 감안한 이탈리아적인 오페라인데 반해 〈루슬란과 루드밀라〉는 후에 러시아 국민 음악가의 대표자라고 할 만한 보로딘(Borodin)과 무소르스키(Mussorsky), 차이코프스키(Tshaikovsky) 같은 작곡가들은 뚜렷한 특징이 되고 있는 거친 생동감, 대담한 음의 전개, 다채로운 화성을 나타내고 있다. 그러나 글링카의 천재성은 일시적인 반짝임에 지나지 않았으며 두 번에 이은 성공을 따라 잡을만한 힘도 없었다.

다르고미즈키도 이와 같은 경우였다. 그는 〈루살카〉(1856)와 〈석상의 손님 The Stone Guest〉(이 작품은 미완성으로 그가 사망한 후 림스키 코르사코프가 오케스트라로 완성하여 1872년에 내 놓는다.)은 러시아어의 어형 변화를 토대로 하여 새로운 음악 언어를 형성하기 위한 시도로서 나왔지만 그것을 끝까지 실행할만한 음악적 재질이 없었다. 이러한 비전이 실행된 것은 무소르스키의 최대 걸작 〈보리스 고드노프 Boris Godunov〉가 1874년에 이르러 성공한다. 주제나 형식이 모두 러시아 색채로 충만되어 있다. 당시에 유행하던 어떤 형식에도 영향을 받지 않은 것이다.

종래의 종속적인 막의 전개를 거부하고 자체로서 완성된 완결된 의미를 갖춘 타블로(Tableaux)형식(이 형식은 후에 드뷔시의 〈펠리아스와 메리장드 Pelias et

Melisande〉, 베흐크의 〈보체크 Wozek〉에서 다시 나타나고 있다.)과 기존의 세련되고 정중한 음악 언어를 비웃는 거친 음악 언어로 담았다. 이 작품의 거친 화성과 오케스트레이션 그리고 구성 등은 작곡가가 사망 후 림스키 코르사코프에 의해 원작보다 더 훌륭하게 개작한다. 림스키 코르사코프는 작품의 주제를 러시아의 문학이나 민속에서 빌려왔지만 리얼리즘보다는 동화나 마법에 더욱 매력을 느낀다.

특히 그는 〈5월의 밤 May Night〉(1880)이나 〈눈 아가씨 The Snow Maiden〉에서 환상적인 주제를 다루고 있다. 그의 음악적 재질이 절정을 이룬 작품은 환상과 색감, 희극성과 정치적 풍자가 절묘하게 번뜩이는 마지막 작품 〈금계 The Golden Cockerel〉(1909)이였다.

한편 차이코프스키는 풍요로운 창조성과 확실한 기법 그리고 다소 극적 자질을 뛰어 넘는 또 한 사람의 작곡가였다. 그의 격렬한 서정주의적 취향은 걸작 오페라 〈으젠느 오네긴 Eugene Onegin〉(1879)의 주제와 잘 맞아떨어지기는 했지만 10편이 넘는 그의 오페라 중에서 대중의 호응을 받은 것은 이것과 〈스페이드 여왕 The Spades〉(1890) 두 편뿐이다. 당시 오페라의 집결지는 모스크바의 국립극장들, 볼쇼이 그랜드 극장과 상트페테르부르크의 극장, 말린스키 극장 등이 있었지만 이 밖에도 지방 극장을 포함한 여타의 극장들에서 수많은 작품들이 공연되었다. 이들 대부분이 개인 소유의 극장들로 프린스 우스코프 극장(상업 극장)도 있었다. 〈파우스트〉나 〈아이다〉같은 작품들이 공연되었던 한 민간 극장은 모스크바의 부유한 실업가였던 마멘토프에 의해 세워졌다. 마멘토프(예술인의 요람 아브람체보 설립자)는 러시아의 재원들을 후원했다는 점에서 대단히 중요한 인물이다.

당대에 유명한 베이스 가수, 찰리아핀(Chaliapin)으로 하여금 러시아어로 된 오페라에서 노래할 최초의 기회를 준 것도 바로 마멘토프였다. 또한 그는 무대디자이너들도 후원했는데 그들은 총감독이었던 볼콘스키에 의해 전격적으로 발탁되는 행운을 잡기도 했다. 그들이 고안한 〈백조의 호수〉(Swan Lake)의 무대라던가 〈으젠느 오네긴〉, 〈카르멘〉, 〈보리스 고드노프〉 그리고 그 밖에 여러 작품들의 무대는 잘 알려져 있는 발레 뤼쓰(Ballet Russes)좌의 레옹 바크스트나 알렉산드르 브누아 같은 디자이너에 의해 익힌 특색 있고 중량감 있고 원색의 생생한 활용이 잘 나타나 있다.

이 밖에 민간 극장으로 시민(Simin) 이라는 사람이 세운 극장이 있는데 시민은 페테로브스키, 빌리빈, 폴레노프, 예게로프, 로에리치, 수테이킨 같은 러시아의 젊은 디자이너들을 적극 후원했다. 이어 제1차 세계대전과 1917년 볼셰비키혁명에 이르는 몇년 동안 러시아극계는 수많은 극 개념의 산출과 실험을 통해 이들의 정신은 오늘날에 와서도 그 타당성을 잃지 않고 있다. 1912년경에는 부유한 아마츄어 작가였던 마르차노프(Mardshanov)가 소위 종합극(Synthetic Théâtre)란 개념을 내놓았다. 그는 공연자가 무용수도 되고 가수도 되며 배우나 광대도 되는 만능의 재주꾼이 될 것을 요구했다.

이러한 그의 생각은 알렉산드르 타이로프(Alexamder Tairov)에 와서 진전되어 1814년 겨울에는 그에 의해 모스크바 카메르니 극장 문이 열리게 된다. 그 후 이곳에서 전개된 극의 형식은 자연주의적인 것과 형식적인 것을 거부하게 된다. 타이로프는 문예극은 연극 예술의 적이며 진정한 구제의 길은 옛 코미디아 델아르트르의 즉흥적 형식을 통해 이루어진다는 생각을 고수했다. 이 같은 생각의 대부분은 오늘날의 총체극(Total Theatre)이란 극 개념과 놀라운 정도로 닮았다. 그러나 실제로 나타난 그 당시의 오페라는 그와 같은 파격적인 생각에 부합한 것이었다기보다 발레의 자매 예술 정도밖에는 되지 못했다.

그리하여 디아길레프의 고무적인 지도하에 발레 예술이 부활하게 된다. 한편 볼셰비키혁명은 새로운 극 철학을 몰고 왔다. 오페라는 살아남기 위해 시대의 요청에 부흥하지 않으면 안되었다. 푸치니의 〈토스카〉는 1871년 파리를 배경으로 한 〈혁명 정부를 위한 투쟁 The Fight for the Commune〉으로, 마이어베어의 〈위그노 교도〉, 1825년 상트페테르부르크를 배경으로 한 〈12월 반당 The Decombrists〉의 동명 〈사포린(Saporin〉으로 개작되었던 것이다.

제7장
소비에트의 전체주의 체제와 페레스트로이카 이후 생산된 문학의 현상

스탈린 사후의 문학

스탈린 사후 소련의 현대 문학에 사랑과 성이 재등장한다. 50년 이상 소련의 소설, 시, 희곡은 다 같이 공업이나 농업의 생산을 다루었고 일하는 소련 시민을 다루고 있었다. 전시에는 장면이 전선으로 이동하였을 뿐 무미건조한 것은 마찬가지였다. 소련의 문학 평론가 슈카레비치는 다음과 같이 말하고 있다.

공산 치하에서 오랜 세월을 두고 피땀만 흘렸고 희생에 희생을 거듭한 그들은 이제 사적인 면을 열렬히 바라게 되어 성의 재발견도 이 같은 열망의 일면이다. 지도층에 있는 사람들도 이 같은 절실한 요구에 타협할 수밖에 없다. 1954년 이후에 출판된 소설들은 대개 연애소설이다. 물론 소위 생산 투쟁이라는 것이 반쯤 끼어 있는 연애소설을 쓴다. 늙은 세대에 속하는 몇몇 작가들을 제외하고는 소련 작가들은 일찍이 사랑이나 성에 대해서 써본 일이 없다. 주제를 어떻게 다루어야 할지를 모른다. 그럼으로 테크닉도 불안정하고 우스꽝스러운 것이 적지 않았다. 소련의 고전문학도 육체적 사랑을 그리는 전통은 없다. 톨스토이의 〈안나 카레니나〉는 전통을 취급한 소설이지만 정교(情交)의 장면은 전혀 없다.

러시아 문학의 전환이 온 것은 20세기 초인데, 이 무렵 처음 성이 등장하지만 그것은 데카당(Décadant) 조류와 때를 같이 한 것이다. 미하일 쿠즈미느, 안나스타카야, 배르비츠카야 등이 당시 작가인데 제일 유명한 것은 알치바쉐브의 〈사아닌〉(1907)이다. 물론 정치적으로 이들은 소련 문학의 권위에 속한다. 19세기 후반에 유행한 자연주의 풍조가 러시아에서는 유행하지 못했기 때문이다. 소위 진보적인 정치와 적나라한 성의 토론을 결부시킬 계기를 갖지 못했다. 막심 고리키가 인생의 모든 면을 자유자재로 그리기는 했지만 오늘날 군소 작가들이 했다가는 위험에 처할 수 있었다. 현재, 성과 사랑을 그리기 시작한 작가들의 솜씨도 익숙하지 않아서 어색한 점이 많다.

예를 들면 전후의 일대 걸작이라는 아사예보의 〈모스크바에서 멀리 떨어져서〉가 있다. 여주인공 타냐는 미하일을 사랑한다. 두 사람은 밤에 몇 시간이고 모스크바 시내를 산보하다가 교외에 있는 타냐의 부모네 집으로 간다. 둘이 다 흥분해서 잠을 이루지 못한다. 그런데 이 대목이 어색한 것을 보면 공산주의 마각이 나타나는 것이다. 아무렇지도 않던 타냐가 우울증을 일으킨다. 미하일은 알콜로 타냐의 다리를 문지른다. 둘은 흥분한다. 타냐는 이때 "미하일, 이 집에는 우리밖에 없어요. 우리 사랑이 무서워요."하자 미하일은 미소 지으면서 타냐를 침대에 어린애처럼 누이고 타냐의 아버지와 그날 밤을 이야기로 보낸다.

1954년 소련에서 제일 논의가 많았던 작품은 로보바의 〈엘레나〉다. 엘레나는 결혼한 과학자로서 남편 이외에 애인을 가지고 있는 여자다. 애인을 택하느냐 남편을 택하느냐 하는 고민에 있을 때 전근 명령을 받고 벽지로 간다. 애인의 아이를 낳게 될 무렵 차 사고가 난다.

이와 같이 처리가 곤란한 장면에 다다르면 엉뚱한 우연을 끄집어낸다. 그러나 로보바는 적극적으로 활동한다. 이 작가는 공산주의 작가 연맹으로부터 부패를 찬양했다는 이유로 맹렬한 공격을 받았으나 지지자들도 나타났다. 1954년 다니엘 그레인의 소설 〈구하는 자들〉은 걸작으로 평가받은 작품이다. 안드레이 노바노프라는 기사와 리타라는 기혼 여성과의 사랑을 그린 것이다. 기존의 소련 소설에 비하면, "남자는 열어제친 여자의 가슴과 미끈한 다리를 보지 않으려고 애썼다."는 말이 나온다. 마침내 안드레이는 이 아름답지 못한 사건에 결말을 지을 정신력을 발견하고 도덕의 힘으로 억눌러버리고 만다.

오늘날 이와 같은 해방 문학은 앞으로 어느 한계까지 몇 해 더 계속될 것이다. 수십 년간을 사생활을 집단화해 온 것에 대한 반동이 일어나고 있는 현상을 반영한 것이다. 전체주의권 외에 사는 사람은 전체주의 속에서는 사랑이니 성이니 하는 것이 사회의 전일(全一)적 통합에 방해한다는 이유로 탄압을 받는다는 사실을 모른다. 사랑이나 성에 쏠리면 개인이 더 중요하게 되기 때문이다. 1954－1955년의 "소련 문학이 사랑과 성을 다시 찾았다는 것은 제네바 4거두회담보다 더 중요한 역사적 사건이라 할 수 있다." 얼마(1955년 현재)전 소련 문학잡지에 이반 부닌의 글이 몇 가지 실렸다.

부닌은 러시아 작가로서는 유일하게 노벨상 수상자다(1933년). 그는 러시아를 1918년에 등지고 나와 1918년 파리에서 객사한 작가다. 부닌은 공산주의 혁명을 조금도 이해하지 못하였기 때문에 그의 정치적 견해나 작품은 그에게 어울리지 않는 것이라 고 하고 있다. 망명작가에 대한 소련의 태도는 때에 따라 변하고 있다. 대체로 1933년부터 5년이나 1942년부터 5년에 정치적 완화가 되었을 때에는 출판되는 범위도 넓었다. 제2차 세계 대전 중에는 도스토예프스키나 레스코프의 소설은 자유롭게 출판되었다. 1946년 이후 이 같은 출판은 정지되고 평론가들은 또 다시 도스토예프스키의 작품에 나오는 인물들의 반동적이고 혼란된 성격에 또 다시 비난을 퍼붓기 시작한다. 스탈린이 죽은 후 도스토예프스키의 〈스테판티 고보村〉과 〈죄와 벌〉이 오래간만에 출판되었다. 1870년대와 1880년대의 군소 작가들과 악사코프 같은 1850년대의 소련 반동분자 작가들의 작품도 등장한다.

이와 같이 때에 따라 가치판단을 달리하여 사라졌다가도 다시 나타나고 또 사라 지는 소련 문학작품의 운명은 소비에트 정권 초기의 작품에 있어서 그 대표적인 예가 미하일 볼가코프의 〈라빈 형제의 시대〉라는 희곡이다. 이것은 같은 작가가 1924년에 쓴 소설을 고쳐 쓴 것이다. 장면은 1918년 우크라이나다. 라빈 형제는 내전에서 백군(白軍)의 사관이다. 그러나 형제가 다 현재 소련의 입장으로 볼 때 영웅에 해당된다. 이 희곡에는 공산주의자는 한 사람도 없다. 나중에 형제는 백군을 버리고 적군이 된다. 러시아의 애국자로서 우크라이나 백군에 붙은 것이 아니라 공산당을 적극적으로 지지하여야 한다는 것이다. 왜냐하면 적군(붉은 군대)만이 러시아를 대표한다는 것이다. 이 작품은 20년대 말 모스크바에서 대대적인 성공을 한다. 그러나 얼마 안 가서 금지된다. 30년대 초 다시 허가되었으나 일년 후 다시 금지된다. 그 후 20년간 한 번도 상연된 일이 없다. 1936년 작가가 작가대회에서 원로작가, 베냐민 카베린이 이 작품을 상연할 것을 제안한다. 금지작품 중에 이어 모스크바극장에서 다시 상연되었다(1955년 현재).

도스토예프스키, 볼가포프 작가 역시 적과 백의 경계선에 위치한 작가이기 때문에 다시 상연되었지만 피의 숙청을 받은 작가는 재등장한 사람이 한 사람도 없다. 혁명 전의 러시아 문학에 대해서 소련은 명확한 규정을 내렸다. 그것은 소련 과학원에서 1954년 출판된 러시아문학사 제10권에 잘 나타나있다. 1890년에서 1917년에 이르는 대목이 가장 흥미롭다. 8백쪽 이상으로 책의 반은 고리키의 제자 및 러시아 문학에 끼친 레닌의 영향을 기록하고 있는데 고리키는 레닌의 제자로서 그 노선에서 벗어난 작가로 기록되어 있다. 스탈린과 즈다노프의 이름이 자주 나오고 마야코프스키(자의로 혁명을 극찬한 예술가)의 이름은 스탈린의 말 가운데에 나올 뿐이다.

공산당 반역자로 몰린 브레하노프의 이름은 1946년에 공산주의로 개종한 작가들은 일류작가로 만들어 놓고 있다. 가장 중요한 것은 혁명 전의 모든 리얼리즘 작가들을 정치적 영향을 막론하고 포섭하고 있는 것이다. 예로 부닌에 대해 전 1장의 분량을 설명하고 있다. 1917년 이후 부닌은 그의 작품에 대해서는 몇 줄밖에 쓰지 않고 있다. 부닌은 톨스토이와 도스토예프스키 계열에 속하는 고전작가들 중에 가장 중요한 인물이다. 부닌은 고리키보다 어느 모로 보면 사회주의 리얼리즘에 가깝다. 러시아문학사에는 곡해 외 왜곡이 가득 차 있지만 중요한 작가들이 제 자리에 들어가 있는 것만은 사실이다. 러시아 문학의 전통을 이와 같이 이용하려고 하는 것은 공산주의자들의 수법은 독창적인 어떤 기준을 세우자는 것이다.

19세기 러시아 작가들의 작품이 전체주의 반감을 가졌다는 것은 의심할 여지가 없다. 소련 독자들은 오늘날의 문학작품과 푸시킨, 체호프, 고리키 계열의 작품을 비교하게 되면 독자들의 마음속에 어떤 의문이 일어나게 될 것이다. 1955년의 소련 문학은 어떤 뚜렷한 형을 찾아보기 어렵다. 15년 전이나 다름없는 작품을 쓰고 있다. 그러나 신인들이 등장하고 이들을 위한 새로운 문학잡지들이 등장한 것은 새로운 변화의 징조다.

1955년 7월에는 새로운 문학잡지인 외국문학이 창간된다. 전에 국제문학 잡지가 있었으나 2차 대전 초기에 폐간되었다. 외국 문학 잡지 창간은 철의 장막 속에서 해외문학을 아는데 좋은 기능을 한다. 창간호에는 안나 체젤스, 로저 메일러, 사르트르 같은 공산주의 작가 또는 그들 동반자들의 논설이 실렸다. 그 외 비공산주의 작가인 아쉬볼드 맥클레쉬의 글도 수록되었다. 맥클레쉬는 1932년 퓰리처 수상작가이다.

제2호 외국문학 잡지에는 〈고요한 돈 강〉의 작가 미하일 솔로프가 편집장에게 보내는 편지가 실렸다. 그것은 스탈린 사후의 개방되어 변화해 가는 한 현상을 보여주기도 한다. 그는 이 편지에서 소련정부는 언제나 국제적 문화 협력을 지지해 왔다고 강조한다. 새로 나온 외국 문학 잡지는 인민으로 하여금 인간다운 생활을 영위케 하는데 도움이 될 것은 무엇이던지 실어야 한다고 하고 전 세계작가들이 자기의 제안을 검토해 줄 것을 요청하고 있다.

요컨대 현재 소련문학은 불안정한 소련의 사회 현황에 영향을 받고 있다. 스탈린 사망과 더불어 새로운 시대가 시작되었으며 그 정체는 아직 명확하지 않다. 정치나 외교적 면에서는 급작스러운 변화가 있을 수 있지만 문화면에는 그런 요인이 없음으로 지금 같은 현상이 유지될 것이다. 다만 사랑과 성이 등장하였다는 것은 주목할 사실이다. 근본적으로 사상적 전환이 있기를 바라는 것은 현 단계로서는 한낱 공상에 불과한 것이다(1954년 평론).

페레스트로이카 이후 러시아 연극 : 다양성의 시도

고르바초프 이후의 러시아 연극은 자유를 이야기하고 무엇인가 변하려고 하는 작품들을 공연하고 있다. 그리하여 관객으로부터 호응을 받는 새로운 현상이 공개적으로 나타나게 되었다. 러시아의 연극은 "정치적 개혁의 뒤를 따라 변혁을 이룩한 것이 아니라 사회적 변혁을 유도한 하나의 에너지로서 작용했다."고 말하고 있다.

즉 러시아의 연극은 정치적 암흑시대에도 끊임없이 도전하고 저항해 왔다고 말할 수 있다. 그래서 페레스트로이카와 더불어 고였던 물이 터져 나온 것 같이 일제히 새로운 바람을 연극계에 불어넣고 있다. 페레스트로이카 이후 러시아 연극의 중요성은 다양성을 갖는 것이라고 할 수 있다. 그간 모든 것이 국가의 지원으로 이루어지는 연극이었기 때문에 필연적으로 획일화되는 수밖에 없었다. 러시아 연극인들은 페레스트로이카 이후 그 획일화에서 벗어나려고 몸부림쳤다.

첫째 금기되었던 이야기, 침묵을 지켜야 했던 주제나 소재를 다룬 반체제 내지 저항적 성격이 무대이고 둘째 국가에서 마련한 공연장이 아닌 지하소극장, 모스크바에서는 스튜디오로 알려진 새로운 연극 공간에서 자유롭고 개성적인 소규모의 공연들을 볼 수 있다. 셋째는 종래의 고전적인 작품을 무대에 올릴 때 새로운 시대의 요청에 따라 새로운 해석을 가미하고 때로는 새로운 각도에서 접근하며 심도 있는 창조를 하고 있다. 예술가들은 그동안 사회를 위해 개인을 희생하고 전체를 위해 개성을 버려야 했던 과거를 단호히 거부하고 개성과 개개의 인간의 중요성을 구가함으로써 예술의 획일화를 거부하고 있다.

이러한 예로 1980년대 이후 공연물로 선풍적인 인기를 일으킨 도긴이 연출한 〈새벽하늘의 별〉, 〈형제자매〉가 있다. 이 두 작품은 상트페테르부르크에 있는 마린스키 극장에서 공연된 일이 있다. 그리고 모스크바에 있는 엘모로 극장에서 포킨이 연출한 〈말하라〉도 새로운 연극이다. 〈말하라〉는 표현의 자유와 언로를 튼다는 것이 침체된 사회에 활기를 불어넣어 주고 상실된 인간성을 회복하는 길임을 보여준다. 작품 〈말하라〉는 스탈린시대 말기 미리 쓰여진 원고대로밖에 말을 못 하는 농민에게 새로 부임한 지구당 의장이 "말해봐요." 하고 말을 건넨다. 미리 정해진 강요된 말이 아니라 진심으로 마음에 있는 말, 느낀 그대로를 말해보라는 것이다.

작품의 마지막 장면에서는 등장인물 전원이 "말하라, 이야기하라."의 합창으로 끝을 맺는다. 〈말하라〉는 페레스트로이카 이후 봇물이 터진 예술계의 표현의 자유를 위한 신호다. 〈새벽하늘의 별〉은 모스크바의 창녀를 소재로 하고 있다. 시대적 배경은 1981년 모스크바 올림픽이 개최되기 전이다. 모스크바의 모든 창녀들은 손님들이 도착하기 전에 모스크바로부터 쫓겨난다. 모든 것이 청결 하고 도덕적이어야 한다고 등장인물 중의 한 사람이 주장한다. 도시의 빈민굴도 철거된다. 이러한 시대를 배경으로 해서 어제의 공산청년 동맹의 일원이었던 안나, 그러나 지금은 알콜 중독의 창녀로 전락한 여주인공으로 등장한다. 그녀의 애인으로 찾아온 우람한 청년은 탈영병이다. 이러한 설정에서 볼 수 있듯이 사회의 부정적인 면이 들추어지며 거기에 대한 사회의 무관심을 고발하고 있다. 연출은 대담하고 개방적이고 무대에서도 두 남녀 주인공들은 완전히 나체가 되며 야비한 대화를 주고 받는다.

러시아의 연극으로는 최초의 완전한 나체가 등장함으로써 일반 관객을 당황케 하는 동시에 인생의 이면과 사회의 치부를 적나라하게 노출시키고 있다는 비난도 있다. 완전 나체 또는 반라로 연극에서 등장하는 것은 미국에서는 60년대였고 프랑스는 70년대의 하나의 유행이었다. 심지어 셰익스피어의 작품에서도 반라로 등장하는 일이 있었다(75년 아비뇽 연극 축제에서 〈오셀로〉에서 데스데모나의 옷을 오셀로가 분노로 찢음으로서 반라로 등장한다.).

이에 비해 러시아에서는 80년대 후반에 전라로 주인공들이 무대에 등장하는 현상이 일어난다. 〈말하라〉와 〈새벽하늘의 별〉이 한 시대의 사회상과 표현의 자유에 관련된 작품이라고 한다 면 〈형제자매〉는 역사의 진실을 접근하려는 무대라고 할 수 있다. 원작은 F. 아브라노프의 대하소설로 스탈린 치하, 2차 대전 전후의 콜호즈 농민들이 겪는 가족의 운명의 발전을 그린 것이다. 역사의 진실에 접근하려는 참된 표현을 추구하려는 진지한 자세가 관객의 공감을 불러일으킨 것이다.

이밖에 M. 볼가코프의 중편 소설을 각색한 〈개의 심장〉은 개를 수술해서 인간으로 만들었으나 결국 개는 개일 수밖에 없기 때문에 다시 개로 환원시키는 엉뚱한 이야기로 인간은 인간일 수밖에 없다는 것을 보여주는 작품이며 공산주의 체제를 풍자적으로 비판하는 것이다.

모스크바의 무허가 소극장들

러시아의 스튜디오 극장들은 일종의 무허가 극장으로 싹트기 시작했으나 현재(1980년)는 모스크바에만 80여 개가 있으며 일 년에 한 번씩 페스티발을 갖는다. 그리하여 러시아 연극을 대표하는 중요한 세력으로 등장하고 있다.

그 가운데 특히 화제가 되었던 작품은 〈진노〉, 〈인간〉, 〈망명자〉 등이 화제에 오르고 있었다. 이 작품들은 종래의 틀을 깨고 자유스러운 연출을 보인 것들이다. 연출가 도진은 항상 사회에 대한 개인의 의무만을 강조해 왔다. 그러나 이제부터 "개인에 대한 사회의 의무를 말해야 할 때가 온 것이다."라고 말하고 있다. 이런 것은 현재 러시아의 변한 연극의 정신을 말한 것이라고 볼 수 있다. 그러나 러시아 연극은 그냥 새로운 물결에 휩쓸려 갈 정도로 나약한 것은 아니다. 보수적이고 전통적인 연극들이 건재하고 밝은 것을 통해 새로움을 추구하는 굵은 물줄기도 있는 것이다.

그러한 의미에서 체호프의 〈벚꽃 동산〉은 고전적인 명작으로 알려져 있지만 이 작품의 여주인공 라네프스키야는 흔히 볼 수 있는 고전적인 드라마의 주인공과는 다른 것이다. 그녀는 극적 갈등 속에서 대립하고 싸우는 것이 아니라 행동을 포기하고 수용하고 있다.

제8장
소비에트의 예술 정책 : 예술에 있어서 사회주의적 생산정책

1017년 10월 혁명을 전후한 러시아의 미술계는 미래파, 구성주의, 절대주의를 위시한 러시아 아방가르드의 활동이 전개되고 있었다. 혁명 후의 흥분과 함께 위대한 러시아의 이상 국가를 향한 형식적 실험들이 전개되었다.

시인 마야코프스키는 "거리는 우리의 붓, 광장은 우리의 팔레트"라고 부르짖으며 혁명적 분위기를 고취시키고 있었다. 또 다른 한편으로는 문화 계몽 단체, 프롤레트쿨리트가 노동의 결합을 강조하며 노예, 지주사회 또는 부르주아 사회에서 만들어진 과거의 문화로부터 어떠한 영향도 받지 않은 새롭고 순수한 프롤레타리아 문화를 창조하려는 운동을 벌이고 있었다. 그러나 이와 같은 양극으로 펼쳐진 혁명초기의 문화적 상황은 레닌에게 있어서 모두 위험스럽고 의심스러운 것으로 비쳐졌다.

양자의 입장은 모두 전통과 단절된 새로움만의 추구였으며 그것은 민중에게는 예술의 기회를 부여하고 민중 속에서 예술가를 키워내려는 레닌의 의도에 상반되는 것이었다. 경제적으로 신경제정책(NEP)을 추진하고 질서를 재건하면서 레닌은 문화유산이 대중의 것이 되기 위해서는 문맹 일소를 우선으로 보았다. 당시의 노동계급은 자본주의 사회에서 가난하고 교양 없는 계급으로서 장래 사회주의 문화의 원초적 요소를 창조할 힘이 없음을 레닌은 간파한 것이다.

레닌은 "우리는 너무나도 위대한 회화에 있어서 우상 파괴자들이다. 아름다운 것은 비록 그것이 오래된 것이라 할지라도 본보기로서 보존되어야 한다. 왜 진실하고 아름다운 것에 등을 돌리고 단지 그것이 오래되었다는 이유로 그것을 버리는가? 왜 단지 그것이 새롭다는 이유로 그것을 강요하는 신으로 숭배하는가? 허튼 소리 터무니없는 소리다. 그러나 우리는 역시 현대 문화의 표준에 도달하고 있다는 사실을 증명하지 않으면 안된다고 느낀다. 하지만 나는 내가 야만하다는 것을 선언한다. 표현주의, 미래파, 큐비즘 그리고 그 밖의 주의들에 따른 작품들을 예술적 천재의 표본으로 보는 것은 나의 능력 밖에 일이다. 나는 그것을 이해하지 못한다. 나는 그것으로부터 어떤 기쁨도 경험하지 못한다. 어떤 미술 전시회에서 훌륭한 전시품들을 보는 것보다 오지 마을에 초등학교를 세우는 것이 내게는 더 큰 기쁨이다." 레닌은 예술에 대한 일관적인 정책을 세운다. 그는 예술에 대한 기본적인 문제를 해결하기 위한 필수적인 요건들을 다져나갔다. 따라서 미술 분야에 있어서는 역대 혁명가들의 초상을 거대한 규모로 세우려는 기념비적 프로파간다 계획, 전국 각지의 박물관건립 계획, 미술 아카데미의 해산과 자유 작업장 설치 등을 추진한다. 그것은 예술의 사회주의적 생산, 유통 사회와 국유화를 의미하는 것이었다.

사회주의적 프롤레타리아 문화 : 민족적인 문화

스탈린에 의하면 사회주의적 프롤레타리아 문화는 그 내용 등의 차이에 의하여 여러 가지 표현형식과 표현방법을 취한다. 내용에 있어서는 프롤레타리아적인 형식에 있어서는 민족적인 문화를 취한다. 이것이 사회주의가 목표하는 전 인류적인 문화다.

1924년 레닌이 사망한 후 스탈린은 권력을 장악하고 사회주의 노선 아래서 러시아 미술은 점차 보수주의적 경향을 띠게 된다. 스탈린은 "소비에트 예술이 시인의 펜과 전사의 총검을 또 인간을 개조하고 있는 예술가의 정신과 자연을 개조하는 기사의 노동을 동일시하고 있으며 따라서 모든 예술, 노동자들은 예술과 문화전선에서 당의 명령에 따라 문화 노동을 하게 되는 새로운 장을 맞게 된다. 정책의 본령이 담긴 〈당과 당 문학〉(1905), 〈게르첸을 회상하며〉(1912)같은 에세이는 당 문화정책의 이론으로서 스탈린주의를 위한 기초 경전이 되었다. 스탈린과 레닌의 관계는 마치 종교에 있어서 신과 그 신의 육화와 같았다. 레닌은 죽지 않고 인민 그리고 스탈린과 함께 하고 있으며 더 나아가 스탈린 자신이 바로 동시대의 레닌임을 모든 선전을 동원하여 주장했다. 스탈린이 등장하는 사진과 그림에는 항상 레닌의 초상화나 흉상을 그의 배후에 등장시켜 스탈린이 독재를 위한 교조적 상징이 되었다. 〈예술, 문학에 있어서의 당 정책〉(1925)에 실린 레닌의 언급은 당 예술, 문학의 모든 단체의 자유 경쟁을 선언하지 않을 수 없다. 그 사상적 내용에서 가장 프롤레타리아적인 경우조차 어느 한 집단이 독점하게 할 수 없다."라는 자유경쟁이었다.

정책은 더 이상 용납되지 않았다. 이 와중에서 아방가르드는 숨을 죽이고 많은 예술가들이 서유럽으로 망명한다. 러시아에 남은 예술가들은 당 정책에 순응해야했다.

1920년대의 예술적 폭발은 침체되었고 러시아 구성주의자들은 1928년에는 형식주의자라는 낙인을 받고 침묵해야 했다. 1929년부터 압력을 받던 말레비치도 결국 1933년부터는 예술 활동을 중지할 수밖에 없었다. 그러한 가운데 혁명러시아 미술가 연맹(AKHRR)등 사회주의 사실적 양식의 예술 세력이 주도권을 잡게 되고 그 세력도 1920년대 러시아 프롤레타리아 작가 연맹(RAPP)으로 합류한다. 1922년에 창립된 러시아미술가 연맹은 19세기의 민중적 사실주의 및 이동(또는 순회파)파 화가단의 전통에 바탕을 두고 민중의 일상생활과 예술을 좀 더 가깝게 연결해 보기를 시도했다.

연맹은 "혁명을 그림으로 재현하고 계급투쟁과 사회주의 건설에 참여하자 일상생활을 신실하게 반영하고 이해될 수 있는 생생한 예술을 민중에게 제공하는 것이 우리의 최선 과제다."라는 슬로건을 내세움으로써 사회주의 리얼리즘의 선구로 인정받는다. 1927년부터 스탈린의 '위로부터의 혁명'의 구성요소는 초고속도의 공업 발전 5개년 계획, 전면적 집단화, 계급투쟁으로의 문화혁명이었다. 학술과 문화의 볼셰비키화가 혁명의 목표였다. 노동조합 이외에 다양한 사회단체도 폐지되거나 준 국가의 기관화하거나 작가 동맹은 처음부터 준 국가계급기관의 새로운 단체를 낳게 되었다.

1932년 공산중앙위원회가 라프를 비롯한 각종 문학예술 단체를 해산하고 장르별 단일조직을 결성할 것을 결정한다. 그래서 소비에트 미술동맹(FOSKH)이 생겨남으로써 스탈린체제 문화영역은 완성되기에 이른다. 일원화된 사회체계가 탄생되었고 급기야 1934년 사회주의 승리를 선언한다.

창작 방법으로서의 사회주의 리얼리즘

스탈린은 1932년 작가 고리키의 집에서 열린 작가회의에 "만약 예술가가 우리의 생활을 정확히 묘사하려면 그는 우리의 실생활을 사회주의로 이끌고 있는 것을 인식하고 묘사하지 않으면 안될 것이다. 그것이 사회주의적 예술이 될 수 있을 것이며 또한 사회주의적 리얼리즘이 될 수 있을 것이다."라고 말한다. 그리고 2년 후 사회주의 리얼리즘은 소비에트 러시아의 기본적인 예술 창작 방법으로 채택되었다.

1934년 제1차 소비에트 작가 전 연맹회의에서 스탈린의 사돈이자 당 중앙위원회 선전 선동 서기였던 안드레이 즈다노프가는 '소비에트 문학, 이라는 제목의 강연에서 가장 풍부한 사상을 담은 가장 선전적인 세계문학'이라는 환영사를 통해서 사회주의 리얼리즘은 소비에트 예술의 예술적 문학 및 문예비평의 기본적 방법이며 현실을 혁명적 발전 속에서 정확하게 역사적 구체성을 가지고 묘사할 것을 예술가들에게 요구했다. 여기서 예술적 묘사의 진실함과 역사적 구체성이라고 하는 것은 노동자를 사회주의 정신에 따라 사상적으로 개조하고 교육하는 과제와 결합되지 않으면 안된다는 즈다노프의 선언을 발표한다.

19세기 러시아 리얼리즘의 전통을 계승한 사회주의 리얼리즘은 인민의 생각, 감정, 윤리의식에 뿌리를 두고 있는 인민상(나로도노스찌), 계급에 대한 창작자의 의지의 지각과 자격을 의미하는 계급성(클라스노스제), 당의 중요한 역할과 지도력을 묘사하는 당성(파르티노스찌), 당에 의해 고무된 신사고와 의식을 소개하는 사상성(이데아노스찌)의 5원칙을 기본주의 인간상으로 한 긍정적인 주인공의 모습으로 전형화하는 것이었다. 작가란 인간영혼의 기사라는 스탈린의 정의를 따라 작가들은 새로운 삶의 건설자, 모범적인 인간, 이상적인 지도자상, 어떤 의혹도 갖지 않은 공산주의적 이성의 소유자를 그리도록 요구했다.

스탈린주의의 예술관 : 북한을 비롯한 소련의 위성국가에 영향

즈다노프 선언 이후 1936년 프라우다지에서 형식주의 논쟁이 시작되면서 스탈린의 예술가에 대한 숙청이 시작되었다. 형식주의 코스모폴리탄이즘(친유태 주의)으로 규정된 아방가르드 예술, 그리고 사실주의를 가장한 사회주의, 자연주의가 주요 공격대상이 되었다. 이 당시 사회주의 리얼리즘 측에서는 게리시모프, 요긴 손 등의 화가, 조각가, 마니젤 등이 표현한 영웅적이고 현실 긍정적인 작품이 주류를 이루고 있었다. 또한 시리안, 데인카, 쿠쿠리니크시 등 근대적 요소를 잔존시킨 예술가들이 주목을 끌었다.

러시아 아방가르드인 형식주의와 레닌, 스탈린 주의(마르크스주의)의 대립은 예술에서 형식이 중요한 것이냐 내용이 중요한 것이냐에 대한 문제에서 비롯된 것이다. 그러나 양자의 대립은 사실상 정치적인 것에서 비롯된 것으로써 그 접근을 찾기 힘들다. 아방가르드 측의 공격은 사회주의 리얼리즘에 때늦은 자연주의적 방법론에 집중되고 있었다. 그러나 소비에트 예술의 리얼리즘은 두 개의 적(敵)을 가지고 있는데 하나는 자연주의적이고 다른 하나는 형식주의적이라고 하며 반론을 폈다. 어용화가 요긴슨은 사회주의 리얼리즘의 정립자인 작가 막심 고리키의 개념을 이용하여 "세부적인 것을 절대화시킬 경우 그것은 예술의 인식력을 격멸하는 자연주의로 흐르게 된다. 사실적 자료는 전체의 진리가 아니니다. 사실적 자료는 천연자료이며 이 천연자료에서 예술의 순수 진리를 얻어낼 수는 없다. 사실적인 것에서 비본질적인 부가물을 제외하고 또한 의미 있는 것을 끄집어내는 것을 배워야 한다. 예술적인 의도가 있는가 없는가에 따라 사실은 자연주의인가 사실주의인가를 구분해 낼 수 있다. 특히 영화에서 매우 중요한 예술가의 의지, 예술가적인 연출력이 그림에서 조형예술가의 의지와 비슷하다."라고 말한다. 그러나 아방가르드 진영의 비판에 따르면 일반적인 사회주의 리얼리즘 특히 요긴슨의 작품은 확대된 천연색 사진 이외에 아무것도 아니다. 사회주의 리얼리즘의 내용은 주로 소비에트 인민의 밝고 아름다운 생활상, 레닌과 스탈린의 초상, 소비에트 혁명가, 전사, 사상가, 사회주의 노동의 영웅 등의 초상화, 혁명을 전후한 역사적 정황 또는 러시아전쟁의 영웅적 공적을 찬양, 고무하는 대규모의 테마미술을 인민의 유토피아 관(觀)으로 상징하는 풍경화, 정물화 등이다. 그것은 사회적인 이데올로기의 양산이었고 북한을 비롯한 위성국들의 문화예술 정책에 막중한 영향을 끼치기도 했다.

문화 대숙청과 즈다노프

1946년과 1948의 즈다노프의 비판은 제2차 세계대전 후 즈다노프를 중심으로 한 당 중앙이 문화 예술분야에 실행한 이데올로기 통제를 가리키며 이것은 문화 면에서는 스탈린주의로 부활했다. 제2의 문화숙청이 시작된다. 민족적 뿌리를 강조하며 우선 뿌리 없는 코스모폴리타니즘에 대한 공격으로부터 시작된다. 미술에 있어서도 외국사조의 유입을 원치 않았다. 혁명 전에 수집한 외국 작품들은 철거했다. 외국작품이 보인다는 이유로 전부터 존경받던 데이나카나 사리안 같은 리얼리스트 작가들도 비판받는다. 젊은 예술가들, 라프렌코 락티아노프, 마리우스 폴스커 등은 19세기의 비판적 리얼리즘에 기초한 아카데믹한 장르화로 회귀한다. "위대하고 비범한 천재, 빛나는 태양, 볼셰비키당의 초석, 우리인민의 아버지"라고 불리며 스탈린 개인 우상화가 가속화되었다. 기독교의 일화를 패러디한 〈소년은 그를 보았다〉와 같은 작품까지 등장하는 스탈린 숭배가 본격적으로 진행되었다.

반소비에트적, 이단적, 비사상적, 비정상적, 염세주의적이라고 하여 시인 아후마토바를 비롯, 역사철학자 알렉산드로프, 작곡가 쇼스타코비치 프로코피예프, 하차투리안 등의 문화지식인들을 억압, 비판한다.

1948년 전국 소련 음악가 회담석상에서 행한 즈다노프의 연설은 유명하다. "여러분도 잘 알다시피 그림의 경우 어느 한 시기에 시민적인 흐름이 있었으나 그 흐름들은 거의 일반적으로 급진적인 좌익이라는 이름을 가졌고 자신들을 미래파, 큐비즘, 모더니즘이라고 불렀다. 그들은 부패된 아카데미즘을 저주하면서 개혁주의를 표방했다. 이러한 개혁주의는 터무니없는 혼란 속에서 자신을 표현했는데, 가령 하나의 머리와 네다리를 가진 소녀를 그렸으며 한쪽 눈은 우리를 흘겨보고 다른 눈은 아메리카를 향하고 있는 것이다. 이 모든 것이 무엇으로 끝났는가? 그 새로운 주류는 완전히 붕괴되고 말았다. 당은 고전적인 유산물, 레핀, 부류소프트, 베레쉬차킨, 바스네초프, 슈리코프 등의 작품들의 의미를 그대로 주장했다. 우리가 고전적인 그림을 재산으로 지키고 그 파괴자들을 물리친 것은 옳은 일이 아니었는가? 이러한 고전적 유산을 적대시하는 유파들의 계속적인 존재는 그림의 파산 선고를 의미하는 것이다."

1948년 즈다노프가 사망하고 1952년 스탈린이 사망한다. 이후에도 비판의 기본주제였던 소비에트적 당파성과 애국주의적인 일방적인 강조는 계속된다. 인민이 이해할 수 있는 예술이라는 슬로건도 일체의 형식적 탐구를 봉쇄하는데 이용되었다. 또 인민을 오늘의 모습만 표현할 것이 아니라 내일의 모습을 보여주자고 한 즈다노프의 떼제는 사회주의 리얼리즘의 발전으로 간주되어 이론의 근거로 되었다.

흐루시초프와 당나귀 꼬리파, 아방가르드

스탈린의 죽음은 공포정치의 종지부를 찍고 해빙기의 시작을 알렸다. 새로 정권을 잡은 흐루시초프는 스탈린의 흔적을 지워버리는데 열성을 다한다. 스탈린의 시신을 붉은 광장으로 끌어내는 현대판 부관참시(剖棺斬屍)를 감행한다. 그리고 그의 저서를 파기한다. 동상, 그림, 사진들을 없애고 스탈린의 이름을 딴 도시, 공장 등의 이름을 바꾼다. 그러나 비스탈린의 도화선에 불을 붙인 흐루시초프도 1962년 '모스크바 미술 30년 전시회'에 소개된 추상화를 "당나귀 꼬리로 더덕더덕 바른 것인가?"라며 혹평했다. 해빙기에 벌어진 이 '당나귀 꼬리 논쟁'은 스탈린 이전과 이후에 존재했던 러시아 소비에트 리얼리즘의 뿌리 깊은 힘을 다시 한번 입증하는 순간이었다.

이들은 후에 '당나귀 꼬리파'로 불렸다. 그리하여 러시아 미술사에 '당나귀 꼬리파' 라는 새로운 파가 기록된다. 스탈린주의 본령은 일국(一國)사회주의 즉 사회주의 유토피아로서의 위대한 모방자인 레닌이 제시한 청사진을 스탈린이 변형, 변질시킨 세계 최초, 최대의 사회주의 공국을 건설해 갔던 것이다. 역사 철학자 보리스 그로이는 발터 벤야민의 〈정치의 심미화, 예술의 정치화〉의 개념을 예로 아방가르드는 예술의 정치사회를, 스탈린주의는 정치의 예술화를 원했다고 해석하고 있다.

그에 의하면 아방가르드와 스탈린주의는 결코 대립적인 개념이 아닌 친화적인 관계를 가지고 있다. 아방가르드의 예술적 순수성은 삶과 세계를 재형성하려는 정치적 의지의 투영으로 이해되며 스탈린주의의 정치적 급진성은 모든 것을 형식적으로 아름답게 보이려는 예술적 의지의 투영으로 이해된다.

즉 스탈린시대는 결국 조직하고자 했던 아방가르드의 꿈을 대신 실현해 냈다. 1930년대를 중심으로 행해진 스탈린 혁명의 실상은 혁명의 완성을 위한 제2의 혁명으로서 국가적 규모의 예술가라 할 국가 지도자가 자신의 이데아를 향해 달려간 궤적이라고 할 수 있다. 그 노선은 사회주의 노선이었다. 결국 스탈린은 단순히 정치적인 인물이 아니라 세계를 예술적 질료로 파악하는 예술가였던 것이다.

소비에트 공산주의와 예술 : 예술은 당의 도구로서의 존재 의미

스탈린 사후 거의 10년이 되고 있던 시기인 1959년 5월 크렘린궁에서 열린 제3회 소련 작가 대회에서 흐루시초프는 "문학은 총공격으로 옮겨가는 보병을 위해 돌출 구를 열어주는 포병의 역할을 하는 것이다. 공산주의의 건설과 7개년 계획의 완수를 위하여 총진군을 시작했다. 문학자는 그들의 진로를 밝히고 그들을 고무시켜야 한다." 고 말한다. 공산주의 사회에서는 문학과 예술은 사회 발전의 한 도구에 지나지 않는다.

레닌은 예술 기관과 당 문학(1905년)에서 "문학은 당에 속해야 한다. 비당직 작가를 타도해야 한다."고 했다. 그 이유는 대중을 교도하는데 문필이 무엇보다 중요한 무기이기 때문이다. 그러기 위해서는 예술인들을 당이 장악하여 소기의 목적을 달성하려는 일이 독재적 집권자에게는 중요한 것이었다. 한편 스탈린은 "작가를 인간 정신의 기사(技師)"라고 평가한다. 그리고 그는 "프롤레타리아 예술가는 집단화하여야 한다. 프롤레타리아 예술은 공산당의 현명하고 확고한 지도하에 계급투쟁의 하나의 무기가 되어야 한다."고 주장한다.

예술이 가지는 교육적, 정치적 중요성을 역설한 것은 플라톤이다. 그는 예술이 사람의 성품을 이루게 하고 또한 정치적 공동체의 구성원을 어떤 공통의 기준까지 이끌어 간다고 보았다. 이상국가의 건립에 있어서 예술이 필요한 것이기는 하지만 예술 교육의 통제나 강요는 부당하다고 플라톤은 지적했다. 공산주의자였던 사르트르도 "당에 예속된 예술은 구속된 예술이여서 예술의 자유성을 몰각한 큰 불행"이라고 비난했다.

상부구조의 예술

예술은 다른 상부구조와 마찬가지로 그 뿌리를 경제적 토대 위에 내리고 있다. 그러므로 상부 구조로서의 예술은 상대적 독립성밖에 갖추지 못한다. 따라서 이데올로기의 미적 관점을 발견하기에 앞서 경제 발전의 궁극적 우월성(1933년 예술론, 마르크스)을 인정하지 않으면 안된다. 예술이라는 꽃은 물질 내지 경제적 대지에서 자양분을 받고 있다. 경제와 차단된 독자적인 예술을 생각할 수 없기 때문에 근심, 궁핍에 있는 사람들은 아름다움을 접하여도 무감각한 것이라는 것이 마르크스주의의 사고이다. 마르크스의 예술론은 헤겔에게서 많은 시사를 받았다. 그러나 예술을 절대 이념의 발로라고 보는 헤겔의 체계와 예술을 물질적 조건에 귀결시키는 마르크스의 이념과는 근본적 차이가 있다.

마르크스주의 예술 이론의 기초를 이룩한 플레하노프(G. Plechanov)는 상부구조의 예술이 어떻게 하부구조의 영향을 받는가를 원시사회의 예술과 프랑스의 낭만주의 예술을 대상으로서 설명한다. 그러나 그는 예술적 매력과 계급적 관점 사이에서 동요되는 이원(二元)론을 인정하지 않을 수 없었다. 즉 사회적 인간에 있어서 효과의 관점과 미적관점이 일치하는 것을 의미하지 않는다. 효과성은 이성에 의하여 인식되지만 미는 명상력에 의하여 인식된다. 예술이 경제적 토대에 의하여 규정되고 그 토대에서 생기지만 단순히 수동적으로만 받아들이는 것이 아니라 그 토대 위에 반작용한다는 이론이 대두되었다. 다른 모든 생산물과 같이 예술 대상은 예술 취미이고 감상할 수 있는 대중을 창조한다.

공산주의 예술의 전형화

마르크시즘의 예술론의 기저를 이루는 전형은 엥겔스에서 시작되었다. 전형의 문제에 관해서 마렌코프가 1952년에 열렸던 소련 공산당 제19대회에서 그는 "레닌, 마르크스주의적 이해에서 전형적인 것이란 통계학적 평균과 같은 것을 뜻하는 것이 아니다. 전형이란 주어진 사회적, 역사적 현상의 본질에 해당되는 것으로 단순히 자주 보급되고, 자주 일어나는 현상을 말한다. 현상의 의식적 과장과 강조는 전형성을 배제하는 것이 아니라 그것을 더욱 완전하게 해명하고 강조한다. 전형적이란 리얼리즘 예술에 있어서 당파성의 발현의 기본적인 영역이다."라고 강조한다.

공산주의에 있어서 예술의 리얼리즘

10월 혁명 후 예술에도 혁명이 와야 한다고 혁명가들은 주장했다. 종래에는 감상에 젖어 소설을 읽으면서 우는 것을 즐겼지만 혁명 후에는 행진곡에 발맞추어 햄머를 들어야 한다고 생각한다. 예술가들은 항시 정치가들의 사회혁명을 '옳소'라고 노래 불러야 했다. 5개년 계획이 진행됨에 따라 예술가들은 신기한 창작방식으로 혁명가들의 주문에 응해야 했다. 1925년 프롤레타리아 작가동맹(RAPP)이라는 통일기관이 결성된다. 이 기관은 초계급적 문학을 배격하고 문예도 정치와 마찬가지로 프롤레타리아 독재가 되지 않으면 안된다는 것을 강조한다.

곧 이어서 예술가는 온전한 당의 통제를 받아야 한다는 취지하에 소련 공산당 중앙위원회의 결의로써 문예정책이 발표된다. 그 결의문 중에는 '프롤레타리아 문학자의 사상적 지배권을 위한 싸움의 중요성을 평가하지 못하는 입장은 비난받아야 마땅하다. 공산당은 대중독자 즉 노동자, 농민을 목표하는 문학을 제작할 필요를 강조해야 한다.'고 하고 있다.

작가동맹의 회원들은 당의 지령에 따라 자본주의 사회의 붕괴상과 그 죄악의 폭로, 노동 대중의 투쟁상과 사회주의 사회의 성장을 주제로 하는 작품을 제작한다. 1932년 문학예술 단체의 개조와 프롤레타리아 작가 동맹의 해체를 결의하고 프롤레타리아라는 말은 소비에트작가동맹이라고 개칭하고 사회주의 리얼리즘이란 창작방법을 제시한다. 1932년 이후 소련의 붕괴 전까지의 사회주의 리얼리즘이란 종래의 리얼리즘과는 달리 사실적 묘사에 그치지 않고 사회주의 방향의 예술적인 고취를 요구하는 것이다. 1934년 제1회 및 문학 비평의 기본적인 방법이고 현실을 그 혁명적 발전에 있어서 참되게 역사적 구체성을 가지고 묘사하는 것을 예술가에게 요구한다 라는 것을 밝히고 있다. 여기서 역사적 구체성이란 노동자를 사회주의 정신적으로 개조하고 교육하는 것을 의미한다. 새로운 사회개조를 반영하는 사회주의의 리얼리즘의 작품주제는 국가의 기술적 개조와 더불어 인간의 사상개조를 위한 교육적 의미를 가진 것들이다. 작가들은 공업소설을 쓰고 공장 노동자들을 위한 우렁찬 합창곡을 작곡한다. 그들이 묘사한 노동자 농민들은 한결같이 일말의 불안도 엿볼 수 없는 주인공들이다. 인간적인 깊은 고뇌와는 관련이 없는 듯이 보이는 자기의 독특한 생활이 없는 주인공들이다. 이것이 이른바 역사적 구체성에 의한 묘사이다. 방직 공장의 여직공을 그린 소설에 묘사되어 있는 것은 인간이 아니라 기계이고 인간의 감정이 아니라 생산과정에 지나지 않다. 사회주의 리얼리즘은 공익이라는 미명하에 예술을 정치에 희생시키고 있었다.

영국의 문학 평론가 허버트 리드(Herbert Read)는 "사회주의 리얼리즘은 지적 또는 독단적인 목적을 예술에 마구 밀어 넣으려는 기도에 불과한 것이다(Art and Society 1950)." 리드는 공산주의자들은 사회주의 리얼리즘을 19세기 후반의 자연주의의 예술에 목적의식 즉 정치적 교리를 덧붙인 현대판 자연주의라고 하고 있다. 인도의 평론가 밋탈(G, Mital)은 "사회주의 리얼리즘이 제창된 후 반동이니 하여 공산당은 예술가들을 대량으로 숙청하였고 스탈린이 실각한 후 프라우다지는 독언(獨言)의 시대는 지났다. 지금은 대화의 시대이다."라고 한다.

소련의 시인 수르코프는 "소련 문학은 사회주의 리얼리즘 이외에 어떤 유파도 그 존재를 인정하지 않는다."라고 단언한다. 소련에 있어서 예술 활동은 하나의 정부 견해 그리고 하나의 예술 유파만이 존재하여 전지전능한 당에 완전히 추종해야 한다. 계급 없는 정의로운 사회건설이라는 이름으로 예술 이론을 통제하고 예술가로 하여금 독재자가 불멸이라는 신화를 지속시키고 있었다.

체르넨코의 예술 정책 : 해빙기 그리고 통제

브레즈네프를 이은 체르넨코는 브레즈네프 말기에 문화예술의 통제를 해빙시킨다. 그러나 그는 2년도 못 가서 다시 통제를 하기 시작한다. 소련의 문화 예술의 해빙은 흐루시초프 때 이미 시작했다. 70년대 프랑스에 수출한 소련 영화들은 두 부류로 분류할 수 있었다. 본래의 소련 예술 영화, 또 하나는 멜로드라마로 이것들은 해외용으로 드라마 속에서 공산체제를 비판하는 의식적인(자유가 있다는 것을 선전 목적으로) 작품들이었다. 관람객들은 이런 작품을 통해 그들이 갖고 있는 소련의 사회상에 대한 혼란을 야기시키기도 하게 된다.

안드로포프 때에는 자유주의적 사고방식으로 개인 경영의 레스토랑이나 미용실 허가까지도 제한했다. 그리고 1957년부터 1967년까지 중앙서기시대 때에 서방측의 사고방식에 보다 관대했다. 그러나 모스크바 올림픽(1980) 개최 조건으로 1979년에 도입한 소련과 국제전화 다이얼 직통 전화망을 1982년 8월에 돌연 절단한다. 소련의 국제 전화번호는 취소되고 교환을 통한 회선 수는 1979년의 수준에 멈추었다. 모스크바의 전화는 어려워지고 장시간 또는 무기한으로 지연되었다. 소련의 다른 도시와의 전화는 불가능하게 된다. 1982년 9월 1일 정보 교환을 극도로 제한하는 새로운 규제가 도입된다. 허가 없이 수송할 수 있는 것은 공적 기관의 출판뿐이었다. 책을 외국으로 보낼 경우 소련인, 외국인을 불문하고 국립 레닌 도서관 내의 문화교류위원회의 허가를 받아 100%의 관세를 물어야만 했다.

이와 같은 규제는 스탈린시대 이후 없었던 일이다. 편지의 검열도 강화되어 많은 편지가 비록 등기일지라도 분실되곤 했다. 소련인이 해외여행 허가를 받을 기회는 줄어들었다. 그리고 문화교류도 어려웠다. 지식인들은 문학, 과학, 예술에 대한 정책이 변화되기를 바랐다. 그러나 안드로포프는 영화에 자유를 주는 척만 했을 뿐이다. 특히 문학에 있어서 당과 국가를 위하는 문학이어야 한다고 했다. 문학에 있어서 반체제작가에게 이주제도 아니면 망명 같은 것으로 제한된 제도에 따라 사면을 했을 뿐이다.

1969년에 소련에서 출판된 소설 〈침묵의 3분간〉이나 〈충실한 루스안〉 등 해외에서 많이 출판된 소설가, 게오르기 불라디모프는 뮌헨에 본부가 있는 반소 조직, NTS(서독 내 망명 러시안 출판사)에서 출판되었다. 이 사실을 안 검찰은 불라디모프에게 국외로 떠나던가 재판을 받던가 선택을 강요했다.

1983년 로이 메드데프는 자기의 저술 활동이 반소적 중상문서라는 이유로 검찰에 불려간다. 그리고 가택수색을 받게 된다. 많은 서적과 자료를 압수당한다. 로이 메드데프는 저술 활동을 하며 구미 신문에 기사를 "소련 같은 나라에서 명예를 중시하는 역사가는 권력의 뜻에 맞느냐 맞지 않느냐에 관계없이 스스로의 연구를 계속하여야 했다. 나는 나의 연구가 검찰 또는 KGB에 의해 어떻게 평가되고 있는지에 대해서 관심이 없다." 라고 주장한 그의 뜻이 자유진영에 알려지게 된다. 모스크바 기타 다른 도시에 있어서 몇 개의 정치그룹이나 당국의 개입을 기피하고 있는 저술가들에 대한 이와 같은 강경정책은 불복종의 위법이었다. 소련의 법률 규정은 70년대 및 과거를 비판적으로 분석하는 반체제 선전을 구별하는 것을 어렵게 만들고 있었다.

체르넨코하에서 연극과 음악 그룹의 상황

체르넨코 정권하에서 문화 예술 통제의 한 예를 든다면 모스크바의 '자유 연극의 아성'이라는 전위극단 타강카극장의 수석 연출가 유리 유비모프(1984년 당시 65세)에 대한 해임이다. 돌연한 그의 해임은 유비모프가 여름 영국에 체제하고 있었는데 장기간의 이탈이라는 제목으로 해임시켰다. 그것은 표면적인 이유였다. 진상은 오랫동안 문화정책에 대한 솔직한 그의 비판에 대한 보복이었다.

더욱 공산 이데올로기를 중시하는 체르넨코 정권에서는 서방측 영향을 강하게 받은 팝스(Pop's Group)그룹의 해산이 계속되기도 하고 또 학자나 문화인에 대한 감시가 엄격했었다. 타강카 극장의 정식 명칭은 〈드라마 코미디 극장〉으로 유비모프의 방침에 따라 극단 전원이 동일한 월급을 받고 있었다. 레퍼토리나 공연 계획 등은 전부 극단 내부에서 철저한 토의를 거쳐 결정되고 있었다. 그래서 민주적인 방식과 모스크바 사람들의 인기를 얻게 되었던 것이다. 그 인기는 무엇보다도 소련의 정치와 사회에 대한 날카로운 비판과 풍자였다. 예를 들어 〈강변의 집〉은 트리노프작으로 스탈린 시대의 숙청으로 희생된 지식인들의 비참한 모습을 그린 것이다. 동료들을 배반해 가면서까지도 출세한 자들을 야유한다.

또 부르가코프작 〈거장 마가리타〉에서는 제2차 대전 전의 소련 사회의 부패상을 코미디 터치로 묘사한 것이다. 또 다른 극장에서 볼 수 없는 여성의 반라의 모습도 등장한다. 7백석이나 되는 좌석은 자유로운 예술적 분위기를 희구하는 지식인이나 학생들로 매일 밤 만원이 되었다. 암표는 10여 배의 프리미엄이 붙었었다.

이러한 극단의 대표이자 수석 연출가인 유비모프가 84년 도스토예프스키의 〈죄와 벌〉을 연출하기 위해 런던과 로마에 있었다. 그런데 장기간 이탈이라는 죄로 궐석재판을 거쳐 해임된다. 이것은 자유로운 연출을 주장하는 유비모프와 타강카 극장의 운영이나 연출에 개입하여 집요하게 간섭해 왔던 문화 당국과의 20년간의 전쟁에서 기인한 것이었다. 쌍방의 최초의 충돌은 1963년 브레히트의 희곡 〈서류상의 선한 사람〉의 연출이 노동자 계급의 생활을 부당하게도 가난하게 묘사했다는 이유에서 당국으로부터 비판을 받았다.

70년대 말부터 5년 사이에 푸시킨 작 〈보리스 고드노프〉나 타강카 극장의 배우인 미소츠키(1980년 사망)의 생애를 묘사한 작품 등 세 가지가 공연 금지되었다. 유비모프의 직접적인 해임 이유는 1983년 9월과 1984년 1월 영국의 매스컴과 인터뷰에서 1년의 금지조치에 대해 강한 불만을 표명했고 소련 문화 당국은 예술적인 소양이 없다고까지 했었다. 더구나 그는 KGB가 자신의 생명을 노리고 있어 신변의 불안을 호소하기도 했다. 소련의 데탕트 시대에 급격한 군사적 증강을 달성했다. 그 반면 서방측으로부터의 문화유입이라는 마이너스 산물도 지니게 되었다.

70년대 말부터 소련 각지에서는 디스코나 그룹사운드가 우후죽순처럼 출현했다. 브레즈네프 시대의 말기에는 스웨덴의 유명한 그룹 '아바'의 소련 공연도 허가되고 있었다. 그리고 프랑스의 가수 미레이의 마띠으도 소련 공연을 허락했다. 그러나 안드로포프 시대에 체르넨코가 이데올로기 담당 최고 책임자가 되면서부터는 서방측 문화를 단속하기 시작했다. 즉 사상단속에 나서기 시작한 것이다. 84년부터 당 중앙위원회는 '극장에 관한 포고'를 내면서 당의 관계기관은 예술가와 레퍼토리의 선택에 관한 당의 영향력을 강화하라고 지시했다. 그리고 20년 만에 1984년 6월에는 이데올로기 총회가 소집되었다.

이 회의에서 체르넨코는 '당의 이데올로기-대중 정치 활동의 당면 제문제'라는 보고에서 "우리나라에는 무사상(無思想), 저질, 예술적으로 무가치한 영화, 희곡, 출판물, 음악이 유행되고 있고, 일부 작품에서는 인생의 실패와 불운이라는 테마를 드러내 놓고 있다. 또 야릇한 곡을 연주하는 음악 그룹이 있어 사상적, 미적 손실을 가져오게 하고 있다."고 서방측 문화를 격렬하게 비난했다. 예술 활동은 상업적이 아니라 정치적 어프로치가 먼저 필요하다고 이데올로기 통제의 필요성을 호소했다.

체르넨코의 노선에 따라 1984년 가을 이후 모스크바의 재즈, 록 음악의 메카로 되고 있었던 '리스스탈 카페'는 러시아 민요를 연주하는 다방으로 변신했고 그 밖에도 그룹사운드가 잇달아 해산 명령을 받고 있었다. 당국에 맞는 곡을 연주할 때까지는 공식 연주가 금지되고 있는 실정이다. 유비모프의 해임이 체르넨코 정권의 문화상 통제 노선의 동일 궤도상에 있었다는 것은 의심할 여지가 없었다. 유비모프의 해임은 안드로포프 이후 거물급 문화인의 해임으로 소련에서 해빙기를 맞는 가운데 이루어진 것이라 파문이 컸다. 해임 후 영국의 BBC 방송과의 인터뷰에서 유비모프는 소련으로 돌아갈 생각이 없다고 했다. 소련에 있으면서 가능한 자유로운 예술 활동을 하려고 한다면 당국의 강력한 연줄을 가져야 했다. 그리고 당국의 의향에 따른 정치 활동을 하는 것이 필요하다. 소련 예술가들 사이에서는 이것을 '예술 외교'라고 부르고 있다. 예를 들면 라트비아공화국의 추상화가 안마니스는 1983년 미국 중거리 미사일의 서유럽의 배치를 비난 선전하는 대가로 공식적인 화랑에서 자기 작품의 전람회 개최허락을 받아 전시회를 개최한다.

제9장
러시아 문화의 형성 :
다민족문화와 이념적 문화형성

초기 러시아 문화의 형성

러시아는 다민족으로 구성된 나라로 공통된 문화를 갖고 있지 않았다. 그러나 1017년 러시아 혁명 후 이념적으로 국가적 통제에서 기인한 문화 전통이 공통적인 집단적 국가적 문화를 형성하게 된다.

이와 같이 여러 민족의 민속문화라던가 지역적 구성에서 오는 문화로 구분되어 내려오고 있다. 예를 들면 중앙아세아 지역에서는 민족들의 최고의 문화가 갖는 특성이라던가 독자적인 교회제도 및 인텔리겐자들의 전통을 갖고 있는 그루지아와 아르메니아의 역사성 그리고 일부 서부지방의 민족의 전통 문화가 존속되어 오고 있다.

다민족의 민속문화

민속문화는 본래 러시아 정교나 그밖에 종교들의 교구 단위로 형성되어 왔다. 따라서 민속문화는 사람들에게 세계에 대한 종교적 혁명이며 동시에 도덕적 규범으로서 받아들여 왔다. 종종 운명으로 빠지는 러시아인들의 자연에 대한 순응적 습관과 태도는 이러한 문화 전통에 기반 한다고 불 수 있다.

또한 이 밑바탕에 깔려 있는 도덕률이 신약성서에 기초하고 있지 않지만 현재까지 남아 있는 러시아인들의 따뜻한 인정이나 동포애는 러시아 정교에 기초한 민속문화로부터 이어져 내려오고 있다. 민속문화는 또한 공동체 문화로서 개인보다는 집단이 중요하다는 것을 가르쳐 주고 있다. 그래서 사람들은 이러한 공동체적 문화 속에서 개인이란 공동체 없이는 존재할 수 없다는 것이며 공동체의 결정이 결과적이라는 것을 인정하고 있다.

종교 의식이나 축제 그리고 민속 음악이나 민속춤과 같은 것들은 모두 이러한 공동체 속에서 형성되어 온 것들이다.

민속문화에 비해 도시 문화는 서유럽의 사상을 수용하거나 또는 이에 대항하는 과정에서 발전된 것이다. 이렇게 형성된 도시 문화는 러시아만이 사명이라 할 수 있는 범슬라브주의를 발전시킴으로써 국가의 기반을 다졌다. 서유럽의 문화와 사상은 합리주의 문화이다. 도시문화의 특징은 공동체적 집단의식적 서유럽의 세속화 경향을 띠고 있다. 중세 말기 스콜라 철학은 밀려나고 변증법적 사고방식이 득세하게 된다. 이러한 변화가 러시아 사회에서도 나타나며 저항이 있었다. 도스토예프스키와 몇몇 선각자들은 합리주의적 사고와 서구 사회적 부패가 결국 멸망을 초래할 것이라고 믿고 있었다. 이를 막아 보려고 노력한다.

한편 지식인들은 합리주의적 문화와 대중적 전통문화 사이에 큰 간격이 있다는 것을 깨닫고 서구 문화에 익숙해진 자신들과 일반 국민들 사이에 어떤 공감대를 형성하고자 많은 노력을 한다. "인민에게로"라는 구호를 국민은 외쳤고, 톨스토이와 같은 복음주의자들은 지혜로서 복귀를, 집단주의자들이나 마르크스주의자들은 인민의 계급의식의 각성과 그 고양을 외쳤다. 또한 수정주의적 마르크스주의자들 가운데는 베르자예프(Berdyaev, 러시아 출신, 철학자, 마르크스주의에 대한 지식은 소비에트 공산주의 이해에 도움이 되지 않으며 오히려 러시아의 전통적 정치 사회에 대한 소련의 체제를 이해하는데 유용하다고 주장했다)를 위시한 일단의 사람들은 "인민에게로" 라는 구호를 기독교적 휴머니즘에 입각하여 해석하고 개인적 욕구와 공동체 지향적인 작업을 서로 연결시키려 했다. 정치적인 노력 이외에도 문학을 비롯한 여러 예술분야에서 "인민에게로" 다가가려는 노력이 경주된다. 그 중에도 순회파 화가(School of International Painter)와 같은 문화 운동은 사회주의 리얼리즘의 기초를 닦아 놓았다.

마르크스-레닌주의 이념 문화

문화의 역할이란 주변 세계에 대한 보다 완전한 이해와 통제가 가능하도록 각 개인들로 하여금 자신들의 상황을 파악하게 해주는 것이다. 모든 이념은 그것이 종교적이냐 혹은 세속적이냐에 관계없이 역사에 대한 해석이며 또 그 의미 반영이라고 볼 수 있다. 마르크스주의가 과거를 부정해 버린다는 것은 잘못이라고 하고 있다.

레닌은 마르크스주의가 19세기에 나타난 위대한 사상 즉 영국의 경제 정치학과 독일의 레닌 철학에 그리고 프랑스의 사회주의 등을 완벽하게 지향, 발전시킨 과학이라고 하고 있다. 마르크스주의에서 러시아적인 사상을 발견하는 것은 쉽지 않다. 그러나 러시아 사회에 흡수된 마르크스주의는 신속하게 러시아적 요소들 즉 푸시킨, 톨스토이, 체호프, 쇼마 루수따벨리, 알렉세이 노보이 등 지적 전통과 아울러 헤르쩬, 벨린스키, 체르니 세프스키, 도보롤류보프 등의 민주주의적 혁명 사상과 친화 결합되어 소비에트 마르크스주의의 체계를 수리하기에 이르렀다.

여타의 러시아 문화 및 사상을 마르크스주의에 얼마만큼 반영하고 또 흡수하느냐 하는 문제에 대해서는 여러 결론이 나지 않았다. 일반적으로 러시아적이라고 하는 전통은 신슬라브주의 또는 집단주의라고 할 수 있다. 이 전통을 주장하는 사람들은 러시아 민족 전통에 있어서 계승, 발전시킬 만한 것은 무엇보다도 정신적이고 도덕적인 유산이라고 주장하고 있다. 러시아 애국주의자라고 불리기도 하는 이들 신슬라브주의자들은 농노제 폐지 이후 본격적으로 나타나기 시작한다. 러시아 애국주의자라고 불리는 이유는 자본주의에 투쟁하는 인민들의 투쟁과정에서 선도적 역할을 수행했다는 이유에서다.

이들의 정신적 원천은 어린 시절에 대한 추억과 자연 및 토지에 대한 애착과 같은 것들이었다. 그러나 애국주의적 범슬라브주의의 전통을 수용하는데 반대하는 사람들도 있었다. 여기에 속하는 사람들은 러시아 지성(知性)사에 나타난 위인들, 예를 들면 세라핀 사로프, 요한 크론스타트, 성상화가, 루블레프와 같은 성인들까지도 새로운 사관에 포함시킴으로써 포괄적인 역사관을 초래할 수도 있다는 비판을 가한다. 또한 다른 비판적 입장에 있는 사람들은 러시아 애국주의가 민족주의를 부활하게 되고 그로 인해 여러 가지 악영향, 예컨대 반유태주의, 외국인 혐오증, 또는 편협성 등과 같은 부정적 결과들이 초래될 수 있음을 지적한다.

다민족문화를 통합하기 위한 강제적 러시아어 사용 정책

소련은 하나의 소비에트 인민이라는 것을 내세우기 위해 민족적 통일이 아니라 사회적 통일이라는 형태로 정의한다. 따라서 소련의 여러 민족은 인공적으로 제 나름대로 민족적 문화에 차이를 흡수당하는 것이 아니라 그들은 공통의 사회적 역사적 발전에 의해 맺어진 공동체를 형성하도록 강요된다. 단 이론적 여러 민족에 대한 양보는 소련 권력이 러시아어를 사실상 공용어로 정착시킴으로써 민족적 문화적 차이를 약화시키려 전개했다. 러시아어에 대한 역할은 분명하게 되어 있다. 그것은 체제의 정치적 이념의 전달 수단이 된다. 이 점에 대해 소련관계자들은 1927년에 쓴 마야코프스키의 시 〈우리는 청춘〉을 들고 나온다. "나는 러시아를 배웠다. 왜냐하면 러시아어로서 레닌이 말하고 있었기 때문이다."라고 마야고프스키는 말하고 있다.

말은 정신을 형성하고 있는 것인 이상 러시아어는 소련인민의 통합에 결정적인 요소로 되어 있다. 또한 러시아어는 방위에도 불가결한 요소였다. 소련군은 러시아어만을 사용하고 있었기 때문이다. 일부 민족들이 러시아어를 몰라 일어났던 일들이 많다. 실제로 군에서 가장 기본적인 명령을 이해하지 못해서 암기로 이행하지만 불편과 오해가 많이 일어난 일도 허다하다. 일부 민족들이 러시아어를 전적으로 몰라서 일어났던 결과가 많다. 인구의 균형이 비러시아인 민족쪽으로 기울어 군대에서도 그 민족 출신자들이 차지하는 비율이 증대했을 때 공통의 군사용어를 모르는 병졸들은 국방상의 힘이 되는 것이 아니라 무거운 짐이 된다.

또한 군의 책임 있는 자리로부터 소외되고 비러시아계 병사들은 군에서 오히려 동화되기보다는 군부 내에서 민족적 프라스트레이션을 발전시키게 되었다. 그리고 비러시아인 사회 역시 자기들과 아무런 관계가 없는 언어를 사용하고 간부장교 역시 대부분 러시아인이 점유하고 있는 군대와는 일체감을 지니지 못하고 있었다. 이러한 경향은 1979년 소련의 아프간 침공시 당초 침공군 속에 중앙아시아의 각 공화국 출신인 비러시아인 병사들을 투입시켰다. 그들은 아프가니스탄 주민과 비러시아인 병사들과의 친밀화를 단절시키기 위한 것이었다. 그 대신 유럽계 병사들을 투입한다.

이상과 같은 현상으로 1970년대 이후 러시아어를 급속히 보급시키기 위해 1975년과 1979년에 비러시아계 민족에 대한 러시아어 교육의 종합정책을 책정하기 위해 전체 소련을 대상으로 한 회의가 소집된다. 여기에는 모든 공화국의 교육 책임자, 당, 콤소몰 각종 문화 기관의 책임자들이 참가한다. 두 번의 회의에서 소련 최고회의는 간부 령을 통해 2개 국어의 병용체제를 달성하기 위한 조치를 공표한다.

비러시아 민족의 언어동화 교육정책

1970년부터 1979년에 걸쳐 각종 집회에서 러시아어는 되도록 유치원 단계에서부터 취학 전 아동에게 초보교육을 취학하도록 되어 있다. 중등교육과 기술교육에서는 다른 과목을 희생시키면서 러시아어교육을 실시하게 된다. 러시아어를 고취시키기 위해서 교육과정 이외에도 '러시아어 데이(Day)', '러시아어 올림피아드' 등 러시아어화 활동이 공화국마다 조직되었다. 대학에서도 외국어 과정에 대신해서 러시아어가 채택되는 일도 있었다.

이러한 조치의 보완으로써 비러시아계 학교의 러시아어 교사에게 공급되는 교육기재, 출판물, 시청각기재 등의 개선에도 후원을 한다. 이런 결과 1979년 국세 조사에 의하면 러시아어를 모국어로 받아들인 비러시아인의 수는 1970년 1천 3백만 명에서 1천 6백만 명으로 나타났다. 러시아어에 능한 2개국 언어를 사용하는 사람도 4천 1백만 명에서 6천 1백 10만 명으로 늘어났다.

이와 같은 이행은 모국어와 러시아어의 근접어에 의해 이행이 용이한 민족－우크라이나인, 백러시아인이나 러시아적 환경 속에 있는 민족－타타르인, 추바시인(이 두 민족은 모두 라볼가강 연안 지방에 사는 민족으로서 러시아 공화국 내에서 각기 타타르 자치공화국, 추바자치공화국을 형성하고 있다.), 그리고 독자적인 민족적 영역을 갖지 않은 민족이 현저하다. 1979년 이후 2개 국어를 병용하는 민족이 증가되고 있으나 사실상 소연방 전체에 달한다. 이것은 소련 당국이 각 민족에게 강요함으로써 성공한 것이다. 러시아어를 정식으로 사용하게 된 영역은 "백러시아인민은 러시아의 위대한 문화에 접근할 수 있도록 러시아어 마스터를 항상 원해 왔다."라고 언급했다.

페로루시아(백러시아) 공화국에서는 학령(學齡) 인구의 61%(1982년 현재)가 러시아어로 수업할 수 있는 학교에 다니고 있었다. 이들은 학습시간 중 36시간을 차지하고 있었다. 이것은 백러시아에서 대부분의 교육이 러시아어화 하고 있다는 것을 증명하고 있는 것이다. 이러한 언어 정책은 민족의 생존에 대한 위협으로 받아들여진다. 언어는 민족적 가치의 전달이나 문화운명공동체의 동화의식 형성을 위한 좋은 수단이다. 그러므로 격렬한 반응이 일어났다.

우크라이나에서는 작가이며 아카데미 회원이기도한 오레시 혼사르가 전(全)우크라이나 과학 아카데미 회원들 앞에서 공공연하게 "설사 러시아어가 우정과 민족 간에 관계강화로서의 언어라 할지라도 몇 세기 동안이나 대중과 인텔리겐자가 공동의 노력을 통해 이룩해지고 반동에 대한 저항의 언어였던 우크라이나어는 커다란 미래를 지니고 있다. 우크라이나어는 레닌의 불후의 저작 55권을 이해하고 호메로스 작품의 영원한 아름다움을, 사이버네틱스 백과사전까지도 포함하는 현대 지식의 모든 것을 시대를 초월해서 전달 가능하게 된다."고 선언한다.

이 성명은 비록 짧은 것이지만 당연한 의무로 되어 있는 러시아어에 대한 언어문제에서 민족 반발이 얼마나 큰 것인가를 제시해 주고 있다. 혼샤르는 우크라이나어가 모든 것을 마르크스-레닌주의의 사상에서부터 세계의 문화와 현대적 테크놀로지까지 전달할 수 있다고 단언함으로써 러시아어로부터 일체의 유용성을 또 우크라이나에 러시아어를 보급하는 일체의 정당화 이유를 제거해 버린 것이 된다. 이데올로기적 문화적 근대화적 기능에서 벗어나버린 러시아어는 이제 많은 언어 가운데 하나가 되고 있다. 혼샤르는 마지막으로 우크라이나 동포는 정신적 환경을 수호해야 된다고 호소한다. 그는 러시아어 사용은 단순한 민족 간의 소통의 영역을 초월하는 것으로써 현대 문명이 실현한 성과를 마스터하고 축적할 수 있는 수단이라는 소련 당국의 사고방식과는 정반대의 견해를 표명한다. 다민족에 대한 러시아어 강화에 대해 두 파로 나누어 논쟁이 일어난다.

즉 러시아어 확장을 타 언어에 비해 우월하다는 미명하에 러시아어화, 근대화를 동일시하는 파와 반대로 민족의 생존해 있다는 것은 그 민족의 스스로의 문명을 발전시켜 왔기 때문이라고 생각하며 소연방에 참여하는 것에도 민족의 독자적인 환경을 보존해 가면서 하여야 한다는 것이다. 구루지아는 소련의 민족 문제에 대해 오직을 이유로 정치간부의 교체를 강요했다.

그 후 그루지아 당의 새로운 서기가 된 에드아르드 세바르드나제는 미묘한 정책을 했는데 그것이 바로 1956년 헝가리 침공 뒤 소연방에 의해 헝가리 사회주의자 당 제1서기가 된 야노슈 카다르와 마찬가지로 세바르드나제는 모스크바에 대해 무조건 충성을 한다. 그루지아 인민은 러시아어를 익혀야 할 필요성이 있다고 끊임없이 주장하고 있었다. 세바르드나제는 관료기구의 사람들을 숙청하는데 노력을 해온다.

그는 그루지아의 새로운 이미지 즉 절대적인 사회질서가 지배하는 모델 공화국이라는 이미지를 정착하기 위해 노력한다. 그러나 그는 무조건 모스크바의 정책에 따르는 것이 아니라 그의 정책은 민족적 내용을 지닌 것이다. 모스크바에서 인정을 받은 그는 그루지아의 공업개발을 호소한다. 그는 그루지아어의 어려움을 그루지아어 교육으로 해결하려고 한다. 그리고 그는 지식층에 대해 그루지아어가 미래에도 사회

발전 속에 완전한 위치를 차지할 것이라고 약속한다.

그는 언어문제에 대한 그의 의견은 그루지아 민족의 역사적, 문화적 유산에 대한 관심이며 사회적 전통을 유지하려는 노력이었다. 그 당시 출판된 그루지아의 문학작품에는 놀라울 정도로 민족적 색채가 강했다. 그는 이와 같이 민족적 감정을 증대시키고 감정을 표명하도록 고취시켰다. 소비에트 권력이 직면하고 있는 문제는 사방팔방에 흩어져 있는 민족 공동체였다. 그러나 그 공동체는 두 가지 면에서 비슷한 욕구불만 내지는 욕구내용을 지니고 있었다. 그들은 다 같이 균형이 잡힌 자주적인 경제생활을 바라고 있었다. 이것이 바로 사회주의권내에서 소련에 반항하여 루마니아를 궐기케 했던 것이다. 그리고 그들 공동체는 그들의 고유한 문화의 탈취를 거부하고 있었다.

그렇기 때문에 소련 권력에 의해 2개 국어 병용체제 내지는 언어적 동화면에서 달성된 진보는 결과적으로 자민족의 일체성에 있어서나 소련 전체에 있어서도 손실을 가져다 줄 가능성이 있었다. 우크라이나 그루지아에서 볼 수 있는 반응은 그러한 면에서 진보가 민족적 감정을 잠식하는 것은 고사하고 오히려 그것을 자극하는 결과가 되고 있는 것처럼 보였다.

러시아의 교회 문화

러시아 교회는 언제나 전제주의정치의 협력자였다. 짜르는 모스크바의 수도 대승전의 선출을 통제했고 1589년 이후에는 수도 대승전을 승격시켜 새로 모스크바의 대교구장으로 만든다. 17세기에 대교구장은 짜르와 권력을 나누어 가진 적이 두 번 있다. 1619년 황제인 미카엘 로마노프의 아버지 표트르는 대교구장이 되는 동시에 대군주란 부가적 칭호를 받았다. 그리고 그는 국가에 있어 짜르인 그의 아들을 도왔다.

다음 짜르가 된 알렉시스(1645－1676)는 니콘이란 사제를 이와 같은 동일한 지위에 임명하고 동일한 칭호와 임무를 맡겼다. 니콘은 방만하여 일반인들로부터, 성직자로부터 항의를 받는다. 그는 또한 영혼에 관해서 대교구장의 권위는 짜르의 권위보다 우위에 있어 정신계는 일반사회보다 우월하다는 논리를 주장한다. 그러나 그의 주장을 비잔티움이나 모스크바에서 더 이상 추진하지 않는다. 1666년 교회에서는 니콘을 물러나게 했으며 그는 일개 수도승으로 생을 마감한다.

이러한 양두정치(Dyarchy)는 두 번 다시 일어나지 않았다. 교회는 국가에 의존한다는 러시아에서의 철칙이 지켜졌다. 표트르대제는 대교구장의 권한을 대폭 줄였다. 이는 니콘의 주장이 다시 되풀이되는 것을 원치 않았기 때문이다. 러시아의 수도원은 비잔틴 제국과 마찬가지로 많은 부를 쌓게 된다. 1500년경에는 수도원이 소유하고 있는 토지 재산이 전 경작지의 3분의 1을 소유했다. 수도원이 세속화되는 데에 대한 저항이 교회 내에서 일어나게 된다. 그러나 수도원의 청빈을 원하는 사람들은 수도원이 국가의 간섭을 받는데도 반대했다. 짜르는 수도원에 대한 내부에서 일어나는 개혁 운동을 반대하지 않았다. 이유는 수도원의 권한에 대한 제재권을 유지하기 위해서였다. 교회는 모스크바 공국시대의 문학, 예술을 장려했다. 역사, 서술도 수도원에서 연구했으며 연대기 형태로서 역사를 서술했다.

이와 같이 부를 쌓는데 경사한 점도 있으나 문화 예술을 발달시키는데 전적으로 수도승들의 역할이 컸다. 이 시기에 수도승에 의한 기행문도 등장한다. 가정요람이라는 일종의 지침서로서 가정에서의 예절과 가계에 관한 것도 수도승들이 쓴 것이다. 이것은 가정의 운영방법과 예의범절 등에 관한 것인데 대체로 보수적이고 엄격한 예법을 강조하고 있다. 신학 논문은 카톨릭을 공격하는 동시에 서부지역의 프로테스탄트도 공격의 대상이 되었다. 이러한 논문이나 문학은 제한된 것이었으며 서구 문명의 영향이 있은 후에도 수세기 동안 제한되었다.

이 시기의 모든 문학은 교회의 의식 용어인 슬라브어로 쓰였다. 일반 용어와 교회 용어가 구별되어 쓰여졌다. 고대 교회 슬라브어는 정중하고 인상적이지만 새로운 사상을 전달하기에는 적당하지 않았다. 신학 분야에서 활발한 철학적 논쟁 같은 것은 이 시기에 나타나지 않았다.

제10장
러시아어의 기원과 형성

러시아어는 언어 계통상으로 원시 슬라브어 또는 일명 정통 슬라브어가 기원이 되어 슬라브어과에 속한다. 슬라브어는 발트어, 게르만어과, 인도 아리안어과와 공통적인 특징을 가지고 있다. 슬라브어는 폴란드어, 체코어, 슬로바키아어, 세르보 크로아티아, 불가리아어, 이외에 소수민족의 언어가 있다. 러시아어에는 대러시아어, 우크라이나어, 백러시아어의 세 방언이 있으며 보통 러시아어라고 할 때 대러시아어 방언을 가리키고 있다.

이들 여러 언어는 문법적 구조와 어휘 면에서 유사성을 갖고 있다. 그래서 옛날에 쓰여지고 있거나 한 언어가 차츰 분화하여 서로 다른 언어가 된 것으로 추정되고 있다. 이와 같은 여러 슬라브어의 공통의 언어를 공통 슬라브어라고 한다. 현존하는 슬라브어의 문헌 중 최고의 것은 공통 슬라브어에 상당히 가까웠던 것으로 여겨지는 언어로 기술되어 있다. 이것을 고대 슬라브어 혹은 고대 교회 슬라브어라고 한다.

서기 863년 마케도니아 교회의 그리스인 선교사 키릴로스와 메토디오스 형제가 그리스도의 전도를 위하여 대 모라비아공국에 파송되어 예배를 보기 시작했을 때 그리스어로 된 일련의 예배문과 기도서 등 그리스도 교회 서적을 번역하기 위해 만들어 썼던 것으로 글라굴리싸라는 슬라브어가 있는데 이것을 고대 표준어라고 한다.

고대 슬라브어는 남슬라브어군에 속하는 것으로 고대 불가리아어의 남마케도니아 방언이 기초가 되었다. 공통 슬라브어는 기원 8세기 무렵까지 통일성을 유지하고 있었으나 9세기 이후부터 차츰 분화하기 시작하여 동슬라브어, 서슬라브어, 남슬라브어의 세 슬라브어군으로 갈리고 다시 각 어군에서 여러 슬라브어의 방언으로 나뉘어졌다. 동슬라브어는 대러시아어, 우크라이나어, 백러시아어로서 슬라브어는 체코어, 스로바키아어, 카쉬우어부어, 세르보르쥐쓰어로, 남슬라부어는 불가리아어, 마케도니아어, 세르보 크로아티아어, 슬로베니아어로 나누어졌다. 슬라브어 방언은 14-15세기에 형성되었다.

동슬라브족의 토지와 주민은 러시아의 옛 이름인 루시라고 일컬어졌다. 동슬라브족은 종족 사회를 이루고 있었으나 계급적인 분화를 일으켜 국가를 이루었다. 처음 뾜랴네족을 중심으로 이루어진 키에프 러시아는 약한 나라로서 12-13세기 봉건제도가 발달했으나 13세기 중엽 몽고 타타르(달단) 족의 침입을 받았으며 그 뒤 오랫동안 캅차크 한국(1243-1502)의 지배를 받음으로써 더욱더 봉건적 세분화가 되었다.

특히 서남 러시아(키에프와 갈라씨아-블로니아 지역)과 북동 러시아(로스포프-수즈달리 지역)는 서로 고립된다. 그리하여 14-15세기에는 동슬라브어 방언이 형성되었다. 북동 러시아 수즈달리가 러시아의 중심이 되었고 조그만 고을인 모스크바는 14세기부터 번영하여 모스크바 공국이 된다. 모스크바 영역의 언어가 대러시아어가 되었다.

한편 13세기에는 리투아니아 대공국이 서러시아를 지배하고 14세기에는 갈라씨아-볼르니아 지역과 키에프도 이 지역에 흡수된다. 이 지역의 동슬라브 지역에서 우크라이나어와 백러시아어가 갈라져서 나왔다. 동 슬라브어의 하위 방언이 대러시아어와 우크라이나어, 백러시아어의 세 방언은 음운, 형태, 어휘에 있어서 저마다 고유한 특징과 함께 공통된 특징도 가지고 있다. 동슬라브어의 세 방언 가운데 우크라이나어와 백러시아어에는 폴란드의 차용어가 많이 들어 있으나 슬라브어 전체로 보면 넓은 의미의 러시아어, 즉 대러시아어, 우크라이나어, 백러시아어의 세 방언의 어휘가 같은 점이 많다. 대러시아어는 14-16세기에는 남부와 북부 방언으로 갈리고 그 중간에 중부 방언이 생겼다.

현재 사용하고 있는 러시아 문어의 기초가 된 모스크바 방언은 중부 대러시아어 방언에 속하며 대체적으로 모스크바 이북 대러시아어 방언, 이남은 남부 대러시아어 방언이다. 이 가운데 중부 대러시아 방언은 북부 대러시아 방언과 남부 대러시아 방언의 특징을 부분적으로 갖고 있다. 러시아어도 다른 언어와 마찬가지로 다른 언어가 섞여 있다. 스칸디나비아어, 터키어, 몽고어 그리고 근대 그리스어, 라틴어 등이 섞여 있다. 러시아어는 오랜 세월에 걸쳐 여러 다른 민족을 수용하게 되며 우랄알타이어족 계통의 언어도 러시아어에 섞여 있으나 러시아어의 순수성은 유지되어 오고 있다.

기원 9세기에 불가리아인과 슬라브 민족이 썼던 고대 슬라브어로 번역된 그리스어 예배문과 기도서 등 그리스도 교회서적을 지금에 와서도 일반 러시아인이 이해할 수 있다는 것은 놀라운 일이다. 문법상의 형식이나 문장구조는 바뀌었지만 많은 수의 어근은 지금도 그때 쓰이고 있던 것과 같은 것이다.

세계어로서 러시아어 : 가장 많이 보급된 언어 중의 하나

러시아어는 사회적 언어적 요소 때문에 국제적으로 달리 이용되는 언어가 되었다. 사회적 언어는 인류 역사에서 그 언어를 쓰는 국민의 비중과 현대 세계에서 역할 즉 권위와 직접적으로 관련되어 있다. 러시아어는 세계에서 가장 많이 보급되어 있는 언어 중에 하나이다. 오늘날 5천이 넘는 언어집단 가운데 러시아어는 매우 중요한 자리를 차지하고 있다.

러시아어는 인류 진보의 모든 본질적 측면이 완전히 반영되어 있는 언어기능을 하고 있다. 러시아어는 국제 교류와 협력 수단의 하나이며 많은 국제기구의 공식 언어이다. 여러 국제대회의 공용어이기도하다. 과거 소비에트 연방을 이루고 있던 15개 공화국 중에는 러시아어가 아닌 언어를 모국어로 사용하는 국가도 있으며 러시아공화국도 러시아인이 되어 여러 민족이 있어 130여 종류의 언어를 사용함으로 러시아어는 130여 개의 언어 중의 하나이다.

1989년 국제 조사에 의하면 소련의 총 인구 3억 8천 570만 명 가운데 1억 4천 480만 명의 러시아인과 약 1,870만 명의 다른 민족이 러시아어를 모국어로 사용하고 있다. 그 외에 6,900만 명이 러시아어를 제2외국어로 자유자재로 말하는 사람들이 있다. 러시아인구의 81,4%인 2억 250만 명이 러시아어를 구사할 수 있다. 러시아어는 러시아 영토 밖에서도 사용되는 세계어 중의 하나이다. 또한 러시아어는 세계에서 학술어로서 널리 보급되고 있다. 전 세계 학술 정보의 60%－70%가 영어와 러시아어로 출판되고 있다. 러시아어는 정보 통신의 세계적인 체계의 필수적인 언어로 쓰이고 있다. 그리고 러시아어는 UN 등에서 공용어로 법적 승인을 받고 있으며 러시아어 사용 인구는 영어와 중국에 이어 세계 3위를 차지하고 있다.

언어가 모국에서 많이 사용하는 데 무게가 있는 것이 아니라 그 언어를 자유롭게 쓸 수 있는 사람들이 전 지구에 많이 분포되어 있다는 것으로 세계어의 의미를 갖는 것이 중요하다. 또한 그 언어를 사용하는 계층이 그 사회의 유력한 사회 계층이 사용하는 데에 의미가 크다. 이를테면 과학, 기술, 및 창조적 지식층, 행정, 정당 기관원들이 구사할 줄 아는 사람은 5억 명에 이르고 있다. 러시아어의 교육은 현재 100여 국가에서 12만 명 이상의 외국인 교사가 2천만 명 이상의 각급, 초, 중, 고등학교 학생과 대학생 및 자국민에게 러시아어를 가르치고 있다. 러시아어를 공부하는 사람들은 사회주의 국가에 많이 있는데 러시아어는 전 인구의 14%, 헝가리에서는 10%가 넘으며 옛 동독, 몽고, 폴란드, 체코 그 밖의 나라에서 모든 초, 중, 고등학교, 몇 대학에서 러시아어가 필수 혹은 제1외국어로 되어 있다. 서유럽의 여러 나라와 미국, 캐나다에서도 러시아어를 광범위하게 연구하고 있다. 미국에서는 643개의 고등교육 기관과 대학 그리고 620개의 초, 중등학교에서 러시아어를 가르치고 있다. 개발도상국에 있는 나라에서도 러시아어를 연구하고 있는 사람들이 급속히 증가하고 있다. 인도에서는 40개 종합대학에서 러시아어를 가르치고 있으며 말레지아에서는 4개 종합대학에서 그리고 12개의 중학교에서, 알제리아에서는 4개 종합대학교와 12개의 중학교에서 러시아어를 가르치고 있다. 또한 32개국에서 몇 백만의 외국인들이 라디오와 텔레비전으로 러시아어를 배우고 있다. 한국에서는 30여 개의 종합대학 그리고 외국어 고등학교에서 러시아어를 가르치고 있다.

러시아어의 보급

러시아어를 보급하기 위해 러시아 정부는 해외의 교원 양성을 후원하고 있다. 1,500명 이상의 외국인들이 러시아에서 러시아어와 문학을 전공하는 데 후원을 하고 있다. 그리고 1년에 약 6천 명 이상의 외국 대학생들이 러시아어와 문학을 공부하기 위해 러시아로 온다. 러시아어를 가르치고 있는 약 8천 명의 외국의 교원들이 러시아에서 교육을 받고 있다. 러시아 정부는 이들을 위해 교재, 참고서를 제작하며 교수법을 개발하고 있다. 그리고 러시아어 라는 잡지를 발행하고 있다.

국제 러시아어 문학가 협회

러시아어와 문학을 연구하는 국제 교원 협회, '마쁘랄'이라는 협회가 있다. 한국은 1990년에 이 협회에 가입하고 있다. 이 협회는 여러 나라에서 러시아어 교육사업을 폭넓게 서로 교환하고 있다. 교수법의 향상과 학술 연구를 돕고 있으며 그 일환으로 여러 나라에서 분교를 설립하고 있다. 이 분교는 푸시킨 대학의 분교다. 이 밖에도 85개국이 문화와 우호증진을 위한 단체가 러시아어 강습소를 운영하고 있다. 러시아어의 보급은 러시아와 아시아에서 11세기에 시작되었으며 19세기에는 러시아의 발전으로 세계무대에서 상승됨으로 러시아어 보급이 높아졌다. 19세기 말에는 러시아어는 세계 거의 모든 중요 종합대학교에서 연구되었다. 불가리아에서는 150년 이상 러시아어가 중요한 외국어가 되었다. 러시아에서는 명실상부한 세계어가 된 것은 1917년 10월 혁명 이후였다. 세계어로서의 지위는 세계 제2차 대전 이후이며 또한 세계최초로 인공위성 제물야(스푸투니크) 1호가 1957년 발사됨으로써 더욱 러시아어에 대한 관심이 가중되었다. 인간의 상상을 깬 러시아인들의 과학 발전에 미국을 비롯한 서구의 관심이 계속 고양되어 이후 해마다 러시아어를 공부하는 사람들이 평균 50만 명이 늘어나고 있다.

제2부
정치 · 경제 · 사회

- 러시아 국가의 건설과 외세의 침략
- 러시아와 서구, 동구 및 공산주의 이념에 의한 민족문제
- 소련의 세계공산주의화(化)의 책략과 미·소·영·불과의 외교 대결
- 소련의 저널리즘
- 후르시초프 주의 : 세계공산주의화(化) 운동의 일환
- 소련시대의 핵문제
- 소련의 이념적 외교 공식 : 미·소의 세력 확장의 게임
- 히틀러의 신질서, 영토확장으로서의 소련 침공
- 볼셰비키즘과 민셰비키즘
- 러시아 지성인들의 소련 체제에 대한 비판
- 소련의 반체제 사람들 서방으로 탈출 그리고 그들의 이야기
- 소비에트 공산주의자들의 독재 구조
- 소련의 특권계급
- 소련의 비밀경찰 KGB
- 제2차 대전 후 소련의 아세아 정책 (1945-1967)
- 소련(1953년)의 위기 상황과 허위평화 공세와 이데올로기의 붕괴
- 러시아인들의 생활과 타민족의 생활
- 러시아의 학교교육의 제도화 과정
- 러시아의 과학 진출
- 한국과 러시아의 외교 및 관계 현황
- 미·소의 냉전과 6.25전쟁
- 한국과 러시아 관계의 현황

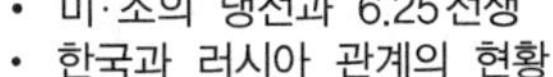

제11장
러시아 국가의 건설과 외세의 침략

달단족과 징기스칸의 침략

키에프가 1200년경 붕괴함으로써 이 당시 발전은 250여 년간 혼란의 시기를 가진다. 그리고 러시아 국민들은 저마다 상이한 곤란을 겪었으며 상이한 형태로 자기 형성을 하고 있어 네 개의 중심지로 나누어져 어디가 러시아의 중심지가 될 지 예언할 수 없는 상태였다. 옛 수도인 키에프를 포함한 러시아 영역의 서남부 지방은 13세기에 실질적으로 독립된 공국이 되었다. 이 당시의 특징으로는 제어할 수 없는 귀족계급이 인접해 있는 폴란드나 리투아니아의 끊임없는 압력을 당하여 공국을 공고히 하려는 군주들의 노력을 저해하고 있었다. 폴로스코아의 두 도시를 중심으로 북서지방에도 이러한 현상이 일어나고 있었다.

이 같은 압력하에 군주지위를 유지하기 어려웠다. 14세기 초에 와서는 빌라를 수도로 한 리투아니아 대공이 러시아 서부지방의 대부분을 지배하게 된다. 그리고 문화적으로 러시아에 뒤떨어졌던 리투아니아인들은 러시아 신하로부터 언어와 생활양식을 취하게 된다. 1386년 폴란드와 리투아니아는 왕실 간 혼인을 하게 됨으로써 두 나라는 결합하게 된다. 그 결과 폴란드의 로마 카톨릭 교회와 폴란드의 귀족이 전면에 나서게 된다. 러시아 귀족은 리투아니아 지배에서도 리투아니아 공국과 형식적으로 결합되어 있는 지역에서만 공국에 충성하고 군사적 봉사를 의무로 하며 귀족들은 공국에 아무런 간섭을 하지 않았다. 그러나 귀족회의는 대공의 정치적 권위를 제한하고 있었다. 러시아 지방의 농민보다 이 지방의 농민의 이동의 자유가 제한받고 있었다. 러시아 북부 지방은 발틱해안과 엘멘호 사이의 북쪽으로 북극양과 시베리아 경계선까지 뻗치고 있는 지역이었다. 이곳에는 신도시(노보고르드)가 형성되고 있었다.

이 도시는 모피나 기타 산림의 산물을 찾는 상인과 개척자들에 의하여 개척된 광대한 곳이다. 키에프가 붕괴하기 전에 벌써 노보고르드에는 도시 자치의 제도가 만들어졌다. 베체(Veche)라는 참사회가 노보고르드에서 만들어졌고 노보고르드의 경제는 서방과의 교역에서 이루어졌다. 러시아의 모피, 밀렵, 꿀, 타르, 수지(동물의 기름) 등은 독일의 직물, 금속가공품과 교역되었다. 독일인들은 노보고르드에 거주지를 갖고 러시아인과 충돌을 함에도 불구하고 수세기 동안 교역을 해 왔다. 노보고르드는 부유해졌고 강력해졌다. 이 도시는 독일의 기사단과 스페인의 공격을 종종 당했다. 노보고르드의 계급 제도는 엄격했으나 보다 더 부유한 상인들은 귀족보다 많이 참사회를 지배함으로써 새로운 사회가 형성되었다.

이러한 가운데 권세가들은 도시의 부를 그들의 손에 넣으려고 서로 정치권력을 가지고 싸웠다. 경제적 빈부차이가 현저했다. 부채를 갚지 못하는 사람은 노예가 되었다. 노예들은 빈번하게 폭동을 일으키며 도적으로 변하기도 했다. 노보고르드 주변의 비옥한 땅이 없어 동남쪽의 모스크바로부터 곡물을 공급받아야만 생활이 가능했다. 15세기 폴란드－리투아니아 국가와 모스크바국가가 싸우게 되었을 때 노보고르드의 주민은 계급에 따라 서로 편이 갈라졌다. 상류계급은 폴란드, 리투아니아 국가편에 가담했고 하층 계급은 모스크바국가에 가담했다. 1478년 모스크바 지배자는 노보고르드를 점령하고 독립의 상징이었던 종(bell)을 없애버리고 상류계급을 없애 버렸다.

노보고르드는 베니스라던가 서방의 기타 상인 귀족의 과두지배에 비할 수 있다. 그러나 노보고르드의 내부문제를 해결하지 못함으로써 러시아를 통합할 기회를 상실하고 말았다. 키에프시대 말기에 모스크바 지역은 변경 지방이었다. 농업은 비옥한 남서지방보다는 빈곤하나 북부지방보다는 풍족한 이 지역은 식량 공급을 자급자족할 수 있었다. 또한 산림 공업이 왕성했다. 도시는 소규모였고 개척자들은 귀족 계급이나 참사회에 의존하지 않았다. 왜냐하면 이곳에는 귀족계급이나 참사회가 없었기 때문이다. 그 대신 주민들은 군주에 의지했다. 이 지역은 10세기 달단족의 침략을 받기 쉬운 지역이었다.

13세기 초 징기스칸은 중국 북부의 만주로부터 카스피해에 이르는 아시아지역을 정복하고 이어 야만족인 달단족을 이끌고 코카서를 거쳐 남부 러시아의 초원지대로 진출하며 1223년에 러시아인과 풀로푸치를 격파했다. 그러나 아시아로 후퇴하여 1227년 징기스칸은 사망한다. 그의 조카 바티는 1230년대에 다시 달단족을 이끌고 유럽쪽으로 진출하여 1237년에는 모스크바를 1240년에는 키에프를 약탈하고 러시아 서부지방과 폴란드, 헝가리 그리고 보헤미아로 침투한다. 달단족이 지나가는 곳마다 황폐와 학살이 이들의 표식이었다. 이들의 성공은 통일된 지휘, 일반 참모, 민완한 정보

활동, 그리고 기만적인 전술 등 우수한 군사조직에 있었던 것이다.

바티는 1241년에 폴란드와 독일을 점령하였으나 아시아의 정치 정세로 말미암아 동쪽으로 돌아갔다. 이렇게 됨으로 달단족은 서방의 침략을 중단하게 된다. 바티는 유럽을 횡단하여 후퇴하다가 상트페테르부르크 근처의 사라에 건설한 국가의 수도를 세운다. 이것이 바로 골든 홀더(Golden Holder)이며 북경에 있는 몽고족의 중앙정부를 종주국으로 삼는다. 다른 몽고족의 지휘자들은 1258년에 아바스 왕조의 회교국을 멸망시켰으며 1260년에는 에집트의 맘루크에 패한다. 교황 루이 그리고 서구의 기타 지도자들은 몽고족과 회교도사이의 적대 관계를 의식하고 몽고족과 회교도 동맹을 체결한다. 그리고 이들은 동쪽과 서쪽의 적대관계에 있는 기독교를 분쇄할 수 있을 것이라는 희망에서 회교도와 동맹을 체결한 것이었다. 징기스칸의 지배는 러시아에 있어서 그리 큰 것은 아니었다. 달단족의 러시아 침략의 목적은 공납 징수였다.

달단족이 러시아를 정복하는 동안 영토는 황폐되었으나 정복 후의 탈취작전으로 러시아는 황폐 일로였다. 달단족은 가용자원을 조사하고 수송이 가능한 대로 최대한의 공납을 부과했다. 달단족은 군인으로 러시아인을 징발하였으나 얼마 후에는 러시아 일반 군인들에게 인적, 물적 자원의 교부를 맡게 하고 인구 조사나 재산조사, 또는 명령 불복종을 처벌하기 위한 경우를 제외하고는 러시아 영토로부터 물러났다. 달단족은 러시아 군인들을 선출했다. 그러므로 새로 군주들이 선출할 때마다 수도, 사라이로 가지 않으면 안되었다. 러시아 전역이 달단족의 침략하에 있는 것은 물론 무거운 공납을 내야 하는 것은 모스크바 지역이었다.

14세기 말경 몽고족이 쇠약해짐에 따라 러시아인들은 강인해지게 된다. 1378년과 1380년에 모스크바 대공은 달단과 싸워 러시아인으로서는 최초로 승리한다. 그러나 달단족의 무서운 복수를 당한다. 러시아인들은 달단족을 공격할 수 있다는 희망을 주게 되며 15세기 달단족이 건설한 골든 홀더(Golden Holder)를 해체한다. 그러나 달단족의 영향은 끊이지 않고 이후도 달단족은 국가를 세 개나 세운다. 하나는 볼가강 유역에 세워지고 약 1세기 반 동안이나 러시아인의 교역을 봉쇄했다. 또 하나는 아스트리안에 그리고 다른 하나는 크리미아에 세운다. 크리미아에 세운 것은 후에 오스만 술탄의 수중으로 들어간다. 1480년 모스크바 공국이 독립하게 되며 짜르(Tsar)의 전제 권력을 강화하여 오다가 17세기 로마노프(Romanov家)의 절대군주가 계속된다. 1917년 혁명을 거쳐 혁명 정권의 기관인 소비에트 연방최고회의를 기초로 구러시아는 소비에트 사회주의 공화국 연방으로 된다.

러시아의 팽창

러시아는 16세기에 걸쳐 17세기에는 영토가 팽창하게 된다. 이렇게 되기까지는 모피상과 정착할 수 있는 땅을 찾아 개척한 개척자들에 의한 영향이 크다. 그리고 국가는 이들이 땅을 개척하는데 정부차원에서 돕게 된다. 러시아의 개척민은 코사크족이다. 코사크라는 말은 달단족의 언어로서 자유로운 모험가라는 뜻이다. 코사크족은 달단족에 대해 자기방위를 스스로 조직을 갖추고 변경에 살아온 러시아인들이었다. 이 코사크 사회는 안정을 누리며 드니에프강과 돈강변에 두 개의 코사크 공화국을 건설한다. 코사크공화국은 모스크바로부터 독립하여 일종의 원시적 민주주의 방식을 영위하여 왔다. 이들은 터키족과 달단족과 자주 싸움을 하지 않으면 안되었다. 시간이 감에 따라 볼가강, 우랄산맥 지대 그리고 기타 여러 지역에 보다 많은 코사크 집단이 생겼다.

코사크의 팽창운동은 러시아인들을 동쪽으로, 우랄산맥지대로 다시 시베리아 지방으로 진출하게 한다. 이것은 유럽의 팽창에 있어서 가장 현저한 운동이었다. 달단, 터키, 그리고 폴란드의 반항 때문에 속도는 느렸지만 러시아인들은 동남쪽으로, 코카사스 지방으로 그리고 남쪽으로는 흑해방향으로 진출한다. 과거 서부 러시아의 영토였던 우크라이나 지방을 둘러싸고 폴란드와의 전쟁이 자주 일어났다. 코사크 족들은 때로는 폴란드에 때로는 러시아 편에 들었다. 그러나 1682년에 이르러 폴란드의 세력이 약화되어 러시아에 굴복한다. 유럽의 경계선에 있는 발틱해의 출구를 스웨덴이 막고 있어 러시아는 스웨덴과 전쟁을 하지 않으면 안되었다. 또한 크리미아 반도 북부 멀리까지 영토를 확대하고 있던 이 지방의 달단족과의 투쟁을 오랫동안 계속하면서 러시아는 영토를 확장해 나갔다.

제2차 대전 후 소련 공산주의의 팽창 :
소련 공산주의의 팽창과 북대서양 조약 기구(NATO)

1945년 나치 독일의 붕괴 뒤에 전쟁에 지친 유럽 각국은 앞으로 전쟁을 피할 수 있는 방법을 모색하며 UN에 참여하게 된다. 50개국으로 구성된 이 기구는 비중이 큰 세계 여론의 지지를 받고 있으며 이에 어떤 나라든 한 나라가 세계를 지배한다는 일은 다시 할 수 없게 된 것만 같이 생각했다. 그러나 공산주의 소련은 이때부터 이미 히틀러의 전술을 이용하여 위협적인 침략계획에 착수했다. 군비를 해제하고 피폐할 대로 피폐한 유럽은 소련이 폴란드, 동독 알바니아, 불가리아, 루마니아 그리고 헝가리 등을 하나씩 병합하고 정복해 나간다. 1945년부터 1947년까지 속수무책으로 이를 방관할 수밖에 없었다.

마침내 1948년 체코슬로바키아에 공산주의자들의 쿠데타가 일어나자 영국과 위축되어 왔던 유럽 몇몇 자유국가들은 동년 17일 벨기에서 상호 방위동맹에 조인하게 된다. 미국 정부와 미국 국민들은 유럽의 이러한 사태에 비상한 관심을 주시하게 된다. 그리고 미국은 군사적 경제적 수단을 통하여 희랍을 구출하고 터키의 방위를 돕는 행동을 취했다. 그리고 평화시에 동맹관계에 대하여 사실적인 견해를 내놓지 못하고 있던 미국은 정식으로 벨기 조약국과 연결되는 것을 꺼리고 있었다. 마사리크 외상과 베네스 대통령의 죽음으로 종말을 맞게 된 체코슬로바키아의 붕괴와 노르웨이와 덴마크에 또한 공산주의의 새로운 위협이 도래하여 미국으로 하여금 마침내 1948년 6월 11일에 반덴버그 결의안이 민주당 행정부 아래 공화당 상원의 지도자에 의해서 표결결과 64대 4라는 다수로 채택된다. 이것은 전쟁을 피할 시기가 이미 늦어지기 전에 공산주의 침략 행동을 저지하기 위하여 미국은 협조행동을 한다는 초당파적인 것이었다.

북대서양 조약(NATO)은 1949년 4월에 워싱턴에서 벨기에, 캐나다, 네덜란드, 덴마크, 프랑스, 아이슬란드, 룩셈부르크, 이탈리아, 포르투갈, 영국, 노르웨이 그리고 미국 등의 외상들에 의하여 조인되었다. 그 후 희랍과 터키도 초청을 받아 이에 가입한다. 1955년에는 서독도 가입한다. 북대서양조약의 목표는 두 가지 방향에서 설립했다. 첫째는 안전과 상호 신뢰의 분위기를 강화하는 각국으로 구성된 정치적 기구를 창설하는데 있고, 둘째는 대서양지역에 대하여 더 침략을 하면 전면적인 전쟁을 야기하게 됨으로 궁극에 가서는 소련의 패망을 초래한다는 것을 소련에게 확신시킬 만큼 충분한 힘을 가진 군사기구를 창립하는 데 있었다. 소련에 병합되었거나 또는 위성국가로서 소련에게 예속하게 된 나라의 대부분은 공공연한 군사력의 사용에 의하여 정복된 것이 아니고 소수의 공산주의자의 침투와 불법행위에 의하여 정복된 것이다. 그러나 이러한 공산주의 침투작전 배후에는 항시 소련의 압도적인 군사력이 뒷받침하고 있었다.

제2차 세계대전 이후로 서방세계의 군사력이 거의 해제되어 가는 동안에 소련에서는 도리어 약 175개 사단 병력과 2만대 이상의 전투기를 보유하고 언제든지 행동할 수 있는 전시군비편제를 계속하여 왔다. 소련은 최초부터 병력을 축소한다고 하면서도 이러한 병력을 증가하고 있었다. 뿐만 아니라 군용기는 80%까지 모두 제트기였으며 공중폭격 공군의 병력을 더 강화하고 있었다. 그리고 소련은 속도가 빠른 순양함도 건조하고 있었다. 잠수함 역시 히틀러가 보유하고 있던 것보다 더 많은 약 4백 개나 갖고 있었다. 그리고 소련의 육해공군은 대폭으로 현대화하고 있었다. 이 점은 북대서양조약국의 전 회원국의 공동 노력에 의하여서만 유럽에서 그 균형을 유지할 수 있는 커다란 군사적 위협이 되었었다.

북대서양조약 회원국들은 이러한 사실을 인식하게 되었다. 그리고 북대서양조약 국가의 정치적, 경제적, 문화관계는 강화하지 않으면 안된다고 지적하고 있었지만 목전에 닥쳐오고 있는 그들 중 1개 또는 그 이상의 회원국에 대하여 어떤 군사적 공격이 가해질 때는 이를 전 회원국에 대해 가해진 공격으로 간주한다는 것에 동의한다는 것이다.

따라서 회원국은 그러한 군사적 공격이 일어날 때는 국제연합헌장 제 51조에서 승인된 단독 혹은 집단 방위권을 행사하여 단독으로 혹은 다른 회원국과의 협력 아래 군대를 사용하는 일을 포함하여 북대서양 지역의 안전을 회복하고 유지하는데 필요하다고 생각한다. 그리하여 앞으로 공격을 받은 회원국 또는 모든 회원국들을 원조하는 데 동의한다. 북대서양조약은 하나의 군사방위동맹이다. 회원 국가들이 경제적, 정치적 그리고 사회적 발전을 구축할 수 있게 해주는 방패인 것이다. 평화시에 군사동맹에 가입한다는 것은 미국으로서는 미국인이 북대서양조약을 전적으로 지지하였다는 것이다. 미국은 제1차, 제2차 대전시 서구의 자유국가들이 히틀러로부터 거의 석권 당할 무렵까지 서구의 방위를 위한 전쟁에 참가하지 않고 수수방관만 했다. 그런데 북대서양조약 전회원국이 되어 있는 유럽의 침공이 일어나는 시기부터 개입하여 싸우겠다는 경고를 던진다. 그리고 미국 6개 사단에 해당하는 병력과 강력한 공군부대를 주둔시키고 미 제 6함대를 지중해에 그 기지를 둔다.

그 후 영국은 1954년 유럽대륙에 북대서양조약국의 지휘관 아래 4개 육군 사단과 제 2전략 공군을 무한정 배치하는 데 동의한다. 이러한 조건에서 유럽에는 제국주의적 공산주의가 침투하는 데 대해 몇몇 군소 국가들이 이에 항거해 나가는 데 도움이 되는 심리적인 뒷받침을 강화해 주었다. 그러나 사실은 미국군과 영국군은 1951년 단순히 독일점령 연합군의 일원으로서만 유럽대륙에 머물러 있게 된다. 점령군은 방위를 담당하게끔 배치되지 않았다. 가능한 전투가 있을 때 그들을 후원할 보급통로를 위한 아무런 조치도 세워지지 않았다.

소련 사주에 의한 북한의 한국 침공과 북대서양조약국의 소련의 군사적 위협 대비

소련의 호전적인 태도로 말미암아 세계의 긴장 상태는 1950년 6월 25일 소련의 사주에 의한 한국의 38선 침공은 최고조로 달했다(J.L.Collins : NATO 〈'Still Vital for Peace, Foreign Affairs Quarterly,' 1956). 6. 25전쟁은 오늘날(2006) 현재까지 한국내전 또는 남한의 북침이라고 좌파들이 주장을 하고 있다. 북한 침공에 대해서는 이미 소련 비밀문서에서 밝혀졌다. 여기에 대해 한국의 좌파들의 주장에 대한 심성호(성신여대 교수)의 반박을 부언하면 6.25전쟁을 공식적으로 '내전'이라고 부르기 시작하면서 이 용어가 널리 사용되기 시작했다. 전쟁 발발 직후 당시 그로미코 소련 부외상은 앨런 커크 소련 주재 미국 대사에게 남한이 38선상에서 먼저 국경분쟁을 유발하여 북한이 반격을 가하면서 전면적으로 비화되었다고 주장했다. 소련은 전쟁 개입을 은폐하고 내정 불간섭을 내세워 유엔과 미국의 참전을 막기 위해 6. 25전쟁을 내전이라고 불렀다.

그 이후 이러한 소련의 선전이 좌파 언론 및 학자들에 의해 받아들여지면서 내전론이 유포되기 시작했다. 소련의 남침 작전 계획을 직접 작성하고 대규모 전쟁 지원을 했다는 소련문서가 공개되면서 소련의 주장은 사실이 아닌 것으로 이미 판명되었다(조선일보 2007년 11월 24). 한국에서 이러한 공산주의 침공의 사태가 일어난 후에 비로소 그와 같은 공산주의자의 침공이 북대서양조약국 지역에서 개시되었을 때 이를 방지하기 위해서는 북대서양조약 국 안에 더욱 견고한 군사조직체가 필요하다는 것을 인식하게 되었다.

이러한 목적을 위한 아이젠하워 장군은 북대서양조약국 이사회에서 긴밀한 명령계통과 공동방위 계획을 수립한다. 아이젠하워 장군과 참모부에서는 즉시 북부, 중앙 그리고 남부 유럽에 필요한 야전군 사령부를 설치하고 긴요한 군사 보급선을 조직하고 요로의 통신망을 설치한다. 그리고 북대서양조약기구는 정치적, 경제적 그리고 문화적으로 중요한 목적을 가지고 있으나 일차적으로 군사방위동맹 형태로서 이 동맹의 형태는 북대서양국가들 지역의 국민들의 편에서 미리 예상한 것이 아니고 공산제국주의 압력에 의하여 부득이 강요되는 그러한 형태이다. 군사적인 형태는 소련의 군사적 위협을 대비한 것이다. 소련은 코멘테른이란 형태 아래 모든 북대서양조약 회원국에게 공산주의의 촉수를 뻗치고 있으며 크렘린의 몇몇 사람의 전제적인 의사 하나만으로 좌우될 수 있는 소련군사력의 위협이 눈앞에 있었다.

한편 중동에서의 새로운 경제 공세를 가능케 한 소련의 점진적인 경제적 발전에 직면하고 있었다. 이에 미국은 더욱 자극을 받게 된다. 군사적 면에 있어서 북대서양조약 회원국가운데서 핵무기에 관한 완전한 정보는 미국뿐이었다. 1946년 원자력 법안에 입각한 보안 규정은 북대서양조약기구 기획가들로 하여금 필연적으로 그러한 일의 대부분은 미국인의 손으로 행해질 수밖에 없었다. 이러한 난관을 극복하는 보완책으로 연구에 종사하고 있던 육군참모본부의 특수 연구단은 끊임없이 변화하는 신형무기의 규모에 대처하기 위해서 새로운 전략적, 전술적 개념과 기술을 계속으로 연구하고 있었다. 북대서양조약기구의 군사의 전략적 근본 개념은 비교적 간단했다. 전쟁이 일어나면 그것은 반드시 소련이 먼저 유발할 것이 틀림없을 것이라는 가능하에 증원할 예비부대가 동원되어 라인강이나 그밖에 장애물 같은 자연의 지형물(地形物)배후에 진지를 구성하고 소련의 진격을 미연에 방지하고 분산시키기 위하여 신형무기를 사용하지 않으면 안된다는 것이다.

북대서양조약 기구의 군은 단시일에 유럽을 정복하지 못하게 하는 방비의 역할을 하게 되었다. 이러한 예비책은 어디까지나 소련의 원자탄과 그 사용수단을 가지게 되기 전에의 수단이다. 일단 소련이 유럽을 공격한다면 성공할 길은 유럽의 가장 치명적인 지역을 단시일 내에 석권할 수밖에 없는 것이다. 소련이 유럽의 공장과 숙련된 인력에 대하여 최소한도의 타격을 가함으로 이를 자기네들이 다시 이용함으로써 유럽의 거대한 생산력을 장악하려고 기도할 것은 틀림없는 일이었다. 소련이 유럽을 공격하여 자기네 수중으로 들게 한다면 2억의 인력을 갖게 되는 것이다.

이러한 위협을 가진 소련의 공격이 북대서양조약기구의 육해공군에 의하여 저지되고 그 속력이 지연되면 그때는 북대서양조약기구의 군의 항공기지, 미국의 전략공군, 영국공군 폭격사령부기지 및 미국, 캐나다, 유럽의 원자력시설, 중요한 공업 생산체 그리고 보급시설에 대하여 원자탄기습을 먼저 가함으로써 서방세계의 반격능력을 파괴하는 데 열중하고 있었다. 이 같은 위협에 대비하기 위하여 캐나다와 미국에서는 방공체제를 수립하고 있었다. 이러한 방공체제는 유럽의 북대서양조약 회원국들에 대해서도 직접적인 이득이었다. 왜냐하면 침략 국가가 기습 공격을 하여 이에 따른 이점을 이용할 수 있는 기회를 얻기 위해서는 유럽에 대해 먼저 공격을 가하기 전에 미국 대륙에 폭격기를 출동시키지 않으면 안되었다.

그러므로 북미대륙에서 예비경보를 내리고 방공체제를 갖추어 놓고 있다는 것은 유럽에 대하여 필수 불가결한 정보를 마련하는 것이 될 수 있는 것이었다. 유럽의 나토 국가들의 항공력은 1949년 이래로 장족의 발전을 보았다. 이 당시 유럽을 방위하는데 사용할 수 있었던 공군력은 겨우 프로펠라식인 제2차 대전 노후기 2, 3백대로 구성되었다. 그러나 1950년대 중반까지는 수천 대를 보유하고 있었으며 이것들은 젯트 전투기와 폭격기인 것이다. 소련군은 기습작전에 의하여 그러한 군용기와 비행장을 될 수 있는 대로 많이 파괴하여 그들이 비행장에서 출동하려고 기도할 수 있다고 보고 비행장을 약 125개소나 갖고 있었다. 이 많은 비행장을 한꺼번에 공격한다는 것은 불가능한 것이다. 그리고 공습체제가 잘 되어 그러한 비행장에 대기하고 있는 나토의 전략 폭격기가 출격할 수 있게끔 되었다. 그러나 육해공군의 서구연합이 긴밀히 연결되어 있는 현대적인 방위체제가 나토군에 완비되어 있지 않았다.

나토 연구가들은 1950년 후반까지 나토 방위체제에는 심각한 결함이 있었다. 서유럽 연합국과 규합하여 공동의 목표를 위한 장비를 설비하는 데에 막대한 비용이 필요했기 때문이다. 나토가맹국 중 몇몇 나라는 방위를 위하여 지출할 수 있는 재정이 한도에 달해 있다고 생각하고 있었다. 장차 가능한 전쟁이 벌어지는 단계에 의존하기 위하여 요구되는 대처에 문제되는 것은 원자폭탄의 공격이었다. 그러므로 나토국가들과 미국, 캐나다를 방위하는데 육해공군의 병력을 마련하기 위하여 방비책을 준비하지 않으면 안되었다. 사실상 제네바 정상회담의 거두들은 동서 어느 쪽도 원자전쟁을 먼저 돌발시키지 않을 것이라는 것을 암암리에 시인시키고 있었다.

그러므로 나토는 앞으로 계속해서 평화유지의 요소가 필요하게 된다. 사실 소련의 침략에 대한 방지책으로서 나토의 효용의 척도는 소련, 그 자체가 나토의 동맹을 약화시키거나 분열시키려고 하는 끊임없는 노력 의도에 달려 있었다. 그들은 그만큼 나토가 약화된다는 것은 소련이 강화된다는 것을 의미한다는 것을 잘 알고 있으며 따라서 소련이 서구연합의 유대를 파괴하려는 노력은 그 연합의 힘이 강해지는데 정비례해서 더욱 배가해가고 있었다.

나토를 약화시키는 소련의 전술은 미국과 유럽의 나토 동맹국가들로 하여금 세계의 분규는 다른 나라들이 상관하지 않아도 좋은 미소양국간의 문제인 것처럼 생각하게 하려는 의도가 있었다. 평화 공존이니 하는 말은 세계전쟁에 지친 국민들로 하여금 중립주의 스파이 선전 공작(Troian Horse－상대국에 스파이로 하여금 그 나라의 혁명분자와 호응해서 파괴선전을 하는 일)을 순순히 받아들이게 하기 위하여 소련의 선전가들이 고안해 낸 선전에 지나지 않는다. 분규는 미·소간에만 걸려 있는 것이 아니었다.

그것은 인간의 존엄성과 인민의 자유라는 이념에 이바지한 자유세계의 인민들과 전 인류에게 소련 제국주의 공산주의자들과 사이의 투쟁인 것이다. 한 나라가 중립주의를 받아들인다는 것은 마르크스와 레닌이 예언하고 한동안 흐루시초프와 불가닌이 이에 채색을 했을 뿐이다. 궁극적 세계지배의 원칙은 크렘린이 집착하는 것이었다. 나토의 보호를 포기한 나라들, 에스토니아, 라트비아, 리투아니아가 소련에 정복되고 폴란드, 동독, 알바니아, 불가리아, 루마니아, 헝가리, 그리고 체코슬로바키아가 소련의 손에 넘어갔다.

NATO의 소련 밖으로의 변화

소련이 붕괴되었을 때 나토의 종언을 예언한 사람이 많았다. 그러나 몇 주 전(2006년 9월) 나토는 라트비아의 수도 리가(Riga)에서 정상회담을 연다. 1949년 소련을 견제하기 위해 결성한 나토는 지금까지 스스로를 변형시키며 생명을 유지해 왔다. 과거 소련에 점령되었던 몇몇 중부유럽회원국들은 나토를 러시아의 야망이 되살아나는 것에 대한 정치적 보험책으로 삼고 있지만 나토의 목표는 더 이상 러시아에 대항하는 것이 아니다.

실제로 러시아 관리들이 평화협력프로그램 아래 나토 군사훈련을 참관하거나 나토 본부를 방문하는 것을 환영받기도 한다. 나토가 냉전 후 10년 동안 수행한 과업 중 주요한 하나는 새로 독립된 중부유럽 국가들에 민주적 기준을 충족시키면 나토의 회원국이 될 수 있다는 기대를 불어넣으면서 서부 유럽 쪽으로 유인하는 것이었다. 또 다른 중요한 업무는 유고슬라비아 붕괴, 보스니아와 코소보에서의 잇단 전쟁 후 불안해진 발칸지역을 안정시키는 일이었다. 나토의 평화유지 활동은 유럽의 안정 요인이었다. 이러한 활동이 중요하지만 옵서버들은 나토가 유럽 밖에 일에 관심을 가져야 한다고 주장하고 있다. 나토가 '지역 밖으로 나가거나 본업으로부터 탈출해야 한다.'는 경고들이 많아졌다. 이러한 주장은 2001년 알카에다의 9.11테러 후 강해졌다. 나토 유럽 회원국들은 나토 헌장 5조 상호방위 조항에 따라 아프가니스탄에서 미국을 지원했다. 현재 아프가니스탄에는 3만 2천명의 나토 병력이 있다. 리가(Riga) 정상회담 후 나토는 여러 문제에 직면해 있다. 유럽은 미국의 이라크전쟁을 둘러싸고 분열돼 있으며 나토를 이라크전에 개입시킬 정치적 의지는 없다. 러시아와의 새로운 관계는 세심한 관리를 필요로 하고 있다. 프랑스는 미국의 나토에 대한 영향력이 너무 크다고 하고 있다. 프랑스는 나토가 뉴질랜드, 일본 등 다른 국가들과 특별한 파트너십을 맺으며 글로벌한 역할을 하는 것에 반대하며 특히 동아시아에서 나토의 포부가 중국과 마찰을 일으킬 것을 우려하고 있다.

나토는 내부적으로 헌장 작성과 사무절차와 그리고 공약에 있어서 필요한 수정에 대처하기 위하여 정치, 군사기구가 설립되어 있다. 이사회는 파리에서 항시 회의를 진행하고 있다. 이사회 15개 가맹국의 상임대표들은 모두가 대사급의 경험이 있는 인사들로서 그때, 그때의 현실적인 문제를 심의하기 위해 일주일에 두 번씩 정규적으로 회의를 하고 있다. 외상들은 국방상, 재무상을 반드시 대동하고 근본정책을 검토하기 위해 1년에 정규적으로 두 번씩 회의를 하고 새로운 사태에 적응해 나가며 그때, 그때의 요청에 따라 나토의 방향을 재검토하고 있다.

제12장
러시아와 서구, 동구 및 공산주의 이념에 의한 민족문제

서구문화와 서구인들의 생활의 영향

16세기와 17세기에 있어서 러시아는 서구문화와 생활에 영향을 받는다. 러시아의 영토 팽창으로써 흘러들어 온 외국인(서구)의 사상은 점차 러시아 사회에 침투하게 된다. 그러나 러시아인은 두 유형으로 나뉘어져 일부는 서구사회의 사상이나 문화양식을 환영하는가하면 일부는 회의(懷疑)를 갖는다. 서구인과 서구사상에 대한 러시아인들의 특징은 후에 서구인들이나 서구사상을 두려워하는 나머지 증오하는 경향으로 배척사상이 나타나게 되었다.

최초로 러시아로 온 외국인은 15세기 말에 크렘린궁을 건설한 이탈리아인들이다. 그러나 러시아인들은 그들의 지식이나 기술을 배우려 하지 않고 이반 3세의 궁정(이탈리아인이 건설)에 대해서도 크게 영향을 끼치지 못했다. 16세기까지도 스웨덴이 러시아에 들어와 서구의 무역 출구를 봉쇄하고 있었고 이반테리불에게도 제한을 하려고 했으나 무역 상인으로 러시아에 들어온 영국 상인들을 이반테리불은 환영했다. 그리고 그는 영국 상인들에게 특권을 부여하고 영국의 모직물을 러시아의 목재, 밧줄, 범선에 필요한 물품과 교환하는 데 장려한다. 이 교역은 영국에 있어서 대양을 항해하며 스페인의 무적함대를 건조하는 데 큰 힘이 되었다. 많은 영국인들이 최초로 러시아인들에게 서구의 공업기술을 가르쳐 주었다. 많은 영국인들 중에는 러시아인들과 사이좋게 지냈으며 짜르 군대에서 장교로서 생활한 사람도 있다.

17세기 중엽에는 영국인들이 아니라 네덜란드 사람이 러시아에서 상업과 제조업에 종사해 왔다. 네덜란드인들은 주로 모자, 제지, 직조공장을 건설하고 상업을 했다. 1613년 미카엘 로마노프가 즉위한 후로는 모스크바의 외국인 거주 지역에 주로 독일인들이 살면서 발전시켰다. 여러 나라의 기술자들은 직조공, 청동주조공, 시계 제조공들로서 러시아 정부로부터 거액의 봉급을 받았다. 이민족에게 배타적이었던 러시아인들은 그들이 외국인들로부터 지식이나 기술을 전수하고 있음에도 불구하고 그들에게 돈을 빼앗긴다고 짜르에게 이들을 막으라고 한다. 의술이 발달하지 않았던 17세기에도 외국인들이 의사와 제약사로 활약한다. 그러나 일반 러시아인들은 그들 외국인들의 의술활동이나 약사들의 활동을 마술로 여겼다. 17세기에 이르러 서구의 영향은 궁정 생활에 뚜렷이 나타났다. 러시아에서 최초로 연극이 상연된 것은 1872년이었다. 그것은 프랑스의 고전극인 〈에스테르〉로 장엄한 성서극이었다. 소수의 귀족들은 책을 구입하고 도서관을 건축한다. 그리고 라틴어, 불어, 및 독일어를 배우기 시작한다. 사람들은 샐러드를 먹고 낮잠을 자며 사교술의 일부인 화법을 배운다. 소수의 러시아인이 외국으로 여행을 갔으며 이들 소수 중에는 귀국을 하지 않고 외국에 남아 있는 사람들이 있었다.

후진성에서 기인한 서구인들과의 갈등

한편 일반대중은 외국인을 믿지 않고 미워했으며 외국인 주택을 약탈하거나 길에서 외국인을 만나면 야유를 하는 것이 비일비재였다. 17세기 저술가인 한 사람은 다음과 같이 말했다. "외국인을 받아들이는 것은 큰 재난이다. 그들은 러시아인의 땀과 눈물로 생활을 영위하고 있다. 외국인들은 사육제와 같이 우리의 코에 쇠고리를 끼우고 우리를 이리저리 끌고 다닌다. 마치 그들은 신이요, 우리는 바보와 같다. 그들은 우리의 상전이었고, 또 우리의 왕도 그들의 종에 지나지 않는다."

외국인에 대한 반감이 가장 극적으로 폭발한 것은 종교분야에서였다. 서부지방 우크라이나 지방 출신으로 고등교육을 받은 성직자와 희랍학자들은 성서를 교정해서 현행본의 미비한 점을 시정하도록 대교구장 니콘에게 건의한다.

이 개혁에 대한 분노는 러시아 교회의 대분열을 초래한다. 신앙의 본질에서가 아니라 의식에 깊은 관심을 가지고 있었다. 러시아인들은 수세기 동안 예수의 이름 철자를 틀리게 썼고 십자가를 그을 때 손가락이 잘못되었다는 것을 알고 분노한다. 일반적으로 러시아의 서구화를 시작한 것은 표트르대제였다. 그러나 그가 왕위에 오르기 전 16세기, 17세기에 이미 외국인과 외국식 생활양식, 사상이 흘러 들어옴으로써 교회분열에 영향을 준다.

스탈린의 민족 분리권과 민족주의 이론

소련이 과거 민족 분리권을 주장하는 이유는 그들의 사회에 있어서 상호 간에 침략을 하지 않고 서로 신뢰와 자발적 단결이 이루어지며 또 민족 자결은 약소민족을 제국주의의 지배 밑에 끌어넣을 가능성이 있기 때문이다. 공산주의자들은 민족 문제를 노동자계급의 문제와 연결시켜 식민지 해방의 문제로써 전개하고 있다. 그러기 때문에 그들은 항상 약소민족, 식민지의 민중에게 교묘한 인기 정책을 쓰며 사회질서를 혼란케 하는 전술을 달성하면 그들의 태도는 표변하여 도리어 후진 약소민족을 억압하는 것이었다. 소련이 주장하는 '제민족(諸民族)만의 권리선언'은 어디까지나 계급위주이며 민족은 제2차적인 것이었다. 그렇기 때문에 민족을 주요시하는 것을 '사회개량주의' 또는 '사회애국주의'라고 경멸한다.

그러므로 제1차 대전시에 성내(城內) 평화와 조국옹호를 주장한 사회민주주의자들을 매수된 사회개량주의자로 규정하고 비판했다. 이와 같이 공산주의는 노동자 계급문제에 초점을 두고 모든 나라의 노동자 계급의 단결을 요청하는 동시에 소비에트세계 공화국을 목표로 했다. 노동자 농민을 위한다는 러시아공산주의 국가에 있어서 연간 경제 성장률은(1차 대전 당시) 8%－12%나 증가했다.

이와 같은 급속한 발전은 노동자에 의한 것이었다. 러시아 영토의 확대는 종래의 제국주의 국가의 그것과 성격을 달리하고 있다. 선진 자본주의 국가의 침략확대는 그들의 원료 및 식량공급자로서 후진 지역을 침략했다. 그러나 후진 지역의 공업화는 되도록 억압하고자 했다. 후진 지역의 사회체계를 별로 변혁하지 않고 전 근대적 요소를 유지하고 있으며 경제 발전은 별로 하지 않았다. 공산주의자(마르크스주의자)들은 인류역사를 원시사회를 제외하고는 모든 계급투쟁사로 보고 있다.

구체적 예로 고대사회에서는 노예 소유자와 노예, 봉건사회에서는 영주와 농노, 근세사회 이후로는 자본계급과 무산 계급으로 나누고 있다. 이와 같이 두 계급이 대립되어 있다고 보고 이것에 대한 구분은 생산수단을 소유하는 계급 및 이를 다른 방법으로 자유롭게 처분하는 계급과 이러한 생산수단을 갖지 않고 노동력을 판매함으로써만 생활하는 계급으로 보는 것이다. 공산주의자들의 이론에서는 계급이 역사의 추진력이 되어 있기 때문에 민족이론은 중요성을 갖고 있지 않다. 마르크스, 엥겔스에 있어서는 유태문제를 위시한 몇 논문에서만 민족 이론의 중요성을 언급하고 있다. 그러나 이 문제를 본격적으로 다룬 것은 스탈린이다. 공산당은 혁명 직후 '제(諸)민족의 권리 선언'을 발표한다. 이 권리 선언에서 러시아 제민족의 평등과 자유 독립국가를 포함한 러시아 제민족의 자유로운 자결권, 모든 민족 및 민족 종교적 특권과 제약의 철폐, 러시아 영토 내에 거주하는 소수민족 및 인종들의 자유로운 발전을 선언했다. 그 후 그들의 민족 문제는 새로이 제10회 공산당 대회에서 그들의 정책으로 수립되었던 민족문제에 관한 당의 당면문제 보고 연설에 관한 것이다.

정책의 핵심은 두 가지다. 민족 자치권을 인정하지 않고 민족 분리권만을 인정하는 것이다. 이것은 민족 자치권을 주장하는 본드의 이론에 대립하는 동시에 제2인터내셔널의 민족 자결권의 정책과 대립하는 것이다. 이 문제는 그 후에 있어서 중요한 이론의 문제일 뿐 아니라 과거의 모든 사회 체제가 변혁했다. 농업은 집단화하고 공업은 중공업 및 원료공업으로 전환된다. 그리고 이것을 강력히 실시했기 때문에 생산은 상승한다. 그리고 이러한 집단농장화를 그들의 정치적 공산당을 이용하여 강행했다. 강행하는 이유는 러시아의 국력의 우위를 확보하는 동시에 경제적으로 러시아의 이익을 위할 수 있는 것이기 때문이었다.

즉 집단 농장으로 농민을 쓸어 넣으면 그만큼 농민을 자유자재로 지배할 수 있으며 농산물은 값을 지불하지 않고도 러시아로 가져갈 수 있기 때문이었다. 상품 및 가격을 정확히 발표 후 대가로써 지불하는 가격과 또 러시아인이 그들에게 목면, 철, 어떤 종류의 공업기계를 판매하는 가격, 및 무기를 판매하는 가격을 공표할 것 같으면 러시아의 일방적인 이익을 위해 그들의 착취가 자세히 드러나기 때문이었다. 자본주의 국가가 후진국을 착취한 것보다도 더 많이 수탈하고 있었다.

경제 문제 : 위성국가에 대한 통제 문제

러시아는 자국중심의 경제를 강화하여 자급자족의 태세를 강화했다. 소련 경제는 공업에 중점을 두는 동시에 일층 더 자급자족으로 나가게 했다. 5개년 계획에서도 이러한 목표를 추구했으며 제2차 대전 전에 이미 목표를 달성했다. 소련의 공업 생산이 세계 생산의 4%에서 10%로 상승하였을 당시 소련이 세계무역에서 차지하는 비율은 3개 내지 4%에서 1%로 하락했던 것은 이를 증명하고 있다. 그러나 위성국가에 있어서는 그들 국가 중심으로 되지 않도록 하고 있었다. 도리어 소련의 경제에 의존하도록 통제하고 있었다. 소련은 무역을 국가가 독점하고 있었으며 위성국가의 무역도 소련의 명령에 따라 국가가 무역을 독점하고 조직화하고 있었다. 헝가리, 폴란드, 체코 등의 위성국가는 국가가 무역을 독점하고 있었으나 이를 통제하는 것은 소련이었다. 소련은 소련의 위성국가의 수출입품의 가격을 통제할 뿐만 아니라 5개년 경제계획에 따라 수출방향을 결정하고 가격까지 결정했다. 1937년 동유럽의 나라들과 소련의 무역을 1%, 위성국 상호 간에는 12%이었다. 위성국으로 편입된 후로는 변화하였다. 동구의 무역 중 65%는 소련 위성국에서 행해졌다. 러시아 한 나라와는 31%가 행해졌다.

군사 문제 : 모스크바에서 지휘

군사문제는 바르샤바 통일군이 설립되어 동유럽의 군대가 형성되어 그 사령부는 모스크바에서 지령을 받고 있었다. 군사력을 가진 소련은 각국의 공산당을 조성하여 국가 기관을 지배했다. 소련은 위성국가의 공업, 수출, 수입을 소련 경제에 결부시킬 것이 아니라 위성국 상호 간의 무역을 통제함으로써 군사 정치권력을 경제적으로 강화하려고 시도하고 있었다. 소련의 무역을 조정하고 있기 때문에 소련으로 수입되는 소비재는 거의 무상으로 소련으로 가져가 소련이 수출하는 공업제품은 고가로 판매되어 유례없는 부등가(不等價) 교환을 했다.

이러한 군사적 경제적 지배를 토대로 하여 소련은 위성국에 강력한 지배체제를 강화하였다. 적군이 침입하기 이전에 소련은 노동조합을 가졌다. 제2차 대전 후 급속히 조직한 노동조합은 자주적 조직으로서 존속한 것은 불과 10년도 못되었다. 공산당의 정권 수립과 더불어 붕괴되어 노동자의 이익을 옹호하는 기관이 없어졌기 때문에 노동의 수탈이 가능하게 되었다. 농민 역시 집단 농장에 편입되었다. 집단 농장에 편입된 농민은 거의 무력하고 그들의 이익을 옹호 받지 못했다. 그들은 국가가 기계, 트랙터를 공급하지 않고 비료를 공급하지 않으면 농장에서도 모든 활동이 마비되었다. 국가 권력이 모든 것을 지배했다. 소련에 있어서 혁명 후 집단 농장화가 시작할 때까지 10년이 경과되었는데 위성국가에서는 단축되어 불과 4, 5년 만에 완성되었다.

이와 같이 노동자 농민의 이익기관 없이 중공업 및 원료 공업에 중점을 두고 소비재 공업을 억압했기 때문에 민중의 생활수준이 낮아졌다. 소련은 혁명 당시 노동자 농민의 생활수준이 낮았으나 위성국가의 노동자 농민의 생활수준은 상당히 높았다.

라이프치, 베르린의 노동자, 프라하, 부륜의 노동자들은 제2차 대전 이전이나 이후 모스크바, 레닌그라드의 노동자들보다 높은 생활수준을 유지하고 있었다. 그러나 소련은 이들 위성국가의 실질적인 임금, 봉급을 저하시키고 농민의 실질 수입을 저하시켰다. 그리고 이들에게 착취한 부분이 직접 무역에 대한 상품 인수로서 소련에 가져갔다. 이러한 이중 착취에 대한 분노가 결국 동유럽의 의거, 비극으로 나타났다. 위성국가의 국민들은 자유까지 박탈당하고 자유국민으로서 민족의식이 억압당하고 생활수준이 저하되었으나 그들이 전 세계에 자랑하던 인민민주주의의 정권이 노동자, 농민의 항거에 대항하지 못하고 결국 전국에 의한 무자비한 억압에 의하여 진압되었다는 것은 위성국가의 정권이 소련의 군사적 지령에 따르는 것이라는 것을 입증해주었다.

민족문화정책

정치적·경제적인 면뿐만 아니라 민족문화의 면에서도 소련의 지배가 나타나고 있었다. 문화정책에 있어서도 위성국가의 자주성이 없었다. 소련정권의 유지, 강화에 의존하고 있기 때문에 민족문화의 문제도 소련의 위주로 되었었다. 그러므로 소련 연방 내에서도 한 민족이 그들의 민족문화를 발전시키고 그들의 민족의식을 앙양시키면 혁명적 부르주아라고 배격했다.

예로 아르메니아 어떤 교과과정에 일주일에 60시간이 아르메니아 역사, 문학에 충당했는데 유물사관, 정치학, 경제학은 불과 13시간 만이 할당되었었다. 이에 대해 사회주의로부터의 탈락과 부르주아적 민족주의의 복귀라고 하여 '지방배의주의자'로서 배격했다. 소련연방의 약소민족학교, 특히 초등학교와 중등학교까지도 러시아어로 강의를 시키고 있었다.

제13장
소련의 세계공산주의화(化)의 책략과 미 · 소 · 영 · 불과의 외교 대결

아세아의 공산주의도 1917년 러시아 혁명에 이어 1919년 3월 코민테른의 조직적인 공작에 의하여 촉진되었다. 그 후 공산주의는 코민테른의 지령을 받아 민주운동에 야합하면서 제국주의 식민지 해방운동을 기초로 하여 등장하지만 실패한다. 1935년 코민포름 제7회 대회부터 반파시즘통일 전선이 결성된다. 아세아 공산주의는 중국의 공산주의에 야합하면서 반일 투쟁에 참가한다. 그들의 조직과 기반을 강화하여 결국 중공이 성공한다. 이와 같은 예를 따른 것이 베트남 호지명의 정권이었다. 국민당의 무능, 부패에 의한 중공, 베트남의 성공 이외는 공산당은 성공하지 못하였다.

1947년 코민테른 결성에 의하여 주다노프의 연설 및 이를 부연한 주코프의 논문, '식민지체제에 있어서 위기의 심각화'에 의하여 공산정권은 '칼카타노선'을 선정하였다. 그들은 농민 반란, 무장봉기를 기도하고 말레지아, 미얀마, 인도네시아, 인도 등에 무장 봉기와 농민봉기를 선동하였다. 그래서 폭동이 일어났으나 민족 국가로서 결국 실패한다. 인도네시아에서는 '샤프 키디'라는 좌익 전선이 붕괴되고 공산당은 파멸되는 위기에 부딪치게 되었다. 한국의 6.25전쟁도 공산주의 정책의 일환으로 불법 남침한 것으로 보고 있다. 이와 같이 폭력주의에 의한 공산화가 실패하자 코민포름은 1951년 그들의 정책을 변경하고 광범한 통일전선으로서 '인민민주주의 전선'을 추진시켰다. 그리하여 민족 통일전선을 결성하고 광범위한 민중 속을 파고 들어가는 전술을 썼다. 마르크스는 자본주의가 고도로 발달한 나라는 공산화하지 않고 후진 국가에서 공산화가 일어난다고 주장하고 있다.

그 이유는 첫째, 경제적으로 후진 국가는 빈곤하다. 빈곤을 극복하기 위하여 강력한 경제 정책을 시행하여야 한다. 그러면 무엇보다도 생산력을 높여야 하며 생산력을 높이기 위해서는 자본 축적이 요구된다. 외국의 자본 원조 없는 경우 자본 축적을 강행하려면 국민의 생활수준을 더욱더 저하시키는 것을 의미하기 때문에 국민의 불만을 초래한다. 국민의 생활 불만은 신흥국가의 정권을 동요케 한다. 이러한 위험을 내포하면서 경제를 발전시키려는 목적은 국민의 사회적 복지를 증진시키려는 데 있다. 공산주의란 '과도기의 질병(a disease of transition)'에 감염되기 쉽다. 그는 〈제 성장의 제 단계〉(일명 반공산당 선언)라는 저서에서 이야기하고 있다. 공산주의는 전통적 사회가 근대적 사회로 이행하는 과도기에 있어서 그 사회의 내부에 있는 근대적 가능성을 가진 제 요소를 효과적으로 조직화하는데 실패할 때 감염되는 일종의 과도기의 질병이라고 하고 있다. 전통적 사회가 근대 사회로 옮아갈 때 비약을 하여야 하는데 이 비약을 위한 전제 조건을 정비하고 비약을 시작하여 자율적 성장을 하여야 하는 국가 조직이 필요하다. 만약 민족주의가 이 조직화 문제에 성공하지 못하면 공산주의가 감염하여 이에 대치한다고 보고 있다. 비약을 위한 전제 조건이 토지 개혁 또는 중요 산업의 국유화라면 민족주의에 입각한 국가가 이를 실시하지 않으면 사회적 불만이 중대하여 공산주의에로 옮아가는 것이라고 말하고 있다. 공산주의로 단결하기 위해서는 민족주의에 입각한 강력한 경제 정책이 수립되어야 하며 이에 의하여 생산력의 발전과 사회적 정의가 아울러 실시되어야 한다고 보고 있다.

어떠한 사회에 있어서도 모든 사회제도, 관습, 종교 등은 유기적 관련을 갖고 있으며 그 사회의 문화는 통합된 체계를 갖고 있다고 마리노프스키 등 학자들이 주장하고 있다. 그러한 후진국에 있어서 급격한 사회변동 및 외래문화의 급속한 도입에 의하여 종래의 유기적 사회체제와 문화가 기능을 잃게 된다. 사회 질서는 무너지고 생활 도의는 퇴폐하고 아노미(무규율)상태가 나타나게 된다. 이 아노미의 상태에 공산주의가 들어 올 위험성이 많은 것이다.

이와 같이 아시아의 공산화도 제2차 대전 후 과도기에 소련 공산주의의 계산된 정책에 의한 것이었다. 제2차 세계대전 이후 냉전의 주요한 사건은 1945년에 국제 연합이 발족되었고 47년에는 동서의 대립이 심각하게 되어 트루먼 대통령의 안에 이어 마샬 플랜의 실천 중 1950년 한국전쟁으로 냉전은 절정에 달한다. 이 냉전이 한국전쟁 휴전과 스탈린의 사망으로 풀리기 시작하여 1955년에 제1차 동서정상회담이 열린다. 그러나 56년에는 동서의 긴장이 격화된다. 10월에 폴란드의 정변, 헝가리의 반공 봉기, 수에즈 침공이 일어난다. 이 때문에 57년에는 소련의 스푸투니크 발사의 성공으로 세계정세는 다시 크게 전환한다. 1960년 10월 16일 제2차 동서정상회담을 갖게 된다.

흐루시초프는 파리의 정상회담에서 정상회담을 와해시키려는 미국의 소련영공의 스파이 비행을 중지할 것을 약속할 것 그리고 5월 1일 U−2 사건에 대하여 유감의 뜻을 표명할 것, 이 사건의 책임에 따르는 처벌을 할 것을 요구하였고 미국이 이에 응하지 않으면 정상회담에 참가할 수 없다고 주장한다. 그러나 흐루시초프는 아이젠하워 대통령이 이에 응하지 못하게 고의로 일을 꾸미고 있었다고 관측통들은 이야기하고 있었다. 아이젠하워 대통령은 소련 영공의 비행은 이미 중지되었고 앞으로 재개도 하지 않겠다고 말했다. 그 나머지 요구는 트집이나 다름없는 것이어서 수락할 수 없는 조건이었다. 흐루시초프는 1960년 6월에 예정되어 있던 아이젠하워 대통령의 소련 방문도 철회하는 동시에 정상회담을 6개월 내지 8개월 연기하자고 하였다. 그럴 경우 아이젠하워 임기가 끝난 후가 된다. 그럼으로 아이젠하워는 정상에서 이야기하지 않겠다는 뜻이었다. 자기가 제시한 조건을 아이젠하워가 수락하지 않는 이러한 모욕을 당하고도 아이젠하워가 U－2 사건은 유감된 일이었다고 사과하리라고는 흐루시초프 자신도 생각하지는 않았을 것이다. 책임자 처벌은 5월 12일 기자회견에서 아이젠하워 대통령이 U－2 스파이 비행을 알고 있었다고 말하여 자기가 최고 책임자임을 밝힌 것을 흐루시초프도 알고 있었다. 이렇게 아이젠하워를 철저하게 모욕한 발언내용을 공개하지 않으려는 서방의 제안에도 흐루시초프는 반대했다.

동서 정상회담의 결렬과 소련

프랑스의 드골 대통령이 하루 동안의 생각할 기간을 두자고 제안한 첫날 회의는 하오 2시에 상회되었다. 그날 밤 맥밀란 영국 수상은 7시에, 드골 대통령은 8시에 아이젠하워를 만나서 흐루시초프와의 조정을 시도하는 데 대한 양해를 얻고 8시에 소련 대사관에 흐루시초프를 찾아간다. 그러나 맥밀란의 노력은 허사였다.

다음날 17일 아침에 흐루시초프는 말리노프스키 국방상과 그로미코 외상을 대동하고 대사관 밖에 나와서 즉석에서 기자회견을 하고 자신이 제시한 조건이 수락되지 않는 한 정상회담 장소인 엘리제궁에 갈 생각도 없으며 아이젠하워 대통령이 잘못을 인정하지 않으면 소련 대표단은 그날로 파리를 떠날 것이다 라고 한다. 17일 서방의 삼국 수뇌들은 엘리제궁에 모여 드골 대통령의 이름으로 다른 3국 수뇌에게 하오 3시부터 정식 정상회담에 참석해 달라는 초청장을 내기로 한다.

영국과 미국은 수락하였으나 미국은 흐루시초프가 이 초청장을 받아들이면 그 전날 제시한 조건을 철회한 것으로 간주하겠다고 한다. 하오 3시가 되도록 흐루시초프는 엘리제궁에 나타나지 않았다. 소련 대사관은 오후 5시까지 연기해달라고 하였으나 흐루시초프는 정식 회담이 아니어서 16일 예비회담을 하자고 고집한다. 그러나 정상회담은 열리지도 않은 채 무산된다. 정상회담의 결렬은 불길한 사태가 벌어지지나 않나 하는 세계의 충격적인 사건이었다. 첫날 회의 이후 아이젠하워 대통령을 수행했던 토마스 게이트 국방장관은 세계각지의 미군사령부가 모두 전투태세에 있게 하는 명령을 한다. 소련도 이에 대응하는 경계태세에 들어간다.

이로써 세계는 동서의 냉전 태세에 들어가는 것 같았다. 소련의 대응에 미국, 프랑스, 영국은 되도록 소련과의 합의사항 및 접촉의 확대를 도모하고 서방세계 및 나토동맹의 단결을 강화한다. 소련인들은 프랑스에 있는 일부 서방정치가들에게 흐루시초프의 정책이 앞으로 화해의 정책일 것이라는 것을 시사하고 있었다. 크렘린이 미국과의 긴장이 해소되게 할 용의를 갖추고 있는지 혹은 냉전으로 되돌아가게 전면적인 정책 전환을 하기로 결정하였는가 하는 의문을 하게 된다.

소련의 요청으로 열린 유엔 안전 보장 이사회는 (1960년) 5월 26일 미국이 소련 영토 위에서 스파이 비행을 한 것을 이유로 미국을 침략자로 규정하자는 소련의 결의안을 찬성 2(소련, 폴란드), 기권 2(튜니지아, 세이론), 반대 7(미국, 영국, 프랑스, 아르헨틴, 에콰도르, 이탈리아, 대만)로 부결되었는데 다음 날 아르헨틴, 에콰도르, 소련, 튜니지아 4개국이 제출한 결의안 표결에 소련은 폴란드와 더불어 반대는 하지 않고 기권한다. 이 4개국 결의안은 관계 각국에 협상 같은 평화적 수단으로 문제의 해결을 도모하라고 권고한다. 가입국가에 대하여 무력행사, 혹은 그러한 위협을 삼가하며 상호간의 주권과 영토의 보존, 및 정치적 독립을 존중하며 국제긴장을 증대하는 행동을 삼가하라는 호소를 한다. 관계 각국의 전반적 군비축소문제를 건설적으로 해결하라고 요청한다. 4대국에 되도록 빨리 협상을 하라고 촉구한다는 내용인데 소련이 자기의 결의안이 부결된 다음에 이 결의안에 거부권을 행사하지 않은 것은 소련의 태도가 어느 정도 부드럽게 된 것을 의미한다.

흐루시초프가 동서정상회담을 목표로 추진하여 오던 중동에서의 경주(競走)적 평화공존 정책은 국내적으로 스탈린주의자들, 공산 진영 내에서는 중공지도자들로부터 상당한 저항을 받고 있었다. U-2 사건을 계기로 그러한 비판이 표면화되어 흐루시초프에게 압력을 가했다는 것이다. 특히 흐루시초프에 의한 압력에는 그의 군비축소 정책을 못마땅하게 여기고 있다가 군부도 가담한 것이다. 그러나 한편 흐루시초프는 소비에트 군사력을 로케트에 의존하기로 했고 인민의 생활을 향상시켰고 국내적으로는 개인의 생활은 완화하고 국내외의 접촉을 증가하기로 했다.

흐루시초프에 대한 스탈린주의자들의 압력

국내의 스탈린주의자들과 군부가 흐루시초프에게 압력을 가한다. 크렘린 세력 균형에는 변동이 있었는데 서방에 대해 강력한 노선을 취할 것을 주창하는 군부와 정치가들 손에 전보다 많은 권한이 부여되었다. 흐루시초프가 어렵게 이루어 놓은 서방과의 화해 정책은 U-2 사건으로 기반을 잃은 것이었다. 이로 인해서 소련 수상은 공산주의 권력기구 내의 세력 있는 중요 집단들의 오랫동안 주창하여 오던 적대 격화정책으로 옮겨가는 수밖에 없었다. 이 집단들은 미국은 믿을 수가 없기 때문에 협상은 어차피 실패되고야 마는 것이어서 군사력에 의존하는 스탈린 정책만이 중요한 정책이라고 한다.

소비에트 고립주의 정책의 주창자들은 U-2 사건 이전부터 강력한 위치를 차지하고 있었다. 미국을 위시하여 서방국가를 자주 여행하여 흐루시초프의 공존 정책을 돕고 있던 미코얀은 스탈린주의의 압력에 밀려나게 된다. 미코얀은 사실 흐루시초프보다 앞서 스탈린을 비판했다. 그가 흐루시초프의 반스탈린 정책의 하나였다는 것은 잘 알려졌다. 스탈린주의 재등장의 방증으로 소련 공산당 중앙위원회의 기관지인 '큐뉴니스트'가 지적한 것은 유고의 티토 대통령을 공격하는 논문을 게재한 것을 들 수가 있다. 즉 이 논문은 유고가 중립책을 취함으로써 직접, 간접으로 미국 제국주의를 원조하였다는 것이었다.

중공의 압력

중공은 흐루시초프의 화해 정책, 혹은 공존 정책을 반대하고 있었다. 흐루시초프는 수뇌회담에서 동·서독을 참가시켜야 한다는 동독의 요구를 거절했다. 북경은 동독의 요구를 지지하였다. 동독은 중공을 치켜서 수뇌회담을 성사시키려는 것이었다. 1960년 2월에 바르샤바에 옵서버로 참가한 중공은 중공도 수뇌회담에 동의한다고 말한다. 이것은 결코 세계평화를 실현할 수 있다는 소련의 생각에 동의하는 것은 아니었다. 소련은 담판을 통하여 투쟁하라는 뜻으로 동의했던 것이다. 그러나 중공의 이러한 행동도 소련의 생각을 바꾸지는 못했다. 그래서 4월 중순부터 중공의 소련 공격이 재개됐다. 공격은 레닌 탄생 90주년이 되던 1960년 4월 22일 홍기(洪旗) 편집부 이름으로 나온 '레닌주의 만세' 인민일보 이름으로 나온 '위대한 레닌의 길을 따라 전진하라' 등의 논문, 중공 중앙 선전부장, 육정일의 '레닌 혁명의 깃발 밑에 단결하라'는 연설 등 일연의 평론이 나온다. 이러한 비난과 비판은 "전쟁과 평화의 문제를 중심으로 하여 현대의 상황에서는 전쟁이란 피할 수 없는 것이 아니다."라고 하는 소련의 생각을 수정주의라고 했고 "제국주의가 존재하는 한 전쟁은 피할 수 없다."는 레닌주의를 강조하는 것이다. 그리고 현재의 소련의 방법은 "평화를 구걸하는 것, 전쟁을 겁내는 것, 인민의 투지를 마비시키는 것"이라고 공격한다. 중공이 공산주의 세계에서 제일 싫어하는 수정주의라는 딱지를 소련에 붙인 것은 중공과 소련의 논쟁이 얼마나 첨예화한 것인지를 보여주고 있다.

4월 22(1960년)일 소련은 중공과는 반대로 레닌 90주년 탄생 기념회에서 소련 공산주의에 대해, 코시킨은 전쟁과 평화에 대하여 파멸적인 무기가 발명된 상황에서 전쟁은 할 수가 없다고 강조한다. 중공의 강경 노선과 대비한 다른 공산주의 국가의 동향에 관하여 런던 타임즈는 "중공으로부터 압력이 흐루시초프 수뇌의 갑작스러운 작전변경에 어느 정도 책임이 있는가는 아직 알 수 없으나 실제로 사용되었던 위협이나 의논이 어떤 것이든 결국 흐루시초프는 방침을 바꾸게 된 것만은 사실이다. 과거 5년간 성과를 잃게 된 것인데 소련으로서는 그리 중대한 것이 못되나 어느 정도의 반영을 시작한 동유럽 국가들은 각 방면에서는 큰 진보를 이룩하고 있는 때에 실망이 크다. 동유럽 국가들은 소련정책 변화에 당황하고 있을지 모른다. 중공의 영향력을 눌러 없애는 데는 동유럽 국가들의 압력이 효과가 있을 것이다."고 하였다.

군부의 압력

흐루시초프의 강경 노선을 정한 것은 1960년 5월 5일 최고회의가 열리기에 앞서 중앙위원회였다. 여기에 육군 정치국이 가담하게 된다. 파리에서 흐루시초프가 아이젠하워를 맹렬히 비난하는 것은 군부의 압력이었다. 군부의 발언권 증대는 파리의 정상을 위시하여 거의 모든 중요한 공석에 말리노프스키 국방상이 흐루시초프를 따라 다니고 있었다. 말리노프스키는 군부의 강경파를 대표하는 사람으로 막강한 힘을 갖고 있고 흐루시초프의 평화정책마저 비판하고 있는 인물이었다. 군부가 흐루시초프의 화해정책에 불만을 품게 된 이유의 하나는 그가 발표한 병력 삭감이다. 소련의 어떤 잡지에는 제대될 군인 특히 고급 장교들의 동요를 막기 위해 예비역에 편입된 어떤 장군이 지방의 면장이나 군수 같은 새 직위에서 잘 해나가고 있다는 등의 글을 미리부터 게재하고 있었다. 그래도 그들의 불안은 좀처럼 풀리지 않았다. 이러한 군부 내의 동요가 U−2 사건을 호기로 표면화되었다. U−2 비행 같은 정찰이 메이데이뿐 아니라 여러 번 있었다는 것은 소련군이 로케트 위주의 작전을 하고 있는데 흐루시초프의 정책을 비난할 구실을 준 것이다.

정상회담(1960년) 결렬과 미국, 소련

파리 정상회담의 결렬에 가장 영향을 받은 것은 미국이었다. 흐루시초프는 파리 정상회담을 깨뜨린 후 군비축소를 제안한다. 제네바에서 진행되고 있는 군비축소회담과 핵실험 정지회담에 어떻게 대처할 것이냐 하는 것도 큰 문제였다. 우방과의 관계에 있어서는 소련이 U−2비행기가 다시 소련 상공을 침범하면 그 비행기에 기지를 제공한 국가를 공격하겠다고 했다. 덜레스 국무장관이 사망한 후로 소련과의 협상을 할 것을 전제로 외교를 추진하여 왔던 만큼 미국으로서는 그 전제가 거의 무너진 외교문제 전반에 걸쳐서 근본적인 문제를 재검토하여야 할 일이었다.

흐루시초프가 5월 5일에 U−2비행기를 격추하였다고 5월 5일에 발표했을 때나 그 후나 미국의 외교는 유럽 제국의 외교 같은 전통이 없고 미숙하다는 것이 드러났다. 5월 5일의 미국의 첫 반응은 기류조사를 하는 비무장의 항공우주국(NASA)소속 비행기였다는 국무성과 NASA의 발표였다. 당시 아이젠하워 대통령은 워싱턴 교외에 비밀장소에서 국가안전보장회의를 하고 있었다. 그는 격추된 비행기의 진상을 발표하라고 국무성과 NASA에 명령했다. 그때 발표된 국무성의 발표는 아주 졸렬한 것이었다.

국무성의 성명서는 지난 5월 1일에도 일기를 조사하기 위한 고공제트비행기 하나가 민간인의 조종으로 터키의 아나다를 출발했는데 이 비행기는 행방불명이 되었고 조종사는 산소흡입기에 고장이 났다고 발표했다. 그러나 흐루시초프는 같은 날에 미국비행기가 소련의 영토 안에서 격추되었다고 발표했다. 그것은 이 행방불명된 비행기일지도 모른다. 산소호흡기가 고장이 나서 조종사가 의식을 잃고 비행기가 자동적으로 상당한 거리를 날아서 소련 영공을 침범했다는 가능성은 충분히 있다고 했다. 이것이 결정적인 실수였다는 것은 이틀 후 드러났다. 흐루시초프가 5월 7일에 조종사

프란시스 해리 파워즈(30세)가 소련 영토를 찍은 사진을 보이면서 스파이 비행이었다는 것을 발표했다. 흐루시초프는 파워즈가 터키의 아나다 기지에 있는 윌리암 톰프스 대령 지휘하에 정보기관에 소속되어 있으며 파워즈의 비행코스는 아랄해, 스벨트로 프스크, 물스만스크를 경유하여 노르웨이에 착륙하는 것이었으며 이 비행기에 만약의 경우에 대비하여 자살용의 독약을 가지고 있었다고까지 발표했다. 꼬리를 잡힌 국무성은 7월에 다시 성명서를 발표하여 대통령 지시에 따라 조사한 결과 워싱턴 당국에 관한 한 흐루시초프가 언명한 바와 같은 비행에 대한 승인이 내린 일은 없으나 철의 장막 뒤에 숨긴 정보를 얻을 목적으로 비무장 U-2 비행기 하나로 소련 영토 비행이 계획된 것 같다는 것과 비무장 U-2가 과거 4년 동안 자유세계의 전선을 비행한 것은 기습공격의 위험에 대비하기 위한 것이었다는 것을 지적했다.

7월 9일 허티 국무장관이 직접 성명서로 "미국 정부가 소련이 협력이 없는데도 불구하고 단독으로라도 이러한 기습의 위험을 걸고 극복할 수 있는 조치를 취하지 않는다면 미국 정부는 미국 및 다른 자유 인민들에 대한 그의 책임을 소홀히 하는 셈이 된다. 사실 미국은 이 책임을 회피하지도 않았고 또 회피하고 있지도 않았다."고 말한다. 아이젠하워 대통령 자신이 7월 12일 기자 회견에서 스파이 비행을 알고 있었다고 말한다. 워싱턴에서 이러한 성명서들이 나온 후 모스크바에서는 흐루시초프가 U-2기의 잔해 전시장에 나타나서 기자들을 만난다. 이 사건으로 말미암아 아이젠하워 대통령에 대한 견해가 달라지겠느냐는 질문에 그는 달라졌다고 말했다. "이 계획이 한 장교 개인이 한 것이 아니라는 것을 알고 있었다. 대통령이 이런 비행 계획을 승인하였다는 것을 알고 나는 충격을 받았다."고 했다. 7월 11일은 소련의 군부회의가 시작되는 날이다. 이 회의가 흐루시초프에게는 아이젠하워한테서 사과를 받고 그러한 비행을 중지한다는 다짐을 받지 않는 한 정상회담에 응하지 말라는 엄격한 지시를 내린 것으로 보고 있었다.

미국의 비판

허티 장관의 정상회담 결렬 후 나토가 보고했듯이 소련은 U-2 사건이 아니라도 다른 구실을 들어 어차피 회담을 파괴했을지도 모른다. 베를린 문제 등에 관해서 서방이 결속하고 있기 때문에 정상회담의 효용을 의심하여 흐루시초프가 발을 뺀 것이라는 서방 신문의 해석도 일면 진리가 있는 듯 했다. 그러나 U-2사건을 다룬 미국정부의 태도는 서툴렀다. 나중에 나온 국무성이나 허티의 설명서 같은 태도로 처음부터 임했더라도 미국은 적어도 자유세계에 대한 책임을 솔직하게 말했다는 점이 강조되었을 것이다. 또 아이젠하워 대통령이 파리에 가서 스파이 비행을 중지한다는 말을 할 바에는 꼬리를 잡힐 소리는 하지 않고 있다가 파리에서 스파이 비행을 중지의 흥정도구로 삼아 막후교섭을 할 수도 있었던 것이다.

이에 대해 야당인 민주당이나 평론가들이 비판을 가한 것은 당연한 일이었다. 외교문제에 관해 발언을 많이 하는 아들라이 스티븐슨은 5월 16일 기자회견에서 스파이 비행을 처음에는 부정하고 다음에는 인정하고 나중에는 계속한다고 한다. 흐루시초프로서는 항의하지 않을 수가 없었다. 스티븐슨은 미국 정부가 U-2 사건을 서둘러 다루어서 흐루시초프에게 정상회담을 파괴하기에는 꼭 알맞은 망치와 낫을 준 셈이라고 했다. 드루 파이슨 평론가도 미국의 선진 솜씨가 서툴렀던 것과 아이젠하워 행정부가 이를 잘못 처리한 것을 들어 맹렬한 공격을 가했다. 7년 동안 아주 능란한 공보비서인 제임스 헤거티와 동정적인 미국의 언론계는 아이젠하워 대통령이 행정부에서 일어나는 일을 모르고 있고 또 한 주일에도 몇 일씩 골프를 치고 저녁마다 브리지 테이블에서 지내는 사람이 유능한 대통령이 될 수는 없다는 사실을 감추고 있었다고 파이슨은 공격한다.

프랭클린 루즈벨트는 거의 저녁마다 새벽 한시까지 개인 서재에 앉아 있었다. 트루먼 행정부 안에서는 트루먼만큼 꼼꼼하게 세부를 알고 있는 사람은 없었다. 정상회담 같은 중요한 회담이 열리기 전이였으면 소련 상공 비행은 모두 백악관이 승인을 받았어야 할 일이다. 평화를 위한 아이젠하워 대통령의 훌륭한 일이 이렇게 용두사미가 된 비극은 우리가 세계의 도의적인 지도자, 정치와 정의의 관리자의 자세를 취해오고 있다는 데에 있다. 우리는 소비에트 스파이를 많이 잡았다. 그러나 스파이를 잡았다는 것은 스파이를 하다 잡히는 것을 막아주지는 않는다. 그리고 막상 잡히고 나니까 선거 운동 중에는 그렇게 효과적이었던 메디슨대로의 모든 기교가 노출돼버린 것만 같았다. 우리는 사사건건 소련인들이 우리의 선전을 앞지르게 했다. 여기 파리에서도 가장 훌륭한 신문과 메디슨대로의 기교로 훈련받았다는 해거티가 자기의 성명서를 미국 신문에 전달도 하기 전에 소련인들은 자기들의 최후통첩을 발표하여 먼저 헤드라인을 잡았다.

제14장
소련의 저널리즘

마르크스주의자들의 신문, 【이스크라】

이스크라지는 1900년 12월 21일 레닌과 플레가노프에 의해 창간된 마르크스주의의 대변지다. 이 신문은 러시아에서 발간된 것이 아니라 독일 뮌헨에서 발간되었다. 이 신문의 발행에 앞서 레닌과 플레가노프는 의견이 일치하지 않았다. 플레가노프는 러시아에 마르크스주의를 처음 받아들인 사상가이다. 그는 제네바에 망명하여 37년간 이곳에서 보내며 자수리치와 악설로드와 함께 '노동자 해방그룹'을 세우며 10월 혁명 이후 귀국하지만 불명예스럽게 죽는다. 레닌은 이 신문이 마르크스주의의 혁명적 전통적 견해를 옹호하는 신문이 되어야 하며 신문을 통해 자신과 플레가노프가 자유주의자, 경제주의자, 수정주의자, 그리고 인민주의자를 가혹하게 비판하여야 한다고 주장한다. 또한 이 신문은 모든 사람의 신문이 되어서 그들을 계몽하는 신문이 되어야 한다고 주장한다. 그러나 반대의 입장에 있는 사람들의 견해도 기고의 형식으로 받아들이고 이에 대한 편집인들의 반박문도 실어야 한다고 주장한다. 그러나 플레가노프는 레닌의 견해에 반대한다.

두 사람의 갈등의 또 하나는 창간호에 실린 레닌의 창간사가 역사적인 문서가 되기에는 미흡하다는 것이다. 플레가노프는 레닌이 혁명운동을 조직한 최고인으로서의 자질은 인정하고 있었으나 저술가와 사상가로서의 자질은 의심하고 있었다. 왜냐하면 플레가노프는 마르크스주의에 해박한 지식으로서 마르크스주의 아버지라고 인식되었기 때문이다. 그러나 레닌과 플레가노프가 이끄는 두 그룹은 신문 발행의 원칙에 합의한다. 플레가노프 선에서는 악설로드와 자수리치, 레닌 편에는 포토소레프와 모로토프가 편집, 논설진에 참가한다.

그들 사이의 의견대립이 있을 경우 투표로 정하고 짝수임으로 플레가노프가 결정권을 갖고 토의한다. 프레가노프가 결정권을 갖고 토의했으나 레닌은 반역을 한다. 플레가노프는 스위스에 있는데 신문은 독일에서 발행되어야 하기 때문이라는 것이다. 레닌은 신문의 배부를 자신이 맡으려고 한다. 레닌은 이 문제에 대해 승리를 한다. 막 유형에서 풀려난 그의 아내, 크루스카야를 이 신문의 공식 서기로 임명하는 데 성공한다. 크루스카야를 서기에 임명함으로써 그는 해외망명객들 사이의 접촉을 자신의 지배에 둘 수 있었다. 마침내 1900년 12월 21일 독일 뮌헨에서 창간호가 나온다.

'이스크라'라는 말은 불꽃(Iskra : The Spark)이란 뜻이다. 12월 당원의 한 사람이 외쳤던 "불꽃 속에서 화염이 터질 것이다."라고 예언적인 구호에서 레닌이 따온 것이다. 플레가노프와 그의 동지들 그리고 레닌의 동지들에게 이스크라는 하나의 혁명적 신문이었다. 러시아에서는 반정부지가 금지되고 있던 당시에 이스크라는 엄청난 좌파들의 소산이었다. 레닌에게 이스크라는 그 이상의 것이었다. 이스크라는 모든 형태의 사회주의와 수정주의 및 반마르크스주의에 대항하는 기능을 하지 않으면 안되었다. 이스크라는 반짜리즘적 조류를 고무시킬 뿐만 아니라 짜리즘의 조류를 비판하고 결점을 찾아내어 대중에게 그릇된 영향을 미치지 못하도록 하지 않으면 안되었다. 러시아 각처에 흩어져 있는 사회민주노동당원들이 하나의 지역적 서클에 불과했던 것을 사회민주당으로 통합시키는 일을 했다.

이스크라지를 러시아로 반입하는데 비밀요원들이 했으며 그들은 잘 훈련된 음모가들이었다. 그들은 러시아 각처에 침투하여 정보를 수집하며 지령을 전달하고 모든 공장과 지역에서 가장 뛰어난 사람들을 뽑아 당원으로 입당시키는 일도 맡았다. 이 비밀요원들은 노동자들과 혁명운동의 참가자들에게 영향을 주는 역을 행사할 수 있는 능력을 갖고 있었다. 파업 노동자들에게 그들의 시야를 국지적인 수준으로 넓히도록 가르쳤다.

이스크라는 집단적인 선동자이며 집단적인 조직자가 되어야 했다. 개인의 계급투쟁과 불꽃을 전체적인 큰불로 확대시켜주는 풀무의 역할을 했다. 이스크라의 논설진과 기고자, 요원들은 한 덩어리가 되어 미래의 프롤레타리아 혁명을 이끌어 나갈 참모본부가 되어야만 했다.

이스크라에 대한 레닌의 기대는 엄청난 것이었다. 이스크라 창간호에 레닌은 '우리 운동의 긴급 과제'라는 논문을 발표한다. 노동 운동은 그것이 사회주의 전위대를 자임하는 혁명가들의 지도 없이 노동자들에게만 맡겨지는 경우 쁘띠 부르주아가 되고 불가피하게 부르주아적이 된다. 그리고 사회주의 전위대는 자신의 여가뿐 아니라 생활 전체를 혁명에 바칠 사람으로 구성되지 않으면 안된다. 이스크라와 편집진의 명성이 높아져가고 이스크라에 대한 열망이 커짐과 동시에 요원의 망이 확대되면서 편집진 사이에 기질과 견해의 차이로 인한 충돌이 점차로 표면화했다. 이것은 러시아 지식인들의 폐단의 하나였으나 그들은 개별적인 차이를 받아 들임으로써 그들의 충돌은 균형감을 상실한 것이 많았다. 나이의 차이와 노쇠 역시 지도층의 균열을 촉진시켰다. 레닌이 무엇을 해야 하나 라는 것을 이스크라지에 발표했을 때 플레가노프는 45세였고 베라 자수리치는 50세였다. 악설로드는 51세였다. 이 세 사람은 러시아 혁명운동에 두각을 나타내고 있었으나 20년 동안 해외에서 활동하고 있었다. 레닌은 31세, 포트레스포는 32세, 모로토프는 28세였다. 그러나 이 세 사람은 러시아에서 노동자로 취급되고 있었다.

이에 비해 경제주의파는 소장파로 불리었다. 이들보다 젊은 청년이 이스크라에 원고를 보내고 있었는데 그는 경제주의파에 반대하는 입장을 취하고 있었다. 이 청년은 트로츠키로 세상에 알려지게 되는 청년이고 필명은 이스크라에 기고하며 본명 대신 트로츠키라고 했다. 그의 본명은 레브 브론사타인이다. 이 같은 혁명 지도층의 세대교체 속에서 플레가노프와 젊은 층의 대립은 점차 날카로워졌다. 플레가노프는 젊은 층에 신경질을 부리는 일이 잦았다.

한편 악설로드는 오랫동안 망명 생활과 이에 따른 가난으로 건강이 악화되었다. 다음 10년간 플레가노프가 볼셰비키즘과 멘셰비키즘 사이를 오가는 동안 병중의 악설로드는 멘셰비키즘으로 알려진 기본적 정치 이론과 조직 이론을 수립해 나간다. 플레가노프가 철학자이고 악설로드는 사상가였다. 이들과 3인 체제를 형성했던 베라 자수리치는 가장 젊은 층에 속했다. 베라 자수리치는 16세 때(1867년) 당시 음모가인 네치예프와 가까웠던 관계로 형무소에 수감되었다.

그 후 상트페테르부르크의 총독 트레포프를 암살함으로써 혁명가로서 명성을 얻게 된다. 레닌은 그 후 이스크라에서 베라와 연애에 있던 크루프스카야 두 사람을 내보낼 것을 제안한다. 그것은 다수를 차지하려는 레닌의 정치적 고려에서였다. 이스크라에서 레닌과 플레가노프의 대립은 트로츠키의 문제에서 더 노출된다. 레닌은 트로츠키를 이스크라의 편집진에 참여시키기로 결정한다. 그가 편집진에 가입되면 편집진은 7인으로 레닌은 4표를 확보하는 셈이 된다. 트로츠키의 편집진의 참여는 투표결과 부결되었다. 그러나 후에 베라 자수리치는 능력 있는 젊은 트로츠키가 이스크라에 들어오면 자신이 축출될 것을 염려했으나 모로토프와 베라 자수리치도 악설로드도, 트로츠키의 자신만만하고 유망한 청년으로 호감을 갖게 됨으로 이스크라에 들어갈 수 있게 된다. 이스크라는 날로 더 커진다. 그것은 정치 문제와 조직문제에 있어서 하나의 전선을 제시하는 것이었으며 자유주의자들, 경제주의자들, 무정부주의자들이 되살아나고 있는 인민주의자들, 그리고 모든 여타의 경쟁적 그룹들을 이론적으로 몰아넣고 있는 것처럼 보였다. 플레가노프는 이스크라의 성공에 만족하며 그는 주로 이 문제에 마르크스주의 교리를 특히 문화분야에 적용했다. 레닌은 농업 문제를 주로 썼고 모든 파업과 소요를 찬양했다. 그는 특히 경제주의자들과 사회혁명당원에 대한 공격을 격화시켰다. 가장 생산적이며 사색적인 모로토프는 당시에 발생하고 있는 광범한 문제에 대한 해설과 평가에 주력한다. 퍼트레소프는 병중이어서 자신의 견해가 레닌과 모로토프와 별 차이가 없어서 많이 기고하지 않았다. 그러나 그는 나이를 먹으면서 시대착오적인 경향을 보여주고 있었다. 그는 이념에 있어서 마르크스주의자이지만 18세기의 계몽주의자들 같은 견해를 보여주기도 했다.

자수리치는 여성으로서 다른 편집 위원들이 결여하고 있는 점을 보여준다. 감정적인 표현, 생생한 심리적 직관력, 사람들과의 계획들을 정치적 입장에서가 아니라 인간주의적인 입장에서 볼 수 있는 능력을 보여주었다. 그리고 플레가노프와 레닌이 헤어지지 않도록 묶어 놓으며 그들의 견해 차이를 부분적으로나마 조정해주는 역할을 했다. 그녀의 능력이 이스크라 즉 불꽃이 꺼지지 않도록 노력하고 있었다. 해외의 러시아 망명자들과 국내의 혁명가들에게 이스크라의 편집진은 밀접하게 연결돼 있는 베테랑으로 보여졌다.

레닌은 악설로드가 담당했던 조직을 기꺼이 맡았다. 악설로드는 레닌이 조직의 실제적 활동에서 자기보다 재능이 나으며 또한 관심과 정략을 갖고 있다고 믿고 자기의 조직을 양보한다. 사실 레닌은 러시아의 마르크스주의의 운동이 낳은 조직이론과 조직 실무에 정통한 유일한 인물로 간주되고 있었다. 레닌은 각처에 이스크라의 대표자들을 보냈고 각처의 본부와의 교신 담당 시기는 반드시 그가 선택하고 믿는 사람이어야 했으며 모든 편지를 일일이 자신이 읽었으며 답장은 그가 아니면 아내 크루프스카야가 썼다. 그리고 레닌은 시베리아에서 풀려났거나 탈출한 유형자들을 잠시라도 런던에 초청해서 접대하고 그들에게 혁명활동의 내부 정보를 전했으며 그들 자신과 유대시킨다. 그는 지방에서 일하고 있는 유망한 남녀를 발탁해서 중앙적인 수준에서 일하게 했다. 이스크라와 경쟁적 그룹들이 있는 곳에는 이스크라의 요원을 상주시켜 이스크라의 중앙집권적 지배에 전 러시아의 혁명조직을 세우기 위한 기초를 닦았다.

이데올로기 지도 면에서 이스크라의 경쟁자는 경제주의자들의 기관인 '노동자 대의'였다. 이 기관지는 이스크라보다 먼저 해외에서 출간되었으며 1902년 말 해외망명가들과 러시아에서 이스크라보다 더 많은 지지자들을 갖고 있었다. 그러나 플레가노프와 같은 권위 있는 거장을 갖고 있지 못했으며 레닌이 갖고 있는 강력한 권력을 갖고 있지 않았다. 그러나 '노동자 대의'는 러시아혁명운동 세력의 통합을 위한 운동을 먼저 시작함으로 '노동자 대의'가 이스크라의 세력을 약화시키려는 것을 알고 있지만 통합 운동에 대한 열망을 모든 러시아혁명 운동가들이 원하고 있었기 때문에 초청을 거절할 수가 없었다. 이스크라의 편집위원 전원이 참가하여 이스크라가 제안한 안이 채택된다. 이스크라는 통합이 불가능하다는 제안이었다. 레닌은 러시아 지방 조직들과 정례적인 연결망을 이룩하고 정기적으로 요원을 보내며 지국으로부터 정기적으로 보도서를 보내 달라고 한다. 그들이 교신에서 암호를 써야했다. 이스크라는 대개 스톡호름, 마르세이유, 알렉산드리아, 갈리시아를 통해 러시아로 발송되었다. 그러나 크루스카야에 의하면 발송량의 10% 미만이 목적지에 들어갔다. 현지에서는 복사하여 돌려봤다.

1903년 이스크라의 편집위원회는 공식적으로 제네바로 옮겼다. 레닌은 이스크라 본부가 플레가노프가 살고 있는 제네바로 옮길 경우 플레가노프가 유리한 입장을 취하게 될 것을 우려하고 반대했으나 투표결과 제네바로 옮기게 된다. 레닌과 플레가노프의 갈등은 1902년 1월부터 깊어졌다. 당 대회가 채택한 프로그램을 놓고 이들의 갈등은 더욱 깊어진다. 레닌을 제외한 모든 사람이 당 대회의 프로그램을 플레가노프가 써야 한다고 주장한다. 1903년 노동자 해방그룹을 창건한 후 20년간 플레가노프는 러시아의 모든 마르크스주의자들로부터 그들의 운동의 창건자이며 지도자, 사상가, 교육자로서 존경을 받고 있었다. 플레가노프의 저서들은 불어와 독일어로 번역되어 해외에 널리 읽혔으며 인정을 받았다. 그는 철학, 미학, 문학, 역사, 사회학, 경제학, 그리고 마르크스주의에 대해 해박한 지식을 갖고 있었다. 1901년 6개월 이상 그는 이론적 바탕이 될 당 프로그램을 만들어 내는 데 고심했다. 그것을 완성하자 그는 이스크라의 편집진의 공식적 승인을 요청한다. 그는 이스크라의 이름으로 당 대회에 제출할 예정이었다. 그러나 레닌의 반박을 받게 되어 투표로서 결정이 된다.

플레가노프의 초안은 유럽 지향적이며 마르크스주의 이론적인 일반화를 러시아에 가르쳐주는 데 있었으며 열 두 개의 항목 가운데 한 항목만이 러시아의 특수 상황을 다루고 있었다. 그는 정치가가 아니고 이론가였던 것이다. 이에 비해 레닌은 진정한 마르크스주의 정치가였다. 따라서 레닌에게는 마르크스주의 이론적 일반화가 아니라 러시아 혁명을 어떻게 해석하고 원용하느냐가 더 큰 관심의 대상이었다. 레닌은 플레가노프의 초안을 비교해 볼 때 레닌의 초안은 거칠고 우아하지 못했으나 러시아라는 단어로 시작하고 있으며 실제적인 문제를 다루고 있었다. 자본주의에 대한 통상적인 마르크스주의 문제를 집중적으로 다루고 있었다. 자본주의에 대한 통상적인 마르크스주의의 서술과 분석을 그대로 받아들이면서 오직 러시아의 특수성에 어떻게 연관시키느냐 하는 문제에 중점을 두고 있었다. 두 사람의 대립은 너무나 강해서 중개위원회를 설치하여야 한다는 안이 나왔으나 플레게노프는 이에 대해 냉담한 자세로 자신의 안을 채택하지 않을 경우 다른 길을 모색한다는 위협에 레닌을 빼고 편집 위원이 플레가노프의 안을 채택함으로써 레닌은 승복할 수밖에 없었다.

이스크라 이름으로 작성한 플레가노프의 창당의 프로그램 초안이 당 대회에 보고되고 1917년 10월 혁명 이후까지도 공식적으로 인정된 볼셰비키 당 프로그램으로 남게 된다. 플레가노프의 프로그램 중에 한 안만 레닌에 의해 수정되었다. 이 안은 농민과 토지에 대한 것인데 러시아의 마르크스주의자들 가운데 레닌만 이 농민문제에 대해 깊은 관심을 갖고 있었으며 이것은 1917년 러시아 혁명 당시 그의 힘이 원천이 되었다.

이스크라는 1903년 7월에 있은 제2차 통합대회에서 다수를 차지하게 되었다. 통합 1차 대회는 1898년 민스크에서 열렸다. 경찰에 적발되어 유산된다. 창당 대회가 성공하지 못한다. 그러나 창당 대회에 대한 존경의 뜻으로 1903년 7월에 열린 통합대회를 2차 통합대회로 명했다. 그러나 실질적인 의미에서는 2차 당 대회가 제1차 당 대회였다. 또한 그것은 여러 지역 위원들, 경쟁적 파당들, 서로 싸우는 기관지들, 그리고 러시아 내의 조직과 해외 망명 그룹으로 통합시키는 통합 당 대회였다. 창당 대회의 감격의 흥분도 잠시 당 대회는 곧 대표들의 자격 문제를 놓고 논쟁에 들어갔다. 유태인 동맹의 끈질긴 방해와 공작이 있는데도 레닌은 이스크라파의 3인만으로 구성되는 상임위원의 안을 제의하고 이 상임 위원회가 당 대회를 이끌고 나가야 한다고 주장한다. 레닌의 강압적인 주장은 결국 이스크라 대의원단의 동의를 얻어 상임위원회는 플레가노프가 의장이 되고 부위원장은 레닌과 크라시코프가 됨으로써 이스크라가 승리를 한다. 유태인 동맹은 동맹에서 이탈을 한다.

이 동맹은 러시아 지배 하의 폴란드와 리투아니아 및 백러시아 유태인 지역이 각성하면서 생겨난 단체들은 러시아 내의 모든 유태인 사회주의자들을 대표하고 있다는 것을 관철시켜야 된다는 결의를 갖고 당 대회에 나온 것이다. 유태인 동맹은 민족 의식과 계급의식의 성격이 함께 이루어지지 않으면 안된다는 것을 인식시키도록 하기 위해 나왔다. 그들의 주장을 받아들인다는 것은 러시아의 모든 소수민족들이 각성해서 유태인 동맹과 비슷한 자치권을 요구하는 경우 그 요구가 받아들여져야 한다는 것을 의미함으로써 러시아 사회주의 민주당은 필연적으로 중앙집권적인 당이 아니라 연방국가가 됨으로 레닌은 반대한다. 모로토프, 트로츠키, 악설로드, 동화된 유태인들 그리고 러시아 화한 남부 러시아의 유태인들도 모두 유태인 동맹에 반대하고 레닌, 플레가노프를 지지한다.

이로써 유태인 동맹은 당을 탈퇴한다. 당 대회는 플레가노프와 레닌을 가깝게 만들었으나 이스크라는 분열되었다. 이 분열은 볼셰비키와 민셰비키로 분리된다. 레닌은 이스크라진을 쪼개는 일이 있어도 자기 진영의 강경파를 형성하여야 한다는 것이다. 그는 이때까지 '레닌의 곤봉'으로 알려졌던 젊은 사도인 트로츠키를 자기편으로 다시 끌어오려고 하지만 실패한다. 당 내 자치권 문제는 당 지도부에 굴복했던 유태인 동맹이 통합 당 대회에서 탈퇴한다. 이들은 모로토프를 지지하고 있었기 때문에 모로토프는 다섯 표를 잃게 된다. 이를 이용한 레닌은 그의 반대파도 추방하는 안을 내놓는다. 모로토프는 이에 동의하여 레닌의 계산된 함정에 빠진다. 모로토프를 지지했던 두 명의 대의원이 대회에서 퇴장함으로 레닌 세력은 2표를 더 확보한 다수가 된다. 일단 다수파가 자신의 그룹을 계속해서 다수파, 볼셰비키(Bolchevik)라고 불렀다. 그리고 반대 그룹 소수파를 멘셰비키(Menchevik)라고 불렀다.

이러한 명명은 상당한 심리적 효과를 가져왔다. 당 대회는 레닌의 동의에 따라 플레가노프와 레닌 및 모로토프 3인을 이스크라의 편집 논설 위원으로 임명한다. 이 세 사람에게 다른 위원 등을 선발할 권한을 준다. 그런데 모로토프는 악설로드와 자수리치 및 포트레소프의 선발에 플레가노프와 레닌 등이 동의할 때까지 편집 논설 회의에 참석할 수 없다고 버틴다. 따라서 위원회 선발은 지연되고 그 사이 이스크라는 레닌과 플레가노프가 운영했다. 레닌은 결국 플레가노프에게 자유권을 주기 위해 이스크라에서 물러난다. 레닌이 장악한 지위를 자발적으로 포기한 것은 그의 전 생애를 통해 유일한 것이 된다. 그가 퇴진하고 처음 나온 이스크라는 58호였다.

레닌의 신문에 대한 강령 – 집단적 선전과 집단적 선동이 본질

소련의 신문의 기능은 집단적 선전자, 집단적 선동자로서 이스크라지에서 보았듯이 이른바 마르크스–레닌주의를 이론과 실천의 지침으로 삼는다는 것은 모든 공산주의 국가에 있어서 신문의 기능과 존재 양식을 규정짓는 근본 출발이다. 공산주의에 있어서 선전이라는 어휘사용은 마르크스–레닌주의 사상의 전달과 사상의 해설, 강의를 의미한다. 대중의 사상과 의견 사고방식을 공산당 총 노선에 합치하는 것을 말한다. 선동이란 목전에 제시된 당면 과업을 수행하기 위해 대중을 동원시킨다는 뜻이며 조직이란 공산 중앙의 유일한 영도 체제하에서 대중이 결집하여 협동관계로서 지시된 지위와 기능에 복종하게 하는 것을 가리킨다.

그러므로 레닌에 의하여 규정된 공산주의 신문의 선전, 선동, 조직 등 3대 기능은 공산당 대중을 발동시키는 데 있어서 신문이 당의 수종이 되어야 한다는 것이다. 이와 같은 당성의 원칙은 소비에트 신문의 제 일차적인 기본 원리라고 강조하고 있다. 공산체제하에 신문과 자유국가 내지 비공산 국가의 민간신문을 구별하는 기준으로 된다. 레닌의 말을 수행하면서 스탈린은 신문이란 당의 불가결의 언어로서 당이 매일매일 노동계급과 이야기하는 중요한 수단이라고 했다. 한편 중공의 모택동도 중공 신문의 기준이 사회주의 길과 당의 영도라는 2개 항목이라고 강조했다. 북한의 김일성도 군중을 공산주의 사상으로 교양하는 사업이라고 강조한다. 북한의 집단 헌법 13조는 '공민은 언론, 출판, 결사, 집회, 군중대회 및 시위의 자유를 가진다.'고 하고 있는데 제27조는 '권리를 악용하는 것은 국가에 대한 중대한 죄악이며 법적으로 처벌을 받는다.'라고 하고 있다. 파괴 또는 악용이란 말은 반당행위뿐만 아니라 비당행위, 다시 말해서 당성이 희박한 경우까지 포함하고 있다. 소련의 헌법 제125조는 다음과 같이 규정하고 있다. '노동자의 이익에 접하며 사회주의 제도를 강화하기 위하여 소비에트 동맹의 시민은 법률에 의하여 다음과 같은 자유를 보장받는다.

1) 언론의 자유, 2) 출판의 자유, 3) 집회의 자유, 4) 가두행진 및 시위운동의 자유. 시민의 권리는 근로자 및 단체에 대하여 인쇄물, 용지, 공공건조물, 가로, 통신 수단 및 상기 4종류의 자유를 실현하는 데 드는 물질적 제 조건을 제공하는 것만이 허용되었다. 소련에 이롭지 못한 경우는 처벌의 위협을 받고 있었다. 소련 형벌58조는 반소적 선동, 반동적 문서의 배포에 대해 6개월 이상의 징역 또는 5년 내지 20년의 강제노동을 규정하고 있었다. 우선 인쇄물 용지와 통신 수단에 이르기까지 모든 물질적

제 조건으로부터 차단된다는 규정이다. 공산주의 국가의 신문의 자유는 신문사, 통신사의 모든 간부가 중앙당 또는 지방당위에 의하여 임명되며 또 각급 신문의 논설이 각급 당위에 당위원장 혹은 선전선동부장에 의하여 직접 집필 내지 주창될 경우만 보장된다. 이상과 같은 인사 통제, 집필 통제, 그리고 국가 기관에 의한 검열 통제, 용지, 물질적 제조건의 통제, 처벌 통제 외에도 취재 통제와 배포의 통제 그리고 일반 당원 대중에 의한 비판 통제가 실행되고 있었다. 공산주의 신문 개념은 비공산 세계의 경우와는 판이하다.

현대 민주국가의 신문의 자유는 IPI의 개념의 규정으로 언론의 자유를 핵심으로 하며 뉴스의 자유로운 접근, 뉴스의 자유로운 전달, 신문의 자유로운 발행, 의견의 자유로운 표명을 골자로 하고 있다. 이에 대해 소련의 언론 자유관은 레닌에 의하면 정부는 자본의 압박으로부터 정기 간행물을 해방하고 제지공장과 인쇄소를 국가의 소유로 전환시킨다. 일정한 수효에 달한 각 시민 군(群)에게 용지 재고량의 적당한 분량과 인쇄소 등의 적당한 부분을 이용할 수 있는 평등한 권리를 부여하는 것은 출판자유라고 해석한다. 공산권의 신문학자들은 레닌이 지적한 자본으로부터 해방과 인쇄수단 등의 제공에 이의(異意)에 대중의 집필 참가와 광범위한 지상토론이라는 것을 주장하고 있었다.

자유세계에 있어서는 권력으로부터 자유를 제 일차적 조건으로 하는데 반해 소 공산주의 신문의 자유는 자본으로부터의 자유를 의미한다. 신문의 권력의 예속을 막아야 하는 근본 이유는 신문이 사회의 공기로서 지니고 있는 공공 봉사 기능이 저해되지 않도록 보호하려는 취지이며 사회인이 알아야 할 권리와 인격의 자주적인 발전에 기여하는 것이 침해되지 않도록 하는 데에 있다. 이 점에서 어떤 자본가에게 의하여 소유된 경우를 보면 그 채산은 독자의 의지 없이는 상상이 되지 않는다. 여러 가지 신문 간에 경쟁이 존재하며 독자는 자기가 원하는 신문을 자유로이 선택할 수 있기 때문에 경영자의 자의에 의한 사실의 왜곡이나 은폐는 용이하지 않다. 뿐만 아니라 신문 외에 라디오, 텔레비전, 영화, 잡지 단행본 등, 메스미디어에 의한 신문 비판이 활발함을 신문이 고려하지 않으면 안되어 있다. 신문이 권력에 의하여 장악되어 있는 소련의 신문은 공유 또는 사회화가 표방되어 있으나 실제상 특정한 집권 세력 내지는 일개 독재자에 영합하는 편견적인 선전 수단에 지나지 못하고 있었다.

1961년 가을 소련은 자신들의 핵실험이 인류에 대하여 방사진 위험이라는 큰 문제임에도 소련 신문은 하나도 그 사실을 보도하지 않고 있었다. 소련 공산당은 신문에 대한 물질 제공이라고 하지만 사실 이익을 보는 신문은 공산당 기관지 이외에 그 외곽 신문에만 제공을 하고 있었다. 대중이 집필 참가라고 하지만 당의 사상 원리나 정책 자체에 대한 비판은 절대로 허용되지 않았다.

기자의 처우와 논설의 실체

소련의 양대 신문은 소련공산당 중앙위원회기관지, 프라우다(진실이라는 뜻, 1960년대 당시 650만 부 출판)와 소련 최고의 소비에트 및 내각기관지 이즈베스치아(보도라는 뜻 300만 부)다. 프라우다라는 진실이 프라우다에 존재하지 않았고, 이즈베스치아에는 보도가 없다는 아이러니한 평을 받고 있었다. 이른바 소련 신문의 논설과 뉴스가 당성에 의하여 왜곡 또는 조작 내지 은폐된다는 뜻이었다.

소비에트 신문의 논설과 보도에는 객관적인 문제취급이나 공평한 논조가 존재하지 않았다. 공산주의 이론에 의하면 객관성이란 계급 대립을 은폐하려는 부르주아적 기만이라고 하고 있었다. 흐루시초프는 중립국은 존재할 수 있어도 중립적 인간은 존재하지 않는다고 했다. 레닌은 사회 속에 살면서 사회로부터 자유로울 수는 없다. 그러므로 공산 신문에 객관적인 고찰이 깃들어 있다면 그 편집자는 당성이 희박할 뿐더러 부르주아 사상을 지닌 자로 해당 지위에 머물러 있지 못했다. 소비에트 신문의 기본 원리는 마르크스-레닌주의 이론에 입각한 본질이 신문의 원리였다. 그리고 당의 영도성의 원칙으로 이것은 중앙에서 지방 말단에 이르는 각급 신문은 각 계급에 대응하는 간부가 직접 사설을 집필하는 것이 통례였다. 당성의 원칙, 진실성의 원칙, 당성 영도성의 원칙은 물론 논설뿐만 아니라 보도도 지배하게 되는 것이 소련의 신문의 근본 원리였다.

보도의 속보성은 일분일초를 다투는 무조건적 속보성이 허용되어 있지 않았다. 오로지 정치적 의미를 해명하고 독자를 현실적 과제로 해결하기 위한 것에만 적용되었다. 논설이나 보도에 있어서 규제가 심하고 요구 사항이 많기 때문에 신문 사업은 결코 보통 사람이 담당할 것이 못 되었다. 그래서 소련이나 북한을 막론하고 기자라면 원칙적으로 당원이어야 했다. 기자의 선발은 직업적 신뢰성보다는 정치적 신뢰가 중요했다. 일단 기자로 뽑혀 당에 충실하면 처우는 자연적으로 대단한 것이었다. 프라우다 기자라면 월급 외에 과외 수당이 있다. 북한의 경우는 중앙지의 본 기자로서 지방 취재 여행 중에 각 행정 기관의 책임자급에게 호통을 칠 수 있는데 그것은 당보다

지방의 각 당 위원회에 과오를 범한 자에 대한 조처를 건의할 수가 있기 때문이다. 공산 신문은 어느 나라 것이나 일일 지면에 4-5면에 불과하다. 프라우다는 조간이고 이즈베스치아는 석간이다. 중공의 인민일보는 조간이다. 소련이나 기타 공산주의 신문의 공통점은 영도자의 연설이나 당의결정서, 내각 결정, 최고 소비에트나 최고인민회의의 정치적 명령을 수쪽에 걸쳐서 전문에 게재하고 있으며 사설과 저명인사의 논설 대부분이다. 나머지는 주로 생산투쟁에 관한 기사다. 뉴스는 속보성에 급급하지 않는다. 신문, 잡지의 배달은 간단하다. 신문, 잡지의 배달하는 기구는 소련은 통신사, 북한은 체신이 맡고 있다. 발행 부수는 연도별 인민경제계획이 책정한 수효대로 발행하면 된다. 타지와의 경쟁이 존재하지 않다. 영화의 경우 제작 본 수는 미리 인민경제계획에 책정되어 있으며 당 선전 선동부에 의하여 검열된 각본을 공훈배우들을 주연으로 삼아 촬영한다. 문학작품과 마찬가지로 당성이 촉구되며 사회주의적 사실주의나 혁명적 낭만주의에 입각하여야 한다는 것이 필요하다. 배우, 성우, 아나운서, 연예부문의 작가, 기술자들은 정신적, 창조적 자유가 없는 대신 당성이 강하다고 인정된 조건하에서 신문사의 경우와 같이 비교적 대우가 좋았다. 매스미디어에 종사하는 기자들과 예술가들은 정신적 여가를 가지지 못하는데 그것은 당시 규제하에 조직되는 부단한 이론학습과 비판 회합 때문이다.

스탈린 사후의 신문에 대한 규제의 흐름

1953년 스탈린이 사망한 후 1956년 소련 공산당 제20차 당 대회에서 개인숭배가 배격되면서 흐루시초프는 완화 정책을 보였다. 이것은 전후의 해빙기운을 발판으로 한 것이었다. 1954년 흐루시초프는 신문 편집자 회의에서 모두가 단일한 유형에 따라 쓰여졌던 방법을 추방하여야 한다고 선언한다. 흐루시초프의 사위이자 이즈베스치아의 편집장 이였던 아주베이는 사회면과 가정란을 소비에트 신문에 도입한 선구자로 등장한다. 따라서 프라우다지도 인권옹호의 요구가 뚜렷이 나타나기 시작한다.

이로써 여성들의 요구와 권리 조건 등을 기재하는 일도 등장한다. 그러나 흐루시초프는 신문의 자유를 완전히 허용한 것은 아니었다. 그는 평화 공존의 조건하에서는 서방과 양자 간의 이데올로기 투쟁은 완화하는 것이 아니라 강화하는 것이라고 주장했다. 당은 신문, 잡지와 같은 날카로운 전투적 무기 없이는 이데올로기 활동을 수행할 수 없다고 지적한다. 기관지 이외에 보통 일간지가 간행되고 신문의 가두판매가 부활한다.

1964－1971년대 모스크바의 【사미즈다트】(지하출판물)를 통한 개혁의 목소리

1960년대 흐루시초프 이후 언론의 매체의 하나로 등장하는 것은 소위 '사미즈다트'라는 지하 출판물이 젊은 지식층들에 의해 비밀리에 등장해서 자유의 목소리를 드러내고 있었다. 이런 자유의 목소리(지하출판)는 일종의 정치 내지 사회의 변화를 요구하는 외침이었다.

중요한 의문은 소련의 체제가 신스탈린주의적 성격이 즉 동구를 억압하고 서방을 위협에 빠뜨리면서도 소련 사회를 타락시키고 있는 신스탈린주가 개혁할 능력이 있는가 없는가 하는 것이다. 겉으로 드러나는 모습으로는 그런 변화의 전망이 멀다. 그러나 소련에서는 표면 아래서 싹트는 것이 겉에서 볼 수 있는 것보다 더 의미가 있을 수도 있다. 니키타 흐루시초프 같은 개혁파가 스탈린의 후계자가 되리라고 누가 생각했었던가? 그리고 1963년 흐루시초프가 실각할 무렵 소련체제 속에서 보수파들이 반격 작전에 착수하고 있음을 누가 알았겠는가?

1963년부터 1971년까지 한 월간지가 모스크바에서 비밀리에 배포되었다. 월간지는 타이프라이터로 친 것으로서 독자가 50명 미만이었지만 이들은 주로 소련 공산당원이나 당의 핵심 집단에 가까운 저명한 지식인들이었다. 이 잡지의 목적은 진보적 개혁의 대의를 유지하는 것으로써 흐루시초프 이후의 지도층에서 취하는 반동적인 코스에 반대를 하는 데 있었다. 이 잡지의 편집장은 당원이자 교수학아카데미의 부(副)서장인 로이 메드베데프였다. 메드베데프의 인생관은 스탈린주의 테러통치기간 중에 체포당해 북극의 노동수용소에서 죽은 철학 교수였던 아버지에 의해 형성되었다. 로이와 쌍둥이 동생 조레스는 '인민의 적의 아들'로서 낙인이 찍혔었다. 그러나 흐루시초프 시대에 아버지가 사후(死後) 무죄가 되자 쌍둥이는 32세 나이에 공직에서 이름을 떨치기 시작했다.

로이는 편집자로서 교육자로서 조레스는 생화학자로서 이름을 떨친다. 그 후 형제는 일련의 저서로 구체적인 명성을 얻는다. 여기에는 로이가 스탈린시대의 기념비적인 연구 〈역사가 판단하게 하라 Historry Judge〉와 형제가 같이 쓴 소련 과학계에서는 스탈린의 공포 정치 폭로서 라이셍코의 〈흥망〉(The Rise and Fall, T. D. Lysenko)이 포함된다. 그래서 사미즈다트(지하출판물)가 지적됐고 해외에 밀반출된 이 저서들은 뒤에 나온 것이다. 1960년대에는 모스크바의 서방 외교관과 특파원들 중에 메드베데프 형제와 그들의 비밀잡지를 아는 사람은 하나도 없었다.

이 비밀잡지의 내용은 메드베데프 형제가 브레즈네프 정권의 억압 정책에 의해 공직에서 축출당한 뒤 1971년에 가서야 나오기 시작했다. 안으로부터 개혁의 모험을 마감하면서 로이 메드베데프는 정치일지 11권을 뉴욕 타임즈와 워싱턴 포스트의 모스크바 특파원들에게 전했으며 이 발췌문이 양지에 게재되었다. 이 잡지의 존재에 대한 비밀이 너무도 잘 지켜졌기 때문에 KGB도 깜짝 놀랐다고 전해진다.

프린스턴 대학의 정치학 교수이며 널리 호평을 받은 전기 〈부카린과 볼셰비키혁명〉의 저자인 스티븐 코엔 덕택에 정치일지의 영어판을 접할 수 있게 되었다. 이 책을 준비하면서 코엔 교수는 이 지하잡지를 40여 권을 입수했는데 이것은 전의 발행 권수의 절반으로 3천 페이지에 달하는 방대한 분량이어서 코엔 교수는 선별에 애를 먹었다. 그는 힘들게 선별한 자료들을 연대기적으로 장(章)으로 나누어 스탈린주의자들이 판을 친 옛날부터 반스탈린주와 신스탈린주의 암투, 브레즈네프 지도층의 역행 노선에 대한 공개적인 반대의 개화, 오늘날의 전망 순으로 배열했다. 그는 스탈린 이후의 스탈린 문제에 대해서 대가적인 해설을 하고 있으며 각 장 서두에서 통찰력 있는 논평을 가하고 있다.

그 결과 이 책은 1960년대의 형성기의 자유를 위해 투쟁하던 소련체제에 가려졌던 커튼을 열어젖힌다. 이 월간지에 기고한 사람들은 거의가 당원인 영향력 있는 체제내의 인물들이었다. 이들 중 많은 사람이 후에 어쩔 수 없이 반체제 인사가 되었다. 정치일지의 기고자를 몇 사람 살펴보면 유명한 소련 육군 지휘관의 아들인 표트르 야키리는 스탈린의 산더미 같은 범죄를 소련의 법조문에 비추어 검토, 스탈린은 소련의 법률에 의해 수십만 번 총살감이 되고도 남는다고 결론을 내린다. 당시 개혁주의 사상의 요새였던 '노비미르'지의 편집장 알렉산드르 트바르도프스키는 농업의 집단화를 재고하고 거부하는 서사시를 쓴다.

여기에는 소련 작가동맹의 비공개 당원회의에 관한 주목할 만한 기록도 기재되어 있다. 이 회의에서 발언자들은 통치 제도가 반스탈린주의로 변질되고 공포에 의존하고 얼빠지고 무책임한 관료체제라고 비난하면서 검열 중지와 교육 재정리를 요구하고 모든 공직에 대한 당 후보 선거를 주장하고 있다. 세계적으로 유명한 학술원 위원

표트르 카비트사를 위시한 일단의 예술 과학계 고위 인사들은 레오니드 브레즈네프에게 보낸 서한에서 네오 스탈린주의로의 표류를 중지하라고 호소한다. 그것은 지식층과 젊은 층의 불안을 촉발, 소련사회의 심각한 균열을 야기시킬 것이라는 것이다. 공산당 주요 이론지(理論誌) 코뮤니스에 보낸 미공개 서한에서 한 공장 노동자는 정부의 정책 결정에 대한 언론의 취재보도를 요구한다. 한 대학 교수가 알렉세이 코시킨 수상(당시)에게 보낸 한 편지에는 학생들 사이에서 믿음과 상실, 환멸, 실망의 태도가 일어나고 있음을 알려주고 있다.

이 책에는 1968년 소련의 체코슬로바키아 침공을 "비극의 실수"라고 한 인기 있는 시인, 에브게니 예브첸고가 브레즈네프에게 보내는 장문의 전문도 실려 있다. 다른 자료들도 많은 당내 개혁파들이 체코의 "인간의 얼굴을 가진 사회주의 실험"을 동정하고 있었고 그것은 소련 내에서도 비슷한 진화를 가져오기를 희망하고 있는 것이 들어나 있다. 당시 고위 당료였던 렌 카르핀스키는 민주화 사상의 무게 때문에 네오 스탈린주의의 성채가 궁극적으로 붕괴하고 말 것임을 예언하는 개혁주의 차선을 쓰고 있다. 이것은 이 책의 몇 가지 내용의 예에 불과하지만 완전히 통일적인 체제와 사회라는 소련의 신화를 받아들이는 것이 얼마나 잘못인지를 보여준다. 1960년대 만장일치라는 외관 뒤에 그 같은 동요가 존재했다면 오늘날 소련의 엘리트 사회에서 어떤 기미를 띠는 과정이 진행 중이라는 것도 사리에 맞는다. 역사에는 영향력 있는 소수가 한 나라의 정치 풍토를 바꾸고 많은 변화를 불러드린 실 예가 많다. 문제는 소련 체제 내에 진보적 생각을 가진 소수가 설득력을 가진 만큼, 그 수가 많은가하는 것이다.

메드베데프 형제의 운명은 비관적인 대답을 암시한다(1982년 현재). 조레스는 영국에서 추방 생활을 하고 있으며 로이는 모스크바에서 아슬아슬한 삶을 계속하면서 위로부터 개혁을 주장하는 반체제 운동의 대변인 노릇을 하고 있다. 1960년대에 종말을 고했던 침묵이 다시 강요되고 있다. 그러나 아무도 그것이 최종적인 대답이라고 말할 수는 없다. 코언 교수가 기술한 것처럼 미래의 사건들만이 정치일지에서 처음 발전됐던 통찰들이 모스크바의 봄의 징조였는지. 환상이었는지를 말해줄 것이다(뉴욕 타임즈 1982).

제15장
흐루시초프 주의 :
세계 공산주의화(化) 운동의 일환

소련 공산당은 1961년 7월 29일 새 당 강령 초안을 발표한다. 강령 초안 규약은 흐루시초프가 만든다. 당 규약은 당 대회 때마다 부분적으로 개정되어 왔던 것이다. 새 강령과 규약이 10월 대회에서 채택되면 이것은 여러모로 세계 공산주의 운동이 획기적인 뜻을 갖는 것이다. 동서 냉전의 정점에서 대결하고 있는 공산주의운동에 영향도 클 것을 예상하고 있었다. 당 강령은 58년 동안 세 번째 것이다.

첫째 것은 1903년에 브루셀과 런던에 망명하고 있던 러시아인들이 모여 만든 것이다. 둘째 것은 레닌 자신이 만든 것으로서 러시아 내전이 한창이던 1919년 제 8차 대회에서 채택된 것이 1961년까지 계속되어 왔다. 세계 공산주의운동은 좌익에는 중공 공산당과 우익에는 유고슬라비아의 공산당을 두고 공산주의운동에는 지나친 교조주의니 수정주의니 하며 늘 논쟁이 그치지 않았다. 때문에 전통적인 공산주의가 무엇인지 또 공산주의운동의 총 본산인 러시아의 이데올로기 자체가 분명하지 않았다. 또한 유고슬라비아 공산당의 강령이 1958년에 채택된 것으로 세계 공산당 중에는 가장 최근에 채택된 것이기 때문에 그런 의미에서도 세 강령의 필요를 흐루시초프는 느끼고 있었다.

새 강령은 비단 공산주의의 내분만 아니라 비공산주의 세계 특히 새로 독립한 저개발국가들에게도 정책을 세워서 공산주의 영향을 주려는 것이 목적이었다. 미국은 저개발국에 장기적인 원조를 약속하고 있었다. 영국 역시 유럽 대륙의 6개국을 중심으로 유럽 공동 시장에 가입단계에 새 블록이 생기기 직전이었다. 그리고 동남아에서는 국가연합으로 새로운 단합이 조성되어가고 있었다.

그러므로 소련의 새 강령은 서방으로서도 가볍게 넘겨볼 것이 아니었다. 새 강령이 나오게 되는 데에는 공산주의 지도자로서 흐루시초프 개인의 야심이 내재하고 있었다. 흐루시초프의 나이가 67세로서 제 22차 대회가 끝난 후 다음 대회가 언제 열릴지 알 수 없고 또 열리더라도 흐루시초프가 지금 같은 강력한 권력을 가지고 참석할 수 있을지도 알 수 없는 일이었다. 공산주의자들은 자본주의와 대결해서 자기네들이 우위에 있게 되었다고 생각을 하고 있었다.

그래서 공산주의가 아직도 러시아에서 정권 쟁탈을 하고 있었던 1919년에 채택된 지금의 강령이 이 시기에 강령에 맞지 않는다고 생각했다. 흐루시초프는 레닌이 공산주의 초창기에 강령을 채택해서 역사적으로 그 위치를 확정한 것 같이 새 시대에 새 강령을 제정한 자로서 공산주의 역사에 제2의 레닌으로서 이름을 남겨 놓으려는 욕망이 있었다. 그가 볼 때 레닌 다음에는 자기라고 생각한 것이다. 그럼으로 이런 초안에서 공산주의 역사를 이야기하는 데에 스탈린의 이름이 나오지 않았다.

스탈린 때 실시되었던 2대 사업인 집단 농업과 5개년 계획 채택도 스탈린의 공이라고 한 것이 아니라 레닌의 공이라고 한다. 제20차 대회에서 스탈린을 규탄한 흐루시초프는 이것으로 스탈린을 역사적으로 완전히 격하해 버린 것이다. 흐루시초프는 스탈린이 준비한 강령기초위원회의 위원이 되지 못했다. 1939년 스탈린은 새 강령을 기초하기 위한 위원을 임명했는데 이때 흐루시초프와 미코얀도 끼어있었으나 제2차 대전 때문에 강령이 채택되지 못했다. 1952년 스탈린이 강령 기초 안을 착수했는데 이때에는 흐루시초프는 기초안 작성에 끼지 못했으나 나중에 흐루시초프로 하여금 숙청당한 베리아가 참가했다. 이 강령은 스탈린이 죽을 때까지 채택되지 못했다.

사회주의로부터 공산주의로

1961년 7월 29일 발표된 강령 초안은 185쪽으로 5만여 개가 넘는 단어에 달하는 방대한 문서이다. 뉴욕 타임즈의 해리 슈와츠가 요약한 그 내용은 이렇다.

1) 세계의 자본주의는 아주 부패하고 미력하기 때문에 자본주의제도 전체가 프롤레타리아의 사회적 혁명에 알맞지 않게 되었다. 지금은 사회주의 혁명의 전야이다. 각국의 특수한 형편 특히 자본주의자들의 저항 정도에 따라 평화적으로나 혹은 폭력적으로 이룰 수 있는 혁명의 전야이다.
2) 세계사회주의제도는 자본주의와의 관계에 있어서 경제적으로 점점 강력해지고 있으며 조만간 자본주의 국가들보다 많이 생산함으로써 자본주의를 패배시킬 것이다. 특히

소련의 급속한 발전은 더 완전한 사회주의구조의 본보기를 세계에게 보여주고 있으며, 공산주의를 향한 소련의 발전은 공산주의 사상이 대중의 마음을 잡게 되리라는 것을 보장하고 있다.

3) 구식민지국가들이 주권국가로 등장한 것은 자본주의를 약화시키고 있으며 이 국가들과 공산주의 세계를 묶는 블록으로 형성할 수 있는 기회를 제공해 주고 있다. 이러한 동맹은 세계의 세력 균형의 변동이 없이 미국과 그 동맹국가들에게 불리하게 할 것이다.

4) 소련은 세계 공산주의가 세계대전 없이도 승리하리라는 자신이 있으며 따라서 평화공존을 지지하는 데 이러한 평화공존은 자본주의와의 평화적 경쟁을 예상한 것이다. 핵전쟁의 발발을 방지하는 것이 주요 목표이다. 이것은 지금 세대가 할 수 있는 일이다. 그러나 소련은 피압박 인민들의 성스러운 투쟁과 그들의 정당한 해방전쟁을 지지할 것이다.

5) 소련인민은 현재 아주 부강하기 때문에 순수한 공산주의를 달성하는 물질적 기반을 앞으로 20년간 이룩할 수 있다. 이 과정에서 소련의 경제는 공업 및 농업 생산에 있어서 미국을 훨씬 앞지를 것이다.

6) 앞으로 소련인민의 생활수준은 20년 동안에 급속히 향상될 것이다. 노동시간은 단축되고 임금은 오르고 수입의 불균등은 적어질 것이다. 적절한 주택, 식량 및 소비물자를 모두가 얻게 될 것이다. 이 시기가 끝나면 집세의 폐지, 공장과 학교에서 점심 급여 등과 같은 조치로 공산주의 시초가 닦아질 것이다. 정부비용으로 숙식, 학교에서 육영되기 위하여 가정으로부터 손으로 넘어 오는 아동의 수가 점점 늘어갈 것이다.

7) 소련은 이미 프롤레타리아의 국가가 아니라 전 인민의 국가이다. 사회주의 민주주의를 촉진하기 위하여 정부와 공산당 요직은 더 교체가 많아질 것이며 중요한 법령의 자유로운 대중 토론을 조직할 것이다. 노동조합, 공산동맹 같은 공산단체에 더 큰 권한이 이양될 것이다. 이러한 내용의 강령을 보충하기 위하여 발표된 당 규약의 초안은 개인숭배 같은 것을 부활시키지 않는 것으로 했다. 그러나 당 간부들을 뽑는 데 소련공산당은 중앙위원회 및 그 간부회의 정례선거 때마다 구성원이 적어도 4분의 1은 개선한다. 간부회원은 원칙적으로 계속 3기 이상 선출되어서는 안된다. 소련의 각 공화국, 지방, 주의 중앙위원회의 구성은 정례선거마다 적어도 3분의 1은 개선된다. 관구, 시, 지구의 당 위원회의 구성원은 그 반수를 뽑는다. 이 경우 지도적 당 기관의 구성원은 계속 3기 이상 선출될 수 없다. 초급당 조직의 서기는 계속 2기 이상은 재선되지 못한다.

중요한 것은 소련공산당의 중앙위원회 및 간부회의 구성원은 정례선거 때마다 4분의 1을 갈아야 한다고 한 것이다. 그러나 정치적 능력, 기타의 능력이 있는 지도자는 장기에 걸쳐서 당의 지도 기관에 선출될 수가 있다고 규정함으로써 흐루시초프 같은 사람은 임기 제한을 받지 않을 여지를 남겨 놓았다. 강령 초안의 규정은 공산주의는 계급 없는 사회제도로 생산 수단의 공유라는 단일 형태와 사회 전원의 전폭적인 균등이 있다. 공산주의하에서는 인민의 모든 면에 과학과 기술에 있어서 계속적인 발전을 통한 여러 가지 생산력의 성장이 따른다. 공공의 모든 부의 원천이 풍부하게 쏟아져 나올 것이다. 그리고 능력에 따라서 일하고 필요에 따라서 받는다는 위대한 원칙이 실천될 것이다. 공산주의는 자유롭고 사회적 양심이 있는 근로 인민의 고도로 조직된 사회이며 이러한 사회에서는 공공 자치가 확립될 것이며 사회를 위한 노동이 모든 사람의 주요한 필요조건이 되어 각자의 능력은 인민의 최대 이익을 위하여 이용될 것이다. 언제 공산주의가 실천되느냐는 20년이(1961년 기준) 지나면 다른 전통적 소유제인데 이것이 전 인민의 소유제로 옮겨가고 다시 얼마 있으면 완전한 공산주의가 온다고 하고 있다.

레닌과 흐루시초프의 복지와 군비축소 대한 초안 비교

레닌-평화주의, 국제적 군비축소, 중재 재판소 등등의 표어는 반동의 유토피아에 지나지 않을 뿐더러 프롤레타리아의 무장을 해제하여 그들로 하여금 착취자들의 무장을 해제하는 과업을 못하게 하는 것을 목표로 한 근로계급의 기만인 것이다.

흐루시초프-엄격한 감시하의 전반적, 전면적 군비축소는 영속적 평화를 보장하는 급진적 방법이다. 제국주의는 전례 없는 군비의 짐을 인민에게 지웠다. 사회주의는 인류에 대한 그 의무가 국가 부력의 한계에 있어서 우열을 피하게 해주는 것이다.

여성 문제

레닌-당의 목적은 여성의 평등을 정식으로 선언하는 데 그치는 것이 아니라 가

사법의 부담 대신에 가사단체, 공동취사장, 공동세탁소, 탁아소 등을 제공함으로써 여성을 그러한 부담에서 해방해 주는 것이다.

흐루시초프－가정생활에 있어서 여성의 불평등한 지위의 잔재를 완전히 제거하지 않으면 안된다. 최근형의 비싸지 않은 가사기계류 장치, 전기기구들을 목적을 위하여 널리 이용할 수 있게 한 것이다.

6시간 노동

레닌－공산당의 과업은 전통적으로 노동 생산성의 전반적 향상으로 6시간 노동을 임금의 삭감 없이 최대한으로 확정하는 데 있다.

흐루시초프－앞으로 10년 동안에 이 나라는 1주일에 하루 쉬는 6시간 노동, 혹은 이틀을 쉬는 주간 34시간 내지 36시간 노동으로 옮겨 갈 것이다.

주택 문제

레닌－공산당의 목적은 비자본주의적 가정에 대한 소유욕을 침해하지 않고 노동 대중이 주택 사정을 개선하는 데 있다.

흐루시초프－소련 공산당은 소련인민의 복지 개선에 있어서 가장 긴급한 문제 즉 주택 문제를 해결하는 문제에 착수한다. 제2차 10년 기간이 끝날 때가되면 신혼 가정을 포함하여 모든 가정은 위생적인 문화생활의 요건에 알맞은 살기 좋은 연립주택을 가지게 될 것이다. 제2차 10년 기간 중에 주택은 모든 시민에게 점차적으로 집세 없이 제공될 것이다.

급료의 균등

레닌－노동자의 균등한 급료와 공산주의 실현을 위하여 노력하되 소련정부는 자본주의를 공산주의와 교체시키는 일차적 조치를 겨우 취하고 있는 이 사건에 그러한 균등이 가능하다고 보지는 않는다.

흐루시초프－많은 수입과 적은 수입과의 균등은 점차적으로 적어지지 않으면 안 된다. 전 인민의 생활수준이 향상됨에 따라 적은 수입의 수준은 더 높은 수준으로 접근해 갈 것이며 농민과 노동자, 저액 연금자, 다액 봉급자, 또는 이 나라 지역별 인구들 사이의 불균등은 점차적으로 적어질 것이다. 강령 초안이 20년 계획에 들어 있는 목표 중에는 서방국가에서 실시하고 있는 것이 많다.

그것을 20년 계획에다가 포함시키고 마치 소련만이 유토피아가 되는 것 같이 이야기하고 있다. 소련의 새로운 계획 뒤에는 "고물 오토바이를 가지고 있는 사람이 그 유지비도 감당하기 어려운 처지에 롤스로이를 가지게 될 앞날의 이야기만 늘어놓고 있는 것 같다(요크샤 포그트)." 사실 구체적으로 예를 들면 흐루시초프의 계획은 영국의 노동당이나 스칸다나비아 각국의 사회주의 정당이나 서독의 사회민주당이 오래 전부터 주장해 온 복지국가계획에서 본을 딴 것이 한두 가지가 아니다. 학교 급식을 비롯해서 흐루시초프가 약속한 시책 중에는 이미 프랭클린 루주벨트의 뉴딜 정책하에서 입법 조치가 취해진 것이 많이 있다. 자가용차, 발달된 도로, 물건 사이에 편한 시설이라든지 그가 세운 목표 중에는 서방 자본주의 국가에서 현재 실현되고 있는 것을 그대로 본 딴 것이 많다.

이런 점에서 보면 뉴욕 타임즈의 해리슨 살즈버그 기자가 지적하고 있는 바와 같이 레닌이나 스탈린이 배격한 원칙이나 생각을 자신의 이론에다가 주입하고 있다. 따라서 새 강령은 볼셰비키즘 초기의 가장 급진적인 교조의 수정이라고 볼 수 있다. 서방의 옵서버들은 흐루시초프의 유토피아가 계획대로 이루어지느냐 않느냐 하는 것보다 이것이 국내 및 국제정국에 미치는 영향에 더 큰 관심을 가지고 있는 것 같다고 로이터통신의 수석 외교 기자, 존언은 말하고 있었다. 그는 서방 옵서버들이 네 가지 각도에서 그러한 관심을 가지고 있다고 하고 있다.

첫째로 스탈린 같은 일인 횡포를 효과적으로 막을 수 있을까 하는 것이다. 이 점에 관해서는 흐루시초프, 말렌코프, 동일하게 가노비치를 중심으로 한 소위 반동분자들로부터 축출당할 뻔하다가 중앙위원회를 소집하여 위원회의 표결에서 승리하였던 것이다. 새로운 당 규약에 축출 규정을 삽입한 것도 그런 경험이 있기 때문이다. 둘째는 중공 같이 맹렬하지는 않지만 유고슬라비아의 강령은 수정주의라고 공격하고 있는 소련이 지금 스스로 새로운 강령을 내놓고 있다. 이것이 신생독립국가를 이끄는 데 있어서 유고슬로바키아 강령보다 효과가 있느냐 하는 점이다.

유고슬라비아가 신생독립국들에 소련이나 중공보다 더 가까운 것은 중립국정상회담을 티토 대통령이 주재하고 있는 것을 보아도 알 수 있고 수정주의를 공격하고는 있으면서도 모스크바나 북경이 이 점에 대해서 두려움을 가지고 있다고 했다.

요컨대 서방으로서는 흐루시초프 강령이 서방에 대해서 어떤 도전을 이루고 있는가 하는 것을 인식해야 할 것이다. 뉴욕 타임즈는 흐루시초프의 강령을 히틀러의 〈나의 투쟁〉의 소련판이라고까지 하면서 이 점에 대해서 강경한 어조로 경고하고 있었다. 이런 독재자가 자유세계의 가장 강력한 적수이며 또한 생존에 있어서 금언은 항상 적을 알아라 라는 것을 명심하여야 한다. 그리고 자유를 아는 사람들은 이 문서를 검토하여야 할 것이다. 히틀러의 〈나의 투쟁〉에 대한 흐루시초프의 수정판이며 세계는 이것을 경시하고서 위험을 모면할 수 없다." "전 세계가 공산주의가 된 이후에야만이 그들의 일방적 목표에 소련이 도달할 수가 있다고 하고 있다. 소련이란 국가를 권력기구로 이용하겠다고 한 흐루시초프의 되풀이 된 선언에 있어서 이 문서는 군사적, 정치적, 경제적, 선전적인 전쟁의 선언이다. 소련 수령의 네 마디로 말한 "우리는 너희들을 매장할 것이다."라고 한 말은 수천 단어가 포함된 것이다. 세계는 또 다시 경고를 받은 것이다.

흐루시초프의 외교정책

흐루시초프는 외교적인 차원에서 큰 성과를 달성한다. 그는 동유럽 7개국과 1955년 5월에 바르샤바에서 상호원조조약을 조인한다. 그는 8개국 군대의 통일 사령부와 자문위원회를 설치한다. 오랫동안 대립 관계에 있던 유고와는 6월 처음으로 우호와 협력선언을 발표한다. 그는 8개국 군대의 통일 사령부와 자문위원회를 설치한다.

오랫동안 대립관계에 있던 유고와는 6월 처음으로 우호와 협력선언을 발표한다. 오스트리아와는 5월에 미국, 영국, 프랑스와 함께 국가조약을 체결하여 점령군을 철수시키고 중립국으로 하였다. 9월에는 서독과 국교를 수립하고 계속해 동독과 주권회복을 체결한다. 흐루시초프는 불가린과 함께 11월 18일 한 달간 인도, 미얀마, 아프가니스탄을 방문하여 인도의 캘커타 등지에서 민중들로부터 대환영을 받았다. 아시아 국가에 대한 경제원조를 이러한 극적인 형태로 시작했던 것이다.

1956년 흐루시초프는 모스크바에서 제 20차 당 대회를 연다. 그리고 이 대회에서 중요한 새로운 논점을 발표한다. 즉 사회체제가 다른 국가들과의 평화 공존함으로써 전쟁을 피할 수 있다는 것이다. 그리고 사회주의로서 평화적 이행 가능성을 주장한다.

흐루시초프와 아이젠하워의 만남

1959년 9월 흐루시초프는 부인 니나를 대동하고 미국을 방문한다. 그리고 유엔 총회에서 전면적인 완전 군축을 제안했으며 아이젠하워 대통령과 캠프데이비드에서 회담을 한다. 이때 미·소 공존의 분위기는 절정에 이르렀고 흐루시초프는 권력의 절정에 있게 된다. 제2차 대전 이후 냉전 속에서 서로 대립해 오던 미국과 소련의 수뇌가 처음으로 만나게 되는 것은 국제 정세와 기본적인 변동이 있었기 때문이다. 1957년 가을에 소련의 새 관계를 시작하게 된다. 이것이 2차 대전 이후에 미국의 일방적인 군사적 우위가 끝난 것으로 해석되었다.

흐루시초프가 미국을 방문하기 앞서 미국과 소련 사이에는 여러 가지 면으로 접촉이 시작되었다. 우선 1958년 1월에 문화, 가술, 교육, 교환에 관한 협정이 체결된다. 이러한 문화적 교류는 곧 정치적 교류로 번져갔다. 1958년 여름에 민주당의 아들레이 스티븐슨이 소련을 방문한 것을 위시하여 아버렐 헤리만 같은 거물들이 소련을 방문한다. 1959년에 소련은 아나스파스 미코얀 제1부수상을 휴가의 구실로 미국으로 보낸 뒤를 이어 닉슨 부통령과 코졸로프 부수상의 교환 방문까지 이루어진다.

이로써 아이젠하워 대통령과 흐루시초프의 회담이 정상적으로 이루어진다. 원래 소련은 스푸투니크 발사 이후 꾸준히 1957년 12월부터 동서 수뇌 회담을 주장해 왔다. 1959년 4월에 힘의 정책을 이끌어 오던 미국의 덜레스 국무장관이 병으로 사임하자 5월 베를린 위기를 토의하기 위해 제네바에서 동서 4대국 외상회의가 열린다. 이 회의에서는 실패로 베를린 위기는 해결을 보지 못한다. 그러나 아이젠하워 대통령과 흐루시초프 수상의 캠프데이비드에서 회담은 힘에 의해서가 아니라 국제 분쟁, 군축문제를 해결하고자하는 것에 합의를 이루었다. 그러나 캠프데이비드 정신은 오래가지 못했다. 이유는 1960년도 5월에 열린 동서 수뇌 회담에서 흐루시초프가 U−2비행기사건을 이유로 동서 수뇌 회담이 연기됨으로써 아이젠하워의 소련 방문이 취소하는 사건이 생겼기 때문이다.

평화를 위한 흐루시초프와 케네디의 만남

케네디 대통령은 1961년 5월 31일부터 6월 초까지 유럽을 순방하며 프랑스의 드골 대통령, 소련의 흐루시초프 수상을 대통령 취임 후 처음 만나게 된다. 케네디가 흐루시초프를 만나는 데 대해 이론(異論)이 많았다. 그 이유는 1960년 흐루시초프가 U-2 비행기 사건을 트집 잡아 아이젠하워 대통령을 모욕하고 파리 삼 거두 정상회담을 파괴한 것이 바로 1년 전 5월 16일이었기 때문이다. 그러나 케네디 대통령은 아이젠하워 대통령보다 훨씬 더 적극적이고 능동적인 외교 자세였다.

케네디는 라오스 문제, 핵실험 중지. 군축, 독일 및 베를린 같은 문제들이 중요하기 때문에 흐루시초프를 만나서 의견 교환을 할 필요가 있다고 판단한다. 케네디는 다음과 같이 말하고 있다. "우리들 모두가 현재에 위험한 때에 있으며 우리가 접촉하는 것으로서 모든 사람들에게 위험한 모험에 이르는 오산을 줄일 수가 있다면 우리는 이러한 이야기를 가져야 한다고 나는 생각한다." 흐루시초프도 케네디가 대통령에 당선되자 루즈벨트 대통령 시절 같은 미국과 소련의 우의를 회복하도록 하자고 한다.

그리고 U-2사건은 문제삼지 않겠다고 하며 소련이 추락시킨 RB-47비행기 승무원도 석방했다. 이로써 흐루시초프 케네디 회담은 무르익었다. 그러나 바로 이때 쿠바 침공의 실패, 라오스에서 친공군(親共軍) 공격 등이 벌어졌고 제네바 핵실험 중지 회담에서는 소련이 비타협적이었다. 캠프데이비드 회담 다음 정상회담을 열어 구체적인 문제를 다루기로 한 것으로 비엔나 회담이었다. 비엔나회담은 흐루시초프와 케네디가 진지하게 핵심적인 문제를 다룬 회담이었다.

케네디는 회담 후 흐루시초프에 관해서 말하기를 흐루시초프를 처음 만난 것은 1959년 그가 미국을 방문했을 때 상원의원으로서 처음 봤을 때였다고 하고 있다. "그는 간교하고 배짱 있고 정력적인 사람이다. 어떤 문제든 샅샅이 알고 있으며 확신을 가지고 있다. 미국 사람들은 자기들이 반감을 품고 있는 독재자를 희극적인 고집쟁이로 그리는 버릇이 있는데 근자에는 흐루시초프를 성미 급한 크렘린 궁전 안에서 계략을 짜며 떠들썩하는 위인으로 보는 경향이 있다. 그러나 내가 만난 흐루시초프는 자기가 진심으로 봉사하는 공산주의, 호기 넘치는 정확하고 사려 깊은 대변자다. 그러나 나는 흐루시초프 의장과의 이 회담이 침울하면서도 대단히 유익한 것임을 깨달았다. 나는 그 전에도 그의 연설문과 공포된 정책을 읽어보았다. 그의 견해에 관한 조언도 들었다. 또 서방의 다른 지도자들, 즉 드골 장군, 아데나워 수상, 맥미란 수상한테서 그의 위인에 관한 이야기도 들었다. 미국대통령의 책임을 지고 있는 것은 나이며, 어떤 동맹국도 지을 수 없는 결정을 짓는 것이 나의 의무이다. 되도록 정세를 알고 이러한 결정을 지으며 되도록 직접적인 지식에 입각하여 이러한 결정을 짓는 것이 나의 책임이다. 그러므로 흐루시초프와 안면을 가지는 것, 현재나 미래에 있어서 그의 정책을 파악하는 것이 중요하다고 생각한다. 동시에 그도 우리 국민이 평화를 원하고 있다는 것을, 그리고 우리의 정책과 우리의 힘과 우리의 결의를 알도록 노력하는 것이다."

직접 대화에서 케네디 대통령은 자신은 "우리들 사이에 간격이 이렇게 짧은 시간에 실질적으로 줄지는 않았으나 적어도 의사소통의 길은 더 넓어졌으며 또한 적어도 평화를 어느 정도 좌우하는 결정을 할 사람들(흐루시초프와 케네디)이 접촉을 계속 한다는 데에는 합의가 이루어진 것이다."

흐루시초프와 케네디의 비엔나에서 대결

케네디 대통령은 비엔나 회담에 침울한 기분이 들었다고 했다. 미국 국회의원들은 비엔나에서 케네디가 새삼스럽게 인식한 소련의 태도는 미국 및 서방에 대한 큰 도전이라고 보았다. 민주당 상원 지도자, 마이크 맨스필드 의원은 "우리나라가 직면하고 있는 어렵고 암담한 시기는 우리들 모두가 인내와 결의를 가질 것을 요구하고 있다." 고 했으며 상원의 민주당 부 지도자, 휴버트 험프리 의원도 "우리는 긴장과 불안과 위험을 오래고도 지속적인 기간에 대비하고 있어야 한다."고 경고했다.

공화당의 외교의원인, 버크 허켄루퍼 의원도 "국제 정세가 큰 긴장과 관심을 자아내는 정세임을 케네디는 분명히 말한 것으로 나는 생각한다."고 말했다. 그러나 흐루시초프가 비엔나에 간 케네디를 이용해서 자기주장을 되풀이하는 것을 도왔다는 비판도 있었다.

영국의 주간지 옵서버의 오라 벨로프 기자는 비엔나 회담에 관한 기사에서 "우리는 공산주의자들을 그네들의 정체가 악마도 아니며 우리 같은 부르주아도 아닌 정체를 파악하여야만 핵전쟁을 방지한다는 우리들의 공통된 이해를 위해 협력하는 것을 찾을 수 있다. 공산주의혁명을 파악하여야 한다. 우리는 그들이 아프리카 아시아 아메리카의 여러 나라에 너무 손을 뻗칠 적에 그들을 견제할 수가 있는 것이다."라고 했다. 타임즈는 "케네디 연설로 그가 공산주의자들과 모든 분야, 경제적, 정치적 군사적인 분야에서 대결할 필요성을 확신하고 있다는 것이 드러났다."고 했다.

흐루시초프가 케네디에게 제기한 문제 : 라오스 문제

"제네바에서 진행 중인 라오스회담의 중요성에 관해서 쌍방이 효과적인 휴전의 중요성을 인정했다. 이것이 제네바에서 새로운 태도로 나타나서 국제감시위원단이 의무를 수행하여 휴전이 실시, 유지되고 있음을 확인할 수 있게 되는 것이 중요한 일이다. 나는 앞으로 며칠 동안에 제네바에서 이 문제에 관한 진전이 이루어지기를 바란다. 그렇게 되면 국제 분위기가 훨씬 개선되기 때문이다."

제네바에서 핵실험 중지회담

"흐루시초프는 중립적인 행정관이란 있을 수 없다는 것을 분명히 했다. 그의 의견으로는 아무도 진정하게 중립적일 수는 없다는 것이다. 그러므로 실시에 관해서 소련의 거부권을 적용해야 한다는 것이다. 전반적으로 군축이 이루어지기 전에는 사찰이란 첩보의 방편에 지나지 않는다는 것이다. 그러니까 핵실험 중지협상은 소용이 없다는 것이다." 이후 소련은 전반 군축의 일부로 핵실험 중지를 토의하여야 한다고 정식으로 제의한다.

독일, 베를린 문제

"우리에게 가장 침울한 것은 독일 및 베를린에 관한 것이었다. 나는 흐루시초프씨에게 서부 유럽의 안전, 따라서 우리들 자신의 안전도 우리의 서부베를린 주제와 서부베를린에 대한 통행권과 깊은 관련이 있다는 것과 우리는 어떠한 위험을 무릅쓰고라도 이러한 권리를 유지할 결의를 가지고 있다는 것을 분명히 해두고 있다."

독일은 1961년 말까지 독일 전체와 평화 조약이 이루어지지 않으면 소련으로서는 동독과 단독 평화조약을 체결하려고 했으며 그렇게 되면 베를린 문제에 대해서 서방은 동독 정부와 협상해야 한다고 했는데 케네디는 "구속력을 가진 독일 평화조약은 독일과 교전했던 모든 국가의 문제이며 우리와 우리 동맹국은 서베를린 사람들에 대한 우리의 의무를 저버릴 수가 없다. 나는 서방의 기본정책을 재확인시킨다."고 하였다.

국제 공산주의 진로를 바꾼 흐루시초프의 스탈린에 대한 보고 (일명 흐루시초프의 비밀 연설)

"동지 여러분! 개인숭배와 그 유해한 결과에 대해." 이것은 1956년 2월 24일 밤 소련 공산당 대회에서 흐루시초프가 행한 '비밀보고'의 서두다. 흐루시초프는 이 보고를 통해 거의 신격화되었던 스탈린의 과오를 처음으로 비판했던 것이다. 이 보고를 계기로 소련에서는 수백만에 달하는 정치범들이 감옥과 수용소에서 석방되었고 또 잔혹한 테러에 의해 희생당한 사람들에 대해서 복권 조치가 취해졌다. 그리고 서점에서는 스탈린시대의 압제를 폭로하는 소설, 르포, 수기들이 쏟아져 나왔으며 솔제니친의 작품이 소련에서 잠시나마 햇빛을 볼 수 있었던 것도 흐루시초프 시대였다.

1964년 흐루시초프의 실각과 동시에 다시 스탈린시대가 부활되어 오늘에 이르고 있지만 흐루시초프의 이러한 공적에 대한 소련사회의 평가는 아직도 여전한 것 같다. 그리고 현재 서방측에서 당시에 젊은 시절을 보낸 '제3세대'에 기대를 걸고 있는 이유도 여기에 있다. 다음은 소련 지식인들인 〈20세기〉의 주필 조레스 메드베데프가 1976년 흐루시초프의 '비밀보고' 20주년을 맞아 집필, 게재한 글이다.

이 지하출판물은 그 후 많은 손을 거쳐 런던으로 반출됨으로써 서방세계에 알려지게 된다(주간 조선 편집자 注, 1982년 719호). 얼마 전 모스크바에서 개최된 소련 공산당 제25 대회는 1976년 2월 24일부터 시작되었다. 그날은 기념일이었지만 많은 대회 참석자들은 스탈린 사후 처음으로 제20회 당 대회가 20년 전의 1956년 같은 2월 24일에 공식으로 폐막된 사실을 회상할 수 있음에도 불구하고 그것을 입 밖에 내는 의원은 한 명도 없었다. 그 대회는 2월 10일부터 24일까지 개최되었으며 중앙위원회 총회의 새 위원을 선출한 다음 폐막되었다.

중앙위원총회는 먼저 관례에 따라 제1서기를 선출하고 다음에는 제1서기가 간부회원을 선출하도록 돼 있다. 2월 24일 제1서기에는 흐루시초프가 재선되었다. 새로운 간부회가 성립될 때까지 몇 시간동안은 제1서기는 무한이라고 할 수 있을 정도의 권력을 가지고 있다. 새 간부 선출의 절차와 그 회원의 리스트는 대회개최 전에 이미 확정돼 있었다. 제1서기는 정해진 예정에 따라 대회를 진행시킬 의무가 있다. 그런데 흐루시초프는 갑작스럽게 외국의 많은 내빈과 대표단 없는 특별 비밀회의를 속행하겠다고 선언한다. 모든 사람들의 허를 찌른 셈이었다. 이미 한밤중이었지만 흐루시초프는 회의를 다음날로 미룰 수 없었다. 날이 새게 되면 그의 계획은 좌절되고 말았을 것이다.

실제로 많은 대의원들은 2월 25일 아침에 각각 주(州)로 떠나기로 되어 있었다. 호텔에 있는 모든 대의원들에게 크렘린에 집합하라는 특별 소집장을 보냈다. 대부분의 대의원들이 크렘린 부근에 있는 호텔에 나누어 묵고 있었다. 때문에 20, 30분 후에 회의장에 도착해 만원을 이루고 있었다. 박수 속에 등장한 흐루시초프는 비밀회의 소집이유도 밝히지 않은 채 지금은 역사적인 일로 돼버린 스탈린이 당과 모든 인민에게 범한 죄를 4시간에 걸쳐 보고하기 시작했다. 충격을 받은 대의원들은 묵묵히 흐루시초프의 보고를 들으면서 때때로 분노의 환성을 울리기도 했다. 보고 후 토론은 행해지지 않았다. 제20회 대회는 2월 25일 새벽에 폐막된다. 뜻밖의 비밀회의와 개인 숭배시대의 범죄에 대한 흐루시초프의 보고야말로 길이 역사에 남게 되었을 뿐만 아니라 국제공산당 운동의 진로 전체를 바꾸게 했던 것이다.

흐루시초프 보고를 비밀로 해 둘 수 없다는 것은 당연한 일이었다. 흐루시초프도 비밀로 해 두려고 하지 않았다. 며칠 후 소련 공산당 중앙위원회의 새 서기국결정으로 보고전문이 인쇄되어 당 활동분자들에게 알리기 위해 주(州)위원회에 보내졌다. 새로운 서기국은 흐루시초프가 발탁한 당원으로 지배되고 있었다. 당 중앙위원회에서는 등록된 책임 있는 지위에 있는 활동가를 소집하여 붉은 책자로 된 흐루시초프 보고를 읽도록 했다. 이것은 외부로 나가지 못하도록 했으며 복사도 허용되지 않았다. 하지만 2주일 후 흐루시초프의 붉은 책자는 지구단계의 활동가도 읽도록 하기 위해 지구위원회로 보내진다.

그 후 지구위원회에서는 등록된 모든 당원들이 소집되었고 또 붉은 책자는 공장의 과학연구소 등의 당 조직과 그밖에 당 조직에도 보내진다. '비밀보고'를 읽는 과정은 연쇄 반응을 띠고 있었다. 1956년 3월 말까지는 새로운 지령으로 흐루시초프의 보고는 모든 기관의 집회, 공장, 집단농장, 대학, 과학 연구소의 집회뿐만 아니라 학교(14－15세 이상의 학생) 그리고 당원과 비당원을 불문하고 모든 사람들이 읽지 않으면 안되게 되었다. 잠깐 동안에 흐루시초프의 비밀보고는 수천만 명이라고 하는 소련 성인들에게 읽히게 되었다. 비밀보고의 복사판이 외국의 모든 공산당 지도부에까지 보내졌다. 또 그 본문은 외국신문에 넘겨졌다. 흐루시초프보고는 소련 안에서는 결코 공공연히 발행된 일이 없었지만 외국에서는 많은 나라말 또는 러시아어로 발행되었다.

현재(1980년대) 흐루시초프 보고의 전문(全文)을 분석해 볼 때 그가 자료를 신중히 분석하고 선택한 것이 아니라 어느 정도 서둘러서 준비했다는 것을 알 수 있다. 보고에는 스탈린의 범죄에 관한 모든 진실이 결코 포함돼 있지 않다. 5년 후인 1961년의 소련 공산당 제 32회 대회 때 보충된 것도 그것이 뜻밖에 일이라는 데서 새삼스럽게 사람들을 놀라게 했다. 그러나 우리는 흐루시초프의 최초의 행동에 이러한 결함이 있다고 해서 그를 비판할 수는 없다. 그 당시 그는 대회전에 공공연히 보고를 준비할 수 없었고 따라서 모든 진실을 이야기할 수 없었다. 그렇지 않아도 그는 개인적 모험을 할 생각이었다. 왜냐하면 당 중앙위원회 간부회 내에서 아직 유력한 지위를 차지하고 있고 또 스탈린의 횡포 및 억압과 밀접하게 관련되어 있는 말렌코프, 가가노비치, 보로시로프, 몰로토프, 사보로프 등은 흐루시초프가 1956년 2월 24일 밤 회의장에 들어오기 전에 그를 당 지도부에서 내쫓기 위해 어떤 것이라도 할 수 있었기 때문이다.

1957년 여름에 비로소 반흐루시초프의 음모를 조직할 수 있었지만 이 음모는 실패로 끝났다. 크렘린에서 3시간에 걸친 토론 끝에 간부회에 의해 해임된 흐루시초프는 중앙위원회의 대다수와 군 및 국가 보안부의 지지를 얻어 반쿠데타를 감행함으로써 이른바 반 당 그룹의 대부분을 중앙위원회에서 추방했던 것이다. 제20회 당 대회 비밀회에서 행한 흐루시초프보고는 곧 공산주의 운동을 분열시키는 많은 문제들을 자아내게 했으며 특히 지금까지(80년대) 소련 공산당 정책을 모방하고 또 그 지도자가 자국 내에서 테러와 탄압으로 개인숭배를 조장해 왔다. 소련 블록제국들을 당황하게 만들었다. 흐루시초프로서는 이 방책을 그런 식으로 행하던가 아니면 처음부터 스탈린주의의 범죄를 감추고 역사가들에게 사회주의 제국의 내정(內政)이란 테러와 폭력의 방법뿐이라고 폭로하게 할 수밖에 없었다.

흐루시초프로 하여금 제20회 대회에 그와 같은 행동을 하게 한 원인은 물론 복잡하기도 하고 또 모순된 점도 있었다. 자기에게는 심사숙고한 끝에 나온 정치적 방책뿐만 아니라 적지 않은 심정적 충동도 있었다. 스탈린이 죽은 후 당의 수뇌인 흐루시초프는 불과 몇 개월 후에 베리아의 음모에 부딪친다. 베리아는 1953년부터 권력을 장악할 준비를 하고 있었다. 스탈린이 죽은 후 통합된 모든 폭력 장치는 베리아의 손에 집중되었다. 스탈린이 살아 있을 때 이미 국가 보안성과 내무성은 하나로 합병되었으며 중앙과 주(洲)의 당 지도부는 종속관계에 있지 않았다. 스탈린의 장송을 위해 모스크바에는 내무성의 수개 사단이 질서 유지를 위해서라는 베리아의 명령으로 모스크바에 머물고 있었다. 크렘린과 당의 모든 기관의 경비대도 베리아의 수중에 있었다. 흐루시초프는 반격을 준비하고 있었다. 이 반격은 베리아가 권력을 장악하고 있을 때 어떠한 운명에 처해지게 될지를 흐루시초프와 똑같이 생각하고 있던 대다수 간부회원들로부터 지지를 받았다.

베리아와 그 그룹을 없애는 데 결정적 역할을 한 것은 주코프와 코네프 등 군 수뇌부였다. 베리아가 체포된 날 군의 각 부에는 신속하게 크렘린의 모든 경비대를 체포하고 모스크바의 정부 건물을 점령했다. 모스크바의 국가 보안성과 내무성의 중앙 간부들을 점령한 군부에는 저항한 많은 책임자들을 집무실에서 살해했다. 그들의 시체는 시외로 분산되어 어딘지 알 수 없는 곳에 매장되었다. 국가보안성의 각 공화국 및 각주의 본부는 폐지되었다. 불과 이틀 사이에 광대한 폭력이 근절되었다. 수개월 후 국가보안 위원회가 설립되었으나 그것은 완전히 당 지도부에 종속된 새로운 조직이었다. 베리아와 그의 협력자들에 대한 심리와 재판을 시작하자 베리아뿐만 아니라 스탈린의 새로운 범죄 사실도 당 지도부에서 알게 되었다. 많은 당 지도자들은 이러한 범죄를 충분히 알지 못하고 있었던 것이다.

재판은 필연적으로 이전에 스탈린에게 체포되어 살해당한 많은 당 지도자들의 복권문제까지도 다루게 되었다. 첫 번째로 다루게 된 것은 스탈린 말기에 죄 없이 체포된 당 지도부자들과 1949년과 50년에 체포된 이른바 '레닌그라드 사건'의 사람들이었다. 1937년과 1938년에 억울하게 죽은 사람들에 대한 사후 복권 작업이 시작된다. 그러나 이 작업은 지지부진했다. 제 20회 당 대회가 시작될 때까지 복권한 사람은 수십 명에 불과했고 몇 백만 명에 달하는 죄 없는 사람들이 감옥과 강제 수용소에서 고통을 받고 있었다. 이들의 석방은 1956년 2월 이후에 겨우 가능했다. 복권을 촉진하기 위해 흐루시초프는 1백 개의 특별 위원회를 설립했다.

위원회는 모스크바로부터 광범한 권한을 받고 수용소군도의 섬을 향해 떠났다. 제 20회 당 대회까지 정치범들의 재심이 가능했던 것은 최고재판소와 군사참여회 뿐이었다. 대회 후 수용소에 파견된 위원회에 사건의 재심과 그 자리에서 판결을 내릴 권한이 부여되었었다. 복권을 시키는 데 있어 사전 기록을 신속히 조사하고 수인(囚人)을 만난 다음 당원 및 시민으로서 이력이 밝혀지면 그것으로서 충분히 끝나는 경우도 있었다. 1956년 여름까지 약 5백만 명 이상의 정치범이 수용소에서 석방되었다.

1920년에서 30년에 걸쳐 체포된 S.L 당원과 멘셰비키로서 26년 혹은 28년 동안 수용소나 감옥에서 지내온 소수의 살아남은 사람들도 석방되었다. 이렇게 오랫동안 감옥생활 후 살아남을 수 있었던 것은 기적이었다. 1936년에서 38년 사이에 체포되어 형을 선고받은 사람들 가운데서 1956년까지 살아남은 사람은 약 10만 명에 달했다. 하지만 이들은 가장 잔혹한 테러에 의해 희생당한 사람들 가운데서 살아남은 5%에 해당하는 사람들이었다. 1956년의 수용소 인구는 주로 전쟁 중과 전후의 희생자들로 이루어져 있었다. 몇 백만 명이란 수인의 귀환과 몇 백만 명의 사형복권은 소련국내정치의 견지에서 볼 때 공산당의 제20회 대회의 가장 중요한 결과이며 스탈린의 공개된 죄보다 중요한 것이었다.

1956년 스탈린의 단죄는 완전하지도 않았고 또 일관성이 있는 것도 아니었다. 당사(黨史)월권과 이유 없는 희생을 야기시킨 '개인숭배'를 조장했다는 점에 죄가 있다고 되어 있다. 여러 도시에는 아직도 스탈린의 이름이 붙어 있었고 스탈린의 반신상이 모든 도시와 기관에 서 있었다. 스탈린의 초상이 당 직원의 사무실 벽에 걸려있었다. 방부된 스탈린의 시체는 크렘린의 묘에 있는 레닌의 관과 나란히 안치되어 있다. 스탈린 개인숭배에 대한 결정적 폭로는 겨우 1961년 제22회 대회 때 행해졌다. 당시에도 흐루시초프는 갑작스럽게 광범위하게 폭로했지만 그것은 비밀회가 아니라 공개회의였다. 그때 흐루시초프는 스탈린의 공범죄에 대해서도 공공연하게 문제를 제기했다. 이러한 급전환은 당 지도부를 어리둥절하게 했지만 스탈린의 단죄를 피한다는 것은 이미 불가능했다. 주요 발언자들은 미리 준비해온 연설문을 재빠르게 수정하고 여기에 스탈린과 반당 그룹, 반인민활동에 대한 세목을 추가한다. 공개회의에서 범죄의 세목을 알리게 되었지만 그것은 1956년과 1961년에 흐루시초프에 의해 알게 된 것보다 훨씬 능가하는 것이었다. 이것으로 스탈린과 스탈린주의의 신용 실추는 역행할 수 없게 되었다.

1961년 10월 31일까지로 예정된 제22회 당 대회가 끝나기 전에 스탈린의 관은 밤사이에 묘에서 제거되었다. 크렘린의 벽 가까운 곳에 굴삭기(掘朔基)로 깊은 구멍이 파졌다. 관은 그곳에 내려졌지만 두 번 다시 파내지 못하도록 그 구멍은 흙이 아니라 콘크리트로 메워졌다. 그 위에 화강암으로 반석을 깔고 여기에 I.V. Stalin이란 이름(銘)이 새겨졌다. 그리고 모든 도시와 마을에서는 스탈린의 기념물이 철거되고 거리는 물론 집단농장, 공장, 새로 개척한 신도시 등에 부쳐진 스탈린이란 명칭을 바꾸는 파도가 밀어닥쳤다.

흐루시초프는 그의 활발한 정치활동 기간에 많은 오산과 오류를 범했다. 그는 스탈린시대 때 법질서를 침범한 죄도 면할 수 없었다. 그는 경제와 농업의 질을 높이는 지도를 충분히 할 수 없었다. 그는 당내의 민주적인 환경도 조성하지 못했다. 국가 전체의 생활에 있어서 민주주의는 두말할 것도 없다. 그러나 흐루시초프가 직접 지도한 이런 모든 오류와 결함은 부분적 일시적인 것이었다. 전 인류에 대한 그의 주된 공적은 그가 1956년 2월 24일 밤 세계 공산주의 운동자들에게 휴머니즘과 전체주의적 사회주의 가운데 어느 한쪽을 택하게 한 것에 있다. '인간의 얼굴을 한 사회주의'의 출현은 그렇게 빠를 수는 없고 또 전체주의란 한 번에 연설로 없어지는 것은 아니다. 전체주의는 그 모습을 바꾸어 아직도 존속하고 있다. 1956년 흐루시초프에 의한 위기는 오늘날까지 계속되고 있다. 그것은 긴 역사의 과정이다.

베를린에 대한 소련(흐루시초프)의 도전

1958년 11월 10일 소련의 흐루시초프 수상은 빠른 시일 내에 동독과 평화 조약에 조인할 것을 표명하였다. 그는 그렇게 함으로써 서부 베를린에 있어서의 서방측 동맹국가들의 권리에 종지부를 찍는 방법이라고 주장하였다. 이리하여 그는 9년 이상이나 비교적 평온하던 베를린 시를 태풍의 소용돌이로 몰아넣었다. 제2차 세계대전이 끝나자 독일의 수도는 4개 지구로 분할되었다. 미국, 프랑스, 영국이 점령한 지구는 면적이 넓고 인구도 많았지만 소련군이 점령한 지구는 면적이 좁았다. 베를린은 동독에 위치해 있는 이유로 이 도시의 서방측 점령 지구에 출입하려면 완전히 소련 관리에 있으며 동독 영토에 있는 176킬로미터에 걸친 좁은 회랑(回廊)을 거쳐야만 했다. 이 통로는 몇 가지 정치적 협정에 의해 유지되어 왔다. 그 중에서 가장 분명한 것은 1845년에 미국, 영국, 프랑스. 소련의 4개국이 조인한 포츠담 의정서와 1949년 파리에서 4개국이 합의한 협정이었다. 서방측 여러 나라는 통일을 약속하고 소련이 수립한 정부인 독일 인민공화국(동독)을 인정하지 않았다. 그러나 동베를린의 소련 지구는 동독 의수도가 되었다.

흐루시초프는 처음에 1948년의 봉쇄와 같은 그런 과격한 행동을 취하겠다는 협박은 하지 않았다. 그 대신 그는 서방측 여러 나라에 대해 이 도시에서 연합군을 완전히 철수하기 위해 동독 정부와 교섭을 하도록 호소했다. 그리고 소련은 이 도시의 모든 행정을 동독 측에 위임할 생각이라고 했다. 나는 물론 소련의 선언에 위태로운 불씨가 숨어 있다는 것을 짐작하고 서방측에 조금이라도 허점이 드러나 보이면 소련은 언제든지 도전해 오리라는 것을 예측하고 있었다. 그러나 베를린 정서에는 교섭이나 타협의 여지가 전혀 없었다. 이 도시에 서방측은 소수의 군대가 주둔하고 있었다. 그리하여 베를린을 실제로 방위하고 있는 것은 서방측의 공식 의사표시, 즉 이 도시를 지키기 위해 필요한 경우에는 전쟁도 불가피하다는 의사 표시뿐이었다.

서부 베를린은 연합국이 이 도시를 기아에서 구출한, 1948년 봉쇄사건 이후 10년 동안에 기적적인 변화를 일으켰다. 이들은 크게 번영하였기 때문에 10년 전보다 몇 갑절의 보급물자를 요구하고 있었다. 이 베를린 산업 도시는 동독 주민들에게 민주주의 생활의 정점을 정확히 보여 주었다. 서부 베를린은 오랫동안 수만 명의 불행한 동독 피난민에게 안식처를 제공해 왔다. 그런데 이들 피난민의 상당수가 전문적인 기술자와 지식인들이었으나 흐루시초프 편에서 보면 더욱 부끄럽게 된 것이다.

흐루시초프가 이 도시를 가시로 본 것은 당연한 일이었다. 그는 만일 이 도시에서 연합군이 철수한다면 이 가시는 저절로 제거된다고 계산하고 있었다. 그리고 흐루시초프는 여러 차례의 위기에 지쳐버린 서방측으로부터 어떤 정치적인 양보라도 얻어낸다면 승리로 생각하고 선전 목적으로 사용할 가치라고 판단했다. 더구나 동독 정권을 비공식적으로나마 인정하게 되면 서독이 급속히 부흥을 이룩하여 서방측과 긴밀한 우호관계를 하고 있는 아데나워 수상에게 큰 타격을 줄 수가 있었다. 흐루시초프는 서독측 정부와 서방측 4개국 사이에서 조성되고 있는 견해 차이가 발생될 것이며 특히 공산측의 도전은 전쟁이 야기되는 문제로 견해차는 필연적으로 생긴다. 흐루시초프는 이 견해 차이를 이용할 심산이었다. 흐루시초프의 성명이 발표되었을 때 미국은 즉각적인 반응을 보일 필요가 없었다. 서부 베를린에 대하여 몇 년 동안이나 수호해온 서방측의 권리는 명확했다.

따라서 이 권리가 침해되지 않는 한 흐루시초프의 성명에 대항할 필요가 없었다. 우리는 관망하고 있을 뿐이었다. 드디어 새로운 사태가 발생했다. 흐루시초프의 성명이 발표된 후인 11월 14일에 소련 측은 베를린 교외에 있는 고속도로의 검문소에서 미국 육군의 트럭 3대를 8시간 반 동안이나 정지시켰다. 흐루시초프는 세계의 긴장이 완화되기를 원한다고 표명은 늘 해왔지만 그의 발언은 행동과 부합되지 않았다. 독일분할과 베를린의 지위에 대한 결정은 상세한 검토를 거치지 않고 즉흥적으로 내려진 것이 아니었다. 연합국이 노르망디(암호로는 오버 로우드 작전) 작전을 추진했을 때 미국과 영국 및 소련의 세 나라 대표들은 런던에 유럽 자문위원회를 설치하고 독일을 항복시킨 다음에 통치할 계획을 시작하였던 것이다.

흐루시초프의 성명은 최후통첩의 성격을 충분히 띠고 있었다. 6개월 후 1959년 5월 27일이 되면 흐루시초프가 주장을 철회하거나 또는 당사국 사이에서 만족할 만한 해결방안을 찾지 못하면 우리는 더욱 심각한 위기에 직면하게 되었다. 그동안에 소련 특이 서방 동맹국들 사이를 이간시키고 일부 서방측 지도자들의 신경과민을 이용하기 위해 그들은 모든 수단을 동원할 것은 정한 이치였다. 그리고 흐루시초프는 위신을 지키기 위해 끝까지 자신의 계획을 내세우려고 할 것이므로 대결을 회피할 길은 좀처럼 찾아보기 힘들었다. 군사적인 측면에서 보면 이 사태는 부끄러울 정도로 균형을 잃고 있었다. 베를린에서 차지하고 있는 서방측의 지위는 2차 대전 중 미. 영. 소의 정부 수뇌들에 의해 빚어진 협정에서 결정된 것이지만 소련은 이 협정을 한 번도 이행하지 않았다. 당시에 이들은 독일을 점령하기 위해 맺은 협정을 잠정적인 것으로 생각했다. 서방측은 독일의 각 점령 지대가 긴 세월 동안 정치적인 경계선이 되어 국민을 분할하고 몇 백만이나 되는 불행한 사람들을 수십 년이나 혹은 수 세대에 걸쳐 독재정치 밑에서 살아가게 하리라고는 꿈에도 생각하지 못했었다. 흐루시초프는 6개월 동안 행동을 보류할 것이며 이 사이에 베를린에 관해서 교섭을 할 용의가 있다고 했다. 또한 흐루시초프는 서부 베를린을 UN의 관리 하의 '자유도시'로 하고 모든 점령국의 점령군을 베를린에서 철수할 것을 제의, 만일 6개월이 지나도 베를린 문제가 해결 되지 않으면 당초의 계획을 강행하겠다고 했다.

어찌하여 자유세계는 이러한 곤경에 처하게 되었는가? 어찌 하여 우리는 많은 공산세력이 우리를 수비하고 있는 1만 3천 명의 수비대를 향한 가운데 포위되어 있는가? 1만 3천 명의 수비대로 향한 공격 을 물리치기 위해 3차 대전을 유발할 위기에 놓이게 되었는가? 우리는 베를린을 '자유도시'로 하는 구상에 대해서 자주 논의해 왔었다.

나는 동서를 포함한 베를린 전체를 자유화하되 서독에서 이 도시로 통하는 도로가 유엔 관리하에 놓이고 서독 정부가 이를 받아들인다면 이 문제를 토의할 용의가 있다고 말하였다. 분규는 항상 있어왔다. 소련은 지리적으로 이 도시에서 출입을 통제할 수 있었으므로 서방측을 마음대로 골려 줄 기회를 놓치지 않고 매번 이용하려고 했다. 그리하여 자유세계는 1948년 베를린 봉쇄가 시작되어 나중에 좌절될 때까지 소련의 이러한 간계에 끊임없이 시달렸다(아이젠하워).

소비에트 체제에 대해 최초 반기를 든 흐루시초프, 개혁과 개방 시도

소비에트 체제 70년사 가운데에 흐루시초프는 최초로 변혁을 시도했다. 그가 개혁을 시도했던 2년(1962－64) 간은 소련의 희망의 시대라고 볼 수 있다. 그러나 그는 고질화된 당 간부들의 타성에 부딪히고 저항을 받는다. 그의 개혁은 결국 실패로 돌아간다. 1962년까지 흐루시초프는 소비에트 체제를 논리 속에서 개선하려고 노력했다. 그가 당의 토의장을 넓히고 당의 폐단을 변경시키려고 시도했다. 그러나 고질화된 당의 이름 밑에서 또 특권적인 권능을 가지고 여러 곳에서 저항을 받게 되고 오히려 권좌에서 물러나지 않으면 안되었다.

그는 1962년 당의 전면적 적의에 직면했다. 당의 상부층은 흐루시초프가 명령한 새로운 제도를 거부했다. 경제에 있어서도 마찬가지였다. 중앙으로부터 국민 경제회의로 권력 이양이 된 뒤에는 이중의 관료기구가 탄생되었다. 많든 적든 모스크바에 남은 기구가 있었고 다른 한편에서는 지방 수준에서 경제기구의 확대가 있었다. 이 현상을 통일하려고 노력했으나 책임 있는 간부들은 자신의 지위나 거기에 얽혀 있는 공식적 혹은 은폐된 형태의 이익을 지키려고만 부심했다. 이렇게 지도층의 저항에 흐루시초프는 부딪힌다. 이러한 반발의 공통분모는 당이었다. 가차 없는 적대파에 직면하고 있다는 것을 알게 된 흐루시초프는 1962년 그는 당을 단순히 정치적 집행자의 지위로 격하시키려고 시도했던 것이다. 생산과정에 대응한 당 조직을 1962년 11월 공업과 농업의 2개 분야로 나눈다. 모든 당 간부는 이 두 부문에서 전문적 활동을 하게 하는 것이었다. 70년에 걸치는 역사 가운데서 소련 정치체제가 급진적 변화가 있었던 시기가 있다면 그것은 흐루시초프가 1962년부터 그가 실각할 때까지의 2년간이다.

흐루시초프의 개혁이 실패한 것은 체제 자체가 갖는 타성과 더불어 시민사회의 정치적 경험 부족, 그리고 흐루시초프 자신 역시 대담하게 토비콘 강을 건너는 데 대한 공포였을 것이다. 제도가 갖는 타성은 1962년 개혁 실패의 중요한 요소였다. 흐루시초프의 개혁은 실시되었으나 한꺼번에 여러 가지 관습을 타파할 수 없었다. 그리고 점점 증가하는 그의 해외여행은 개혁 범위 안에서의 책임자의 재분배까지 지휘하지 못했다. 당의 단일체 기구체제가 존재해 왔는데 그것을 2부문으로 나뉘어 놓고 통일성을 지키려고 했지만 이미 무대 뒤에서는, 당의 절대 우위의 지위를 강력히 제기하는 흐루시초프를 추방하려는 계획이 나타나고 있었다.

흐루시초프의 또 하나의 실패 원인은 당시 시민사회의 부재에 있었다. 존재 자체의 기반을 위협받은 당은 그 개혁의 이득만 인식하고 있었다. 인텔리 엘리트마저도 개혁을 자신들과는 무관한 권력권 내부의 개혁 정도로만 인식하였다. 너무나도 오랫동안 권력으로부터 소외당하고 있었던 것이다. 실제로 소련 사회의 시민은 사회의 허약성이라기보다 오히려 시민사회가 부재였다고 할 수 있다.

1962부터 64년에 걸치는 기간 동안 무엇인가 변해가려고 하는 것까지도 이해하지 못했다. 아무도 그 변혁에 공헌하는 정신적 자세를 갖고 있지도 않았다. 시민들은 그들에게 정치 정보는 권력에 의하여 알려지는 것 이외에 아무것도 없었다. 마찬가지로 당에 의하여 컨트롤되지 않고 있는 사회적 집합 장소나 구조도 일체 존재하지 않았었다. 흐루시초프는 제 22차 당 대회에서 민중의 참여를 호소했다. 그러나 그러한 참여가 취해질 수 있는 형태나 그 정도를 토의하는 것은 당이었다. 흐루시초프의 실패는 과단성이 없는 것에 기인한다. 그도 당으로부터 오랫동안 받은 교육에 의해 지배되고 있었다. 그는 1917년 이후 군림하는 정치체제와는 다른 정치체제를 개혁하려고 했다.

흐루시초프의 개혁은 당의 권력을 감소시키려고 한 것도 있다. 그러나 그것을 끝까지 밀고 나가지 못했다. 그는 그가 자라온 범주 밖에서의 사고하는 능력이 부족했다. 체제에서 이익을 얻고 있는 자들의 굳은 의지와 더불어 결국은 그 체제를 구제하지 못했다. 흐루시초프가 1956년부터 61년까지의 그가 누리던 권력은 컸다. 그는 1958년 당 간부회에서 군의 대표자 주코프 원수를 해임시키고 60년대 초반에는 군 병력을 삭감함으로서 군의 수많은 특권에 타격을 주었다. 그래서 흐루시초프는 1962년 당시 당 기관 내에서도 당내에서도 인기가 줄었다. 그의 일관되지 않은 태도에서 사회 집단 내에서도 지지도가 상실되었다. 인텔리 층의 경우 솔제니친의 〈이반 데니소비치의 하루〉의 출판을 당에 맡김으로써 지식인의 이니시어티브나 창작의 자유를 격려했으나 그와 거의 동시에 흐루시초프는 파스테르나크를 박해하기도 하고 추상 화가들을 모욕하기도 하며 그들의 사기를 저하시켰다. 흐루시초프가 달성한 업적을 평가해 볼 때 그는 모든 분야, 정치, 문화, 경제 교육, 외교에서 개방 정책을 실시했다. 그는 시종 일관한 정치, 행정의 결정을 하지 않은 점에서 당의 지지를 받지 못했다. 그러나 그는 이론의 여지없이 그의 역량은 인정하게 된다. 1964년까지 그는 적의에 찬 당 대회, 당이 바라지 않는 조치를 강제하는 결단성도 있었다.

그러나 그의 허약성도 갖고 있어 당이 그에게 브레이크를 걸고 사보타주를 하며 그를 추방해 버린 것이다. 이것은 그의 권력의 한계와 개인적인 여건도 작용한 것이다. 60년대 초반 소련에서 권력이란 어떤 것이었던가. 흐루시초프 개인 권력과 그를 제어하고 나아가 추방해 버리는 당의 능력과의 병존을 어떻게 이해해야만 할 것인가. 1964년이 되어도 권력은 사회 특히 노동자와는 인연이 없는 것이었다. 모든 권력은 여전히 공산당이라는 손에 집중되고 있었다. 그렇게 해서 흐루시초프가 내걸었던 평등주의도 허사로 돌아갔다. 다만 권력에 따르는 일정수의 특권은 아무 손실이 되지 않은 채 존속되고 있을 뿐이다(엘렌느 카레르 당코스).

흐루시초프와 닉슨의 '부엌 논쟁' 그리고 말똥과 돼지똥에 대한 논쟁

흐루시초프는 종종 그의 말버릇을 감추고 외교적 발언을 해야 할 때도 개의치 않고 기분대로 내뱉어서 세계인들을 놀라게 했다. UN에서 연설 도중 기분에 맞지 않다고 해서 신발을 벗어, 신발로 탁상을 두드려 세계 사람들을 놀라게 하고 웃음을 자아내게 했다. 그래서 그에게는 코미디언이라는 이름이 따라다녔다. 시골 할아버지 같은 풍모도 그의 언행도 늘 사람들의 호기심을 달고 다니게 했다. 60년대 모스크바에서 있었던 추상 화가들의 전시회에 나타나서는 추상화를 보고 화를 내면서 이 그림들은 당나귀 꼬리로 그린 것이냐는 비난을 했다. 그래서 러시아 현대미술사에는 한 유파로서 당나귀 꼬리파라는 새로운 명칭이 생겼다.

닉슨의 소련 방문 때 미국에 대한 분노로 가득 찼던 흐루시초프는 그 분노(憤怒)를 닉슨에게 욕으로 '말똥론'을 내뱉으면서 둘 사이에는 '말똥과 돼지똥에 대한 분쟁론'을 연출했다. 1959년 정보기관의 추천으로 나는 미국을 대표하여 7월에 모스크바에서 열리는 미국 국립박람회의 개회식에 참석하게 되었다. 그 당시의 상황을 모르는 사람은 잘 이해하기 어렵겠지만 러시아는 여전히 스탈린시대의 불길한 신비로 싸여 있었고 철의 장막은 유럽을 가로질러 있었으며, 소련 미사일은 일본, 파리, 런던, 그리고 워싱턴을 위협하고 있었다. 낮은 신분에서 출세한 버릇없는 곰 같은 니키타 흐루시초프가 공산당의 지도자였다. 그는 서방의 무장해제와 긴장완화 제의를 무뚝뚝하게 무시하며 군비증강에만 열을 쏟는 인물이었다. 모두들 그를 으스대는 인물로 생각하고 있었다.

7월 22일 모스크바로 떠날 때까지 나는 흐루시초프가 제기할 듯한 미·소 관계문제에 대해 토의할 준비를 갖추었다. 나는 흐루시초프를 만났던 수명의 서방인들에게 그가 어떤 사람이며 그에게 무엇을 기대할 수 있는가를 물었는데, 많은 사람들이 평화에 대한 우리들의 헌신적인 성의에 대해 그에게 절대적으로 의심의 여지를 남기지 않는 것이 중요하다고 했다. 다른 이들은 내 쪽에서 결함이나 양보의 기미가 있으면 그것을 트집 잡아 자기에게 유리하게 이용할 것이라고 했다. 내가 모스크바로 떠나기 직전, 의회는 위성국 결의문을 통과시켰고 아이젠하워 대통령은 이에 관한 성명서를 발표했는데 이것이 나의 소련 방문과 일치하게 되어 흐루시초프가 그것을 고의적인 도발로 해석할런지는 모른다는 것을 알았다.

우리는 6월 22일 공군제트기로 우정공항을 출발했다. 모스크바의 영접은 쓸쓸했다. 부수상 포롤 코즐로프가 긴 환영사를 했으나 주악이나 축가 그리고 군중은 없었다. 나는 모스크바 주재 대사인 톰프슨과 대사관저의 안전실에서 장시간 이야기를 했는데, 그는 소련 지도자들이 위성국 결의문에 대해 격노하고 있으며 공항에서의 냉대는 첫 표시일지도 모른다고 했다. 나는 다음날 아침 5시 30분에 나의 정보 비서인 잭 셔우드를 동반하고 다닐로부스키 농산물 시장을 갔다. 우리는 운전사 겸 통역관인 소련 보안 경찰과 같이 갔는데 상점들 사이를 걷자, 나의 도착소식이 곧 퍼져서 사람들이 모이기 시작했다. 한 시간쯤 사람들과 어울려 질문에 답하고 물건도 산 후 막 떠나려 할 때 몇 사람이 미국박람회 입장권이 있느냐고 물었다. 표가 없어 돈으로 주자, 그 대표자가 도로 내주면서 문제는 입장권 값이 없어서가 아니라 정부 당국이 표는 한정된 사람에게만 이용할 수 있게 하는 것이라 했다.

다음 날 3대 소련 신문인 프라우다, 이즈베스차, 트루드는 그 사건을 머리기사화 하고 소련 시민들에게 뇌물을 주어 돈으로서 그들을 타락시키려 했다고 비난했다. "닉슨 부통령이 소코르니키 공원에서 미국박람회 개회식을 하는 장소에서 흐루시초프는 닉슨과 미국을 공격하기 위해 고의로 이 의례적인 기회를 이용하였다. 그러자 닉슨 부통령은 흐루시초프에게 하나하나 공격을 가하였다. 논쟁은 배를 타고도 볼가강을 유람하면서도 계속되었다. 그러나 소련 국민들은 닉슨 부통령을 열렬히 환영하였다." 우리가 모스크바에서 박람회를 연 목적은 많은 소련 국민들에게 미국의 생산품을 보여주고 미국시민들과 직접 대면하게 하려는 데에 있었다. 우리는 여기서 소기의 목적을 달성하였다. "나는 특히 안내역을 맡고 서서 봉사적으로 미국인 생활의 다양성에 대한 질문에 유창한 노어로서 답변해 준 미국 대학생 모임의 활동에 대한 이야기를 듣고 감명을 받았다. 이 젊은 남녀 학생들은 관람객들에게 깊은 감동을 주었다. 그러나 그들은 일부 직업적인 공산주의 선동자들이 군중 속에 끼여 있기 때문에 조심스럽게, 우호적인 소련 사람들에게 귓속말로 관람객들을 도와주었다고 한다.

나는 이와 같은 소련 국민과 미국 국민들의 접촉은 오랫동안 제창해 온 세계 평화를 위한 전진의 제일보라고 생각했다. 그리하여 1958년 9월 대대적인 국민 교류를 세웠다. 그것은 각 분야-미술, 교육, 운동, 법률, 의학, 산업에 걸친 미국의 일반 시민들과 결속하여 이념이나 국경을 초월한 다른 나라의 전문 분야에 종사하는 사람들과 서로 접촉할 수 있는 기회를 갖기 위한 계획이었다(아이젠하워)."

흐루시초프의 첫 회담을 위해 크렘린으로 갔다. 그는 생각보다 작았다. 허리통, 뻔뻔스러운 미소, 뺨 위의 사마귀 등 그의 모습은 사진과 똑같았다. 기자들과 사진사들이 있는 동안 그는 상냥하게 미소 짓는 듯 했으나 사진사들을 내보내자 분위기는 확 달라졌고 곧 위성국 결의문에 대해서 장광설을 늘어놓기 시작했다. 그는 그것을 '어리석고 소름이 끼치는 결정'이라고 했으며 그 다음 단계는 전쟁이 아니냐고 물었다. 나는 그 결의문이 어떻게 나오게 되었는가를 설명하고 다음 주제로 넘어갈 것을 암시했으나 그는 막무가내였고 그것을 이유로 소련의 군비를 정당화시키려 하였다. 나는 마지막으로 다음 의제로 넘어갈 것을 말하자 그는 "중요한 방문을 앞두고 당신에 의회가 그런 결의문을 채택한 이유를 아직도 이해할 수 없다."며 얼굴을 붉히고 "이 결의안은 냄새가 난다. 그것은 갓 나온 말똥 냄새와 같다. 그것보다 더 지독한 냄새는 없다."고 했다.

나는 흐루시초프가 어릴 때 돼지치기였으며 돼지거름이 악취가 더하다는 것을 기억해 내고 "의장께서 실수하신 것 같습니다. 말똥보다 더 지독한 것이 있습니다. 바로 돼지똥이지요."라고 대답했다. 통역이 끝나자 그는 잠시 망설이더니 갑자기 미소 지으며 "당신이 옳소. 그러니 이제 다른 것에 관해 이야기 합시다."하고 말했다.

우리는 크렘린에서 나와 미국 전람회장으로 갔다. 우리가 첫 번째 들어간 전시실은 모형 TV스튜디오였는데 한 젊은 엔지니어가 칼라 TV 시스템을 시험해 볼 것을 제의했다. 이 사이 그는 무대 뒤로 올라가 카메라를 위해 연설을 하고 연기를 보여주었다. "미국이 언제부터 있었지요? 삼백년 전?" 그의 물음에 "백 팔십년 전(소비에트 탄생)이라고 대답했다. 우리는 단지 사십 이년밖에 안되었지만 앞으로 7년 안에 미국과 같은 수준에 도달할 것이다." 라고 말했다. 그는 군중 앞에 선 건장한 노동자를 가리키며 "이 사람이 노예 노동자 같습니까? 그런 기백을 지닌 사람들이 있는데 어떻게 실수할 수 있겠습니까?"라고 물었다. 나도 미국 노동자들을 가리키며 "저 같은 사람들이 있어서 우리도 강하다. 그러나 미·소의 노동자들이 이 전시장을 짓기 위해 함께 일했듯이 평화를 위해 함께 일해야 하며 그것이 당연한 것"이라고 말하고 "당신네가 원하는 경쟁이 모든 사람을 위한 최선의 것이 되려면 아이디어의 교환이 있어야 한다. 결국 당신이 모든 것을 알지는 못하니까"라고 덧붙였다.

그는 "내가 모든 것을 알지 못한다면 당신은 공산주의에 대해 무서워하는 것 외에는 어떤 것도 모른다."라고 소리쳤다. 우리는 곧 논쟁이 심하게 될 장소에 이르렀는데 이것은 미국의 중산층이 살고 있는 편의시설이 갖추어진 실제 크기의 집이었다. 소련 신문들은 그것을 '타지마할'이라 불렀고 실제로는 그렇지 않다고 주장했다. 내가 흐루시초프에게 사실이라고 해도 그는 믿으려 하지 않았다. 그리고 우리는 모형 부엌에 머물면서 이야기했는데 그는 소련의 가정집도 미국의 전시장에 진열된 현대적인 장비를 갖추고 있다고 단언했다. 내가 로케트의 성능보다는 위성 머신의 성능에 대해 이야기하는 것이 좋지 않으냐고 물었을 때 그는 "당신네 장군들은 우리가 로케트를 가지고 경쟁해야 한다고 말하는데 우리도 당신들이 러시아인의 기백을 알 수 있도록 무엇인가 보여줄 수 있다."고 했다. 나는 "누가 더 강하냐를 따지는 것은 논점을 벗어나간 것이며 전쟁이 일어나면 우리 모두가 잃게 된다."라고 말했다. "우리는 결코 당신네들을 위협하지 않을 것이다."라고 말하자 그는 "간접적으로 나를 위협하고자 하지만 우리도 역시 위협할 수단을 갖고 있다."고 말했다.

마지막으로 "우리는 모든 국가 특히 미국과의 평화와 우정을 원한다."고 말하자, "우리도 역시 평화를 원한다."고 응했다. 이 열띤 논쟁을 하는 동안 그의 옆에는 그의 각료 한 사람이 서 있었는데 그가 레오니드 브레즈네프라 불리는 젊은 당 서기였다. 우리는 크렘린으로 돌아왔는데 그곳에는 패트와 흐루시초프의 부인이 오찬을 위해 자리를 같이 했다. 다음날 밤 우리는 미 대사관에서 흐루시초프를 위해 만찬을 베풀었다. 중간쯤에 그는 소련의 시골 풍경을 찬양하더니 패트와 내게 그날 밤 모스크바 근교의 그의 별장에서 보내고 예정된 회담은 내일 그곳에서 하자고 했다. 그의 별장과 주위 경관은 훌륭했다. 흐루시초프와 그의 부인은 다음 날 아침 늦게 왔는데 즐거운 듯이 "먼저, 집 앞에서 사진을 찍고 노예들이 어떻게 살고 있는지 볼 수 있도록 모스크바 강에서 배를 타자"고 했다. 약 한 시간 강을 거슬러 올라가는 동안 몇 무리의 수영객들을 만났는데 "당신들은 노예라고 느끼느냐?"는 그의 물음에 처음에는 흥미도 느꼈다. 곧 그것이 조작극임을 알았다.

우리는 체호프의 소설에서 보는 듯한 커다란 자작나무 그늘 아래 잔디밭 위에서 점심을 먹었다. 맨 처음 함께 자리를 옮겨 회담에 들어갈 것으로 예측했으나 그는 그대로 앉아서 소련의 로케트와 미사일의 힘과 정확성에 관해서 허풍을 떨었다. 나는 미사일 제작기술이 그렇게 발달했으면 왜 폭격기들을 계속 만드느냐고 물었다. 그는 미사일이 훨씬 정확하고 인간적인 실수나 감정에 지배되지 않기 때문에 폭격기 제작은 거의 중단했다고 했다. 잠수함에 관해서 묻자 그는 가능한 한 많은 잠수함을 만들고 있다고 했다. 미코얀은 방어를 위해 필요한 만큼 만드는 것이라고 했다. 이어 미사일을 추진시키기 위한 고체 연료의 개발에 관해 묻자 그는 '그것은 내가 토론할 수 없는 기술적인 문제'라고 답했다. 그러자 패트가 미소 지으며 수상께서 토론할 준비가 안 된 주제가 있다니 놀랍다고 말했다. 미코얀은 수상일지라도 모든 것을 다 알지는 못하며 그래서 자신들이 돕기 위해서 있는 이유라고 했다.

마지막으로 세계가 전쟁에 대한 두려움으로 시달리는 것은 주로 소련 지도자들이 호전적인 발언 때문이며 최근에도 폴란드에서 소련은 세계 어느 곳에서건 공산 혁명을 지지한다고 그가 선언한 것을 지적했다. 그는 "우리는 개인에게 하는 테러는 반대하며 소련이 다른 나라에서 일어나는 공산 혁명을 지지하는 것은 별개의 문제로서 그것은 간섭이 아니다."라고 했다. 나는 소련 신문과 방송이 베네주엘라에서 패트와 나에 대한 테러를 공공연히 지지한 사실에 관해 물었다. 그는 "소련에서는 당신은 나의 손님이지만 진리는 나의 어머니다."라는 속담이 있으며 대답하기를 "당신들은 그곳 사람들의 당연한 분개의 대상이었다. 그들의 행위는 당신 개인에 대한 것이 아니라 미국 정책의 실패에 대한 것"이라고 했다.

나는 다음과 주제이이야기를 했다. "당신 자신이 견해를 갖고 또 이러한 폭력적인 행동에 대해서도 찬성할 수 있는 권리는 인정하지만 소련과 같은 거대한 군사력이 그런 혁명적인 견해나 동정에 따를 때 사태는 걷잡을 수 없이 심각해진다는 것을 지적하고 싶습니다. 이것이 바로 아이젠하워와 당신 같은 지도자가 만나야 할 이유요. 그러나 당신은 미국은 항상 그르고 소련은 결코 그릇될 수 없다고 말하는데 평화는 결코 그런 식으로 얻어질 수 없소." 그는 거의 한 시간 동안 장광설을 늘어놓다가 스스로 지쳐 일어나더니 오찬이 끝날 것을 알렸다.

우리는 5시간이 넘도록 이야기를 했으며 모든 사람이 얼떨떨했다. 흐루시초프의 의도는 소련의 군사력과 그것을 사용하려는 그의 의지로서 우리를 압도하려는 것이었으나 그날 오후는 실패했다. 그래서 오찬 이후로 나는 내 직관이 옳았음을 알았다. 그는 그에게 맞는 사람, 저항하는 사람, 그리고 그가 자신의 주장을 신봉하는 만큼 자신들의 주장을 신봉하는 사람들만 존경하는 것 같았다. 소련 방문을 마칠 무렵 나는 전례 없는 소련 국민들에게 대한 라디오와 TV연설을 하게 되었다. 나는 단순하게 일어났던 것을 말했으나 프라우다가 공공연히 비난을 했다. 이 사건은 내가 소련을 떠난 이후로도 소련 사람들 사이에 논쟁거리가 되었다. "나는 공존이라는 개념은 부적당하며 부정적이라고 생각한다. 왜냐하면 공존이란 세계가 증오와 공포의 벽을 가진 두 개의 적대 세력으로 분리되어 있음을 함축하기 때문이다. 나는 소련 지도자들과의 견해 차이의 요체가 무엇인지를 밝히려 애썼는데 그것은 어느 체제가 우월한가가 아니라 한 국가가 그의 체제를 다른 국가들에게 강요하려고 하느냐의 문제다. 우리는 우리의 체제를 좋아한다. 그러나 우리의 확신의 본체는 우리의 체제를 다른 국가에 강요하려고 하지 않으며 앞으로도 그러리라는 것이다."

소련을 떠난 후 소련의 위성국 중 하나인 폴란드를 잠시 방문했다. 폴란드 정부는 우리의 도착 시간이나 통과 도로에 관해 공식적인 발표를 하지 않았다. 유럽 자유방송과 지하방송 덕택에 국민들은 알고 있었다. 일요일이어서 많은 사람들이 직장에 나가지 않았다. 우리가 공항을 출발하자 곧 환영 군중들을 만났다. 손을 흔들고 소리를 치고 수백 명이 꽃다발을 나와 패트의 차에 던졌다. 정부 보안군은 전적으로 무방비 상태였다. '미국이여, 영원하라!' '아이젠하워여, 영원하라!, '닉슨이여, 영원하라!'고 외치며 앞으로 밀려오는 군중들에 의해 자동차 행렬이 몇 번이고 멈추어야 했다.

그 일요일, 폴란드 국민들은 미국에 대한 그들의 우의와 공산주의 지도자들과 소련인들에 대한 그들의 증오를 진지하게 보여주었다. 우리는 8월 5일 워싱턴에 도착하여 수많은 군중들로부터 열광적인 환영을 받았다. 나의 소련 방문은 미국에 커다란 영향을 가져왔다. 이러한 평판으로 인한 불이익도 있었다. 몇몇 신문들은 내가 대통령이 되면 흐루시초프와 좋은 관계를 유지할 수 없을 것 같다고 시사했다(리차드 닉슨).

제16장
소련시대의 핵문제

소련 핵 물리학자, 사하로프 박사와 미국의 핵 물리학자, 시드니 드렐

소련의 핵 물리학자, 사하로프 박사와 미국의 핵 물리학자 시드니 드렐 박사와 핵에 대한 의견을 나눈다(1982년).

경애하는 시드니 그렐 박사, 당신의 훌륭한 강연 원고를 읽었습니다. 하나는 1982년 10월 23일 그레이스 성당에서 행한 핵무기에 관한 연설에서 다른 하나는 미 하원의원 국방위원회 조사－감사 소위원회의 핵전쟁 결과의 가공할 위험에 관한 당신의 언급은 내 가슴 깊숙이 와 닿았으며 오랫동안 나를 괴롭히고 있습니다. 인류가 당면하고 있는 가장 중요한 문제인 핵전쟁에 관한 논쟁에 참여하는 것이 필요하다고 느껴 당신에게 공개서한을 보내기로 했습니다. 당신의 일반적인 논지에 전적으로 찬동하면서 나는 보다 구체적인 성격 즉 어떤 결정을 내릴 때 고려할 필요가 있다고 생각하는 것에 관해 의견을 피력하려고 합니다.

나는 핵전쟁의 위험에 대한 당시의 분석을 전적으로 다루려고 합니다. 이 문제가 중요함으로 좀 더 자세히 다루려고 합니다. 나는 핵전쟁과 열 핵전쟁이란 용어를 거의 같은 의미로 사용합니다. 핵무기란 원자무기와 열핵무기를 의미합니다. 재래 무기란 대량 파괴 능력을 가진 세 가지 형태의 무기－핵무기, 화학 무기, 세균 무기를 제외한 모든 무기를 뜻합니다. 대규모 핵전쟁은 필설로 묘사할 수 없는 규모와 예측이 절대 불가능한 결과를 가진 재앙이 될 것입니다. 그리고 그 불확실성은 오히려 더 나쁜 쪽으로 기울고 있습니다. 핵 전문가들의 자료에 의하면 1980년 말 세계는 통틀어 5만 개의 핵무기가 있습니다. 대부분 0.04－20 메가톤 급인 핵폭탄의 총 파워는 1만 3천 메가톤에 달한다는 것이 전문가들의 추산입니다. 당신이 제시한 숫자는 이 추산과 어긋나지 않습니다.

이러한 측면에서 당신은 2차 대전 때 사용된 폭발물의 총 파워가 6메가톤이 넘지 않는다고 말씀하셨습니다. 내가 아는 바로는 3메가톤으로 알고 있습니다. 그러나 이와 같은 비교를 할 때는 전체 파워가 같더라도 소형 무기 쪽이 상대적으로 더 크다는 것을 감안해야 합니다. 그렇다고 그것이 지금까지 축적된 핵무기의 어마어마한 파괴력에 대한 본질적인 결론을 변화시키지는 못합니다.

당신은 또 현재 1982년 소련은 8천 개의 핵무기를 배치하고 미국은 9천 개를 배치했다는 데이터를 인용했습니다. 이 중에는 탄도 미사일에 장치된 탄두탄이 많았으며 그리고 이 중에는 다탄두와 유도탄두(CNRV)가 많습니다. 소련무기는 거대한 지상발사 미사일과 이동식 발사대에 장치한 보다 소규모 중거리 미사일을 토대로 삼고 있다는 사실을 주목해야 합니다. 다스 통신 보도에 의하면 그 비율이 70%라고 합니다. 미국 무기의 80%는 기지를 둔 핵미사일(규모는 훨씬 작지만 지상배치 미사일보다는 덜 취약합니다.)과 핵폭탄을 운반하는 전략 폭격기로 되어 있습니다. 대규모 비행기 편대가 소련 영토 깊숙이 침투할 수 있는 것인가는 의문입니다. 그러나 그들의 능력을 보다 정확하게 평가하면서 크루즈 미사일의 가능성을 감안하여야 합니다.

이 미사일들은 아마도 적의 방공체제를 뚫고 침투할 수 있을 것입니다. 현재(1982년) 미국의 가장 강력한 ICBM 들은 추진력이 소련의 지상발사 몇 분의 1에 불과합니다. 미국의 ICBM들은 MIRV수가 적으며 탄두의 위력도 떨어집니다. 한 미사일의 추진력이 몇 개의 탄두에 합쳐진 위력 같은 미사일에 답재된 단일 탄두의 그것보다 작은 것으로 추정됩니다. 그러나 MIRV는 상대방의 밀집표적 공격 능력을 크게 증가시킵니다. 또 MIRV는 대도시 같은 넓은 지역에 퍼져 있는 표적들에 대해 고도의 파괴력을 갖습니다. 당신이 인용한 스웨덴 왕립 아카데미 회지의 추산에 의하면 총 2천 메가톤의 위력을 가진 5천 개의 탄두로 북반구의 주요도시들을 공격할 경우 충격파만으로도 7억 5천만 명이 살해됩니다. 그 추산에 몇 가지 더 추산하려고 합니다.

1) 5개의 핵보유국이 소유한 장거리 핵무기의 총수는 전술한 스웨덴 아카데미의 추계보다 3배 내지 4배 많으며 그 전체 파워는 7-8배 큽니다. 일반적으로 용인되는 미사일당 평균 사상자는 평균(25만 명)수는 현재 핵폭탄의 평균 위력 400킬로톤을 히로시마 때의 17킬로톤과 비교해보고, 히로시마 때 이 폭탄의 충격파로 4만 명 이상의 피해자가 생긴 것을 감안하면 지나친 추산이라고 생각할 수 없습니다.
2) 핵무기의 파괴 능력에서 극히 중요한 한 가지 요소는 열 발산입니다. 히로시마의 경우 희생자의 상당수(약 50%)가 화재 때문에 목숨을 잃었습니다. 핵폭탄의 위력이 늘어남

에 따라 열 발산의 상대적인 역할도 늘어납니다.

3) 지하격납고의 미사일 발사대, 지휘소, 통신센터, 정부기관, 대피소 등 특별히 밀집된 적의 표적을 공격하는 동안에는 폭발의 상당비율이 그라운드 레벨이 낮으리라고 생각됩니다. 그러한 경우에는 상대적으로 지표에서의 폭발로 날아 올라가 우라늄 분열의 산물이 스며든 낙진의 더미인 잔존물(Trace)이 생기게 마련입니다. 따라서 핵폭탄의 직접적인 방사능의 화재로 모든 생물이 전멸된 한 지역에 안정이 되더라도 낙진을 통한 간접 영향이 매우 큽니다.

전형적인 1메가톤짜리 핵폭탄이 폭발하는 경우 낙진으로 오염의 전체적인 방사능량이 안전 한계인 렌티겐을 넘는 지역이 수천 평방－킬로미터에 달하게 됩니다. 1953년 8월 소련이 실시한 지상 핵폭발 시험 때 낙진이 가능한 지역에서 수만 명의 주민이 사전에 대피되었습니다. 전시에는 질서 있는 대피작업이 불가능합니다. 수천만 명이 공포에 질려서 한 오염 지역에서 다른 오염 지역으로 도망하게 될 것입니다. 수천만 명이 필연적으로 방사능의 피해자가 될 것입니다.

대량 이주는 혼란, 위생 상태의 악화, 굶주림을 가중시킬 것입니다. 방사선 투사의 유전적 결과는 생물종으로서 인류와 지구상의 모든 동식물을 위협할 것입니다. 핵폭발의 직접적인 영향이 한층 더 심각하리라는 점은 배제할 수 없습니다. 이 간접적 영향은 엄청나게 복잡하고 따라서 매우 취약한 현대사회에 치명적일 수 있습니다. 일반적으로 환경학적 결과도 똑같이 위험합니다. 환경학적 상화의 복잡한 성격 때문에 예측과 추산은 극히 어렵습니다. 나는 여기서 몇몇 문헌에서 논의된 문제들을 언급하려고 합니다.

1) 계속적인 산불은 지구의 산림 태반을 파괴시킬 것입니다. 여러 주일동안 밤이 계속될 것이며 대기에는 산소가 희박해질 것입니다. 이것이 사실이라면 그 결과 이 요소만으로도 지상의 생명이 파괴될 것입니다. 그렇게 드러나지 않는 형태로 이 요소는 중요한 환경적, 경제적, 심리적 결과를 초래할 것입니다.
2) 전쟁 기간 중 우주에서 핵폭발은 지구를 태양의 자외선 방사에서 보호하는 오존층을 파괴시키거나 손상시킬 수 있습니다.
3) 수송과 통신의 와해는 복잡한 현대 세계에 치명적이 될 수 있습니다.
4) 식량 생산과 분배, 물의 공급과 하수처리, 연료와 전기 서비스, 의료와 의복의 혼란이

올 것입니다. 의료 체계가 마비될 것이며 위생 조건이 중세 수준으로 되돌아가고 그보다 더 악화될 것입니다.

5) 굶주림과 유행병이 혼란을 더하고 핵폭발이 직접 앗아가는 것보다 더 많은 목숨을 희생시킬 수 있습니다. 필연적으로 폭넓게 만연될 인플루엔자, 콜레라, 이질, 티프스, 탄저병, 페스트 등과 함께 방사선으로 야기된 바이러스의 돌연변이의 결과로 새로운 질병이 생겨날 수 있습니다.

6) 전 세계에서 혼란한 상태에서 인간이 사회적 안전을 유지할 것인가는 예측할 수 없습니다. 물론 사회적 격변과 전쟁에 대한 우리의 경험은 인류가 예기치 않은 비축력을 갖고 있음을 증명합니다. 극단적인 상황에서 사람들의 활력은 선험적인 상상을 능가합니다. 그러나 인류가 사회적 집단으로의 자신을 보존할 수 있다 하더라고 극히 가능성은 희박한 것으로 보이지만 가장 중요한 사회기관들(문명의 시초)은 파괴되어 있을 것입니다.

간단히 말해서 전면 핵전쟁은 오늘날의 문명을 파괴시키고 인간을 지나간 세기로 집어던지고 수억 내지 수십억의 죽음을 가져오며 생물종으로서 인간을 파괴시키고 지상의 생명을 모두 없애기까지 할 수 있습니다. 집단자살 행위인 핵전쟁에서 승리를 운운하는 것은 무의미한 일입니다. 나는 당신이 내린 다른 결론들에도 완전히 동의합니다. 만약 핵의 문지방을 넘어가면 다시 말해 어떤 나라가 제한된 규모로 핵무기를 사용하면 걷잡을 수 없는 전면 핵전쟁으로 확대될 것입니다. 핵의 문지방을 어떻게 넘어서느냐는 비교적 중요하지 않습니다. 그것은 예방적인 핵공격의 파괴일 수도 있고 단순히 사고의 결과일 수도 있습니다.

이상에서 말한 것에 비추어 다음과 같은 당신의 기본 주장이 사실이라고 확신합니다. "핵무기는 잠재적인 것에 의한 핵공격을 억제시킬 수 있는 수단으로서만 의미가 있다. 즉 승리할 목적을 갖고서는 핵전쟁을 계획할 수 없다. 핵전쟁을 재래무기를 수단으로 수행되는 침략을 방지하는 수단으로 볼 수 없다." 물론 당신의 마지막 대목이 지난 몇 십년 동안의 서방의 실제적인 전략과 모순되는 것을 인식하고 있습니다. 오랫동안 1940년대 말까지 거슬러 올라가서부터 서방은 경제적인 침략자를 격퇴하고 팽창을 방지하는 데 충분한 수단으로서 재래적인 군대에 의존하지 않았습니다. 여기에는 여러 가지 이유가 있습니다. 서방의 군사적, 정치적, 경제적 통일성의 결여, 평화시에 경제, 사회, 기술 과학의 군사화를 피하려는 노력, 서방국가들의 소련과 기타 사회주의 진영 국가들이 방대한 숫자의 군대를 보유하고 자원을 아끼지 않고 그들을 집중적으로 재무장시키고 있는 시기에 존재하는 현상입니다. 제한된 기간 동안에는 서로 핵에 대한 두려움이 세계문제의 코스에 어떤 억제효과를 가질 수 있습니다. 그러나 현재의 시점에서는 공포의 균형은 위험한 과거의 잔여물입니다. 재래 무기를 쓰는 침략을 회피하기 위해 핵무기를 사용하겠다고 위협할 수 없습니다.

여기서 나오는 한 가지 결론은 재래 무기 분야에서 전략적 균형을 회복할 필요가 있다는 것입니다. 전략적 균형의 회복이 가능하려면 서양의 자원 투자가 심리적 분위기에 큰 변화가 있어야만 합니다. 어느 정도 경제적 희생을 할 태세가 되어야 하며 가장 중요하게는 상황의 심각성과 구조 개편의 필요성에 대한 이해가 있어야만 합니다. 궁극적인 핵전쟁과 전쟁 일반을 방지하기 위해서 이것이 필요합니다. 서방 정치인들은 그러한 구조개편을 해낼 수 있을까요? 언론과 대중과 우리 동료 학자들을 확신시킬 수 있을까요? 어쨌든 나는 당신이 (그리고 전에는 다른 맥락에서 파노프스키 교수) 재래무기 영역에서 전략적 균형을 찬성하는 발언을 한 것이 매우 기쁩니다. 결론적으로 나는 당신의 개편이 물론 점진적으로 그리고 매우 조심스럽게 수행되어야 하는 단계에서 균형이 상실되는 일이 없도록 해야 한다는 점을 특히 강조합니다.

내가 이해하고 있는 당신의 핵무기 자체에 대한 견해는 다음과 같습니다. 핵무기의 균형 잡힌 감축을 행하는 것이 필요합니다. 그리고 이 핵 감축 과정의 첫 단계는 현존하는 핵무기에 대한 상호의 동결일 것입니다. 핵무기 분야의 결정은 단순히 신빙할 만한 억지력을 이룩하는 기준에 토대를 두어야 하며 핵전쟁에 관련된 다른 부가적인 요구들에 토대를 두어서는 안됩니다. 일반적으로 그러한 요구들은 한이 없으며 현실적이 아니기 때문입니다.

핵무기 감축회담을 위해서 당신은 핵력을 평가하는 한 매우 간단한 그리고 가능한 한 공정한 척도를 만들어 내야 한다고 제안하고 있습니다. 그리고 그 척도로서 운반 차량의 수와 운반될 수 있는 핵폭탄의 수를 합친 숫자를 제안하고 있습니다. 이 제안은 내게는 실질적인 것으로 보입니다. 당신의 척도는 다양한 규모의 운반 수단을 여러 가지 중량 요소로 부여하여 계산합니다. 이것은 매우 중요합니다. 미국의 작은 미사일과 소련의 대형 미사일에 동등한 비중을 부여한 것이야말로 내가 한때 제일 단계 SALT협정을 비판한 요소의 하나였습니다(일반적으로 볼 때 SALT 회합 자체와 협정의 완성은 긍정적인 것이었습니다). 여기서 공개되지 않은 폭탄의 힘을 사용하는 척도와는 달리 운반 가능한 폭탄의 수는 알아내기 쉽습니다. 또 당신의 척도는 이를테면 탄도를 한 개씩 운반하는 다섯 개의 미사일은 다섯 개의 탄두를 운반하는 하나의 대형 미사일보다 전략적으로 유리한 점이 많다는 점을 감안합니다. 물론 당신이 제안하는 척도, 거리, 정확성 강도 같은 변수들을 모두 포괄하지 않습니다. 협정을 촉진시키기 위해서는 이들의 추후 보완을 허용하거나 경우에 따라서는 고려하여 제의하여야 할 것입니다. 나는 당신의 척도가 대륙 간 미사일과 중거리 미사일 형상의 토대로서 받아들여지기를 희망합니다. 그러나 여기서는 외교전과 선전전이 필요한 것이 거의 확실합니다. 그리고 그것은 그럴만한 가치가 있습니다. 보다 일반적이고 보다 복잡하고 논란이 많은 문제로 넘어가겠습니다.

핵무기가 분야의 결정을 내릴 때 있음직한 핵전쟁의 시나리오와 관련된 모든 고려나 요구를 무시하고 단순히 신빙할 만한 억지력을 이룩하는 기준에는 한정하는 것이 실제로 가능한가 하는 것입니다. 그 기준이 상대방을 황폐화시키는 보복 공격에 충분한 무기를 의미하는 것으로 이해되는 시점에서 말입니다. 이 질문에 관한 당신의 대답은 긍정적이며 당신은 매우 폭넓은 결론을 끌어내고 있습니다. 미국은 현재(1983년) 다수의 잠수함 발사 미사일과 전략 폭격기, 적재용 핵폭탄을 보유하고 있으며 이것들은 소련의 공격에 취약하지 않다는 점은 명백합니다. 게다가 소련 것보다 규모는 작지만 지하격납고 배치 미사일들도 많아서 이것들은 소련을 공격하는 데 사용한다면 아무것도 남아나지 않을 것입니다.

이 같은 핵무기의 수는 많아서 당신은 이것이 이미 미국과 소련이 무엇을 가지고 있고 무엇이 결여되고 있는지는 별개의 문제로 신빙할만한 억지력을 만들어 냈다고 주장합니다. 따라서 당신은 MX 미사일의 제도는 불필요하다고 생각하고 있습니다. 소련은 미국이 갖지 못한 큰 추진력의 대륙 간 미사일들을 갖고 있으며 소련 미사일과 MX미사일은 복수탄두를 갖고 있어서 미사일 대결 때는 한 개의 미사일이 적의 격납고 여러 개를 파괴시킬 수 있습니다.

따라서 당신은 미·소가 현재(1983년)의 수준에서 핵무기를 동결시키는 것을(다소 유보조항을 두고) 미국이 받아들일 수 있다고 생각합니다. 당신의 논리는 매우 정연하고 설득력이 있게 보입니다. 그러나 나는 당신이 제시한 개념의 두 개의 세계 시스템이 안고 있는 복잡한 적대적 현실과 믿을 수 있는 억지력에 대한 단순한 저항성보다는 더욱 구체적이고 포괄적이고 편견 없는 고려가 있다고 생각합니다. 여기서 믿을만한 억지력이란 파멸적인 보복공격을 다루는 가능성을 의미합니다. 전면적 핵전쟁은 집단 자살을 초래하기 때문에 잠재적인 침입자는 공격을 받는 나라들이 결단력이 부족한 점을 이용하더라도 상상할 수 있습니다. 상대방을 현혹시켜 조건부 항복을 하도록 유도할 수 있는 것입니다. 당신은 재래무기 분야에서 전략적 균형을 회복하는 것이 필요하다고 생각합니다. 핵무기가 존재하는 한 잠재적인 적이 벌릴 수 있는 제한된 핵전쟁이나 국지적 전쟁의 변수에 관련된 전략적 균형을 이룩할 필요가 있습니다. 즉 재래전과 핵전쟁의 여러 시나리오를 자세히 점검하고 여러 가지 가능성을 점검하고 여러 가지 가능성을 분석할 필요가 절실합니다. 물론 모든 가능성을 완전히 분석하고 완전한 안전을 보장하기란 불가능합니다.

그러나 나는 그 반대쪽 극단을 경고하려고 합니다. 그리고 잠재적 적이 사려, 분별있기를 기대하는 것이 그것입니다. 사람이 같이 가면서 부딪히는 복잡한 문제들에서와 마찬가지로 어느 정도의 타협은 항상 필요합니다. 물론 나는 어떤 면에서도 잠재적인 적에 뒤떨어지지 않으려는 시도에서 우리가 군비전쟁에 몰두하고 있음을 알고 있습니다. 뒤로 미룰 수 없는 중요한 문제들이 많은 세계에서 이것은 비극입니다.

물론 전쟁은 방치하기 위한 외교적 경제적, 이념적, 정치적, 문화적, 노력도 동시에 이루어져야 합니다. 핵무기나 재래무기의 감축이 이루어지고 나아가서 핵무기가 완전히 제거될 수만 있다면 그보다 바람직한 것은 없을 것입니다. 그러나 서방은 소련을 두려워하고 소련은 서방과 중공의 침략을 두려워하고 중공은 소련을 두려워하는 공포와 불신에 중독된 오늘의 세계에서 그것이 과연 가능할까요? 현재 서방에서는 평화주의 감정이 매우 거세다고 알고 있습니다. 나는 사람들의 그 갈망은 평화의 열망, 세계문제를 평화적으로 해결하려는 열망에 깊이 동감하고 있습니다.

그러나 한편으로 오늘날의 구체적인 정치적, 군사적, 전략적 현실에도 사회주의 국가들의 이른바 진취성이나 그들의 전쟁에서 경험할 공포나 손실에서 기인한 특별한 평화를 위한 실험적 가정에서부터 이를 전진시켜서는 안됩니다. 사회주의 국가와 서방국가들의 국민들은 모두 평화에 대한 정열적인 내적 열망을 갖고 있습니다. 이것은 극히 중요한 요소입니다. 그러나 되풀이 말하지만 그것 자체만으로는 비극적 결과의 가능성이 배제되지 않습니다. 지금 필요한 것은 모든 사람에게 구체적이고 역사적, 정치적으로 의미가 있고 객관적인 정보, 사람들이 믿고 선전의 베일에 가려지지 않은 정보를 접할 수 있게 하는 교육이라고 나는 믿습니다.

이것은 실질적이면서도 방대한 과제입니다. 여기서는 서방국가에서 친소 선전이 매우 장기간 동안 목적 지향적으로 교묘하게 행해져 왔으며 친소분자들이 많은 요직(특히 매스미디어)에 침투해 있다는 사실을 감안하지 않으면 안됩니다. 유럽에 미사일 배치를 반대하는 평화운동의 역사는 여러 가지 측면을 말해줍니다. 이 운동에 참가하는 많은 사람들은 나토의 이중 결정의 최종 명분－소련에게 유리하게 1970년대의 전략적 균형 변화를 아주 묵살하고자 하고 있습니다. 그리고 이들은 나토의 계획에 항의하면서 소련에 대해서는 어떤 요구도 하지 않습니다. 재래 군사적 영역에서 균형을 이룩하기 위해 최소한도의 조치를 취하려던 카터의 시도, 징병등록제의 도입은 강력한 저항에 부딪혔습니다.

그러나 재래 군사력은 분야서의 균형을 핵무기 감축에 반드시 재래 무기와 핵무기의 전략적 균형 문제를 정확하게 평가하기 위해서 서방 여론보다 객관적 접근을 해야 합니다. 현실 세계의 전략적 상황을 감안하는 접근이 필요합니다. 내가 여기에 몇 가지 부연하려는 것은 핵무기 분야의 문제 중 두 번째 그룹에 속하는 핵 감축과 관련이 있는 것을 갖고 있어야 한다는 것입니다. 유럽 미사일의 경우는 약한 입장에서 협상하기 얼마나 어려운 것인가를 단 한 번 보여줍니다. 극히 최근에 와서야 소련은 현재(1983년) 대충 균형이 이루어져 있고 따라서 모든 것을 현상대로 유지해야 한다는 주장을 포기하는 것으로 보입니다.

이제 환영 받을 만한 다음 단계는 미사일 수의 감축일 것입니다. 여기에는 미사일의 질과 여러 가지 운반 수단에 대한 공정한 평가가 포함되어야 합니다. 가장 문제가 되는 것은 미사일을 우랄산맥 너머로 이동시키는 것이 아니라 파괴시키는 것입니다. 기지 운동은 언제나 원위치로의 이동이 가능합니다. 한편 이동식 발사대의 복수탄두를 강력한 소프트 미사일을 또는 단거리 폭격기 탑재 폭탄과 같은 것으로 생각해서는 안됩니다. 소련 측은 가끔 선전 목적으로 그런 주장을 합니다. 이에 못지않게 중요한 것은 강력한 지상 발사 미사일입니다.

현재 소련은 이 부분에서 크게 앞서 있습니다. 미국이 MX미사일을 보유한다면 (그 보유가 감정적인 것일 때가 가장 좋겠지만) 지상 발사 미사일의 제한 및 감축회담은 훨씬 쉬워질 것입니다. 초강력 레이저 ABM 체제를 구축하는 가능성에 관해서는 많은 글이 발표되었지만 미사일에 대해 유효한 방어 체제를 만들어 내는 일은 내게는 극히 의심스럽습니다. 한 도시에 대한 대형미사일 공격이 어떤 양상을 띨 것인가를 파악하기 위해 몇 가지 숫자를 제시합니다. 대형 로케트로 운반할 수 있는 한 개의 최대 위력이 15－25 메가톤이라고 가정하면 주택이 완전히 파괴되는 지역은 250－400평방 km 열방사의 영향을 받을 지역이 300－500평방 넓이 50－100km가 됩니다. 똑같이 중요한 것은 MIRV 미사일을 사용하여 밀집된 적의 표적, 특히 지상 배치 미사일들을 파괴시킬 수 있다는 사실입니다. MX미사일 100기(레이건 행정부가 제1차로 제조하겠다고 한 숫자)는 699 킬로톤짜리 탄두 1천 개를 운반할 수 있습니다. 소련의 미사일 발사기지의 배치 형태와 견고성을 감안할 때 탄두 하나하나가 (미국 신문에 보도된 데이터에 의하면) 소련의 발사기지 한 개를 파괴시키는 확률은 60%입니다 .발사기지 하나에 탄두 두 개씩을 사용하여 5백 개의 소련 기지를 공격하는 동안 16%(불과 80개)만이 피해를 모면하게 됩니다. 지상발사미사일의 취약점은 적의 공격으로 비교적 용이하게 파괴될 수 있다는 것입니다. 동시에 공격에 사용된 미사일 수의 4−5배 규모의 적의 발사기지 파괴가 가능해집니다. 많은 숫자의 지상발사미사일을 가진 나라는(1983년 현재) 적이 그것을 파괴시키기 전에 먼저 사용하고 싶은 유혹을 느낄 수 있습니다. 그러한 상황에서는 지상발사미사일의 존재가 오히려 안정 저해 요소가 됩니다. 위에서 살펴본 바와 같이 핵 감축 회담에서 고성능 지상발사미사일 폐기에 노력을 기울이는 것이 중요하다고 생각합니다.

이 분야에 선두 주자인 소련이 그 선도권을 쉽게 포기할 확률이 거의 없습니다. 이 상황을 변화시키기 위해서는 수십 억 달러로라도 미사일을 생산하여야 할 것입니다. 그러나 소련이 말만 아니라 행동으로 지상 발사 수의 감축을 위해(보다 정확하게는 파괴) 입증 가능한 조치를 취한다면 우리는 MX미사일을 포기할 뿐만 아니라 다른 의미 있는 계획도 실천해야 합니다. 핵 감축 회담이 중요하고 최우선 과제라고 생각합니다. 이 회담은 계속 되어야 합니다. 국제 관계가 원만할 때나 긴장되어 있을 때나 끈기 있고 단호하게 앞을 내다보면서 그리고 융통성과 주도권을 갖고 계속되어야 합니다.

세 번째 그룹 문제는 독특하고 정치적 성격이 있는 것들입니다. 핵전쟁은 정치의 결과입니다. 우리가 알다시피 세계는 평화스럽지 못합니다. 여기에는 여러 가지 국가적 경제적, 사회적 이유들이 있습니다. 독재자들의 폭정의 한 요인이 됩니다. 지금 일어나고 있는 비극적인 사태 중에는 먼 과거에 뿌리를 둔 것들이 많습니다. 도처에서 모스크바의 손만을 보는 것은 잘못일 것입니다. 그러나 1945년 이래의 일반적인 추세를 검토해 보면 확실히 소련의 부단한 영향권 팽창이 있어 왔습니다.

이러한 소련의 세계적 규모의 팽창과정은 경제적 과학적 기술적 군사적으로 점점 강화되어 왔으며 오늘날에는 극히 해로운 정도의 비율을 점했습니다. 세계의 해상 교통로, 아랍 석유, 우라늄, 다이아몬드, 남아프리카의 기타 자원이 위협을 받고 있다는 서방의 우려에는 상당한 근거가 있습니다. 이 시대의 근본적인 문제의 하나는 인류의 과반을 점하고 있는 개발 도상국가들의 운명입니다. 그러나 실제로는 이 문제가 지배와 권력적 이익을 위한 투쟁의 이용물이 되어 왔습니다. 해마다 수백만 명이 굶어 죽고 수천만 명이 영양실조와 절망적인 빈곤에 신음하고 있습니다. 서방이 개발도상국들에게 경제적, 기술적, 원조를 제공하고 있지만 여전히 극히 불충분한 상태입니다. 소련과 사회주의 국가들로부터의 원조는 규모가 훨씬 적고 주로 군사적 성격을 띠고 있는가하면 블록 지향적입니다. 그리고 이 원조가 세계적 노력으로는 조정되지 않고 있는데 이 점은 중요합니다.

국지 분쟁은 줄어들기는커녕 세계전쟁으로 확대될 위협을 안고 있습니다. 경계하여야 할 일들입니다. 소련정책을 가장 부정적으로 웅변한 것이 1977년 아프가니스탄 침공입니다. 반게릴라 전쟁은 아프간 국민들에게 헤아릴 수 없는 고통을 초래했습니다. 파키스탄과 이란으로 탈출한 4백만 명 이상의 난민이 이것을 증명합니다. 한편 평화문제와 밀접한 연관을 가진 문제가 있습니다. 사회의 개방성과 인권문제가 그것입니다. 나는 여기서 사회의 개방성이란 말을 위대한 닐스 보어가 30년 전에 이 개념을 소개하면서 생각했던 것과 똑같은 의미를 사용합니다.

1948년에 UN 회원국들은 세계인권 선언을 채택하고 평화를 유지하는 데 인권이 갖는 유용성을 강조했습니다. 1975년에 헬싱키 선언은 인권과 국제 안보의 관계를 천명했고 소련과 미국을 비롯한 35개국이 이에 서명했습니다. 여기서 밝힌 권리 중에는 양심의 자유, 국내외를 막론하고 정보를 입수하고 전달하는 자유, 체류할 국가와 거주지를 선택하는 자유, 종교의 자유, 정신적 박해로부터 자유 등이 포함되고 있습니다. 시민들에게는 세계의 운명이 좌우되는 문제들에 대한 국가 지도자들의 결정을 통제할 권리가 있습니다.

그러나 우리는 어떻게 그리고 누가 아프간 침공을 내렸는지를 알지 못합니다. 소련의 국민들은 세계의 사태는 물론 소련에 관한 정보를 하나도 모릅니다. 당신의 국가에서처럼 전쟁과 평화 문제에서 국가지도자를 비판할 기회가 우리에게는 전혀 없습니다. 비판적인 발언은 물론 더 중요한 문제에 관한 사실적 발언마저도 체포가 뒤따르고 정신 병원에 수용되는 일이 비일비재합니다.

결론적으로 나는 이 세계가 핵전쟁을 결코 받아들일 수 없는 것으로 인식하는 것이 얼마나 중요한 것인가를 다시 한번 강조합니다. 핵전쟁은 바로 인류의 집단 자살행위입니다. 핵전쟁에서 승리란 있을 수 없습니다. 필요한 것은 재래식 무기의 전략적 균형이 바탕을 둔 완전한 핵 감축 노력입니다. 이것을 체계적으로 그리고 조심스럽게 전개되어야 합니다. 세계의 핵무기가 존재하는 한 그 전략적 균형을 이루려고 해야 합니다. 그렇게 함으로써만이 어느 쪽도 핵전쟁을 감행하지 못하게 될 것입니다. 포기하고 국제신뢰가 강화될 때, 사회주의 국가들이 사회를 개방하고 화해를 할 때, 세계 문제 해결을 위한 범세계적으로 조성된 노력이 있을 때여야만 가능할 것입니다.

고르바초프의 페레스트로이카에 있어서 핵 문제와 군 감축

고르바초프는 1985년 체르넨코의 뒤를 이어 당 서기장이 된다. 54세의 고르바초프는 대담하게 당의 문제점을 지적하고 정체(停滯) 일로를 걷던 경제를 발전시킬 것을 강조한다. 1986년 2월 제27차 당 대회에서 제기한 것은 관료주의와의 확고한 투쟁과 개혁을 하고 경제 분야에서는 모든 분야로 확대할 것을 주장한다. 그리고 당의 당면한 과제를 경제, 사회, 정치, 정신생활 등 네 분야로 나누어 제시하고 노동자 계급과 콜호즈 농민, 지식인 사이의 계급적 격차를 극복하며 전 인민은 국가 지휘하에 민주주의의 발전을 도모하며, 유고와 중국 공산당에 대한 비판은 하지 않고 자본주의 국가에 대해 실제적인 힘으로 우위성을 증명할 것, 평화 공존의 원칙 아래 전면 군축을 역사적 과제로 할 것을 제기했다. 그리고 간부들의 자질의 향상, 당내 민주주의 발전과 심화를 호소하고 있었다.

1986년 제27차 당 대회에서 최고 지도부가 바뀌어 브레즈네프 시대의 정치국원은 고르바초프 외에 그로미코 등 3인에 그친다. 제26차 당 대회에 비교해 정치국원의 평균 연령은 69세에서 56.43세로 젊어지고 새로운 307명의 당 중앙위원 가운데 40.5명은 신진 인사였다. 1986년 4월 26일 체르노빌 원자력 발전소 사고는 신지도부에 근본적 개혁이 시급함을 깨우쳐 주게 된다. 이 해에 정치국은 "페레스트로이카가 낡은 질서와 특권을 붙잡고자 노력하는 사람들의 저항에 부딪혀 있다."고 언급하고 있으며 고르바초프는 마르크스가 말하는 "그 무엇에도 경배하지 않는 자신의 본질 자체가 비판적 변증법 사고"라고 하며 이것이야말로 모두가 가져야 하는 새로운 사고라고 하고 개혁을 향해 나가자고 했다.

이 당시 모스크바 뉴스 주간지와 클럽 잡지인 아가뉴크 주간지, 당 중앙회가 발간하는 소비에트 문화 주간지 등 일부 신문잡지가 글라스 노스치(정보 공개)가 정신에 따라 소련 사회의 실태나 역사상의 사실에 대해 대담한 기사를 싣기 시작해 인기가 높았다. 1967년 들어서자 소련 역사를 수정하고자 하는 움직임이 시작되고 고등 교육과 연구자 양성 개혁이 결정된다. 1988년 소련 최고회의에서 채택된 국유 기업은 페레스트로이카의 근간을 이루는 것이었다. 국유 기업은 소련의 경제 기본이며 자유 재량권을 확대해 가고 있었다. 그리고 기업의 전권 운영자는 그 기업의 노동 집단이며 기업 의장은 아직까지 임명제였던 것을 각 부서의 노동 집단에 의해 5년의 임기로 산출되도록 하였다.

그러나 이 조치는 충분한 준비없이 행하게 됨으로 임금 인상이 조종되지 않아 피해가 커서 보류하게 된다. 그러나 이 개혁은 노동자의 직장이나 업무에 대한 관심과 노동 의욕을 높이는 데 한정되지 않았으며 노동자를 개인이나 집단으로서 보다 높은 인간다운 삶을 영위하도록 해방한다는 사회주의의 목표를 포함하고 있었다. 1988년 말에는 최고 권력기관으로서 인민대회 의원회의 창설, 최고 회의의 개조, 강력한 권한을 가진 최고 회의 의장 직책의 신설 등을 내용으로 한 헌법 개정이 결정되었다.

인민 대의원 선거에 복수 후보제와 소환제를 도입하고 임기도 연속 2회까지 하여 집행 기관직을 겸직하는 것을 금지했다. 페리스트로이카는 무엇보다 공업화에 있어서 대량생산과 함께 높은 수준의 교육이 실행되었다. 소련이 고학력 사회가 된 것은 고르바초프를 비롯한 모스크바대학 출신의 서기장이 되었다는 점에서 더 상징적으로 나타났다. 고등 교육 수료자는 1939년 118만 명이었는데 1959년에는 378만 명, 1979년에는 1,488만 명으로 증가했다. 1985년 대학(야간 통신 교육을 포함) 재적자는 518만 명이었다. 대학 재적자 중에 이공계의 비중이 압도적인 것은 한국이나 일본에 비해 다른 점이다. 중앙아시아, 카프카즈의 민족에 대한 관심도 발전했다.

혁명 전 낙후되었던 중앙아시아 등 여러 민족도 전후 교육연구 면에서 발전하고 지식 계급의 폭이 넓어지게 된 점은 페레스트로이카를 진전시키기 위한 필수적 전제였다. 글라스노치는 무엇보다도 지식 계급의 요구이고 또한 계급을 활용하기 위한 조건이기도 하다. 중앙아시아 카프키즈의 민족적 자기주장은 이와 같은 발전이 가져온 자연스러운 결과이다. 환경으로나 핵 이용도에 대한 관심도 전국적으로 높아지고 시민의 운동 형태도 발전했다. 소련에는 혁명 이후 일관되게 신앙의 자유를 주장해 왔지만 선교활동은 인정되지 않았다. 무신론 선전이 자유스러웠던 점에 비하면 신앙의 자유는 억압되어 있었다. 5,000만 명 전후로 알려진 러시아 정교는 1988년에 기독교가 공식으로 수용된지 1,000년을 맞았으나 신앙의 자유에 대해서는 1990년에야 법률이 채택되었다. 다민족 국가인 소련에서는 기독교, 이슬람교, 불교 등 종교도 다양하고 학교 교육 등으로 어려운 문제가 많았다. 그러나 신앙의 자유는 페레스트로이카 이후 자유롭게 누릴 수 있게 되었다. 아프가니스탄에서 소련군의 철수 등 구미의 대 소련의 여론을 호전시키고 자본주의 국가에 사회주의 운동에도 다양한 영향을 끼쳤다.

또한 고르바초프는 1987년 미소 중거리 핵력(INF) 폐지 조약을 했고 1988년에는 UN 총회에서 소련군의 59만 명 감축을 선언함으로써 소련이 서방과의 군축 문제에 있어서 주도권을 세계에 각인시켰다.

제17장
소련의 이념적 외교의 공식 : 미 · 소의 세력 확장의 게임

과거 소련은 서방 국가들에 대해서 우호적 관계를 취했다가 적대적 관계를 취하는 것이 다반사였다. 소련이 나치와 동맹을 맺게 된 것은 이해할 수 없는 일이었다. 외교적 관계에서 우호적이었다가 적대적 관계를 맺는다거나 적대적 관계에 있다가 우호적이 되는 것은 국제 관계에서 비일비재한 것으로 유독 소련에만 국한된 것은 아니었다. 그러나 소련이 국제관계에서 표변함으로 세계 전체의 정치 세력의 분포의 변동을 가져오게 되기 때문이었다.

민주주의 이념이 세계정세에 대한 미국의 태도를 좌우하듯 러시아의 마르크스주의 지적 전통은 소련의 과거 세계정책 수립에 커다란 역할을 하고 있었다. 마르크스주의 전통이란 무산 계급 혁명과 경제 단체의 파멸을 중시하는 정책을 특색으로 삼고 있다. 이 두 가지 때문에 소련은 국제 세력 변천에 따라 태도를 바꾸는 일이 많았다. 무산계급이 소련의 국력을 길러준다는 이념하에 전 세계의 무산계급이 최후 승리에 기여한다는 상투적 이론을 갖고 소련의 국익에 도모하고 있었다. 소련의 국익을 위해서는 소련 외에 있는 공산당을 희생시키는 것도 혁명의 보루를 강화하기 위해 부득이한 것으로 강조했다.

이처럼 소련의 외교정책에 있어서 마르크스주의 정세 판단이 외교정책을 좌우했다. 마르크스주의 요소가 가미되어 있기 때문에 소련의 외교정책이 다른 나라와 달랐지만 그것이 가장 중요한 것은 아니었다. 국제관계의 구조 자체가 각국에게 일정한 형식의 행동을 요구하는 것으로 세력 균형 정치에 합치하지 못했거나 거기에 융화하지 못하면 각국으로서는 피해를 입는 법이었다. 이러한 요소가 소련외교정책을 결정하고 있다는 점에서 다른 현대국가와 다르지 않았다. 각국은 고유의 역사적 배경 문화적 전통 내지는 이데올로기에 따라 국제정세에 대처하는 것이 다르다.

세력 정치의 추구

스탈린이 소련의 지도권을 장악한 이후 소련이 당면한 국제문제는 영토확장을 부르짖는 독일과 일본에 대한 관심이었다. 이들 강국의 상호문제, 소련과 영국, 프랑스와의 관계가 1930년대부터 1945년까지 소련 외교정책의 중심 문제를 이루고 있었다. 스탈린은 다른 나라의 지도자들과 마찬가지로 독일의 쇄국주의에 내포된 위험을 재빨리 깨닫지 못했다. 이 점은 소련 공산당이 해외 정치 정세 판단과 개인적 반감을 갖고 내분을 일으키고 있던 결과였으며 따라서 간접적으로 마르크스주의 이상적 요소에도 관계가 있었다. 소련 공산당과 국제공산당 내부에는 부하린이 영도하는 집단이 있어 독일의 사회민주당과 다른 나라의 사회주의 대표들과 모종의 협정을 맺어 파시즘의 위협에 대비하자는 의견이 있었으나 실천을 하지 못하고 오히려 스탈린은 부하린과 주동자들을 가리켜 공산당 내의 타협주의적 지향을 숙청할 필요를 깨닫지 못하는 자라고 공격했다.

스탈린은 당시 정치정세를 설명하여 나치주의와 사회민주당은 자산계급의 반동적 목적에 봉사하는 것이라고 주장한다. 그 당시 첨예화한 세계공황과 정치적 의의를 공식으로 설명하여 그들은 자산계급이 파시즘의 힘을 빌려 난국을 타개하려는 것이라고 한다. 스탈린은 자산계급이 파시즘에 호소하여 사회민주당을 비롯한 모든 반동세력을 이용할 것이라고 주장한다. 소련 지도층의 압력을 받고 독일 공산당이 채택한 정책은 관계이론의 노선을 대체로 추종한 것이다. 공산주의자들은 나치스에 반대하여 사회민주당을 공격하는 데 주력했다. 소련은 나치집권 후에도 독일과 정면 적대를 하지 못했다. 독일은 영국과 프랑스에 대항하는 세력으로서 자국 내에서는 반공정책을 취하였지만 외교적으로는 소련과 우호관계를 계속한다. 베르사이유 조약과 국제연맹에 오랫동안 적대해 온 소련으로서는 사실 나치가 규명한 외교 정책과 그 궤도를 같이 했다. 리토비노프는 소련 정치가 가운데 가장 먼저 소련에 대한 나치의 위험성을 공개 지적한 사람이다. 그러나 그는 나치에 대해서 타협적인 태도를 취했다.

나치가 집권한 후 처음으로 그가 한 연설의 취지는 독일이 소련과 우호관계를 계속해 준다면 소련은 독일 공산당을 희생할 용의가 충분히 있다는 것이다. 우리가 파시스트를 비롯한 각종 자본 국가의 우호관계를 유지할 수 있는 것은 문제가 되지 않는다. 일본의 팽창에 대해서도 이와 같은 태도를 처음은 취하고 있었다. 1925년 소련과 일본의 관계는 양국이 중국의 내정문제에 비등한 이해를 갖고 있었기 때문에 우의는 최고에 달했다. 1931년 6월 19일 만주사변의 돌발을 소련 신문은 소련연방침공의 전초전이라고 해석하고 있었다. 소련은 자본주의 국가들을 경계하였기 때문에 반일 진영과의 동맹을 하지 않았다. 소련의 지도자들은 국제동맹에 대해서 회의와 반감을 갖고 있었다. 1931년 12월 12일 리트비노프는 일본에 불가침조약을 발의했으나 성공하지 못한다.

소련정부와 장개석 간의 국제개선책은 1932년 봄에야 발의되었는데 중국과 외교관계가 재개되고 외교 관계는 1933년 5월 12일 소련 측이 만주에서 일본과의 충돌을 피하고자 중국 동부지방 철도를 일본에 매각할 것을 제안하여 긴장을 초래한다. 독일에 대한 경우와 마찬가지로 소련은 여기서도 자기들의 주요 적대국과 우호관계를 유지함으로써 침공의 위협을 피하려고 한다.

이 정책이 실패하자 소련인들은 동맹을 이용해 보려고 한다. 세력 균형을 도모하여 동맹제가 다시 성행하는 태세를 따르게 된다. 독일과 일본의 팽창이 자아내는 위기에 대비한 대책은 먼저 정규 외교노선을 밟지 않고 국제 공산당이라는 기구를 통해서 행하려고 한다. 이러한 변화는 모스크바 측보다는 유럽 각국의 공산주의 정당 내부로부터 먼저 책동한 것이다. 대중과 접촉이 많은 서유럽의 공산주의자들이 모스크바 측에 종용한 결과였다. 히틀러가 테러와 감옥을 이용하여 좌익을 철저히 분쇄하는 것을 보고 국제 공산당 및 사회주의 정당의 당원들은 자기의 이론에 대한 자신을 상실하게 되었다. 나치의 승리는 하나의 교훈을 주었으며 파시스트 독일에서 승리한 이유가 노동계급의 분열에 의한 것이라고 믿고 있었다. 히틀러가 공산당을 강압하기 직전 독일 사회민주당이 공산당과 합의가 가능하다고 시사하자 전쟁을 막자는 경향이 나타난다. 그러나 정식 합의는 프랑스에서 실현된다. 프랑스에서는 파시스트 침공에 대한 공포 때문에 공산당과 사회 민주당 하층끼리는 자연히 합의를 하게 된다. 이러한 합의가 실현된 것은 1934년 7월 27일 즉 나치가 독일을 재패하자 1년 반 후의 일이었다. 동년 국제 공산당 상임위원회는 이 정책을 시인하게 된다. 1933년 프랑스의 모리스 토오레츠가 모스크바로 가서 문제를 토론한다.

프랑스의 사회민주당과 공산당이 1934년에 서로 협정을 이루었으나 소련은 아직 나치독일과의 협정을 희망하고 있지 않았다. 1935년 1월 28일 제7회 최고회의에서 몰로토프는 소련이 아직도 독일과 모종의 협정을 맺을 의사를 갖고 있다고 시사한다. 그는 스탈린의 말을 반복하며 소련은 모든 나라와 파시스트 국가들과도 우의를 도모할 수 있다고 강조한다. 공산당의 전술 변경은 1935년부터 시작하는데 1939년 8월 28

일 독소 불가침 조약에 이르기까지 반 파쇼라는 것이 소련과 국제공산당의 선전의 주조를 이루게 된다. 각국의 국제 공산당원들은 파시스트의 학살에 대처하여 자국의 이익을 옹호하는 태도를 보이려고 했으나 소련이 구상한 새로운 반 파쇼 진영 내부의 옛 적(敵)은 물론 반 파쇼 감정을 갖고 있는 중산계급 단체들까지도 이를 환영한다. 1935년 여름 통일 전선을 확대하여 다랄디에가 영도하는 급진파를 포섭하여 인민전선을 편성했다.

이에 앞서 1934년 2월에 공산당이 달라디에의 내각을 전복시키는 데 가담한다. 공산주의 운동사에는 하나의 적을 대하기 위해서 다른 적에 대해 정책적으로 양보하고 최종 목적을 완화 내지 위장할 필요가 있다. 그런 양보를 못하면 파쟁이 일어 무력해지고 심지어는 파멸이 되기 때문이다. 그러나 공산주의 이상을 배반하는 데에 대해서는 그들은 강경히 반대한다. 공산주의의 윤리는 방법과 수단에 관한 타협을 용인하고 때로는 장려까지 한다. 목적에 관해서 공공연한 타협을 인정한다는 것은 외부인들 앞에서는 거의 불가능한 것이라고 하고 있다. 소련은 독일과 일본에 대한 방비책을 찾는 가운데 국제 공산당이라는 도구를 이용한다.

1934년 9월 18일 소련은 국제 연맹에 가입한다. 소련은 국제 연맹을 가리켜 영국과 미국의 앞잡이라고 공격해 왔다. 그러나 소련 지도자들은 국제 연맹이 자기들의 목적에 도움이 되리라고 생각한다. 1934년부터 1938년까지 소련은 국제연맹을 적극 지지한다. 1935년 5월 프랑스의 라발과 소련 대표는 불소상호원조조약을 체결한다. 조건은 침공을 돌발하지 않을 경우 양국 정부는 서로 원조하여야 한다는 것이다. 이 결과 프랑스 공산당은 스탈린이 프랑스 재무장을 시인하는 성명을 낸 직후도 징병 연장 반대 운동을 중지해 버린다. 1935년 5월 16일 프라하에서 체코슬로바키아와 상호 원조조약이 체결된다. 이 조약은 불소 조약과 같으며 프랑스가 피침(被侵)국을 원조해 주는 경우에만 상호원조조약이 발효하다고 되어 있다.

이것은 후에 서방국가가 조약을 내세워 소련을 전쟁에 끌어드릴 것을 염려한 것이다. 1933년 9월 2일 이소(伊蘇)불가침 조약 체결, 1933년 11월 16일, 미국이 소련을 승인, 1938년 7월 20일 다다넬스 문제에 관한 몬트로 가(假)조약을 통한 영·소 관계의 완화, 1937년 8월 28일 중소 불가침 조약 체결 등으로 다시 소련은 외교적 배수진을 쳐서 위험에 대비한다.

동맹국 간의 의심

1939년 소련은 외교상의 주적(主摘)인 나치 독일과 일시적으로 동맹관계를 맺어주는 것이 편리하리라고 생각한다. 소련과 동맹을 맺은 열강국 내의 유력한 집단들은 소련의 목적과 의도에 의심을 품는 국가가 많이 늘어났다.

공산주의자들이 민주주의의 말을 쓰고 서방의 민주주의 국가와 관계를 갖는 것은 소련이 목적을 추진하기 위한 전술로 인식하게 된다. 그리고 소련이 세계혁명을 위한 것이며 소비에트 제도를 확립하려는 목적이라는 것을 알게 된다. 소련의 세계혁명을 우려하지 않은 국가들도 소련이 독일과 국경을 접하지 않고 있어 동유럽을 장악할 지 모른다는 우려를 갖게 된다. 또한 스페인 내란이 일어나고 공산당이 서유럽 일가에서 득세하여 서방이 침공 당할지 모른다는 공포감에 시달리게 된다. 한편 소련은 서방 열강 국들이 다만 독일과 일본, 소련을 대적하게 하는 데에 목적이 있다고 생각한다. 그리고 자본주의 열국 전부를 소련은 믿지 않고 있었다.

스탈린은 이 점에 대해 자본주의 연합세계가 소련 침공을 버려두고 있다고 단적으로 말하며 자본주의 세계가 소련을 포위하고 자본주의 생활 방식을 계속해 나가는 많은 부르주아 국가가 소련을 공격하고 약탈하고 소련의 국력을 약화 파괴할 기회를 노리고 있다고 주장한다. 이처럼 서방과 소련은 서로 의심을 품고 있었다. 그럼으로 자연히 구축팽창진영에 대항하는 유효한 열강 블록을 만들어내려고 했다. 이러한 경향은 소련과 서방 각국이 피차의 영토적 정치적 의도를 믿지 못한데서 기인했다. 서방으로서는 소련이 특별히 혁명적인 의도를 갖고 있었다고 본 것이다. 소련이 마르크스주의 눈으로 세계를 보고 있었기 때문에 서방에 대한 의심이 깊었다. 반 구축 합작을 와해시킨 것은 1938년 뮌헨 회담에서 영국과 프랑스는 히틀러의 체코의 주네덴 지역에 대한 요구를 들어줌으로써 히틀러의 전쟁 야욕을 피해 보려고 한다.

소련의 위험분산화(Hedging)의 우호 정책

뮌헨 회담의결과 크렘린 내부에서는 독일에 대한 대립을 계속하는 것에 대한 문제를 심각히 논의하게 된다. 1939년 3월 18일 전당 대회에서 스탈린은 영·불이 이탈리아와 독일의 군사 블록 앞에 후퇴한 것을 통렬히 공격하였는데 영국과 프랑스가 후퇴 정책의 원인을 들어 혁명을 두려워하는 데 있다는 점을 역설하지 않고 다만 영·불·독일이 대소(對蘇)침략을 장려하는 정책을 쓰고 있다는 점만을 역설한다.

이러한 반혁명 전쟁에서 영·불은 소련내부의 사회주의 성공과 공산주의 승리를 방지하기 원하며 소련의 무기를 이용하여 독일 제국주의 기능을 약화시키고 유럽에서 지배적 지위를 유지하려고 한다고 했다. 1939년도 전당 대회 직후 크렘린 간부들은 영·불을 독일에 대립시켜 쌍방으로 하여금 최소한의 소련 측 지지를 청해 오도록 하자는 정책을 세웠다. 이 정책이 의식적으로 채용된 정책임을 소련이 영 불 소 반파시스트 방위조약을 제의한 1939년 4월17일 바로 그날 주 베를린 소련대사가 독일 외무성에 대해서 소련이 독일과 조약을 맺기를 원한다는 암시를 감지한다. 소련이 독일과 교섭하면서 이보다 수년 전 스탈린이 공개 연설에서 역설한 바와 같이 나치 정체와 반공 정책이라는 내부적 성격이 독·소 양국의 우호관계를 지지해서는 안된다는 것이었다.

1939년 8월 23일 드디어 독·소간의 합의가 이루어지고 불가침 조약이 조인되었다. 세력균형정치이론의 입장에서 볼 때 소련의 행동이 적당한지가 논의되었다. 불가침조약에 뒤이은 소련의 행동 역시 장차 적이 될지 모른다는 나라와 손을 잡고 자국의 권력을 유지한다는 원칙을 따른 것이었다(일종의 위험 분산, Hedging). 불가침조약 발효기간은 짧았으나 그동안 소련이 취한 중요한 행동은 대부분이 대독 관계에서 최대한 유리한 입장에 있으려고 한다. 그러나 소련의 국방 조처는 독일의 의심을 사게 되고 독일의 공격을 촉진시키는 결과를 가져왔다. 처음 소련의 행동은 독소관계에서 그리 큰 긴장을 일으키지는 않았다. 소련이 폴란드 분할에 참여하고 핀란드에 전쟁을 선포하고(1939년 9월 10일), 프랑스에 대한 독일의 군사적 승리의 절정기에 발틱 국가들을 실제적으로 합병한 것도 긴장을 일으키지는 않았다. 다만 독일 외무성이 해외 주재 직원들에게 경고문을 보내 외국인과 이야기할 때 반소 인사를 삼가라는 정도였다. 소련이 냉담한 태도를 한 것은 구축 진영의 루마니아에게 비엔나 약정을 따라 루마니아 국경을 변경하지 않겠다는 보증을 준 때부터이다.

1940년 8월 31일 몰로토프는 독일 대사에게 이러한 행동을 불가침조약 위반이라고 했다. 히틀러는 소련이 구축 진영에 가입하여 세계 신분할에 한 몫을 할 것을 제의한다. 몰로토프는 이에 대해 소련이 대상국으로서가 아니라 대등한 입장의 맹방으로서 합작하게만 된다면 원칙적으로 대성공이라고 대답한다. 몰로토프는 소련이 독일, 일본, 이탈리아 삼국협정에 참가하는 전제 조건으로 핀란드, 발칸 지역, 터키의 소련 권익을 정확히 승인해 줄 것을 고집한다. 몰로토프는 독일이 구축 진영에 가입할 것을 통치하는 데 조건은 핀란드에서 독일군을 철수할 것, 불가리아가 소련과 상호원조조약을 체결하고 보스포리스, 다아다넬스 일대에 육해군 기지를 소련에게 허용할 것, 바툼과 바쿠 이남에서 페르샤만에 이르는 지역을 소연방으로 인정할 것, 일본이 북화태의 석탄, 석유 채굴권을 폐기할 것 등의 조건이었다. 이 점은 제정러시아의 목표의 연장이라고 할 만큼 소련외교의 극히 중요한 요소를 이루어온 것이다.

그러나 히틀러는 이에 대한 대답은 생략한 채 막하 장성들에게 극비에 소련 연방을 강타할 준비를 할 것을 명령한다. 모스크바에서는 독일이 곧 쳐들어오리라고 생각하지 않았다. 영국 대사는 소련 침공의 날짜까지 정확히 예언했다. 1941년 스탈린은 히틀러가 쳐들어오지 않을 줄 믿고 있었으나 외교적 예방책으로 1941년 4월 23일, 일본과 중립조약을 맺어 양면 전쟁의 우려를 없앤다. 이 조약의 대가로 일본은 만주국의 영토주권을 승인할 것을 소련에게 요구한다. 독·소의 합작 세력이 실패로 돌아간 것은 간부들의 구축진영과 합작한다는 원칙에 반대한때문이 아니고 독일이 소련에게 요구하는 정도의 대독안전감을 주지 않으려 했기 때문이다.

미국의 극동 진출 저지

1941년 6월 22일 나치군대의 진격으로 소련은 자동적으로 다시 서방 미주진영과 동맹국이 된다. 이 새로운 반 구축합작에서 소련은 여전히 전쟁 중 정책은 군사적 승리를 가져온다. 전후 대대적으로 최강의 지위를 갖자는 방향으로 나갔다. 소련과 맹방들은 피차 어느 한편이 단독으로 독일과 강화하지 않을까 두려워했다.

특히 소련으로서는 영·미가 독·소 양국끼리 싸움을 계속해 양국이 국력을 탕진시킬 작정으로 단독으로 물러가 버릴 것을 두려워했다. 소련은 각종 노력을 기울여 제2전선을 결성하여 여기에 미·영군을 끌어들이고자 했다. 그러나 처칠은 제2전선 결성은 반대하고 그 대신 발칸 지중해 작전을 하자고 제의했는데 그 본의는 전시 소련의 동구 진출을 저지하려는 데 있었다.

1943년 테헤란 회담에서 스탈린은 처칠의 웅변에 항거하여 제2전선의 결성을 관철한다. 소련군이 1941년 로스토프를 탈환했을 때 스탈린은 정치적 토의를 계속하자고 고집한다. 그때에 나온 문제는 소련 측의 관심을 반영하는 것이었다. 그 내용은 핀란드, 폴란드, 루마니아와 소련과의 국경 문제, 발틱 여러 나라들과의 지위, 타이랜드, 바바리아, 동푸러시아의 장래에 관한 문제와 제지방을 체코슬로바키아로 전환하는 문제, 그리스, 터키에 관한 영토 조절 문제 등이었다. 정세는 매우 긴박했고 일본의 진주만 공격 전에 있었다. 폴란드에 관해서는 매우 곤란한 문제가 발생한다.

1941년 12월 4일 스탈린은 런던에 본부를 둔 폴란드망명정부 지도자들에게 폴란드의 전후 국경선을 변경할 의사를 말한다. 1943년 초 소련은 쿠루존선을 소련과 폴란드 국경으로 삼을 의도를 밝힌다. 런던 망명정부는 이를 수락하지 않는다. 동년 4월 런던 망명 정부가 소련제의를 수락할 기미를 보이지 않자 크렘린은 소련군이 폴란드 장교를 다소 살해했다는 비난을 이용하여 국교를 단절한다. 그 후 소련은 공산주의자들을 활동시켜 장차 패권을 잡아 소련의 의도대로 폴란드를 통치할 만한 폴란드 집단 속에다가 런던 망명정부 간부를 포섭하고 싶다는 의사를 표명했으나 성과를 거두지 못한다. 유고에서도 이와 같은 사건이 일어난다. 소련은 공산주의자 티토를 후원하여 세르비아 유격대장 미하일로비치에 대적하게 한다. 미하일로비치는 잠시 런던의 간접후원을 받게 된다.

1944년 10월 처칠이 모스크바를 방문한때 소련은 티토의 군대와 유고의 왕립정부를 합병하는데 대동했다. 왕립정부는 그때 런던에 망명 중에 있었다. 이 결과 티토 일파는 반대파 간부를 없애고 정권을 거의 독점하게 된다. 티토가 소련과 손을 끊을 때까지 소련의 세력은 아드리아 해안까지 미칠 기세까지 보였던 것이다. 1944년 6월 영국의 주장으로 세력권을 구식으로 확정 합의함으로써 충돌을 해결하려는 공작이 시작된다. 당시 미국은 전후 세력 분포에는 관심을 보이지 않았다. 후에는 미국이 부득이 영국에 대신해서 소련의 외교상의 주적의 역할을 하게 되지만 영국은 루마니아와 불가리아를 소련 세력권 안에 넣고 영국의 지중해 권익에 중대한 관계가 있는 그리스는 이를 영국 세력권 안에 넣자고 제의한다. 스탈린은 이에 찬성하여 그리스를 전적으로 영국에 일임하기로 하고 영국은 스탈린에게 소련권 내의 반소분자를 마음대로 없애버릴 권한을 준다. 영국이 그리스에 입헌 정부를 건설하려던 당시 일어날 그리스 반란에 소련 신문이 한 마디의 지지도하지 않는다. 소련은 자기의 의무를 수행할 셈이었다.

그러나 반란군의 장기저항에 소련이 직접 간접으로 지원을 한다. 테헤란, 포스탐 회담도 연합국간의 긴장을 제거하지는 못했다. 이들 회담이 끝날 때마다 영국과 미국은 스탈린의 입에서 소련정책이 변경되리라는 약속을 얻고 큰 희망을 갖는다. 그 후 소련은 여전히 자기들의 세력 지위를 확정하고 견고히 함으로 영국과 미국은 낙망에 빠진다. 얄타회담에서 소련은 극동에서 외교상의 중대한 이득을 얻는다. 그러나 협정당사자들까지도 그 협정은 피차간 손익이 없는 일개 외교적 타협인 줄 생각하게 된다. 소련은 대일전에 참가할 것을 약속하고 중국 국민정부와 우호조약을 체결하는 데 합의한다.

이 합의의 대가로 소련의 남화태의 반환, 철도열도의 반환, 여순 군항의 차용의 약속을 얻었고 몽고를 승인하는 협정으로서 몽고를 중국으로부터 분리시켜 극동 진출을 저지하는 것이 목적이었다. 이러한 소련의 행동은 미국세력의 극동 진출을 저지하는 것이 목적이었다. 간접적으로 중국을 통해서 미국의 세력이 극동에 뻗칠 것을 소련은 두려워했다. 전시 중에 소련의 행동은 전후에 영국과 미국의 각축전만을 대비한 것이 아니었다. 크렘린 당국은 독일의 팽창주의의 부활도 두려워한다.

1943년 스탈린은 테헤란에서 독일은 15년 내지 20년 후에 완전히 국력을 회복할 수 있을 것으로 이에 대비책을 강구하여야 한다고 여러 번 주장한다. 국제연합조직에 관심을 보인 것도 독일의 부활을 국제연합을 통해 대비하고자 하는 데 목적이 있었다. 소련의 지도자들은 조직적인 연설로 또는 열강국과 연석회담에서 전시 합작을 평화시에 연장해 놓고 국제연합이라고 말했다. 그러나 종전에서조차 소련은 이 새로운 집단 안전기구가 국제 연맹처럼 열강군(郡)의 대립을 은폐하려는 조작이 될 것을 꺼려했다. 그들은 국제 연합이 삼대국 합작에서 떨어져 나와 소련에 대항하는 영·미 블록으로 변해버릴 것을 꺼려했다. 소련은 주로 전후의 세력 분포를 중심 문제로 삼고 행동했기 때문에 이러한 공포는 현실화하게 된 것이다. 소련은 국제 연합에 잔류하여 이를 이용하여 자국에 대한 효과적인 적대 행위를 방지할 수가 있었다.

새로운 판도의 세력과 소련의 외교

2차 전쟁 후 독일과 일본은 주권을 잃고 영국은 국력이 크게 약화하고 프랑스와 이탈리아는 영국보다는 더 약화하였다. 전후 세계에서 소련에게 위협을 줄 만한 존재는 미국밖에 없었고 미국에 위협을 줄 만한 존재 또한 소련밖에 없었다. 새 정세를 가리켜 전후 세계의 세력의 양극점이라고 하게 된다. 루즈벨트 대통령은 전시정책은 미국이 주동하여 분쟁을 일으키지 않도록 하는 데 있었으나 소련은 자기들의 유력한 입장을 극도로 이용하여 국력을 넓히는 데 분주했다. 영국 또한 마찬가지였다. 이리하여 종전과 함께 삼대국간의 잠재했던 충돌이 표면화한다. 정치 세력의 근원이 될 만한 지역을 노리고 격렬한 경쟁이 벌어진다.

이러한 현상에서 군소 국가들은 미국이나 소련의 양 진영 중 하나에 붙게 된다. 세력의 양극 집중에 따라 소련 연방 안에서는 마르크스 레닌 학설이 강력하게 발생하여 1943년 소련 군비가 방어태세로부터 공격 태세로 나타난다. 1944년 이래 마르크스, 레닌, 스탈린주의가 다시 강조된다. 지방 간부에게 마르크스 학설을 교육시키려고 수많은 특수학교가 설립되고 공산당이 경험에서 배운 교훈을 스탈린주의로 공식 해설한 공산당 개요가 다시 기본 교재로 사용되었다.

1944년-1946년에 이르러 소련 선전은 이미 미국과 영국에까지 선전된다. 또한 소련 군대를 정치교육 담당자들로부터 이들 자본주의 국가들과 당시 동맹을 맺고 있다고 해서 속아서는 안된다는 말을 듣게 된다. 1946년 스탈린은 제2차 세계대전이 우연히 혹은 정치 지도자들의 오해로 일어났다고 생각하는 것은 잘못이라고 주장한다. 전쟁 이래 이러한 견해는 되풀이되어 세계자본주의와 소련 사회주의라는 상투어가 생겨나게 된다. "제2차 세계대전 중 인민의 피를 빨아먹고 배를 불린 미국의 독점 자본주의는 제국주의 반민주주의 진영의 최고로서 세계 전 지역에서 진출의 전술대가 되어 버렸다고 주장한다. 자본주의 집단망이 존재하는 한 소련은 군비를 게을리 할 수 없다고 한다."

그리고 소련은 침공당할 위험과 세계 3차 대전이 일어날 위험에 있다고 주장한다. 전후 소련이 독일에 대한 정책은 두 가지 모순이 드러난다. 하나는 될수록 많은 물자의 노동력을 뺏는 것이다. 또 하나는 독일의 정치적 사회발전을 잘 조절 통제하여 각 축전에서 소련의 목적에 유리하게 하자는 것이다. 이 정책은 동시에 수행되었다. 착취정책은 소련이 얄타회담에서 제한한 것으로 독일 공업지역의 8할을 배상물자로 몰수 반출하자고 한 것에 나타나 있다. 소련은 배상금 전액을 2백억 불로 하고 그 중 반을 소련에 줄 것을 주장한다.

그러나 영국과 미국의 합의를 얻지 못해 성공하지 못한다. 소련은 각종 시설의 대부분을 몰수 반출한다. 후에 이 정책은 1947년 소련 후원의 사회주의 통일 당은 소련 점령지구의 수준을 포스탐협정의 수준 이상으로 올릴 것을 약속한다. 그러나 1947년 3월 몰로토프는 독일로부터 1억 불에 해당하는 배상을 청구한다. 소련이 이처럼 막대한 액수의 배상을 고집한 것이 주요 오인이 되어 동맹국들의 독립문제 해결의 노력은 좌절된다. 몰로토프는 평화 노선을 따라 독일 국민의 평화와 독일과의 무역에 이바지할 수 있도록 독일에 공업발전의 기회를 열어주어야 하며 맹방에게 그 의무를 수행할 능력과 책임을 지닌 단일 독일 정부를 수립하여야 한다고 주장한다. 독일을 이처럼 지지하자는 제의에 미국은 급히 응한다. 독일에 대한 소련의 착취정책과 화해정책의 모순은 소련이 고액의 배상을 요구하여 소련의 재건을 하며 독일의 공업력을 뺏기지 않으려는 것이었다. 그리고 소련은 착취 정책으로 독일의 군국주의 경제적 사회적 기초를 무너뜨리려는 것이었다. 동시에 소련은 점령지구 내의 경제활동을 고도의 수준으로 올리고 소련은 자기들의 손에 들어갈 물량을 증대시키고 소련의 목표에 의한 독일의 지지를 얻고자 했던 것이다.

독일의 분할

이러한 결과가 독일의 분할을 가져왔다. 각 진영은 정치적 전략에 따라 자기 관할을 지배했다. 서구 측이 취한 행동은 투루지역의 국제 관리, 마샬 원조가입, 기업 연합 해체의 완화, 서독 정부 수립 등이 있다. 이로써 소련 지구의 주민을 흡수해 내 오려한 것으로 볼 수 있다. 소련 측 전략으로는 서구 연방을 베를린에서 구출하려다가 1949년 봄에 포기한다. 그리고 공산당 후원하에 동독에 공산 독일을 수립한다. 소련은 동독에서 자기들이 패권을 보장할 만한 정치정세 형태를 조장하는 데 노력을 집중한다.

소련은 동독이 서독보다 더 지지를 얻도록 하고자 독일 사람들의 민족의식을 자극시킨다. 소련과 서구의 양측은 저마다 상대편이 전 독일을 제패할 것을 두려워했다. 주요 공업 지역을 가진 독일은 세력 각축전의 초점을 이루고 있는 만큼 정책 수립자들의 주시를 받고 주요 정치적 국가가 되었다.

이와 같이 전후의 패망국가인 일본도 정치적 지역이 되었다. 소련이 일본에 세력을 뻗치려는 노력은 좌절되었으나 소련의 세력은 아시아에서 확장되었고 이에 따라 서구 세력은 그만큼 약화되었다. 이것은 아세아 각국이 서구 자본주의 세력을 떨쳐 버리려는 결과이기도 했다. 1945년 8월 14일 소련은 중·소 조약에 의하여 소련은 중공을 도외시하고 장개석을 중국의 합법적 통치자로 승인한다. 영·미 외상들도 국민 정부 통솔하에 민주중국을 통일할 것을 합의한다.

그러나 중·소 조약으로 소련은 중국동부철도와 남철도(중국장춘철도) 및 대련, 여순, 항구의 실질적 관리권을 얻어 제정러시아시대의 합의된 인민투표의 결과 외몽고는 중국으로부터 완전히 독립하여 전보다 더 확실히 소련세력권으로 넘어갔다. 동시에 붉은 군대는 중공으로 하여금 만주의 주요도시 몇몇을 임시 지배하게 하여 그 근접 지역에 길을 열어주었다. 그 중에도 중요한 소련 측 행동으로 대련을 국부 군 상륙항구로 사용을 못 하도록 한다. 국민정부가 소련군의 중국 주둔을 두 번이나 요청한때문에 중공의 세력 침투를 더욱 용이하게 했다. 소련 군대가 중국을 철수한 것은 1946년 5월 3일이었다. 중공군과 국부군을 화해시키려는 미국의 노력이 차차로 곤란에 봉착하자 소련은 외교적으로 중공을 지지할 것을 굳힌다.

1947년 3월 10일 모스크바 회담 당시에 중공이 이미 강경한 반미 입장을 취한다. 몰로토프는 강대국끼리 중국 문제를 해결하고자 하는 문제를 제의했으나 미국의 반대로 성공하지 못한다. 중공이 양자강 이남까지 차지하게 된 이유는 중국의 국내정세로 국부가 패주하게 되고 소련이 중공을 원조해 주었기 때문이다. 국부가 부패해 있고 중공 측이 대중의 환호를 샀던 때문이다. 중공이 넓은 지역을 제패하여 중공이 합법적 통치자임을 주장할 수 있게 되자 소련은 그 외면의 중립을 포기하고 중국 인민공화국을 승인한다(1949년 10월 2일). 유럽과 아세아에 있어서 소련의 외교 정책은 본질적으로 항구적인 공식이었다.

각 단계마다 국제 세력 변천에 대처하는 소련의 행동 방식을 마르크스-레닌-스탈린이 좌우해 왔다. 그러나 소련은 자기들의 안전을 위협하는 세력 집단을 실력으로 누르면서 세력 정치 4인무(4人舞)를 추어 왔다. 그들은 언제나 그때 그때 세력 균형에 있어서 자연적 적대국에 대항하여 결맹을 해왔다. 적대국 역은 맹방의 선택, 결정, 사상 여하에 따라 결정하는 것이 아니고 세력 균형 구조에 결정되었다.

소련의 중동 및 동구 정책

소련의 외교 정책에서 거의 변화가 없는 지역은 중동과 동구였다. 소련이 중동과 관련을 갖게 된 것은 흐루시초프 때부터이다. 중동은 돈이 많이 드는 나라이나 발전은 적은 지역이었다. 이집트에 거액의 정치 경제 투자를 하고 있으나 헛일이 되었다. 다만 소련이 긴밀한 관계를 유지하고 있는 나라는 남예멘과 시리아였다. 수단, 소말리아 이라크 알제리아는 비우호적이거나 거리를 두고 있었다. 리비아에 있어서는 플러스라기보다는 귀찮은 존재가 되었다.

이와 같은 현상은 소련정책의 역사적인 변경으로 인한 것인데 이와 같은 변경은 오산에 기인한 것이었다. 스탈린은 멀리 있는 나라보다는 근린에 있는 나라에 관심을 집중하고 있었다. 스탈린은 낫세르나 이라크, 시리아의 지도자들을 친구처럼 대했다.

이 나라의 공산당들이 비합법적으로 취급되고 공산주의자가 투옥, 처형을 당하고 있는 사실을 외면하고 경제 원조를 성대히 할 수 없었다. 물론 소련은 당시에 여력이 세계정세를 전개할 만큼 되지 않았다. 때문에 소련 주변의 안전에 긴밀한 환경을 조성하지 않으면 안되었다. 흐루시초프가 소련의 대외 관계에 있어서 이익을 확대하려고 한 것은 수긍할 만한 일이지만 상대국의 정치, 사회제도를 고려하지 않고 지도자에게 신뢰를 준 방식은 손해를 초래했다.

흐루시초프는 낫세르와 같은, 친소지만 반공 인물과의 우호관계 조성을 중요시했다. 역사학자 로이 메드베데프는 1967년 당시에 소련 지식인들이 왜 자국의 중동 정책을 지지하지 않았는지를 정치일지에 익명으로 다음과 같이 적었다.

> "수백만 루블이 아니라 수십억 루블이 아랍 연합 공화국(UAR)에 대한 무기 공여와, 소련으로부터 수천 킬로미터나 떨어진 애스원 건설 및 몇 십 개나 되는 사업 건설을 위해 투입되고 있는 사실은 소련의 지식인이나 노동자에게 비밀이 아니다. 우리나라의 이집트에 대한 군사, 재정, 경제 원조의 액수는 어느 사회주의 국가에 대한 원조액보다 많고 어쩌면 사회주의 제국 전체에 대한 원조 총액보다도 더 많다. 국내의 미해결 문제가 산적해 있는데 이집트에 대한 대규모 원조는 이해할 수 없다. 우리나라의 지식인들이 낫세르에 대한 원조를 지지하지 않는 이유는 낫세르를 사회주의자라고 간주하는 사람은 거의 없기 때문이다. 낫세르는 파시스트 또는 국가 사회주의자라는 견해가 있지만 이집트에 진정한 민주주의가 육성되지 않고 있는 사실이다. 공산주의자는 심하게 탄압을 받고 있다. 소련이 이집트와 우호관계를 유지할 때에도 피비린내 나는 반공 캠페인이 벌어지고 있었다. 공산주의자는 고문을 받고 투옥되고 살해되고 있다. 이집트와 시리아가 합방되었던 때도 시리아에서 공산주의자들이 탄압되고 있었다."

URA는 낫세를 이집트 대통령의 아랍 통일의 이상 아래 1958년 2월에 이집트와 시리아가 합방을 선언, 탄생한다. 그러나 1961년 9월에 시리아가 경제적 이해 대립에서 탈퇴하며 해소된다. 거액의 정치, 경제 투자는 지도자간의 우호관계 안에서 이루어졌다. 그 결과 낫세르가 사망 후 사다트 대통령이 1973년 의 제4차 중동 전쟁에 대비하여 소련으로부터 끌어낼 수 있을 만한 것을 전부 끌어냈다. 그리고 이집트의 정치 방향을 전환했을 때 소련은 가혹한 희생을 치러야했다. 브레즈네프도 약간의 수정을 가했지만 소말리아 및 짐바웨이에서 비슷한 희생을 치렀다.

정책 전환의 조짐은 1980년에 이라크, 이란, 전쟁 발발 후에 나타나기 시작했다. 소련은 이라크와 깊은 관계를 가지고 우호, 협력 조약까지 맺고 있었다. 그러나 안전한 중립의 입장을 취하도록 결정을 하고 있었다. 소련은 이집트에서 몇 십억 루블이나 허비하고, 소말리아에서도 군사 시설을 잃었지만 그 후 중동 지역에 대한 무기 공여 정책을 검토했다. 소련의 새 지도는 경제 군사 원조를 함에 친소라도 불안한 독재정권(예: 이디오피아)에 대해서 원조를 꺼려했다. 안드로포프의 중동 정책은 친 아랍을 약화시켰다.

동구와의 관계

소련의 대 동구 정책의 1957~1967년 사이에 안드로포프의 정책이 중심이 되어 대동구 정책을 입안했다. 스탈린주의가 수정될 때이므로 안드로포프는 과거와 다른 유연한 정책을 모색하는 것 같이 보였다. 그의 동구 경제정책은 동구에서도 배우고 동구 여러 나라에서 하나 같이 소련의 모델을 받아들이도록 강제하지 않았다. 그는 1982년 11월 22일 중앙위총회연설에서, 소련은 사회주의 우호국의 경험을 살려야 한다고 역설했다. 이것은 헝가리의 사회주의 요소들을 소련은 받아들여야 한다고 했다. 사회주의 제국에 여행하는 규제를 철폐하고 소련과 동구 간에 관광 및 상용 여행이 쉬워진다면 그 이익이 크다고 했다. 그리고 폴란드의 정세에 대해서도 만족했다.

소련 지도부는 폴란드의 정치상태가 비상상태라고 보지 않았다. 서구의 사건은 소련의 동구 정책에 영향을 미치고 있었다. 미국이 퍼싱 2와 순항 미사일을 서독 기타 나라에 배치하면 소련제 순항 미사일을 동독, 체코슬로바키아에 배치해도 피할 수 없었다. 이 두 나라에는 소련제 미사일이 없고 만약 소련이 그곳에 배치할 경우 반핵운동이 일어날 것이기 때문에 안드로포프는 고민에 있었다. 동구 여러 나라들의 상황은 다양했다. 안드로포프는 이런 점을 브레즈네프보다 잘 이해하고 있었다. 안드로포프는 헝가리 대사, 당 중앙위원회 사회주의 국가 책임자, KGB 의장 등의 요직을 역임하여 동구 여러 나라의 특수사정에 정통할 만한 일을 해왔다. 브레즈네프의 경우 서기장이 되기 전에는 외교 경험이 전혀 없었다. 취임 후에도 대부분은 외국 원수를 상대로 하는 경제 관계 일에 시간을 보냈다.

그러나 동구의 거의 모든 나라가 서방측으로부터 대규모의 차관 때문에 어려운 경제 문제에 있었다. 동구 제국은 거액의 생활수준을 향상시킬 수 없었다. 1980년 이전에는 소련의 원심력이 작용하고 있었으나 구심력이 압력에 걸려 있었다. 이 경향은 계속되고 있었다. 소련의 동맹국에 경제 원조를 마음대로 할 수 없었다. 외교마저도 루마니아와의 외교는 소련을 이단시했다.

소련의 아프가니스탄 침공
- 중공의 아프가니스탄 지배를 방어하기 위한 목적

안드로포프는 KGB 의장으로서 아프가니스탄 작전을 계획하는 임무를 받은 특수전략 그룹의 멤버였던 것으로 추측하고 있다. 아프가니스탄 침공과 관련된 모든 것을 그려내는 일은 바로 KGB의 임무였다. 그 속에는 예측되는 곤란이나 분규 자료, 특히 침공 후에 아프가니스탄을 운영하는 것도 포함되어 있었다. 만일 KGB의 임무가 옳게 수행되었다고 한다면 침공에 수반할 분규가 힘겹다는 것을 예측할 수 있었을 것이다(블라디미르 쿠지키킨과 타임지와의 인터뷰).

소련은 왕정 시대부터 아프가니스탄과 관계를 맺어왔다. 아프가니스탄은 다민족, 다인종의 봉건국가로서 사회주의 혁명의 시기가 완숙하지 않았었다. 아프가니스탄이 필요한 것은 경제 개발을 통해서 서서히 근대화를 추진하는 것이었다. 1973년 정정(政情)이 악화되어 모하마드 다우드가 왕제(王制)를 타도했다. 다우드 자신도 1978년 소련이 이끄는 4월 혁명으로 쓰러진다. 새 정권은 마르크스주의를 표방했지만 사회주의 국가로 전환을 시도했을 때 내전이 발생했다. 수십 년에 걸쳐 경제 파트너였던 소련은 사회주의 정권을 지지했다.

그러나 아프가니스탄 새 정권은 불안이 더욱 가중됐다. 브레즈네프의 지지를 받은 모하마드 타라키 대통령이 암살되었을 때 소련이 개입하게 된다. 소련의 군부는 침공을 주장하고 있었으며 마침내 1979년 12월 29일에 소련군은 아프가니스탄을 침공한다. 소련의 침공은 아프가니스탄의 상황을 복잡하게 만들었다. 아프가니스탄 침공의 대가는 경제적, 정치적으로 많은 대가를 받아야 했다. 79년 말 정치면에서의 대가는 그리 심각하지 않았지만 미국과의 관계는 아주 악화되었다.

왜냐하면 미국 상원은 79년 9월에 제2차 전략무기제한조약(SALT 2)을 비준하지 않을 것을 명확하게 하고 있었기 때문이다. 카터 대통령은 그 협상의 구실을 찾고 있었다. 결국 소련군 전투 여단의 쿠바주둔 문제로 철수를 요구했다. 사실 이 여단은 1963년의 쿠바위기 이래 그곳에 주둔하고 있었다. 소련정부는 미국의 요구를 무시했다.

소련은 이때 중공과의 관계가 악화되었고 1979년 초 중공의 베트남 침공으로 중·소 군사 충돌이 현실화 되게 되었다. 그리고 이란 혁명은 소련을 환영하지 않았다. 이것은 종교적인 것이어서 이란 왕실과의 관계를 단절시켰다. 호메니의 혁명은 단순히 반미뿐만 아니라 반소적이기도 했다.

이와 같은 상황으로 소련의 군사 전략으로서는 아프가니스탄의 2천마일(약 3천 킬로미터)에 달하는 긴 국경선이 또 하나의 군사분쟁이 되리라고 생각하지 못했다. 소련과 아프가니스탄 국경변에는 타지족, 쿠르크멘조, 우즈멕족, 기타 소수 민족이 살고 있기 때문에 특히 미묘한 지역이다. 아프간족과 파키스탄족이 이 나라의 동부 및 남부에 살고 있지만 실제로 과반수를 차지하고 있지 않았다. 아프가니스탄과 파키스탄의 국경도 거기에 살고 있는 인구와는 관계없이 인위적으로 그어진 것이다. 아프가니스탄을 구성하고 있는 유일한 요소는 20여 개 종족을 하나로 묶는 종교이다. 인구의 태반이 수니파와 이슬람교도들이다. 아프가니스탄은 흔히 '소련의 베트남'이라고 일컬어지고 있었다. 아프가니스탄 전쟁은 미국이 동남아시아에서 전쟁과는 달랐다.

유일한 공통점은 아프가니스탄과 베트남 군사 작전이 중공에 그 지역을 지배하지 못하게 하려는 뜻에서 시작한 점이다. 소련은 승리를 필요로 하고 있지 않으며 아프가니스탄에 공산주의 정권을 수립할 뜻도 아니었다. 소련이 필요한 것은 우호적인 정부이고 국토를 골고루 지배할 수 있는 정권이었다. 미국이 베트남 전쟁에서 베트남을 베트남화하기를 바랐던 것과 마찬가지로 소련도 아프가니스탄 내전의 아프간화를 확실히 원하고 있다. 베트남의 경우 미국은 북베트남 정부 내에 실체가 있는 교섭 상대를 갖고 있었다.

그러나 소련은 교섭 상대가 하나로 뭉칠 수 없는 아프간 게릴라들 이외에 없었다. 아프가니스탄족과 부족이 상이하기 때문이다. 상이하기 때문에 결속할 수 없는 것이었다. 결국 아프가니스탄은 프랑스가 베트남전을 미국에 넘기고 철수했듯이 소련은 미국에 아프가니스탄 전쟁을 넘기고 철수하게 된다.

소련의 아프가니스탄 침공과 아프가니스탄의 헤로인 생산

아프가니스탄에 살고 있는 종족들은 오래전부터 전통적으로 생육이 빠른 양귀비를 누구나 심고 있으며 병을 치료하고 수출을 하여 생업을 하는 풍토이다. 소련의 과학자로서, 소련의 유전학에 과학적 법칙을 정립하는 연구를 한 니콜라이 바빌로프 박사는 식물 지리학상의 조사를 탐험해서 유명하지만 1924-1926년의 아프가니스탄 탐험으로 유명하다. 그는 그 당시 유럽인이 아직 아프가니스탄에 발을 들여놓지 않은 수많은 땅을 찾아가 아프가니스탄 지도를 만들었다. 그는 어디서나 아프가니스탄에 있는 부족들은 적의를 가지고 대했다는 것을 말하고 있다. 파빌로프 박사는 아프가니스탄 현 상황에 대해서도 역사적으로 설명을 하고 있다. 아프가니스탄에 양귀비를 심는 전통이 있다는 것을 말하고 있다.

이 양귀비에서 아편을 채취하여 수출을 하는 전통이 있다. 아프가니스탄 아편 생산량이 1960년대부터 1970년대까지 증가했다. 주요한 계곡에 있는 벽촌은 중앙정부로부터 완전히 독립해 있어 양귀비 재배에 문제가 없다. 양귀비 재배는 정부의 관리가 미치지 않는 파키스탄 북부에도 퍼져있다. 소련의 침공은 아프가니스탄의 민족으로서의 긍지를 손상시켰을 뿐만 아니라 아편과 헤로인의 교역 루트까지도 끊어버렸다.

사회주의와 아편업자와는 서로 용납하지 않았다. 내전이 격화함에 따라서 양귀비 재배나 아편, 헤로인 거래의 중심지가 파키스탄 북부로 옮아갔다. 현재까지 이곳은 세계의 최대 헤로인 생산지가 되고 있다. 소련의 침공은 실제로 파키스탄 북부와 아프가니스탄 국경 지역이 되었다. 그리고 아편 생산과 헤로인 가공을 증가시켰다.

그 이유는 국경지역 마을 사람들이 충분한 무기를 가지고 있어서 간섭을 무서워하지 않는다. 전쟁은 심각한 난민문제를 낳았고 동시에 난민은 헤로인 생산자에게 있어서 싼 노동력 원천이 되기도 했다. 난민은 식품과 무기를 구할 돈을 필요로 하고 있다. 터키와 이슬람 새 정권이 이란에 양귀비 재배에 대한 강력한 규제 조치가 추가되었기 때문에 마약 생산지로서 지위가 이 두 나라는 급격히 떨어졌다.

소련의 아프가니스탄 침공은 아프가니스탄에게 엄청난 비극을 가져왔다. 아프카니스탄 침공은 소련군부나 KGB의 과학적인 판단 없는 약자를 공격하려는 전쟁 광기에서 온 오산이었다. 소련도 얻은 것은 없고 손실만 있으며 아프가니스탄에게 황폐만 준 강대국의 한번 저질러본 전쟁의 장난이라고 할 수 있다. 아프카니스탄에 사는 사람들은 전쟁으로 인한 질병과 불구의 고통, 가난의 고통, 전쟁의 고통을 잊으려고 아편에 의지하고 있다. 그렇게 함으로써 그들의 상처는 더 깊어가고 있을 뿐이다.

제18장
히틀러의 신질서, 영토 확장으로서의 소련 침공

히틀러의 패배

히틀러는 1941년 아무 경고도 없이 소련의 국경을 넘어서 침공을 한다. 이 침공이 성공할 경우 히틀러는 전 유럽의 신질서를 지배할 수 있는 계기가 되며 실패할 경우 그의 야망에 종지부를 찍는 가장 중대한 순간이었다. 1933년에 정권 장악, 1934년 6얼 대숙청, 1936년 라인지역 진주, 1938년 오지리 합병, 뮌헨의 위기와 폴란드 침공 등은 소위 신질서에 이른 과정에 불과하였다. 소련 침공은 이에 비교할 바가 아니었다.

히틀러의 생애에 최대의 모험이고 최종의 결정이었다. 소련 침공 이후 6개월이 지난 후 동맹국인 일본과의 대미국 선전포고를 할 때에도 마치 조약의 갱신이나 폐기를 하듯 평범한 사항으로 체결해 버렸다. 그러나 실지로는 그는 실패했다. 그 후 그의 모든 결정은 방위적 성격을 띠었다. 이와 같은 결정을 내린 뒤에는 오직 방위작전을 하고 있었으므로 곧 파멸을 한다. 독일과 프랑스의 분쟁은 프랑스가 1923년에 전 동유럽을 지배하고 독일의 합법적인 목적을 달성하는 것을 방해하는 정책을 썼기 때문이다. 히틀러는 1940년 프랑스를 침공한다.

그러나 완전히 전멸한 것이 아니라 독일의 위성국을 만든 것이다. 히틀러는 자신의 적은 영국이었다. 영국을 침공 후 전 세계에 산재해 있는 재산을 차지할 수 있는 것이 목적이었다. 이를 위해 소련의 묵인을 얻으려고 소련의 외상 몰로토프를 회유하기도 한다. 몰로토프는 독일의 야망이 중부아프리카에 있는 것을 확인한다. 그리고 소련은 인도에 야망을 갖는다. 그러나 1941년 독일은 아프리카가 아니라 소련을 침공한다. 이것은 영국을 격파하는 빠른 길이기 때문이다.

히틀러의 목적은 서부러시아를 정복하고 식민지화하기 위하여 불합리하고 우발적인 왕조시대의 국경선은 초극해야 한다는 것이다. 서부러시아만이 독일의 식민지가 있고 독일이 살아나갈 땅이 있는 것이라고 생각한다. 히틀러가 이런 생각을 표명한 것은 승리에 빛나는 수년간 성공이 가능하듯이 보이던 1941년부터 1942년만이 아니었고 그는 독일이 패전하고 해체된 1920년에도 이런 생각을 표명하였었다. 그 당시 독일이 러시아의 기름진 지역과 생산력의 50%를 차지하게 된 부테르, 리토브스크 조약의 "무한한 인간성"을 (베르사이유의 조약의 잔인한 강제와 비교하면서) 공공연하게 찬양하였던 것이다. 그는 독일 공산당이 독일을 거의 한 지방으로 만들 지경에 이른 1923년에도 바바리아 형무소에서 같은 말을 되풀이하였다. 러시아 군대가 백림의 폐허를 향해서 폭우같이 몰려들 때 지하실에서 목숨을 거두기 전에 다시 한번 그의 고별사를 세계에 보내려고 하였다.

히틀러의 러시아 정복 및 식민지화 계획이 1941년에 일시적으로 조작된 선언이 아니고 그의 철학이 장기적, 실제적으로 제3국 건설계획과 일치하는 것이다. 히틀러는 영국의 선전 포고에 접했을 때나 대미 선전 포고를 했을 때나 국가의 정복 또는 처분을 위한 계획이나 조직이 없는 반면 러시아정복에 있어서 군대와 정책을 마련했을 뿐만 아니라 특별교육을 받은 선발대 SS도 있었다. SS의 이상주의는 마치 중세기 십자군의 이상주의가 이슬람에 대항하듯이 볼셰비키에 대항하였으나 궁극적으로 보면 이 두 경우가 다 영토 점령을 지향하는 것이었다. 히틀러는 근본적으로 볼셰비키즘을 증오한 것은 아니었으나 그는 스탈린의 천재를 찬양하고 폭정의 호적수로 인정하였다. 귀족보다는 스페인 공산당을 프랑코보다는 스페인 공산당이 낫다고 공인하였다. 히틀러의 진짜 증언은 공산주의에 대항한 것이 아니고 러시아인에 대한 것이었으며 그가 독일을 위하여 탐내는 것은 설 땅을 러시아인들이 점령하고 있다는 것이다. 이리하여 대소 전쟁은 영·불이나 미국에 대한 전쟁과는 달리 그 배후에는 그의 "조잡한 철학"으로 전체주의 조직에 의해 피압박 적국을 소위 신질서로 편입했던 것이다.

히틀러는 슈펜글러와 마찬가지로 역사를 지질학적 년기(年紀)의 연속으로 보았다. 각 년기는 독특한 문화를 가진 특색이 있고 또한 구년기 구문화가 무너지고 신년기 신문화가 일어나는 결정적 진화기로서 구분되는 것이었다. 고대 지중해 문화가 있었고 해양 열강이 주재하는 문예부흥 이후의 잘못된 자본주의 문화가 있었다.

그리하여 마침내 문화기가 임종기에 도달하여 새로운 문화기가 대치되어야 하는데 이 신문화에 대한 해답을 히틀러는 자신이 색출해 내려고 했다. 신문화기는 지정학적인 년기(年期)로 공간의 정복은 구(舊) 해양제국(영국)을 쇠퇴케 했기 때문이다. 히틀러가 대영제국을 보장한다고 한 이유도 여기에 있다. 지정학자들은 신문화기를 지배하는 것을 중구 및 동구의 대부분을 지배하는 자가 된다고 주장하고 있었다. 물론 이것은 그가 찬양한 전체주의 천재 밑에서 강력하게 조직된 거대한 러시아인이 지배하는 것을 원치 않았다. 그는 바로 독일인이 신문화기의 지배자가 되는 것을 원했기 때문에 제3문제에 대답하며 "신문화는 자연스러운 경제적 진전에 따라서 오는 것이 아니라 급격한 변환, 정복과 식민화의 십자군 전쟁으로 이루어진다.

신문화기의 조물주인 자기가 역사적 필연을 진전한 인간의지로 뒤집어엎고 장차 수천년 동안 세계를 지배할 독일 문화를 점령한 유라시아 대륙에 이식하는 거인 전쟁을 거쳐서 오는 것이다."라고 주장한다. 히틀러는 이러한 환상을 위해 독일을 혁명하고 재무장하였으며 이에 따르는 모든 문제를 척결했고 십자군이라는 칭호를 조작하여 1941년 6월 인류역사를 결정한 대 결전을 개시한다. 히틀러의 결전의 목적은 인구에 관한 문제였다. 독일의 무장 대군을 유지하는 데 비용이 들었고 무기는 무용지물이었고 나치의 지도층은 늙었고 출생률은 저하되어 갔다.

이와는 반대로 러시아는 인구가 증가하고 산업은 발전하고 있었으며 10년 내지 15년 후에는 소련은 수백 년간은 타도할 수 없는 세계 최대의 강국이 될 것이라는 것을 염두에 두고 있었다. 1937년 히틀러는 소련을 침공하는 것을 더 이상 기다릴 수 없다고 선언한다. 1943년 이전에 독일의 영토문제를 해결한다는 것은 부동의 그의 자세였다. 히틀러에게는 동구와 서구를 분리하고 소련을 공격하는 것은 쉬운 일이 아니었다. 소련을 공격하려면 프랑스의 후원을 받고 있는 국가들을 횡단하지 않으면 안되었다.

히틀러는 대 폴란드, 대 체코에 대한 정책에 대해 영국과 프랑스는 어떤 반응을 보일지 그 문제를 1938년, 1939년에 걸쳐 다루었으나 뮌헨에서 이 문제는 해결된 듯이 보였으나 영국의 태도는 여전히 모호하고 프랑스의 동맹국이었던 체코슬로바키아는 동맹에서 벗어났고 폴란드는 영국의 보장을 받고 있었다. 히틀러는 이 이상 기다릴 수가 없었다고 단언을 내린다. 그는 동방계획표가 무료화하기 전에 소련을 공격하여야 된다고 결단하고 1939년 폴란드에 군대를 투입하고 선전 포고를 한다.

히틀러는 폴란드 침공이 끝나자 폴란드를 점령하고 발트 제국(諸國)을 병합한다. 그리고 프랑스를 침공했으나 영국을 해, 공군, 군사력으로 분쇄할 수도 없었고 영국과 타협도 하지 못했다. 히틀러는 동부전쟁을 유예할 수도 없었다. 그러나 1940년 8월부터 독일 참모본부는 동부 전쟁 계획을 진행시키고 있었다. 그러나 1940년 영국을 쳐부수는 데 실패한 히틀러는 소련을 침공한다. 침공 후 히틀러는 소련 침공을 빨리 서두른 것은 스탈린은 반 짐승이고 반 거인이기 때문에 10년 여유를 준다면 구라파는 훈족 시대와 같이 없어질 것이기 때문이라고 했다. 독일군이 소련을 침공했을 당시는 마치 무적으로 보였다. 레닌그라드, 모스크바, 키에프 등 전부 전장으로 돼 버렸다. 독일군 뒤에는 SS가 왔다. 히틀러는 작전 지역 내에서는 국가 총통의 SS는 총통을 대표하며 행정 준비를 위한 특수사항, 대응적 질서간의 분쟁해결을 담당한다. 이 범위 내에서 총통의 SS는 독립하여 자기 책임하에 행동한다 라고 선언한다.

그리고 군대와 SS는 후방에, 그리고 신동방사령부는 처음에 동 프러시아, 후에는 우크라이나에 있었다. 그러나 히틀러의 신질서가 동구에서 실현되지 못했다. 히틀러는 소련의 역량을 잘못 판단한 것이다. 수개월간에 소련의 군대와 정치 조직을 박멸할 수 있다고 자신한 히틀러는 동기(冬期) 작전의 준비를 하지 않았다.

독일 군대는 소련의 풍설(風雪)속에서 4년 동안 전투를 하지 않으면 안되었다. 첫해 겨울이 끝나자 히틀러는 괴벨스에게 "나는 눈을 보기만 해도 질색이다. 그것은 생리적인 발작을 일으키기까지 한다." 히틀러는 나폴레옹과 마찬가지로 러시아의 눈을 싫도록 보았다. 독일 군대가 러시아의 황야에서 매년 악전고투하는 틈을 타서 서유럽 군대가 대륙으로 돌입 준비를 하고 있었다. 전격적인 공략으로 히틀러를 패하게 한다.

소련의 전승과 눈물의 경축일, 5월 9일

히틀러는 소련과의 동맹관계를 어기고 1941년 소련을 침공한다. 침공 이유는 그의 저서 〈나의 투쟁〉에서 밝히고 있다. 히틀러 자신은 마르크스주의가 독일을 침식하는 것을 막기 위한 것이라고 변명하고 있다. 그러나 그의 목적은 영토 확장에 있었다. "러시아는 슬라브 민족의 정치적 정도(正道)에서 태어난 것이 아니라 저급한 인종의 내부에 자리 잡고 있는 게르만 민족적 요소에 의하여 이루어진 국가다.

러시아는 지도층에 있던 게르만 민족 중심세력은 대부분 유태인으로 대체되었다. 러시아를 완전히 지배하고 있는 국제주의적인 유태인이 독일을 동맹국으로 간주하지 않고 각 나라의 동일한 운명에 처하여 있는 나라라고 생각하는 것을 잊어서는 안된다. 독일에서 볼셰비키즘이 없어졌다고 하는 것은 부르주아뿐이다.

유대민족의 세계를 정복하려는 본능은 지구상의 지배권을 자기 손에 넣으려는 앵

글로색슨의 본능과 같다. 유태인 그들은 여러 민족에 숨어들어 이들 민족의 내부를 공동(空洞)으로 만들려고 한다. 그들의 무기, 즉 도살과 파괴, 중상과 허위로써 증오하는 그들의 적이 절멸할 때까지 잔인하게 투쟁을 강화하고 있다. 20세기에 시도한 러시아의 볼셰비키즘은 유태인의 세계 지배권을 획득하기 위한 실험이라고 보아야 한다.

오늘날 독일은 볼셰비키즘의 첫째 투쟁 대상이 되어 있다. 우리 민족은 한 번 더 이 국제주의 사족들의 농락에서 더러워지는 민족의 피를 저지하고, 우리 민족의 수호에 새로운 사명감이 필요하다. 세계 유태인의 볼셰비키즘화에 반대하는 투쟁에 대해 소련의 분명한 태도를 요구한다. 바이블(마태 : 12-24 악마의 왕)에 의하여 악마를 쫓아버릴 수도 있다. 한 민족이 터무니없는 땅덩어리를 얻고 있다는 사실을 다른 민족에게 저항할 수 없게 하고 있어서는 안된다." 히틀러의 소련 침공은 영토 확장의 목적과 유태인의 국제주의 볼셰비키즘을 절멸하려는 뜻에서였다. 무솔리니는 1941년 히틀러의 전쟁참전의 요구를 받아들여 참전한다. 그러나 무솔리니는 자국의 반대자에 체포되어 사살된다.

마매예프의 언덕

1941년 9월 4일 독일군은 레닌그라드를 침공한다. 레닌그라드가 폐허가 될 것을 사투로 막은 언덕이 있는데 그 언덕은 마매예프 언덕이라고 하고 있다. 이 언덕을 고수하기 위하여 수십만의 소련군이 이 언덕에서 죽었다. 이 언덕 전체가 피로 물들었다. 그래서 이 곳 사람들은 마매예프 언덕을 성스러운 곳이라고 하고 있다.

레닌그라드를 독일군이 800일 동안 점령하고 있었으며 90만 명이 사망함으로서 레닌그라드에 살고 있던 모든 가정은 가족을 잃지 않은 가정이 없다. 전쟁기간 폭격과 영양실조로 많은 어린이들이 죽었다. 물이 없어 개천 물을 마셔야 했다. 배급이 약간 있었으나 부족해서 가죽띠를 삶아먹고 아교풀, 해바라기섬유, 약간의 밀가루, 겨자를 섞어 빵을 만들어 먹는 사람도 있었다. 레닌그라드의 유일한 교통수단은 전차였으나 전기가 부족해 가는 시간보다 멈출 때가 더 많았다. 1941년 11월 한 달간 1만 1천 명이 전사했다. 레닌그라드에서 두 극장은 전시에도 문을 열고 굶주린 가운데도 예술인들은 시민을 위해, 군대를 위해 공연을 했다. 연극인과 무용수들은 난방이 되지 않은 공간에서 장갑을 끼고 연습을 했다. 전후에 살아남은 그들은 공연을 자랑으로 생각하고 있었다. 1980년까지 활약하고 있던 발레교사, 베라 모스코비치는 그때의 일을 자랑으로 생각하며 전시의 참상을 글로 내놓고 있다. 매년 5월 9일이면 전승했던 그날을 소련시대에도 개방 후에도 그날을 기념하기 위해 볼가가르드(볼가강) 철도역에 살아남은 전쟁 용사들이 모인다. 그들은 가슴 가득히 훈장을 달고 나온다. 그리고 그들은 마매예프 언덕에 모여 기념행사를 하고 볼가강에서 배를 타고 강에서 전사한 전쟁 영혼을 위해 가져온 꽃을 던진다. 그리고 그들은 배 안에서 불편한 노구로 우수에 잠겨 춤을 추는 행사를 하고 있다. "그들이 웃는 얼굴 뒤에는 가슴 아팠던 전쟁의 침묵이 있다." 그들은 5월 9일 마매예프 언덕을 다녀오면 2, 3주는 잠을 이루지 못한다고 한다. 그리고 잠을 자더라도 악몽을 꾼다고 한다. 그러나 그들은 살아 있는 동안 매년 마매예프 언덕을 간다. 그리고 보이지 않는 얼굴을 찾으며 우울에 잠기곤 한다. "마매예프 언덕의 전투는 공포였고 폭격이 심해 마치 언덕이 밑으로 꺼져 가라앉는 기분이었다."고 한다. 마매예프를 고수하라는 명령이 그들을 또 짓눌렀다고 한다.

5월 9일 전쟁 용사들의 모임은 해가 갈수록 숫자가 줄어들어 가슴이 저려온다고 하고 있다. 5월 9일 전승 기념일은 너무 비참한 승리였기 때문에 눈물의 경축일이라고 부르고 있다. 상트페테르부르크(레닌그라드)의 전쟁 기념관에는 전쟁의 모습을 사실적으로 설치미술로 표현해 놓았다. 특히 인상에 각인되는 감명 깊은 장면은 천장에서 마치 눈물방울이 떨어지는 것 같은 장면이다. 눈물방울이 맺혀 전체의 천장은 아름답다. 슬픔을 아름답게 표현한 것은 참으로 훌륭한 예술의 힘이라는 것을 느끼게 된다.

즉 슬픈 눈물을 예술로 승화시켜 놓은 것이다. 그리고 설치 미술 자체는 극 사실주의로 되어 있어 실물 같아 놀라게 된다(1996년 필자가 본 느낌). 소련에서는 조국에 대한 사명, 조상들의 조국애를 어려서부터 심어주고 있다. 10대들로부터 자원해서 무명용사의 묘지를 교대로 경비하게 하는 것 등 하나의 예이다. 앳된 그들의 군복차림이며 메고 있는 총에서 깊은 조국애의 인상을 받게 된다.

제19장
볼셰비키즘과 민셰비키즘

레닌의 프롤레타리아 혁명 이론

레닌은 자신의 저서 〈민주주의 혁명에 있어서 두 가지 전술〉에서 짜르주의를 타도하고 민주 공화국을 쟁취하기 위한 가장 중요한 수단은 무장 봉기라고 강조하고 있다. 그리고 〈국가와 혁명〉이라는 저서에서는 프롤레타리아 혁명을 역설하고 있다. 피착취자 계급의 해방은 다만 폭력혁명 없이는 불가능하며 프롤레타리아는 기존의 국가기관 즉 관료제도, 상비군, 경찰 등을 파괴 분쇄하고 그 자신의 독자적인 것으로써 대치하지 않으면 안된다는 것이다. 자본주의에서 사회주의로의 과도기 국가는 프롤레타리아의 독재 이외의 아무것도 아니다고 하고 있다. 이 국가는 의회주의 공화국은 아니고 콤뮨형의 국가(이 형이 고도로 발전한 것이 소비에트다.)라는 것을 주장하고 있다.

프롤레타리아 독재는 대중적 테러와 폭력을 포함하는 온갖 수단으로써 자본주의, 사회주의 및 공산주의로 변화를 실험하는 것이라고 하고 있다. 레닌은 카우츠키와 플레하노프가 프롤레타리아 독재는 폭력혁명에 의한 부르주아국가 기관을 파괴함으로써 생긴 것이라는 것을 묵살하고 있다. 또한 레닌은 1918년에 집필한 〈프롤레타리아 혁명과 배교자 카우츠키〉에서 프롤레타리아 혁명의 핵심적 내용을 이루는 것은 프롤레타리아 독재라는 것을 중심적 테마로 하고 있다. 10월 혁명 후 약 1년간의 경험을 구체화했다는 이 저서는 국가와 혁명에 관한 배교자 카우츠키의 견해를 공격하고 있다. 그는 10월 혁명을 통해 탄생한 소비에트정권은 세계의 모든 민주주의 국가들이 만들어낸 것과 비교가 되지 않는 민주주의를 창조했으며 수천만의 노동자와 농민의 활동적인 창조로써 사회주의 실천적 수행을 개시할 수가 있었다고 하고 있다.

전투적 유물론자로 자처하는 레닌은 온갖 사회의 역사는 계급투쟁의 역사이며 마르크스주의적 계급투쟁 이론에 입각하여 자본주의 사회의 변혁과 사회주의 사화현실은 오직 폭력 혁명과 츠로독재(대중적 테러와 폭력을 포함하는 모든 수단을 사용하는)에 의해서만 가능하다고 주장하고 있다. 그는 이러한 이론적 신념에 의하여 10월 혁명의 실천과 소비에트 국가의 창건을 지도한다. 고전적 마르크스주의는 좌익과 우익 두 갈래로 발전했다. 우익을 대표하는 우파는 민주주의 방식을 중시하는 사회민주주의 내지 민주사회주의이다. 좌익은 폭력혁명과 독재정치를 신봉하는 레닌주의 내지 스탈린주의를 말한다. 국가와 혁명에 관한 볼셰비키적 이론은 원형적으로는 고전적 마르크스주의의 주요 문헌 중의 하나인 '공산당 선언'과 '파리 콤뮨'에 잘 설명되어 있다. 마르크스주의에 발원은 서구적 측면이 있지만 후진 러시아로서는 역사적 사회적 및 자연적 제 조건에 의하여 제약을 받고 있다. 볼셰비키즘적 본질적 측면을 이루고 있는 전체적 독재의 유혈적 폭력의 계기는 적어도 부분적으로는 러시아 자체의 역사와 전통 가운데서 발견될 수 있다.

중세기의 모스크바는 모든 인민을 농노로 삼으려고 했다. 그때 모든 계층들은 짜르의 정치적 지배기구에 예속되어 각각 강제 당하고 있었으며 따라서 자유직업이란 도둑질을 제하고는 있을 수가 없었다. 볼셰비키즘은 이데올로기적 계보에 있어서 직접적으로 서구의 고전적 마르크스주의와 연결되는 것이다. 볼셰비키즘의 사상적 선구자는 러시아 내에도 존재했다. 슬라브파와 대립하는 의미에 있어서 서구파인 벨리스키 헤르첸, 바쿠닌 등 이들은 주로 19세기 전반과 중엽에 걸쳐서 활동했다. 이들은 러시아에 있어서 볼세비키즘의 선구자로 급진적 인텔리는 무정부주의와 사회주의를 포함하는 서구사상의 가장 급진적인 형태로 철학적 공론으로서가 아니라 실제 생활과 행동을 위한 지도 이론으로서 받아들이려고 했다.

19세기 체르니쉐브스키, 피씨테호, 레프 도부토프류보프 등은 러시아 인텔리로서 서구적인 공리논자, 유물론자 및 실증론자이다. 이들의 강력한 사상적 신념과 정렬함은 일종의 종교적 성질을 띠고 있다. 짜르의 전제적 폭정하에서 수입된 서구의 사상이 부분적으로나마 실천에 옮길 가능성이 없었음으로 이들의 진보적 인텔리의 서구적 급진 사상에 대한 신념은 더욱 강렬하지 않으면 안되었다. 1860년대, 소위 니힐니즘 시대를 거쳐 70년대에 농노해방도 민중생활에 아무런 영향이 없었기 때문에 자유사상가들은 환멸을 느꼈고 일반적 불만이 고조되어 짜리즘의 반대는 투쟁으로 되었다. 짜르의 가혹한 탄압으로 이 투쟁은 진압되었다. 10년 후 반 짜르 운동은 보나로드(인민 가운데)운동의 형태로 나타났다. 이때에 노동자와 학생들은 인텔리 특히 학생들의 투쟁이 아무 실효를 가져오지 못하자 테러 수단으로 농민에게 희망을 주었다.

그들의 행동은 테러리즘 정치 운동으로 바뀌어 조직도 점차로 중앙집권적 전체로 되는 뿔랑키적 독재자가 환영을 받았다. 이러한 제 당파주의에 가장 유명한 당이 나로드나야 볼랴(인민의 자유당)이었다. 그들은 대관 암살을 계속했고 마침내 1881년 알렉산드르 1세까지 암살했다. 일부의 급진적인 테러들은 대관(大官)과 짜르의 암살 기도가 대중적 혁명의 신호가 되기를 바랐다. 그들은 러시아 특유의 미이르라는 농업 공동체로 하여 사회주의에 대한 기대를 가졌다.

즉 러시아 볼셰비키는 전체적 독재주의, 폭력주의, 혁명주의 급진적 사회사상에 대한 맹신적이며 일종의 메시아적 요소를 갖고 있었다. 1903년 런던에서 있었던 러시아 사회민주주의 노동당 제2차 대회에서 주로 당 원칙에 관한 의견 대립으로서 당이 레닌을 중심으로 하는 볼셰비키(다수파)파와 플레하노프를 중심으로 하는 민셰비키(소수파)로 분리된다. 프레하노프는 레닌과 명확한 의견 대립이 있었지만 그는 사회주의 실현이라는 목적은 모든 수단과 방법으로써 달성되지 않으면 안되며 민주주의 방법이 반드시 필요한 것은 아니라고 주장한다.

또한 레닌과 같이 만든 당령 기초 안에서 프롤레타리아 독재개념은 프롤레타리아의 이익을 직간접으로 위협하는 모든 사회운동의 진압을 포함한다고 했다. 인류사회의 점진적 평화를 승인하고 민주주의적 평화적 방법으로 변혁을 실현하려고 하는 우익 사회주의자들과는 달리 볼셰비키자들은 폭력 내지 필요성을 강조하고 있다.

그들의 주장은 인류역사에 있어서도 폭력을 통하여 사회질서가 수립되었으며 따라서 사회주의 공산주의사회 실현도 폭력으로 촉진되지 않으면 안된다고 주장한다. 소비에트 정권의 성문(成文)법을 제정할 때에 레닌은 소비에트정권은 무자비한 테러가 필요하다고 강조했다. 테러의 결정적 필요성이 성문에 있어야 한다고 주장한다.

그는 독재의 개념을 어떤 법률의 제한도 받지 않는 권력이라고 했다. 그럼으로 소비에트 정권의 성격은 법률이나 헌법에 의거하여 판단하는 것은 옳지 못하다고 주장한다. 1936년에 제정한 민주주의 헌법으로서의 실질적 가치를 발휘하지 못하는 이유가 여기에 있다.

민셰비키즘의 태동

러시아의 사회민주주의 노동당이 두 파로 갈라진 것은 당의 성격과 역할의 의견이 대립되었기 때문이었다. 멘셰비키에 있어서는 당의 개념은 서구에서 일반적으로 통용되는 것과 별다른 차이가 없다. 레닌은 당이란 것은 권력을 잡기 위하여 모든 수단을 투쟁하려는 각오가 있고 또 당원으로서 지위를 자기 생명보다 귀중하게 여기는 직업적 혁명가들에 의해 지도되는 엄격히 훈련되고 조직된 집단이다.

마르크스-레닌주의에 의거한 그들의 당만이 혁명적 행동을 위한 올바른 노선이 있으며 궁극적 목적에 도달할 수 있다고 주장한다. 그 이유는 마르크스-레닌주의 이론은 가장 위력 있는 행동의 지침이기 때문이라는 것이다. 볼셰비키 이론은 신축성을 갖고 있으며 볼셰비키즘은 변증법을 주요 계기로 하고 있다. 볼셰비키들은 당은 언제나 진보의 올바른 노선을 걷고 있다고 생각한다.

그러나 그들은 올바른 노선은 우여곡절의 복잡한 과정을 거쳐서 가장 위험한 내부적, 외부적 적들과 폭력적 투쟁으로 실현될 수 있다고 생각한다. 당은 경우에 따라서는 새로운 전진을 위하여 일보 후퇴를 하게 된다는 것이다. 이론과 실천의 불가분의 통일을 위하여 볼셰비키들의 실천적 행동은 때로는 모호하고 때로는 첨예하다. 당 지도층의 권력을 유지하고 확대하는 데 필요하다고 하면 혁명의 반역자라는 누명을 씌워 무자비하게 숙청한다. 볼셰비키들은 마르크스-레닌주의에 의거하는 그들의 당만이 사회 발전의 필연적인 방향을 파악하고 있다고 믿고 있다. 동시에 그들은 무계급 사회가 출현할 때까지 모든 역사적 시대는 과도적 일시적 성격을 띠는 것이며 따라서 진보적인 것이 후일에는 반동적인 것으로 변하는 것이라고 생각한다. 그들은 당의 권력 증대를 만들려고 하며 당의 절대적 권력을 정당화하려고 한다. 이와 동시에 볼셰비키들은 반대파의 정견을 반사회적 이단으로 보며 이들을 숙청하려고 한다.

프롤레타리아의 전위(前衛)자로서 프롤레타리아의 운동의 중심적 추진자로서 자처하는 볼셰비키들은 사회발전의 법칙을 파악하고 있는 것으로 인류의 위대한 역사적 사명을 수행할 능력을 갖고 있다고 자부하고 맹신하고 있다. 자본주의 사회의 변혁을 위한 다른 모든 노선과 볼셰비키적 실천 방식은 가치가 없는 것이라고 생각한다. 혁명가 빼꾸닌은 〈혁명 문단 1967년〉에서 볼셰비키의 정신을 설명하는 글에서 "혁명가는 승리를 조장하는 모든 것을 도덕적이라고 간과하고 있다.

그리고 육친관, 사랑, 우정, 감상 등의 부드럽고 따스한 감정, 명예감까지도 혁명의 대의를 위한 냉정한 의미에서 저버려야 되며 밤이나 낮이나 무자비한 파괴라는 목적만을 갖고 있지 않으면 안된다." 볼셰비키들은 그들의 적을 타도하기 위해 권력을 장악하여야 된다는 것이다. 그들은 레닌의 지도하에서 폭력적으로 10월 혁명을 일으켜 소비에트국가를 수립하고 권력을 장악했다. 소비에트의 독재정치는 폭력을 매개로 하지 않고서는 운영이 불가능했다. 소비에트 국가는 조직적 폭력과 개별적, 대중적 테러로 숙청을 끊임없이 함으로써 존속되었다. '레닌은 적대 계급들에 대한 대중적 테러를 인정하면서도 짜르와 대신, 장군들에 대한 테러는 거부하려고 했다.

그러나 볼셰비키들은 지배계급을 완전히 타도하고 낡은 국가적 지배기구를 파괴하려고 했다. 러시아의 새로운 지배자로서 등장한 볼셰비키들은 군대 외 교회의 분리를 단행하는 한편 입헌민주(카텔)당을 반혁명이라는 이유로 비합법화했다. 그리고 그들은 레닌의 제의에 따라 반혁명 및 태업(怠業)과 투쟁한다는 체카(전 러시아 비상위원회)를 창설했다. 그리고 레닌은 프롤레타리아 독재의 폭력을 강조했다. 그는 자유선거의 민주제도를 폐기하고 1918년 1월에 제헌국회를 해산했다. 그 이유는 10월 혁명 전후에 볼셰비키당이 과반수를 획득할 수 없었기 때문이다.

당시 그들은 사회혁명당(S. R)들의 지지를 받으면서도 국회를 지배할 수 없었기 때문에 국회 구성은 국민의 진정한 의사와 합치하지 않는다고 주장하는 것이었다. 레닌은 볼셰비키중앙위원에 보낸 서한에서 그는 과반수를 획득할 때까지 기다린다는 것은 곤란하며 어떤 혁명도 이렇게는 하지 않는다고 말했다. 볼셰비키들은 혁명 초기 농민을 대표하는 좌익 사회혁명당원들과의 연립정권의 형태를 가졌다. 그러나 사회혁명당원들은 아무런 역할이 주어지지 않아 1918년 소규모의 폭동을 일으키고 지하로 잠적한다. 소비에트국가창건 당시부터 당 독재의 정권이었다.

1921년부터 1927년에 이르는 전 기간에 정권은 민중에 대한 양보로서 소위 신경제정책을 실시했다. 이 신경제정책에 의하여 일정한 범위 내에서 자유시장과 어느 정도 농산물 자유 생산이 허용되었다. 외국 자본을 러시아로 유입하기 위해 외국 자본가들에게 이권을 제공하려고 했다. 그러나 이 정책은 조기성과를 이루지 못했다. 레닌은 개인 기업과 자본에 대해서 자유 활동을 허용한다. 그러나 지휘권은 당이 장악하고 있었다. 국내에 반혁명이 종식되고 신경제정책으로 안정을 이루자 비밀정치경찰의 중심인 체카는 깨페우(국제정치보안부)로 개칭한다. 반혁명의 탄압을 목적으로 했던 체카는 특수 재판권과 사형 집행권까지 갖고 있었다. 깨페우는 형 집행권은 갖지 않았지만 반혁명운동과 반정부활동을 탐정, 적발하는 무한한 권한을 갖고 있었다. 소비에트공화국은 러시아공화국을 포함하는 연합관계를 이루고 있었으며 이 연합관계는 공산당 사이에 존재하는 연대성과 통일성에 의하여 유지되었다.

1921년 제1차 소연방소비에트대회에서 소비에트 제(諸)민족의 동맹을 강화하여 사회주의공화국 연방이 되었다. 각 소비에트공화국은 분리의 권리를 법문상으로는 갖고 있었다. 사회주의연방공화국은 중앙집권이었다. 국가정치기구에 있어서 이러한 집권 경향과 병행하여 10차 볼셰비키당 대회에서 레닌은 당내에서 분파행동을 금지하는 안을 통과시켰다. 레닌은 볼셰비키당의 관료화를 공격하는 반대파 집단들을 탄압하려고 하였기 때문이다. 그러면서도 레닌은 당내에서 어느 정도 자유토론과 당 지도부에 대한 공공연한 비판을 허용했다. 지대한 권력을 갖고 있던 레닌은 내란 당시부터 서로 반목을 계속하던 스탈린과 트로츠키 같은 사람들을 제어할 수가 있었다.

볼셰비키 당 장악과 레닌의 이론 실현

레닌이 병석에 있었던 (1923년－1924 년)동안 지도자 문제로 당에서는 정권 투쟁이 일어난다. 1922년 스탈린은 볼셰비키 당 서기장의 자리를 차지한다. 레닌 시대에는 이 자리가 비교적 높은 자리가 아니었으나 사실은 볼셰비키 당과 소비에트국 내에서는 권력을 장악하기 위한 자리였다. 1당 독재하의 독재체제에서는 당을 지배하는 자가 전 국가권력을 장악할 수 있었다. 스탈린은 당 서기장으로서 지위를 이용하면서 볼셰비키 당 내에서 대다수 획득을 위한 공작을 집요하게 전개했다.

당의 권력을 더욱 절대화하고 이를 신비화하는 동시에 그를 반대할 때에는 당을 자극하여 대중으로 하여금 충성을 도발하게 했다. 스탈린에 대한 레닌은 유서에서 “스탈린 동지는 서기장으로서 거대한 권력을 장악하고 있는데 그가 권력을 진중하게 사용하리라고 생각하지 않는다. 그의 포악한 결점은 우리 공산당원들 간의 관계에 있어서 무방한 것이지만 서기장의 직책에 있어서는 허용할 수 없는 것이다. 나는 스탈린 동지보다 뛰어난 사람을 그 자리에 임명할 것을 여러 동지에게 제의한다.”라고 하고 있다.

그러나 스탈린은 볼셰비키 당과 소비에트 국가권력기구를 완전히 장악하게 된 것은 절대 독재를 확립하고 반대파와의 투쟁으로 이룩했다. 1923년 다수의 저명한 당 지도자들은 중앙위원회의 전제적 경향, 관료화에 이의를 제기했으나 묵살된다. 이들은 볼셰비키의 기본적 원칙을 고집하고 있었으며 언론의 자유, 복수정당제, 민주선거에 의한 국회 등을 포함한 민주주의의 원칙을 내세우지는 않았다.

그리고 반대파에 있었던 트로츠키는 내란기에 과격한 독재적 수단을 사용하였던 인물로서 일찍이 노동조합의 군사화를 제의하였으나 레닌이 반대함으로 부결된 일이 있었다. 그리고 10차 당 대회에서는 당내에 반대파 결정을 금지하는 결의를 지지했었다. 이러한 인물인 트로츠키는 당내의 논쟁이 극에 달했을 때 당에 대한 광신적 경향을 고취하고 간부들의 입장을 옹호했다. 그러나 스탈린이 서기장에 오르면서 트로츠키를 반대파로 몰았다. 트로츠키는 반대파인 지노비예프, 카메네호프 등 두 사람과 3인조를 형성하여 스탈린에 반대한다. 다시 칼리닌, 톰스키, 리코프 및 쿠미쉐프 등으로 7인조를 형성한다. 이들은 당 규율을 전적으로 무시했다. 그러면서도 당의 규율과 당의 통일을 내세우면서 반대파와의 투쟁을 했다.

1924년 볼셰비키 당 대회에서 의석 총수 1백 명 중 트로츠키파는 단 세 명뿐이었다. 레닌 사망 후 1925년 볼셰비키 당은 트로츠키를 다시 공격하고 스탈린주의 관료주의를 비판하는 트로츠키의 저서 〈10월의 교훈〉을 구실로 중앙위원회와 중앙통제위원회의 합동위원회는 트로츠키를 군사위원회의 직위를 해임시킨다. 그럼으로 완전히 스탈린의 승리로 된다. 볼셰비키 당 역군 대다수를 반트로츠키적 방향으로 몰고 스탈린은 공산주의 인터내셔널을 강화해서 완전히 당을 장악한다. 당시 코민테른의 의장이던 지노비예프는 1923년에 이러한 목적을 가지고 벌서 광범위한 활동을 개시했다. 즉 제3인터내셔널의 볼셰비키화라는 이 운동은 레닌이 사망 후 1924년에 절정에 달한다. 유럽 각국의 공산당 창건자들은 대체로 러시아 반대파를 동정하는 경향이었다. 서구의 사회주의 운동은 민주주의적인 정치사상과 문화전통을 갖고 있었기 때문이다.

서구 여러 공산당들의 주요간부들은 출당, 면직, 숙청되고 대신 맹목적으로 모스크바의 명령을 따르려고 했다. 이들은 지적 수준이 낮고 맹목적으로 추종하는 비굴한 자들이었기 때문에 등용되었다. 1924년 코민테른 제5차대회는 국제공산당의 볼셰비키화를 찬성했다. 비러시아 국가의 공산주의 운동은 스탈린과 즈노비예프를 중심으로 하는 7인조의 지배하에서 독립성을 상실했다. 트로츠키를 선두로 하는 러시아 반대파는 비러시아 국가 공산당들의 지지도 기대할 수 없었다. 당시 국제적으로 자본주의 세계가 평화적 안정기로 들어가고 있었으며 러시아에서는 혁명과 전쟁에 지친 민중은 평화와 휴식을 갈망하고 있었다. 레닌이 신경제정책을 선택한 것도 이러한 정세에서였다. 1923년까지는 독일에서 계획한 혁명은 완전히 실패했다.

그리하여 볼셰비키 관료들은 러시아에서 이미 획득한 권력을 평화롭게 유지하려고 한다. 이러한 국내외적 상황에서 세계적 혁명을 영구히 외치는 트로츠키는 볼셰비키로서는 방해물로밖에 보이지 않았다. 새로운 시대의 정세변화에 대한 첨예한 통찰력을 갖고 있는 스탈린은 1925년 자본주의 범위하에서 하나의 러시아 사회주의국가를 건설할 수 있다고 주장한다. 이리하여 스탈린은 소비에트 관료들을 격려하고 육성하여 그의 독재체제를 튼튼한 토대로 만든다.

스탈린의 네프정책과 트로츠키와의 이념 논쟁

스탈린의 대다수 획득은 성과를 거둔다. 당내에서 그의 지위는 확고해졌다. 1925년 12월 제14차 당 대회에서 이 대회에 참석한 당 관료들은 스탈린이 제창한 '새로운 사회의 건설론'을 열렬히 환영한 즈다니예노프와 카메노프는 참패를 당한다. 이들은 1926년 양 파간에 동맹을 결속하고 소위 반대파 블록을 형성한다.

이 반대파의 강령은 제일 반대파의 요구인 민주화, 공업화, 개혁화 이외에 일국사회주의 건설론에 대한 반대 투쟁을 하는 한편 국제적 혁명운동을 일층 더 과감히 원조할 것을 요구한다. 네프정책을 계속 실시한 결과 소비에트에 있어서 소비자본의 요소는 크게 성장한다. 1927년에는 전 국민 소득이 약 40%에 달했다. 이것은 스탈린의 자본주의 복구의 결과라고 생각한 트로츠키는 이를 공격한다. 좌익으로부터 이러한 공격에 직면한 스탈린, 리코프, 톰스키 등 좌익 지도자들은 스탈린의 반 좌익 동맹체결의 제의를 환영한다. 트로츠키는 스탈린에 대한 비판을 1923년 10월에 독일의 경제, 미국의 라푸렛트와의 동맹과 관련한 전술문제에 국한시키는 방법을 취한다.

이러한 문제는 일반인에게 이해되지 못했다. 따라서 광범위한 관심도 끌지 못했다. 6개월 간 격렬한 투쟁을 거쳐 1926년 10월 16일 반대파의 블록은 규율 이반(離反)과 분과의 좌파를 인정하는 성명을 발표한다. 반대파의 굴욕적 결정에 고무된 볼셰비키당 중앙위원회는 수개월 후에 회의를 거쳐 트로츠키와 카메네푸를 공산주의 인터내셔널 의장의 지위로부터 축출하며 스미로노프를 출당시킨다. 1927년 트로츠키는 스탈린과 부하린에 의해 수립된 대-중국정책을 공격한다. 스탈린의 지령을 따라 중국공산당은 중국국민당과 합작하여 오던 중 1927년에 상해에서 장개석의 반공 쿠데타에 의해 중공은 일만 여명의 정예당원을 희생하게 된다. 대중국정책의 이러한 파멸적 결과는 반대를 위한 유력한 원인을 제공하게 되지만 스탈린은 당내투쟁의 위험성을 강조하며 당의 통일을 내세워 빠져 나온다.

1927년 트로츠키와 지노비예프는 당 중앙위원에서 쫓겨난다. 제15차 당 대회에서 결의권을 가진 당원 1669명 중 반대를 하는 당원은 한사람도 없었다. 지노비예프는 굴복으로 일시적 모면을 피하게 된다. 12월 18일 트로츠키는 그의 지지자 98명과 함께 출당(黜黨)된다. 1928년 스탈린은 트로츠키와 그의 지지자 30명을 시베리아로 유배시킨다. 한편 지노비예프와 카메노프는 스탈린에 굴복함으로써 스탈린은 완전히 반대파를 없애버린다. 트로츠키는 스탈린의 네프정책은 자본주의 복구라고 공격했으나 자본주의 복구가 아니라 그 당시의 정세에서 농민을 비롯한 민중에 대한 일보적 양보로서 네프정책은 불가피한 것이었다. 혁명과 내란으로 파괴된 생산력을 획득하기 위한 불가피한 정책이었다. 1927년에서 1928년에 걸쳐 추수는 나쁘지 않았다. 네프정책이 상당한 자유 활동을 허용함으로써 농민들은 곡물이 저가라는 이유로 도시에 제공하는 것을 거부한다. 스탈린은 전시적 수단을 강제함으로써 도시의 양곡 결핍을 막게 된다.

이 당시 소련은 대외관계에 있어서 난처한 처지에 있었다. 영국정부는 소련과의 대외관계를 단절하였고 폴란드에서는 주재 소련대사, 보이코프가 바르샤바에서 암살된다. 스탈린은 전쟁 중 자신의 국내 위치를 확고히 하기 위해 전쟁의 위험을 이용한다. 그러나 사실은 스탈린은 전쟁의 위험을 감수하지 않았으면 안되었다.

소련이 강력한 중공업과 군수산업을 갖고 있지 못한 점을 그는 불안해 했다. 그는 1929년 제2차 5개년 계획을 채택한다. 스탈린이 이러한 정책적 대전환을 단행하자 우익 동맹자들인 부하린, 리코프, 및 톰스키 등은 반대파를 형성해 스탈린에게 완전히 기만당한 것을 알고 네프정책의 유지를 깨뜨렸다고 우익 반대파의 강령을 모방하였다고 공격을 가한다. 스탈린은 우익 반대파의 비난이나 간청에 귀 기울이려고 하지 않았다. 훨씬 더 강력한 적들을 완전히 타도해 버린 그에게는 신반대파와의 투쟁은 간단하고 용이한 일이었다.

볼셰비키 당 기관지 프라우다는 주필인 부하린을 논박한다. 스탈린의 비밀경찰은 신반대파 지지자들을 탄압하기 시작했다. 스탈린은 좌우의 반대파들을 모두 다 타도하고 전제적 독재 권력을 확고히 수립한다. 농민의 식량 거부로 말미암아 공업화 과정이 위협을 받고 있다고 생각한다. 그리고 농민들의 독립성을 타파하려고 농민들을 당역군들이 관리하는 콜호츠로 강제 편입시킨다. 스탈린의 농업 집단화 실시는 대규모의 폭력적 조치를 취한다. 집단화를 좋아하지 않는 농민들은 그들의 주택과 농지로부터 축출되었다. 계급으로서의 쿨락(부농)의 숙청이 1930년부터 1933년에 대대적으로 행해졌다. 이를 계기로 대규모 강제 노동이 실시되었다.

이와 동시에 소련정권의 적들을 격리시키는 기능을 해 왔던 정치범 수용소들은 경제적 및 식민적 목적을 위한 국가 기업으로 바뀌게 된다. 볼카의 건설 사업은 강제노동을 이용하기 위한 일종의 준비로소 실험을 갖고 있었다. 이리하여 정치범 및 죄수들은 북구러시아나 시베리아에서 대규모로 이용할 수 있었다. 이와 같이 폭력과 테러는 소련의 경제 계획과 연결되게 되었다. 제1차 5개년 계획과 농업 집단화의 강행으로 인해 스탈린의 독재가 확립된다. 1933년까지는 소비에트 정권은 제1차 대전 후에 있어서와 같이 서방 열강의 대(對) 소련 무장 침공이 있을 것을 두려워한다. 소련은 국제연맹을 영·불 등 강국의 이용 도구에 불과한 위선적 국제단체라고 계속 비난한다. 그리고 소련은 독일과의 접근을 피하는데 이것은 경제적 이유에서였다. 또한 자본주의 진영의 통일전선을 방지하기 위해서였다.

이 기간에 소련은 세계혁명정책의 실패와 자본주의 상대적 안정화로 소련의 위신은 상실된다. 1934년 히틀러의 나치정권이 확고히 수립되고 소련을 위협한다. 소련의 대외정책은 새로운 전환을 한다. 나치 독일을 중심으로 하는 반소십자군의 성립을 두려워하게 된 소련은 영·불 등의 서방자본주의 국가와 접근하려고 한다. 소련은 프랑스와 동맹을 체결하고 국제연맹에 참가한다. 1933년 말 미국에 의한 외교승인을 받는다. 1934년에 채택된 스탈린 헌법은 동등권을 부여하고 있고 민주주의 기본룰이 포함되어 있으나 실제에 있어서는 법문상에 지나지 않았다.

1934년 11월 스탈린의 신임을 받고 있던 키로프가 암살되고 레닌그라드에서만도 십만 명이 체포되어 시베리아로 유배된다. 또한 170여 명의 당원과 90명의 당 최고지도자들이 강제노동 수용소로 가게 된다. 이 사건을 계기로 러시아 혁명의 저명한 지도자인 지노비예프, 카메네프, 스미르노프 등이 체포된다. 레닌은 혁명 및 프로독재(프롤레타리아 독재)의 이론에서 폭력을 강조하고 있다.

그러나 그는 테러를 볼셰비키 당에까지 적용하지 않았다. 스탈린에 의한 폭력 수단은 레닌적 볼셰비키즘 이론과 상반되는 것이 아니라 레닌적 이론 및 원칙을 현실적으로 적용했다고 볼 수 있다. 1929년 이후 스탈린은 레닌과 같이 당내에서 확고부동한 지위와 절대적 권위를 보유하지 못하고 있었다. 그가 신임하고 있던 키로프의 암살로 당내 반대파는 소멸된 것이 아니라 지하에서 활동하게 된다. 스탈린은 그의 지위를 확고히 유지하기 위해 잔악한 테러행위를 시작한다. 스탈린은 10월 혁명의 공로자들을 전부 숙청하고 인텔리겐자들을 숙청한다.

이들 대신 그는 아파라치(기관원)들을 대거 등용한다. 스탈린과 당 지도부에 절대 복종하는 것이 등용 요인이 되었다. 스탈린은 대숙청 이후 볼셰비키 당을 완전히 장악하고 독재 정치를 함으로써 관료주의로 추락하게 된다.

트로츠키와 화가, 프리다 칼로, 디에고

트로츠키는 러시아의 10월 혁명 이후 스탈린과 권력 투쟁에서 패배해 망명길에 오른다. 스탈린은 전제주의로 반대파를 숙청 처형하며 소수민족을 탄압 한다. 특히 유태인에 대한 압정을 했다. 스탈린은 정적을 위해서는 해외에서 망명 활동을 하는 사람들까지 밀정을 보내 암살을 한다. 트로츠키와 스탈린은 모두 마르크스주의자로서 동년배이며 사회주의 운동에 가담했다. 그러나 트로츠키와 스탈린의 노선은 달랐다. 스탈린의 밀정이 전 세계에서 트로츠키를 쫓고 있을 때 트로츠키는 체류하던 런던에서 노르웨이로 간다. 그러나 그곳에서도 추방되어 미국에서 체류할 것을 원하지만 루즈벨트 대통령은 그를 받아들이지 않는다. 트로츠키는 멕시코로 갈 수밖에 없었다.

1936년 유럽에서는 서민층이 부상하고 엄청난 혁명의 소용돌이가 일던 해였다. 특히 스페인에서는 5월 3일 바르셀로나 노동자봉기와 함께 내전이 시작되어 민중학살과, 반역, 사후 처벌 같은 끔찍한 참화가 있었다. 프리다와 디에고는 스페인 공화파를 지지하는 모든 시위 현장에 참가한다.

프리다는 1929년 5월 1일 노동절에 멕시코시 거리의 행진에 참가한다. 공산주의자들과 황금셔츠파(파시스트)가 대립하던 1934년 심각한 파업이 전국을 휩쓴 경제적 위기는 프리다와 디에고에게 혁명의 이상을 실현하려는 일정에 불타게 했다. 트로츠키는 마르크스와 레닌의 유산을 세상에 전파하는 타협을 모르는 순수한 혁명가였다. 트로츠키가 마침내 피난처를 멕시코에 찾을 수 있었던 것은 디에고가 멕시코의 신임 대통령, 리사로 카르테사스의 측근에게 부탁한 덕분이었다.

1837년 1월 9일 트로츠키와 그의 부인 나탈리아 세로바가 탐피항에서 뜨거운 환영을 받으며 유조선 르스호로 오게 된다. 프리다는 이들을 환영하러 항구까지 온다. 그리고 이들 부부가 묵을 집을 코요칸에 있는 프리다 집을 비워주게 된다. 디에고와 프리다에 있어서 트로츠키는 혁명의 이상 그 자체였다. 그리고 이념을 위해 스스로를 송두리째 회생시킨 사람이었으며 진정한 국제공산주의 노동연맹을 상징하는 인물이었다. 트로츠키의 운명에 감동한 멕시코 대통령 리사로 카르테나스는 충동적인 형제애를 느끼고 탐피코항으로 자신의 전용차를 보내준다. 트로츠키는 그의 수행원들과 함께 고요칸에 은신처를 정할 수가 있게 되었다.

고요칸은 트로츠키의 국제노동연맹의 새로운 본부가 되었다. 그 후 트로츠키는 혁명가의 지도자로서 자신의 공식 성명서와 소견서를 작성하고 스탈린의 권력에 맞서는 저항세력을 조직한다. 트로츠키는 디에고와 프리다의 온정과 뜨거운 환영, 그리고 고요칸의 아름다운 풍경에 감동했고 무엇보다는 프리다의 묘한 아름다움에 매료된다. 프리다는 그와 함께 자신이 좋아하는 유희를 즐긴다. 프리다는 트로츠키와 역사의 소용돌이 가운데 있었기 때문에 마음이 더욱 끌린다. 트로츠키는 레닌이 선택한 인물이었다. 낭만적인 망명객이었다. 게다가 그는 남편 디에고가 전적으로 숭배하던 인물 중의 한 사람이다. 트로츠키와 디에고는 처음부터 뜨거운 우정을 나누었다.

트로츠키는 러시아인인데다가 라틴아메리카 여인들의 복잡한 감성에 별로 익숙하지 않았다. 트로츠키는 프리다가 그들 세 사람 사이에서 벌리려고 마음먹었던 장난을 제대로 이해하지 못했다. 모스크바에서 두 번째 소송이 진행 중이었고 고요칸의 집에서는 이에 대한 역 소송으로 위원회가 열리고 있었다. 긴장된 상태에서 힘들게 몇 달을 보낸 트로츠키는 자신의 정열적인 성격에 몸을 내맡기고 프리다와 편지를 교환하고 밀회를 즐기며 어린 학생처럼 행동했다. 며칠 동안 집을 떠나 산미구엘레그라에 있는 농장에서 프리다와 지내기도 했다. 디에고는 이들 사이의 애정행각으로 트로츠키가 디에고를 대하는 행동에서 변화를 일으킬 수밖에 없었다.

1938년 트로츠키의 참모들이 트로츠키파의 국제노동자연맹과 관련한 모든 활동에서 디에고를 배제시키기로 결정했을 때 그는 친구 디에고를 돕지 않는다. 무지카와 추축국들 사이의 석유협약 사건으로 그들의 불화는 절정에 달한다. 디에고는 이 협약을 맹렬히 비난했고 트로츠키는 실용주의를 내세워 이를 지지했던 것이다.

이로 인해 프리다는 트로츠키에 대한 존경심을 완전히 잃고 만다. 그러나 그들의 의견 대립에도 불구하고 디에고는 같은 해 트로츠키를 지지하는 입장을 다시 한번 공개적으로 밝힌다. "트로츠키와 나는 싸우지 않았다. 유감스럽게도 오해가 있었는데 그것이 변질되어 돌이킬 수 없는 지경에 이르렀을 뿐이다. 이로 인해 나는 과거에 가장 존경해 마지않았으며 지금도 그 마음에 변함이 없는 위대한 인물과의 관계를 단절할 수는 없다." 디에고와 프리다는 결별의 위기를 갖게 된다.

결정적인 계기는 디에고와 트로츠키, 앙드레 브르똥의 만남이었다. 트로츠키를 만나 재야 혁명예술가국제연맹의 선언문을 작성하기 위해 멕시코를 방문한 앙드레 브르똥(그도 디에고처럼 공산당에서 제명된 처지에 있었다)도 프리다에게 매료된다. 트로츠키에 대한 첫 번째 테러가 발생했을 때 경찰은 디에고를 용의자로 체포하려 한다. 그러나 디에고의 모델이었던 여배우 파울레트 고다르가 경찰을 무마시킨다.

1940년 5월 24일 런던의 새 거처에서 습격을 당한 사건이 발생한다. 화가, 시케이로

스를 닮았고 항상 외투를 걸치고 다닌다는 수수께끼의 인물이 이끄는 집단이 트로츠키의 방을 기관총으로 난사한 후 폭탄을 던진다. 이 사건도 경찰이 그의 옛 친구 디에고를 의심한다. 그때도 트로츠키는 알고 있었지만 아무 조치를 취하지 않았다. 디에고는 파울레트가 미리 알려줘 체포되지 않았다. 디에고는 샌프란시스코로 가서 작업을 한다.

1940년 8월 20일 스탈린의 비밀경찰의 밀사가 트로츠키의 집으로 잠입해 서재에 있던 트로츠키의 머리를 망치로 쳐 살해한다. 멕시코 시티에서 트로츠키와 가까이 지낸 모든 사람들처럼 디에고와 프리다도 혐의를 받아 경찰의 심문을 받는다.

제20장
러시아 지성인들의 소련 체제에 대한 비판

솔제니친 공산주의란(1)

소련은 최근(1983년 기준) 핵을 먼저 가용하지 않는다고 하고 있지만 소련은 약속을 실행하는 나라가 아니다. 공산주의는 비정상적이며 어떠한 교섭도 그들의 이익에 합치하도록 유도하고 있다. 공산주의자들에게 용서를 기대하는 것은 환상이다. 이러한 일은 일찍이 없었던 것이며 미래에도 있을 수 없다. 오늘날에 있어서 소련은 그 전과 같은 민족국가의 개념으로 이해해서는 안될 것이다.

세계의 3분의 1은 공산주의 체제이다. 세계사가 일찍이 알지 못했던 바로 공산주의다. 공산주의는 그들의 인간적 형이상학적 결함과 실패조차 도움이 되도록 하고 있다. 레닌, 스탈린, 브레즈네프 등 그 어느 누구도 역사 속에서 패배를 그들 자신의 강화에 도움이 되도록 하지 않은 사람은 없다. 공산주의가 붕괴하고 세계가 좋은 방향으로 지향할 것으로 기대하는 것은 환상이다. 공산주의에 대한 부드러운 어프로치는 파멸적인 결과를 초래한다. 그들은 자본주의 세계로부터 원조를 공산주의를 발전시키고 있다. 일본도 수십억의 차관을 주었지만 그들은 결코 갚지 않을 것이다. 우리는 큰 소리로 공산주의의 해독을 외침으로써 다소라도 공헌할 수 있다고 생각한다. 공산주의는 데탕트 속에서도 이데올로기 전쟁을 조금도 늦추지 않고 있다.

우리는 135년간의 공산주의 이데올로기를 연구해야 한다. 오늘날의 공산주의는 아직도 1848년의 마르크스-엥겔스의 공산당 선언에 그 기초를 두고 있다. 지금 유럽의 민주주의 그늘 밑에는 폭력에 의한 권력 탈취가 숨어져 있다. 오늘의 소련의 강제 수용소에서 6년간 복역 중인 물리학자 오를로프도 말하고 있듯이 완전한 사회주의는 필연적으로 전체주의가 된다. 또한 사회주의가 아무리 부드러운 것이라고 해도 그것은 공산주의 콘베어에 연결되는 것이라고 말할 수 있다. 전체주의는 개미귀신의 구멍과 같은 것으로 떨어지게 되면 그것은 마지막이다. 그곳에서 벗어나려면 아주 비상한 노력이 필요하다.

반세기에 걸쳐 사회주의자는 공산주의 사회에서는 탄압이 없다고 하면서 이를 변호해 왔다. 칠레의 군사정권에 대해서 소리 높이 비난하면서 이들 사회주의자들은 중공, 북한, 라오스, 베트남 캄보디아의 범죄에 대해서 비교가 되지 않는 범죄에 대해서는 말하지 않고 있다. 그뿐인가, 사회민주주의 스웨덴이 베트남을 지원하고 프랑스는 니카라과에 원조를 하고 브란트는 독일의 통일을 영광으로 만들었다. 일본의 사회주의자는 폴란드의 지지를 위해 일어서려고 하지 않고 있다. 전반적인 평화를 부르짖지만 이는 일본 자체를 약체화하는 것일 뿐이다. 일본을 비롯하여 많은 나라 위에 먹구름이 덮어지고 있다. 이런 상태가 너무나도 오래 계속되어 그 상태에 익숙해 버린 사람들은 생각조차 하지 않게 되어 버린다. 공산주의 공격에 대해서는 이를 막는 것뿐 아니라 자기의 약함을 극복하는 것도 필요하다.

일본은 3분의 1세기 전 비무장, 전쟁 포기를 했지만 현재 치명적인 위험 앞에 직면해 있다. 비할 수 없는 경제적 성과도 이 위험을 구할 수는 없다. 미국이 일본을 지켜줄 것이라는 것은 잘못이다. 공산주의 국가에 대해 좋다던가 나쁘다던가 딱딱하다던가 부드럽다던가 하는 것이 있다고 하는 생각은 기만이다. 일본은 중공을 그 전통적인 연결에서 비교적 부드러우며 위험이 적다고 보고 있다.

그러나 이는 잘못이다. 현재의 중공처럼 소련 또한 침략할 힘이 없었을 때에는 점잖았다. 히틀러도 그랬다. 그러나 동유럽을 침략한 후로 소련은 야수와 같았다. 중공이 어느 정도 선량한가를 두고 보라, 인도차이나를 공격하고 성공을 거두지 못했지만 북한을 지원했으며 한국도 먹으려고 했다. 그러나 마음대로 되지 않았다. 김일성을 환영하고 비밀회담을 한 것도 잘 생각해 볼 일이다. 티베트 민족도 학살했다.

오늘날 중공은 크메르루즈를 지원하고 말레시아의 공산주의자들도 원조하고 있다. 중공 지도자들의 발언을 생각해 보자. "인류의 반이 말살되어도 중공은 살 수 있다." 이것은 모택동의 말이다. "제3차 대전은 2차 대전보다 더 많이 죽는다. 그러면 해결은 훨씬 더 쉬워진다." 이것은 주은래의 말이다. 중공 내부에서 무엇이 일어나고 있는가. 이것은 소련과 마찬가지로 21세기가 되어서야 비로소 분명해질지 모른다. 중공의 일본에 대한 교과서 문제의 진의는 어디에 있는가. 그들은 일본 점령하에 있을 때보다 사람을 더 많이 죽이고 있다. 일본의 죄의식을 이해할 수 있다.

그러나 강도 같은 공산주의자에게 원조 의무 같은 것을 가져서는 안된다. 중공 정권을 지지하는 것은 중국인민의 피압박을 도울 뿐이다. 중·소 분쟁에 큰 것을 기대하는 것은 옳은 일이 아니다. 중·소는 공통의 기반을 가지고 있으며 언제라도 화해할 수 있다. 중·소간의 모순이 국가적인 것이라면 타협은 불가능하다. 최근에 당 대회에 있어서 중공의 전환에 주목할 필요가 있다. 호지명(胡耀邦)도 소련에 대해서 "소련은 세계 위협"이라는 말은 하지 않고 있다. 중공의 자원이나 원료 시장에 매력을 가지고 중공과 거래를 한다는 것은 서방세계에 있어서 치명적인 적을 육성하는 것이며 후에 큰 변을 당할 것이다. 중공을 도움으로써 소련의 위협을 멀리하려는 것은 시기를 미루게 될 뿐이다. 일본의 죽음을 확실히 할 뿐이다. 섬에서 스스로 날려버리는 태풍과 같은 것이다. 공산주의 국가를 신뢰하고 그로써 위험으로부터 스스로를 지키려고 하는 것은 서구를 무력으로 이끈 1941년의 되풀이가 될 뿐이다. 일본은 전쟁을 포기하면서 일본이 공격하는 측에 서지 않는 한 전쟁은 있다고 생각했다. 하지만 40년 동안 전화(戰火)는 끊일 사이가 없었으며 일본의 발밑에도 그것이 미치려고 하고 있다.

일찍이 일본은 아시아를 공격했다. 그것을 생각하면 미증유의 경제력을 가지고 자기 자신을 구하기 위해 발휘하지도 못할 수 있지 않은가. 이 같은 책임 전환 속에서 일본의 제3의 역사의 매듭이 지어지려고 하고 있다. 일본의 좋은 미끼로 전향하지 않도록 스스로 지키는 것이 필요하다. 중공, 베트남, 라오스, 캄보디아, 그 밖의 공산주의에 의해 위협받고 있는 한국, 말레시아, 태국, 싱가포르에도 일본은 큰 책임이 있다.

서구 제국은 일본이 지극히 신뢰할 수 있는 동맹국이라고 볼 수 있다. 그러나 일본 동맹국이 없는 것은 아니다. 동맹국은 많이 있다. 4개의 대륙에서 공산주의로부터 압박을 당하고 있는 여러 민족이 바로 일본의 동맹국이다. 이들과의 동맹이 이루어질 때야말로 일본의 역사는 진실로 위대한 막이 열릴 것이다.

공산주의 국가에서 산 일이 없는 사람에게는 공산주의가 얼마나 인간성을 빼앗는 것인가를 상상하기조차 어려운 것이다. 공산주의에 빠진 국민은 그로부터 탈출하기가 극히 어렵다. 그러나 이들 여러 민족이 때로는 스스로의 힘을 발휘하여 그 어려운 환경으로부터 탈출해 보려는 시도도 했다. 부다페스트, 노브체크카이스키, 그다니스크, 일본에 망명한 미그 25기(機) 등은 바로 그러한 예들이다. 소비에트가 아닌 러시아 민족을 일본이 동맹자로 이해해 주기 바란다. 나는 일본, 러시아, 중국의 세 민족의 우호의 시대가 올 때까지 오래 오래 살고 싶다. 이를 공산주의 정부가 방해하고 있는 것이다. 이러한 공산정권을 앞에 놓고 일본도 스스로 강해지는 것이 필요하다. 북경-모스크바의 기만적인 정권에게 기대하지 말라. 이들과는 어떠한 통상 또는 외교에 의해서도 우호에는 도달하지 못할 것이다. 그러나 일본과 러시아 국민의 우호에는 근거가 있으며 그것이 가능하다고 나는 확신한다(1982년 10월 9일 일본에 초청되어 '현대 일본의 선택'이라는 주제로 한 연설).

솔제니친의 재경고(2)

소련이라는 나라는 공산주의가 권력을 잡게 되면 국가나 국민이 어떻게 변하느냐 하는 것을 알려주는 본보기다. 공산주의 기본적인 성격은 어느 나라나 다 똑같다. 소련에서는 1917년 공산주의자가 정권을 잡은 뒤 맨 먼저 한 일은 독일에 영토의 25%를 그 다음은 30%를 마지막에는 40%까지를 돌려준 일이 있다.

유일한 목적은 자리를 지키기 위해서다. 무엇을 희생하던지 권력의 자리만을 지킨다는 것, 비록 국민전체가 희생한다고 하더라도, 또는 이웃나라 국민에게까지 피해를 주는 일이 있더라도 그 권력을 한사코 지킨다는 것, 이것이 공산주의자들의 지상 원칙이다. 그리고 이 원칙은 한 가닥의 철근처럼 레닌으로부터 브레즈네프에 이르는 역대 정권이 한결같이 이어졌다.

스탈린은 이점에서는 바로 제2의 레닌이라 할 존재였다. 그는 철저히 이 원칙을 지켰다. 공산주의자들은 내전에서 무장한 적대 세력이라면 또 몰라도 온갖 계층의 비무장한 시민들을 말살하고 지방을 설치고 다녔다. 도시와 시골을 폐허로 만들었다. 농민들로부터는 곡식을 모두 빼앗아갔다. 종자용 곡식까지 빼앗아갔다. 1921년에는 굶어 죽은 사람들이 3천만 명에 달했고 볼가 분지(盆地)에서도 5백만 명이 굶어 죽었다.

이것은 순전히 공산주의자들이 저지른 실수이다. 그때 이후로 소련에서는 기근이 끊이지 않았다. 1933년에는 5백만 내지 6백만 명의 아사자가 나왔다. 제2차 대전 중에는 농민들은 들풀을 가루로 만들어 굶주림을 해결했다. 전후 2년 동안 사람들이 굶어 죽는데도 정부는 외국에 밀을 수출했다. 히틀러군과의 전쟁에서 소련 군대가 3백만여 명이 포로로 잡혀갔다는 것을 알면 여러분은 놀랄 것이다. 주민들은 자기들을 해방시켜줄 외국군이 오기를 기다리고 있었다. 종전이 될 무렵 독일의 붕괴가 분명 됐는데도 외국으로 쫓겨 갔던 몇 만 명의 소련인들은 스탈린에 반대하여 해방군에 몸을 던졌다. 하지만 히틀러는 공산주의라는 흑사병에 싸움을 건 것이 아니었다. 소련 국민을 복종시키는 것이 목적이었다.

그리고 대부분의 소련 국민은 자기 몸을 지키기 위해 결과적으로 공산주의를 지키고 구출했던 것이다. 공산주의자들은 국내의 경쟁자들을 일소하기 위하여 전전부터 종전 후에 사정없는 방법으로 공산당을 제외한 모든 당, 그리고 정계, 종교, 국가의 분야에서 조금이라도 정치적으로 중립 성격을 가진 모든 조직을 남김없이 몰아냈다. 그리고 공산주의 정권에 반대할 귀족, 사관 승려, 상인 실업자 같은 사람들을 계획적이고 대대적으로 말살해 나갔다. 또는 방대한 대중 속에서 조금이라도 독립적인 정신의 소유자가 나오면 한 사람씩 배제해 나갔다. 공산주의 정권이 들어서고 맨 먼저 철퇴를 당한 것은 소연방 안에서도 가장 중요한 러시아 민족과 그리스 정교였다. 이어 다른 민족에게도 탄압을 했다.

1920년대라면 평온한 시기로 알려졌지만 실은 1920년대 말까지 학살의 희생자는 수백만이 된다. 그 후 농민들 중에 가장 근로 의욕이 강한 사람들 1,200만 내지 1,300만 명이 살해되었다. 이 농민 학살의 역사는 수십 년에 걸쳐 펼쳐졌는데 이것은 〈수용소 군도〉안에서 자세히 다루었다고 자부한다. 어째서 농민 중에서도 한창 일할 사람들을, 가장 좋은 사람들을 말살해 버렸을까.

공산주의 원동력은 권력이다.

단순한 인간의 이성을 기준 삼아 판단하려고 한다면 공산주의에 관해서는 아무것도 모르게 되고 만다. 마르크스가 상상했던 것처럼 공산주의 원동력은 권력이다. 어떠한 희생을 치르고서라도 권력을 유지할 것, 비록 국민의 생명을 빼앗고 국민을 피폐하는 일이 있더라도 권력을 확고히 지킬 것, 그것이 무엇보다 중요하다. 공산주의 정권으로서는 강력하고 경제적으로 자립한 국내 대항세력을 없애버리는 것은 필요불가결했다. 그래서 인구의 80%를 차지하는 농민으로부터 그 힘을 빼앗음으로써 권력에 저항할 수 없게 했던 것이다.

집단농장(코르호즈)의 제도는 경제적으로 보면 파멸적이지만 정치적으로는 이익이 크다. 공산주의 농민경제는 수확 예상에 바탕을 둔 것이 아니라 이데올로기로 움직여지고 있다. 어처구니없이 크고 중앙집권화한 판로기구는 현실을 예측할 수가 없다. 내일을 생각하지도 않고 오늘 가장 많이 끌어낼 생각만 한다. 마치 사람이란 내일 살 필요가 없다고 생각하는 것 같다. 이리하여 과거 수십 년간 공산주의 정권은 농업기구의 각 단계에 지리멸멸하고 파멸적인 지시를 남발했다. 그래도 농민들은 행동의 자유를 완전히 빼앗겼기 때문에 한결같이 따를 수밖에 없었다.

거대한 군사기구 유지와 지도층의 호화스러운 생활 확보와 소련체제의 목적

농민은 몇 세기 전부터 경작에 온 힘을 쏟아왔다. 하지만 이제는 그런 사람은 한 사람도 없다. 공산주의자는 목적을 달성했다. 농민은 낙심하고 무기력해지며 오직 위에서 내려오는 지시만 묵묵히 수행할 뿐이었다. 씨뿌리기도 수확도 제때를 놓치는 수가 많았다. 풍부한 풀밭은 함부로 개간된 끝에 보통 밭이 되었다.

숲을 마구 베어낸 결과 많은 강들이 말라버렸다. 토지 개량계획을 수행한다면서 아름다운 호수의 물을 말렸다. 간척으로 약간의 땅을 마련했어도 다른 곳에서는 경작할 노동력이 없었기 때문에 당이 헛되이 방치되었다. 적절한 저장시설이 없거나 운송수단이 충분히 없기 때문에 곡식이나 채소를 수확해도 썩게 내버려두는 수밖에 없었다. 경작기계는 밖에 방치해둬서 녹이 슬고 낡아버리게 되었다. 시간이 없어서 제대로 비료를 주지 못해 비료가 남으면 비료를 트랙터 운전사가 파종용 씨앗을 싸게 파는 수도 있다. 그럼으로써 수확이 어떻게 되든 운전사는 상관이 없다. 1년에 두 달 동안 도시의 초등학생들은 농촌에 가서 농사일을 돕도록 제도화했다. 하지만 농사일에 경험이 없는 애들은 하는 일 없이 시간만 보낼 뿐이었다.

반세기에 걸친 거짓 숫자의 놀음에 정확한 통계 없어 지도자도 나라의 실정을 모른다.

촌락들은 일소되고 농민 문명의 마지막 찌꺼기도 파괴되어 버렸다. 농민은 몇 층까지 건물의 아파트에 살도록 되어 있다. 이젠 집에서 닭이나 가축을 기를 수도 없게 되었다. 이렇게 해서 소비에트 권력은 또 다시 생산의 바탕을 밑바닥부터 뒤집었다. 그것은 소비에트 권력으로 하여금 농업생산의 부족이라고 하는 대가를 지불하게 하는 것이었지만 이데올로기상으로는 소비에트 권력의 승리가 되었다. 비슷한 어리석음은 경제면 전체에 걸쳐 존재한다. 국가가 생산을 전면적으로 좌우하게 되어 있기 때문에 생산은 파괴되어 버렸다. 벌써 60년 전의 일이지만 (1983년 현재) 공산주의가 탄생한 직후는 지도자의 연설, 신문, 라디오 보도는 매일 같이 소련 공업의 눈부신 성공을 날마다 대대적으로 떠들어댔다. 하지만 공업은 실제로 신통치 않아 난파직전까지 가버렸다. 그래서 공업에 활기를 불어넣기 위해 비합법적 수단을 쓸 수밖에 없었다. 즉 사회주의 수단에 따르는 것이 아니라 소자본주의적인 수단을 받아들였던 것이다. 소련 경제가 지향하는 발전이나 총생산의 신장이 아니다. 노동 생산성의 향상도 아니고 이윤을 올리는 것도 아니다. 한결같이 강대한 군사기구를 잘 회전시키는 일, 지도 계급의 풍요한 생활을 확보하는 것이 목적이다. 당의 관료기구에는 생산이나 유통을 원만히 할 능력이 없다. 오직 생산된 것을 빼앗을 줄만 안다.

이런 제도하에서 개인의 책임은 전혀 추궁되지 않는다. 경제를 능률적으로 지도할 수 없다는 것을 깨달은 당국은 지도하기를 단념하고 그 대신 전면적인 폭력으로 임하기로 했다. 행정기관은 덮어놓고 이건 해서 안된다, 저것도 해서는 안된다 하고 금지명령을 내려서 경제생활은 질식 상태에 놓이게 되었다.

이런 금지명령의 목적은 결국 사회의 모든 세력들이 자유로이 의사 표시를 할 수 없도록 하는 데 있다. 금지 생활은 단순히 경제생활에 머물지 않고 장래에 사활의 중요성을 갖게 될 과학의 여러 분야에도 미친다.

모든 것을 외국에 의존하는 경제

첨단 기술은 서방 국가들로부터 사거나 훔치고 있다. 분명히 노동의 생산성은 올렸지만 그것은 순전히 이렇게 해서 얻어낸 세계 기술발전에 의해서 이루어진 것이다. 그래서 소련은 외국으로부터 엄청난 빚을 졌다. 또한 외화자본을 위해서 지하자원을 마구 발굴했다. 소련 지도자들이 권력의 자리에 앉은 이후로 외국에 팔아넘긴 자원은 앞으로 소련의 3세대를 양성할만한 충분한 정도의 양이다.

생활수준으로 볼 때 이 나라는 세계에서 서른 번째인가 마흔 번째로 낮다. 국고 수입의 12%는 국민을 술주정꾼으로 만들고 어리석게 만드는 보드카의 판매와 위생기준에 상관없이 만들어지는 포도주의 판매로 얻어진 것이다. 정부는 세계전략을 수행하기 위한 재원을 국민들이 충당시키려고 생각하고 있는 것이다. 경제를 지배하는 것은 중앙에서 만들어진 기구인데 각 지역의 특수사정 등은 전혀 고려하지 않는다. 또 어떤 일이 있더라도 수정 없이 실시된다.

그 결과 실정에 맞지 않는 바보 같고 혼란스러운 일이 생긴다. 이렇게 해서 현장의 계획실시 책임자는 어떻게 계획을 억지로 꿰어 맞추든지 될 수 있으면 실시되지 않는 방법이 있는지 그것만 생각한다. 그러나 그것은 처벌을 받는 위험한 일이다. 만일 법률대로 한다면 무슨 일이던지 기한대로 되지 않는다. 재료가 모자라거나 노동력이 부족하거나 하기 때문이다. 그래서 법원에 불려갈지 몰라 겁을 내면서도 겁을 내어 법률의 사이를 비집고 나가는 것이다. 그렇게 하지 않으면 공사 하루를 따더라도 절대로 완성해 내지 못한다. 금지하고 너무 성가시게 계약을 하기 때문에 생산 현장의 지도자로서는 이익이 크다는 것을 알면서도 새 기술 도입을 보류해 버린다. 그 때문에 계획은 정체하거나 지연된다. 그래도 그 자리에서 새 기술을 끌어들이기보다 다음 5개년 계획의 과제로 미리 책정해 두는 것이 덜 위험하다. 가끔 용기 있는 사람이 국가의 인색한 과정을 무시하고 일의 질에 따라 보수를 지불하는 일이 있다.

그 결과는 언제나 최상이다. 하지만 상부로부터 새로운 규제가 내려와 그들의 손발을 묶어버린다. 예산이 단번에 깎이거나 경우에 따라 처벌을 받게 되거나 한다. 왜냐하면 경제의 자유주의화 경향이 조금이라도 나타나면 관료기구는 통제력을 잃고 위험에 직면하며 관료들에게 통제력이 없어지면 권력 자체도 위기에 빠지기 때문이다. 계획을 세울 때에는 제품의 품질이라던가 종류의 다양성 같은 것은 생각하지 않는다. 오직 전체적인 생산량만 생각한다. 값이 아무리 비싸도 그 물건을 많이만 만들면 잘했다고 칭찬을 받는다. 비록 물건을 사는 사람이 없더라도 마찬가지다. 계획을 달성하기 위해 해마다 처리 능력을 넘는 양의 목재를 베어 뗏목을 만들어 흘려보낸다.

에너지 자원이 풍부한 지역은 시베리아이다. 그러나 전력이 부족하다. 그것은 계획이 그렇게 되어서이다. 그 결과 철도의 질은 형편없다. 침목 밑의 자갈은 금방 내려가고 열차의 탈선이 자주 일어났다. km당 공사비는 5백만 루블로 80년 전의 제정러시아 시대의 공사비를 현재로 확산하더라도 무려 20배나 비싸게 되었다.

무계획한 자연파괴의 결과

이런 예는 끝이 없지만 공산주의 특성의 예를 하나 더 들자면, 그것은 조직적으로 거짓말을 만들어 내는 것이다. 공산주의 정권 발족 당시부터 소련 국민들이 외부의 세계에 대한 정보를 모르게 하는 데만 관심을 갖고 노력해 왔다. 스탈린시대 제1차 경제 계획을 도저히 달성할 수 없는 책정을 설정했다. 예정대로 달성하지 못할 경우 벌을 주겠다고 했다. 공산주의 정권은 모든 사람에게 계획을 수행하라고 명령했다. 정부의 각급 단계에서 숫자를 늘려 현실과 동떨어진 보고서를 만들어 냈다. 불린 숫자는 그 후에 신규 5개년 계획에 이어졌다. 그래서 거짓말은 이어졌고 반세기 동안 거짓말의 숫자놀음이 된 것이다.

소련에는 정확한 통계라는 것은 외국에는 물론이고 자기 나라 지도자에게도 알려지지 않는다. 따라서 지도자들은 자기 나라 실정을 모른다. 이와 같은 엉망진창의 경제, 군사적 필요성에만 관심을 기울이고 국민의 복지는 전혀 무시되고 있다. "무엇보다도 계획을!" 그것이 소련 경제의 모습이다. 계획 수행을 위해서 역사적으로 유서 깊은 보존구역이 파괴되거나 환경조건이 파괴되어도 무관하다. 많은 수력 발전소가 건설되지만 그때문에 들판을 적시던 많은 강이 막혀버렸다. 이러한 강들이 광대한 풀밭, 사람이 사는 지역을 흘러도 그런 것은 아랑곳없이 오직 계획만을 위해 막아버리는 것이다.

비과학적인 계획이 하천의 어업을 망쳐버리는 수가 많았다. 유럽 러시아 부분이 모두 황폐해지면 다음에는 우랄산맥을 넘어 동쪽으로 파괴의 손길이 뻗어 나갔다. 바이칼호는 세계에 유례없는 호수다. 2,500만년 동안이나 이 호수는 온갖 천재지변에도 그 모습을 유지하고 있다. 폐기물과 거인 폭격기용 타이어를 만드는 셀루로즈 콤바이나트의 폐기물로 오염되어 있다. 일마트 근교에 있는 전자공장은 바르하시호의 수위를 절반으로 줄여 버렸다. 카자흐스탄의 처녀지를 개간했기 때문에 300만 헥타르의 땅이 사막으로 되었다. 시베리아에서는 어린 나무가 자라기를 기다리지 않고 벌채해서 벌거숭이를 만들어 버렸다. 임업 기술이 졸렬하기 때문에 토양을 돌이킬 수 없을 정도로 해쳐타이(시베리아의 침엽수지대)의 재생육의 싹을 잘라 버리고 있다. 바이칼-아무르 철도의 건설로 철로변의 기다란 띠 모양의 땅이 파괴되었다. 그 지표 부분은 모조리 소택지로 변했다.

서시베리아의 타이만에서 유럽에 이르는 천연가스 파이프라인은 지금 전력을 다해 건설되고 있다(강제노동의 죄수도 동원되어 있다). 여기에는 유럽의 모든 나라와 일본까지 힘을 보태고 있다. 여기서도 파이프라인으로 토양이 파괴되고 있다. 공산주의 정권은 아프리카나 아시아 여러 나라를 정복하기 위해 이런 대가를 치르고 있는 것이다. 소련은 이미 3개의 대양에 패권을 잡고 있지만 앞으로 아프리카 아시아에서 맹위를 떨칠 것이다. 반세기 전 코르호즈라는 바보 같은 구상을 도입했기 때문에 전통적인 농민 생활은 완전히 파괴되었다. 이제 와서는 수확이 모자란다고 아우성이다. 어떻게 하면 좋은가. 기후를 바꾸면 어떨까. "그러면 이를 위해 북극해로 흐르는 강줄기를 남쪽으로 돌리자!" 이것 역시 미치광이 같은 계획이다. 이에 따라 몇 해안에 또 새로운 재난이 닥쳐 올 것이다. 그것도 이번에는 피해 지역이 소련 북부에 그치지 않는다. 북극해의 기상 체제가 바뀜으로서 지구 전체가 그 영향을 받을 것이다. 계획을 책정하는 데 있어서 어떤 공사에도 폐기물 시설을 설치할 것이라고 아무에게도 한 일이 없다. 그럼으로 공장이 건설되면 당장에 주변 환경이 오염되고 파괴되어 버린다.

인체에 해로운 물질의 오염농도는 허용 한도의 2배 3배나 된다. 이런 사실들은 공표 되는 일이 없다. 자연의 파괴나 인체의 위협은 소련에서는 국가기밀에 속하는 것이다. 만일 이런 일을 큰소리로 말하면 정신병동으로 끌려갈 뿐이다. 최근 10년 동안 우리나라에서는 폐암환자 수가 2배로 늘어났다. 우리 인간들도 자연계의 죽음이 번져가는 것과 병행해서 죽음의 길을 재촉하고 있다.

높아 가는 사망률

어린이들은 부모가 다 살아 있어도 고아나 마찬가지다. 아버지의 급료가 언제나 모자라서 어머니까지 일하지 않으면 안된다. 그 결과 몇 백만의 어린이들은 태어나자마자 보육원에 보내진다. 유치원이나 보육원이나 초만원이다. 그때문에 아이들은 신경질이 되고 건강에도 나쁘다. 직원 수가 모자라서 감독도 철저하지 못하다. 그래도 이데올로기 교육만은 철저히 시킨다.

대다수의 어린이들은 자라서 공장의 합숙소에 들어가거나 직업학교 기숙사에 들어간다. 이곳에서도 위생이 형편없다. 그리고 이들은 이곳에서 술을 배우게 되며 아파트에 들어가기만을 기다리지만 아파트에 들어가기 힘들다. 주택 관리들은 합숙소에 있는 젊은이들에게 아파트를 주기 꺼려한다. 공장의 직공장은 젊은이들에게 노동을 착취하지만 그들은 직공장에게 의존할 수밖에 없다. 만일 직장을 잃으면 공장이 있는 곳에서 살수가 없기 때문이다. 이런 상황은 모스크바를 빼고는 어디서고 마찬가지다.

급료는 노동의 대가의 10분의 1도 받지 못한다. 소비물품은 어떤가. 모스크바와 레닌그라드를 제외하고는 물품의 질이 일률적으로 조악하다. 그래도 그것을 사기 위해

긴 줄을 서지 않으면 안된다. 상점에서 아주 물품이 사라질 때도 있다. 세제, 비누, 끈 식기류, 내의 등이다. 10월 혁명 이후의 65년(1983년 당시) 동안 국민이 배부르게 먹을 식료품과 충분한 칼로리를 섭취할 일은 한 번도 없었다. 시골에서는 몇 십년 동안 모자라는 것이 천지였다. 고기, 생선, 달걀, 우유도 모두 모자랐다. 밀가루, 보리 가루도 마찬가지다. 쌀은 구경도 못했다. 최근 많은 도시에서도 전쟁도 아닌데 배급제가 실시되고 있다. 세계가 넓다지만 여성이 이처럼 혹독하게 육체적 조건 아래서 더구나 기계의 도움도 없이 많은 여성이 일하는 나라는 소련밖에 없을 것이다. 소련 여성은 직장일 이외에도 주당 30시간이나 식료품을 사기 위해서 줄을 서야 한다. 정부는 국민이 살기 위해 다른 것을 생각할 수 없는 것에 마음을 쓰고 있다.

의료가 무료라고 하지만 그 질은 아주 낮다. 병원도 시설이 아주 엉망이다. 전국이 알콜 중독으로 맹위를 떨치고 있다. 여성들도 그 예외는 아니다. 이리하여 정부가 국민들로 빼앗아 가는 돈은 몇 천억 불에 달한다. 맥 빠진 국민이 저항할 수 있는 것은 단 한 가지 빵 한 조각이라도 훔치는 것이다. 지난 날 러시아에서는 남의 물건을 훔치는 것이 죄악으로 되어 있었다. 그러나 오늘 날 국가의 물품을 훔치는 것은 일상의 다반사이다. 생활의 일부가 되어 있다. 그렇게 하지 않으면 누구나 살아갈 수 없기 때문이다. 국가의 것을 훔치는 것은 국민이 마땅히 가져야 할 것의 일부를 되돌려 받는 일에 지나지 않는다.

이 일반 시민의 정당방위는 국가로서도 대단한 손실이다. 정당한 방법으로는 얻을 수 없는 것이 있다. 하지만 직장에서는 쉽사리 얻어진다. 가령, 철사, 못, 윤활유 페인트, 비료 등이다. 이렇게 해서 직장에서 얻어진 것을 시장에 팔아 생활에 보탠다. 모든 공장, 모든 코르호즈에서 재료나 연료, 제품 등이 도난당한다. 그것을 돈으로 환산하면 10억 루블에 이를 것이다. 그 결과 생산 계획은 완전히 교란되고 있다. 코르호즈의 어린이들은 5세만 되면 훔치는 것을 배운다. 정직하지 못한 국가를 위해 누구나 정직하게 살고자 하는 사람은 없다. 노동에 걸맞는 급료를 받고 있는 사람은 아무도 없기 때문에 일에 전심전력을 쏟으려고 하는 사람도 없다. 노동자, 공무원, 연구소의 과학자 등 누구나 근무시간을 최대한으로 빼먹고 밤에 시간의 수당이 붙는 일이나 개인적인 직업을 할 때를 위해 에너지를 아껴두려고 한다. 누구나 자기 능력 이하의 노동 밖에 하지 않는다.

큰 기업의 간부들은 부하들의 근로 의욕을 조금이라도 고취하기 위해 국가를 속이고 유명 직원을 만들어 그 급료를 부하들에게 나누어 주거나 합법적이 아닌 할증임금을 지급하거나 하는 것이 현실이다. 생활의 고통, 물자부족, 좁은 주거지 환경, 시간 없음, 이런 것들이 겹쳐 여성에게는 아이들을 키울 여력이 없다. 슬라브 국민 사이에서는 임신중절이 대단히 많다. 아기 한 사람 낳는데 중절을 네 번 한다는 것이다. 잦은 중절로 아기를 못 낳게 되거나 유산이 생기며 매년 유산의 비율은 6-7%식 증가한다. 게다가 모체의 영양 불량, 알콜 중독, 의료 서비스의 불비, 공기 오염 등으로 유아사망률이 높다. 살아남은 아이들도 허약하거나 유전적인 결함으로 사망하는 수가 많다. 출산율의 저하와 병행해서 일반 사망률도 증가하고 있다. 1917년 혁명 이전의 추계로는 출산율이 높았기 때문에 1985년에는 인구가 4억에 달했으나 현재는 2억 2천 6백 명이다. 이 차이야말로 공산주의가 된 대가이다. 바야흐로 소련의 슬라브계 국민의 소멸은 돌이킬 수 없는 데까지 왔다. 출산 최적령기에 불임증이 늘어나고 유전적인 생식력의 허약함이 소련의 정치적 조건이 좋아지더라도 러시아민족(슬라브민족)의 쇠퇴 경향을 돌리는 데 1세기가 더 걸릴 것이다.

욕망이 세계를 삼킨다.

국민은 당과 국가 지배 기구에 의해 맥이 빠져 있다. 당-국가의 지배기구는 경찰 등의 탄압기관과 선전 기관을 포함해서 3백만 명으로 이루어져 있다. 이것은 바로 특권계급 자체여서 무엇이나 얻어낼 수 있다. 특별한 예산을 세워 거기서 그들에게만은 급여 보조가 나온다. 집이나 아파트도 급 상급이고 의료도 특별 시설에서 받을 수 있다. 요양소도 무료로 이용할 수 있다. 사법상의 책임을 스스로 질 염려가 없고 국민에게 커다란 권력을 휘두를 수 있다. 특권계급은 이런 여러 가지 특권의 담보로서 당과 국가에 대해 절대적인 충성으로 봉사한다. 소련 지도자들은 권력도 명예도 부도 충분히 다 갖고 있다.

그러면 어째서 세계를 정복하려는 것일까. 이것이 공산주의자들의 본질이다. 그들은 이데올로기 체제의 포로다. 그들은 아무런 간섭도 받지 않고 예산, 군사력, 외교 정책을 마음대로 하고 있다. 정부의 우두머리가 바뀌어도 그것이 해빙을 가져온다고 서방측에 기대한다. 그러나 기대는 빗나갈 것이다. 공산주의는 사람을 타락하게도 만든다. 끊임없이 거짓을 강요해서 사람의 정신을 메마르게 한다. 구석구석이 거짓말투성이라는 이상이나 몇 백만 명의 사람들이 또는 이른바 '사회주의적 경쟁'에서 또는 '토요일 밤의 공산주의의 노동'에, 또 '축제의 무보수 노동'에 그리고 주간 작업 이후에 강제 집회에 동원되어 왔다. 이런 집회에서 하는 것은 딱 한 가지, 사람들의 머리에 거짓말을 부어 넣는 것이다. 공산주의가 탄생한 지 몇 해 동안은 민중의 반란이 빈번했다. 그러나 피바다로 그치게 되며 막을 내렸다. 조국이 3분의 2세기 동안 계속 파괴되어 먹칠을 당한 것을 생각하면 깊은 무력감에 빠지는 것도 당연한 것이다.

중공이나 북한은 소련보다 더 가혹하다.

중공이나 북한은 소련보다 더 가혹해 강제 수용소에 대한 정보조차 누설되지 않는다. 민중의 말없는 분노가 돌파구를 찾아 공공건물에 페인트를 끼어 얹거나 건물을 파괴하는 일도 일어나고 있다. 당국은 특별한 집념까지도 주요한 것으로 여기고 있는 것, 즉 종교와 민족의식을 억압하고 있다. 어린이들에 대한 모든 종교교육은 엄격하게 금지되고 모든 교회가 예외 없이 꼼짝 못하게 묶여 있다. 발트 여러 나라에서는 몰염치하게도 카톨릭 신부들을 살해했다. 침례교파나 오순절교파는 어린이들 보육을 위해 열심히 일을 했으나 정부는 그들에게서 아이들을 빼앗고 감옥으로 보냈다. 그리스정교회 사람들에게도 무거운 형벌을 내렸다.

그레브 이나쿠닌 사제, 오고르니드코프와 프레크가 주재하는 젊은이들의 써클, 그리스도의 말씀을 발췌해서 출판한 크라크마르니코파 같은 사람들이다. 그러나 가장 장기간의 형벌에 처해진 것은 소련의 멍에에 허덕이는 각 지방의 민족 감정을 감히 털어놓는 사람들이다. 이런 죄수들의 가족을 지원하기 위해 나는 〈수용소 군도〉의 인세로 사회상호부조금을 만들었다. 여기에는 또 소련 국내에서의 모금도 보내졌다. 그러나 이 기금으로 엄하게 탄압 당했거나 체포되거나 고발당하는 사람이 잇달았다. 공산주의는 반인간적 성격이라는 점에서 역사에 그 유례가 없다. 20세기에 이르기까지 어느 나라에서도 이만큼 국민이 착취당한 일은 없다. 더구나 현재 공산주의 체제하에 있는 나라는 20개국 (1983년 현재) 이상에 달한다. 벌써 여러 공산주의 체제가 곧 쓰러질 듯 했다. 그러나 그때마다 이 체제는 다시 일어났고 쓰러진 것은 그들의 강력한 적들이었다.

공산주의라는 것은 거기 한번 빠지면 어떤 나라도 (적어도 오늘까지) 빠져 나오지 못하는 함정 같은 것이다. 공산주의 앞에서는 어떤 군주도 비교가 되지 않는다. 전제

군주라는 것은 개인이기 때문에 권력에 대한 그 갈망을 이루는 데도 한도가 있다. 그러나 전체주의는 어디든 한 나라를 삼켜도 그것으로 결코 만족하지 않는다. 전체주의 권력이라는 것은 모든 상식 밖에 있다. 공산주의 목적은 국민의 건강도 아니고 번영도 아니며 그 나라의 성공도 아니다. 오히려 그것을 희생하여 대의적인 목적을 이루는 데 있다. 그리고 공산주의 궁극적 목적은 이상적인 소원도 아니다. 될 수 있는 한 많은 영토와 국민을 삼키는 것이다. 가능하다면 지구 전체를 삼키는 것이다.

저항할 수 있는 길

공산주의 정권 아래에 있는 나라에서 장기적이고 건전한 경제 발전에 심혈을 기울이고 있는 나라는 한 나라도 없다. 어느 나라도 기회만 있으면 다른 나라를 공격하려고 하고 있다. 이것이야말로 공산주의 정권의 존재 이유의 양식이다. 대외 침략은 모든 공산주의 국가의 필연의 법칙이다. 공산주의 중국(역사적인 중국과는 전혀 상관없는 나라이다)은 군사적으로는 힘이 없다고 하지만 인도네시아의 혁명을 일으키려고 했다. 그 뒤 중공은 캄보디아의 크메르 루즈라는 살인 집단을 양성했다. 한국이 그 희생이 되는 것을 어떻게든 막아낼 수 있었던 것은 오로지 미군 덕분이었다.

미국에 겨우 이겨 그 정력이 떨어졌을 것으로 여겨지던 베트남은 그래도 캄보디아를 침략했다. 쿠바는 쿠바대로 라틴아메리카 국가들과 아프리카 여러 나라에 개입하고 있고 이디오피아는 소말리아를 공격했다. 남예민은 북예민을 앙골라는 나미비아를 공격했다. 공산제국주의의 경우 (식민지주의 제국주의와는 달리) 침략은 자기 국민의 이익과 번영에 조금도 도움이 되지 않는다.

오히려 반대로 자기 국민이 첫째가는 피해자가 된다. 좋은 공산주의와 나쁜 공산주의, 침략적인 공산주의와 평화적인 공산주의라는 구별이 있다는 생각은 위험한 환상이다. 모든 공산주의는 반인간적이다. 얼핏 보기에 연약해 보이는 공산주의 국가가 있다면 그것은 군사적으로 약체이기 때문이다. 우리는 중공이나 북괴에 강제수용소에 대해 아무것도 모른다. 왜냐하면 중공이나 북괴의 권력이 소련보다 더 가혹하기 때문이다. 중공이나 북괴에서는 강제수용소에서 한 사람도 도망 나온 사람이 없다.

그러므로 정보가 밖으로 새어 나오지 않았을 뿐이다. 이디오피아의 아디스아바바에서는 총살된 초등학생의 시체를 말뚝에 꿰어 공개했고 알바니아와 앙골라에서는 신부를 총살했다. 모든 공산주의 국가에 공통된 특징은 이성과 경험은 무시하고 오로지 이데올로기에 충실하려 하는 점이다. 마르크스주의는 나라라는 물리적 존재와 정신적 본질을 적대시한다. 공산주의와 타협을 꾀하려 하거나 양보와 무역으로 공산주의 국가들과 관계 개선을 원하더라도 그것은 헛된 기대로 끝날 것이다. 공산주의는 인간의 삶을 부정하는 것이며 모든 나라들에게 있어서는 죽음에 이르는 병이다. 그것은 또 인간성의 죽음이다. 지구상의 어떤 나라도 공산주의에 대해 면역을 가진 나라는 없다. 더구나 공산주의를 교정하거나 개선한다는 것은 불가능하다. 공산주의의 결말을 맬 방법은 한 가지, 공산주의의 압정 아래 있는 여러 국민이 서로 손을 잡고 노력하는 수밖에 없다.

솔제니친 소련 지도자들에게(3)

솔제니친은 정치제도란 인간을 위해서 어떤 것이 되어야 하는가에 대한 문제에 과감히 뛰어든 작가이다. 현실 분석만이 아니라 현실에 대행해 과감히 나선다. 대체로 기피하는 정치적 소용돌이에 뛰어 든 것은 작가가 다루어야 할 인간 존재의 문제는 현대사회에 있어서 인간을 얽어매고 있는 정치의 의미가 규명되지 않고는 불가능하다고 생각한 때문이다. 정치 그 자체에 관심이 있어서가 아니었다. 그의 의도는 인간 본래의 의미를 찾는 점에서 오히려 반정치적인 것이다. 드러난 현실은 반정치적인 것도 오인하지 않는다. 이 점은 그도 잘 알고 있었다. 오히려 그는 인간존재의 참된 의미를 규명하기 위해서는 국가라는 거대한 관료조직과 이를 오해라는 이데올로기에 도전하는 반란은 불가피하다고 생각함으로써 그에게 주어지는 갖가지의 물의와 오해, 비난과 압력이라는 무거운 짐을 기꺼이 짊어진 것이다.

기존 정치 질서에 대한 그의 공격은 그의 조국인 소련의 정치체제와 공산주의 이데올로기에 대한 것으로부터 시작되었다. 무 계급의 평등한 사회와 노동자의 천국을 이룩하겠다는 소련의 체제가 실제로 가져온 것은 소수 엘리트층이 지배하는 고도로 조직화된 관료주의적 독재체제였다.

즉 계급이 없는 평등한 사회란 아무도 체제에 대하여 불만을 나타내거나 비판을 할 수 없는 획일주의적인 사회며 노동자의 천국이라는 것도 서방의 노동자와는 비교가 안되는 처우를 받으면서도 기계적으로 일만 해야 되는 마르크스가 말하는 노동의 즐거움이란 이미 가공에 불과한 강제 노동의 세계다. 혁명과 진보라는 이름으로 소련 체제 내에서 일어나고 있는 수많은 비인간적, 비인도주의적 행위를 그의 작품을 통하여 적나라하게 폭로함으로써 솔제니친은 작가에겐 생명과 다름없는 조국으로부터 추방된다. 그가 서방 세계에서 특히 주목을 끌게 된 것은 소련 작가로서 소련의 현실을 그가 체험한 사실을 통해 파헤친 점에 있다. 실제로 그의 작품은 공산주의에 동정적인 성향을 가지고 있는 상당수의 서방 지식인들에게 많은 충격을 준다. 오랜 기간을 통해 작가로서의 예리한 관찰과 체험으로 내린 결론은 공산주의란 기본적으로 비인간적일 수밖에 없으며 과학적일 수도 없다는 것이다.

그리하여 소련이 현재의 (1983년 현재) 비인도주의적 전체주의 정치와 비능률적 경제구조가 그리고 낙후된 사고방식에서 탈피하여 보다 희망을 가질 수 있는 나라가 되는 유일한 방법은 이미 죽은 공산주의 이데올로기를 하루속히 포기하는 도리밖에 없다는 것이다.

이와 같은 솔제니친의 주장에 대하여 소련 측에서는 서방의 영향을 받은 부르주아적 반동으로 규정한다. 그러나 소련혁명이 일어난 다음해에 대해서 그는 1974년 56세의 나이에 서방으로 추방될 때까지 서방과의 접촉이 전혀 없는 사람이었다. 2차 세계대전 때 포병 대위로 독일과 전투 중 스탈린을 모독하는 편지를 친구에게 썼다는 단순한 이유로 27세의 젊은 나이로 체포된 후 10여 년간 중앙아시아 북부러시아와 시베리아의 유형(流刑)지에서 보낸 그는 서방과는 거리가 가장 먼 생활을 했다. 소련 체제에 대한 그의 비판이 어느 누구의 비판보다 어필하고 고립된 듯한 그의 외침이 많은 사람에게 감동을 주는 가장 큰 이유는 이러한 비판과 절규가 하나의 평범한 인간으로서의 전체주의 사회의 밑바닥에서 받아온 고통과 박해에도 불구하고 인간과 삶이란 본질적인 문제를 규명하려는 끊임없는 노력에서 이루어졌기 때문인 것이다. 그는 서방의 영향을 가장 적게 받은 작가이다. 실제로 러시아민족에 대한 그의 끝없는 애착과 정감은 그의 모든 작품에서 나타나고 있다. 심지어 서방측에서도 맹목적인 반공주의자라고 규정하고 있는 사람들도 있다.

이러한 견해는 솔제니친이 공산주의를 절대악으로 인식하고 그것이 소련의 공산주의이건 중공의 공산주의이건 다 마찬가지라고 규정하는 데에 기인한 것이다. 서방측의 대소 데탕트정책에 대한 그의 신랄한 비판에 특히 근거하는 것이라고 볼 수 있다. 소련 체제에 대한 그의 혐오감은 대단하다. 그렇다고 해서 그가 서방측을 옹호하는 것도 아니다. 미국으로 이주한 이후 그는 미국사회의 물질 만능주의적 비도덕적 퇴폐와 방종으로 흐르는 자유, 무책임한 언론, 우중(愚衆) 민주주의적 요소가 다분한 정치 관행, 형식주의와 방편주의가 판을 치는 운용을 비판하고 있다.

이러한 그의 행동은 미국의 국익상 그를 반소선전의 도구로만 활용하는데 의미를 부여했던 사람들에게는 커다란 실망을 준다. 그러나 솔제니친의 이런 서방 비판은 서방세계를 피상적으로 관찰한데서 연유한 것이라고 할지라도 서방사회에 대한 그의 비판이 시사하는 바는 적지 않다. 공산체제와 서방체제에 대한 그의 비판을 문명비판가, 도덕적 이상주의자, 관념주의자 등의 호칭과 아울러 현대작가 가운데 가장 논란이 많은 작가로 만들고 있다.

서방측의 대소 인식은 잘못되어 있다.

알렉산드르 솔제니친은 서방측 세계에 대해 가차 없는 비판을 퍼붓는다. 그에 의하면 제2차 대전 이후 서방측은 권력의사 앞에 몇 번씩이나 스스로의 허약함을 드러내게 됨으로써 동구 여러 국가의 국민들의 노예화에 도움을 준 셈이다.

〈수용소 군도〉의 저자인 그는 미국을 중심으로 하는 서방측 세계로부터의 자유방송이 소련과 동구권 제(諸)국민에게 보내고 있는 정보를 극히 중요시하고 있다. 1981년 가을 미국 NBC텔레비전에서 그는 존 르브텔리의원과 대담을 갖는다. 르브텔리의원과의 대담의 중심 테마는 바로 이 방송에 대해서였다. 르브텔리의원은 공화당 보수파의 대표적인 인물이다 그는 라디오 방송뿐만 아니라, 텔레비전 방송국을 통해 영상을 만들어 소련에 보냄으로써 소련정권을 전복시키는 것이 가능하다고 했다.

* 존 르브텔리의원 – 당신은 지난 30년간 소련 국민에게 보내는 미국의 라디오 방송이 어떤 오류를 범하고 있다고 보는가?
» 솔제니친 – 그렇다. 나는 당신의 라디오방송 기획 입안자가 아직도 그 잘못을 모르고 있다는 것이 걱정이다. 근년에 우리들이 듣고 있으며 개선한 것이 아무것도 없다. 미국을 포함한 서방측 세계는 전체적으로 볼 때 사회주의 국가에 놓여있는 상황에 대해 항상 부정확한 생각을 가져왔으며 사회주의국가에 대해 아름다운 전망을 갖고 왔으며 그 환상에 빠져 있다. 상기해보면 1939년에 스탈린의 공포정치의 최 전성기에 미국의 진보파에 의한 출판물은 소련이 평등을 실현시킨 모델이며 지상에서 최상의 정의가 이룩되어가고 있는 나라라고 단언하고 있었다. 이 시기 루즈벨트 대통령은 스탈린에게 도움의

손을 뻗었고 미국의 실업가들은 다투어 소련에 과학 기술 원조를 하려고 분주했다. 그러한 원조 없이 소련이 공업화 계획은 착수되지 못했을 것이다. 또한 제2차 대전이 끝나자 미국정부는 전혀 아무런 필요가 없는데도 동구 전체를 스탈린에게 내주었으며 중국을 공산주의자에게 맡겨버리고 말았다. 도대체 동구를 희생으로 한 서방측 대국의 목적은 무엇이었던 것일까. 그리고 당시 동구를 저버렸던 서방측이 오늘날 폴란드의 개혁 동향에는 찬사를 던지고 있다.

* 존 르브텔리의원– 미국정부는 당시 소련정부의 본질을 잘 이해하지 못하고 있었다는 이야기인가. 소련은 미국이 우호관계를 해설하는 것 같은 것은 어차피 불가능한 상대였다는 것인가.

» 솔제니친– 소련국가와 소련정부가 소련 국민의 적이라는 사실을 우선 이해하지 않으면 이해되지 못했던 것이다. 소련정부와 국민은 항상 동일시되어 왔다. 루즈벨트 정권으로부터 그 후 수십 년에 걸쳐 미국의 여론은 소련정부에 억압당하고 있는 국민을 똑같은 것으로만 생각해 왔다. 그러나 현실적으로 양자는 별개의 것이며 분명히 대립관계에 있는 것이다. 앞에서 나는 오늘날 서방측이 폴란드 국민의 결연한 자세를 칭찬하고 있다고 말했으나 지금에 와서 그들을 칭찬할 정도라면 서방측은 왜 그들을 방임했고 그들이 공산주의의 노예가 되는 것을 간과하고 있었느냐고 묻고 싶다. 한편 소련에 대해 말하면 오늘날 국내에서 체제와 싸우고 있는 사람은 없다. 그들은 자유를 위해 싸우지 않는 노예이다. 노예라는 것은 옥중에 있는 사람이 아니라 자기네들은 자유의 몸이면서도 노옥(牢獄)이 건설되고 있는 것을 보고 기뻐하고 있는 사람들을 가리키는 것이다. 그들은 자기들 때문에 노옥(牢獄)이 만들어지고 있다는 것을 모르고 있다. 최근 베를린 벽의 건설기념식전이 있었다. 베를린 벽을 두고 볼 때 누가 노예인 것인가. 그 벽의 건설을 저지하지 못했던 동독 사람들인가. 아니면 벽의 건설 작업을 전혀 방해하지도 않고 조용히 바라보고만 있던 서방측 각국의 주둔 부대란 말인가. 나에게 말하라고 한다면 노예라는 것은 최근 서독에서 헤이그 미국 국무장관의 방문에 반대하여 데모를 한 사람들이라고 할 수 있다. 그들이야말로 소련에 손을 벌리는 노예 즉 수용소행의 지원자이며 그것이야말로 바로 노예가 아닐 수 없다.

기억을 빼앗긴 소련 국민

* 존 르브텔리의원– 소련에 있어서 일상생활이 어떠한 것인지 아는 것도 중요한데.

» 솔제니친– 우리들은(1917년 혁명 이후) 60년(1982년 현재)간이라는 세월동안 거의 무급의 노동을 해왔다. 한 가정에서 부부가 65년간을 일해 왔어도 아직도 가정을 충분히 부양할 수 있을 만큼 급료를 받지 못하고 있다. 참다운 노동가치의 5분의 1이나 10분의 1밖에는 받지 못한다. 원래 그들이 받아야할 돈을 국가가 모두 수탈하여 무기생산에 충당하고 다른 나라를 공격하기 위한 준비에 소비한다. 지금까지 몇 세대에 걸쳐 우리들은 허기진 배를 움켜쥐고 왔는데도.. 그래서 소련 국민들은 이미 육체적 퇴화 관문 앞에서 있는 것이다. 우리들은 알콜에 마비되었고 여자들에게는 남자들이 짊어질 수도 없는 무거운 짐이 지워졌다. 소련의 출산율은 급락했고 유아의 사망률은 급상승하고 있다. 우리들의 신체는 물론 정신까지도 독이 번져 있다. 신체라고 말한 이유는 모든 군사적 생산이 주위 환경에 대한 보호조치를 취하지 않고 추진되고 있음으로써 물이나 대기오염이 방치되고 있기 때문인 것이다. 그리고 정신이라고 말한 것은 우리들이 65년 전부터 소련이 만든 수많은 거짓을 주입 받아 왔기 때문이다. 이러한 모든 것이 하나로 복합되어 소련 국민을 정신적이나 육체적으로 빈사상태에 빠지게 했다. 우리는 기억을 빼앗기고 말았다. 우리들의 과거는 어떠한 것이었는지 우리들의 역사 특히 19세기의 역사는 어떠한 것이었는지 그 기억을 탈취 당하고 말았다. 19세기의 역사를 안다는 것은 공산주의자들이 볼 때 에는 특히 위험한 일이다. 왜냐하면 혁명 전야와 혁명당시와 그리고 혁명후의 역사를 알고 있는 자는 그 누구이든 공산주의의 지배로부터 벗어나기 때문이다. 그리고 공산주의자들은 모든 진실의 흔적을 소멸시켜 우리들이 자기 자신에 대해 아무것도 알 수 없도록 해 버린다. 스탈린시대에는 당국이 동시에 부부를 체포하게 되면 아이들은 고아원에 보내 성을 바꾸었다. 아이들은 부모가 누구이며 어떠한 가계(家系)를 지니고 있고 어떠한 과거를 지니고 있는지 전혀 모르게 되어 버렸다. 소련 국민이 놓여있는 상황은 바로 이런 것이다. 혹 서방측 제국이 지난 30년 동안에 소련 국민이 무엇인가를 상기하여 정신적으로 일어설 수 있는 도움을 주고 있었다고 한다면 오늘의 세계정세는 전혀 다른 것이 돼 있을 것이다. 우리들의 최근 역사는 모두 짓밟혀 분간이 되지 않을 만큼 변형되어 오직 프로파간다만 뒤집어쓰고 있을 뿐이다. 그렇기 때문에 예상하기에 괴로울 만한 일이 일어난다. 일반 소련 시민은 사실을 아는 것이 없다. 혁명의 대의도 알지 못할 뿐만 아니라 혁명이 어떻게 일어났고 어떻게 해서 볼셰비키

전체주의가 지배했는지도 모른다. 그들은 볼셰비키에 반대하여 전개되었던 대중들의 엄청난 운동에 대해서도 또 그것이 분쇄된 것도 노동자 농민을 살육했던 대 학살도 모른다. 우리들은 이와 같은 진실을 알지 않으면 안된다. 만일 우리들에게 이러한 진실이 부여되어 있다고 한다면 민간인이던 적군(赤軍)의 군인이던간에 한 사람, 한사람이 소련정부로부터 정신적으로 자립할 수 있게 될 것이다. 미국이 소련으로 향해 보내고 있는 라디오프로그램이나 그것이 노리고 있는 자체는 불행하게도 러시아에 관한 허위의 신화에 영향 받은 이데올로기들이 그 테두리를 설정한 것이다. 그러한 허위신화의 근원에는 이른바 칼 마르크스가 있다. 마르크스는 러시아인은 곧 그 자체가 반동적인 민족이라고 단정했다. 거기에는 모든 것이 비롯됐다. 러시아의 역사 전체가 반동적이고 군주제가 반동적이고 전통적인 러시아인의 사고방식이 반동적이고 러시아의 역사에 새겨진 위인들의 대부분이 반동적이고 우리가 신앙하고 있는 희랍정교마저도 반동적인 것이다.

* 존 르브텔리의원－ 폴란드의 현 상태에 대해 잠깐 이야기하고 싶다. 로마교황이 폴란드인이라는 사실이 지금의 정세에서 어는 정도나 도움이 된다고 생각하는가.

» 솔제니친－ 로마교황이 폴란드인이라는 것은 폴란드 인에게 놀라울만한 용기를 북돋아주고 있다. 또 폴란드의 카톨릭 교회는 소련에 있어서 희랍정교와 마찬가지로 아직까지도 근절되었거나 소멸된 일은 없다. 나는 미국이 폴란드를 향해 어떤 방송을 하고 있는지 전혀 모른다. 아마 그 방송은 훌륭한 내용을 갖고 폴란드의 카톨릭을 지지하며 그들에게 용기를 북돋아주고 있을 것이다. 그러나 미국의 대소(對蘇) 방송에 대해 말한다면 그것은 아주 갈팡질팡하고 있다. 마치 일부러 소련국내에다 폴란드적인 사태를 야기 시키지 않을 것을 목적으로 하고 폴란드에서 일어났던 것처럼 교회가 강대한 힘을 갖고 국민단결의 중심이 되는 것을 회피시키려 하고 있는 것과도 같이 여겨진다.

* 존 르브텔리의원－ 바티칸으로부터 흘러나오는 정보에 관해서 한 가지 질문하고 싶다. 바티칸은 소련의 크레불린이 로마교황 암살계획에 가담한 것이 아닌가 하고 의심하고 있다는데.

» 솔제니친－ 오직 한 가지 의문의 여지가 없는 것은 폴란드인 교황이 존재하고 있다는 사실 하나만으로도 공산주의자들을 엄청나게 곤혹하게 하고 있다는 것이다. 세계의 테러리즘이 대개의 경우 소련으로부터의 지시에 의한 것이라는 사실을 나는 의심하지 않을 수 없다.

주변을 침략하는 것이 공산주의 의무 – 한국침략의 불패는 미군주둔 때문

공산주의는 반인간성(反人間性)이란 점에서 보아도 역사상 미증유한 것이다. 20세기까지는 어떠한 나라에서도 그와 같은 것이 없었다. 그런데 지금은(1982년 현재) 20개국 이상이 존재하고 있다. 그리고 그것은 벌써 몇 번이나 실패했어야 마땅한 그런 것이었다. 그런데도 그것은 유지하게 되었고 오히려 강력한 적들이 파괴되어 왔다. 공산주의는 하나의 강력한 올가미이고 지금까지 거기서 피해 달아난 국민은 하나도 없다. 여하한 개인적인 폭정도 이데올로기로서의 공산주의와 비교할 수 없다. 모든 개인적인 폭군은 한도라는 것이 있으며 거기에서는 권력이 그를 포식시켜왔던 것이다. 공산주의라는 것은 일반적인 머리로서는 도저히 생각할 수도 없는 권력이고 그것은 자국의 번영이나 자국민의 건강과 안녕을 목적으로 삼고 있지는 않다.

그러나 전혀 무관한 여러 가지 목적 달성을 위해 국민도 국가도 모두 희생을 시키고 있다. 이와 같은 공산주의 주된 목적은 분별 있는 것이 아니라 주변의 영토와 주민들을 되도록 많이 욕심대로 이 지구 전체까지도 침식한다는 광신적인 욕망인 것이다. 공산주의하에서는 여한 국가도 장기간에 걸쳐 건전한 경제적 생존을 계속할 수가 없다. 하지만 타국을 공격하고, 침략하고, 군사적 영토 확장을 한다는 것은 참으로 가능한 일이 되고 있다. 이렇게 하여 중공도(그것은 이미 본래의 중국이 아니다) 또 군사력이 약했던 시점에서도 살인자인 붉은 캄보디아인을 조직하였고 또 인도네시아 혁명의 불을 붙인 것이었다. 또한 북괴는 한국을 침공했으나 미군 때문에 그 폭력을 끝까지 발휘하지 못하고 있다. 간신히 미국에 타격을 준 다음 아직도 헐떡이고 있는 베트남마저도 캄보디아를 침공하였고, 쿠바는 라틴아메리카에 나아가서는 아프리카에, 에티오피아는 소말리아 등을 침공하였고 남예멘은 북예멘을, 앙골라는 나미비아를 침공하였다.

공산주의 제국주의는(지난날의 식민주의와는 다른) 그 침략한 민족의 이익이나 부에 연결되는 일은 하나도 없고 그저 그 민족을 또 다른 침략으로 내몰 뿐이다. 최초의 단계에서 그 민족은 파괴당하고 만다. 공산주의를 좋은 것과 나쁜 것으로 구분한다는 것은 극히 위험한 환상이다. 다시 말해서 공산주의는 반인간적인 것이다. 어떤 종류의 공산주의가 점잖게 보인다면 그것은 아직 군사력을 보유하지 않고 있기 때문이다. 만일 우리가 중공이나 북괴나 베트남 등에 대해서 아는 것이 거의 아무것도 없다는 것은 단순히 그들이 소비에트 진영보다도 더 지독하게 참으며 견디어 내고 있다는 것에 대해 그곳으로부터 아무런 정보가 새어나오지 않고 있기 때문이다.

그러나 아디스바바에서는 총살된 초, 중등학생들의 시체가 목재처럼 쌓여있다. 알바니아에서도, 앙골라에서도 신부들이 총살되고 있다. 모든 공산주의 국가에서는 비합리적이고 비실용적인 그러나 이데올로기적이라는 고유형태가 있다. 마르크스주의는 어떤 민족에 있어서나, 그 육체적인 생존에도 또 정신적인 본질에도 유해한 적(敵)이 되고 있다. 또 공산주의와 타협을 보고자 한다거나, 양보, 통상을 통해서 관계 개선을 하려고 기대하는 것은 공허한 일이다. 일본이나 한국을 둘러싸고 있는 북괴, 중공, 소비에트, 베트남에 대해 국내적으로나 국외적으로 견고한 입장을 취하지 않으면 안된다. 공산주의, 그것은 생명의 부정이며 그것은 국가를 죽음에 이르게 하는 병이다. 전 인류의 죽음인 것이다. 공산주의를 수정하거나 개선한다는 것은 불가능하다. 공산주의에 대해서 우리들이 할 수 있는 것은 공산주의에 의해 학대받고 있는 나라의 사람들과 힘을 합해 상대방을 저지시키는 일뿐이다.

장-폴 사르트르 공산주의에 대한 고백

사르트르는 1956년 제20차 공산주의 전당 대회가 있던 모스크바에 시몬느 드 보봐르와 참석한 후 그들은 공산당에 대한 비판을 한다. 그는 공산주의에 대한 비판을 자신이 갖고 있던 공산주의와는 너무나 동떨어져 있는 사회를 봤기 때문이라고 했다. 그리고 그는 마르크스주의 비판을 하는 저서 〈상황 La Situation〉 3권에서 유물론과 혁명 이야기를 하고 있다. 마르크스주의에 대한 근원적인 비판은 세계 어느 민족보다도 한반도 민족에게 있어서 가장 절실히 요구되고 있다. 북한은 지구상에 얼마 남지 않은 공산국가 중의 하나로서 그들은 한반도 전체를 공산화하려는 계획을 멈추지 않고 있다. 그리고 한반도는 분단국가로서 무력과 사상 양면으로 대결상태에 있다.

마르크스주의 이론뿐만 아니라 집권 현실을 체험하지 못한 체험 없는 세대들은 사르트르의 〈유물론과 혁명〉에서 세계적인 지성인의 공산주의 비판에 대해 사고할 계기를 주고 있다. 사르트르는 소설가로 철학자로 사회 정치 문제에 참여할 뿐만 아니라 현대 사상의 가장 핵심적인 문제를 비판해 왔다. 그런 점에서 그는 현대의 지성을 대표하기도 한다. 프랑스와 모리악은 사르트르는 근본적으로 유물론과 혁명의 입장을 버리지 않고 있다.

사르트르는 〈유물론과 혁명〉에서 현대의 마르크스주의자들은 개인과 사실들을 기성의 틀 속에 억지로 집어넣으려고 한다. 관료적 보수주의를 지닌 그들은 여러 변화를 동일성으로 변화시켰다는 것이다. 이 편집광의 꿈으로 되어가는 태만한 마르크스주의를 부활시키는 정당하고도 필요한 일이다 라고 하고 있다. 사르트르는 이와 같이 권력자로 등장한 마르크스주의자들의 횡포를 공격하고 있다. 사르트르보다 훨씬 앞서 앙드레 지드, 알베르 까뮈 등 공산주의에 접근했던 작가들이 이미 사르트르와 똑같은 환멸과 규탄을 발표했던 것이다. 어디까지나 사실에 충실한 과학적 태도를 주장하고 자부하는 마르크스주의자들이 한번 권력을 잡고 나면 그 권력을 유지하기 위하여 메카니즘에 열중하고 있다. 정신과 사실이 이데올로기를 낳았고 이데올로기가 당을 낳았다. 그런데 당이 집권자가 되자 권력 유지에 열중한 그들이 노선을 정하고 거꾸로 그 노선이 모든 정신과 객관적 사실까지도 자기의 공식 속에 굴복시키고야 만다.

그리하여 당의 노선이 그것을 요구할 때에는 언제든지 돌도 황금이 되어야 하고 1+2=5가 되어야 하며 아니면 그 돌이 반동적인 돌이거나 산술 공식이 반혁명적이라는 생억지가 통하게끔 되어 있는 것이다. 적어도 그 노선이 수정될 때까지는 이렇듯 본래의 인민을 잘 살고 행복하게 만들자는 이데올로기가 굳어버리는 숙명적 역사의 함몰을 까뮈는 〈반항인〉에서 신랄하게 지적한다.

사르트르 역시 집권자로서의 마르크스주의자들의 편집광적인 관념적 도식화 경향에 대해서 〈유물론과 혁명〉에서보다도 예리한 철학적 논증으로 비판 공격을 하고 있다. 이러한 태도는 〈변증법적 이상 비판〉에서도 공격하고 있다. 단 마르크스주의는 시대가 그것을 요구한 역사적 환경이 바뀌지 않았으므로 마르크스주의 역시 다른 철학으로 대체될 수는 없으며 따라서 현대 사회에 살아 있는 유일한 철학임을 시인하고 있다. 이 점은 그가 마르크스주의 철학에 일보 접근하고 있음을 보여주는 것이다.

그러나 〈유물론과 혁명〉에서도 마르크스주의가 현대의 유일한 혁명적 이데올로기임을 전제로 하고 비판하고 있다. 사르트르의 〈유물론과 혁명〉은 혁명적 신화, 혁명적 철학으로 나뉘어져 있다. 그는 마르크스주의자들이 내세우는 변증법적 유물론을 신랄하게 비판하고 있다. 그러나 혁명이라는 기본 개념은 마르크스주의 혁명 이론을 그대로 따르고 있다. 혁명은 반드시 계급투쟁에 의한 것일 수밖에 없다는 결론이 나온다. 즉 사르트르의 혁명관은 도식적 계급적 투쟁론에 기울고 있다. 유물론이 혁명당의 지도적 이론이라는 것까지도 인정하고 있으며 현대 마르크스주의자들의 교리(신화)화한 관념적 공식론과 실천상의 모순을 비판하고 있다.

이에 비하여 까뮈의 비판은 마르크스주의 혁명이 도시 계급투쟁과 이데올로기 투쟁 없이는 성립될 수 없으며 따라서 그들의 모순(도식화, 교리화, 법적 폭력 정치 등)은 필연적이고 그들의 이데올로기 자체에 내포되어 있는 숙명적인 함정이라고 보고 있다. 사르트르는 공산주의 교리에 대한 비판을 공산주의자들이 유물론적 신화의 노쇠와 내부 분열의 공포의 딜레마에 빠져 일종의 종교적 교리로 굳어져 버리고 있음을 지적하고 자신의 철학이야말로 인간과 역사와 혁명을 전적으로 파악할 수 있는 철학이며 진리라고 주장하고 있다. 이에 대해 까뮈는 철학이 아니라 체험이라고 하고 있다. "까뮈가 〈반항인〉에서 말하고 있는 공산주의는 경험한 사람에게는 더 부합하는 것이다." 사르트르는 공화(共和)당만이 유일한 혁명적 정당이라는 것을 주장하고 있다. 그리고 혁명은 계급적 도식적 공산주의자들의 이데올로기라는 것을 인정하지 않고 있다. 과학적 유물론이란 투쟁에 의해서만 성취되며 피압박계급에 속하는 자만이 혁명가일 수 있다고 주장한다.

사르트르는 혁명자체까지도 공산주의자들의 것을 받아들이고 있으나 그는 유일한 혁명적 정당인 공산당이 소위 변증법적 유물론이라는 신화를 버리고 혁명적 휴머니즘인 실존주의 철학을 채택하면 공산주의 모든 주장과 행동이 정당해진다고 주장한다.

이브 몽땅의 〈고백〉, 〈Z〉 :
공산주의 이데올로기의 폭력, 독선 고발

프랑스의 영화배우 이브 몽땅은 21차 국제 공산당 대회에 참석한 후 공산주의 실상을 체험하게 된 그는 공산주의에 대한 비판을 한다. 그는 이탈리아에서 10대 초반에 공산주의자였던 아버지가 무솔리니를 피해서 프랑스로 도피할 때 그도 같이 프랑스에 오지 않으면 안되었다. 그는 말세이유로 올 때 몽땅은 초등학교 학생이었다.

그러나 그는 학교를 계속 하지 못하고 일을 해야 했다. 어려서부터 철저한 공산주의자였던 아버지의 영향을 받게 되어 그가 국제적인 배우가 될 때까지 철저한 공산주의자였다. 그러나 그는 소련의 실상을 체험하고 아내 시몬느 시뇨레와 같이 공산주의 사상을 버린다. 이들은 모스크바에서 열린 공산당 대회에 국제 공산당 당원으로 참석하게 되며 그들이 생각하고 있던 공산주의 이념과는 전혀 다르다는 것을 깨닫고 공산당을 탈당한다.

몽땅은 말년 주로 정치 영화를 감독하는 고스타 가브라스의 영화에 즐겨 출연한다. 영화 〈고백〉과 〈Z〉역시 정치를 다룬 영화이다. 영화 〈고백〉은 1950년대 공산주의 치하에서 실제로 일어났던 정치적 사건을 다룬 영화이다. 이 영화에서 몽땅은 시몬느 시뇨레와 공연을 한다. 작품은 체코스로바키에서 스탈린주의에 의한 정부 당 간부 슬란스키(몽땅 연기)사건을 바탕으로 한 스탈린이즘, 나아가서는 공산주의 내막을 폭로하고 날카롭게 비판한 작품이다. 작품 〈Z〉(소설가 호르체의 원작)도 코스타 가브라스 감독의 작품으로 몽땅이 주연한 영화로 1951년 1월 체코의 외무 차관 제라르 (Y 몽땅) 는 국가 기관에 의해 유괴되어 죄목을 국가 반역이라는 이유로 정식으로 체포하여 고문을 당한다. 잔인한 고문은 물도 밥도 주지 않으며 잠도 재우지 않은 채 손을 뒤로 묶고 자백을 요구한다. 심문은 여러 날 되풀이한다. 자백을 받지 못한 당국은 1952년에 재판이 열린다. 가브라스 감독은 이 작품에서 공산주의와 스탈린주의의 못된 내막을 파헤치면서 인간의 자유와 존엄을 유린하는 항의와 고발을 담고 있다. 공산주의 이데올로기의 폭력, 독선, 단세포성을 실화로 재현한 작품이다. 매년 프랑스 기자들이 선정한 영화감독, 주연배우와의 대담에서 몽땅은 공산주의에 대한 자기의 견해를 이야기하며 공산주의였던 부친의 영향으로 공산주의자가 되었던 것을 '고백' 했다.

몽땅은 한때 열렬한 공산주의자였던 피카소와 같이 프랑스를 비롯하여 유럽 각지에서 공산주의 운동에 적극 참여했었다. 몽땅은 아내 시뇨레와 같이 적극적으로 공산주의 운동에 참여하였기 때문에 모두들 그들이 공산당에 가입한 것으로 믿고 있었고 이들 부부는 사르트르와 마찬가지로 공산당이 아니었으면서도 부인하지 않았다. 그들의 발언이나 행동을 지지하는 지식인들이나 노동자들을 실망시키지 않으려는 뜻에서이다. 50년대에 몽땅은 모스크바에 가서 흐루시초프와 장시간 토론도 한다. 그는 자서전에서 "우리들이 갖고 있던 공산주의에 대한 향수는 생각대로가 아니었다."고 당시 상황을 설명하고 있다.

남미 특유의 정치, 사회, 경제문제까지도 정통한 몽땅은 남미의 문제는 카톨릭 교회가 책임이 있다고 판단하고 있었다. 1968년 〈나는 세귀라는 사람 (프랑스 최대의 노조 CGT대표)을 모른다〉는 저서를 냈다. 그리고 1983년에는 〈빌어먹을 마르세 (프랑스 공산당 당수)〉라는 제목으로 책을 냈다.

그는 공산주의자들의 전체주의 사상을 착각하고 있었음을 고백하며 소련의 체코 침공사태, 스페인에서의 반파시스트들에 대한 처형, 폴란드의 솔리다리떼에 대한 지지 등을 탄원서나 성명 또는 시가행진 참가를 통해서 적극적으로 공산주의에 대한 저항을 표시하고 있었다. 그는 좌파 지성인으로서 모스크바 공산당 대회에 참가 후 계속 공산주의의 전체주의에서 오는 만행을 지탄하고 있었다.

1984년 이브 몽땅의 TF1 (프랑스 국영방송)에서 프랑스 좌파 및 공산주의에 대한 비판적 발언이 파문이 일자 파리의 신문들은 '몽땅 파동'에 대한 기사를 쓰기 시작했다. 사회당 계열의 르 마뗑지는 "좀 조용히 하시오. 몽땅씨 용서해 달라고 빌어야만 하는 크렘린의 점심 초대가 있는 것도 아니니까."라고 하였다. 그리고 이어서 이 신문은 "몽땅은 좌익, 공산주의 또는 소련이라면 무조건 화를 낸다."고 하면서 "원숭이는 나무로 높이 올라갈수록 점점 흉측스러운 꼴을 드러낸다."고 꼬집었다. 공산주의 계열의 신문들이 몽땅을 헐뜯는 데 대해 르 몽드지도 "그동안 프랑스 지식인들의 침묵을 진단하느라고 애를 썼던 신문들이 갑자기 터져 나오는 이브 몽땅의 발언에 당황하고 있는 것 같다."고 쓰기도 했다. 소련의 이즈베치아지까지도 몽땅의 발언에 대해 신경질적인 반응을 보였다. "몽땅은 빨간 색만 보면 화가 나서 달려드는 투우장의 소 같이 되었다."고 쓰고 "배우와 가수로서 성공하여 돈을 삽으로 막 훑듯이 모으니 이제는 다른 사회계층의 앞잡이가 되고 말았다."고 비난했다(공산계열 신문들의 비난).

제21장
소련의 반체제 사람들 서방으로 탈출 그리고 그들의 이야기

음악가, 쇼스타코비치 "나의 망명은 나의 영혼의 명령"

1981년 4월 서독에서 공연 중 서방으로 망명했던 소련의 작곡가이며 지휘자인 막심 쇼스타코비치(43세 당시)와 피아니스트인 그의 아들 드미트리 쇼스타코비치(20세 당시)는 현재 미국에서 살고 있다. 소련의 유명한 작곡가였던 드미트리 쇼스타코비치의 아들인 막심과 막심의 아들인 드미트리는 최근 〈유에스 뉴스 앤드 월드 리포트지(誌)〉와의 회견을 통해 그들의 망명동기, 예술에 대해서 말한 것이다. 막심 쇼스타코비치는 71년부터 망명 때까지 소련 라디오 TV심포니 상임 지휘자로 있었다.

* 그처럼 많은 예술가들이, 당신과 같은 예술가들이, 소련을 탈출하는 이유는?

» 막심 쇼스타코비치－소련에는 진실한 표현이 결여되어 있기 때문이다. 다시 말해 자유가 없기 때문이다. 이 때문에 소련은 많은 인물들을 잃었다. 대단히 불행한 일이지만 소련의 실정은 그처럼 나쁘기 때문에 소련을 대거 탈출하고 있는 것이다.

* 소련과 미국 예술가들의 차이점은 무엇인가?

» 첫째 그 차이점은 누릴 수 있는 표현의 자유에 있다. 미국의 예술가는 자신의 창작들에 대한 정치적 성격을 생각할 필요가 없다. 미국의 예술가에 대해서는 더 이상 말을 하지 않겠다. 그러나 소련에서는 예술가가 창작을 할 때 검열을 생각하면서 한다. 소련의 예술가는 자신의 창작에서 허용되는 범주와 금지되는 범주를 항상 알고 있어야 한다. 소련의 작가는 행간(行間)을 쓰는 데 익숙해 있다. 살아남기 위해서는 그래야만 한다. 그 때문에 예술가들이라면 마땅히 가져야할 표현의 넓은 길이 좁아지는 것이다.

* 만약 귀하의 부친이 귀하가 누리는 자유를 가졌더라면 다르게 창작 활동을 했을 것이라고 생각하는가?

» 선친은 아주 드문 내부의 자유를 가지고 있었다. 창작물의 기본적인 라인에 자신이 표

현하고 싶었던 것을 언제나 표현했다. 선친의 창작물을 검열했던 사람들이 그것을 알고 있었던가는 별개의 문제다. 선친의 창작물들은 언제나 전투였다. 선친의 작품 안에 흐르고 있었던 것은 지고(至高)의 휴머니즘 이상과 그가 처해 있던 상황에 대한 가장 심원한 항의의 표현이었다. 그의 창작이 완전히 달라졌을 것이라고 말하기는 힘들다. 왜냐하면 그는 혁명과 세계대전 그리고 스탈린시대의 공포와 파쇼 등 세계적인 대변혁 시대에 살았기 때문이다. 소련에서는 미래의 세대들이 쇼스타코비치의 음악으로 오늘날의 역사를 심판하리라고 말해지고 있는데 나는 정말로 그렇다고 생각한다.

* 많은 소련의 예술가들의 탈출로 소련 내의 예술가들이 달라진 것이 있는가?

» 나의 선친과 첼리스트인 므스티슬라프 로스트로포비치(당시 워싱턴의 내셔널 심포니 오케스트라 지휘자)와 같은 사람들의 존재는 다른 예술가들에게 도덕적인 지원을 해주었다. 이제 이런 인물들이 소련에서 사라졌다. 때문에 소련인들은 더욱 외로워졌다. 소련에서는 아직 뛰어난 작곡가들과 연주자들이 있다. 쇼스타코비치와 로스트로포비치 같은 사람들은 특히 시민 정신이 강했으며 그들의 의견은 소련 당국에 의해 많이 참작되었다. 이 때문에 그들은 소련인들에게 많은 도움과 지원을 해줄 수 있었다. 소련인들은 이런 인물들을 잃었기 때문에 정신적으로 빈곤해졌다.

* 쇼스타코비치 부자의 소련 탈출이 소련인들에게 미칠 영향은?

» 드미트리 쇼스타코비치－그들의 독립심을 주장하는 데 조그만 인센티브가 주어질 것이다.

» 막심 쇼스타코비치－외면적으로는 소련에서 나는 모든 것을 갖고 있었다. 따라서 조금 깊이 생각해보면 정신적으로 만족하지 못해 소련을 떠났다고 말할 수 있다. 나의 탈출은 심사숙고한 끝에 행해진 항의의 표시다. 나는 그들이 나의 선친의 이미지를 끊임없이 훼손시키고 있었기 때문에 탈출을 결심했다. 나는 선친의 이미지를 세계에 알리는 것이 나의 의무라고 생각한다. 소련 당국은 자주 선친이 골수 공산주의자라는 것을 말한다. 소련당국은 그렇게 함으로써 사태에 대한 책임을 나누어 가지려고 한 것이다. 나는 선친이 그의 생애에서 단 두 번 몹시 울던 모습을 생생히 기억하고 있다. 첫 번째는 나의 모친이며 그의 아내였던 니나 쇼스타코비치가 죽었을 때였다. 두 번째 울었을 때는 당국의 협박에 못 이겨 강제로 공산당에 가입했을 때이다.

* 소련인들은 선친이 스탈린을 미워했다는 것을 알고 있는지요?

» 그의 음악을 듣는 사람이라면 알 수 있다.

* 장기적으로 보면 이기는 쪽은 예술가들일까 아니면 소련 당국일까?

» 그것은 폴란드에서 군이 이길 것인지 자유노조가 이길 것인지를 알아맞히는 것만큼 힘들다. 그러나 나는 낙천가이다. 그리고 나는 선의가 득세하며 인도적인 힘이 이길 것이라는 것을 믿는다.

* 미국에 대한 귀하의 인상은?

» 예술에 관련된 모든 것이 집중되어 있다는 것을 알 수 있다. 그리고 아주 친절한 사람들도 많다. 도시와 교외의 생활양식이 다른 것을 보았다. 한 마디로 저마다 자기가 원하는 생활을 하는 것을 알았다.

* 귀하가 지휘했거나 협연했던 오케스트라들은 귀하가 기대했던 것과 어긋나지 않았던가?

» 미국은 높은 기량을 갖고 미국으로 오는 위대한 예술가들을 맞는 오랜 전통을 갖고 있다. 미국은 세계에서 가장 우수한 오케스트라를 몇 개 갖고 있다.

* 소련이나 그밖에 다른 나라의 오케스트라와 비교한다면?

» 유럽과 소련에 세계수준의 오케스트라가 있지만 미국만큼 많지 않다. 미국은 대도시나 지방에도 유수한 오케스트라가 많다.

* 귀하가 서방에서 달성하고 싶은 것은?

» 소련에서 내가 이룩한 것을 다 말살되었기 때문에 나는 처음부터 다시 해야 한다. 따라서 나에게는 목표가 많다. 첫째 선친의 작품을 최대한도로 보급하여야 한다. 여기에는 연주뿐만 아니라 레코딩도 있다. 소련에서는 레코딩을 완성시켰으나 그곳에서는 구할 수가 없다. 그리고 나에게는 내가 영향 받았던 작곡가들의 작품을 연주하고 싶다. 말러, 부루크너, 스트라빈스키, 차이코프스키, 브람스 등이다. 모스크바 방송국에서 일한 경험이 있는 나는 새로운 음악에도 익숙하기 때문에 미국작곡가의 작품도 레코딩 하고 싶다. 이러한 새로운 음악이 끊임없는 흐름이 없다면 나는 편안치가 못할 것이다.

* 귀하는 미국음악을 좋아하는지?

» 대단히 좋아한다. 선친은 미국음악이 다른 나라보다 늦게 출발을 했기 때문에 훨씬 더 빨리 발전하고 있다고 말씀하셨다.

* 소련이 위대한 작곡가가 많이 생겨난 이유는?

» 위대한 작곡가가 많은 것은 사실이다. 그리고 위대한 작가나 미술가들도 많다. 그것은 소련의 생활이 유장하게 이루어졌기 때문이다. 특별히 급한 것이 없었기 때문에 명상과 사고를 할 수밖에 없었다. 소련 사람들은 감정이 대단히 풍부한 사람들이다. 정치적인 면에서 본다면, 소련은 언제나 커다란 손실을 겪었다. 예술은 어려운 시기에 위안이 되

기 때문에 소련인들은 예술을 통해서 위안을 찾았다.

* 서방이 소련의 예술적 자유를 조장하기 위해 할 일은?

» 정치적 영향은 도움이 될 것이다. 세계의 정치정세가 완화되면 예술가들의 생활도 거기에 따라 쉬워질 것이다. 그러나 이것은 일시적인 해결이다. 현재로서는 소련에서 근본적인 변화가 있을 것이라고 생각되지 않는다. 소련에서는 고위간부들이 바보 같은 결정을 내리는 데 따라 많은 것이 좌우된다. 예를 들면 어떤 고위 관리가 보리스 파스테르나크의 작품을 좋아하지 않는다면 파스테르나크를 멸망시키기 위해 그가 할 수 있는 모든 방법을 다한다. 40년간 관리였던 어떤 인물은 선친을 싫어해서 선친의 작품을 무시하려고 했다.

* 현재 소련에서 관리들이 내리는 결정 중에 가장 싫어하는 것을 하나 예를 든다면?

» 들 수 있다. 소련에서 부친의 생일을 기념하고 있다. 연주가 많이 행해지고 있으며 완전히 새로운 판이 나오고 있다. 그 중 일부는 이미 출판되었으며 앞으로 더 많이 나올 것이다. 그러나 여기에는 나를 당혹케 하는 것이 있다. 소련에서 예술을 과장하는 관리들은 쇼스타코비치가 다른 예술가들 또는 친지들에게 바친 작품들을 모두 제거하기로 결정했다. 주요 이유는 쇼스타코비치가 많은 작품을 바쳤던 로스트로포비치와 그의 아내 갈리나 네프비치스카야가 소련을 탈출했기 때문이다. 이제 나도 소련을 떠났다. 그들은 내 작품도 제거시키고 있다. 소련 당국이 레닌에게 바친 제12번 심포니는 어떻게 처리할지 궁금하다. 작곡가의 헌제(獻題)를 훼손하는 자는 작곡가의 뺨을 때리는 것과 같다. 작곡가가 죽고 난 다음 후세의 사람들은 그 헌제를 통해서 작곡가의 상황을, 그리고 그 작곡가가 누구와 친했는지 또 어떤 인격의 소유자를 좋아했는지를 알 수 있는 것이다.

* 향수를 느껴 본적이 있는지?

» 내가 다른 사람을 두고 왔기 때문이 아니라 이곳으로 데리고 오고 싶은 사람이 그곳에 있기 때문에 향수를 느낀다.

* 미국에서 본 것 중 가장 좋은 것과 나쁜 것을 든다면?

» 드미트리 쇼스타코비치－나는 아직 나쁜 것을 보지 못했다. 나쁜 것을 볼 것이라고 생각하지 않는다. 친절한 사람들, 놀랄 정도로 아름다운 자연 모든 것이 다 좋다.

쇼스타코비츠를 쫓던 소련의 KGB는 이들에게 돌아올 것을 명령한다. 그러나 쇼스타코비치는 자신의 영혼에 따른 탈출이라고 대답한다.

재구(在歐) 반소작가들, 빅토르 네그라소프, 알렉산드르 지노비에프, 에드와르도 쿠즈네초프 – 평화와 자유 그리고 국가

네크라소프, 1912년생, 키에프 대학에서 건축학을 전공하고 극장 미술을 담당, 연기도 하였다. 독-소전에 공병대 부관으로 종군했다. 전후 처녀작 〈스탈린그라드의 참호에서〉로 스탈린상을 받았다. 이후 〈고향의 거리에서〉, 〈여름 끝날 무렵〉을 발표한다. 제대 군인이나 강제 수용소에서 돌아온 사람들을 묘사한다. 유태인 문제나 체코슬로바키아 사건에서 대담한 발언을 하고 반체제 작가 탄압에 반대했기 때문에 작가동맹과 당으로부터 제명되고 74년에 가족과 더불어 출국, 79년 일본에 와 있는 동안 소련 시민권을 박탈당한다. 파리에 살고 있으며 자신이 편집장 대리를 하고 있는 국제적인 러시아어 잡지 콘티넨트에 에세이를 연재하고 있다. 최근(1984년 현재) 저술로서는 〈사페르리 포페트〉가 있다.

지노비에프, 1922년생, 모스크바의 역사-철학고등학원 재학 중 스탈린의 개인숭배를 비판, KGB의 감시를 받게 되자 도피한다. 징병되어 전쟁에 참가한다. 전후에 입당, 모스크바대학에서 논리학의 주임교수로 있었다. 그 업적이 국제적으로 알려졌으나 소련 국내에서 논문 간행, 국외에서 강연 등이 금지되었다. 조지오웰의 〈1984년〉의 소련판이라고도 하는 소설 〈현옥의 높이〉는 서독에서 출판되어 유럽 상을 수상, 이 소설이 원인이 되어 공직에서 추방당해 78년 망명, 서독의 대학에서 교편을 잡았다. 소설 〈빛나는 미래〉, 〈야경(夜警)〉, 〈녹색의 저택〉, 평론으로는 〈호모 소피에틱〉, 〈현실로서 공산주의〉, 〈풍자 시집〉, 〈자유도 평등도 박해도 없이〉 등이 있다.

쿠즈네초프, 1939년생, 모스크바대학 철학과 수학을 전공하였고 사미즈타트(지하출판) 잡지 페부스 61을 발행했다가 체포되어 강제노동을 6년 하였다. 출옥 후 1970년, 유태인에게도 망명할 뜻이 있다는 것을 선언하기 위해 친구와 더불어 하이재크를 꾀했으나 실패하고 사형 선고를 받고 사하로프가 있는 아피르에서 강제 노동 16년으로 감형되었다. 강제수용소에서 쓴 〈일기〉국외에서 출판되어 구미 문학상을 수상하고 모두 16년간의 강제수용소 생활 끝에 1976년 미국 억류중인 소련 스파이와의 교환으로 출국하였다. 서독의 방송국에서 근무하였고 세 번째의 소설 〈러시아 로망〉이 있다. 사하로프 부인의 조카이다.

반핵운동의 화살을 소련으로 돌려라

1984년 동경에서 열린 르네상스 국제회의에 참석했던 이상의 소련의 반체제 작가 4명은 일본의 마이니찌 신문과의 회담에서 그들의 소련에 대한 견해를 밝히고 있다.

* 우찌무라 고스께 – 쿠즈네프초스키씨, '미국은 체포한 소련 스파이를 석방하라,' 그러면 대신 구즈네초프를 넘겨주겠다는 바겐이 있어서 당신은 소련으로부터 출국을 했습니다. 부코프스키의 케이스와 흡사합니다. 한편 네크라소프씨와 지노브에프씨는 그런 바겐이 없이 일방적으로 추방된 것이지요?

» 구즈네초프 – 나와 교환된 상대가 스파이건, 트렉터이건 간에 그런 것은 나와 부코프스키에게는 아무런 관계도 없습니다. 중요한 것은 그런 것으로 인해 인간이 자유를 얻게 된다는 것입니다.

* 우찌무라 – 미국정부가 이렇다는 스파이를 석방해주고 그 대신 소련인 죄수를 석방하는 뜻은 무엇입니까?

» 구즈네초프 – 교환은 그 자체가 목적이 아닙니다. 이것은 패키지거래라는 것이지요. SALTI가 타결되었을 경우 그것을 의회로 하여금 승인시키기 위한 카터 대통령(당시)의 제스처입니다. 모스크바도 미국이 말하는 인권 외교에 호응하여 인질을 석방하여 양보하는 것이 아니냐는 설명을 하기 위해서입니다. 그 결과 무려 5만1천 명이 석방되어 소련을 떠났습니다. 혹자는 솔직하게 출국을 요구했었고, 혹자는 스파이와 교환이라는 형태로 말입니다. 이에 대해 카터 쪽에서도 대형 컴퓨터의 수출금지를 풀고 곡물수출협정의 길을 터놓았지요. 그러나 SALTI는 성사되지 않았습니다.

» 네그라초프 – 소련은 동독이나 쿠바처럼 인간을 팔아 돈을 버는 일은 하지 않고 있습니다. 그것은 참으로 아쉬운 일입니다. 소련이 그렇게만 한다면 사하로프도 살 수 있으니 말입니다. 고리키에 유배되어 있는 사하로프는 죽음에 직면 해 있으며 부인은 안질을 앓고 있으며 두 번의 심근경색으로 지금은 겨우 걸을 수 있는 상황입니다.

* 우찌무라 – 몸값이 문명 세계를 횡행하겠군요.

» 네그라소프 –서독은 국제통화로 일정액을 지불하고 당사국도 그것을 비밀로 하지 않고 있습니다.

» 쿠즈네소프 – 한 1천 명 정도는 사들였을까요. 몸값은 1인당 약 2만 5천 달러. 서독이 동독에다 현찰을 지불하면 동독은 정치범 속에다 형사범을 섞어서 석방하는 것입니다.

* 우찌무라 – 좀 품위 있는 테마, 서독 쪽의 반핵운동으로 돌립시다.

» 네크라소프 – 물론 사람들은 핵폭탄에 대비하여 궐기하지 않으면 안됩니다. 그리고 그 반핵의 화살은 소련으로 돌리지 않으면 안됩니다. 그런데도 이 운동은 미국만을 대상으로 하고 있습니다. 미국의 폭탄보다 소련의 폭탄이 훨씬 무섭다는 것을 이해하지 못합니다.

» 지노비에프 – 내 생각으로는 평화운동과 평화주의, 이 두 가지 사이에는 별로 공통점이 없습니다. 평화운동은 평화주의와는 별개의 것이고 이데올로기적인 것이라고 생각합니다. 평화운동에는 모험주의자도 있고 심심풀이로 하는 사람도 있으며 매수된 자도 있을 것입니다. 그러나 대부분의 참가자들은 자기들은 평화를 위해 투쟁하고 있다고 나이브하게 생각하고 있습니다. 이 운동은 물론 서방에서 시작한 것이지만 분명히 소련의 목적을 거들어주고 있습니다. 그것은 반론의 여지가 없습니다.

강제 수용된 사람들은 전쟁이 유일한 희망

» 쿠즈네초프 – 그 운동이 타락하던 아니면 새로운 정신병으로 되느냐는 것과는 관계할 바가 아니고 자신의 목적을 위해 속속들이 이용하고 있는 것이 소련체제입니다. 그러나 이 문제는 보다 더 넓은 철학적인 흐름 속에서 볼 수도 있을 것이라고 생각합니다. 평화운동은 서방측의, 일방적으로 말해서 세계문화의 집단화를 나타낸 것으로 역사의 마당에 집단 인간이 등장했다는 것을 나타내고 있습니다. 종교적, 윤리적 뿌리를 상실한 그들에게 있어서 중요한 것은 어떠한 대가를 지불하고서라도 오래오래 살고 싶다는 생리적인 혹은 동물적인 생활관입니다. 그들은 평화가 탐이 나므로 평화를 말하는 사람이라면 누구하고라도 함께 있을 수 있는 작정이라는 것입니다. 소련이 강제수용소에서 아무리 인간성을 암살해 간다고 하더라도 전쟁을 일으키지만 않는다면 평화주장자는 평화주의자가 되는 것입니다. 현대의 집단인은 자유와 인간적인 가치를 수반하는 삶이라는 중요한 관념을 잊어버리고 있습니다. 좋아하는, 제멋대로의 가치에 바탕한 생활방법이라는 것이 금세기의 특징이고 평균적 인간의 집단이 전 세계에 자신의 행위 기준을 강요하기 시작했던 것입니다.

* 우찌무라 – '죽을 것이라면 붉은 편이 낫다.'고 쓰고 있습니다.

» 쿠즈네초프 – 강제수용소의 극단적인 형태는 확실히 죽음보다도 더 악합니다. 그런 위

치에서 재미있는 것은 강제수용소에 오래 있는 동안 어떤 자들은 전쟁이 세계를 파국으로 이끈다는 것을 알고 있으면서도 그래도 전쟁을 유일한 구출 수단이나 희망으로 간주하게 된다는 것입니다. 그들로서는 전쟁이야말로 자신들에게 자유를 안겨줄 수 있는 유일한 것으로 보고 있습니다. 이와 같이 사람으로 하여금 전쟁을 기다리게끔 만드는 현대의 강제수용소 체제는 무서운 것입니다.

* 우찌무라 – 20세기가 강제수용소의 세기라고 한다면 인간은 필경 거기에 들어갈 준비를 할 수밖에는 없을 것입니다.

노예노동의 이용이 공산주의의 원칙

» 쿠즈네초프 – 금세기에 있어서 강제수용소는 실존적인 개념, 키워드의 하나로서 복잡한 특징을 띠고 있습니다.

* 우찌무라 – 강제수용소는 20세기에 있어 논리적 필연적인 제도일까요? 아니면 교리에서 생긴 오해의 산물입니까?

» 지노비에프 – 두 가지 문제가 있습니다. 첫째는 사회를 강제수용소처럼 동일시하는 것이 올바른 것이냐는 것입니다. 이것은 그렇다고 할 수 없습니다. 예를 들면 손과 몸의 관계입니다. 손은 신체라는 전체 조직의 모델이 될 수가 없습니다. 강제수용소에서 사람들은 교육을 받을 수도 없으며 어린아이도 낳을 수 없고 출세도 할 수 없습니다. 하기야 사회가 강제수용소보다 나쁠 수도 있습니다. 나는 종전이 될 때까지 표준적인 생활을 하고 있었습니다만, 솔제니친의 〈이반 데니소비치의 하루〉에 묘사되고 있는 강제수용소 생활보다 더 괴로웠기 때문입니다. 그러나 그것은 그다지 중요한 일은 아닙니다. 둘째 문제는 소련과 같은 공산주의적인 사회가 강제수용소 없이 존재할 수 있겠느냐는 것입니다. 흐루시초프가 집권한 뒤 한동안은 중단되고 있었습니다만 공산주의 사회는 원칙적으로 노예노동을 이용하는 경향을 대단히 강하게 나타내고 있으며 그것은 지금도 계속되고 있습니다. 현재 강제수용소는 전에 비해 감소하고 있습니다. 그리고 노예노동 이용은 다른 방법으로 대체되고 있습니다. 예를 들면 매년 몇 백만 명이나 되는 사람들이 농촌에서 일을 하기 위해 동원되는데 이것은 곧 노예노동의 형태입니다. 파견된 장소에서 일을 할 수밖에 없습니다. 그들은 실제로 보수를 받는 것도 아니고 경력을 얻게 되는 것도 아닙니다. 그밖에도 학생들의 건설 대, 고교생들이 파견됩니다. 일

반인들이 가지 않는 곳에는 군대가 노동력으로 이용되고 있습니다. 이러한 전반적인 노예노동 가운데는 죄수의 수가 압도적으로 많습니다. 소련 정도의 인구를 갖고 있는 미국에서는 약 3천 만 명의 노동인구가 필요하게 됩니다. 지금은 스탈린시대보다 강제수용소가 적다고 생각합니다. 노예의 내부 조달은 앞으로도 계속될 것입니다.

재능 있는 사람에 있어서는 고통의 연속

* 우찌무라－ 중공이나 베트남에서도 그렇다는 것입니까?

» 지노비에프－ 공산주의 체제라면 그것은 틀림없이 노예 노동의 경향을 띠게 됩니다. 강제수용소의 설치가 필요하게 됩니다. 서방측은 대단히 잘못된 일이지만 공산주의 사회 출신자들이 그 체제에 대해 이야기하는 것을 잘 들으려 하지 않고 있습니다. 그것은 많은 사람들이 그 체제가 유혹적으로 보이고 우선 체제가 무엇이든 해방과 중압으로부터의 경감을 갖다 주기 때문입니다. 그러나 이 체제는 뒤에 가서 새로운 노예체제로 변형됩니다. 그렇게 되면 돌이킬 수 없게 됩니다. 만일 서방측이 자기의 인간적인 가치나 생활 형태, 자유나 부를 유지하고 싶다고 한다면 지금 거기에 대해 깊이 생각할 필요가 없습니다.

* 우찌무라－ 서방측은 공산주의 블록에 대한 그 견해를 바꾸게 할 수 있다고 생각합니까?.

» 지노비에프－ 못할 것입니다. 사실상 불가능합니다. 그것은 그 사회에는 부정적인 면 외에도 긍정적인 면이 있기 때문입니다. 우리가 사정을 잘 알고 있는 문학 분야의 예를 들면 그들에게 있어서 이 사회는 지상의 낙원입니다. 만여 명의 작가들이 있으나 그들은 거의 재능이 없다고 봐도 됩니다. 그들은 일생동안 한 두 권의 책을 내고 그것으로 살아갑니다. 어떤 자는 책을 내지 않았는데도 작가로 취급을 받고 있습니다. 별장이나 자가용 등 그 밖에 여러 가지 혜택을 받고 있습니다. 소련 문학에 있어서 이러한 상태를 지옥이라고 보는 사람은 없습니다. 문학뿐만이 아닙니다. 소련의 과학 분야에는 몇 십만 명이라는 사람들이 있습니다. 아무런 발견도 하지 않았는데도 형편이 아주 좋습니다. 그러나 적극적이고 재능이 있는 사람에게 있어서는 고통의 연속입니다. 그럼으로 서방측이 해방시켜준다는 기대는 무의미합니다. 누구를 해방시켜준다는 말입니까? 늦었습니다. 서방측은 자기 자신에 대한 걱정을 하고 있으면 되는 것입니다.

» 네크라소프－ 그런데다 일반인들은 해방의 수단이라는 것이 없습니다. 전쟁이 일어났

다고 해서 내부 투쟁을 들고 궐기할 자도 없습니다.

» 쿠즈네초프 – 그렇습니다. 상황은 아주 비극적입니다.

향락적인 서방인들 공산주의 위협에는 소극적

» 지노비에프 – 물론 아주 심각합니다. 소련 민중을 해방한다는 것은 무엇을 의미하는 것입니까? 그것은 체제에 반항해서 내부로부터 투쟁을 해야 합니다(이 투쟁은 이미 시작되었다). 그런데 우리들 앞에 놓여 있는 문제는 수 세대에 걸친 긴 역사의 과제이므로 지금 당장 해결하고 싶다는 희망은 이루어질 수가 없습니다. 살아있는 인간으로서 우리가 할 수 있는 유일한 것은 양심의 의무를 수행한다는 것입니다. 그렇다고 해서 우리의 행동이 즉각 적극적인 결과를 낳는 것을 의미하는 것은 아닙니다. 그것은 시작에 불과한 것이지만 거대한 역사의 시작인 것입니다. 서방측도 세계의 추이(推移), 인간의 문제나 인권 등 기타의 문제에 주목하여 진지하게 대처하지 않으면 안됩니다. 그런데 아쉽게도 민주주의 사회는 실리주의의 방향을 취하고 있습니다. 세계 전체에서 특히 서방측에서는 생존의 비극적 감각이 상실되고 생활은 향락과 만족에 놓여있습니다. 이 때문에 공산주의 제국으로부터의 위협에 엄격하게 대항 할 의욕이 나지 않고 있습니다. 서방측은 이미 그들이 존재하는 것으로 인정하고 있습니다. 서방측이 걱정하고 있는 것 가운데 유일한 것은 자기의 상태를 유지한다는 것입니다. 서방측은 그래서 줄곧 불가피하게 지고만 있는 것입니다. 그것은 소련식의 체제는 그 방침 상 공격적인 것에 비해 서방측은 그저 소극적인 자세를 취하고 있을 뿐이기 때문입니다. 그들은 자기 억제를 시도합니다. 그리고 그 결과는 필연적인 후퇴입니다. 그들에게는 행동을 하려는 생각조차도 없습니다. 행동에 대한 생각이 없다고 한다면, 이해에 대한 생각이 나올 리가 없습니다. 그럼 무엇을 이해하려는 것일까? 생활 자체의 비극성을 이해하여 지금부터 당장 행동을 일으킬 필요가 있다는 것을 이해하여야만 한다는 것입니다.

» 네크라소프 – 이 좌담회가 있기 전에 우찌무라씨와 솔제니친의 일본 강연에 관한 이야기를 했습니다. 우찌무라씨나 다른 일본인들이 그가 높은 곳에서 설교하는 것이 마음에 들지 않았다는 것이었습니다. 공산주의는 무서운 물건이라고 솔제니친이 말했던 것 같습니다. 그러나 소련에서는 민중에도 좋은 길이 있고 작가에게도 마찬가지로 좋은 점이 있습니다.

소련 사회의 생활수준은 낮지만 안정적

» 쿠즈네초프 – 만일 나쁜 것들뿐이라고 한다면 체제는 존재하지 못했을 것입니다. 무엇인가 균형 잡는 것이 있으니까 혁명 후 (당시 1984) 67년간이라는 시간 그 자체가 곧 적응 능력을 갖는 안정된 유연한 조직이라는 것을 나타내고 있다는 것입니다.

» 네크라소프 – 그것은 사실입니다. 지금까지 그 나라는 어째서 궤멸되지 않았던 것일까요?

» 지노비에프 – 결코 궤멸되는 일은 없을 것입니다. 공산주의가 무섭다는 것은 부정적인 측면에서 보다 긍정적인 측면에서입니다. 체제에 대한 비평가들, 특히 솔제니친 등이 부정적인 면을 강조할 때 그들은 어느 정도 방향 감각을 상실한 것 같습니다. 그것은 국가가 부정적인 면만을 갖고 있다고 한다면 그 나라에 대한 대응 방법도 편했을 것이고 민중도 이전의 국가를 버렸을 것입니다. 그런데 그렇게 되지 않는 것은 부정적인 밑바탕에 긍정적인 면이 있기 때문입니다. 다 알고 있는 예를 든다면 저임금입니다. 그것은 역시 노동조건이 낮기 때문입니다. 그러나 일거리는 보증되어 있습니다. 주거의 조건이 나쁘지만 그것은 급료가 낮기 때문입니다. 그 대신 주거비가 헐합니다. 일, 급료, 의료서비스 등 모두가 일정 수준에 있습니다. 생활의 형태 자체는 단순합니다. 서구와 소련의 생활 형식을 비교해보면 큰 차이는 없습니다. 그러나 소련에서는 신분증명서와 직장의 노동 수첩만 있으면 그것으로 만족합니다. 나머지 것은 모두가 간단합니다. 생활에 있어 관료주의적인 면은 무섭고 복잡합니다. 그래서 신경이 마비됩니다. 긴장이 됩니다. 소련 사회의 수준은 낮지만 안정되어 있다는 것에 보통의 사람에게 있어서는 매우 유혹적인 것입니다. 그러나 다소나마 의욕이 있고 재능이 있고 일을 할 수 있는 사람의 경우 양심이라던가 동정이 작용하게 되면 그는 즉각 체제전체와 충돌하게 됩니다. 그런데 KGB와 충돌하는 것만 아닙니다. 그것이 중요합니다. 반항하는 인간의 정신을 압살하는 것은 대중의 무관심과 무기력입니다. 사람들은 스스로에게 벌을 주고 있는 것입니다.

소련 사람들의 무서운 독서열

» 쿠즈네초프 – 그러나 이 체제는 인간의 좋은 면보다 나쁜 면을 배양할 수 있게끔 되어 있습니다. 인간은 나쁜 면을 자극하게 되면 기꺼이 그 방향으로 가게 됩니다. 사회라는 것은 모두가 우수한 개성에 대적할 수 있게끔 되어 있습니다. 소련사회처럼 그것이 특별히 조직

화되어 있는 것이면 양심이나 자유라는 원리 그 자체에 대적하게 되어버리는 것입니다.

» 지노비에프— 나의 예를 말씀드리지요. 나는 교수였고 다른 직책에 있기도 했습니다. 그 무렵 나는 소비에트 체제를 비판한 〈현혹의 높이〉라는 소설을 서구에서 출판했었지요. 당시 모스크바에서는 그 소설을 아무도 읽지 않고 있었습니다. 그럼에도 불구하고 삼사십년 동안이나 친하게 지내던 진보적인 자들이 나에게 등을 돌렸습니다. 아무도 그들에게 위협을 하지 않았는데도 말입니다. 그들은 높은 자리에 있는 사람들이므로 나하고 인사정도 했다고 해서 그들을 벌할 사람은 아무도 없습니다. 대학에서 이 사건이 심의되었을 때 지난날의 나의 친구들이 총살하라고 요구했습니다. 심사장에는 KGB의 장교가 한 사람 있었습니다. 그는 모여 있는 사람들에게 당신네들이 재판을 하는 것이 아니라는 것을 말하고 있었습니다. 결국 나는 추방, 밖에서는 차가 기다리고 있었습니다. 그리고 감시, 그러나 이런 것은 보통 있는 일입니다. 나에게 보다 더 징벌을 주었던 것은 친구들이었습니다.

* 우찌무라— 결국 '물이든 민중'이라는 이야기이군요. 민중이 물들면 그때문에 곤란하거든요. 그러나 저러나 여러분의 모국어는 러시아어입니다. 서방 세계에서 글을 쓰자면 상당한 차이가 있을 터인데요.

» 지노비에프— 서구사회는 소련보다 행동적입니다. 소련 사회는 정치에 대해 어떻든 무관심입니다. 오직 한줌의 고립된 그룹이 여기저기에서 무엇인가의 정치적 행동을 하고 있으나 곧 체포되어 벌을 받게 됩니다. 주민의 대부분은 정치가 없습니다. 그런데 서방측은 그렇지 않습니다. 조직이나 당이 있고 데몬스트레이션이 있습니다. 그럼에도 불구하고 소련은 서구에 비해 보다 많이 알고 사고하는 나라입니다. 예를 들면 독일에서 평균 가정이 1년에 책 한 권을 사는데 소련에서는 가정마다 한 달에 책 한 권을 삽니다. 문학을 예로 들면 서방측에서는 책을 팔리게 하기 위해서 5%의 재능과 95%의 유명도가 있으면 충분합니다. 그리고 좋은 책은 팔리지 않지만 악서는 베스트셀러가 됩니다. 소련에서는 작가가 양서를 내게 되면 그것이 전부입니다. 서평 같은 것이 없어도 독자가 책을 찾게 됩니다.

» 네크라소프—찾아낼까요. 하기야 거기에도 무엇인가의 읽을거리가 있지요. 그런데 서방측의 이해도는 낮은 것 같습니다. 서방측 사람들의 관심은 무엇인가 쓸데없는 것에 있고 중요한 것은 잊고 있는 것 같습니다. 그래서 때로는 화가 날 때도 있지요. 예를 들면 여기 함께 있는 네크라소프씨는 소련에서는 가장 유명한 작가입니다. 아이들까지도 교과서를 통해 알고 있을 정도의 작가인데도 이러한 사람들이 희생을 당하게 됩니다. 적

어도 무엇인가를 말하기 위해 그리고 거기에 합당한 반응이 서방측에서는 있다고 기대하고 평생 동안에 얻은 것 전부를 소련에다 버리고 나오는 것이지만 거기에 합당한 반응은 일어나지 않고 있습니다. 대단히 슬픈 일입니다. 그러나 우리들에게는 되돌아갈 길이 없습니다. 상황은 비극적입니다.

* 우찌무라－ 의외로 자기 자신을 노예화하는 행위가 서방측에는 있습니다. 그렇기 때문이지요.

옛 러시아 때부터 작가 지위는 1위

» 지노비에프－ 서방측에서는 작가에 대한 관계가 전혀 다릅니다. 소련에서는 문학을 중요한 일로 보는 습관이 있습니다. 이것은 옛 러시아로부터의 전통으로서 소련 사회에서는 작가가 제1위입니다. 선두를 시인, 작가가 차지하고 있고 그 뒤를 따라 정치가, 지도자, 당 활동가. 기술자, 교수, 연구원 등의 순입니다.

» 네크라소프－ 아가서 크리스티와 트로와어를 제외하면 보통 원고료만으로는 살아가기가 힘들 것 같습니다.

» 지노비에프－ 그래서 작가는 포르노 소설이라든가 추리소설 등 아주 쓸데없는 것을 쓰지 않으면 안됩니다. 독일에 칸사리라는 부자 작가가 있는데 소련을 테마로 삼은 소설을 2, 3권씩이나 쓰고 있는데 다 형편없는 것들입니다. 독일인이 소련에 대해 잘못된 관념의 작품으로 말미암아 생긴 것입니다.

» 쿠즈네초프－ 내 경우는 대체적으로 서방에 대해 환상을 갖고 있지는 않았습니다. 따라서 나는 별도의 상황에 놓여 있었습니다. 여기에서는 아무에게도 진실이 없으며 아무에게도 진실을 말할 수 없다고 생각했습니다. 그리고 아무도 진실을 찾고 있지 않습니다. 그래서 우리들에게 귀를 기울이라고 생각하지 않았습니다. 우리는 사람들이 듣고 있든지 말든지 우리가 알고 있는 것을 말하지 않으면 안됩니다.

도중에 포기하는 것이 소련의 특징

» 지노비에프－ 우리 나이가 되면 변절을 할래야 할 수가 없습니다. 젊다하더라도 그 사

람이 원칙적으로 골격이 있고 그곳에서 성장한 사람은 마찬가지로 골격을 바꿀 수가 없습니다. 네그라소프씨가 포르노 소설을 쓸 것이라고 생각합니까? 있을 수가 없는 일입니다.

* 우찌무라– 그런데 서구는 자멸을 하게 되는 것인지 아닌지 시간이 걸리면 공산주의에 항복을 하는 것인지, 어떻게 생각합니까?

» 지노비에프– 항복하지 않을 것입니다. 다행스럽게도 소련은 내부의 법칙으로 말미암아 자신의 우수성을 이용할 수 있는 능력이 없습니다. 아프가니스탄의 예를 이야기하지요. 작전은 훌륭했습니다. 그런데 수행 방법이 바보 같았습니다. 그러나 그것은 소련 체제의 전형적인 것이었습니다. 작전 수행을 위해서는 제일 급의 군대를 파견했어야 했는데 전투 능력이 아주 떨어지는 부대를 보냈던 것입니다. 그들은 인도양까지 가려했습니다. 나는 그렇게 판단하는 데에 충분한 근거를 가지고 있었습니다. 그런데 도중에 중지하고 말았습니다. 소련은 상대방에게 타격은 가하지만 그 뒤 자기 자신이 브레이크를 겁니다. 모든 것이 다 그런 식입니다. 서구에서 스파이 활동에 대한 것을 살펴봅시다. 실로 환상적입니다. 모든 것이 공개되어 있으므로 그들은 매일 같이 몇 트럭분의 정보를 소련으로 보내고 있습니다. 더욱 아무도 방해를 하지 않습니다. 그런데 그 체제의 효율은 아주 낮아 수집된 정보 가운데 5%도 이용을 하지 않고 있는 것입니다.

자기들의 정보원을 믿지 않는다.

» 쿠즈네초프– 그들은 자신들의 정보원을 신용하지 않을 때도 있습니다. 이바노프를 조사하기 위해 페트로프를 파견하자는 식입니다.

» 지노비에프– 그러므로 서방측은 그 체제를 면밀하게 연구하지 않으면 안됩니다. 어리석은 반공처럼 소련을 이롭게 하는 것은 없습니다. 그런 의미에서 나는 과학적인 반공을 하자고 주장합니다. 나는 반(反), 반공(反共)이며 반핵(反核)입니다.

» 쿠즈네초프– 서방측에 소련 체제를 연구시키는 유일한 동기는 시장 무역인지도 모릅니다. 아프가니스탄에 공장을 세운다고 하며 그들이 와서 점령을 할지도 모릅니다. 유리하다거나 불리하다는 관점에서 말입니다.

* 우찌무라– 일본에서는 '사람은 성(城), 살은 돌담'이라고 합니다. 소련에서는 사람은 부품, 파트, 더욱 관리자는 부품 하나, 하나를 믿지 않는다는 말입니까? 마지막으로 일본

사람들에게 작별의 말을.

» 네그라소프 - 소비에트 권력은 당신네들의 자그마한 4개의 섬을 돌려주지 않을 것입니다. 만일 반환한다고 하면 캄차카나 구릴열도 어디에 로케트를 배치했다는 것입니다. 북방 4개 섬을 반환하면 일본이 소련의 극동지역을 원조해다오, 먹여 살려다오, 집을 지어달라고 할지도 모릅니다. 아주 어리석습니다. 소련은.

» 쿠즈네초프 - 소비에트 권력이 무엇인가를 포기하는 일이 있다고 하면 그때는 이미 소비에트 권력이 아니라 무엇인가 다른 것이 되어 있다는 이야기입니다.

» 네크라소프 - 소비에트 권력은 서방측을 정복할지도 모릅니다. 사하로프를 해방시켜주고 아프가니스탄에서 철수하고 북방 4도를 반환한다는 식으로 한다면 말입니다. 그러나 그때 존재하고 있는 것은 소비에트 권력이 아닙니다.

반체제작가, 시인, 오시프 만델슈탐

여기에 소개되는 나제지다와의 인터뷰는 1977년 말 엘리자베스 데 모니가 가졌던 것이다. 모니는 BBC방송 모스크바 특파원인 남편과 더불어 모스크바에서 살고 있었고 나제지다 만델슈탐과는 72년부터 사귀어왔다.

나제지다 야코부레나 만델슈탐은 1899년 10월 30일생으로 스탈린시대에 숙청으로 희생된 시인 오시프 만델슈탐의 부인이다. 국외에서 출판된 〈회상〉(70년), 〈제2의 책〉(73년)의 저자로서 널리 알려져 있는 인물이다. 이 두 권의 회상록에서 나제지다는 스탈린을 비난하는 시를 썼기 때문에 체포되어 수용소로 유배된 재능 있는 시인 만델슈탐을 회상하며 고난에 찬 남편과 자신의 생애와 그 비극적인 시대를 묘사하여 많은 독자들에게 감흥, 감명을 주었다. 나제지다는 64년부터 모스크바에 살고 있었으나 1981년 12월 29일 81세로 세상을 떠났다. 이 인터뷰를 했던 77년 나제지다는 이미 77세 고령으로 고난을 겪고 온 인생을 진지하게 고백한 것이다. 이 인터뷰는 녹음테이프로 되었으나 자신이 살아있을 동안 공개하는 것을 원하지 않았다. 1982년 프랑스의 컨티네트誌 31호에 러시아로 처음으로 공개된 것이다.

처형당할 것을 알면서도 반스탈린 시를 쓰다.

* 나제지다, 좀 이야기를 해주십시오. 태어난 곳은 어디입니까?

» 나제지다 — 사라토프라는 곳이지요. 볼가강변에 있는 작은 도시입니다.

* 당신이 유럽에서 보냈다는 것은 알려지지 않고 있습니다. 어느 나라에서 살고 있었습니까?

» 나제지다 — 물론 알려지지 않을 것입니다. 나 자신도 정확한 기억이 없기 때문입니다. 프랑스, 이탈리아, 독일 등에서 살았으며 스웨덴에도 간 일이 있습니다.

* 몇 살 때 러시아로 돌아왔습니까?

» 나제지다 — 우리는 늘 러시아에 돌아와 있었습니다. 스위스에서 2년간 살고 있었는데 그것이 외국생활 중 가장 긴 체류였습니다. 물론 파리에도 갔었지요. 성 카테리나 축제도 기억하고 있습니다. '성 카테리나의 모자'도 써 본 일이 있습니다. 옛날부터 있었던 성녀의 축제로 아마 6월이었다고 생각합니다.

* 카톨릭 순례자의 하나인 루르드에도 가본 일이 있습니끼?

» 나제지다 — 물론입니다. 부모님들은 신자는 아니지만 루르드로 나를 데려가 주었습니다.

* 유럽에서 지냈을 때는 아주 어렸을 때였군요. 그 시절이 당신에게 무슨 큰 영향이라도 주었습니까?

» 나제지다 — 잘 모르고 있었습니다만 유럽에 살고 있을 때를 기뻐하고 있습니다. 그것은 위화(違和) 같은 감정이 없이 살고 있었기 때문입니다.

* 당신은 신자인가요?

» 나제지다 — 지금도 교회에 다니고 있습니다. 평생 동안 교회에 다니고 있는 셈이군요. 최초에 유모가 나를 교회에 데려갔었습니다. 그 유모는 러시아인이었습니다.

* 당신의 어머니는 유태인이고 아버지는 세례를 받았다는데 사실입니까?

» 나제지다 — 아버지는 세례를 받고 러시아 정교회로 개종했습니다. 왜냐하면 할아버지가 군인이었기 때문입니다. 아버지는 징병된 자의 아들이었다는 이유로 니콜리아 1세 치하에 강제로 세례를 받은 것 같습니다. 어머니는 유태인 그대로였습니다. 부모님들은 프랑스 어디에선가 결혼을 했습니다.

* 어떻게 해서 만델수탐과 만났는지 알려 주십시오.

» 나제지다 — 1919년 키에프의 어느 클럽에서였습니다. 나는 그때 19세였습니다. 후람이

라는 약칭으로 불리는 화가, 문인, 배우, 음악가 등이 모이는 클럽이었지요. 그때 우리는 매일 밤 거리에 나갔었고 그이도 매일 밤 왔습니다. 나를 그에게 소개해 준 사람은 우리들과는 어울리지 않는 창부였습니다. 그는 이미 시인으로 유명해 있었습니다. 나도 알고 있었습니다.

* 그 무렵 그가 천재라는 것을 알고 있었습니까?

» 나제지다－ 천재였는지 어쨌는지 나는 모릅니다. 그는 바보였습니다.

* 결국 어리석은 젊은이였다는 이야기이군요.

» 나제지다－ 그것은 좀 품위 있는 표현입니다. 그것보다는 더욱 나쁜 뜻으로 그는 바보였다고 말하고 있는 것입니다.

* 역시 그도 명랑한 젊은이였지요?

» 나제지다－ 아주 명랑한 사람이었습니다. 일생동안, 아니 불행했을 때도 명랑했습니다.

* 가혹하고 곤란했을 때도 명랑했다는 말입니까?

» 나제지다－ 가혹했던 시절? 수용소에서는 명랑하지 못했습니다. 수용소에 있을 때 그는 거의 정신에 이상을 일으키고 있었습니다. 식사를 하는 것까지도 두려워했습니다. 독살당하는 것이 아닌가 하는 두려움 때문입니다.

* 남편은 부드럽고 정다우셨습니까?

» 나제지다－ 나한테 대해서 그렇지 않았지만 다른 사람에게 특히 어린이들에게는 그랬습니다. 그는 어디에고 나 혼자 가게 하지 않았습니다. 아주 까다로운 사람이었다고 하는 사람도 있습니다. 나에게는 까다로웠습니다. 악당들에게도 마찬가지였습니다. 주위에 있었던 것은 모두 악당들이었습니다.

그의 시를 좋아한 러시아 지식인들

* 만댈수탐을 같은 시대의 다른 시인과 비교할 수 있습니까?

» 나제지다－ 물론 파스테르나크가 있습니다. 그 밖에는 아무도 없습니다. 여류 시인으로는 아프마토바와 츠베타이예바가 있습니다. 파스테르나크와 만델슈탐과 비교해보면 상당히 떨어진다고 생각합니다.

* 아프마토바는 만델수탐의 가장 친한 친구였다고 봅니다만.

» 나제지다－ 그렇습니다. 아프마토바는 나에게 그다지 친절하지 않았습니다. “이제야 겨

우 알게 되었지요. 당신이 훌륭한 아내였다는 것을" 그녀가 나에게 이 말을 한 것은 40년이 지난 후 그러니까 만델슈탐이 죽은지 35년이 지난 뒤지요.

* 아프만토바는 만델슈탐에게 큰 영향을 주었습니까?

» 나제지다— 아니요. 아무 영향도.

* 남편께서는 완전히 의연했었고 또 훌륭한 사람이었습니까?

» 나제지다— 그렇지 않았습니다.

* 내가 묻고 싶은 것은 그가 사람들에게 무엇을 주었느냐는 것입니다. 그의 시나 아니면 그의 철저한 성실성이냐 하는 것입니다.

» 나제지다— 모르겠습니다 .서방세계에 그가 잘 알려져 있는지 아닌지는 잘 모르나 러시아의 모든 지식인들 집에는 그의 시를 복사해서 가지고 있습니다. 오늘에 이르기까지 그는 복사품이지 인간은 아닌 것 같습니다. 그리고 그는 간질병환자라는 일화도 생겼습니다. 그는 오직 그것뿐이었습니다.

* 당신은 첫 번째 쓴 책에서 만델슈탐이 죽었을 때 "당신은 어째서 행복하지 않으면 안된다고 생각하고 있는 건지?" 이렇게 하는 말에 격려를 받았다고 쓰고 있는데?

» 나제지다— 그는 언제나 그렇게 말하고 있었습니다. 그가 기독교 신앙인으로 한 말입니다.

* 그의 기독교 신앙?

» 나제지다— 그는 기독교인이었습니다. 그리스도를 믿고 있었습니다.

* 그가 세례를 받은 것은 어릴 때였습니까? 아니면 성인이 되어서 입니까?

» 나제지다— 성인이 된 다음이었습니다. 대학 입학을 위해서라고 모두들 말하고 있으나 그것은 엉터리입니다. 그는 오로지 신앙에 몰두해 있었고 그 영향을 나도 받았습니다.

* 그는 22세 때 세례를 받았다고 말하고 있습니다. 만델슈탐이 타계한지는 거의 40년이 되었습니다. 지금도 당신은 그에게 친근감을 갖고 있습니까?

» 나제지다— 꽤 오랫동안 친근감을 갖고 있었으나 결국 단념했습니다. 그래서 지금은 그렇지 않습니다. 내가 배반한 것과 후회한 것을 그는 들었을지도 모릅니다.

적극적으로 도와준 부하린

* 남편의 작품을 살려내기 위하여 거의 40년간이나 당신의 삶을 보냈습니다. 생애를 건 삶에 만족하십니까?

» 나제지다－ 그렇다고도 할 수 있고 그렇지 않다고도 할 수 있습니다. 그렇기 때문에 나는 생애를 바쳤던 것입니다. 그것은 대단히 고통스러운 일이었습니다. 그래서 지금은 완전히 비어있는 것 같은 기분입니다.

* 지금부터 무엇을 할 작정입니까?

» 나제지다－ 할 수 있다면 아버지에 대한 것을 쓰고 싶습니다. 아버지는 매력이 넘쳐있던 분이었지만 나에게는 이제 힘이 없습니다. 흔히들 말하는 뜻에서가 아니라 수면 때문에 그렇다는 것입니다. 죽고 싶을 정도입니다. 수용소가 아니라 이 집에서 죽었으면 합니다. 수용소에서 죽을 가능성도 있습니다. 만일 브레즈네프가 퇴진한다면.

* 만델슈탐이 생존해 있던 1920년대부터 30년대 초에 걸쳐 당신들은 볼셰비키 지도자의 한 사람이며 37년에 스탈린에게 숙청된 부하린의 비호를 받고 있었습니다. 부하린의 명예 회복은 결코 있을 수 없다고 당국이 유족에게 전했느냐는 것입니다만은.

» 나제지다－ 나도 알고 있습니다. 그들은 부하린을 복권시킬 의사가 없습니다. 그러기에는 부하린은 너무나 강한 사람입니다. 그렇기 때문에 그는 피살된 것입니다. 스탈린시대에 외무장관이었던 몰로토프 등과는 비교도 안됩니다. 정말로 신뢰할 수 있는 사람이었고 어느 면에서는 인간이라기보다 인간을 초월한 사람이었습니다. 부하린은 아주 양성적인 사람이었습니다.

* 당신이 쓴 책에는 만델슈탐이 살아있는 동안에 모든 행복은 부하린의 덕이라고 썼습니다.

» 나제지다－ 부하린은 사실 우리들을 적극적으로 도와주었습니다.

* 언젠가는 부하린이 복권되리라고 생각합니까?

» 나제지다－ 그러기 위해서는 모든 것이 바뀌지 않으면 안됩니다. 이 죽어있는 나라에서 그것이 가능한지 나는 모릅니다.

* 당신의 책에 아주 중요한 것이 있습니다. 예술가의 죽음은 항상 우연적인 일이 아니라 최후의 창조적인 행위라고 쓰고 있습니다.

» 나제지다－ 그것은 내 말이 아니라 만델슈탐의 말입니다. 러시아의 작곡가 스크리아빈에 대한 에세이 속에서 그가 했던 말입니다. 그러나 러시아가 스크리아빈을 알고 있었다고 말한 그는 너무나 순진했었습니다. 러시아는 스크리아빈을 전혀 모르고 있었습니다. 알고 있었던 것은 음악원에 있었던 아주 소수의 음악 전문가들이었습니다.

* 남편이 스탈린에 대해서 시를 쓴 것은 우크라이나의 농업 집단화를 보고 이제 더 이상 가만히 있을 수는 없다고 느꼈기 때문입니다.

» 나제지다− 최초의 시를 말하는군요. 그렇습니다.

* 그 시를 쓰면서 그는 당신과 상의한 일이 있습니까? 아니면 그저 단숨에 쓴 것입니까?

» 나제지다− 물론 얘기를 해 주었습니다. 시의 한줄 한줄을 내게 보여주었습니다.

* 그 시를 쓰면서 그 시 때문에 죽게 된다는 것을 그는 몰랐다고 생각합니까?

» 나제지다− 그는 즉각 총살당할 것이라고 생각하고 있었습니다.

* 그가 옳다고 여기고 있습니까?

» 나제지다− 그렇다고 여깁니다. 그러나 그것은 스탈린에 대해서 뿐만 아니라 모든 사람에 대한 문제이기도합니다. 브레즈네프는 잔인하고 피에 굶주린 흡혈귀가 아닌 최초의 권력자입니다. 예를 들면 솔제니친을 죽이지 않고 국외로 추방했습니다. 흐루시초프는 실제적인 훈련을 하고 있었습니다. 그것은 작가 에렌부르그로부터 들어서 알고 있습니다. 흐루시초프는 우크라이나에서 스탈린의 정책을 비난했기 때문에 우크라이나에서는 많은 피를 흘렸습니다.

* 유럽 여행이 만델슈탐에게는 깊은 인상을 주었고 지중해는 그에게 있어서 성지와 같은 것이었다고 당신은 쓰고 있습니다. 희랍과 로마라는 고대 세계의 고전 문화가 시인으로써 만델슈탐에게 최대의 영향을 끼쳤다고 생각합니까?

» 나제지다− 그렇습니다. 그러나 그는 희랍에 한 번도 간 일이 없습니다. 로마에 간 일이 있었는데 그는 로마는 돌의 도시라고 했습니다. 그리고 희랍에 있어서는 자신의 일처럼 느끼고 있었던 것 같습니다. 후에 작품을 통해서 희랍을 통감했을 것입니다. 나도 한 번도 희랍에 가본 일이 없습니다.

* 말한 것처럼 그는 철저한 기독교 신자였습니다. 스탈린시대에 그 많은 고난, 당신과의 고난 속에서 희망을 상실한 적은 없었습니까?

» 나제지다− 희망은 항상 존재하고 있었습니다. 내 이름은 희망이란 나제지다입니다. 그러나 스탈린 사후 세례가 완화되었습니다. 스탈린과 같은 짐승은 달리 찾아 볼 수 없습니다. 스탈린을 천재라고 부를 수 있는 것은 농업국가에서 불과 1년 동안에 농민을 말살 할 수 있었기 때문입니다.

* 만델슈탐은 한 번도 자신의 창조에 대해서 말한 적이 없다고 당신은 말했습니다. 그는 언제나 사물을 창작한다고 말했던 것 같더군요. 그는 자신의 시를 신이 베푼 은혜처럼 생각했다고 봅니까?

» 나제지다− 그렇다고 봅니다. 그러나 나는 한 번도 질문을 한 적이 없습니다.

* 당신은 모든 것을 바쳐가며 그와 함께 살았으므로 반드시 몇 번쯤은 그를 절망으로부

터 혹은 죽음으로부터 구제한 일이 있을 것 같은데요?

» 나제지다― 나는 몇 번이나 자살을 생각해 본 일이 있습니다. 그것은 살아간다는 것이 불가능했기 때문입니다. 나에게 있는 것은 굶주림과 상상할 수도 없는 공포와, 몸서리쳐지는 불결뿐이었습니다. 그리고 몸을 의지할 집도 없는 알거지였습니다.

* 아프마토바와의 친교는 만델슈탐에게 있어서 힘의 원천이 되었던 것입니까?

» 나제지다― 오히려 그녀가 그러했을 것입니다.

* 그녀는 어떠한 여성입니까?

» 나제지다― 미인이고 키가 훤칠했었지요. 말년에는 신경이 좀 이상했었습니다. 그녀에게는 노년이 정상적인 상태가 아니였습니다.

* 만델슈탐은 아주 강한 영향을 받은 시인에 대해 쓰고 있습니다.

» 나제지다― 이노켄트, 안넨스키입니다. 이들은 상징파 시인들입니다. 무척 좋아했던 시인입니다. 안넨스키는 파스테르나크, 아프마토바, 만델슈탐, 그미로프 등 많은 시인들에게 영향을 끼쳤습니다. 대단한 시인입니다. 국외에서는 알려지지 않았습니다. 그의 시가 번역된 것이 없는 것으로 알고 있습니다. 경탄할만한 시인인데 나는 그의 시집을 한 권 갖고 있었는데 아깝게도 어느 목사에게 줬는데 그는 시를 쓰고 있었으나 엉터리였을 것입니다. 시라는 것은 이러한 것이라는 것을 가르쳐주고 싶어서 준 것인데 이제는 찾을 수도 없게 되었습니다. 안넨스키는 종교 철학자였습니다. 그것은 새로 발견된 두 통의 편지에서 그렇다는 것이 확실하게 밝혀졌습니다.

* 〈철학적 서한〉으로 알려진 19세기 러시아의 사상가 차디예프도 만델슈탐에게 강한 영향을 끼쳤다고 당신은 책에서 말하고 있습니다. 그리고 그 영향 때문에 1920년 국외로 나갈 때도 이용하지 않았다고 말하고 있습니다.

» 나제지다― 네. 왜냐하면 차다예프는... 만델슈탐이 차다예프를 칭찬하고 있었던 것은 생활이 존재하고 있었던 나라에서 무의 세계로 돌아갔었기 때문입니다.

* 만델슈탐이 의도적으로 외국으로 가는 것을 거부했다고 생각합니까?
유럽을 등진 것이라고 생각하지 않습니까?

» 나제지다― 만델슈탐은 두려워하고 있었습니다. 유럽에서 별의별 이야기를 다하게 되면 나중에 귀국을 하지 못할지도 모른다는 두려움입니다.

* 하지만 그 당시 만델슈캄은 러시아에서 살고 있다는 것이 위험하다는 것을 알고 있었던 것은 아닙니까?

» 나제지다― 물론 그는 알고 있었습니다. "이 나라의 권리나 법을 오랫동안 향유해 왔기

때문에 불행한 이 나라를 버릴 수가 없었습니다." 우리 아버지는 이렇게 말해 왔습니다. 만델슈탐의 경우도 거의 마찬가지 심정이었을 것입니다.

희망은 사라지고 위안은 보드카뿐

* 당신의 첫 책에는 '부활'이라는 장이 있고 거기서 당신은 1920년대부터 30년대에 걸쳐 잃어버린 정신적 가치의 부활에 대해 말하고 있습니다. 그 부활은 지금도 믿고 있습니까?

» 나제지다 – 부활이라고요? 아닙니다. 우리나라에서는 아무것도 부활할 수가 없습니다. 무엇이고 다 죽어 있습니다. 우리나라에서는 '식료품 팝니다'라는 쪽지만 붙어 있으면 그 가게 앞에 다투어 줄을 서는 것뿐입니다. 굶주린 나라를 지배하는 것은 용이한 일인데 우리나라는 굶고 있습니다. 이 나라가 굶고 있는 것은 브레즈네프의 책임이 아닙니다. 60년(1981년 당시)이라는 세월이 경제를 피폐하게 만들었습니다. 지난 날 러시아는 유럽의 곡창이었는데 지금은 캐나다로부터 곡식을 사드리고 있습니다. 농노제도하에 농민이 지금보다도 훨씬 잘 살고 있었습니다. 지금 농촌의 황폐는 이루 다 말할 수 없습니다. 농촌에 있는 사람은 노파와 주정뱅이 노인들입니다. 결혼 상대를 찾지 못하는 여자들뿐입니다. 군대를 마친 젊은이들은 농촌에 남기 싫어서 도시로 나가 결혼을 합니다. 황폐한 나라 학생들이 농촌의 일손으로 차출되고 있습니다. 그렇게 해서 수확한 것이 얼마나 되는지 잘 모릅니다. 급료를 많이 받는 교수들은 집에 있으면서 학생들만 일을 하고 있습니다. 사실 어떤 여자가 알려준 일인데 학생들은 이랑을 만들 줄도 모른다고 합니다.

* 당신은 당신이 쓴 책에서 농촌에서 상실한 정신의 가치에 대해 상당히 길게 말하고 있습니다. 그 가치의 재생이 가능하다고 생각합니까?

» 나제지다 – 모릅니다. 희망은 이미 상실됐습니다. 지하철을 타고 놀라는 것은 모두가 다 죽은 것과 같은 얼굴들을 바라보지 않으면 안되는 사실입니다. 지식인은 없습니다. 농민도 없습니다. 누구나가 다 마시고 있습니다. 유일한 위안은 보드카입니다.

* 그러나 오늘날 젊은이들이 전에 비해 기독교나 교회에 관심이 높아지고 있는 경향이 아닙니까?

» 나제지다 – 상당히 많은 젊은이들이 세례를 받고 있습니다. 나이가 지긋한 사람들도 세

례를 받고 있습니다. 그들의 태반은 지식인들입니다.

* 역사라는 것은 선과 악의 투쟁이라고 만델슈탐이 말하고 있었다고 당신은 밝혔습니다.

» 나제지다- 그렇습니다. 우리들의 예를 보아도 분명합니다.

* 기독교 신자로서 지금 무서운 고난을 겪고 있는 당신의 나라에서 신이 출현 할 것이라고 믿고 있습니까?

» 나제지다- 금세기에 신이 출현할지는 모르겠습니다. 그러나 언젠가는 그러한 날이 올 것입니다. 어쨌든 차다예프가 말한 것처럼 "빛이 동방에서" 오지 않을 것입니다. 빛이 동방에서 온다고 차다예프는 확신하고 있었습니다. 나에게는 그것이 보이지 않습니다. 현재도 아무런 징후가 없습니다.

* 카톨릭으로 개종할 생각은 한 번도 없었습니까?

» 나제지다- 그런 일은 없습니다. 만델슈탐은 카톨릭으로 되고 싶어했습니다. 나는 줄곧 소피아대사원에 다니고 있었기 때문입니다. 2년간의 스위스 체류를 마치고 돌아온 다음 나는 키에프에 살고 있었습니다. 아홉 살 때였습니다. 유모가 소피아대사원에 데려다 주었습니다. 오늘날까지 잊지 않고 있으며 이별을 고하러 소피아대사원으로 간 일이 있습니다. 훌륭한 성당입니다. 지난날엔 러시아도 훌륭한 나라였습니다.

* 젊은 사람들이 더 용기가 있다면 사태가 보다 더 좋아질 것이라고는 생각하지 않습니까?

» 나제지다- 만일 젊은 사람들이 나타난다고 하면 그들은 스탈린주의자가 될 것입니다. 그것은 여전히 젊은이들은 테러와 레닌을 믿고 있기 때문입니다. 무엇보다도 그것이 영향을 끼치고 있다는 것을 모르기 때문입니다.

* 고난에 찬 시련을 겪으며 지금까지 살아온 당신입니다. 지금 러시아의 젊은이들에게 무엇인가 하고 싶은 말은 없습니까?

» 나제지다- 이야기를 한다 해도 소용이 없을 것 같습니다. 노파가 지껄인다고 조소만 할 것 같습니다. 이제는 구원이 없다고 봅니다. 너무나도 길게 이러한 사태가 계속되고 있습니다. 60년간이나 말입니다. 나는 77세입니다. 결국 나에게 있어 정상적인 세월은 17년간이라는 이야기가 됩니다.

제22장
소비에트 공산주의 지도자들의 독재 구조

소련의 공산주의는 1950년대 확고부동한 독재체제를 확립하는 데 성공하였다. 소비에트 공산주의 체제를 확립하는 데는 공산주의 시조인 마르크스와 3대 이론가들의 공헌이 컸다. 공산주의 시조인 마르크스와 공산주의 이론을 실천하여 소련 공산주의 국가를 창설한 레닌 그리고 소련 공산주의 국가로 하여금 세계 2대 강대국가의 하나로 발전시키는 데 성공한 스탈린이다.

이들의 정치 이론을 살펴보면 마르크스는 유물사관에 입각해서 계급의 대립의 모순을 내포하고 있는 자본주의 경제 체제는 반드시 몰락하고 그 대신에 물질적 생산력 발달의 필연법칙에 따라 무계급의 사회주의 사회가 이루어질 것을 확신한다. 그렇게 될 경우 지배계급이 피지배계급을 착취하기 위하여 도구로 사용하던 정치적 강제수단으로서의 국가는 소멸하지 않으면 안된다고 예언한다.

국가는 언제나 존재하였던 것은 아니다. 국가가 필요하게 된 것은 경제적 생산적 발달이 일정한 단계에 도달하여 사회가 여러 계급으로 분열하기 시작한때부터다. 마르크스는 자본주의 체제를 완전히 타도하여 사회주의 사회를 실현하고 이로써 미래의 무국가, 무지배, 무정부의 낙원에 도달하기 위해서는 과도기적 국가가 필요하며 과도기 국가 안에서는 무산계급이 유산계급에 대하여 독재정치를 펴야 한다는 무산계급독재의 이론도 전개하였다.

마르크스는 자본주의 경제를 사회주의 사회로 전환하는 중간 단계에는 혁명적인 과도기가 있어야 하고 이 시기에 알맞은 국가 정치 체제는 무산계급의 독재이어야만 한다고 주장한다. 그러므로 노동자 혁명의 제일보는 무산계급으로 하여금 집권 계급으로 만들고 이 무산 계급의 정치적 지배권을 이용해서 자본 국가들로부터 자본을 박탈하여 모든 생산수단을 국가가 무산계급에 집중시키는 데에 있다.

그는 또 전 세계의 노동자들이 단결하라는 호소문까지 낸다. 이러한 무산계급의 독재 이론을 실천하였던 것이 소련의 공산주의였다. "사회주의는 무산계급의 독재 없이는 불가능하다." 정치권력을 잡는 데 승리한 무산계급은 레닌은 소련인의 생명과 재산을 빼앗았다. 그리고 스탈린에 의하여 무산계급의 사회 실천이라는 미명하에 그의 독재는 무산계급의 독재 이론을 구축한다.

레닌의 공산당 독재 이론

마르크스의 무산계급의 독재 이론에는 서구적인 자유와 민주주의 정신이 있다. 켈전은 자본주의 계급의 억압과 착취로부터 독일의 많은 대중을 해방시키려는 자유정신에서 무산계급독재의 정치이론을 제창했던 것이라고 했다. 당시 무산계급의 정치 수준이 낮기 때문에 마르크스는 독일의 민주주의를 급속히 발전시키기 위해 과격한 수단임을 알면서도 무산계급의 독재 이론을 주장한 것이라고 보고 있다.

마르크스는 사회주의 완성은 나라에 따라 차이가 있으나 영국, 폴란드, 미국 같은 나라에서는 무산계급독재를 통하지 않고서는 평화의 수단에 의하여 사회주의 사회로 도달할 수 있다고 주장한다. 마르크스의 무산계급독재의 정치이론으로는 소련의 공산주의 독재가 성립할 수 없었다. 소련의 독재의 공산주의는 소련 공산국가를 창설하는 데 성공한 레닌이다. 레닌은 유럽 각지에서 일어났던 과거의 무수한 혁명운동이 무산계급독재를 확립 못하고 실패한 원인을 공산당의 조직이 원인이라고 주장한다.

그리고 그는 1902년 발표한 논문, 〈우리는 무엇을 해야 하는가〉에서 무산대중은 원래 본능적이고 무지하고 무의식적이고 따라서 자연발생이고 기회주의적이고 무계획하기 때문에 무산자혁명을 담당해 나갈 능력이 없기 때문에 소수의 이론적 의식적 행동분자로만 구성된 직업 혁명가의 비밀결사체로서의 공산당으로 하여금 혁명을 수행하도록 해야만 한다고 강조하고 있다.

"혁명적 이론 없이는 혁명 운동은 있을 수 없다. 혁명적 이론을 체득한 자만이 선진투사의 역할을 다 할 수 있다. 공산당과 같은 혁명가의 조직은 주로 혁명적 활동을 직업으로 하는 사람으로만 구성되어야 한다. 따라서 문호개방은 금물이며 비밀이어야 한다. 무산대중이 들어올 수 있는 광범위한 노동자 조직은 필요 없는 것이다. 혁명가는 선거로 선출되어서는 안된다. 전도유망한 노동자 출신의 혁명가는 일반노동자들과 똑같이 하루에 11시간 노동을 해서는 안된다."

이와 같이 레닌은 전 무산계급의 정치적 권력 행사에 다 같이 참가하는 것을 적극 반대했다. 레닌은 마르크스의 무산계급의 정치적 독재이론을 전적으로 배척하기 위해서 공산당 독재이론을 독창한 것은 아니다. "공산당은 무산계급의 전위대다. 그러므로 공산당은 무지몽매한 무산대중이 느끼고 생각하는 대로 끌려가서는 안된다. 공산당의 조직은 밑에서부터 올라오는 자치주의를 택할 것이다."라고 레닌은 주장한다.

그는 레닌이 통치하던 소련 공산주의는 공산계급독재를 삼고 무산계급에 속하지 않는다고 인정되는 자본가, 지주 및 중산계급에 대해서 가차 없는 복수 행위를 감행함으로써 마르크스에 충실한다. 소련 공산당은 레닌에 이르러 독재체제 확립이 필요한 2대 무기를 가지게 된다.

즉 마르크스의 무산계급독재의 정치이론으로 일찍이 인류가 경험하지 못했던 독재정치가 실시될 수 있었고 레닌의 공산당 독재의 이론까지 겹쳐 무산계급에 대한 무산계급의 보복적인 독재는 소련의 전 무산계급의 집권적 독재였다. 그러나 레닌은 자유와 민주주의 사고가 있었으나 레닌에 의하면 직업 혁명가들로 구성된 공산당은 한편으로는 엄격한 규율을 준수하여야 하는 반면에 내적으로는 자유토론이 허용되었다.

그리하여 공산당의 지도권은 한 사람이 아니라 공산당 간부의 회의로 결정되는 집단 지도였다. 레닌의 민주적 집권의 원칙을 독재주의적 민주주의자라고 부르고 있다. 흐루시초프는 레닌을 가리켜 "철저한 전투적 혁명가이면서도 동료들에 대해 자신의 의견을 강요한 일이 없고 설득과 토의에 의해서 당을 운영하였다."라고 하고 있다. 이와 같은 공산당 내부의 자유와 민주주의를 완전히 청산해 버리고 소련의 보충적 역할을 한 것은 스탈린이며 또 이러한 스탈린의 행동을 정당화하기 위하여 정치 이론이 영구숙청의 도그마였다.

레닌도 숙청에 관하여 다음과 같이 언급했다. "공산당의 영향과 활력은 내부투쟁으로써 얻어지는 것이다. 자체의 숙청으로 말미암아 강화되는 것이다." 1921년에 실지로 585,000명의 공산당의 내부숙청은 무려 160,000명을 숙청해 버린 일이 있다. 그러나 공산당의 내부숙청은 스탈린시대에 이르러 비로소 본격화되었으며 그 여론의 근거도 명백했다. 소련 연방에 대한 분석에는 대개 필연적 진보란 신화의 변형이 무의식적으로 적용되고 있다. 즉 만사가 다 변하느니만큼 전체 중의 국가도 변하지 않을 수가 없으며 지금보다 못한 상태는 상상하기 어려움으로 반드시 나은 쪽으로 변한다는 이론이다.

레닌이 NEP를 제안하며 1921년에는 경제 현실에 대한 행복이며 러시아 인민과의 화평이라고 환영했다. 일국의 사회주의를 레닌, 트로츠키의 세계혁명의 목표를 중시한 것이라고 환영했다. 1936년 헌법을 가리켜 민주주의와 법칙의 출발이라고 한다. 또 러시아인민들의 평화가 시작한 것이라고 했다. 레닌과 트로츠키는 리트비노프 노선을 가리켜 계급투쟁을 포기한 것이라고 했다. 제2차 전쟁 당시 대 동맹은 소연방 내외를 통하여 환상을 일으켰고 1956년에 와서는 제네바 정신이 사라지기도 전에 제20차 당 대회와 스탈린의 신격화로 말미암아 새로운 환상이 생겼다. 이렇게 변화를 기대하는 중에는 두 가지 기본 요소가 들어있다. 소련인민과 2면(面)투쟁 즉 전체주의 설계도에 그린 인간사에 맞추어서 인민을 개조하려는 인민에 대한 투쟁과 기타 세계에 대해서는 공산주의하에 이들을 정복하려는 투쟁에 직면하게 되는 것이다. 전체주의를 단지 옛날의 폭압이나 전제주의가 변형된 최근의 형태에 지나지 않는다고 보아서는 전체주의를 조금도 이해할 수 없다. 전통적 전제주의란 현상유지, 즉 현재의 통일 즉 과거로의 복귀를 기본 목표로 삼고 있으나 전체주의는 장래에 헌신하고 있는 것이다.

전체주의는 만물을 유동 상태에 두고 항상 변혁케 하여 인간의 반항적인 실질이 허용하는 한도까지 빨리 서둘러서 새로운 인간 새로운 사회, 및 새로운 세계를 창조하는 데 관심이 있는 것이다. 고대 전제주의는 유행되고 있는 동적 사회학의 고리를 가지고 설명할 수 없는 존속력이 있었던 것으로 제왕 전제주의는 수세기를 두고 성장 팽창했고 러시아 짜르의 전제정치는 3세기 이상 계속됐다. 동양의 독재정치는 수천년 동안 흥쇠(興衰)를 겪고 침략과 동란을 당하면서도 유지되었다.

문제의 관건은 전체주의 역시 지금까지 온갖 변천을 겪으면서도 기본 성격을 유지했다. 조셉 스탈린이 사망 당시 볼셰비키즘은 이미 50년의 역사를 가지고 있었다. 레닌이 1903년에 확립한 볼셰비키즘에는 연달아 그들의 개성, 방법, 사상을 볼셰비키즘에 근거를 둔 것으로 레닌은 1903년부터 1923년 동안 지도자로 있었다. 그는 20년 중 마지막 6년은 소연방 당과 정부를 장악하고 있었다.

스탈린주의

스탈린이 레닌의 당과 기관과 정부와 주의(主義)를 계승하자 코카스란 딱지가 붙었다. 그러나 스탈린이 소개한 변혁은 레닌의 주의와 방법의 기본 요소를 확장하는 것이었고 또 레닌의 기관, 권력 독점, 및 세계를 개혁하려는 결의의 테두리 안에서 변혁을 실현했던 것이다. 스탈린의 후계자도 완전히 원자(原子)적 조직처럼 짜인 사회, 전적으로 중앙 집권이 이루어진 단일적 정당, 완전히 집단화하고 국유화한 농업, 일면적이기는 하나 일정한 템포로 억지로 밀고 나가는 강력한 공업화, 완전히 통제된 문화, 절대적인 힘을 가지고 인민들에게 계속적으로 심리전을 하는 정권, 끊임없는 숙청을 통하여 승진, 강등을 하며 의견의 차이를 제거하는 제도, 변함없는 목표를 향하여 지그재그로 전진하는 방법, 소련인민이 개조되고 공산주의가 세계를 정복할 때까지 혁명을 계속한다는 서약 등을 계승했다. 스탈린의 후계자들은 이런 테두리 안에서 사회주의는 이미 성취되었고 공산주의의 건설이 진행 중이라는 국가를 넘겨받았다.

지도자 원칙에는 기본적인 난점이 있는데 칼 뽀빠는 지도자를 선출한다는 자체가 자기모순에 빠진다고 하였다. 독재주의자가 자기 권세에 복종하고 신봉하고 잘 호응하는 사람을 선출하기 때문이다. 이렇게 선출하면 보통 사람을 뽑게 된다. 독재자치고 지적 용기를 가진 사람, 즉 권위를 무시하는 사람이 가장 가치 있다는 것을 인정하는 독재자는 없다. 레닌도 언젠가 숙청이 끝나고 나서 지적인 모든 사람을 추방하고 복종 잘 하는 바보들만 남겨 놓았다간 당을 파괴하게 되지나 않을까 의심한 적이 있다.

스탈린은 레닌보다 자기 공(功)에 자신이 없고 회의심을 가졌거나 자기의 불신을 산 사람들의 생명을 아무렇게나 다루었다. 레닌보다 더 자기의 주위에 범용(凡庸)한 사람들만 모아 놓았다. 스탈린이 지도자가 된 것은 자기보다 위대한 사람들을 없애버린 것도 인민의 지도자가 된 방편이었다. 소련 연방에 요직을 차지하고 있는 신인들은 스탈린의 사람들이다. 자기 지위를 얻고 예찬을 받았다. 이들은 모두 스탈린으로부터 지위를 얻은 사람들이다. 숙청을 한 사람들도 그들이며 그로서 지위를 얻은 사람들이다. 이들은 예찬과 유혈의 활동과 각별한 생존 능력을 가져야 될 시기에 모든 것을 이겨낸 사람들이다.

스탈린주의 사람들과 집단제도

스탈린의 정치국원들은 9명으로 이루어졌다. 베리아와 스탈린을 제외한 몰로토프, 불가린, 흐루시초프, 및 말렌코프가 당의 신(新)의장단의 11석 중 7석을 차지하고 있었다. 스탈린 사후의 의장단은 스탈린과 흐루시초프의 사람들로 구성되었다. 2억의 인구와 세계 최대의 제국을 실험 대상으로 하고 있는 의장단원들은 1937년과 1938년에 5천 명이 숙청되었다. 스탈린은 비교적 하층 계급 사람들의 숙청을 고려했었다.

그리고서 붉은 군대의 통수권을 잡는 제2급 장교들을, 프랑스의 18배나 되는 영토와 5백만 명의 군대를 히틀러에 잃고 나서야 파벌의 심부름꾼이나 추종자 일 이외에 일을 배우게 했다. 그러나 개인 예찬을 일삼고 권력의 지위를 얻게 된 그들은 동시에 개인 예찬 때문에 조직적으로 소인이 되고 말았다. 스탈린 예찬도 스탈린이 죽고 난 후에는 계속되지 않았다. 스탈린이 죽은 후 처음 나온 컴뮤니스트지(1853년 3월 9일)도 집단 작업과 집단 지도와 단결만을 요청하고 있었다. 스탈린이 죽은 18일이 된 후도 프라우다지는 고금동서를 통하여 가장 위대하고 천재라는 스탈린에 대해서 일언반구도 하지 않고 있었다.

제20차 공산당 대회에 이미 스탈린의 격하가 시작되었다. 스탈린 추종자들은 모두 스탈린의 책임으로 돌리고 있었다. 세계주의에 대한 반 세계주의도 스탈린의 탓으로 돌리고 있었다. 스탈린은 집단지도에 흡사한 방식을 취할 수 있었다. 공식적 이론에 의하면 대회는 당을 통괄하고 그 방향을 정하고 모든 원칙의 문제를 결정하며 당의 의사를 집행할 집행부를 선정하여 당의 공복으로 하여금 그들의 관리 사항에 책임을 지도록 하는 최고 기관인 것이나 실지로는 당의 지도자와 정책수립자들의 의견을 그대로 따르는 것이다. 레닌도 처음부터 스탈린과 같은 착안을 했다. 레닌은 감독제를 확립하고 삼두제(三頭制)를 통하여 그는 당 지방기구를 설립할 조직자들을 임명했다.

이들은 자기들을 임명한 중앙회를 확인하기 위해 대의원으로 대회 때마다 역할을 했다. 레닌은 통제할 수 없으면 대회와 위원회를 분열시켰다.

따라서 볼셰비키즘(다수주의)과 분파당이 생기게 되었다. 레닌은 자기가 한 것은 모두 노동계급이 이루어 놓은 것이며 다른 근로계급 정당은 부르주아 정당이라고 몰아부쳤다. 중공업 우선주의의 스탈린 노선은 러시아인민의 사소한 보수까지 빼앗는 방책을 모색한다. 5년 동안에 실시한다는 일당 7시간 노동제 혹은 주당 40시간 노동제, 그리고 불균등제 생산에 대한 장려 임금제의 강화 및 연금 균등제의 강화를 내 세웠으나 모순이 많았다. 최초 7시간제를 약속한 것은 1927년 10월 혁명의 10주년을 기념하느라고 약속한 것이었으나 스탈린은 1936년 7시간제를 규정하는 조문까지 밝히고 10월 혁명 13주년 기념이라고 재차 말한다. 보리스 수발은 볼셰비키즘에 대해 "볼셰비키즘은 동사의 미래형 변화에는 대단히 능숙한 전문가였다."라고 말하고 있다.

스탈린주의의 농업정책

농업에 있어서도 제20차 대회는 스탈린 노선을 계승한다. 뿐만 아니라 더욱 스탈린의 노선을 강화한다. 모든 농업제도를 스탈린 자신이 계획 수립한다. 또한 실천 감독하는데도 직접 관여한다. 스탈린은 집단 농장의 사람들의 마음속에 갖고 있는 개인 재산에 대해 언급하기를 "그 사람들은 좀 벌레에 지나지 않는다."고 공격했다.

그것은 바로 흐루시초프가 스탈린의 방식에 따라 집단 농장의 단위를 더 크게 만들어 집단농장 하나하나가 직접 공산당원을 의장으로 받들고 기계, 트랙터 부대의 직접 감독을 받으며 그 내부까지 공산당 세포가 침투할 수 있도록 집단 농장의 개편을 시작했을 때였다. 이 운동이 시작되기 전까지 절대 다수의 집단 농장은 당 세포를 가지지 않았으며 단 한 명의 단원도 없었다. 스탈린이 권력을 갖고 있을 당시 1950년에는 9만 7천으로 줄었다.

스탈린 사후 새로 권좌에 오른 사람들도 집단 체제하에 다른 사람들보다는 더 동등권을 가지고 그들은 베리아를 재판에 걸었고 또한 스탈린 방식을 그대로 따라서 스탈린이 가르쳐 준 대로 베리아의 시체를 그대로 제물로 사용했으며 이제는 스탈린 자신의 시체도 제물로 쓰고 있었다. 제20차 대회는 숙청을 위하여 준비되었고 레닌 초기나 스탈린 초기에도 격렬한 토론은 없고 어느 때보다 단일적인 것이라는 것이 들어 났다. 스탈린 후계자들은 그의 그림자 밑에서 벗어나고 스탈린 말년의 과대망상을 지휘하고 세계를 제압하려는 스탈린주의 전쟁은 여전히 추진되고 있었다(Bertram D. Wolfe, 〈Stalinism Versus Stalin〉 'Commentary' 1956).

제23장
소련의 특권 계급

노멘클라투라

모두가 평등하고 계급이 없다는 공산주의 사회에서 노멘클라투라라는 특권 계급은 마치 중세기의 귀족들이나 왕족 사회의 호화롭고 사치스러운 생활은 물론 어디에나 통과 가능한 계층이다. 1963년 유고의 밀로반질라스가 〈신계급〉이라는 책을 내놓았을 때 4반세기 동안에 소련의 그 신계급의 구조는 제도화되기에 이르렀다. 그와 동시에 소련의 지배계급이 움직이는 내막에 관하여 세밀하게 알 수 있게 되었다.

특히 소련의 엘리트권력층인 노멘클라투라(Nomenklatura)의 구조, 하는 일, 문제점, 목표 및 생활에 관해서 많은 것을 알 수 있었다. 노멘클라투라라는 용어는 소련의 권력구조의 각층 즉 행정, 당, 관서, 군 및 KGB, 각 집단의 지도급 관원의 명단을 가리킨다. 이들은 보다 고위 소수 엘리트 감독하에 있었다. 노멘클라투라는 또한 그 직위에 있는 모든 관원 자신을 가리키기도 한다. 노멘클라투라의 직위와 그 직위에 있는 관원에 관한 모든 자료는 소련정부가 국가기밀로 지정하여 엄격히 통제했다.

따라서 노멘클라투라의 기록은 극비문서다. 소련의 독재적 관료체제는 독점적 성격이여서 엘리트지배층은 의회의 어떠한 통제도 그리고 법의 지배도 또 다른 나라의 여론이 가하는 어떤 제한도 받지 않았다. 모든 결정은 소련의 엘리트 권력층인 노멘클라투라가 내린다. 노멘클라투라는 행정구조가 아니라 소련의 지식층의 중추 구조다.

안드레이 사하로프는 그의 저서, 〈나의 나라와 세계〉에서 1920년대와 1930년대 초 이래로 공산당의 특수 관료층이 나타났다고 말하고 있다. 이것이 바로 신계급, 즉 노멘클라투라이다. 이는 영국 소설가, 조지 오웰의 소설 〈1984〉에 나오는 당 핵심부(Inner Party)를 현실화 해 놓은 것이라고 볼 수 있다. 노멘클라투라의 특수성은 재산이 아니라 권력에 있다. 노멘클라투라관원들의 주 기능은 권력 행사이다. 노멘클라투라 체제의 위계구조는 4단계로 되어 있다. 최상층은 당 중심부, 행정중심부, 그리고 KGB이다. 그 다음은 소련의 15개 공화국의 요직이었다. 이 소비에트공화국 노멘클라투라 직위의 수는 각 공화국의 인구비율을 반영했다. 제3계급 노멘클라투라 관원은 소련 연방 내 154개 지역의 실권자들이었다. 끝으로 제4계급 노멘클라투라는 각 지구당, 행정관서, KGB 및 경찰관원들이다.

사회 경제 용어로는 노멘클라투라는 국가 재산의 집단 소유자를 뜻한다. 노멘클라투라관원은 국가 기업의 주를 살 수 없으나 이익을 나누어 가진다. 그들이 차지하는 직위에 따라 결정된다. 이익의 극히 적은 액수만이 돈으로 배분된다. 물론 한 달에 5백 루블 내지 7백 루블 이상 받는 노멘클라투라 관원의 생활수준은 월 1백 80불정도 받는 소련의 일반 시민의 수준보다 훨씬 높다. 그러나 이런 수입금액상의 우대는 노멘클라투라 관원이 받는 혜택의 일부분에 해당하며 사실상 별로 중요하지 않다.

그들이 차지하는 이익의 주요한 부분은 물질적 특권이다. 노멘클라투라 관원은 조용한 곳에 있는 별장을 가질 수 있는 특권을 누릴 수 있다. 그들은 특수 제품(외제)을 파는, 이용이 제한된 특수 상점에서 식품과 기타 소모품을 살 수 있었다. 또 그들은 특별 식당에서 식사를 하며 이용사나 양재사도 따로 있었다. 그들의 자녀는 특수 유치원과 특수학교에 보냈다. 노멘클라투라 엘리트 관원은 극장도 특석에서 보고 자기들만이 이용하는 서점과 약국을 두고 있어 일반대중은 살 수 없는 약품을 살 수 있었다. 그들은 병원, 요양원을 자기들만이 이용하는 특수 의료시설을 두고 있었다.

이 혜택들은 모두 노멘클라투라 관원의 직위와 사업에 따라 엄격하게 배분되었다. 보도매체는 이러한 노멘클라투라의 특권에 대해서 보도하는 것이 금지되어 있었다. 그러나 운전사, 하녀, 요리사, 특수매점의 점원, 특수 병원관계자 등 수많은 사람들이 소련의 엘리트 생활에 동원되고 있기 때문에 그 정보가 항상 조금씩 새어 나왔다. 노멘클라투라가 한때 소련의 공업화에 중요한 역할을 했던 것은 사실이다. 경제적 후진국가였던 소련이 기술 수준과 교육 수준이 향상된 강대국으로 변모한 것은 사실이다. 그러나 노멘클라투라는 공업화의 역군으로 그 기능을 상실했다. 소련 사회의 기생충적 존재가 된 것이었다.

노멘클라투라는 특히 기술 혁신 분야에서 많은 필요한 변화와 적응을 사실상 방해하며 막고 있었다. 소련의 노멘클라투라 관원들은 소련의 중앙집권식 관료적 경제체제가 경제적 필요에 정반대되는 것을 알고 있었다. 그들은 이 체제가 공업 및 농업 개발 그리고 기술 발전에 방해가 되고 있음을 알고 있었다. 이런 장애를 극복하기 위해 어떤 개혁이 필요한가를 그들은 잘 알고 있었지만 그들이 그러한 개혁을 고의적으로 방해하고 막는 것은 경제분야에서의 개혁이 소련 생활의 다른 면에까지 파급되는 것을 두려워하기 때문이었다. 그렇게 되면 그들이 누리고 있는 특권과 권력이 위태롭게 될 위험이 있었기 때문이었다. 소련 엘리트의 이러한 특권적 생활방식은 그들이 일반 대중으로부터 완전히 단절된 생활을 한다는 사실과 그들의 행동방식에도 반영되고 있었다. 그들은 자기들의 생활방식과 권력의 독점이 일반 국민들에게 반감을 자아내고 있음을 알고 있었다. 그들은 자기들이 영원히 지배하지 못할 것을 알고 있었다. 자기들의 적법성이 차츰 의문시된다는 것을 알고서 불안해했다. 그래서 그들은 미래의 모든 것이 끝나버릴 수 있는 날을 두려워하고 있었다.

이와 같이 노멘클라투라 관원들의 불안과 적법성의 결여로 해서 그들은 다른 나라에 존재하는 것보다 더 많은 신분계층을 창안해 냈다. 그들은 항상 정확한 공식 직함을 물려주도록 요구했었다. 그들은 많은 훈장과 칭호를 받았다. 그들은 사이비선거를 조작하며 으레 총 투표의 99%를 얻어 당선되었다. 선거가 민의를 반영한 것임을 다른 사람과 자기 자신들에게 보여주기 위해서였다. 뿐만 아니라 그들이 항상 레닌을 들먹이는 것을 자기들이 1917년 10월 혁명의 전통에 확고히 뿌리를 박고 있다는 이미지를 나타내기 위해서였다. 노멘클라투라 관원들이 적법성의 결여와 깊은 불안감은 그들이 민주사회의 자유의 소리를 두려워하는 데 나타나 있었다.

그리하여 그들은 라디오 리버티(RL)방송, 오이체 텔레비방송, BBC방송, 미국의 소리(VOA)방송 등 서방 민주국가들로부터 보내오는 방송을 두려워했다. 그들의 주요 목적의 하나는 외부로부터 위험한 생각이 들어오는 것을 막는 데 있었으나 이러한 목적은 그들의 대내, 대외 정책에 영향을 미쳤다. 노멘클라투라관원들의 권력과 특권은 순전한 축복으로만 생각할 수 있었다. 그러나 이것은 일면에 불과하다. 노멘클라투라 관원들은 엄청난 특권을 누리는 반면 자기들 것이 아니라는 것은 별로 없었다는 것이었다. 비싼 가구, 그림, 카페트, 장, 크리스탈 제품 등 집안에 있는 모든 물건은 그들의 것이 아니었다. 그들의 별장과 시골집, 그들의 소유재산이 아니었다. 이러한 상황에서 노멘클라투라 관원들을 직위상의 특권과 개인 재산의 차이를 통절하게 느끼게 된다. 그들은 자신들이 정부정책에 조금 이탈해도 강등될 수 있고 모든 특권을 박탈당할 수도 있다는 것을 알고 있었다.

그러므로 노멘클라투라 관원들은 그날그날 생활에서의 좀 더 큰 재량권과 안정성을 확보하기 위한 수단으로써 그리고 자기들의 가족을 위한 유산으로써 무엇인가 확보해 놓고 싶은 유혹을 느끼게 마련이었다. 그리하여 개발단계에서 하나의 새로운 현상이 나타났다. 비정상적 수단으로 자본을 모은 사기업주, 즉 암시장 상인이 나타나게 된다.

노멘클라투라와 부패

안드로포프가 공산당 서기장에 취임한 직후 소련의 새 지도층은 대대적인 부패 추방 운동을 발표한다. 소련의 신문들은 일주일에 몇 차례씩이나 주요한 부정 사건을 폭로하면서 이에 관련된 기관 및 관서, 장소, 주요 인물 및 뇌물의 총 액수 등에 관한 상세한 기사를 기재했다. 러시아 연방 공화국 내 방직 업계에 대한 이 같은 광범위한 부정사건 색출이 몇 주간에 걸쳐 단행되었다.

이에 따라 파라노프 장관과 차관인 본드레코 등이 엄중한 견책을 받았으며 방직 공장의 주요 임원과 관리인들이 강등 조치되었고 몇 사람은 수뢰죄로 체포된다. 소련 연방 검찰총장 레쿤코프는 투기꾼 및 수뢰자에 대한 투쟁을 가차 없이 전개했다. 소연방, 아르메니아에서는 건축 자재성의 바르타나 장관과 보좌관들이 강등되고 건축 자재성의 여러 관리가 부정 사건으로 해직되었다. 조지아 공화국에서는 거대한 지하 자동차 수리 공장이 국영 수리 공장을 누르고 있었는데 여기 우두머리가 체포되고 우크라이나에서도 우크라이나 자재 및 기술보급 국가위원회 및 키예프에 있는 경공업 식품 산업성의 고급 관리들의 부정이 폭로되어 징역에 처해진다. 노동 평의회 주택 부에서는 아파트 입주를 도와 준 대가로 총액 34만 루블을 받은 것이 적발되었다.

외환 관리를 맡고 있는 고위 관리들은 상당한 액을 자신들이 유용한 것이 밝혀지고 또 다른 밀수 사건으로 수만 장의 수건, 재키트, 벨베트, 수천 개의 금제 물건들이 1백 50만 루블 이상에 달하는 물품들이 소련 내로 불법 반입되었다. 1983년 일어난 이러한 사건들은 소련에서의 부정부패 문제의 심각성을 보여주는 것이었다. 소련에서 부패는 흔히 있는 것인데 가볍게 보아왔다. 그것은 서방 세계에서 흔히 있는 것인데 소련에서 부정이 있기로서 무엇이 문제냐는 것이었다.

이러한 논리는 제정러시아나 서유럽이나 미국의 부패와는 비교가 안되기 때문이다. 서방 민주국가에서 부패는 하나의 탈선적 현상에 불과하지만 소련에서는 부패가 소련 전체에 물들어가고 있기 때문이다. 평범한 계층에서 유행하고 있는 선물제도인 포다르키는 특정한 것을 얻기 위한 뇌물이었다. 뇌물은 출생증명(공식적으로는 무료)을 얻기 위해서 유치원에 입학하기 위해(공식적으로는 무료), 학교에서 다음 학년으로 진급하기 위해(성적에 따라 결정되는 것임), 고액의 금품수수가 걸린 대학 입학 허가(이것은 시험으로 결정되는 것임), 교육 기관에 들어가기 위해 뇌물이 필요했다. 소련 시민들은 병원에 입원하는데도(공식적으로 무료) 뇌물이 필요했다. 극장표나 기차표를 구입하는데도 뇌물이 필요했다. 대기 순위표에서 좋은 순위를 위해서도 뇌물이 필요했다. 이러한 조치들은 포다르기(선물) 없이는 거의 불가능했었다.

소비물품, 그리고 특정 식품의 품귀 현상은 일상생활에서 뇌물의 역할을 증대시키고 있었다. 수요가 많은 식품, 직물류 및 기타 상품들은 나레보(뒷문)로 거래되었다. 판매원들은 고객들이 특별한 선물을 바치기 전까지는 상품을 숨겨두었었다. 높은 계층에서 수뢰행위는 상납 제도인 프리노셰니제가 있었다. 명칭이 시사하듯 이것은 자리를 유지하기 위해서 상관 또는 대부분의 경우 관직에 있는 사람들에 대해 선물을 꾸준히 갖다 바치는 것이었다. 이 프리노셰니제는 당국자가 상납자를 잘 봐주는 대가로 제공되었다. 상납 액이 많을수록 감독 위치에 있는 권력자로부터 확고한 보호를 받을 수 있었다. 이상 납품의 액수는 해당관리의 권력 계층에서 위치에 따라 차이가 있었다.

누구에게나 얼마를 주어야 하느냐에 관한 상납자의 경험, 판단력 및 지식에 따라 좋은 결과가 나올 수 있는 것이다. 부패 및 수뢰의 가장 중요한 국면은 국가 및 당의 고위 관리와 관련된 것이었다. 이들은 흔히 대규모적인 개인적 치부를 위해서 자기들의 직권을 남용했다. 이러한 행위들은 제2경제, 즉 국유화 계층적인 조직 및 중앙 집권적 계획의 공적인 경제권외에 있는 총체적 경제활동과 관계된 것이었다. 소련에서는 소규모의 사유지농업을 제외하고는 일체의 개인적인 상업행위가 금지되었다. 사람을 고용하거나 개인적인 구매, 판매는 투기 행위로 간주되어 모두가 불법 행위로 되어 있었다.

자본주의 태동으로 신흥계급의 지하경제

개인적인 상업행위의 금지는 유명무실한 상태에 있었다. 원하는 식품 및 공업제품의 빈번한 품귀현상은 국유 및 국영 공급체제에서 관료주의적 부실의 증대와 함께 제2경제에 엄청난 활력소를 부여하고 있었다. 늘어나는 지하 기업가들이 출현하여 시장에 진출하고 있었다. 이들 소련 시민들은 타인의 노동을 고용하고 암시장에서 자재 및 기계를 구입하여 상당한 규모로 생산을 촉진하고 조직하고 있었다.

이들은 자기들의 자본을 투자하며 소련에서 샤바규니키라고 부르는 노동자들은 시간제 노동자로 고용하고 있었다. 그런데 노동자들은 국영기업체보다 5－7배 더 많은 임금을 받기 때문에 이런 일에 종사하는 것을 매우 반기고 있었다. 지하기업가들의 생산품은, 의류, 신발류, 청바지, 피혁제품, 직물류, 유행사치품, 전기기구 등과 같은 소비물품이 대부분이었다. "입술연지의 왕"으로 알려진 앵코틀라야르는 모스크바 북쪽 교외 오스탄키노에 있는 그의 집 지하실에 개인 입술연지 공장을 차려 놓았다.

그는 이곳으로부터 광대한 불법 조직망을 통해 제품들을 공급했다. 또 다른 예로는 코카서스 지방의 한 부락 전체 주민이 개인적으로 모직 겉옷을 짜서 판매를 하기 시작했다. 그리고 카탈로그까지 발행하고 있었다. 10－15명의 노동자와 60명의 판매 여사원들을 고용했던 한 불법 신발공장은 거리에서 구두를 팔았다. 이 기업은 연간 1백만－2백만 루블의 수익을 올렸으며 노동자들은 국영기업의 보수의 10배나 되는 70내지 90루블을 하루 저녁에 벌 수 있었다. 지방에는 많은 건축공사들이 주택 도로 및 기타 건물들을 건설하거나 수리를 맡고 있었다. 이들은 잘 조직된 지하경제체제를 통해 입수된 장비, 도구 및 자재들을 사용했다. 이들의 공사 속도의 질은 국영 건설 팀보다 훨씬 높은 평가를 받고 있었다. 개인 기업은 또한 모피생산을 위한 가축의 상품 수송에서도 활약하고 있었다. 또한 개인 기업자들이 개인적 목적을 위해 철도차량을 이용하거나 심지어 비행기까지 대절하기도 했다.

이러한 것들은 전국 각 지방에 있는 기업가들 사이에 조직망 형성이 가능하다는 최초의 징조로 볼 수 있었다. 이 같은 개인 경제 활동은 매우 높은 수준에 도달해 있었다. 광대한 액수를 갖고 있기 때문에 사람들은 함부로 "투기꾼", "암매상"이라 말을 할 수 없었다. 창의성을 창조하며 모험을 좋아하는 이 신생 사회집단은 소련에서 태동하는 제2경제의 요원들이라고 할 수 있었다. 제2경제의 참여자들은 적어도 방대한 규모의 자본을 축적하지 않으면 안되었다. 이런 것들이 발각되면 소련에서 말하는 경제사범으로 처리된다는 끊임없는 공포 속에서 이 같은 자본을 축적했던 것이다.

그러나 이들은 흔히 관계국과 당 관원들에 대한 뇌물로 수익금의 일부를 사용함으로써 비교적 장기간에 걸쳐 영업을 계속할 수 있었다. 특히 이러한 뇌물 공세에 약한 것은 사회주의 재산절도퇴치성의 관원들이었다.

따라서 제2경제 출신 인사들이 1921년에 시작되었던 레닌의 신경제계획과 같은 이들의 개인영업 활동이 공식적으로 불법화되는 상황을 조성하기 위해 전력을 하고 있음은 당연한 논리였다. 레닌의 신경제계획은 결국 완전한 합법성을 인정받았다. 개인기업가들의 합법화를 위한 노력은 점점 더 늘어나는 노멘클라투라 관원들의 개인 재산 취득을 위한 욕망과 일치하고 있었다. 소수의 권력층은 노멘클라투라의 관원들은 엄청난 권력과 특권을 갖고 있었으나 독자적인 소득의 재산은 없었다.

따라서 자신들의 독자적 수입과 재산 취득을 위한 많은 노멘클라투라 관원들의 노력은 최소한 제2경제 인사들이 자신들의 활동을 합법화시키려는 목적 못지않게 강렬했다. 안드로포프 서기장으로 하여금 부패퇴치운동에 관한 설명을 발표하게끔 자극한 것은 정치적 노멘클라투라와 제2경제 참여자들 간에 상호관계가 증대하고 있었던 것에 대한 불안 때문이었다. 이 운동은 불과 몇 주 동안의 극렬한 비난, 갈등, 체포 끝에 갑자기 중단되었다. 이 중단은 소련 사회의 특권 계층이 부패 운동에 대한 반대할 수 있는 힘이 또한 무시 못할 만큼 내재해 있는 것을 나타내고 있었다.

노멘클라투라의 특권 남용

노멘클라투라를 가리켜 특권을 남용하는 것이 삶의 보람이라고 할 정도로 말이 나돌고 그들의 특권은 각 기관의 각 권력 행사를 할 수 있는 자리에 있는 사람들이라고 알려져 있었다. 워싱턴에서 활동하고 있는 망명작가인 아크쇼노프 말에 의하면 그는 소련에 있을 때 어느 날 엄청난 특권 계급에 있는 사람에게 불려갔는데 그때 선물로 모스크바에서 가장 유명한 케이크를 사 가지고 갔으나 그 집 부인은 시중에서 파는 것은 먹지 않는다고 했다. 그리고 그 뒤 파티가 있어 고급 포도주를 떨어뜨려 깨서 미안하다고 하니 그 집 아들 말이 걱정하지 말라고 하며 국가의 것이니까 국가가 곧 보충해 줄 것이라는 것이었다.

이 말은 만든 말인지 모르나 여하튼 특권층의 현상을 말한 것이었다. 노멘클라투라가 살고 있는 블록에는 영화관까지 있다. 스탈린시대에는 그보다 더 상류층에 있는 사람은 누구나 출입할 수 있게 되었다. 그리고 소련에서는 넘버 1은 있어도 넘버 2는 없고 넘버 1만이 만능이며 끝없는 권력을 가지고 있다는 이야기였다. 스탈린 이후 공산국가인 소련의 특권 계급은 그 양상이 심화됐다.

모스크바의 붉은 광장에는 소련에서 가장 큰 백화점, '굼'이 있다. 그 '굼'에는 아무도 모르는 특별층의 출입구가 있고 그곳에 가면 무엇이든지 살 수 있고 외국산도 다 갖추어 놓고 있었으며 외국인용 상점 '베요스카'가 있는데 달러로 상품을 사게 되었으나 루블이 달러보다 강함으로 특권계급들은 이를 무시하고 루블로 자유롭게 살 수 있었다. 일반 식품에 관해서도 소련은 야채가 귀함으로 구입이 제한되어 있었으나 노멘클라투라들은 이들과 전혀 다른 상황에 있었다. 소련에서의 노멘클라투라에 해당하는 사람들이란 고급 간부 정치적 권력을 장악하고 있는 사람들과 각 기관에 권력 행사를 할 수 있는 사람들을 가리키고 있다. 권력 부패에도 금전이 오고 갔다. 흐루시초프 시대 코즈로프라는 넘버 2맨이었는데 엄청난 독직을 했다는 것이 그의 친구인 레닌그라드의 고급 간부가 죽은 후 우연히 그의 금고에서 돈과 보석 등이 코즈로프의 은닉 재산으로 발견된다. 이런 은닉 보석류를 취급하는 암상인들이 검거되고 무죄가 된다.

그리고 지하경제를 움직이는 사람들도 마찬가지다. 정상급이 되면 코즈로프의 경우처럼 그런 일이 있어도 죽을 때까지 공직을 유지할 수 있었다. 이런 현상들은 권력에 대한 제동 장치가 없는 데 기인했다. 그럼으로 중세 시대의 폭군과 같은 근대 사회에서는 있을 수 없는 일이었다.

제24장
소련의 비밀경찰, KGB

공산당의 정치 목표를 달성하기 위한 첩보망

소련의 비밀경찰, KGB를 소련당국자들은 소위 국가보안위원회로 말하고 있었다. 개방 후는 후신으로 FSB로 개칭된다. KGB나 FSB 다 비밀경찰로서 활동은 정보활동과 감시의 역할을 하고 있다. KGB는 크렘린에서 1마일 떨어진 드제르진스키 광장에 있다. 르네상스 건물로 황갈색의 이오니스식 건축시대에 흔히 볼 수 있는 황색 건물이다. KGB의장은 소련시대에는 공산당의 정치적 목표를 촉진시키는 복잡한 첩보망과 정보 수집망을 감독했다. 미국 CIA와는 달리 LGB는 국내외에서 미국의 FBI(연방수사국), NSA(국가 안전국), 비밀 경호대의 역할을 합친 것과 같은 역할을 수행했다.

KGB 의장은 약 70만 명의 요원과 이와 비슷한 수의 정보요원들을 통솔하며 이들의 대부분은 소련 내에서 동료, 시민들을 감시하고 있다. 미국의 정보 요원과 방첩 활동 요원은 모두 13만 명에 불과했다. 그러나 이들의 영향력은 막대했다. 스탈린의 공포정치가 절정에 이르렀던 때부터 50여 년이 지날 때까지 즉 소비에트가 무너지기 전까지도 소련인들은 이 조직의 이름을 말하는 것조차 꺼려했다. '위원회' 또는 '오피스'라는 완곡한 표현을 쓰거나 GB라는 약칭을 썼다. 소련 밖에서 KGB란 서방의 소련체제에 대한 두려움과 혐오를 구현하는 것으로 보였다. 볼셰비키혁명 후 혁명의 도구로서 생겨난 것과 거의 때를 같이 하여 소련 비밀경찰은 테러와 압제정치의 동의어였다. GPO, OGPU, NKGB, NGB로 바꾸어 왔고 1954년부터 KGB로 불렀다.

이런 이름은 스탈린시대의 최악의 월권 행동으로 공개재판, 고문에 의한 자백 강요, 마구잡이 체포, 악명 높은 루비안카 형무소의 심야처형 등을 상기시키게 했다. 서방 정보기관들의 핵심에 침투하고 있던 KGB의 첩자들은 스파이 소설이나 영화는 물론 현실의 주요소가 되어 있었다. 1981년 5월에 있었던 교황 암살 미수 사건의 범인인 터키의 메메트 알리 이그자가 로마에 있는 불가리아의 첩보를 받았을지도 모른다는 보도는 KGB에 대한 서방의 의구심을 나타냈던 일면이기도 했다. KGB의 가공할만한 힘과 무자비하고 잔인한 명성에 비추어 오래 전부터 최고 자리를 차지하리라고는 상상하지 못했던 비밀경찰 두목이 소련의 최고 자리를 차지했다. 그러나 유리 안드로포프는 1982년 공산당 중앙위원회에서 브레즈네프의 후계자로 선출되었고 또한 개방 후에도 똑같이 KGB의 수장이었던 푸틴이 대통령이 되었다. 안드로포프는 권력 확대가 현대적 경찰국가로서의 소련의 전진적인 진화 즉 스탈린시대의 물리적인 테러를 보다 교묘한 통제 장치로 대체되는 변화를 하고 있었다. KGB는 갈수록 세계 도처에서 국익을 전진시키는 정교한 도구로 발전해 갔다. 1956년 제20차 전당 대회 비밀 연설에서 흐루시초프는 국가 안보 기관은 혁명적 사회주의자들의 법률 존중하는 원칙에 추종할 것이라고 약속했다. KGB는 당의 지도층에 순응하는 정치적 임명자, 안드로포프와 같은 사람들에 의해 운영되리라는 것이었다.

비밀경찰은 1937년 스탈린의 명령에 따라 군 지도층을 무자비하게 숙청했으며 제복을 입은 KGB 요원들은 그 후 모든 차원에서 군부에 대한 정밀 조사를 해 왔다. 드미트리 우스티노프 국방상과 동맹관계를 맺은 안드로포프의 정치적 수완은 그가 정상에 오르는 데 결정적인 계기가 되었다. 프랑스의 소련학자, 엘렌 카베르 당코스는 "안드로포프는 2중의 임무를 지니고 KGB를 맡았었다는 것을 밝히고 있다. 하나는 효율적인 경찰 정치를 재건하는 것이고 다른 하나는 KGB를 현대적이고 능률적인 당의 구도로 전환하는 것이었다. 그는 두 가지를 성공시켰다." 안드로포프 밑에서 KGB는 난폭성을 잃었지만 이상의 것을 정치적으로 전개시켰다.

1973년에 안드로포프는 당 중앙위원회 내에서 당 통치 서클인 정치국원이 된다. KGB가 새로 고안해 낸 것은 소련인들로 하여금 2천만 명이 희생된 스탈린시대의 악몽을 잊게 하기 위해 홍보 캠페인으로 하여금 더욱 강력하게 만든다. 소련인들은 책과 영화와 TV의 연속물에서 이상화된 KGB 요원들의 모습을 접하게 된다. 서방의 스파이 소설에 나오는 적수들과는 달리 이들 영웅들은 육체파 아가씨들과 놀아나거나 007스타일의 부도덕 행위를 저지르지 않고 권총에 손을 대는 적도 드물었다. 그 대신 이들은 뛰어난 지능으로 악의 세력, 예로 CIA들의 허를 찌른다. 소련의 제임스 본드는 스턴리츠라는 암호를 가진 막심 이사예프다.

〈봄의 열일곱 고비Seventeen Moments in Spring〉라는 TV연극 속에서 비밀 첩보원인 스턴리치는 우여곡절 끝에 나치본부에 잠입해 활약한다. 새로운 KGB의 건설을 돕기 위해 안드로포프는 소련의 학계에서 가장 뛰어나고 총명한 사람들을 요원으로 선발하도록 권장한다. 영국의 소련 전문가 레오나드 샤피로는 "1930년대의 KGB는 건

달 투성이었으나 오늘날은 각 대학에서 가장 알짜만을 뽑아 쓰는 엘리트 집단이 되었다."라고 말하고 있었다. 요원 선발자들은 특권층만 다니는 국제 연구소 출신이 많았다. 많은 젊은이들에게는 애국적인 충동과 약삭빠른 계산이 뒤엉켜 KGB가 매력의 대상이 되었다. 80년대 초 소련에서 이주한 사람에 의하면 "KGB에서 한 자리를 차지한다는 것은 거기에 부수된 온갖 특전에 대한 멋진 비전을 마음속에 그려주었다. 보다 많은 월급, 보다 넓은 아파트, 보다 나은 휴가, 외국여행 등 일반인이 평생 갈망하는 모든 것을 의미한다."라고 말하고 있었다.

KGB 요원 모집자들은 옛 장교, 경찰, KGB의 국경 경비대나 첩보요원들의 자녀들에게도 인기 있는 직업이었다. 지망자들은 훈련학교로 초청되어 면접을 한다. 이들은 KGB의 이상을 강조하고 제국주의의 스파이들과 선전에 대항해서 조국을 수호하는 것이 소련인의 애국적인 의무임을 설명한다. 집단 농장에서 온 젊은이에게 KGB는 고되고 단조로운 시골 생활에서 벗어나는 도피처이며 부모의 자랑거리가 된다.

KGB의 가장 중요한 임무는 국내활동으로서 당의 명령이 동쪽으로는 캄차카반도에서부터 서쪽으로는 발트해 연안 리투아니아의 칼리닌그라드까지 충실히 지켜지도록 보장하는 것이었다. 모스크바의 KGB 본부에서는 소련에 있는 외국 여행자, 언론인, 기업가, 외교관들의 행동을 감시했다. 이 조직의 중요한 국내 통제도구는 정치보위였다. 소르츠바(서비스)로 알려진 이것은 전적으로 정보망을 운영하고 있었다. 정치보위부는 경찰과는 독자적으로 움직이는데 이것은 미국에서 FBI가 지역 경찰과는 별개로 임무를 수행하는 것과 비슷하다. 일반 소련인들은 근무처의 인사과에서 KGB의 존재를 가장 직접적으로 느낀다. 표면상으로는 취업 지망자를 스크린하고 보안을 유지하는 일을 하는 KGB 요원들은 인사 담당의 역할을 겸하면서 반 공산주의적 감정이 있지 않은가를 예의 주시한다. 이들은 흔히 사교모임을 감독하는데 이를테면 공장 댄스파티에서 연주하는 록 밴드가 정치적으로 미심쩍은 노래를 못하도록 하는 것이다. 어떤 사람이 탈선을 하면 그 사람을 소환해서 이야기를 하고 어떤 경우는 그의 행동을 기록해 놓는다.

영국의 한 KGB 전문가는 "소련 사람들은 말을 잘못했다고 해서 스탈린시대 사람처럼 투옥되지는 않는다는 사실을 알고 있다. 그러나 그런 경우 경력이 끝장난다는 사실도 알고 있다."라고 설명한다. 2천 3백만 평방 km 땅덩어리와 2억 7천 1백만 인구를 가진 소련은 가장 능률적인 경찰 조직에게도 관리상의 문제를 제기하고 있었다. KGB가 만능적이라는 환상을 유지하고 있는 것은 주로 소련 사람들이 서로를 감시하고 있기 때문이었다. 초등학교 어린이들에게는 파불리크 모르즈프를 숭배하도록 가르쳤다. 1930년대 초기 강제집단 농장화가 이루어지는 과정에서 자기 아버지의 규칙위반을 당국에 고발하여 격분한 마을 사람들에게 살해당한 13세의 소년이다. 모르즈프의 선례를 따른 사람은 없었다. 그러나 밀고자의 태세가 되어 있는 시민들이 매우 많았다. 연금으로 살며 시간이 많이 있는 노인의 아파트에 외국인 같은 사람이 나타나면 당국에 신고하는 것이 애국적인 의무라고 생각하는 사람들도 있었다. 단순히 살아나가기 위해서 암거래를 하는 경우 자기 친구나 이웃으로부터 고발당하는 경우가 많았다. 안드로포프가 KGB의 의장으로 있을 때는 압도적 다수의 소련인이 한밤중에 노크 소리와 마구잡이 체포의 공포를 잊을 수 없었다고 한다.

KGB는 잔인할 정도로 신속하게 움직이면서 위험한 자라고 생각되는 사람들을 억누르고 있었다. KGB의 새로운 또 하나의 장치는 정치적, 민족적, 종교적, 반체제 행동을 관장하는 전담반이 창설되었다. 사회적 혼란을 일으키지 않고 소기의 성과를 이루었다. 이것은 정치국에 있는 안드로포프의 보수적인 동료들에게 높이 평가를 받았다. 1960년대에 시작한 민주화 운동은 1975년 헬싱키의 인권 위원회에서 힘을 얻는다. 그러나 곧 분쇄된다. 그리하여 반체제 행동에 대한 처벌이 시작되고 그 처벌은 사람에 따라 선별되어 처벌되었다.

저명한 소설가 알렉산드르 솔제니친 같은 일부는 국외로 추방되었고 노벨 평화상을 받은 안드레이 사하로프 같은 사람은 국내로 유배된다. 그리고 세르게이 바토브린 같은 사람은 정신 병원에 수용된다. 그리고 수용군도가 있었다. 이에 관한 솔제니친의 소설, 〈수용군도〉에 잘 나타나 있다. 인권 운동가들에 의하면 이곳에는 약 1천 명의 정치범들이 수용되어 있었다. 그러나 알려진 숫자보다 실제는 이 숫자의 3배가 될 것이라고 알려져 있다. 서방 정보기관들은 KGB가 국내에서 성공을 거둔 법칙이 해외에서도 꼭 같은 효과를 나타내리라고 믿고 있었다는 것은 어리석은 일이었다. 해외반은 군부의 GRU와 체류하면서 해외 공작을 확장시켰다. 많은 전문가들은 KGB는 세계에서 가장 능률적인 정보수집 조직이라고 믿고 있다.

미 하원의 정보관계자는 "옛날에는 1마일 밖에서도 요원을 알아볼 수 있었다. 그러나 이들은 고도로 세련되었고 품위 있고 스마트하며 숫자도 훨씬 많아졌다."고 하였다. 방첩 관계 분석가들은 미국에서 최소한 350명의 KGB와 GRU 요원들이 암약하고 있는 것으로 추산되었다. 세계 도처에 있는 소련대사관과 영사관에 주재하는 외교관 중 최소한 3분의 1이 KGB를 위해 일하는 것으로 추정되었다. 외교관의 가면을 쓰고 합법적으로 활동하는 이들은 소련 기자단이나 해외 사무실을 가진 소련 기관, 에어풀로트 항공사나 외국인 관광국 같은 직원들 속에 흩어져 있는 다른 요원들의 지원을 받는 미국에서 소련 첩보 요원들이 가장 많이 몰려있는 곳은 뉴욕이다. 이곳에서 UN 특별회의가 열리면 소련 대표단의 규모가 1천 명 이상으로 불어난다.

KGB는 불법적 존재들을 이용하는 정보활동도 병행하고 있었다. 이런 첩자들은 개인의 경력이나 개인의 배경이 완전히 날조된 가짜 신분증을 갖고 있었다. 이들은 모스크바에서 지령이 떨어지기까지 활동을 하지 않는 경우가 있었다. FBI에 의하면 소련은 정보의 4분의 3을 대중이 자유로이 입수할 수 있는 서류, 출판물 기타 소수로부터 수집한다. 워싱턴의 상, 하 의원회가 민감한 문제에 관해서 공개회의를 열 경우 소련 외교관들이 방청석에 앉아 있는 경우는 낯익은 광경이었다. 1982년 MX 미사일에 대한 논란이 한창일 때 한 소련 첩자는 데이비드 에어머리의 사무실에 들어와서 미국의 무기에 관한 서류를 얻으려고 하기도 했다. 그런 공개적인 방법으로 수집된 자료 중에는 그 자체가 국가 안보를 해치는 것은 거의 없었다. 정보 자유 법 비판자들은 이 규정이 너무 융통성이 많아서 안드로포프조차 모든 미국인들과 마찬가지로 비밀취급이 해제된 문서를 요구할 수 있는 것이라고 주장하기도 했다. 안드로포프의 지휘에 따라 KGB는 첩보기술에서 서방 정보기관들을 따라 잡으려고 노력을 기울였다. 소련은 첩보 위성 개발에서 미국에 뒤지고 있었다. 그러나 모스크바는 전자 도청분야에서는 상당한 진전을 이룩했다. KGB의 공작 선원들은 안테나나 노출된 대사관에서, 해안의 스파이 선(船)에서 매일 서방의 교신을 모니터하고 있었다.

아이러니하게도 소련은 서방 장거리 통신 혁명에서 덕을 보고 있었다. 인공위성과 망으로 웨이브를 이용한 전화 대화 전달은 KGB 도청자들로 하여금 극비의 정부 정보가 기업 정보를 가로채기 훨씬 용이하게 만들어 주었다. KGB가 비록 첩보위성 기술에서 뒤떨어져 있다고 하더라도 인적 첩보 자산은 앞서 있었다. KGB 망명자 알렉세이 아냐코프는 소련이 1969년과 1974년 사이에 1천 5백 명의 서독인을 스파이로 선발했다고 말했다. 얼마나 많은 외국인이 포섭되어 있는지는 모르지만 FBI관리들은 미국 내에서 KGB 활동이 증가 일로(一路)에 있었다고 하고 있다.

FBI의 정보 담당자 오말리에 의하면 소련정부, 기업체, 과학계에서 요원들을 선발하려고 꾸준히 노력을 기울이고 있었다. 그리고 과학 기술에 대한 욕망이 강해지고 있었다. 소련의 실험에 대한 욕구가 강했던 1930－1940년대는 KGB는 이념에 투철한 외국인들을 그들의 요원으로 선발하기 쉬웠다. 그 대표적인 예가 킴 필비였다.

그는 영국의 고위 정보 담당자로 있으면서(한때는 CIA 연락관으로 근무) 소련 측에 비밀을 넘겨주었다. 미국 정보 전문가들은 KGB의 영어 문서 위조가 수준이 낮은 것을 간파했는데 이것은 필비의 전문 분야였다. 현재는 반역 행위 유혹이 다양해졌다. 즉 개방 시대 이후 정치 올가미를 씌우는 것은 KGB의 방법으로써 예전만큼 효과적인 것이 못되었다. KGB는 협박 음모에서 한 몫을 차지하고 있었다. 1970년대 말 정치적 야망을 가졌던 한 서독인은 라이프치에서 열린 박람회에서 몇몇 여자와 관계가 있었는데 뜻밖에 서독의 KGB 자매기관인 MTS가 감독한 영화의 주연이 되었음을 알게 되었다. KGB 요원들은 그에게 협조하지 않으면 양말만 신고 있는 사진을 언론 기관에 넘기겠다고 협박했다. 서독의 방첩 기관은 신문사들에게서 그런 사진을 게재하지 않겠다는 약속을 얻어냄으로써 이 음모를 포기하게 된다.

1981년에도 KGB는 미국 대사관 제임스 홀부르크를 아름다운 요원을 시켜 함정에 빠뜨리려고 한다. KGB는 외국에서 돈으로 정보를 사는 경우를 보다 성공적으로 보았다. 미국 방첩 전문가들은 정치적 신념이 적거나 단순히 돈 때문에 소련인들에게 자진해서 정보를 제공하는 미국의 수가 늘어났다. 그 값은 헐값인데도 이러한 현상이 늘어났다. 1974년 크리스토퍼 보이스라는 대학 중퇴생(당시 21세)이 CIA의 정찰 위성과 관계된 방위 산업체인 IRW사(캘리포니아 주 소재)의 수발계원으로 취직한다. 그는 베트남 전쟁과 워터게이트 사건에 환멸을 느낀 나머지 친구인 앤드루 돌튼 리(당시 22세)에게 소련에 정보를 팔 계획을 세운다. 멕시코 주재 소련 대사관과 처음 접촉을 했고 그 후 1년 반 동안 6만 달러를 받았다. 보이스는 1만 5천 달러를 받는다. 보이스는 소련 측에 값진 정보를 제공했는데 그 중에는 미국에서 개발 과정에 있던 첩보위성 피라미더(Pyramider)에 관한 것도 있었다.

1970년대 초 KGB 요원들이 인도네시아에서 전직 CIA 비밀 공작원 데비드 바네트에게 접근했을 때는 그가 경영하는 골동품 수출회사 자금난에 봉착해 있을 무렵이었다. 이들은 CIA가 1960년대에 인도네시아 해군 장교들에게 소련의 군사적 하드웨어에 대한 정보를 입수한 경위와 미국 정보 작전에 관한 이야기들을 주면 10만 달러를 주겠다고 했다.

1977년에는 그를 부추겨 상, 하원 정보위원회와 백악관 정보감독 위원회에 취직 신청을 하게 했다. 그의 신청은 기각되었고 FBI는 1980년에 그를 체포한다. 조프리 아더르하임은 1988년 서독 주재 공군에 복무 중 KGB에 포섭되어 13년 동안 첼튼햄의 센터에서 소련어 번역사로 근무하면서 영국과 미국의 방첩활동에 관한 중요한 정보를 소련에 건네주었다. 미국 남가주 콘도미니엄에서 살고 있는 홀든 벨과 마리안 자카르스키는 친한 이웃으로 살고 있으며 자카르스키는 폴란드의 첩보 요원이었고 재정적 곤란을 받고 있던 벨에게 휴즈 비행기 회사의 레이다와 무기 체제에 관한 정보를 제공하는 대가로 3년에 걸쳐 11만 달러를 주었다. 1980년 FBI가 이들을 알았을 때는 이미 벨이 오스트리아와 스위스에 필름 전달용 무인 포스트 설치를 한 후였다.

KGB는 새로 1980년대부터 라인 X를 사용했다. 1982년에는 NATO의 동서 기술관을 감독하는 위원회인 COCOM(대 공산권 수출 위원회)은 2만 명 이상의 소련과 동구 스파이들이 서방의 회신 기계 장치를 훔쳤다. 그 결과 서방의 기술 수준을 따르는데 10년에서 12년으로 줄이게 되었다. KGB의 미국에서 주목적은 보스톤에서 볼티모어까지 뻗친 동해안의 고 기술회랑, 남가주의 우주산업과 샌프란시스코 부근의 실리콘 벨리었다. 샌프란시스코에 있는 소련 영사관에는 30명에 달하는 KGB와 GRU요원들이 있었는데 그들은 모두 과학, 기술 전문가들이었다.

크렘린은 제3국을 통해 기술을 사들이고 있었다. 미국의 수출 제한 규정은 바르샤바조약 국가들에 대한 민감한 장비의 판매를 금지하고 있었다. 그러나 소련은 미국 밖에서 그런 장비를 제공하고 싶어하는 채널들을 발견한다. 서유럽의 기업가들이 소련이 필요로 하는 하드웨어를 구입하여 이름만을 빌린 유럽 회사에 수출하고 이것을 소련에 재수출할 수 있었다. 비교적 수출입 통제가 엄하지 않은 오스트리아와 스위스에 소련이 이용하는 무역 포스트를 설치한다.

현대의 첩보산업은 군사 계획이나 산업적 청사진뿐 아니라 정치 정보에도 관심을 갖고 있다. 크렘린으로 하여금 해외서 기회를 러시아에 활용할 수 있게 하기 위해서였다. 소련은 세계의 불안을 이용하는데는 온갖 노력을 했다. 제3세계에 배치되어 있는 KGB 요원들은 민족 해방 전쟁으로 부채질 할 수 있는 정치적 혼란의 기미가 있으면 모스크바에 신호를 보낸다. 소련 정치국이 있었던 지역적 분쟁에서도 어느 정치적 세력을 후원할 것인가를 결정하는데 KGB가 얼마나 중요한 일을 하는지는 알려지지 않았다. 크렘린에 오면 어떤 그룹이 가장 자기 이익을 이바지 할 수 있을 것인가를 결정하면 KGB 요원들을 그룹 게릴라들에게 준 군사적인 훈련을 시키거나 무기를 공급해 주는 요청을 받는다.

그러나 이와 같은 원조는 제3자를 통해 이루어지는 것이 보통이다. 미국은 쿠바에 대한 소련 무기 수송이 증가하고 있는 사실에 미루어 소련이 중앙아메리카에서 혁명을 조장하고 있다고 우려하고 있었다. 무기 수송은 1980년의 2만 1천 톤이고 1981

년 상반기에만 4만 톤으로 증가했다. 이러한 사실을 모스크바가 쿠바군뿐만 아니라 이 지역의 공산반도들도 무장시키고 있다는 것을 증명하는 것이었다. 소련 무기는 PLO(팔레스타인 해방 기구)가 이스라엘에 공격하는 세력이 되도록 PLO를 공식적으로 승인한 이래 소련에서 훈련을 받는 팔레스타인 특공대는 1천 명이나 늘어났었다.

한편 PLO는 여러 나라 출신 테러리스트들을 시리아, 레바논, 남예멘에 있는 캠프 네트워크에서 훈련시켰다. 소련이 이탈리아의 붉은 여단, 서독의 바더마인 호프집단 같은 서구 그룹 테러 집단들과 연관을 맺고 있었다. 1981년 북 에이레의 메이즈 형무소에서 KRA(에이레 공화국) 대원들이 단식투쟁을 일으켰을 때 영국 정보 기관원들은 고위 KGB 관리들이 더불린에서 아이랜드 임시정부 지도자들과 여러 번 회합을 하는 것을 포착했다. 안드로포프가 의장일 때 KGB는 역 정보를 통해 세계사태가 소련에 유리하도록 하는 데 노력했다.

해외에 있는 KGB 요원들은 80년대에 와서 주재국 관리들을 사귀고 파티에서 정보를 조금씩 흘리도록 지시를 받고 있었다. 미국과 서구에서 반 핵 운동에 KGB가 어떻게 연관되어 있는가 하는 것은 CIA추산으로는 소련은 매년 대략 공개 또는 비공개적인 선전 활동에 대략 390억 내지 40억 달러를 소비하고 있었다고 하고 있다. 또한 NATO미사일을 배치하는 데 반대하는 대중운동을 소련이 촉발시킨 것은 소련이 관련되어 있었을 것이라고 보고 있었다. 1981년 노르웨이는 KGB 요원을 추방했는데 요원은 노르웨이 사람을 매수하여 신문에 새로운 NATO미사일 배치를 반대하는 편지를 보내도록 했다. 1970년 KGB는 미국 이집트 관계를 악화시킬 목적으로 속임수로 여론에 영향을 끼치려고 했다. 기타 정부의 중동 평화 노력을 좌절시키기 위해 미국 관리들이 사다트에 대해 회의적이라는 위조 문서를 만드는데 국무성에서 한 것처럼 국무성의 용지를 이용해 퍼뜨렸는데 그것은 모두 모스크바에서 인쇄 배포한 속임수였다. 모스크바는 서구에서 반 핵에 대한 대중의 여론에 부합하도록 노력해 왔다.

1981년 서독에서 일어난 핵 시위 뒤엔 KGB가 개입했었다. 동독의 평화운동 단체들에게 전단 등을 소련에서 인쇄해 왔다는 소문이 나돌았다. 서독의 4만 8천 명의 공산당 당원들은 그 규모에 걸맞지 않게 평화운동에 많은 영향을 KGB가 끼쳤다. KGB는 동구 블록의 자매 보완 기관들로부터 도움을 받았다. 2차 대전 후 KGB는 모든 위성국에 정보망을 조직했다. 페레스트로이카 이전에는 바르샤뱌 조약 국가의 정보기관들에는 KGB의 연락관이 배치되어 있었다. 워싱턴의 KGB책임자는 워싱턴에 있는 위성국가 정보기관들과 정기적인 회합을 가지며 업무를 분담하고 있었다. 전에 역 정보를 보내는 채널이던 체코슬로바키아는 동구 블록 이주자들을 감시하는 임무를 맡았다. 전 세계에 퍼져 있는 KGB요원들은 궁극적으로는 모스크바로 집중되는 관료 조직의 톱니바퀴를 이루고 있었다. 안드로포프가 의장으로 있을 때 그는 탄압을 사회주의 개혁의 이유로 정당화했다. 서방 동맹국들의 분열을 이용하는 교묘한 수단도 효율적으로 썼으며 소련은 공포로 통치한다는 것이 불가능하다는 것을 알았지만 KGB를 상대국을 교란시키는 데 한층 더 이용했다.

전 세계를 공산화하려는 KGB 외에 또 다른 스파이망

소련 공산주의 최종 목표는 전 세계를 공산화하는 것이 목표였다. 소련의 스파이망은 그 규모가 엄청나게 크고 활동범위가 상상을 불허했다. 소련이 자유세계에 침투시켰던 스파이 총 수는 1960년 25만여 명이었다. 이들은 조직적 훈련을 직업적 정예분자로서 서방 국가의 정보원을 모두 합한 수의 10배나 되는 것이다. 25만 명 이외에 전 세계에 공산당원은 그들의 정보원 노릇을 하고 있었다. 크렘린 당국은 각국 공산당을 통하기도 하고 직접 공작해서 색채가 분명치 않은 소위 동정자들을 갖은 수단을 써서 자기들과 연결을 가지게 했다.

그러나 이들은 공산당에게 이용당하고 있는 줄 모르는 수가 많았다. 전 세계를 통해서 이들은 반직업적 정보원 오열(五列), 동반자, 동정자의 수는 77만 명이나 되었다. 크렘린의 스파이 중앙정보와 각 중요국가의 스파이 책임부서에 1만 2천여 명의 수와 25만 명의 정예요원을 합치면 엄청난 숫자이다.

이들은 때와 장소를 가리지 않고 정보를 수집하고 이용할 만한 인물을 물색한다. 그들은 소련의 운동경기 단체의 외국 방문으로부터 정치가 운동조합원에서 문화행사에 이르기까지 반드시 그들의 스파이가 따라다니면서 세밀한 첩보 활동을 했다. 영국의 어떤 사람이 소련의 단파로 소련 방송을 듣다가 음악의 곡목을 알 수 없어서 그는 편지로 소련 방송국에 그 곡의 이름을 묻는 편지를 보냈다.

얼마 후 영국에 있는 소련의 스파이는 자신들의 편에 끌어들이려고 갖은 수단을 써 이용하려고 했었다고 하는 일도 있었다. 소련의 스파이는 군사, 정치, 경제, 사회 부문의 정보를 수집하는 것은 물론 모든 부분에 침투하고 있었다. 학생들의 회합으로부터 크게는 정부의 각 기관 노동조합, 학회 문화단체에 이르기까지 방화, 분쟁, 이간을 붙이도록 암약하고 유언비어를 터뜨리면서 민심을 혼란하게 만들었다. 그리고 이들은 때가 오면 무장봉기를 가맹할 준비를 진행한다(호주에 있던 소련 스파이의 증언). 이들은 특히 중미(中美)나 중도에 무장 봉기를 감행할 기회를 노리고 있었다. 그리고 동남아시아 같이 무장 봉기의 기운이 50년대 이후 농후한 곳에서는 그들은 특수부대를 보내 이들을 조종하고 미국, 유럽 같은 곳에서는 주로 정치기관, 군대, 산업시설, 같은 곳에 들어가 정보를 수집하고 소위 '얼간이'(스파이들이 부른 별명)들을 될 수 있는 대로 모으는 데 주력했다. 프랑스에서 국방부 위원회의 고위 관리들이 비밀정보를 그들에게 제공하고 있었다. 1954년 10월에야 탄로가 났지만 몇 해를 두고 계속하다가 비로소 탄로가 난 것이었다.

소련 스파이의 특징은 소위 숙청이라는 직접 행동을 취할 수 있었다. 그들은 자신들의 적이라고 생각할 때는 주저하지 않고 죽인다. 외국에 있는 스파이가 어떤 대상을 골라 없애버려야 할 자라고 크렘린에 보고하면 크렘린은 살인을 담당하는 특수부대를 보내 죽이도록 한다. 방법은 독약 또는 권총 같은 것을 쓴다. 소련 MVD에는 이 같은 학살을 맡은 전문부대가 있었다.

소련 스파이에 대한 무방비 상태의 프랑스

서구에서 소련 스파이에 대해 가장 문제가 되고 있었던 나라는 프랑스였다. 공산당원이 50년대 80만 명이 넘었고 추종자들은 5백만 명이 넘고 있었다. 그로서 프랑스는 소련 스파이에 대해 무방비상태였다. 1952년 파리와 리용에서 소련 스파이 사건이 크게 일어났는데 프랑스의 국방계획은 모조리 소련으로 넘어갔었다. 소련 스파이들은 프랑스에 있는 NATO군 시설의 위치를 명시한 지도를 갖고 있었는데 7개소의 육군 주둔지, 17개소의 정비부대의 위치가 누설된 것이었다. 이때 압수한 다른 문서에서는 18개의 공군기지, 7개소의 군 연습장, 2개소의 로케트 기지, 4개의 공산 지대와 프랑스에 접한 서독 영내에 있는 2개 군수공장의 위치가 기록되어 있었다. 또한 파리에 있는 244명의 미군 장교의 성명, 직책 등이 낱낱이 기입되어 있었다.

프랑스의 남부에 있는 뚤롱(Toulon)항에는 스파이들이 경찰과 해군 내에 세포를 조직하고 인도지나를 왕래하는 군수품에 대해서 샅샅이 보고를 받고 있었다. 소련의 스파이단의 지부가 중요한 공업도시인 리용과 패랑, 끌레르몽에서도 발각되었는데 이에 앞서 군부가 관인(官印)을 분실했었다. 이때 리용에서 붙잡힌 스파이들이 갖고 있었다. 이들은 이것을 신분증 위조에 이용해 비밀 군수 공장이나 군수품 집적(集積)소에 드나들면서 정보를 탐지하는 데 이용하고 있었다. 역대 프랑스 내각은 이 스파이들의 재판이나 그들이 붙잡혔다는 사실조차 공표하지 않았다. 그 이유는 모스크바 당국과의 충돌을 회피하기 위한 목적도 있었지만은 사실을 영·미국에 알리면 비밀을 자기들에게 알리지 않을 것을 두려워했기 때문이다.

그 당시 프랑스에는 2백 개의 스파이 조직이 있어 10월에 일어난 프랑스 국방위원회총장 장 몽(Jean Mons)의 보좌관이 소련의 스파이였다. 국방위원회의 비밀회에 참석해서 회의기록을 할 수 있는 사람은 고위 관리로 2명밖에 없었는데 몽은 그 중에 한 사람이었다.

몽의 보좌관은 뛰르뼁(Turpin)과 라브뤼스(Labrusse)이였다. 몽이 비밀회 참석해 기록을 가져오면 이들 보좌관들은 비밀기록을 모두 앙드레 바랑(André Barans)이라는 스파이한테 넘겨주었다. 이들은 1953년부터 프랑스의 비밀뿐만 아니라 국방위원회에서 알고 있는 MATO의 비밀을 전부 소련에 넘기고 있었다. 중동에 있어서는 영미에 대한 민족 감정을 이용해서 스파이들이 들끓었다. 이란에서는 투데(Tudeh) 당이 1949년 불법화되자 소련 스파이들이 대대적으로 이란에 들어가 자유 이란협회니, 반제국주의연맹이니 하는 좌익단체를 만들어서 침투한다. 극우 민족주의자들도 영미에 대한 대항책을 이들과 손을 잡는다. 테헤란이나 카이로 정부가 반공적이나 이들의 군사력이 그다지 강하지 못했다. 터키와 이란의 경계선과 이란의 유전에서 2백 마일도 안되는 소련 내에는 무스타파 바르자니(Moustfa Barzani) 장군이 영도하는 소위 해방군이라고 하는 잘 훈련된 군대가 대기하고 있었다. 극동에서는 적색 스파이가 없는 곳이 없었다. 중공 외교관의 관리들은 대개 이에 어떤 관계를 가진 사람들이었다.

1948년 반란에 소련 스파이를 지휘해서 화란과 인도네시아 정부에 반대하던 왕젠수(Wang Jen−Shu)는 1951년에 모스크바에 갔다가 돌아와서 중화 인민 공화국 외교관이라는 명목으로 부임했으나 이 사람은 소련의 스파이였다. 이 사람은 사실 소련의 비밀정보국의 극동 책임자였다. 필리핀에서는 후크반도들을 소탕함으로써 공산당이 발을 붙일 곳이 없게 했으나 소련 스파이들은 교묘한 수단으로 침투한다.

필리핀의 공산 스파이 두목은 윌리암 조셉 퍼머로이(Willam Joseph Pomeroy)라는 미국인이었다. 그는 1938년 18세 때 공산청년동맹에 가입하여 2차 대전에는 미 제5포격 비행사령부에 근무하면서 필리핀 수복에도 참전한다. 미국에 소련 스파이 조직이 처음으로 생긴 것은 1919년 총 파업의 계기로 공산조직을 불법화한 후였다. 1922년에는 둘로 갈라졌던 미국공산당이 합동하고 모스크바에서 파견된 밀사가 조종을 한다. 그 당시 공산 스파이들의 대미 정책은 미국의 군사 기밀을 탐지하는 데 있지 않고 자본주의 체제를 약화시키는 데 있었다.

그리하여 온갖 기회를 이용하여 노동조합, 산업기관, 심지어는 정부기관에까지 침투했다. 1929년 국제 공산당회의 석상에서 스탈린은 다음과 같이 말한다. "세계혁명의 관점에서 볼 때 미국 공산당은 역사적으로 결정적인 과업을 맡은 당의 하나라고 생각한다. 미국은 아직 혁명의 위기에는 도달하지 않았으나 위기가 가까워 오고 있다. 미국공산당은 미국의 계급 전쟁의 주도권을 장악하기 위해서 충분한 준비를 갖추고 이 위기에 처할 수 있도록 해야 한다. 동무들은 모든 힘과 모든 수단을 다해서 그 준비를 해야 한다. 혁명전쟁을 위해서 수백만 미국 노무자들을 지도할 혁명 간부와 지도자들을 육성해야 한다." 미국에 있어서 1929년 금융경제 위기로 스파이 조직은 더욱 확대할 기회를 얻게 된다. 그동안 거물급 스파이들이 가장을 하고 미국을 드나든다. 아이슬러는 오지리의 교수의 딸로 1920년대 독일 공산당 지도자로 활약한다.

후에 스탈린주의에서 이탈하여 반 모스크바론자가 된다. 이전 그는 독일에서 공산당의 음모에 가담하여 독일정부 각료와 군 참모들을 콜레라균으로 독살하려는 음모에 가담한다. 그리고 그녀는 미국을 방문하여 스파이 단을 조직한다. 독일에서 히틀러가 집권하자 스칸디나비아로 피신하고 그곳에서 스파이들의 피난처를 마련해 주는 등 스파이 활동을 북미에서 시작한다. 다시 그녀는 파리로 도피하고 다시 미국으로 와 미국의 공산 정책을 지도한다.

2차 대전 후 1947년 그녀의 스파이 행각을 국회에서 조사했으나 별로 성과를 거두지 못하고 다만 국회 모독죄로 1년을 감옥에서 보낸다. 인권 위원회는 2만 5천 3백 불의 보석금으로 출옥시킨다. 다시 그녀는 아이슬러라는 본명으로 공식 석상에서 연설을 하고 신문 기자회견을 하는 등 스파이 활동을 재개한다. 그녀는 폴란드로 몰래 도망을 시도하나 뒤늦게 이를 안 미국은 영국에 요청 그녀를 체포한다. 그러나 다시 놓아주어 바르샤바로 무사히 도착한다. 후에 동독의 부수상 겸 공보처장에 임명된다.

스파이단의 조직 구성

제 1군 정치 정보 5열 활동
제 2군 과학상황의 발견
제 3군 경제정보, 물자공급
제 4군 특수 임무, 소련관리 및 간첩의 통제

제 1군은 대개 신문기자나 통신원을 가장하고 해외에 파견된 사람들이다. 언론인의 특권을 기회로 누구든지 만나고 어디든지 찾아가서 비밀을 캐어 본국에 보고한다. 특히 언론의 자유가 보장된 영국에서는 이들이 정객을 만나는 것은 물론 중요한 공장, 심지어 원자 공장에까지 드나든다. 제 2군에 속하는 사람들은 그 나라의 원자 상황, 무기 생산 및 군사 문제를 정탐한다. 미국과 캐나다에서 이들은 원자탄의 비밀을 알아내고 유도탄과 신원자무기의 비밀을 탐지한다. 제 3군에도 각 방면의 전문가들이 있다. 유능한 경제학자도 있고 산업 부문의 지식을 갖춘 사람들이 있는데 이들은 대개 통상 사절단으로 가장한다. 제 4군은 가장 유능하고 가장 신임이 두터운 스파이로 구성된다. 이들은 대개 자유재량으로 독자적인 이동을 취하고 현지 두목의 지시를 받지 않는다. 대부분 모스크바의 정보 본부 제 2군에 속하며 모든 해외 소련인, 위성국 외교관들에 대해서 정기적으로 직접 보고한다. 대사나 관원이 극장, 파티 등에 항상 따라다니며 감시한다. 심지어 발레단, 운동 선수들의 해외 경기도 이들은 따라다니며 감시한다.

제25장
제2차 대전 후 소련의 아세아정책(1945－1957)

아세아 공산화 정책 : 중국의 공산화에 영향

소련은 1945년부터 1957년 사이에 십여 년간 아세아정책에 커다란 영향을 끼쳤다. 하나는 중공이 공산세계 제 2의 힘의 중심지로서 대두되게 한 사건으로 20세기 극동 사상 가장 중요한 사건의 하나로서 기록된다. 또 하나의 사건은 물론 스탈린의 사망과 그에 따른 소련정책의 전술적 전환이다. 1956년 2월의 제20차 공산당 대회에서 소련 지도자들은 소련의 미개발국가들에게 하등의 조건도 부치지 않는 전술적 경제적 원조를 제공하기에 충분한 경제적 수준에 도달하였다고 주장한다.

사실상 소련은 그 당시 남아시아, 동남아시아 및 중동에서 경제적 공세를 개시했다. 그들은 스탈린을 비난하고 소련 제도가 가져온 공포와 실패를 모두 스탈린에게 돌렸다. 아세아에 있어서 소련은 오늘날 전략적으로 역사상 가장 강한 위치에 놓여 있었다. 기타 다른 곳에서도 마찬가지지만 극동에 있어서도 2차 대전 이후에 소련의 승리는 미국과의 협상을 통해서 얻어진 직접적인 결과이다. 만주와 북한에 있어서와 같이 그들이 이미 장악하고 있던 곳에서 얻어진 것이었다. 북부 월남이 소련의 손으로 넘어갔다는 사실은 그와 같은 소련의 입장을 다만 강화해 주었을 따름이다. 북부 월남에 있어서 호지명 영도하에 공산군은 중공군의 기술, 보급 및 조직상의 지원을 얻어 프랑스군과 월남군을 방위 할 수 없는 입장에 몰아넣었던 것이다.

이 점은 제네바 회담 후에 미국 국무차관 월터 베델 스미스가 말한 "전쟁터에서 얻을 수 없거나 유지할 수 없는 것을 외교적 회담 석상에서 얻는 일은 별로 없었다."라는 발언과 직접 대조될 수 있는 문제였다. 2차 대전 이후에 소련의 아세아정책은 네 개의 중요한 기간으로 나누어 볼 수 있다.

첫째는 1945년부터 1947년까지 이 기간은 전쟁 중의 불투명하고 비협력적인 태도의 연장인 동시에 재건 기간에 속한다. 또한 이 기간은 1945년 2월 얄타회담으로부터

1947년 10월 결성에 이르는 기간이다. 제 2의 기간은 1948년부터 1949년까지 이르는 기간으로 이 기간은 동유럽에 있어서 코민포름의 조직에 공세적이며 호전적인 기간이었다. 그 성격은 1949년 가을 중화인민공화국의 건립과 더불어 변화하기 시작했다. 셋째 기간은 1950년부터 1953년까지로서 모스크바－북경간의 구축이 하나의 사실로 대두됨으로써 국제 공산주의의 이론과 아세아에 있어서 전술에 대해서 일련의 영향을 행사하기 시작하는 시기다. 이 기간은 대체로 중화인민공화국의 창설로부터 스탈린의 사망까지에 이르는 기간이다. 넷째 기간은 1953년부터 1957년까지 시간으로써 소위 평화공존과 계획적인 미소(微笑)작전이었다. 2차 전쟁 이후의 소련의 초기 아세아정책은 소련의 힘이 비교적 약하다는 측면과 아세아 전역에 서방측에 의해 점령되었다는 측면에서 실시된다. 소련은 전쟁 중에 심각한 경제적 타격으로부터 회복할 시간적 여유가 필요할 뿐만 아니라 석탄 및 동, 철 등에 있어서 소련은 미국과 비교해서 생산량이 절반밖에 되지 않았다.

미국은 원자 무기를 독점하고 공군 및 해군력에 있어서도 우월한 지위를 차지하고 있었다. 서방측이 아세아 전체를 점령하고 있고 또 아세아의 특수한 사정으로 정책 여러 가지 제한을 받을 수밖에 없다는 사실을 소련 지도자들은 잘 알고 있었다. 태평양은 강력한 미국 해군이 지배하고 있었고 게다가 미국 공군기지가 곳곳에 퍼져있었다. 미국은 중국에 있어서도 상당한 영향력을 가지고 있었고 또한 상당한 군사력을 가지고 있었다.

한편 영국은 인도와 미안마를 지배하고 있었다. 그리하여 일찍이 일본에 의하여 제거되었던 서방측의 동남아세아에 대한 지배가 회복되리라는 것은 불가피한 사실이다. 소련은 전쟁이 일단 끝나면 자본주의 미국은 모든 표면상의 협력적인 태도를 즉시 버리고 소련식 개념상의 전형적인 자본주의로 환원함으로써 아세아에 있어서 반소 정책을 썼고 맥아더 장군이 일본과 남한에서 그러한 정책을 썼다고 주장하기도 했다. 그러나 중국에 있어서는 초기의 미국정책은 소련이나 중공 공산주의에 대한 공포에 의해서 자극된 것으로 생각되지 않는다. 또한 1945년 미국 행정부가 종전 후 소련과 더불어 진정한 협력 관계를 유지할 수 있는 전망에 관하여 당시의 정세가 허락하는 상당히 낙관적인 견해를 가졌다.

그리하여 소련이 이론적으로나 이념적으로 전쟁 중에 미국의 협력적인 태도는 현실적인 필요에서 나온 하나의 불성실한 규범으로부터의 이탈이라고 판단했지만 그와 같은 소련의 이론이나 이념을 사실상 무시해보려고 전쟁 중의 소련의 비협력적 태도를 액면으로 받아들인 나머지 그와 같은 소련의 태도가 종전 후에도 계속될 것으로 가정하고 있었다. 소련은 이밖에도 또 하나의 그릇된 가정(假定)을 내리고 있었던 것으로 간주된다. 소련 지도자들이 당초에 중국 공산주의자들의 세력과 잠재 능력을 과소평가한 나머지 아세아정책 전반에 대해서 중요한 영향을 미치게 되려면 약간의 시일이 걸릴 것으로 생각하였다.

소련의 아세아정책에 대한 미국과 비협력적 시기(1945-1947)

1945년 2월 처칠과 루즈벨트 및 스탈린의 3자는 정치적 이념적 문제들을 조정하기 위하여 얄타에서 회담한다. 조인된 얄타협정은 그 후 약 5년 동안에 걸쳐 종전 후 소련의 아세아정책의 기반을 이루었다. 얄타협정은 독일이 항복한 후 23개월 내에 소련이 다음과 같은 제 조건 밑에서 대일 전쟁에 참가할 것을 규정하고 있었다.

1) 외몽고의 현상 유지(몽고인민 공화국)가 확보될 것.
2) 1904년 일본 침공으로 인하여 약탈된 이전의 소련의 이권들을 회복시킬 것. 즉 남부 화태(華胎)를 반환하고 대련 상항(商港)을 국제화하며 여순 항을 해군 기지로서 소련과 중국 공영하에 철도회사의 운영권을 맡길 것.
3) 천도 열도를 소련에게 인도할 것.

루즈벨트의 한국과 인도차이나에 대한 신탁통치안

극비에 부쳤던 1945년 2월 8일의 루즈벨트-스탈린 회담의 내용이 10년 후 미국국무성에 의해 발표되었는데 그 중에는 루즈벨트 대통령이 한국의 20년간의 신탁 통치안을 제안했던바 스탈린은 그 기간이 짧으면 짧을수록 좋을 것이라고 대답하고 한국에 외국군도 주둔시킬 것인지를 물었다. 그러자 루즈벨트는 그런 일이 없을 것이라고 대답했다. 이에 대해 스탈린도 찬성을 한다. 루즈벨트 대통령은 인도차이나에 대해서도 신탁 통치를 할 것을 고려하고 있다고 말하면서 프랑스가 인도차이나를 식민지화한 이래 원주민의 상태를 개선하기 위해서 하나도 노력하지 않은 것을 지적하고 드골 장군이 프랑스군을 인도차이나에 파송하기 위한 선박을 요구해온 일이 있었다고 말했다. 이에 대해 스탈린은 드골 장군이 어디서 군대를 얻으려고 하는지를 물었다. 루즈벨트 대통령은 이에 대해 드골은 군대를 동원할 수 있다고 말했다는 것을 알려주었다. 소련은 예정대로 일본과의 5년간의 중립 조약을 깨뜨리고 일본이 항복하기 2주일 전 태평양전쟁에 참가한다. 소련군은 만주를 일거에 석권함으로써 모스크바 당국은 중국에 있어서 공산주의자들을 직접적으로 원조해 줄 위치에 서게 되었으며 또한 종전 후 아세아에 있어서 강화조약에 참여할 수 있는 소지가 마련되었다.

이와 거의 때를 같이하여 소련은 국부(國府) 중국과 더불어 우호동맹을 체결하였다. 소련은 만주로부터 약 20억불 이상에 상당하는 공업 시설을 착취해 갔다. 이것은 소련이 당시 국내적으로 경제적 난관이 심했음을 알려주고 있다. 모스크바의 정책 수립자들은 중국에 있어서 공산주의자들이 그렇게 빨리 승리할 것을 예기치 못했음을 시사해 주고 있다. 소련은 만주에 산재해 있던 일본군의 수많은 장비와 무기들을 중국 공산군에 넘겨주거나 넘어가도록 허락했다.

반면 소련은 중국국민정부와의 외교를 그대로 유지하는 동시에 공산주의자들과의 관계는 일절 거부했다. 소련은 만주에서 포획한 일본 포로들에게 광범위한 정신교육을 실시하기 시작했다. 한국에 있어서 일본군에 대한 소련의 군사 작전은 1945년 8월 12일에 개시되었다. 이는 결과적으로 만주에서 소련군이 북한 38도선 이북에서 일본군의 항복을 받는다는 상호 양해하에 취해졌던 것이다.

그러나 일단 소련군이 북한을 점령하게 되자 그들은 미국 옵서버들의 입경(入境)을 거부하는 동시에 소련군과 중국에서 훈련을 받은 다수의 한국인들을 데려다가 북한의 정치와 경제를 조직하는 것을 돕게 된다. 북한을 소련 진영으로 편입시키기 위해 첫째 단계로서 소위 조선 인민군을 건설하기 시작했던 것이다.

그리하여 한국에 관한 모든 합의나 혹은 소위 협상이라든지 유엔 내에서 소련 측의 성명은 이와 같은 눈에 보이고 변화할 줄 모르는 소련정책으로 보아 오히려 무의미한 것이었다. 일본에 관해서도 물론 소련은 초기에는 연합군의 일본 지배에 있어서 될 수 있는 대로는 큰 몫을 차지하기 위해 노력했다. 1945년 5월 29일 개최된 해리 홉킨스와 회담에서 소련이 실제적인 일본 점령 업무에 직접 참가하기를 원한다고 했다.

미국이 이와 같은 요구를 거부하자 소련은 다음의 업무 수행과 정책 결정에 직접 참석할 것을 요구한다. 그러나 그 요구가 거부됨으로써 소련은 다만 고문 역할만 담당하기로 된다. 일본 점령은 시초부터 점령 업무에 관한 맥아더 장군이 모스크바는 물론 워싱턴으로부터도 일절 간섭을 용납하지 않는 가운데 수행한 미국만이 일방적으로 담당했던 단독 사업이었다. 소련은 종전 초기에 남아세아와 동남아세아에 대해서 그다지 관심을 가지고 있지 않았다. 그 이유는 소련이 여러 가지 국내 문제에 시달리고 있었기 때문이다. 그리고 세계 도처에서 특히 동유럽에서 여러 가지 문제에 봉착해 있었기 때문이다. 소련이 아세아에서 주도권을 취하지 않았기 때문에 종전 직후에 공산주의자들의 정책은 1935년 코민포름 형성 당시의 통일 전선에 입각한 정쟁주의 협력적 태도를 그대로 반영하는 것이었다.

이러한 소련의 전략은 제국주의와 봉건주의를 공산주의의 주요한 것으로 취급했던 것이다. 공산주의자들은 부르주아 민주주의 혁명을 일으키고 그 다음에 프롤레타리아 사회주의 혁명을 일으킬 것을 목표로 하는 2단계 혁명을 계획하고 있었던 것이다. 인도, 미얀마, 태국, 필리핀, 인도차이나, 동인도 제도의 제국에서 종전 후 수년 동안 공산주의자들의 독자적인 활동은 억제되었다.

그리고 모스크바에서 훈련을 받은 상당수의 당원들을 중심으로 한 공산주의자들은 이상의 각국에서 민족주의 운동에 협력함으로써 새로운 정부의 정당들과 노동조합, 학생 단체 등에 대한 침투를 꾀한다.

소련의 코민포름 형성

1947년 코민포름 형성을 계기로 소련의 세계정책은 강력하고 공세적인 경향을 실현하기 시작했다. 공산주의자들은 미국 항공기에 공격을 가하였고 체코슬로바키아에서는 소련의 사주하에 쿠데타가 일어난다. 또한 백림 공수작전을 했다.

그 후 이러한 소련의 공산주의 정책은 아세아에서도 일으킨다. 중국에서는 다른 곳에서와 마찬가지로 1947년 말 소련의 정책과 선전은 점점 반미적 성격을 띠기 시작한다. 소련 신문들은 1944년의 미중(美-中)조약이라든가 페리(Perry)의 일본 원정을 들추어내며 하와이와 필리핀의 미국에 의한 합병 등을 비난하며 미국의 극동 정책이 전통적으로 침략적인 것이라고 비난한다.

모택동은 1947년 12월 25일 연설에서 소련에 대해 찬사를 하는 반면 미국에 대해서는 중국 내란이 질질 끌리는 데 대해서 미국이 일차적 책임이 있다고 비난한다. 1945년 중국국민당정부의 군사적, 경제적 지위가 점점 약화하고 있던 때에도 소련은 여전히 그와 더불어 외교 관계를 유지하며 그의 선전에 있어서도 놀라운 정도의 자제를 보이고 있었다. 소련 혁명 31주년 기념식에서 몰로토프는 아세아에 있어서의 해방운동의 발전에 대해서만 언급한다. 중국공산당의 성공에 관해서는 언급하지 않았다. 1949년 1월 31일 북경이 함락한 후에 모스크바 당국은 국민당 정부와 외교 관계를 지속하고 있었다. 소련은 중국 정부가 광동으로 이동하였을 때에도 대사관을 같이 이동시킨다. 동시에 소련은 중국이 점령한 지역에 있었던 소련 영사관들을 폐쇄한다. 그러나 직원들은 그대로 남아서 활동을 했다.

소련은 거의 마지막 순간까지 국민당 정부와 경제협상을 그대로 계속해 왔다. 소련정부는 1949년 봄 소련대사 로스친이 본국 정부와의 합의차 모스크바에 돌아갔을 때까지도 국민당정부와 외교관계를 유지하고 있었다. 로스친은 다시 돌아오지 않았다.

소련은 물론 1949년 8월 30일 중화인민공화국의 창건과 더불어 즉시 그를 승인한다. 무엇 때문에 소련은 중국에서 공산당의 승리가 명백했는데도 국민당 정부와 외교관계를 유지했는가에 대한 것은 그렇게 하지 않으면 별도리가 없었기 때문이라고 관측하고 있었다. 그 밖에 다른 정책을 썼더라도 소련은 국민정부 지배하에 있는 지역에 접근할 수 없었을 것이며 따라서 중요한 정보망과 선전 무대를 잃어버리는 결과를 가져왔을 것이다.

그렇게 되면 또 소련은 국민정부와의 협상을 중지하게 됨으로써 당시의 사태에서 될 수 있는 대로 많은 소득을 보려던 꿈이 깨지게 될 뿐만 아니라 소련이 중국의 내정에 간섭하고 있다는 비난을 면치 못했을 것이다. 내정 간섭이라는 비난을 피하는 동시에 미국의 반응을 피하자는 것은 초기 소련의 대중 정책의 중요한 목적의 하나였다.

한국의 남북 분단과 북한군의 남침

소련은 자기네들이 제시하는 조건하에 한국 통일을 이룩할 것에 실패하였다. 그러나 약 20만 군의 북한군을 양성함으로써 불과 5만 명밖에 안되는 빈약한 장비를 가진 남한 군과 대치시켰다. 그 후 1948년 초까지 한국으로부터 모든 외국군을 철수시킬 것에 동의한다면 소련 역시 군대를 철수시키겠다고 선언함으로써 그들의 독특한 새로운 독립 운동과 반미운동을 전개했다. 뒤이어 시도된 일련의 협상이 결렬된 후 유엔의 중개로서 대한민국이 독립되어 그 수도를 서울에 하고 북한에서는 소련의 손으로 조선 인민공화국이 세워져 그 수도를 평양으로 한다. 그럼으로 한국의 분할은 고정된다. 그 후 남한 정부와 북한정부는 다같이 1949년 2월에 유엔 가입을 신청했으나 실패로 돌아간다. 미국은 1949년 전반기에 소련의 예에 따라 한국 국방군의 조직을 돕게 될 5백 명의 군사고문단을 남긴 채 미군을 철수한다.

그리하여 북한군이 남침할 수 있는 소지를 마련하게 된다. 소련은 일본에 대해서 간섭할 수 있는 여지가 별로 없었다. 미국이 사태를 장악하고 있었기 때문이다. 따라서 소련은 미국의 점령에 종지부를 찍는 동시에 일본에 있어서 친서(親西) 감정을 증진시키는 것이 중요하다고 생각한다. 이 목적을 위하여 동원된 단체는 일본의 공산당이었다. 이와 같이 소련의 대공세 작전은 아세아나 동남아세아에 있어서 큰 영향을 끼친 것은 아니다. 소련이 남 아세아와 동남아세아에 대해서 더욱 활발한 관심을 갖기 시작하였다는 것은 1947년 말 개최된 코민포름의 개회식에서 행한 즈다노프의 연설에서 그는 공산주의자들의 민족해방운동을 지지할 것을 호소한다.

뒤이어 주코프도 볼셰비키지에 같은 명제를 호소한다. 모택동도 1947년 말에 열린 중국 공산당 중앙위원회에서 소련 진영이 추구하는 목적과 그의 세력을 찬양한 후 "우리는 우월한 지위를 차지하고 있다."라고 호언한다.

또 유럽에 있어서의 사태발전의 중요성을 지적하면서 다음과 같이 말한다. "동방 각국의 반제국주의 세력은 약 10억 이상에 달하는 동방 인민을 압박 상태로부터 해방을 그들의 투쟁 목표로 삼음으로써 상호 단결을 이룩하여 제국주의적 반동세력의 압박에 항거하여 투쟁하지 않으면 안된다. 또 1949년 2월 공산주의자들의 주체하에 열린 칼카타 청년대회에서도 새로운 소련의 공세 정책이 확인되었다." 모스크바의 소위 좌익적인 공세전략은 자본주의와 토착 부르주아 계급을 제국주의나 봉건주의와 같이 중요한 적으로 간주하는 것이었다.

따라서 부르주아 민주주의 혁명을 거쳐야 된다는 개념은 조속한 사회주의 혁명의 개념, 즉 밑으로부터의 통일전선 혹은 직접행동으로써 대체되고 포기되었던 것이다. 남 아세아, 동남아세아 전체에서 공산주의자들은 과거의 비공산주의적인 좌익층과의 협력관계를 포기하였다. 그들의 민족주의 정당지도자들을 공산주의 노선에 대한 반역자로 규정하였고 그들의 정책 변경을 발표한지 불과 6개월도 안되어 인도, 파키스탄, 미얀마, 말레시아, 인도네시아, 필리핀 등의 국가에서 테러와 폭동을 일으키기 시작한다.

1950년부터 1953년까지의 소련의 아세아에 대한 공산화 정책

모스크바 당국은 중국이 공산주의자들의 승리가 신속히 달성한 것에 놀란다. 아세아의 5억 5천만이 공산주의 제2의 중심지가 된 것에 대해 새로운 정책을 모색한다. 권력 장치와 이념상에 대한 역할과 사명에 대한 재평가와 재배치는 불가피하게 된다. 힘이라는 입장에서 소련의 아세아에 있어서 위치는 태평양전쟁 종식 당시 소련이 차지하고 있던 것보다 막대하게 우월한 것이었다. 소련은 그럼에도 불구하고 아세아를 공산화하기 위해 더욱 호전적 공산 이념을 강화한다. 종전 후 5년 동안에 미국은 무장을 해체했음에도 소련은 그 기간을 군대 증강을 위하여 군대를 이용한다.

1950년 소련은 극동에서 공군 잠수함대와 지상병력에 있어서 우월한 지위를 차지하게 됨으로써 미국 해군을 괴롭힌다. 1949년 소련은 서방당국자들이 예상한 것보다는 수년이나 앞질러 핵무기 개발에 성공한다. 미국의 원자무기 독점으로 인한 서방의 결정적인 우월성은 사라졌다. 중국에서 국민정부군은 와해되어 대만으로 후퇴했으나 반면 중공군의 힘은 날로 증가했다. 북경 정권은 물론 경제적 군사적 면에서 모스크바에 의존하고 있었다. 소련은 한편 북한군의 건설을 계속하고 있었다.

그리하여 남한 침공에 관한 결정은 1950년 1월부터 2월에 걸쳐 모스크바에서 열린 모택동, 스탈린 회담에서 이루어진 것으로 보고 있다. 그들은 그 당시 유엔군으로 보나 미국의 정책으로 보나 공산군의 신속한 승리를 막을 수 없을 것이라고 생각하고 남한을 침공한다. 이와 같은 소련의 대외 정책상의 중요한 변동은 공산진영의 이념전선에도 특징이 반영되었다. 특히 아세아에 있어서 이념을 전술적 무기로 사용하게 됨으로써 그 특징이 반영되었다.

모택동주의는 식민지 지역을 위해서 또 아세아의 전 공산당을 위해서 모스크바 당국의 허가하에 인도, 미얀마, 파키스탄, 세이론, 인도네시아 등의 여러 나라에서 1951년 중에 폭력이 중단되고 평화적인 모택동주의가 대두되기 시작되었던 것이다. 한편 인도지나와 말레지아, 필리핀에서 1952년까지도 모택동주의적인 무장투쟁 전략이 사용되고 있었다. 이 당시 필리핀 말레지아의 경우 반미 사상이 지배적이나 공산주의자들의 활동은 소강상태에 있었다.

그러나 상투적인 평화선전은 증가하고 있었다. 소련은 한 명의 병사도 희생하지 않고 서방에 도전할 수 있었으나 중공은 너무 과도한 것을 강행함으로써 세계전체를 전쟁으로 몰아넣을 수 있는 가능성을 초래하고 있었다. 결국 1950년 미국 일본을 상대로 하는 소-중협정을 체결한다. 스탈린은 중공의 새로운 힘에 딜레마에 빠지게 되는 것을 자각하고 있었다는 입증이 1951년 마리크가 한국 전쟁을 중단할 용의가 있다고 시사하였다는 사실이 말해주고 있다. 당시 UN은 한국에서 공세를 취할 준비를 갖추고 있었으며 미국의 군사지도자들과 미국 국회에서는 아무런 결판 없이 질질 끌리는 정세에 대해서 가능성이 확실히 있었던 것이다.

이런 정세하에서 소련은 결국 동맹국인 중공을 포기하든지 그렇지 않으면 미국과의 전쟁을 결심하든지 양자택일을 하지 않으면 안되었다. 모스크바-북경의 구축이 실현되었다는 사실은 비록 일본 공산당이 폭동, 태업, 호전적인 활동 등을 일삼음으로써 한국전쟁을 저지하는 한층 더 적극적인 활동을 전개하도록 결려하기는 했다. 하지만 일본에 대한 근본적인 소련정책에는 하등 직접적인 영향을 미치지 못했다.

그러나 공산주의 수립에 있어서 공동의 역할은 점점 더 현저해졌고 또한 일본에 대한 전선이 강화되었다. 소련의 대일 정책은 오히려 샌프란시스코 강화회의 당시에 명백히 나타났다고 볼 수 있는데 당시 소련은 대략 다음과 같이 요구했다.

1) 카이로 얄타 및 포스탐 회담의 합의 사항을 재확인 할 것. 일본은 화태와 천도열도에 대한 반환 요구를 영구히 포기할 것 .
2) 대만을 중공에 넘길 것.
3) 미국은 90일 이내에 일본으로부터 군대를 철수시킬 것.
4) 샌프란시스코 체결조약국에 중공과 외몽고를 추가할 것.
5) 일본 국민 간에 소위 민주주의 경향을 가로막는 방해물을 제거할 것.
6) 일본이 일본과의 전쟁에 참가한 연합국 중 어떠한 나라에 대해서 지향되는 연맹이나 군사동맹에도 가입하지 못하도록 할 것.
7) 군사력을 엄격히 제한하는 동시에 원자무기와 광범위한 재래식 무기 생산을 중지할 것.
8) 일본의 섬들 주위에 해협을 비무장하고 해군함들에 관해서는 일본 해에 근접한 국가들에 대해서만 공개할 것.

소련은 4년 동안 평화협력을 강조하면서도 일본과 외교 관계를 맺지 않았다. 그리고 그들의 주장을 조금도 양보하지 않았다.

1954년부터 1956년까지 공존 및 집단적 평화기간

스탈린 사망 후 소련의 근본적인 변화는 가져오지 않았지만 소련의 행동이나 선전이 전보다 약해진 시기다. 이 기간을 70년간의 공산주의 지배하던 2년간을 자유가 존재했던 시기라고 하고 있다. 이 기간은 흐루시초프가 정권을 잡았던 시기이다.

이 시기는 흐루시초프는 1945년부터 47년에 이르는 초기의 비협력적인 인민전선 전술로 환원한 차이가 있었다. 즉 중공이라는 세력이 출현하였다. 그리고 모스크바 북경구축이 공고히 되었다. 이것은 소련으로 하여금 대외정책의 하나의 무기가 된 것이다. 아세아에 있어서 소련의 대외정책은 다음과 같은 특징을 가지고 있었다.

1) 모스크바 북경구축을 강화할 것.
2) 미국의 영향과 세력, 그리고 군사력과 지역적인 군사동맹을 제거할 것.
3) 아세아를 중립화하고 특히 일본과 인도와 같은 주요한 국가들을 중립화한다.
4) 서방의 동맹을 파괴하여 서방의 단결이 아직 유지되고 있는 곳에서는 그를 약화시킨다.

이와 같은 것으로 보아 소련은 변한 것은 아무것도 없었다. 아세아를 점령하기 위해 새로운 정책을 수립하고 강화하고 있을 뿐이었다. 일본과는 외교관계를 수립하기 위해 1955년 6월에 런던에서 협상을 했으나 1956년 10월 일본이 양보를 한 후 모스크바에서 타결을 보게 된다. 한국에 대해서도 소련은 스탈린 이래 강경한 입장을 고수하며 휴전 협정을 위반하여 북한군을 건설하고 남한정부의 붕괴를 촉진한다. 동시에 미국이 한국을 포기하도록 하면서 때를 기다리는 한편 북한이 계속 중공의 세력권 내에 머물러 있도록 하는 정책을 써 왔다. 대만에 있어서 소련과 중공은 1955년 인도네시아 반도에서 중요한 아세아, 아프리카 회담이 개최된 이래 유화적인 수법으로 대만을 다루어 왔다.

소련은 그들의 행동이 합리적인 체 함으로써 그들의 입장을 지지하는 나라들을 규합하기 위해 노력한다. 그럼으로써 아세아에 있어서 특히 공산주의자들의 집단평화운동은 군사 기지와 집단 안전 계획에 입각한 미국정책과 대조를 이루고 있는 것은 소련의 의식적인 행동에서 유래된다. 북부 인도지나는 1955년 여름에 모스크바-북경권에 추가된다. 이후 공산주의자들은 한편 평화적인 의도를 선전하면서 결국 남부 월남과 라오스, 캄보디아까지도 병합할 것을 기대하며 다만 시간을 벌고 있었다.

1957년 당시 공산진영에서 일어나고 있는 세 가지 관련된 사태는 남 아세아와 동남아세아에 중대한 변동을 초래했다. 모스크바－북경 구축에 있어서 배후의 세력과 주도권 그리고 스탈린 격하 운동, 소련의 경제 공세 등이었다. 스탈린 사망 후 소련은 스탈린을 비난하면서 대규모의 경제 공세를 전개한다.

흐루시초프와 불가닌은 낫세르와 네루에게 그리고 아프리카의 여러 지도자들에게 다음과 같은 말을 했다. "우리는 조건 없이 당신들이 나라를 건설하도록 도울 것이다. 당신들이 만약 과거의 공산주의자들과의 흥정에서 위험한 점이 있었다면 그런 것들은 이미 스탈린과 더불어 사라져 버린 것이다." 한편 중공은 아세아는 아세아인들에게로 라는 선전과 공존, 혹은 통상(通商)이라든지 집단평화 등등 명예를 가지고 소련을 지지하고 있었다. 소련은 군축 문제에 대한 태도를 변경하지 않고 독일, 한국의 통일을 거부하고 동부 독일과 북한에서 자유선거를 실시하는 것을 반대하고 있었다. 또한 동유럽의 국민들을 노예화하고 있었다(A Decade of Soviet Policy in Asia, 1945－1956, by Ridger Sweaeringen from Current History Feb. 1957).

제26장
소련(1953년)의 위기 상황과 허위평화 공세와 이데올로기의 붕괴

체제유지를 위한 거대한 계획

소련은 스탈린 사후 소비에트 체제가 심각한 위기를 초래할지도 모른다는 생각을 갖게 된다. 그것도 완화 독재 체제로 바뀌는 데 있어서 집단적 지도권과 관련이 있는 것이다. 이 집단적 권리권이란 결코 오래 지속될 수 없는 것으로 완화 독재가 부활하고 모스크바 정부는 곤란을 당하게 될 것이며 모스크바의 새로운 침략 정책을 짜내지 않으면 안되었다. 스탈린 사후 채용한 정책은 곤란 속에서 벗어나지 못하는 약소국과 같은 인상을 주었는데 소련정부의 태도에서 볼 수 있는 공세는 자신만만한 나라라는 것을 암시하고 있었다.

새로운 공격 정책은 국제 긴장의 완화와 항구적 평화와 군축을 좌절하려고 하는 타산적인 것으로써 세계전쟁을 막으려는 계산이 있었다. 평화와 전면적 군축은 궁극적 목적인 세계공산화를 저해하는 것이었다. 그러므로 참된 평화를 내심으로 피하려고 했다. 군축 상태에 있어서도 일단 전쟁이 일어나게 되면 소련이 지게 될 것임으로 소련으로서는 피하지 않으면 안되었다. 그러므로 모스크바는 언제까지나 내전을 계속하려고 했다.

소련의 공산주의 유지정책은 시민 생활의 수준을 높인다는 명목하에 위성국가들을 억압통치를 강제했다.

1) 강제 조직의 개량과 안정화, 농산물을 증가하고 서유럽 기타의 나라들과 무역 관계를 점차 발전시킨다. 소련과 예속 국가의 생활수준을 높인다.
2) 중공을 스파이국가로 끌어들여 인도를 서구 여러 나라들로부터 격리하여 중국의 세력을 조직하고 이것으로써 세계 공산주의를 위한 군사적 여력을 육성한다.
3) 미국과 그 연방국과의 거리를 갖게 하고 오명을 씌우고 유럽 국가들을 평화 우호국으

로서 찬양하게 하고 또한 독일을 가장 위대한 침략 군국주의의 온상이라고 선전한다.

4) 소련은 군비에 있어서 미국을 능가할 수 없으므로 서구 문명을 파괴한다고 위협하기 위한 원자 폭탄 제조를 위한 노력을 한다. 이로서 무기의 금지를 할 수 있었다. 또한 이것으로써 모스크바 정부의 거대한 군대를 만들 수가 있으므로 다음에는 서로 이반되는 서구에 대하여 군사적 우위를 획득 할 수 있는 것이다.

소련의 공격적인 태도는 확실히 약점에서 나오는 것이었다. 소련은 평화적인 해결을 받아들일 힘도 전쟁을 일으킬 힘도 없었다. 그럼에도 모스크바 정부는 평화를 두려워했다. 그 이유는 견고한 요새를 국경에 구축하는 도중에 붕괴되고 말 것이었기 때문이다. 그리고 이길 힘도 없었기 때문이다. 소련이 패전할 경우 소련은 물론 공산주의 종말을 보게 될 것이라는 것을 잘 알고 있었기 때문이다. 그들은 불안정한 상태로서 체제를 유지하고 있었다. 장래 평화적인 해결로써 당시 유리한 정세가 될지 어떤지는 알 수 없었다. 소련은 양보를 할 줄 몰랐고 도발적이었다. 그러나 소련은 위약한 나라였다. 그들은 이데올로기의 과정의 결말을 우려하고 있었으며 그 결과는 위성국가들의 전면적인 봉기에 직면하지 않으면 안된다는 것도 잘 알고 있었다.

소련정부를 위협한 상황

소련 국방을 약화하고 있었던 두 개의 요인은 농업 생산의 감소로 인한 식량난, 확고한 공산주의자들의 신념까지 동요케 한 공산주의 이데올로기의 과정이었다. 소련 군대 내에 있는 동유럽 국가들은 부단히 공산주의에 대하여 반항하고 있었으며 이 저항 운동은 제정러시아에 대한 러시아 노동자들의 주기적인 반항 운동보다 더욱 집요한 것이었다. 그러나 조직적인 무력 저항은 물론 적었으나 1953년 6월에 독일 노동자들의 폭동, 콜호즈의 해체를 요구한 헝가리의 농민들의 봉기, 체코슬로바키아의 시위 운동, 폴란드 국경 변방의 농민들의 봉기 등은 소련에 대한 산발적인 위협이었다.

독재는 공공연한 폭동을 진압할 수 있는 수단을 갖고 있었지만 일반 시민들에게는 없었다. 설사 소련 국내의 국민이 자기 나라의 경찰과 군대의 지지를 얻고 있다고 해도 군대와 비밀경찰의 엄중한 감시를 받고 있었다. 소련 국내의 여러 나라가 전면적인 저항을 하지 못했던 것은 제2차 대전 중의 경험이 있었기 때문이었다. 바르샤바 반란의 비극적인 종말, 유고슬라비아의 비하일 오바니로비치, 헝가리아의 바이기 시린스키 및 그의 일당의 피의 세례는 쉽게 잊을 수 없는 무서운 경고가 되고 있었다. 공산주의에 대한 소극적인 저항에 지나지 않았지만 그것은 단순한 정부에 대한 협력을 거절하는 것 이상이었다.

공산당의 경제적 실패는 연료, 기계 등의 부족 때문만 아니라 국민의 저항 운동이 끼치는 영향도 있는 것이었다. 생산의 제한이 없어질 때까지 국민이 살아나갈 수 있는 최저선을 초과해서는 안되는 것이었다. 그리고 최저선을 넘으려고 하는 자는 국민의 적으로 보는 것이었다. 이 저항 운동은 농민들에게 더욱 집요하게 일어나고 있었다. 공산주의 국가가 되기 이전 식량 수출국이었던 나라들이 식량난으로 고통 받는 결과가 된 것이었다. 농민들의 중요한 저항 운동의 목적은 농민의 집단화를 막는 것이었다. 콜호즈에 강제로 가입된 사람들은 자기에 필요 이상의 일을 하지 않음으로 토지는 옛날처럼 경작하지 못했다. 기계는 고장이 정기적으로 생기고 탈곡기는 써야 할 때 못쓰고 트랙터는 언제나 수리공장에 들어가 있어 농장에는 없는 것이었다. 그리고 농민은 농작물을 공출로 식량난을 겪게 되었다.

이 저항 운동에는 공장 노동자들도 가담했다. 그들은 공산주의의 오점을 너무나도 잘 알고 있었다. 노동자의 이익 대표라고 생각하고 있던 사회주의당은 공산당에게 박해를 받았다. 이 박해에 못 이겨 후에 공산당에게 병합된다. 노동자들은 자본주의와 싸워서 차지했던 일체의 권리를 약탈당한 채 저임금의 인상도 주장할 수가 없었다. 독일과 체코슬로바키아에 있어서 폭동 이외에도 공장 노동자가 공산 정부에 대하여 저항 운동을 시도한때도 여러 번 있었지만 그들의 단순한 반항 운동은 항상 군대에 의하여 진압되었다. 철의 장막 속에 있는 공장 사보타지는 일상처럼 되어 있었다.

1954년 5월에는 많은 공장이 불질러졌다. 기계는 항상 파괴되었고 원료는 낭비되었다. 그리고 모든 생산조직이 위기에 처해 있었다. 새로 지은 건물은 질이 좋지 않았다. 신문은 때로 이런 것을 두려워 직접 행동하기를 주저했다. 그럼으로 공장 사보타지는 언제나 공장 책임자가 책임을 져야했다.

관청의 사무에도 저항의 피해를 받고 있었다. 공산주의 정부 밑에서 일하는 사무원들은 일을 제대로 하지 않는 것이 상례였다. 극히 간단한 일을 처리하는 데도 몇 주일이 걸렸다. 관청의 공무원들은 국민들의 정부에 대한 불만을 사게 하는 요인이 되었다. 또한 피점령국의 경찰과 군대에서도 저항 운동이 일어났다. 군대의 저항 운동은 공산주의 교육의 방해를 노리고 있었다. 군대는 반공의 농민, 노동자 중에서 신병을 모집하고 있었다. 반공의 장교가 지시하는 교훈도 아무런 역할을 하지 못했다. 몇 주일 동안의 공산주의 교육은 효력을 잃어버리는 것이었다. 병역에 걸린 청년들은 기회만 있으면 탈주했다. 오지리와 독일로 도망 온 사람들은 대개가 탈주병들이었다.

소련은 냉전이 계속되는 동안만 위성국가들로부터 생산품을 소련으로 가져갈 수 있었다. 소련은 위성국가들을 신뢰할 수 없었고 그들의 저항 운동은 각처에서 계속 일어나고 있었다. 때문에 이들은 강압적으로 강력한 군대와 경찰을 주둔시킬 수밖에 없었다.

소련의 이데올로기의 붕괴

스탈린의 죽음은 이데올로기의 붕괴를 초래했다. 소련은 천연 자원이 풍부한 나라였지만 육류, 계란, 우유, 같은 생활필수품은 극히 소량만 시민의 손에 들어왔다. 육류도 부족했으며 도회지 사람들은 좁은 아파트에서 살았으며 농촌의 주택 문제도 극심했다. 소련의 노동자들은 스타노부의 방식과 노동을 하지 않을 수 없었다. 그러므로 누구나 비교적 높은 수준에 달했으리라고 생각하고 있었다.

그러나 공산정부를 섬기게 된 위성국가들에게 있어서 생활수준은 떨어져갔다. 소련의 생활수준이 낮아진 것은 스탈린이 죽은 후 채택된 정책에서 찾아 볼 수 있다. 소련의 경제는 공산주의 이념을 토대로 세워진 것이었다. 이념의 하나는 공산주의자들과 그들의 생산력을 토대로 한 것이었다. 마르크스를 비롯해 공산주의 경제 계획은 대량생산이다. 농민들과 독립할 수 있는 지식인들과 상인들은 공산주의를 반대했다.

그러나 공장 노동자들은 새로운 공산주의 경제가 그들의 노동조건과 생활 상태를 개선하였음으로 그들은 공산주의에 자진해서 가담하게 된다. 공산주의자들은 상인, 지식인, 농민들을 영입하기 위하여 폭력을 쓸 수밖에 없었다. 폭력은 토지를 집단화시키고 농민들을 콜호즈에서 일하도록 했다.

대규모의 군비계획을 시작하여 소비물자의 생산은 극도로 제한했다. 소련의 생활수준을 개선한다는 것은 선전이었고 실행되지 않았다. 농민의 생산은 저하되었고 공업은 향상되었으나 그것은 군비계획을 위한 것이었고 일반 국민이 사용할 물자는 감소했다. 스탈린은 이러한 상태를 개선하려고 하지 않았다. 그는 소련에 변동이 생기는 것을 원치 않았다. 제2차 대전 후 예속화한 나라들에도 이와 같은 제도를 이식했다. 그러한 나라들의 생활수준도 급속히 낮아졌다. 스탈린이 죽은 후 시행한 변혁은 그들이 경제의 대 파경을 초래하는 것보다는 여러 구속을 완화하는 것이 오히려 좋다고 생각했다.

공산주의 실패에 기인한 토지소유의 정책

토지소유의 완화정책은 스탈린 사후에 공산주의 계획경제에서 약간 벗어나 자유주의로 접근했다. 소련의 농민들은 콜호즈 외에서 토지를 소유하여 자유로이 경작하는 것을 허용했다. 생산하는 데에도 정부의 원조를 받았다. 미꼬얀 상무는 개인의 기업을 부활하는 것을 약속한다.

이와 같은 정책은 위성국가에서도 나타나고 있었다. 토지의 60%가 개인의 소유로 되어 있는 헝가리에서는 농업의 집단화를 중지하고 정부는 독립 농민에게 융자, 기계, 비료를 제공한다. 공출도 감소했고 개인 기업도 정부의 융자를 받을 수 있었다. 많은 수용소가 해체되고 다수의 강제 이주자가 고향으로 돌아갔다. 이것은 일국의 농업과 공업 조직이 거대한 집약체로서만 성공할 수 있다는 공산주의 생각이 실패로 돌아가는 것을 의미하는 것이었다. 즉 마르크스, 엥겔스 시대에 소련의 공산주의가 36개년에 걸친 실천이 남긴 것은 기아와 일반적 빈곤만 남게 된다.

공산주의 농업의 실패

소련은 1950년대 제정러시아에 비해 인구가 증가했음에도 일용품의 부족을 겪게 된다. 그것은 농업의 실패에서 기인하게 된다. 위성국가들 역시 공산주의 계획농업 정책으로 인해 생산이 감소한다. 그래서 식량난을 겪게 된다. 헝가리 공산정부는 농업 생산량이 국내 수요에도 충당될 수 없다는 것을 공공연히 인정하고 있었다.

정부는 농업 전문가들에게 1개월 이내에 농업 증산의 정책을 세울 것을 명령한다. 헝가리 정부는 제2차 대전까지 1,500만 내지 2,000만 붓셸의 곡물과 대량의 육류, 가축, 낙농품, 가금, 기타 식료품을 수출한 나라들이었다. 헝가리와 마찬가지로 공산화한 후 폴란드, 루마니아, 불가리아 및 발칸 반도의 여러 나라들도 같은 식량난에 처해 있었다. 공산주의 국가들의 농민은 생산물을 임의로 처분할 수 없었다. 수확의 70%를 공정 가격으로 정부에 공출하지 않으면 안되었다. 공출로 국민들의 식량을 충당하는데 지방에서 공출이 감소하여 자연 식량난을 겪게 된다. 심각한 것은 공장 노동자들을 베고프게 함으로써 공업 생산을 증가시킬 수 없었다. 여러 가지로 경제 계획을 세우고 있으면서도 정부가 농업 생산을 증가하지 못하는 이유는 농민들의 저항과 공산당의 방식이 동유럽의 농업에 있어서 적합하지 않았던 것이다. 그러한 방식은 다년간의 관습과 농민들의 근본적인 성격과는 부합되지 않은 것이었다. 유럽의 농민들은 농업을 실업이라고 생각하지 않았다. 농가의 토지는 매매도 되지 않았다.

이러한 농업에 있어서 개인의 자유, 즉 농민의 경작 계획을 자기가 정하여 농작물과 가축을 자기마음대로 처분할 수 있는 자유가 가장 중요한 요인이 되는데 이들은 공산주의 방식은 물론 저항의식으로 농업에 열정을 쏟을 수 없었던 것이 증산의 감소현상을 가져왔다. 따라서 공산주의 이론가들은 낡은 생활양식을 갖고 있었던 농민들이 공산주의 적이라고 몰아세웠다.

그러므로 공산주의자들은 농민들의 경제뿐만 아니라 성격, 방식까지도 개변시키려고 하는 것이었다. 25에이커의 토지를 소유한 지주는 굴라그(Gulag 부농)라고 간주하고 토지를 몰수했다. 그리고 협동조합에 가입하도록 강요했다. 그렇게 하여 자기 자신을 위하던 때와 마찬가지로 일을 하지 않으려고 했다. 이와 같은 방법을 독립 농민을 새로운 농민, 전후의 토지개혁으로 농지를 얻은 농민으로 불리었다. 이들은 농법을 가르치는 사람 없이 농사를 하게 된다. 그들의 농업은 국영 농장이나 마찬가지로 생산 방법이 진보되지 못하고 모두가 자기가 필요한 최소한도의 일만 했다.

동유럽 여러 나라의 농지 태반은 개인 소유로 남아 있어 여러 가지 방법으로 압력을 가해도 농민들은 개인 농업을 고수하고 있었다. 그러나 정부는 이러한 농민들을 협동조합에 가입시키려고 조직적으로 방해를 했다. 어디까지나 독립 농업을 하겠다는 농민에게 비료, 농기계, 종자를 주었다. 그 결과 독립농민들의 생산량도 줄어들었다. 정부는 개인의 생산의 상실을 보충하는 것에 정부 독단으로 해결하려고 했다. 그리하여 밤이면 피곤에 지친 농민들은 정부에서 강요하는 강의를 들어야 했다. 신문과 사회와 정치를 토론하던 독보(讀報)회는 금지되고 오로지 농업생산에 관한 토론만 했다. 그러나 결과 생산의 증가는 나타나지 않았다.

제27장
러시아인들의 생활과 타민족의 생활

러시아인의 의식 구조와 생활

한 민족의 특성을 일반화하여 이해하는 것은 어려운 일이다. 특히 러시아가 다민족으로 형성된 국가임으로 러시아인의 특성을 말한다는 것은 쉽지 않다. 미국의 사회학자들은 제2차 세계대전 이후에 추방된 러시아 사람들에 대한 체계적 연구를 해왔다. 러시아인에 대한 연구조사가 밝힌 것은 다음과 같다.

러시아인의 민족적 기질

러시아인의 민족적 기질에 대한 조사에서 그들의 응답은 현대인이 갖는 이중성을 잘 드러내고 있었다. 그들은 경제적 안정을 바라면서 동시에 사회의 진보를 갈망하며 만인의 사회의 균등을 주장하면서도 자신의 재능이 발휘될 수 있는 자유를 요구하고 있었다. 러시아 망명자들은 러시아정권(소비에트)이 신경제정책(NEP)의 정신을 이어 받아 자유를 더욱 확대하여야 한다고 생각하고 있었다. 사회주의 국가로서의 지상 목표를 성취할 것을 원하기 때문에 강력한 정부가 필요하다는 것을 긍정적으로 생각하고 있었다.

이들은 사람들에게 교육과 직업이 보장되어 있다는 것과 생산수단의 공유제를 통한 국가의 경제 통제 등을 모두 높이 평가하고 있었다. 그들은 러시아가 독일을 정복하고 사회적 시련들을 극복하며 이룩한 성과에 대해서 자부심을 갖고 있었다. 이들 망명자들이 보여준 태도에는 조국애와 정부에 대한 그들의 애착을 구분하기 어렵게 만드는 점이 많았다. 민족적 기질이라고 말하는 것들은 전통사회에서 발견되는 것은 공통적인 특징이다. 사람들로 하여금 권위에 보다 쉽게 복종하도록 만드는 것을 가부장적이고 부권주의적인 정치체제에서는 각 개인이 자신의 권리를 주장할 수 없다. 러시아의 기업사 내의 풍토는 바로 이러한 가부장적 경향을 잘 드러내주고 있다. 특히 유치산업 분야에서는 경영자의 의식이 노동자의 의식을 선도해 나간다.

한편 당이 당원들에게 충성과 헌신을 요구하는 것 또한 자아비판과 토론의 생활화를 규율로 삼고 있는 것은 가족의 윤리와 유사하다. 집안의 불화를 외부에 발설하는 것을 금지하고 있다. 전통적 농촌 사회의 또 다른 유산은 짜르의 통치가 그러했던 것처럼 권력이 인격화되고 심지어 레닌 숭배와 같은 준 종교적 성격을 띠기 때문이다. 러시아인의 이상적인 인간상을 체르니쎄프스키의 소설 〈무엇을 할 것인가〉에 나오는 주인공 라호메토프의 인간성 속에서 찾을 수 있다고 한다. 주인공은 목표를 위해, 대의를 위해, 인간의 모든 쾌락과 감정을 포기하는 금욕주의를 실천하는 사람이다.

그러나 여기서 높이 평가되었던 박애정신은 어떤 목표에 헌신하는 열정으로 대체된다. 라호메토프는 과거에는 볼셰비키들의 선구자였으며 오늘날에 와서는 공산주의 정신력과 과감한 결단력, 그리고 도전적 의욕 등을 갖춘 인간으로 묘사되고 있다.

인간관계에서의 행동 양식

러시아인들이 맺는 인간관계라고 해서 다른 사회의 그것과 근본적으로 차이가 없다. 오늘날에 와서 사생활이나 가정생활을 즐기기 위하여 방해되는 모든 것을 거부하는 사람들이 있다. 과거의 행동양식이나 습관 등은 관리들이 명령, 하달하는 태도에 대단한 영향을 받았다. 그러나 그들은 매우 자유스러운 사회 분위기 속에서 살고 있다. 레스토랑이나 기차의 식당 같은 곳에서 러시아인들은 옆 사람이 어디 태생이든 상관없이 함께 뒷좌석보다는 자기 옆에 앉도록 하는 모습을 종종 볼 수 있다.

이러한 것들은 그들이 모든 사람은 동등하다고 생각하는 징표라고 볼 수 있다. 러시아 사람들은 스포츠 활동을 통해 사회성을 기르고 협동정신을 함양한다. 이성과의 관계에서 대체적으로 서로 수줍어한다. 러시아 언론도 다른 나라에서보다 이성관계에 있어서 사생활을 더 존중해준다. 서구에서 선정적 광고들이 활개를 치고 있는데 반해 러시아 잡지나 영화들은 마치 빅토리아 시대의 절제를 연상시키는 듯한 미덕을 보여주고 있다. 사회주의자들의 경쟁의식은 때때로 개인적 발언 속에서 전체적 협동정신에 대치되는 방식으로 노출되기도 한다.

이러한 경쟁에서 이기는 사람에게는 그의 성공을 증명해주는 서류를 만들어 준다. 그러나 일반적으로 노동자들은 성공이나 경력 등이 어떤 큰 의의가 있다는 데에 있어서 효율성과 기업가 정신, 그리고 창의성 등은 필요한 것들이다.

러시아인의 소유욕

1980년대만 해도 젊은이들은 돈보다는 이데올로기나 주관주의와 같은 인간 내면세계의 문제 때문에 고민을 했다. 왜냐하면 당시 그들에게는 자기 자신의 신념과 가치관을 재평가하는 것이 공공연한 비밀처럼 되어 있었기 때문이다. 1981년대에 와서 러시아의 젊은이들은 영혼이나 의식 모두 심각하게 흔들리고 있었다.

더욱 1991년 개방 정책 이후 더욱 심하다. 러시아의 젊은이들을 일반화하는 것은 어려운 일이다. 이들 역시 다른 나라의 젊은이들처럼 기성 사회와 잘 어울리거나 그에 순응하지 않는다. 그럼에도 불구하고 이들과 직접 생활을 해 본 사람들은 매우 다양하다는 사실을 알 수 있다.

아부라모프의 단편 소설 〈도시의 소녀〉와 〈그녀의 어머니, 농촌 여성〉에서 보면 농촌 사회에서 세대 차이가 더 심하게 나타나고 있다. 일부 젊은이들의 노동 경시 풍조와 보다 자유로워진 남녀관계, 가문에 대한 애착의 감소, 다른 사람이 자신을 어떻게 여길까 하는 의식에 대한 이러한 인간상은 콘차로프의 소설 〈오블로모프〉의 주인공 오블로모프의 잉여인간사, 즉 과거의 긍정적 모습을 모두 상실한 무기력하고 우유부단하며 선량하지만 무용한 1960년대 러시아 사회에 살고 있는 인간의 모습에 대한 반발로 등장한다. 그러나 라호메토프가 등장했다고 해서 러시아인들의 온유함, 순수한 인간관계, 또는 자연에 대한 사랑 같은 것들이 사라진 것은 아니다.

러시아 여성의 특징과 남녀평등의 모순

러시아 여성은 고되게 일하며 아이를 기르고 고난을 감내하며 국가의 모든 것을 견디어 내고 있었다. 러시아 문학에서도 종종 이러한 러시아 여성의 특정 상황을 그려내고 있었다. "러시아에서는 아름답고 강인하며 원만하고 결단력 있는 젊은 여성이 즛

대 없고 벌벌 떠는 남성과 성관계를 맺는다. 전체주의 소련시대의 소설에서는 강인한 여성과 나약한 남성의 대조가 다른 어느 때보다도 더 유행했고 거미의 생활사를 연상하는 표현들로 자주 해석되었다." 볼셰비키가 여성의 자유와 남녀평등을 선언함으로써 1920년대 소련 여성들은 다른 국가에는 없는 법 앞에 평등을 나누었다.

1977년 소련 헌법은 소련에서는 여성과 남성과 평등한 기회를 제공한다고 명시하고 있다. 여성은 인정받았지만 보상은 받지 못했다. 국가는 모든 사람에게 모든 권력을 부여하기로 했지만 실제로 소수에게 그것도 대부분이 남성에게 부여하고 있다. 소련시대에 단 세 명의 여성만이 공산당 정치국에 이름이 올랐다. 군사적으로나 외교적으로 고위직에 있었던 여성은 거의 없었다.

세계 최초의 여성 대사는 볼셰비키였던 알렉산드라 코론타이였다. 여성들은 소련 경제를 살리기 위해 공장과 농장에서 일했고 제2차 세계 대전에서 싸웠다. 소련 공군에는 여성으로만 구성된 유인 비행사가 셋이 있다. 이들은 밤낮으로 폭격기를 조종하고 심지어 전투기를 몰기도 했다. 제2차 세계대전 당시 그들은 모두 3만 건 이상의 전투 특명을 받고 비행했다. 여성 조종사 라라 리트바크는 22세에 격추 당해서 죽기 전까지 적기 12대를 격추해 하늘의 용사자리에 올랐다. 새로운 러시아에서 여성과 남성의 동등한 권리는 1993년 12월의 헌법에 다시 한번 확인된다. 국가는 성별에 관계없이 동등한 인권과 시민권과 자유를 보장한다고 하고 있다.

여성해방운동의 저조와 남녀 불평등 현존

오늘날 러시아 여성들은 직장에서 활발하게 활동하고 있다. 특히 의사 중 4분의 3이 여성이며 의료계와 교육, 섬유산업, 식품과 사회사업 분야에서 여성의 활동이 두드러진다. 그러나 관리직이나 경영자의 지위에 오른 여성은 거의 없으며 완전한 성적 평등은 건설 현장과 농장 노동, 거리청소, 제설작업 등 급여가 낮은 일에서만 실현된다. 고위 관리직에 있는 여성은 소수인 반면 새로운 러시아의 시민사회에서는 광범위한 공공기관과 정치기구를 설립하는 일에 여성이 활발하게 활동하고 있다. 또한 여성들은 사업 분야에서 자신의 회사를 설립하고 감독하는 일에 점점 더 적극적으로 뛰어들고 있다.

그러나 다른 한편으로는 실업률이 남성보다 훨씬 높아서 그 중 다수가 외국에서 결혼 상대자를 구하고 있다. 일부는 매춘으로 눈을 돌리고 있는데 모스크바의 밤거리에서는 수천 명의 매춘부들을 볼 수 있다(1990년 현재).

사실상 여성은 직장에서 사회인으로서 가정에서 아내, 어머니, 주부로서 이중으로 쉴 새 없이 일하고 있다. 그러나 생활수준이 낮아져 그들의 노동 시간이 길어졌기 때문에 남편들은 이전만큼 집안일을 하지 못한다. 수천 명의 여성들이 매년 가정 폭력에 시달리다가 사망한다.

고르바초프는 경제 문화 발전과 공공 부분의 경영에 여성이 더 적극적으로 참여하고 경영자로 승진하는 것은 필수 불가결한 것이라고 하고 있다. 소련시대에 일어난 세 번에 걸친 재앙, 즉 집단농장화, 정치적 추방, 제2차 대전으로 4,000만 명의 남성이 사망했고 그로 인해 두 세대 동안 극심한 남성 부족 현상을 겪었다. 게다가 20세 이상의 연령층의 사망률은 여성의 네 배에 달했다. 남성은 주로 알코올 중독, 사고, 질병으로 인해 사망하며 여성의 평균 수명이 남성보다 13년 정도 길다. 이것이 바로 러시아에 바부슈카(할머니)가 많은 반면 제두슈카(할아버지)는 드문 까닭이다. 산아제한에 대한 태도는 가정을 안정시키고 출생률을 높이려는 남성 우월주의의 이념뿐만 아니라 러시아의 전통적 보수주의에서도 유래한다. 그러나 대개의 가정은 (특히 도시에서는) 비좁은 주거 환경 때문에 둘째 아이를 원치 않는다. 또한 국가가 보조하는 탁아소의 쇠퇴, 국가의 보조정책 붕괴, 생활비의 증가, 건강관리의 악화도 그 한 이유이다. 최근 들어 피임기구를 구하기가 쉬워지고 사용량이 늘어나고 있지만 아직도 널리 사용되고 있지 않으며 가족계획에 대한 정보도 좀처럼 얻기 힘들다.

소련에는 현재에 와서 편모와 독신 여성의 수가 계속 증가하고 있다. 2,000년에 출생한 신생아의 약 3분의 1이 미혼모에게서 태어났다. 그 수는 10년 전의 두 배에 달하고 그 중 40퍼센트가 10대 소녀들에게서 태어났다. 다른 많은 사조처럼 서구에서 시작된 여성해방 운동은 러시아에는 뒤늦게 일어났다. 현재 많은 독립 여성 단체가 러시아 곳곳에서 생겨나고 있다. 페미니즘은 아직도 대중운동으로 확산되지 못하고 있다. 러시아 여성이 바라는 평등은 서구의 여성이 원하는 평등과 다르다. 러시아 여성들은 여성과 남성의 관계, 가정생활에 대한 시각이 훨씬 더 전통적이라고 스스로 생각한다.

예를 들어 의상과 스타일에 있어서 그들은 편안함보다는 매력적인 것, 실용성보다는 아름다운 것을 선호한다. 구 소련에 강력한 여성해방 운동은 존재하지 않았다. 심지어 여성해방론에 공감하는 여성의 숫자도 극히 소수였다. 서구의 여성들은 동등한 사회의 지위를 요구하지만 러시아의 여성들은 여자답지 않은 행동을 거부하고 기사도 정신을 가진 남성과 풍부한 소비재를 갈망한다. 미국인들은 태아의 권리에 대해 논쟁하지만 러시아 여성들은 마구 대하는 것처럼 보이는 보건체제 내에서 자신의 체면을 지키는 것에 대해 더 신경을 쓴다. 여성의 절박한 모든 문제들이 해결된 나라의 여성만이 누릴 수 있는 서구 여성해방론은 러시아에서는 발붙일 틈이 없는 사치인 것이다. 러시아의 대부분의 여성들은 더 많은 시간을 자녀와 함께 하기를 원하고 있다. 고된 직장 생활, 결혼 생활을 괴롭게 만드는 가정의 의무와 어려움 가운데 러시아 여성들은 자녀들에게 온전히 헌신함으로 근본적인 문제들에서 해방될 수 있는 가능성과 대안을 찾을 수 있는 길에서 스스로 벗어나고 있다.

여권 신장과 생활 교육, 여성의 날

1917년 러시아 혁명은 노동자 농민의 평등을 위해 일어났는데 이보다 9년 전 1908년 세계 여성 노동자를 위한 운동이 일어났다. 1908년 이후 여성들의 요구는 노동권 강화와 전쟁 반대에 있었다. 동일 노동, 동일 임금, 8시간 노동, 휴일 임금 지급 등을 내건 대규모 집회가 러시아, 스페인, 호주, 등지에서 열렸다.

1975년 베이징 대회는 빈곤, 교육, 폭력 등 12개 분야 362개항으로 이루어진 베이징 행동강령을 채택해 각국 정부에 전달된다. 러시아의 여성의 날이 제정된 것은 세계 공통으로 여성 노동자들이 모여 선거권, 노동조합 결성의 자유를 쟁취하기 위해서였다. 먼지 자욱한 일터에서 하루 14시간씩 일해야 했던 여성들, 값비싼 드레스에 붙인 금, 은장식을 만들다 눈이 멀기도 했던 이들은 더 이상 인간 이하의 삶을 강요당할 수 없다며 거리를 뛰쳐나왔다.

여성이야말로 마지막 남은 식민지라고 인식했던 유엔은 1975년 3월 8일을 세계 여성의 날(International Women's Day)로 정하며 이 날을 세계 여성의 날로 공식 선언한다. 이를 기념으로 여성들의 힘이 조직되기 시작한다. 제1차 멕시코 세계여성 대회의 의제는 평등, 발전, 평화, 고용은 물론 교육과 건강권에서 어떤 차별도 막아야 한다고 결의한다. 러시아에서도 여성들이 서구에서처럼 같은 상황에서 생활해 온 것은 마찬가지였다. 이들도 3월 8일을 여성의 날로 정하고 어떤 집단적 집회나 기념행사를 하는 것이 아니라 마치 명절처럼 지낸다. 그날을 휴일로 하고 있다. 기름때를 묻히며 공장에서, 정비소에서 일하던 여성노동자들도 이날은 성장을 하고 즐기는 행사를 하고 있다. 우선 오랜 시간을 들여 치장을 하고 각자 자신의 전문성을 발표하기도 하고 패션에 종사하던 사람은 자신이 디자인한 옷을 입고 나와 발표를 한다던가 요리에 종사하던 사람은 요리를 보여 주기도 한다. 이날은 즐기는 동시에 각자의 재능을 발휘하는 경연대회가 있어 자신들의 지능을 발휘하는 날이기도 하다. 그리고 그들은 노래하고 춤을 출 수 있는 장소도 마련이 되어 24시간을 즐기는 날이다. 개방 후에는 디스코테크, 또는 볼룸에서 행하는 사교춤에도 남자친구와 즐긴다. 경연 대회에 마음껏 치장을 하고 즐기는 이면에는 은근히 결혼 상대를 찾고자 하는 뜻도 들어 있다.

러시아 여성들은 1년에 하루 (3월 8일) 정식으로 대접을 받는 날이다. 공산주의 시절, 이 기념일은 서구 자본주의 사회에서 잘 지켜지지 않는 남녀평등을 강조하기 위해 오늘날까지 대중적으로 지키고 있다. 3월 8일에 여성들은 사랑하는 사람들에게서 선물 세례를 받는 날이기도 하다. 식료품점은 전통적인 식사를 위해 맛있는 음식을 준비하는 사람들로 붐빈다. 보석상점과 선물가게는 밤늦게까지 영업을 한다. 빨간 장미와 초콜릿은 동이 난다. 이 날은 러시아 남성들이 나머지 364일 동안을 위해 자신들의 연인이나 아내를 대하는 마음가짐을 고쳐먹는 날이다.

생활 현장에서의 교육

1980년대부터 러시아에 있어서 공장 경영자들과 경제학자들 사이에서 활동하고 있는 숙련 노동자들을 어떻게 교육할 것이냐를 놓고 일련의 논쟁을 벌여오고 있었다. 숙련 노동자 대부분은 각 공장에서 실시하는 견습제도를 통해 직업 훈련을 받아 왔다. 그러나 이러한 훈련은 각 공장에만 제한된 범주의 기술 인력을 배출할 뿐이었다. 공장에서 견습 훈련만으로는 기술 변화로 야기되는 직무 내용의 보완 및 확충에 필요한 이론교육이 불가능했다. 그러므로 이론교육은 직업학교에서 맡게 되었다.

그리고 1980년까지 이곳에서 교육받은 사람의 수는 2배로 증가하였다. 공장 경영자들은 이론적 지식보다는 생산 경험으로부터 얻어지는 실무지식이 더 중요하다고 주장한다. 이에 대한 경제학자들은 공장 실무교육은 나중에 받게 되는 보충교육을 놓고 본다면 돈이 많이 드는 편이라는 지적을 한다. 매년 2천만 명의 노동자들이 보충교육을 받고 있었다.

따라서 평생 교육을 받는 데 소요되는 비용은 공장보다 투자하는 것이 더 효과적일 것이라는 주장도 나오고 있었다. 보충교육제도는 젊은이들에게 군복무생활이 교육적 차원에서 매우 중요한 의의를 갖고 있다. 군대 생활을 통해 교육과 현실의 괴리로부터 발생하는 갈등을 어느 정도 해소시킬 수 있으며 국가에 대한 애국심과 같은 집단 중시의 가치체제를 스스로 내면화하게 되었다.

1938년 민족별 징병제도가 폐지된 후 전 소비에트의 러시아를 위한 수단이 되었다. 또한 학교 교육이 없는 일부 젊은이들에게는 군대생활이 기술을 배울 수 있는 제 2의 기회로 제공되었다. 군의 교육적 기능은 일상생활 속에서도 이루어지고 있었다. 러시아군의 규모는 육, 해 ,공군 모두 8천만 명 규모인데 이들 중 2천만 명이 청년층이다. 이들은 스포츠나 다른 특기를 가지고 있었다. 이들은 자원봉사자의 도움으로 사격, 스포츠, 운전 또는 조종술 등을 배운다. 러시아가 올림픽에서 좋은 성과를 내는 것도 이들 군대의 조직적 교육이 이룩한 결과로 보고 있다.

대학 졸업과 교사로서의 직업

대학 졸업자의 30%가 교육계로 진출한다. 이것은 산업 전반에 졸업생 수 즉 40%에 맞먹는 수준이다. 과거 1928년－1929년 당시 고등 교육을 받은 학생 수에서 여학생은 28%였다. 1980년 후반까지는 50%에 달하고 있다. 여학생들 대부분이 교사를 지망하고 있다. 그 결과 중등학교의 교장은 남성이 70%를 차지하고 있다. 그러나 평교사의 경우 80%가 여자이다. 여자 교장의 비율이 적은 것은 전통적 편견 때문이다.

교사의 사회적 지위는 높은 편이다. 러시아에서는 농민의 자녀들의 교사라는 직업이 항상 편안한 조건에서 일하는 것은 아니다. 어떤 경우에는 여교사가 초등학교 2, 3 학급을 맡아야 한다. 또한 업무량도 많아서 농촌 지역의 여교사들은 대개 매주 32시간 내지 39시간을 맡고 있으며 이외에 시험 채점이나 가르칠 준비시간 등을 모두 합치면 주당 60시간의 노동을 하는 것이 된다. 그럼에도 교권과 교칙, 그리고 우정을 상당히 중요시하고 교육 풍토가 정착되어 있기 때문이다.

학생들이 학사 운영에 참여하는 경우가 있었는데 1918년－1919년 사이 1년간 일시적으로 이루어졌다. 학생들의 조직은 소위 졸업준비위원회가 있으며 당원의 경우는 기초적 당 조직으로 학생들과 교사가 같은 비율로 구성하는 협의체에 가입한다. 교사들의 능력은 그들이 맡은 학생들의 진학 성적에 따라 평가된다. 그러나 이러한 평가 방법은 학생들이 매우 다양하기 때문에 교사들의 업무를 매우 어렵게 하고 있으며 교육의 질적 저하를 야기하기도 한다. 1974년부터 승진이나 면직 등과 같은 인사권을 가진 인사위원회가 조직되어 정기적으로 교사의 능력을 평가하고 있다. 러시아 교육제도는 1990년대까지 어떤 근본적인 문제점을 해결하지 못하고 있다고 지적되고 있다. 즉 사회적, 경제적 교육을 추진하느냐 하는 기로에 있다.

소련시대의 공산주의 탄압과 민중의 저항

소련시대의 국민은 당과 국가의 지배기구에 의해 희망이 없었다. 당 그리고 지배기구는 경찰의 탄압기관과 선전기관을 포함해서 3백만 명(1990년 소련 붕괴까지)으로 이루어졌다. 이것은 바로 특권계급 자체에서 무엇이든지 얻어낼 수 있는 사람들이었다. 이들은 전용 백화점에 있고 가장 좋은 물건들을 싸게 살 수 있었다. 특별 예산을 세워 그들은 거기서 급여 보조금을 탈 수 있었다. 집이나 아파트도 극 상급이고 의료도 특별 시설에서 받을 수 있었으며 요양소도 무료로 이용할 수 있었다. 사법상의 책임을 스스로 질 염려가 없고 국민에게 커다란 권력을 휘두르고 있었다.

이들은 특권을 담보로 당과 국가에 대해 절대적으로 충성을 다했다. 이들은 체제에 불평을 하면 바로 쫓겨나 그들의 특권도 행사할 수 없어 순종만이 그들의 의무였다. 이 특권 세습을 지배하고 있는 사람들이 거의 10만 명에 달했다. 이들은 당의 관료들이었다. 이 일당이 바로 소련의 과두정치의 행정이었다. 이들의 욕망은 끝이 없었다.

제정러시아 때의 지배계급도 이들만큼 안락한 생활은 하지 않았다. 이들의 자녀도 특권 계급으로 기르는 것이 목적이었다. 이들은 세습적으로 과두정치의 일원으로 계속할 수 있도록 하는 것이 교육 목적으로 되어 있었다. 소련의 지배계급은 권력, 명예, 부 모두를 향유하고 있으면서도 공산주의 사회를 세계적으로 넓히려고 했다. 지배계급 등은 아무 간섭도 받지 않고 예산, 군사력, 외교정책을 마음대로 했다. 이들 공산주의자들의 핵심자들은 사람들을 거짓말로 탄압함으로써 사람들의 생명을 위협하고 정신을 메마르게 했다.

공산주의 특징은 거짓말이다. 70년 동안 몇 백만 명의 사람들이 이른바 사회주의적 노동(또는 축제일에 무보수운동)에 그리고 주간작업 이외에 강제 집회에 동원됐다. 이런 집회에서 하는 일은 사람들을 거짓말로 세뇌시키는 것이다. 공산주의 정권이 탄생한 지 몇 해 동안은 민중의 반발이 빈번했다. 그러나 모두 탄압에 의해 그들의 운동은 막을 내려야 했다. 80년대의 아주 작은 민중의 저항도 이와 같이 막을 내리곤 했다. 노보토첼카스크, 알레산드로프, 크라스노다르 등의 폭동이나 발틱함대의 수뢰정에서 일어난 승무원의 반란, 페름 등 볼가강 연안의 몇 개 도시에서 일어난 파업 등 이들도 마찬가지로 똑같은 숙명의 길을 걸을 수밖에 없었다.

이로써 대중은 무관심하게 되고 말 없는 민중의 분노가 돌파구를 찾아 공공건물에 페인트를 뿌리거나 공공건물을 파괴하는 일도 있었다. 당국은 특별한 집념을 가지고 그들을 주요한 적이라고 간주하고 있었던 종교와 민족의식을 억압하고 있었다. 어린 이들에 대한 모든 종교교육은 엄격하게 금지되고 교파가 꼼짝도 못하게 묶여 있어야만 했다. 그들의 이데올로기에 의한 탄압으로 발트의 여러 나라에서는 카톨릭 신부들이 살해되었다. 이들은 민족의식과 종교적 사상으로 그들에게 해가 되고 있었다. 침례교나 오순절파는 아이들의 교육을 위해 열심히 일을 했으나 소련정부는 그들에게서 아이들을 빼앗고 부모들은 감옥으로 보냈다. 그리스정교 신자들에게도 무거운 형벌을 내렸다. 그레브 아우쿠닌 사제, 오고로드니코프와 포레크가 지도하는 청년들의 써클, 그리스도의 말씀을 발췌해서 출판한 크리크마로니코바 같은 사람들도 형벌을 받았다.

이들보다 더 큰 형벌을 받았던 사람들은 지방에서 민족 감정을 폭발시킨 사람들이었다. 이러한 죄수들의 가족들을 지원하기 위해 솔제니친은 그가 써서 외국에서 출판된 〈수용군도〉로 받은 인세를 이들을 위한 사회상호 보조금을 만들었다. 그리고 소련 내에서 이들을 위한 민중들의 모금도 보내졌으나 소련당국은 죄수들의 가족을 더욱 탄압했다. 그리고 더러는 체포를 당한다. "20세기에 이르기까지 세계 어느 나라에서도 이만큼 국민이 착취를 당한 일이 없다."고 솔제니친은 말하고 있다. 소련이 붕괴되기까지 공산주의 국가는 20여 개국이었다. 1983년대 이들 국가가 곧 쓰러질 것 같았으나 쓰러졌던 것은 이들의 적인 민중들뿐이었다.

솔제니친은 공산주의에 대해서 1983년에 했던 인터뷰에서 "공산주의라는 것은 거기 한번 빠지면 어떤 나라도 빠져나오지 못하는 환경이다. 공산주의에서는 어떤 군주도 비교가 되지 않는다. 전제 군주라는 것은 개인이기 때문에 권력에 대한 갈망을 이루는 데 한계가 있으나 전체주의는 한 나라의 권력이라는 것은 모든 상식 밖에 있다. 그들의 목적은 나라의 성공도 아니며 국민의 번영도 안녕도 아니고 오직 국민을 희생시키고 대외적 목적을 이루는 데에 있다. 그들은 많은 영토와 다른 국민을 그들의 이데올로기로 지구 전체를 삼키려는 광기이다." 해외에 망명하고 있던 솔제니친은 공산주의에 저항하는 뜻에서 공산주의의 내막을 들어내는 소설 등을 써서 서구에 발표한다. 작가는 저항으로써 성공을 했다고 볼 수 있으나 대부분의 공산치하에서 저항했던 민중은 살해 또는 강제 수용소 아니면 파멸을 하게 된다.

러시아에 있어서 회교(回教)도들의 생활과
러시아 공산주의의 이데올로기와 회교의 이데올로기

러시아공산당의 이데올로기와 이슬람교의 이데올로기와의 근본적 갈등은 대다수의 러시아인들, 그리고 대러시아 농민들의 회교도에 대한 적대적인 태도로 1950년대 이후 더욱 악화된다. 이들의 갈등은 회교도들의 독립의 요망에서 기인한 것이었다.

그러나 양자가 각자의 신앙을 고집하고 또 1917년 초 대러시아 회교지역 사이에 사회 제도상의 차이로 인해 갈등이 악화된다. 당시 러시아 국민 대중들의 정교회에 대한 존경심은 극히 희박했다. 하지만 회교도들과 그들 종교와의 관계는 그렇지 않았다. 짜르는 회교의 교역자제도를 정교회의 제도와 비슷하게 재편성하려고 기도했지만 초기 단계에 그치고 말았다. 이 계획의 영향을 받은 것은 회교도 총수의 약 3분의 1에 불과했다. 그 영향은 고위 교역자들에게만 국한되었었다.

그 결과 각 교구는 오히려 그들 자신의 도사를 선출하는 권리를 보유하게 되었다. 회교도들은 그들의 지도자들에 대한 불평을 거의 할 수 없었다. 회교도들의 고위 교역자들은 러시아의 짜르에 굴종하는 상황이었다. 이에 대한 평신도들의 공적인 불만은 거의 불가능한 상태였다.

1917년 2월 혁명 후 수명의 고위 교역자들은 진보적 교도들이 취한 행동으로 말미암아 각자의 지위에서 물러나게 된다. 그들 중 일반 교도들의 신임이 두터웠던 다른 교역자들로 곧 대치되었고 회교 사회는 10월 혁명 후 더욱 공고히 단결할 수가 있었다. 그 후 공산주의자들이 정교회와 더불어 회교도들을 탄압하기 시작했다. 회교도들은 이에 총력을 기울여 이에 대항한다. 당시 공산당원이었던 회교들까지도 그들의 가혹한 야만적 탄압방법에 반대하여 종교적 편견을 극복하기 위해서 노력한다.

그들은 회교의 기본 원리로 돌아갈 것을 설교하고 그렇게 함으로써 사회주의가 코란의 가르침대로 재수립되는 것을 희망했다. 한편 회교가 기독교와 같은 교역자 제도를 갖고 있지 않던 사실은 회교에 대한 탄압을 정교회에 대한 탄압보다 더욱 곤란하게 한다. 모스크를 폐쇄하거나 설교자를 투옥해도 아무런 소용이 없었다. 어떤 사원은 폐쇄하면 교도들은 다른 비밀장소나 들에 모여서 기도를 드렸다. 도사를 파면하거나 투옥시켜도 아무런 성과가 없었다. 왜냐하면 다른 교도가 그 뒤를 이어 선출되곤 하였기 때문이다. 그럴 경우 가장 가난한 교도가 선출되는 경우가 많았다.

이것은 공산당 당국자들로부터 반종교 선전에 사용되는 가장 효과적인 주장의 하나인 교역자들은 유산계급의 이익을 보호하고 그에 봉사하였다는 주장을 반박하기 위한 것이었다. 러시아 농민들 사이에 사유재산이 없었던 사실도 공산주의자들이 내란 중에 도입한 사회적, 경제적 개혁에 대해 대다수의 러시아인민들과 회교도들이 각각 다른 태도를 취한 중요한 원인이 되었다. 러시아인민 대다수는 이러한 개혁을 환영했으나 회교도들은 맹렬히 반대하지 않을 수 없었다. 그러한 개혁은 오래 전부터 존중하여야 한다고 믿어 왔던 사회의 근거를 파괴했기 때문이다.

이러한 정세하에서 회교도들이 러시아 내에 각종 반볼셰비키 지도자들과 이해를 같이 한 것은 자연스러운 일이었다. 그러나 상대방들은 1917년 전의 일부 사태에 변화를 가져올 만한 양보를 일절 하지 않으려고 했다. 그래서 수포로 돌아간다. 한편 공산주의자들은 이 정세를 이용했다. 즉 1919년에 각 방면으로부터 백러시아인들의 압력을 받게 되자 그들의 사회개혁과 반종교 정책을 일단 포기하고 동남 러시아에서 회교도들과 백러시아인들에 대항하는 협정을 체결한다. 그 협정에서 공산주의자들은 회교도들에게 완전 독립을 약속한다. 그러나 백러시아인들이 패배하자 그들의 약속을 깨뜨리고 사회개혁과 회교에게 대한 탄압을 재개한다.

1917년 러시아 혁명이 일어났을 때 러시아 내 회교도들의 목적이 뚜렷하지 않았고 또 중앙 정부에 관한 협정 이상의 것을 요구하지 않았다면 혁명 후의 사정은 아주 달라졌을 것이라고 말하고 있다. 회교도들은 백러시아인들의 독선에 봉착하고 적계 러시아인들로부터 탄압을 받는 입장에서 그들이 조직이 파괴될 위험에 처한 입장에서 완전 독립을 주장하지 않을 수 없었다. 그리고 백계 러시아인들과 적계 러시아인들과의 내란이 종식된 후 회교도들의 독립 투쟁은 더욱 격화되었다. 공산주의자들은 1917년에서 1920년 사이에 그들은 사회 및 경제개혁에 실패한 결과 1921년에는 NEP(신경제정책)라는 슬로건을 내걸고 후퇴하지 않으면 안되었다. 회교도들은 신경제정책 기간 중에 무장한 독립 투쟁을 포기하고 그 기간 중에 공산주의자들이 회교도들에게

행한 것은 다만 반종교적 선전에 국한했다. 그러나 신경제정책 기간이 끝날 무렵에 공산주의자들은 압도적으로 슬라브 주민이 많은 그들의 세력을 강화하여 무장한 회교도들을 봉쇄할 만한 힘을 갖추었다. 이 결과 공산주의자들이 1928년에 집산화(集産化)정책을 공표하였을 때 회교도들은 수년전과 같이 강력히 저항을 시도할 만한 힘이 없었다. 특히 공산주의자들은 신무기에 대항할 무기를 갖고 있지 못했다.

그러므로 회교도들은 그들의 사회조직의 근저를 파괴할 집산주의에 대하여 다만 간헐적인 폭동과(폭동은 게릴라전 수행이 가능한 지역에서는 완전히 종식된 일이 없다.) 파업, 인접 회교국으로의 도피, 가축, 곡물, 및 도구 등의 완전한 파괴 같은 소극적 반항으로 밖에 대항하지 못했다. 집산주의에 대한 회교도들의 강력한 반대는 공산주의자들에게 이해관계에서 오는 충돌과는 다르며 또 그 저항은 회교 사회에 신학적, 사회적 개념이 밀접하게 상호 침투한 그 근원이 있다는 것을 알려 주었다. 이 때문에 회교도들은 대규모의 무장 반항을 조직할 능력이 없다는 것을 알아차렸기 때문에 공산주의자들은 1928년 회교에 대한 대량 탄압을 개시하여 사원을 폐쇄하고 회교사회의 무력한 인사들을 감금하고 급진적으로 회교도의 부녀자들을 해방하는 등등의 만행을 다 하였다. 이러한 탄압은 으레 반회교선전이 강화된 후에 행해지거나 또는 그것과 병행되었다. 선전의 수법은 대개 "반종교전은 추상적 이데올로기의 선포로 수행될 수 없다. 그것은 종교의 사회적 뿌리를 파괴하기 위해 구체적인 계급투쟁의 수행과 연결되어야만 했다."라는 레닌의 떼제에 의하여 지도되었다.

이 목적을 위한 공산주의자들의 모든 노력은 회교의 부르주아적 반동적 성격을 나타내려는 방향으로 추진되었다. 스탈린주의가 완전한 승리를 거두기 전에는 즉 소련 공산당 내에서 제한되기는 했지만 이데올로기 문제에 관한 양간의 토론자의 자유가 아직 허용되던 때에는 이 방법은 신랄한 비평적 공격을 받곤 했다. 예언자 마호메트에 대한 바아톨드(동양학자이며 회교학자)의 견해를 인용하면 "동등과 형제애에 의하여 사람들을 서로 뭉치게 하고 지배자들이 범한 악행을 규탄하고 또 부유한 자들에 대항하여 빈자들을 옹호한 이 새 종교의 예언자는 국가의 지도자가 되었다."고 했고 한편 동양의 이데올로기에 관한 M.A. 라이스너는 크리티쿠스 라는 평론가의 말을 다음과 같이 말하고 있다.

"회교는 본래 중산 계급을 갖고 있었다는 학설을 공격하고 있다. 코란은 처음 독립된 여러 장으로 되어있으며 카립스 오스만의 시대에 이르러 비로소 하나의 수록(收錄)으로서의 명확한 형태를 갖추게 되었다. 그리고 오스만은 당시 일류 자본계급의 대표들이었던 그의 오마야드 친척들로부터 많은 영향을 받고 있었다. 그렇기 때문에 그들이 코란으로부터 모하메드가 유산계급의 대표들을 맹렬히 공격한 장들을 모두 제거하였으리라는 것은 의심할 여지가 없다. 그리고 그의 공저자인 압달라 이본 마수드는 이 점에 관하여 오스만을 공공연히 비난했다. 그럼으로 오늘날 코란의 사회적 근거를 본래의 형태로 재건하기는 불가능하다."는 것이다.

크리티쿠스는 또한 코란이 상인 계급의 이데올로기를 대표하고 있다는 라이스너의 견해에도 반대하고 있다. 그는 "라이스너는 모하메드가 멕카의 최고 귀족 계급에 속하지 않다는 것은 인정하나 어떤 이유에서인지 국제교역의 제반요건은 아랍 사람들, 특히 대상(隊商)교역에 종사하던 사람들에게 서로 뭉쳐서 조직체가 되는 필요성을 강조하였다고 주장하고 있다. 대상이 당하는 약탈과 그것에서 오는 손실이 그러한 단결을 요구하였다는 것이 주요 논거다. 그러나 소상인들도 그러한 약탈행위로부터 피해를 받은 것은 마찬가지였다. 서로 단합한다는 이런 생각은 소상인이였던 모하메드의 머릿속에 떠올랐던 것이다."고 했다. 그러나 크리티쿠스에 의하면 아랍 인구는 대부분 대상으로서 안전에서보다 약탈행위로부터 더 많은 이익을 얻는 부랑 유목민들로 구성되었다. 결국 멕카의 주민 중 극소수만이 그러한 안전의 이해관계가 있었던 만큼 라이스너가 상로(商路)의 안전이 마호메드의 적이었던 대상인들에서보다 소상인들에 대하여 더욱 큰 관심이었다고 생각하는 것은 이해하기 곤란하다는 것이다. 뿐만 아니라 이자를 받지 못하게 하는 코란의 법칙에 부합시킬 수가 없다. 모하메드의 초기 추종자들의 노예, 자유인, 승려, 예술가 및 메디나의 농민들로 구성되어 있던 것은 잘 알려진 사실이다. 크리티쿠스는 다음과 같이 말하고 있다. "회교는 최초 피압박인들의 압박자에 대한 규탄의 절규였다. 그러나 그 후 오마야드 일족의 상업 귀족들 수중에 들어가 착취자의 종교가 되었다. 코란에 의하면 아랍인들은 확실히 선택된 인민이 아니다. 회교는 오늘날까지 모든 종교 중에 가장 국제적인 종교이다."

이러한 주제는 1933년에 발표된 L. 클리모비치의 '회교에 대한 마르크스, 엥겔스'의 견해와 소비에트 연구에 있어서 그 기원과 고찰에서 찾아 볼 수 있다. 공산주의 이론의 수법에 따라 클리모비치는 회교에 대한 그의 반대 이론을 지도적 마르크스주의자들의 설명에 입각시키고 있다. 회교는 6세기와 7세기에 당시 아라비아에서 유행하였으며 근본적으로 대내 대외적 모순을 지니고 있던 여러 사회적 경제적 제고 속에서 발생한 기본적 변천의 시기에 출현했다.

당시 아라비아는 봉건화의 일반적 과정을 걷고 있었다. 이 과정은 사회적, 경제적,

종교적, 견지에서 각종의 통합으로 표현되었고 종교에 있어서의 집중과정의 환상적 반영으로 나타났다. 아라비아는 당시 사회적 경제적 여러 여건에 심대한 변화를 겪고 있는 과정이었다. 이 변화의 최초의 외부적 변화는 아랍인들의 아랍 민족의식을 계발한 군사작전이었다. 그 후 이 의식은 종교의 형태를 취할 때 환상적으로 그 속에 반영되었으나 드디어 회교적 핵심을 이루게 되었다. 회교는 그 사회적 내용에 있어서 사회적 차이와 착취를 정당화하는 봉건제도의 이데올로기를 대표한다. "클리모비치는 여기에 그치지 않고 예언자, 모하메드의 존재마저 부인한다. "모하메드의 생애에서 멕카 시대나 메디나 시대를 인정할 수 없는 것은 명확하다. 왜냐하면 역사적 인물로서의 그는 존재하지 않았기 때문이다." 클리모비치는 논문이 발표된 후 소련에는 모하메드 시대의 회교가 가졌던 진보적 사회성을 변화할 수 있는 저술가가 한 사람도 없었다. 누구나 반혁명분자라는 낙인을 받고 강제수용소에 끌려갈 용기가 없었기 때문이다. 소련 공산주의자들은 이후 소련에서 회교 정책에 관한 클리모비치의 노선에 따라 선전 행동을 했다. 소련에서 반회교정책이라고 하는 것은 국외 인민들에 대한 그들의 선전과 장소에 따라서 바뀌기 때문이다. 소련 대백화사전은 회교라는 항목에서 35쪽에 걸쳐서 논문을 기록하고 있다. 논문 중 부르주아 국가의 회교 연구가들은 그들의 연구방법의 제한 범위 때문에 이 문제를 과학적으로 검토할 능력이 없다고 주장함으로써 회교의 진보적 성격을 부인하는 그들의 주장을 오히려 의심스럽게 하고 있다.

소련학자들의 소련 연구는 그들에게 마르크스주의에 입각하여 새로운 회교사를 쓰고 또 그 속에서 회교의 기원과 사회적 기원을 색출하는 과업을 부과하고 있다. 회교의 기운 문제에 관한 연구에서 소련의 회교학자들은 여러 가지 이론을 발표하고 있다. 그 중에 '상업-자본주의론'은 1931년 전에는 가장 많은 지지를 얻었다. 상업-자본주의가 사회 및 경제생활의 다른 면으로부터 완전히 독립해서 다른 요소로 독립했다는 주장이다. 이것은 방법론적으로 잘못된 해석이다. 여기에 제기된 유목론, 농민론의 다른 두 가지 이론에서 유목론은 회교의 기원을 가축 결핍으로 말미암아 발생한 아랍 유목민들 사이의 경제적 위기를 아라비아 반도로부터 이주에 의한 불가피한 것으로 이해하는 것이고 농민론은 본래의 회교가 아라비아 농민들 사이의 이해관계를 반영하는 것으로 회교도들은 사회적 경제적 필요요소로 보고 있다.

이후 회교학자들은 사회적, 경제적 요소를 토의 검토한 끝에 본래의 회교는 새로 나타나기 시작한 봉건제도의 이데올로기라고 해석하고 있다. 이것은 소련의 회교학자들이 본말을 전도했음을 보여주는 것이다. 그들은 문제를 철저히 검토하기 전에 결론을 내리고 있었다. 소련 대백화사전에는 많은 모순이 있다. 예를 들면 같은 논문은 한 쪽에서 회교는 멕카의 빈민 및 노예들 사이에서 발생했고 그들은 그 후 유산 계급의 압력에 못이겨 그 계급의 힘이 미치지 않는 메디나로 도망을 갔다고 하고 곧이어 회교는 멕카의 지배계급의 이익에 봉사하는 이데올로기적 조직적 발전을 하였다고 주장하고 있다.

예언자 마호메드의 인물에 관한 논문은 그의 존재를 부인하지만 다음과 같이 말하고 있다. "모하메드를 역사적 인물이라고 인정할 만한 적극적이고 과학적으로 증명된 전기자료는 하나도 없다."

소련 사회의 회교는 반동 세력으로 낙인

소련 대백화사전에 수록되어 있는 이 논문들은 소련인민용으로 쓴 다른 모든 저술과 같이 회교를 반동세력으로 몰려는 의식적 목적이 있다. 예를 들면 클리모비치는 제정러시아에 있어서 〈회교〉(모스크바판 1936년)라는 그의 저서 가운데서 러시아 역사에서 회교의 반동적 역할을 들추어내는 것이 "자기의 목적" 이라고 공언하고 있다.

그는 1937년 출판된 저서에서 "대 프롤레타리아 혁명기에 소련내의 회교단체들은 부단히 소비에트 세력에 대항하였다."라고 그는 말하고 있다. 1938년 초부터 나타나기 시작한 대 독일 전쟁의 위험과 전쟁 그 자체는 소련 내에서 한 회교선전을 완화 또는 중지시켰을 뿐만 아니라 정교회에 대해서와 같이 회교도들에게 대해서도 종교분야에서 양보까지 하게 하였다.

이러한 양보는 종교에 대한 관용의 형식으로 행해졌는데 그 구체적 예는 다음과 같다. 먼저 종교 예배가 인가되고 극히 작은 숫자이지만 사원이 재개되고 멕카 순회를 가는 것도 허용되었다. 독일군의 공격이 맹렬하던 1942년에는 회교도 대표자 회의가 소집되었고 동대회에서는 팟쇼 제국주의에 반대하는 투쟁에서 소련정부에 가담한 것을 국내의 모든 회교도들에게 호소하는 선언문이 채택되었다.

이러한 전략적 변화는 국내 및 국제 정치에서 오는 심각한 우려에서였다. 독일군의 침공으로 말미암아 소련 내의 회교사에 실제로 편안히 살 수 있는 희망이 대두되었다. 한편으로 국외 특히 이란과 아라비아 회교도들에 대항 독일의 선전을 좌절시킬 필요가 있었던 것이다. 그 결과는 북아(北亞)에서 거둔 독일군의 대승리 때문이기도 하지만 소련이 서방 연합군으로부터 받던 군수물자의 보급이 도중 일부가 회교국가를 통과하여야만 하는 때문이었다. 전쟁이 끝나자 전에 소련은 아랍 국가를 비롯한 상당수의 회교국과 외교관계를 수립하였고 그러한 나라들에 대하여 좋은 인상을 가지려고 애썼다. 전쟁이 끝난 후 소련은 파키스탄, 인도네시아와 같은 신생 회교국들과도 외교 관계를 체득하였다. 소연방 내에 회교사원 수에 관하여 얻을 수 있는 유일한 정보는 그들의 대외선전의 필요상 스스로 공개하는 것에 국한되었다.

1942년 5월 16일에 발표한 소련 전황보도에 의하면 전쟁 발발 당시 회교사원의 수는 1,312개소였다. 그러나 1915년 상트페테르부르크에서 발간된 1914년도 러시아 통계연보에 의하면 제정러시아에는 1차 전쟁 전 하나데, 보하라, 히바, 에미라데를 제외하고도 24,582개의 독립된 회교사원이 있다고 하고 있다.

그리고 1914년 파리에서 발간된 회교세계지는 제정러시아에는 1912년 당시 회교사원 수가 26,279개가 있다고 하고 있다. 혁명 당시(1917년)회교도 수는 4백 35만 8천 3백 57명에 대해 1만 3천 5백개소의 사원이 있었다. 3백 25만 명을 가졌던 하바에는 9천 개의 사원이 있었을 것으로 추산되고 있다. 특히 보하라는 회교생활의 중심지라고 간주되던 만큼 이 추산은 잘못된 것이 아니다. 소련 공산주의자들은 제2차 전쟁 전의 총 사원의 수가 1천 3백 12개소라고 발표하고 있었다.

반유태주의 환경에서 유태인들의 생활
(유태인의 이민 초기부터 2000년대 현재까지)

러시아에서는 애국주의가 결속할 때면 연방에 편입되어 있는 즉 전에는 독립되어 있던 민족들의 민족의식이 함께 나타난다. 이럴 경우 항상 피해를 입는 민족은 유태인들이다. 반유태주의 대두는 전통적인 러시아 사회로 퇴행이라고 할 수 있다. 과거에도 그러했듯이 오늘날에도 유태인들은 국가가 당면한 재난을 회피하는 데에 필요한 속죄양인 것이다. 유태인들을 계획적으로 대량 학살하는 행위는 사라졌다.

그러나 유태교회를 방화하거나 유태인들을 비난하는 출판물, 예를 들어 키치꼬(T. Kichiko)의 〈세계도처에는 유태인들이〉라는 책과 같은 것이나 또 다른 인종 차별 행위는 아직도 사라지지 않고 있다. 개방 이후 2000년대에 들어서는 대도시를 중심으로 반민족주의자들이 공공연히 이민족들을 납치 공격하고 있다. 반유태주의는 대학이나 직장에 들어갈 수 있는 유태인의 수를 법적으로 제한하고 있다. 이스라엘이 건국 당시 소비에트 러시아는 축하를 했다. 그러나 얼마 지나지 않아서 소련은 반시온주의와 반유태주의를 거의 같은 맥락에서 다루기 시작했다. 유태인들이 아시아 땅에 정착하여 살아온 지 천년이 넘었고 또한 러시아의 문화 발전에 지대한 공헌을 한 것도 사실이다. 유태인들은 독자적인 언어나 국경 또는 종교까지도 가지고 있지 못했다.

이와 같은 민족 성립의 기준요건이 거의 없음에도 불구하고 유태인들은 히브리어 사용을 금지 당하고 있으며 유일한 언어는 이디쉬(Yidish— 독일어, 슬라브어, 히브리어가 혼합된 언어로 문자는 히브리어 문자를 사용한다.)어뿐이다. 그러나 이디쉬는 사회적으로 거의 유용한 가치가 없었다. 1974년 통계에 의하면 러시아에서 이디쉬로 출판한 책은 다섯 종류에 불과했다. 그 부수도 7,000여 권에 불과했다. 그럼에도 불구하고 러시아를 떠날 수 있는 이민권을 획득하였고 그 결과 1999년 이후 유태인 이민 수는 약 25만 명에 이르렀다.

소련에서 반유태주의 참상

소련의 유태인들은 제2차 대전 후 소련이나 공산주의 국가들로부터 탈출하는 사람들이 많았다. 자유세계로 탈출한 유태인들의 소식은 자유세계에 많이 알려졌다. 그래서 지금은 소련이 과거 유태인에 대한 만행이 백일하에 드러나고 있다. 유태인들의 과거의 쓰라린 역사의 변모를 전하고 있는데 어느 모로 보나 나치의 반유태주의의 만행과 다를 바 없었다. "소련은 기회 있을 때마다 만인의 평등뿐만 아니라 인종의 평등을 외쳤고 미국의 흑인 문제를 극구 비난하며 제국주의자들의 더러운 수작이라고 규탄했다. 그러나 아무도 모르게 유태인들이 소련에서 받은 갖은 학대와 학살을 안다면 세상 사람들은 이 버림받았던 운명에 대해서 다시 한번 놀라움을 금치 못할 것이다."

소련 전역에 2차 대전 당시까지 유태인의 수는 백여만 명에 달했다. 모스크바에만 해도 5만여 명이 있었다. 유태인이 가장 학대받은 곳은 우크라이나이다. 2차 대전 중에 우크라이나인들은 독일군과 협력하여 온갖 야만적인 수단으로 유태인 학살을 집행했을 뿐만 아니라 소련 측의 빨치산에 가담했던 유태인들도 독일군들보다 소련군들로부터 살해를 당했다. 정규군에 편입하여 독일군과 싸운 유태인들도 걸핏하면 천대를 받고 살해를 당했다. 그 뿐만 아니라 후방에 있는 가족들도 아무 혜택을 받지 못하고 학살을 독일에서처럼 당했다. 외국에 사절로 갔던가 또는 기타 다른 기회로 외국을 방문했던 유태계 고위직도 망명하는 일이 종종 일어났다.

한 예로 1958년 소련의 사절단으로 덴마크에 왔다가 망명을 했던 유태인이 있는데 그는 2차 대전 때 적군(붉은 군대) 대위로 훈장을 7개나 탄 유태인이었다. 이러한 예는 얼마든지 있었다. 죽도록 전선에서 싸우는 동안 유태인이라고 갖은 이유를 붙여서 가족을 학살해 싸울 의욕이 없어서 도망친 유태인들도 많았다. 스탈린시대는 유태인들의 학살이 더 심했다. 집단적 이동은 다반사이며 허위 모략을 꾸며서 다수의 유태인들을 시베리아로 유형을 보내 집단 학살을 만행했다. 직접적인 학살 외에도 근본적으로 그들과 그들의 문화를 말살하려는 계획은 줄기차게 추진되어 왔다.

그 예로 1947년까지도 모스크바에 있던 이디쉬어 극장을 폐쇄하고 그 작가들을 체포하여 투옥 학살했다. 당국은 극장 폐쇄 이유를 유태인들이 이디쉬어에 흥미를 갖지 않기 때문이라는 것이었다. 그러나 모스크바의 5만여 명의 유태인들은 이디쉬어를 사용하고 있었다. 유태인이 다른 민족에 비해 자신들의 고유한 문화를 고수하려는 노력이 유달리 많다는 것은 이미 잘 알려진 일이다.

러시아에 거주하는 민족의 정서와 문화 영역

러시아에서 민족 감정이 민감하게 나타나는 것은 필수 공용어 또는 제2공용어를 사용하는 것에 불만을 갖고 있다. 또 민족 전통에 대한 제한도 있다. 예를 들면 우크라이나인들이 매년 3월 22일이면 세브첸코(T. Shevchenko, 1814－1861, 우크라이나 민족시인)의 탄생일을 축하하려고 하는 것을 소련정부는 금하고 있었다. 물론 이에 우크라이나인들은 분노와 반발을 한다. 소련정부의 정책을 적극 반대하는 사람들은 체포당하기도 한다. 중앙아세아 민족들에게도 터키문화나 이란의 문화가 스며드는 것을 적극적으로 정부가 막고 있었다. 회교도들의 민족 서사시나 전설 등은 1950년대에 이들의 많은 반발에도 불구하고 공식 문헌 자료에서 삭제된다.

이에 대해 민족주의 작가들은 소설을 통해 조상들의 찬란했던 과거를 재조명하려고 하나의 뚜렷한 민족의식을 배양하지 못한 상태에 있다. 그 이유는 이들이 사용하는 언어가 원래 2개 국어일 뿐만 아니라 러시아공화국 전 지역에 분산되어 살고 있어서 민족 단결이 어려웠기 때문이다. 이와는 반대로 1944년에 중앙아세아로 강제 이주당한 크리미아 출생의 타타르인들은 강한 민족의식을 갖고 있다. 이들은 모반 혐의가 없음에도 타타르 지방으로 귀향이 허가되지 않았다. 타타르인의 지도자 무수타파 제밀리예프에 대한 재판 사건은 구소련 내의 여러 민족들의 민족 운동을 자극했다. 그 과정에서 그리꼬렌코 장군이 체포되는 일까지 있었다. 러시아에 있어서 개방 후 독립하지 못한 민족들의 독립 운동 및 반정부 운동은 계속되고 있다. 푸틴 정부시대에 더욱 심해지고 있는 체첸도 그 한 예이다.

러시아인의 음식 문화 :
프랑스와 이탈리아의 영향을 받은 상류층의 음식 문화

러시아인의 전통 음식은 농경민족인 슬라브족으로부터 유래된다. 이들의 농산물은 곡물 경작과 채집이었다. 러시아인의 생활에서 큰 비중을 차지하는 것은 빵과 소금이었다. 빵과 소금의 합성어이자 추상 명사 어미가 붙은 흘레브쌀스토브는 손님을 환대하는 뜻으로도 사용된다.

이와 같이 빵과 소금이라는 말은 러시아어가 단순한 음식을 의미 하는 것이 아니라 손님에 대한 지극한 환대의 뜻으로 내방한 손님에게 어서 드십시오 란 말로 통용되는 것만 보아도 빵과 소금은 중요하다는 것을 알 수 있다(빵은 러시아어로 흘레브다).

기독교문화가 전래된 이후 교회는 종교 축일과 함께 연간 200일이나 되는 육식금지 기간을 부여했다. 러시아인들은 제정러시아 때까지 러시아 육식 금지 기간을 준수했다. 이 기간에 대비하여 새로운 요리들이 개발된다. 생선이 주 요리로 등장했으며 러시아인들이 즐기는 철갑상어의 알젓인 이끄라는 최고급 음식으로 환영받았다.

몽고의 러시아 침입이 러시아 문화에 끼친 영향은 적지 않다. 무자비하게 약탈하며 방화하는 가운데 몽고인들은 그들의 전통 음식을 전해줬다. 대표적인 것으로 현재에도 시베리아 지방에서 인기 있는 음식으로 시장이나 시내 번잡한 곳에서 팔고 있는 사쉴릭이 있다. 이 음식은 원래 중앙아시아 까프가즈가 본고장이다. 양곡 토막과 둥글게 자른 양파와 함께 쇠꼬치에 꿰어 숯불에 구운 것이다. 중앙아시아가 본산지인 요구르트를 만드는 방법으로는 약간 발효된 음료인 마유주(말젖), 시게 발효된 우유로 만든 응결된 치즈 등을 제조하는 방법이 전수되었다. 몽고인들이 가르쳐 준 소금물에 양배추를 절여 저장하고 요리하는 방법은 러시아 농민들 식탁의 기본 메뉴가 되었다. 이 음식은 유럽으로 건너가 전수되어 오늘날 슈크르트라는 고유한 음식으로 개발되었다. 특히 프랑스인들에게 사랑을 받고 있다. 표트르대제의 서구화 정책과 함께 서구식 취향은 러시아 상류층의 입맛을 바꾸어 놓았다.

서구의 음식과 음료를 개발하는 데 적극적이었던 표트르 덕분에 많은 러시아인들이 서구로가 다양한 요리를 배워 외국인 요리사도 많이 초빙된다. 왕성한 식욕을 가졌던 표트르대제는 림버거 치즈를 좋아했다. 그리고 그는 헝가리산 포도주를 좋아했다.

주 러시아 덴마크 대사로 삭소니아 라는 요리사를 맞이하는 바람에 상류 집안에서 유럽 요리사들이 대거 진출한다. 이리하여 러시아 중류층 집안에서 프랑스 요리사들이 등장하면서 18세기 말과 19세기 초에 수도에는 프랑스와 이탈리아 레스토랑이 생겨나기 시작한다. 이것은 러시아의 정통 요리법 형성에 많은 영향을 미쳤다. 새로운 식품과 복잡하게 혼합된 소스, 쌀라드, 삼북(설탕과 계란 흰자위를 섞어 만든 과일, 뿌레-으깬 것), 젤리 등이 나온다. 이로부터 요리사들은 러시아 야채수프와 함께 프랑스와 이탈리아 음식을 내놓게 된다.

서구의 영향으로 러시아 상류층의 식사는 두 가지 방향으로 크게 변했다. 첫째 공식적인 식사가 더 이상 빵과 보드카로 시작되거나 나중에 찬 수프가 나오는 식이 아니라 고기와 생선 혹은 치즈가 들어있는 샌드위치로 시작되었다. 햄과 소시지, 청어와 소금에 절인 야채 등이 후추와 마늘을 쳐서 식탁에 내놓았다. 고기도 다양하게 요리되어 식탁의 주요리로 등장한다. 둘째 설탕이 굴을 대신하게 된다. 과일이 들어있는 파이와 과자 사탕이 식후 음식으로 등장한다.

이와 같이 상류층의 식습관은 변했지만 러시아 농민의 식사는 18세기까지 거의 변하지 않았다. 농민의 식탁은 여전히 검은 빵, 죽, 수프들로 이루어졌고 부식물은 버섯, 딸기, 땅콩, 꿀 등이 이용되었다. 물론 18세기 서구로부터 도입된 식품 가운데 결정적인 영향을 미친 감자와 토마토도 있다. 그러나 감자가 농민의 제2의 주식이 되기까지는 거의 1세기를 더 지나야 했다. 토마토는 지금까지도 러시아인의 식탁에 사랑을 받는 식품이다.

러시아인의 일상적 음식

고대로부터 러시아인의 주식은 빵(흘레브)이었다. 흘레브는 빵만이 아니라 음식을 만드는 곡물도 의미한다. 밀, 호밀, 보리, 수수, 귀리가 러시아인의 기본적 곡물이다. 밀로 만든 빵은 종종 특별한 맛으로 이용되었고 매일 주식으로 먹던 빵은 호밀로 만들었다. 귀리, 보리, 수수로는 죽을 끓여 먹었다.

빵은 러시아인의 기본적인 음식으로 빵에 관한 격언도 많다. "빵은 모든 것의 으뜸, 빵과 물은 농민의 식사, 빵이 있는 식탁, 빵은 성탄 때의 식탁, 한 조각의 빵이 없는 식탁은 나무판자 탁자, 빵이 없으면 별 볼 일이 없는 식사" 등이 있다. 빵은 소금과 함께 모든 길흉에 쓰여졌다. 가장 귀하고 유명한 손님들과 결혼식 날에 젊은이들은 빵과 소금으로 맞이하였다. 해산한 산모에게도 빵을 먹였으며 먼 길을 떠나는 사람에게는 빵을 준비해 주었다. 빵을 굽는 여인은 집안에서 특별한 존경을 받고 심지어는 농민들은 빵 조각을 존경심을 가지고 다루었다. 빵과 소금에 못지않은 주식이 죽인 까샤다. "메밀죽은 우리의 어머니, 호밀 빵은 우리의 아버지, 죽 없는 식사는 식사가 아니다."와 같이 러시아인의 표현은 일상의 식사에서 차지하는 비중을 말해 준다. 죽은 가장 간단하면서도 쉽게 배를 채울 수 있는 음식이다. 죽을 만드는 재료는 약간의 곡물과 물 또는 우유, 소금만 넣으면 된다. 종종 죽은 젊은이들의 결혼 피로연 때 등장하는 유일한 음식이었던 만큼 피로연이 까샤로 불려졌다. 서로 싸우면서 적들도 동맹과 우정의 표시로 한 식탁에 앉아 죽을 같이 먹곤 했다. 죽에 대한 속담이 있는데 "그들과 함께 죽을 끓이지 말라."는 표현은 지금도 러시아에서 고집 센 사람들을 가리키고 있다.

러시아인들은 까샤와 쉬치는 그들의 양식이라고 말한다. 고대러시아에서는 모든 야채국과 수프를 쉬치라고 했다. 16세기 이후부터 양배추 수프를 쉬치라고 불렀다. 가난한 자들과 부자들의 쉬치는 달랐다. 가난한 자의 쉬치는 고기를 넣지 않은 국으로 양파와 양배추만 넣어서 만든 수프다. 부자들은 고기가 든 스프를 먹었다. 쉬치는 러시아인의 식생활에 아주 익숙해졌고 쉬치를 끓이는 솜씨 또한 주부의 필수적인 자질에 들어갔다. "말 잘하는 사람이 주부가 아니라 쉬치를 잘 끓이는 사람이 주부다."라고 할 정도였다. 주식과 더불어 가장 오래된 대중적인 음식은 팬케이크다.

그 팬케이크는 블린이라고 부르는 것으로 밀가루 음식을 말하는 단어에서 나온 것으로 가장 경제적인 식품으로서 물이나 우유를 많이 넣지 않고 만든 밀가루 음식이다. 고대 러시아의 음식이었던 불린은 오래도록 전해 내려오는 일상의 음식이다. 산모도 추도식에도 불린을 만들어 먹는다. 불린은 이교도 때부터 종교 의식에 사용되었고 태양, 좋은 날, 풍작, 행복한 결혼, 건강한 아이들의 상징으로 이해되었다. 러시아 판 사육제인 마스레니짜 기간에는 꼭 나오는 음식으로서 사람들은 맛있게 먹어야 한다.

오늘날에도 축제 때나 일요일 불린을 해 먹는다. 현재에도 노점에서 판매될 정도로 일상의 음식이면서도 축제 때 빠지지 않으며 또한 만두도 같이 먹는다. 이 만두는 삐로그라고 한다. 삐로그에 대한 속담도 있는데 "농가는 성소로 인해 아름답고 식사는 삐로그로 인해 빛난다."와 같이 삐로그는 주로 명절 식탁의 장식으로 여겨 왔다. 오래전부터 부인들은 많은 종류의 삐로그를 구워 왔다. 17세기에는 그 종류가 50가지 이상이나 되었으며 모양과 만드는 방법도 다양했다. 삐로그의 특성에 따라 곁들이는 음식도 다르다. 소금에 절인 생선을 넣고 만든 삐로그는 맛이 나는 쉬치와 고기를 넣은 삐로그는 국수를 넣은 쉬치와 함께 먹는다.

빵 다음으로 중요한 칼로리 보충 식품으로 감자(카르코펠)다. 감자는 단백질, 탄수화물, 비타민 e가 골고루 함유되어 있는 영양 있는 음식이지만 러시아에서 인기를 얻은 것은 1891년대 기근 이후였다. 감자는 영양의 칼로리를 생산하는 데 곡물보다 적은 토지를 필요로 했으며 경작하는 데도 활동이 단순하여 농업 노동력이 적게 들어간다. 오늘날 감자는 러시아인들에게 모두 필수 식품이 되었고 심지어 전쟁 기간에도 소련의 많은 사람들이 오로지 감자만 먹고 살았다. 러시아인들은 감자를 끓이고 튀기고 굽고 삶아서 먹는다.

육식성의 유럽인의 식성에 따라 고기로 만든 요리가 많다. 가장 값진 고기는 쇠고기이며 송아지 고기, 특히 젖소 송아지 고기로 만든 커틀릿은 쇠고기 맛에 떨어지지 않는다. 러시아인들은 통째로 구운 새끼 돼지고기도 잘 먹는다. 그리고 러시아인들은 양고기를 주식으로 먹는 몽골인들로부터 받아들여 양고기도 먹게 되었다. 그들은 양고기 수프도 독특한 향기 때문에 좋아한다. 특히 발효시킨 농축 크림을 온갖 음식에 발라먹으며 버터, 치즈 없는 러시아 음식은 상상할 수 없다. 오랫동안 러시아인의 음료로 마시는 끄바스는 현재에 와서는 덜 마신다. 이유는 외국으로부터 수입된 음료수가 대신하고 있기 때문이다. 끄바스는 호밀이나 보리의 싹을 원료로 여기에 효모 또는 발효시킨 호밀빵을 넣어 만든 러시아 특산 음료이다. 러시아의 속담에는 "쇠고기가 든 쉬치를 먹어라. 아니면 끄바스와 빵을 먹어라."는 말이 있다. 끄바스와 소금에 절인 양배추(프랑스의 슈크루트와 같은 것)는 러시아의 긴 겨울 동안 영양이 극도로 부족한

때에 괴혈병으로부터 구제받을 수 있는 좋은 먹거리다.

기호식품으로 빼 놓을 수 없는 것이 보드카다. 물(바다)이란 단어에서 유래한 것을 보더라도 일상 음식에서 비중 있는 자리를 차지하고 있다. 알콜 성분이 40% 이상인 무색무취의 투명한 증류주인 보드카는 16세기로부터 러시아인들의 사랑을 받아왔다. 인민들은 옛날부터 보드카를 약이나 마취제로 사용해 오고 있다. 감기에 걸리면 후추와 함께 보드카를 마시고 배가 아플 때는 보드카에 소금을 타서 먹는다. 전통적으로 종교 축일은 곧 술을 먹는 날이었다. 하느님을 찬양하기만 하면 술을 마실 수 있거나 천국에도 갈 수 있다는 믿음이 깔려 있다. 보드카는 러시아인의 생활의 일부이다. 마을 축제나 집안의 특별한 행사 때 즉 결혼과 설, 토지의 임차와 목동의 고용, 아들의 군대 입대, 추수감사절에 만취되도록 마셨던 것이다. 이러한 음주문화의 이면에 알콜 중독이 가져온 사회적 병폐도 많았다. 그 병폐를 치유하려고 보드카 판매금지령을 내렸던 고르바초프는 오히려 더 치명적인 상처를 초래했다.

러시아의 차는 19세기에 널리 보급되었다. 중국으로부터 차를 수입하기 시작한 것은 1689년 네르친스크 조약이 체결되면서부터였고 이 당시 차는 주로 병을 고치려는 목적으로 사용되었다. 술을 먹기 전에 차를 마시면 숙취를 없앨 수 있다고 여겨 왔다. 19세기를 지나면서 차를 마시는 것은 의료용으로 국한되지 않고 하층민들에게도 일상적인 습관이 되었었다. 차를 마시는 습관이 확대되자 스스로 끓는다는 말에서 유래한 사모바르는 숯이나 마른 나무 토막, 솔방울 등을 사용하는 전기식 사모바르가 보급된다. 현재 러시아인의 음식 문화는 개혁 개방 이후 더욱 시장 경제의 논리에 따라 외국의 비싼 상품의 유입으로 다양해지고 있다. 그러나 전통 음식은 여전히 식탁의 주요 메뉴로 등장하고 있다.

제28장
러시아의 학교교육의 제도화 과정

교회가 운영하는 교회학교

러시아 교육제도의 발전 과정은 러시아의 근대화 과정에 따라 변천되었으며 학교제도의 서구화를 정책으로 삼은 표트르대제가 학교 교육의 창시자로 본다. 그러나 이보다 먼저 17세기 중반 남서러시아에서는 교회 학교, 수도승 학교, 가정교사 학교, 라틴 학교 등 몇몇 유형의 학교들이 번창하였다. 이런 하교들은 동질 계층 내에서 교회와 사회, 국가의 필요에 봉사하는 인물을 양성하기 위해 세워진 학교들이다. 이들 학교는 어떤 조직력을 가진 체계적인 학교제도가 아니라 일반 민중과는 동떨어진 특권층의 후계양성을 위한 학교들이었던 것이다. 17세기 이들 교회 학교는 세속적인 내용과는 무관한 교회의 교리를 전수하고 사제들을 양성하기 위해 건립된 학교들이다.

실용적인 학교 탄생

표트르대제는 교회가 운영하는 학교가 세속과는 무관한 교회의 교리를 가르치는 것에 대한 회의에서 세속적, 과학적, 실용적인 학교제도를 설립하여 유럽의 일반적 특징과 러시아 생활양식을 접합시킴으로써 이후 러시아교육 전통에 전개될 러시아인의 민족 특성에 유럽문화를 최초로 결합시킨다.

표트르대제의 1701년 포고령을 통해 산술 및 항해학교가 모스크바에 설립된다. 이 학교는 중등과정으로써 비고전학교로 기술자, 건축가, 수학교사, 해군장교 양성이 목적이었다. 대부분 외국인 교사들에 의하여 자연과학 지식들이 전수되었다. 영국인의 도움으로 최초의 세속학교로 문을 연 항해학교는 군대병영과 조선소, 채광장과 바로 붙어 있는 직업훈련 시설의 원형이었다. 여기서 교육받은 사람들은 귀족에서부터 농노에 이르기까지 모두 관리로 등단할 수 있었다. 그래서 교육이 국가 봉직의 첫 단계로서 그 역할을 맡기 시작했다.

전문적 실업학교

표트르대제가 설립한 학교는 대부분 직업적이고 전문적인 성격을 띠고 있었다. 기술자, 양성을 위한 산술학교, 북방전쟁의 주역인 해군을 배양시킨 항해학교, 하사관 양성을 위한 위수학교 등 모두 실용적인 관점에서 직업교육을 우선했던 것이다. 한편 중등교육을 받기 위한 기초교육의 확산에도 주력하여 그가 죽기 1년 전 1724년 당시 110개의 세속적인 초등학교가 설립되었다. 이러한 교육기관에서 훈련받은 인재들이 표트르의 개혁 정책을 수행한 대부분의 사람들이다. 제도권 내의 관료양성기틀은 이 때부터 마련된 것이다.

귀족들의 관리 등용 준비학교

표트르의 개혁 정책은 민중의 호응 없는 위로부터의 개혁이었다. 따라서 그 폐단은 1725년 표트르가 사망하자 상층부 내에서 표면화했다. 왕위 계승을 장자 상속에서 후계자 지명제로 바꾸었던 그가 아무런 유언 없이 죽고 나자 한동안 국가에 일방적으로 봉사해 왔던 귀족들이 국가에 대한 의무에서 벗어나려고 했던 것이다. 이는 향후 40년 가까운 기간의 제위를 정통성 없는 인물들이 귀족과 근위대의 힘을 입어 등극함으로써 중앙정부의 미약함이 귀족들의 득세와 맞물려 국가제도의 혼란으로 이어졌다. 그래서 안나 여제(1730－1740)시대의 초기인 1731년 상트페테르부르크에 귀족을 위한 장교와 관리를 충원하기 위한 유년사관학교를 설립한다.

13－18세의 청소년들을 대상으로 외국어 강의뿐만 아니라 예체능 분야도 학습시킴으로써 소수 엘리트 교육을 지향하는 프로그램이 실행되었다. 귀족들은 교육열이 상승되어 외국인 가정교사를 들여오고 자식들을 유학 보내기도 했다. 외국인이 운영하는 사립학교도 설립했다. 귀족들은 세속 교육의 기회를 독점하기 위해 폐쇄적인 제도를 고안했을 뿐 아니라 편법을 이용한 계급 세습의 교육도 자행했던 것이다.

고등교육, 대학 설립, 모스크바대학

짜르 정부는 귀족들의 편협한 교육 열기에 맞서, 보다 잘 조직되고 광범위한 교과 과정을 갖추어 애국심을 고양시켜 줄 수 있는 고등교육기관의 필요를 느끼고 1755년 1월 모스크바대학을 설립한다. 상트페테르부르크의 학술원이 대학 기능을 수행하는 데 실패했다는 점에서 모스크바대학은 실질적으로 러시아 최초의 대학으로서 러시아 고등교육의 발전에 있어 18세기 최고의 평가를 받고 있다.

상트페테르부르크 학술원은 정부가 고급인재 양성을 위해 만들었던 고등교육기관으로서 대학의 기능과 연구소의 기능으로 구분되었는데 대학 기능은 교육받은 학생들의 부족으로 발달하지 못했으며 연구소 기능은 외국에서 초빙되어 온 교수들로 인해 발전했다. 모스크바대학은 원로원의 직접 관할하에 상당한 자율권을 부여받고 있었다. 대학은 귀족 및 비귀족 계급을 위한 각 2개의 부설 짐나지야를 갖추고 법학, 철학, 의학 3개의 학부로 구성되었다. 3년 과정으로 편성된 학생들은 신분 구별 없이 심지어 주인의 허락하에 농노까지도 입학할 수 있었다.

강의는 처음에는 외국인 교수들이 라틴어나 불어, 독일어로 행해지다가 유학에서 돌아온 학자들이 교수로 충원됨에 따라 러시아어로 강의가 진행된다. 귀족-평민의 2원제 짐나지야의 운영은 귀족들이 지닌 사회적 편견의 소치로서 귀족의 특권 의식에 편승한 결과였다. 그러나 모스크바 대학의 설립자이며 초대 총장인 로모노스포는 이와는 달리 평민과 귀족들간의 평등교육을 주장하며 2원제 짐나지야를 폐지한다.

그리고 역사와 문학뿐 아니라 자연과학에도 정통한 학자로서 그는 과학적 교과 과정의 수용을 주창하고 성직자의 영향을 벗어난 세속 교육을 옹호했다. 정부는 2원제 짐나지야를 폐지하기 전 짐나지야의 과정을 느슨하게 운영하고 불어 수업도 회화 중심으로 하는 등 여러 혜택을 제공했으나 귀족 부모들은 자식을 대학에 보낼 생각을 하지 않고 가능한 한 빨리 자식들을 관리직에 내보내 연공서열에 따라 고위 관직에 오르게 되기를 희망했다. 정부는 귀족들에게 대학에서 공부한 연수만큼 경력을 정해 주는 조치도 취했지만 허사였다.

국가의 신민(臣民)을 위한 교육

에카테리나 여제(1762－1796)시대에는 러시아인의 문화생활이 괄목할 만한 성장과 증대를 맞는다. 에카테리나 교육 정책 또한 거대한 계획과 야망으로 실행된다. 로크와 루소의 영향을 받은 배츠코이의 사상에 힘입어 여제는 도덕 교육에 많은 관심을 기울였다. 그녀는 교육을 통해 새롭고 도덕적으로 우수하며 완전히 개화된 신민의 창조를 기대하였다. 서구의 자유교육을 군사교육에 필요한 지식과 결합시킴으로써 교육으로 새로운 인간형을 창조하여 전제정부에 충성하는 지식인 시녀로 만들고자 했던 것이다. 에카테리나 이전에는 개인의 자기 수양을 가르치는 것이 교회의 역할에 속해 있었지만 세속적인 계몽시대를 맞이하여 개인의 성격 형성이란 임무가 국가의 영역으로 귀속되었다.

여성 특수학교 설립과 대중을 위한 교육제도와 사범대학교 설립

개인의 진정한 면모를 위해서는 그를 타락한 환경으로부터 격리시켜 집중적인 지식, 도덕적 교육을 시켜야 한다는 러시아 제국 역사상 최초의 여자학교에 적용시켰다. 1764년 사관학교를 모델로 한 여성특수학교를 상트페테르부르크에 설립하여 5－9세의 여자 어린이들을 대상으로 엄격한 도덕성을 테스트 한 뒤 여성으로만 구성된 교사진에 의해 러시아어, 외국어, 수학, 지리, 역사 등을 배우게 했다.

이 학교에도 신분상의 차별이 있어 귀족 출신에게는 예법을 중시했다. 중산층 출신에게는 가사와 가정학 등을 중심적으로 가르쳤던 것이다. 당시로서 여성만을 위한 교육기관을 설립했다는 점에서 상당히 진보적인 것으로 평가받고 있다. 에카테리나 여제는 1773년에서 1774년에 일어난 뿌카초프 반란으로 경각심을 갖게 되어 소수의 전문화보다는 다수 인민들의 계몽과 도덕심 함양에 역점을 두기 위해 교육기관의 제도화를 추구했다.

1786년 학교 법령을 통해 체계적이고 조직적인 학교제도가 모습을 드러냈다. 2년제 학교와 5년제 학교 설립은 그 후 러시아와 소비에트 학교제도의 근간을 이룬 것이다. 오스트리아 법규를 모방하긴 했지만 113조에 걸쳐 교사의 의무와 일반적인 규제 조항들이 설정되어 있는 이 법령에 따라 전국의 주와 군에 많은 학교들이 설립되었다.

무료로 운영되는 이 학교에는 출석확인에서부터 보고서 작성에 이르기까지 교사들의 엄격한 임무와 함께 국민교육의 사명의식이 철저히 요구되었다. 이보다 먼저 교사들을 충원하기 위해 1783년 상트페테르부르크에 중앙사범대학을 설립하여 여기서 배출된 젊은 교사들을 중심으로 새로운 도덕교육을 실행시켜 나갔던 것이다.

이와 같이 에카테리나 여제에 의하여 초, 중등학교가 체계를 갖추게 된 것은 교육제도의 발달사에 커다란 의미를 갖고 있다. 또한 여성교육의 러시아어 습득, 숙달된 교사 양성에 주안점을 둔 개혁 내용은 표트르대제의 실용적 기술 위주의 학교가 다소 쇠퇴하는 결과를 가져왔다. 에카테리나 교육 목적은 미래를 창조하는 문화 시민을 양성하는 것이고 이를 위해서는 행동을 자제할 줄 아는 심신을 연마할 필요가 있다고 했다. 이로써 러시아에서는 교육이 국가의 책임으로 귀속되었지만 귀족을 비롯한 상부계층에만 혜택이 돌아갔다.

교육제도의 발달과 교육부 신설

18세기 말 커다란 진전을 보았던 학교체제는 알렉산드르 1세(1801－1825)에 의하여 더욱 체계화했다. 1802년 9월 8일 포고령에 따라 교육부가 새로 설립된다. 교육부는 공공도서관, 박물관, 출판사를 포함한 대부분의 교육기관에 대한 관할권을 비롯하여 모든 출판물에 대한 검열을 맡았고 교육기관에 대한 사법권까지 부여받았다. 교육부에 관한 모든 '국민교육 법규'에 따라 전국은 6개의 교육지구로 나누어졌고 각 기구마다 대학을 하나씩 두고 각 주의 중심지에 있는 초등학교와 중등학교를 통제하게끔 했다. 이 당시 대학은 모스크바와 빌나, 오르파에만 대학이 각각 하나씩 있었다.

1804년 11월에 평등과 실용주의 사상이 내재된 '대학법'이 공포되었다. 이 법은 교육기구와 행정과 감독, 초, 중등학교 교과과정, 교사와 학생의 의무 등을 155조항에 걸쳐 규정하고 있다. 각 교육 기구마다 1명의 교육감이 국가 계획에 따라 교육 업무를 조절하기 위해 상트페테르부르크에 거주하면서 순회 감독을 한다. 각 대학은 학교위원회를 구성하여 해당 지역의 중등학교를 책임졌고 중등학교 교장은 관할 지역의 초등학교를 책임지는 등 상·하급 학교간의 유대관계를 명확히 설정했다. 교육제도의 통일을 위해 재정적인 투자도 많이 했으며 학생들에게 학습에 대한 열정과 헌신을 심어주기 위한 교수법이 강조되었다.

외국인에 비친 1950년대 후반 소비에트의 대학생과 지식인들의 의식 :

레닌그라드 대학생들의 영어 향상에 대한 열정

1957년 레닌그라드에 필자가 도착했을 때는 이미 자정이 넘었었다. 헬싱키로부터 300마일을 4시간에 걸쳐 왔다. 아스토리아 호텔에 여장을 풀었다. 다음날 아침 운전사가 ZIM을 몰고 재미있는 안내자가 시내를 안내했다. 그는 레닌그라드 외국어 연구소 출신으로 스웨덴어가 전문이었다. 영어는 알아듣기는 하지만 말은 서툴렀다. 결국 러시아어로 했다. 이 여자는 레닌그라드 출신이라고 하며 고향을 맹목적으로 사랑하는 것이 역력히 보였다. 일부러 명랑하고 상냥한 인상을 주려는 것이었다. 레닌그라드의 중앙지대는 23년 전과 별로 다른 것이 없었다. 변했다면 더욱 낡아 있다는 것밖에 없었다. 대체로 전화를 입은 흔적은 좀처럼 찾아볼 수가 없었다. 거리는 아주 깨끗했다. 예전의 기억을 더듬으면 아주 현격한 차이가 있었다. 늙은이들은 야위고 얼굴에 주름이 잡혔고 애처롭게 보였다. 젊은이들 특히 어린애들은 보다 더 활기 있게 보였다. 정말 젊은 사람들은 20년 전에 비하면 걸음걸이도 빠르고 과단성이 있어 보였다.

경관과 군대 정복 이외에는 복장은 대체로 특색이 없었다. 경관과 군인이 많았다. 그들의 몸차림은 근사해 보였다. 이 사회는 군인 사화라는 것이 누구에게나 눈에 띈다는 것을 직감했다. 호텔 밖에 아직 발을 내딛지도 않았는데 첫 눈에 이상해 보이는 청년이 가까이 와서 말을 걸었다. 옷을 사고 싶다는 것이다(이런 현상은 70년대까지도 소련을 찾는 여행객들에게도 같은 경험을 가졌다. 특히 그들은 청바지를 사고 싶어 했었다고 한다. 저자 주). 나는 팔 옷도 없고 그런 것은 위법이라고 말했다. 그는 "어디 안 하는 사람이 있나요." 하고 대꾸했다. 그래도 나는 응하지 않았다. 그러자 유심히 쳐다보며 가버리는 것이었다.

도서관 '동크니' 근처에 라디오 기술 연구소에 다니는 두 어린 학생 때문에 걸음을 멈추게 되었다. 그들은 영어공부를 하는데 실제로 해보고 싶다는 것이다. 그들은 레닌그라드의 인상이 어떠냐고 물었다. 내가 공학자가 아니라고 하자 그들은 실망을 했다. 행정학 교수라고 말하자 곧 떠나버렸다. 잠시 후에 또 두 학생에게 잡혔다. 이번에는 한참 이야기를 했다. 역시 영어 연습을 하고 싶은 모양이었다. 이들은 레닌그라드 신문학과 학생이라고 했다. 외부세계에 대해서 강렬한 호기심을 갖고 있었다. 이들의 말은 스탈린 사후로는 자유스러워졌고 단파 라디오 장치로 영국 BBC방송을 듣는데 그 객관적인 논조에 호감을 갖는다고 했다. BBC는 뉴스를 보내는데 고쳐 편집해서 보내는 것이라고 했다. 미국의 방송은 매우 변화가 많은 것이라고 했다. 즉 어느 때는 좋고 어느 때는 지나치게 선전에 치우친다는 것이다. 전파의 방해가 심하기 때문에 BBC보다 알아듣기가 힘들다고 했다. 이들은 미국을 몹시 보고 싶다는 심정을 토로했다. 미 국무성에서 허락을 하지 않는다고 생각하고 있었다. 외국 방문객에 대해서 질문을 받는다는 것을 프라우다지가 악선전한데서 영향이 컸었다는 것을 알 수 있었다. 소련인이 질문을 받는다는 것은 수치라고 소련 당국이 말하고 있었다. 소련인들은 외부세계에 대해서 비상한 호기심을 갖고 있었고 미국에 대해서는 의문을 많이 갖고 있는 것 같았다. 그들이 직접 접해서 미국의 사정을 들은 것과 소련 당국이 이야기하는 것과는 대조가 되더라도 그들은 그들의 의심을 이야기하지 못하고 있었다. 이들은 친근감이 있었다. 떠날 때 그들의 마지막 인사는 비록 서투른 영어였지만 소련, 미국 만세! 라고 했다. 대화중에 우연히 이런 이야기를 하게 되었다. 미국이 1955년만 해도 연 9백만 대의 자동차를 생산한다고 했더니 한 학생은 생산을 줄였으면 한다고 했다. 이유는 다니는데 너무 위험하다는 것이었다. 그러나 한 학생은 그렇게 위험한 데를 달렸으면 좋겠다고 했다. 그날 오후는 지하철을 타고 책방을 가보았다. 지하철은 승객의 단조로운 옷과 아주 대조를 이루었다. 지하철은 누구나 다 굉장한 기술의 성공이라고 하지 않을 수가 없었다(소련의 지하철은 전시를 위해서 수십 미터 지하에 건설했다). 서점에는 기술 서적만이 쌓여 있는 것 같았다. 서가의 빈약한 정치서적에 비해 기술 서적이 많은 것을 보면 기술 서적의 수요가 굉장한 것으로 느껴졌다. 소련사회를 뒤덮고 있는 기술 세력을 여기서도 엿볼 수 있었다.

그날 저녁 산책에서 한 여성과 동반한 청년이 다가와 말을 걸었다. 청년은 자기는 재즈 애호가라고 소개했다. 한참 동안 이야기를 했는데 공학도로서 미국을 동경한다고도 했다. 그는 영화에서 뉴욕을 보았고 뉴욕은 신식이고 굉장한 도시라고 확신하고 있었다. 그리고 그는 미국산 자동차의 가격을 말해 달라고 했다. 그는 재즈 애호가라는 것을 강조하며 언제나 미국의 재즈방송에 귀를 기울인다고 했다. 루이 암스트롱을 따라갈 사람이 없다고 하며 나도 들어보지 못한 미국의 재즈단원들의 이름을 일일이 말하는 것이었다. 그는 미국의 재즈 음반이 매매로 흥행하는 곳은 레닌그라드의 암시장이라고 했다. 이 공학도들은 낡은 X레이판을 구해서 거기다가 미국의 소리방송에서 나오는 재즈를 녹음한다는 것이다. 이렇게 녹음된 음반은 높은 값에 팔리고 또한 찾는 사람이 많다는 것이었다. 자기 친구들이 재즈를 좋아하는 이유는 그들을 즐겁게 하는 것이기 때문이라는 것이다. 미국은 경이로운 나라이고 모두 행복하고 재즈를 들으며 언제나 춤을 출 수 있는 나라로 생각하고 있었다. 다음 날 두 시간이나 걸려 레닌그라드 공중 도서관을 시찰했다. 진열실과 관람실, 소장실을 시찰했다. 여기에 많은 미국 서적이 있었다. 핀테이의 〈쓰키테스〉, 콘차크의 서적 등도 있었다. 〈법 이론에 관한 켄첸〉과 〈미국정치과학 평론〉은 열쇠로 채워둔 진열장에 있었다. 도서관에 경찰이 근무하고 있다는 것이 흥미로웠다.

춤추는 젊은이들의 광장, 새트 오티카

유람지 새트 오티카는 레닌그라드 근처에 있다. 여기는 장관이였다. 2천 명이 넘는 젊은이들이 폭스, 트로트며 왈츠, 혹은 소련식의 재즈 등을 추고 있었다. 또는 패들이 무리를 지어 앞뒤로 왔다 갔다 하는 춤을 추고 있었다. 그 중에는 미국의 춤을 본 딴 팬시지터버그 비슷한 것이 있는데 음악이 무도 개시를 신호할 때 휘파람을 부는 것도 미국식이었다. 춤을 추는 사람 가운데는 남자끼리, 여자끼리 짝을 지어 춤을 추는 사람도 많았다. 이런 것들이 23년(1934년)전과는 놀라운 대조를 보이고 있었다.

당시는 댄스 자체를 정부에서 금하고 있어 문을 닫고 몰래 추었다. 지금은 정부가 밴드까지 허용하고 넓은 공지까지 마련해 주고 있었다. 그러나 대체적 인상은 쓸쓸해 보였다. 마치 청년들이 토끼장에서 나와 환락의 장면이라도 보자고 모여든 것 같았다. 무미건조한 생활에서 벗어나 보려고 하는 갈망을 그들에게서 느낄 수 있었다. 레닌그라드에 있는 동안 울리차 플레가노바에 있는 한 중학교를 방문했다. 짜르 제정하에 이 학교는 제3고등학교였다. 이 학교에서 도스토예프스키가 공부를 했고 푸시킨의 제자들도 공부를 한 학교이다. 교장은 이러한 일을 자랑으로 하고 있었다. 학교생활을 규정하는 듯한 강력한 인상도 받았고 실망도 했다.

학급은 다방면으로 분류된 것 같았다. 제9년급 역사수업을 참가했는데 표트르대제 통치 초기의 경제발전과 계급 관계에 관한 것이었다. 내용은 마르크스주의 범주에 속하는 것이었다. 서방과의 왕래 결과 소련에 유익하게 된 것에 대해 설명할 때는 달변이 되었다. 대체로 학생들은 열심히 공부하고 있었다. 그러나 판에 박은 듯한 교과서를 기계적으로 되풀이하는 데 얽매여 있었다. 이곳에 있는 동안 자유스럽고 또 마음놓고 토론한다고 하는 것은 발견하지 못했다. 교사는 이야기 중 아들이 레닌그라드대학 법과대학에 재학 중인데 집단 농장에 추수를 하는 데 동원되었다고 했다. 농번기 추수작업 때문에 법과대학 강의 시작은 10월 1일까지 연기되었다고 했다.

서방세계에 굶주린 모스크바 대학생들과 이념적 관리들

모스크바에 도착한 것은 저녁이었다. 국립 호텔로 화려한 침실이 있는 곳이었다. 아침식사를 하러 내려가자 약속한 학생들을 만났다. 그들과 같이 시내를 돌아다녔다. 30년대의 모스크바와 비교하면 그 변화한 모습에 놀라지 않을 수가 없었다. 그때는 멋없이 뻗어나간 시골 같았었다. 그러나 지금은 세계의 수도다운 모습을 갖추고 있었다. 넓은 대로가 수없이 있고 마천루들이 솟아 있는데 특히 새로 지은 대학들이 많았다. 그러나 뒷골목은 누추한 건물들이 많았다. 골키 거리에서 조금만 가도 이런 누추한 거리가 많다. 서방세계 어느 곳에서나 볼 수 있는 초라한 빈민들을 만날 수 있었다. 유명한 붉은 광장을 넘어 자모스크 바레 지구로 가는 다리를 건너서기만 하면 곧 빈민굴이 나온다.

레닌그라드에 비하면 모스크바 거리를 왕래하는 사람들의 의상은 매우 세련되어 있다. 모스크바는 물자공급 상태가 좋은 것 같았다. 골키가의 상점에 있는 진열장에 있는 물건들도 유럽의 색채를 띄고 있었다. 외국인들이 모스크바에 많이 있기 때문에 외국인들도 모스크바에서는 이상한 기분을 떨쳐 버릴 수가 있다. 미국 대사관 직원으로 추측되는 시보레 자동차가 거리에 나오자 많은 사람들이 모여들었다. 이들은 찬탄하고 있었다. 오찬에는 신문 기자 한 사람을 만났는데 이 친구가 은근히 말하기를 그날 오후 멕시코 대사관에서 열리는 연회에 가면 재미있을 것이라고 했다. 그것은 멕시코의 경축일 연회로서 소련의 각료도 몇 사람 참석할 것이기 때문이다. 그 대사관은 뒤 골목에 있었는데 고급차의 행렬이 줄을 서자 이웃에 사는 사람들이 구경을 하려고 모두 길거리로 나오고 있었다. 연회장에서는 명사들이 창 옆에 모여 있었는데 모두들 주인격인 멕시코 대사와 말을 주고받는 데 시간이 갔다. 나는 그가 아는 친구 아무나 소개를 해 달라고 했다. 그로미코가 말벗이 없이 있는 것을 보고 그를 소개해 달라고 했다. 그로미코와 나는 기후에 대해서 이야기를 시작했다. 나는 워싱턴의 기후를 이야기했는데 그는 워싱턴의 기후가 견디기 힘들었다고 했다. 그는 대학에서 내가 맡은 강의에 대해 물었다. 다시 소련의 대학과 미국의 대학에 대해서 말이 흘러갔다. 이때 우리의 대화에 흥미를 갖고 외교관들과 신문기자들이 우리에게로 다가왔다. 이때 공산당 중앙위원이며 소련의 원로 지도자인 페르브킨이 데보시안과 코마르프를 동반하고 방으로 들어 왔다. 데보시안은 각의의 부위원장이고 코마르프는 당 지도 위원회 부회장이었다. 이 순간 그로미코는 페르브킨을 부르며 이렇게 말하는 것이었다. "어서 와서 나를 구해 주시오. 미국 사람들에게 포위당했소이다." 그리고 나를 패르브킨에게 소개를 하고 다른 곳으로 피해갔다. 페르브킨은 당 중앙위원 그룹에서 가장 키가 큰 사람인데 허식이 있어 보였다. 그리고 이 친구는 학자인 체 하고 있었다. 전문적인 교육을 받은 엔지니어이면서도 실업가답고 유능한 장관인데 유명하나 잡담에는 익숙하지 않은 것 같았다.

나는 23년 만에 소련을 방문한 하버드대학 교수라고 소개를 했다. 내가 대학에서 무엇을 가르치고 있는지를 물어서 행정에 관한 것인데 최근에 소련에서 말하면 헌법이나 행정법이라고 했다. 데보시안은 아르메니아 출신인데 하버드에서는 법률이 인기 있느냐고 물었다. 그렇다고 했고 법과대학에만 1천여 명이 법을 공부하는 학생들이 있는데 최고의 유능한 학생들이 몰려온다고 했다. 코마르코프가 말대꾸를 하였다. 그는 미국에서 법률가가 인기가 있고 그들이 미국 정부를 움직이는 것을 알고 있는데 사실이냐고 물었다. 나는 맞는 말이라고 하고 법률가는 매우 높이 평가받는다고 했다. 그러자 패르브킨이 소련에서는 아주 다르다고 말했다. 법률가가 필요하나 필요한 것은 기술자와 과학자라는 것이었다. 페브킨이 말하는 뜻은 기술과 과학 교육에 정부가 중점을 두고 있다는 관료적인 것을 강조하려는 것이었다.

모스크바 종합대학을 방문하자 페르브킨이 하던 말을 좀 더 정확하게 깨달았다. 새 건물들은 오로지 과학 및 기술이 중요하다는 것을 상징하고 있었다. 낡은 건물들은 역사학, 철학, 경제학, 법학대학에서 쓰기에 충분하다고 생각하는 것을 알 수가 있었다. 모스크바 대학은 표면적으로 과학과 공학을 내세우는 것을 보아 소련이 생활의 진의를 알 수 있는 흥미 있는 거울이었다. 기숙사와 체육관을 보았다. 기숙사는 적지만 샤워장에 변기도 설치되어 있었다. 두 학생이 공동으로 쓰게 되어 있었다. 이런 것도 소련식 생활의 평범한 시설이라는 점에서 보면 사치스러워 보였다.

현재 2만 명이나 되는 학생이 있었다. 중공, 미얀마, 북한, 인민 공화국에서 온 학생들이 많았고 프랑스, 노르웨이에서도 온 학생들이 있었다. 나는 젊은 이탈리아 청년과 재미있는 이야기를 했다. 이 청년은 2차 대전 후에 모스크바에 유학을 했는데 현재는 소련 내의 각종 학교를 방문하면서 언어교육을 시찰하는 것이라고 했다. 그런데 모스크바에 처음 오는 날부터 학생들을 많이 사귀었으며 1950년부터 1953년까지 3년간 중단되었다가 다시 그들을 찾아보고 있는데 달라진 점은 소련 사람들이 자기를 만나줄 뿐 아니라 상당히 자유롭게 말을 주고받는다고 했다. 흐루시초프의 비밀 연설이 소련 사람들에게 충격을 주었다고 말했다. 학교를 방문한 그의 의견은 외국어에 중점을 두고 있으나 집단 전투 운동에서 보는 바와 같이 유능한 교사가 없다는 것이었다.

학교에서는 엄격한 훈련을 하는 것 같았으나 아동들의 행동은 훈련과는 거리가 먼 것 같았다고 했다. 교사들이 학교를 운영하는 데도 큰 난관에 부딪치고 있다고 했다. 모스크바 대학에서 헌법 강의를 참관했다. 제목은 '국가와 사회와의 관계'였다. 강의가 시작하기 전 교수는 아메리카에서 온 교수를 처음 대한다고 하면서 학생들에게 소개를 하니 일제히 열광적으로 박수를 치기 시작했다. 박수가 그치지 않아 마침내 일어서서 사의를 표해야 했다. 강의가 학생들의 주의를 환기시키는 데 어려움이 있음을 알았다. 문제는 나 때문이었다. 2백 명이나 넘는 학생들 중에서 흥분의 소음도 들렸고 중얼거리는 말소리도 들렸다. 학생들은 쪽지를 선생에게 전하고 있었다. 다시 강사로부터 쪽지가 나에게로 전해졌다. 내용은 나에게 말을 해달라는 것이었다. 그 종이에는 '존경하는 아메리카 교수님에게. 존경하는 교수님! 쉬는 시간에 말씀 좀 해주실 수 없습니까? 학생일동."이라고 적혀 있었다. 쉬는 시간이 되자 교수는 나에게 말을 청했다. 러시아어가 서투르다는 이야기를 하고 간단히 인사말을 하고 학생들이 미국의 강의를 들어 볼 기회가 오기를 바라며 양국 간 친선 우호에 도움이 되기를 바란다는 말을 했다. 그 다음 묻고 싶은 것이 있으면 질문을 하라고 했다.

그러자 나를 둘러싸고 많은 질문을 했다. 하버드 대학생들은 어떠한 코스를 연구하는가? 그 대학에서는 어떠한 과업을 마련하고 있는가? 그 과업은 학생들 스스로가 찾아내야 하는가? 수업료는 어떻게 되는가? 스칼라쉽이 있는가? 있다면 어떠한 과정이 필요한가? 그곳 학생들도 모스크바대학을 알고 있는가? 알고 있다면 어느 정도 알고 있는가? 하버드에는 여학생이 있는가? 흑인 학생이 있는가? 남부에서는 왜 흑인 학생을 받아 주지 않는가? 아메리카에서 소련 서적을 읽을 수 있는가? 그런 것을 읽으면 위험시 되지 않는가? 수에즈 위기를 미국 학생들은 어떻게 보고 있는가? 이집트가 운하에 대해 관리국가로 될 자격이 있는가? 민주당과 공화당의 차이는 무엇인가? 이러한 질문은 잘 검토해보면 미국대학 생활에 대한 무한한 호기심이라 할 수 있다. 그러나 역시 자기네 대학과 자기네 사회의 사랑이 토론 속에 반영되고 있었다. 질문 중에는 미국 생활의 불완전한 데서 오는 의문, 특히 유색 인종의 대우에 관해서 언급하고 있었다. 그러나 전체로 볼 때는 토론이 신란하지 않았다. 예를 들면 폭력적인 사건이 끝나고 미국 내의 흑인의 지위는 끊임없이 향상되어 간다는 말을 넌지시 하여도 그들은 반박을 하지 않고 다만 시간이 거의 다 되었다고 했다.

쇠사슬에 갇힌 키에프의 지성(知性)

9월 28일 키에프로 갔다. 도심 거리로 가다가 한 청년이 불을 청하는 바람에 길을 멈추었다. 이것은 순전히 핑계요, 말을 걸어보고 영어 연습을 하자는 것이다. 이때 나의 러시아어가 그 친구의 영어보다는 나았다. 그래서 몇 마디 하는 동안 러시아어로 했다. 이 친구는 공학 기술원에서 공부를 하고 있는데 1년 후에 졸업을 한다고 했다. 아버지는 제2차 전쟁에서 전사를 했고 어머니는 연금을 받고 있으며 자기는 결혼한 누나와 어머니와 같이 살고 있다고 했다. 미국을 숭배한다고 고백하고 있었다.

쿠피, 마크 트윈의 책도 읽었으며 링컨, 워싱턴도 알고 있었다. 미국의 고층 건물이며 재즈, 자동차들도 잘 알고 있다고 했다. 또 미국의 노동자들은 자동차를 가지고 있는 것도 잘 알고 있다고 했다. 미국의 방송도 들었는데 미국에 대해서 더 많이 이야기 해주고 소련 연방국에 대해서도 잘 알려주면 좋겠다고 했다. 우리는 미국의 방송이 이야기 해주지 않아도 우리의 현실을 잘 알고 있다고 했다. 그는 또 BBC방송을 듣는데 이러한 수단을 거치지 않고서는 다른 방법이 없다고 했다. 그러나 이 청년도 키에프의 자랑을 하고 있었다. 여러 가지가 향상되고 있는데 계속 호전되기를 바란다고 했다. 소련은 희망이 있는 나라이지만 외국에 가서 많은 것을 배우고 싶다고 했다. 그럴 가망은 없지만 외국과의 관계가 호전되면 언제고 가능성이 있을 것이라고 했다. 정치적인 이야기를 하고 싶었으나 좀처럼 기회를 갖지 못했다. 흐루시초프를 이야기 하니 그는 키에프에서는 호의를 갖고 있다고 하며 미국 이야기가 듣고 싶다고 했다.

저녁에 산책을 하려고 호텔을 나와 걷는데 청년 셋이 유심히 바라보는 것을 느꼈다. 이들은 말을 걸어보고 싶어 하는 것 같았으나 행동을 하려고 하지 않았다. 이들은 한참 동안 뒤를 따라오다가 말을 걸었다. 이들은 내가 말을 받아 줄 것인지 아닌지를 시험하고 있었던 것이다. 소련이 미국에 대해 말하고 있는 인쇄물을 자신들은 믿지 않는다는 것이다. 그래서 미국잡지를 실제로 보고 싶지만 구할 수가 없다는 것을 알았다. 그들은 유고슬라비아의 브르바 신문을 보는데 이 신문이 가장 객관적으로 외국에 대해 말하고 있다고 했다. 이 신문은 비교적 얻어 보기가 쉬운 것이라고 했다. 세 청년은 모두 공산당 청년이었지만 1당 제도에 대해서 비관적이고 소련연방에 대해서는 견해의 차이를 표시할 방법이 없다는 것을 알고 있었으며 그들은 간단히 공산당의 이데올로기를 진심으로 취하지는 않는다고 했다. 그러나 스탈린 사후에는 사정이 많이 개선되어 있고 미국 사람과의 이야기도 허용되어 있다는 느낌을 받았다. 이들 청년은 흐루시초프를 좋아하지 않고 대신 말렌코프를 좋아한다고 했다. 그 이유는 그의 소모품 정책이었다. 이들은 또 주코프와 보르시로프를 좋아하고 있었다. 이들은 세계 문제에 대해서 의문을 많이 갖고 있었다. 수에즈운하며 서독에 있어서 공산당의 금지 문제 또 미국의 선거운동 등, 이들의 질문은 결코 적대적이 아니었다. 뉴스에 대해서 몹시 주리고 있었다. 자기네들이 출판물을 믿지 않고 다른 무엇보다도 객관적 뉴스를 원하고 있었다. 그리고 이들은 조지아 폭동에 대해서 말해 달라고 했다. 이들은 관리들에 대해서 나쁜 감정을 갖고 있다는 것을 알 수 있었다.

이들에게 느낀 것은 단순히 젊은이들의 비(非)국가적인 태도의 일면인가 그렇지 않으면 좀 더 깊이 근거를 두고 있는 병적 증세의 표시일까? 공산당이 허용하고자 하던 당 간부들의 기본적인 자유를 전보다 더욱 요구하는 청년층에서 지지를 잃고 있는 것인가? 그렇지 않으면 선배들이 그들 앞에 순응해 왔던 것처럼 이들 역시 순응할 것인가? 하는 것이었다. 이들은 헤어질 때 앞으로 스탈린주의도 퇴각할 가능성이 있느냐고 물으니 그러한 것은 자기들은 모른다고 했다.

카르코프 법학 연구원에 들렀다. 전 소연방 중에 가장 중추적인 기관에 속하는 것으로서 소련의 변호사, 판사, 검사들의 훈련 기관이다. 이 연구원은 거의 2천 명의 학생이 있다. 나는 교수 5명과 원장과 2시간 동안 간담회를 가졌다. 모두가 공산당원이며 이들은 헌법, 행정법, 민법, 국제법 등 여러 가지 문제를 이야기했다. 연구원의 사업을 개괄적으로 설명을 해 주었고 신우크라이나 법전도 1957년 초에 출판된다고 했다. 그리고 출판물의 수출도 완화되었다고 했다. 그러나 이야기의 내용은 대부분 미국 내의 여러 문제에 대한 그들의 비판이었다. 대체로 대학 사회의 젊은이들보다 공세가 더 심했다. 개인적으로 이들 교수들을 접하면 공식적인 훈련 방법에 따라 활동하고 있었다. 이들은 '프라우다'식의 일상적 문구로 미국 발전사에 대해 언급하고 있었다. 대외관계 모든 문제에 있어서는 공산당 노선을 엄격히 고수하여 운운하는 것이었다. 미국 내 사정을 논의하는데 예를 들면 그 교수들은 공화당과 민주당 사이에 하등 차이가 없다고 주장하고 있었다. 이 양당은 다 월가의 사람들로 되어 있으며 노동계급의 이익을 대표하는 것은 미국에 있는 공화당뿐이라고 했다. 그런데 미국 공산당은 파시스트에 예속되어 있다고 했다. 따라서 노동계급은 전혀 법적 권리가 없다고 추측하고 있었다. 나는 미국의 노동조합의 지위와 금지명령법과 공산당의 법적 지위에 대한 스미스 맥가맨법의 효력과 공화당과 민주당의 차이를 역설했다. 이들은 듣기는 하지만 어떤 충동을 받거나 진실을 받아들이지 않는다고 느꼈다.

소련의 지식인들은 북한의 남침설에 무응답

국제법에 관해서는 통속적인 나열에 그쳤다. 중공의 승인이니 UN에 가입시키는 문제, 수에즈운하 문제 등이었다. 그러나 역시 여기서도 미국의 견해에 대해서도 원칙 문제와 서독 무장에 관한 상례적인 논의를 했다. 그러나 한국 전쟁으로 화제에 들어가자 흥미 있는 시간이 전개되었다. 미국 사람들은 북한이 남한을 침략하였고 스탈린이 남침의 신호를 한 것으로 믿고 있다는 말을 하자 전혀 항의 없이 침묵으로 응했다. 평화적 공존의 위치에 대해서는 격렬한 논쟁이 벌어졌다. 나는 흐루시초프의 연설의 1절을 지적하여 이것을 그들에게 주었다. 그 연설문에는 자본주의 강대국에서 무당혁명의 불가피성을 말하고 있는 것이다. 이것은 미국을 지칭하는 것으로 해석한다고 부언했다. 이들의 응답은 20차 회의에서 윤곽이 나타난 표준 답안이었다. 즉 노동계급은 평화적으로 권력 장악이 이루어지기를 바라며 따라서 부르주아로부터 무력적인 반항을 당할 경우에만 폭력으로 정권을 전복하게 될 것이라는 것이다.

이들의 대답에는 모순이 내포되어 있었다. 그들을 인정하면서도 단순히 흐루시초프의 성명을 이해하지 못한다고 생각하고 있었다. 논쟁이 때때로 맹렬했다. 대체로 우회적인 논조로 끝났다. 그들과의 이데올로기 장벽은 그늘을 던지고 있었다. 이들보다 먼저 만났던 소련 학생들의 생각이 떠올랐다. 그들의 우의와 그들이 좀 더 유쾌한 생활을 찾는 동정과 미국에 대한 활발한 호기심, 적어도 한 무리의 학생들은 정통과 관료에게 이의를 제기하였던 용기 등이 꼬리를 물고 생각에 떠올랐다. 유명한 알렉산드르 헤르첸의 말이 기억됐다. "어느 순간 사람의 지성이 성숙해온다. 그렇게 되면 그 지성은 굴레에 갇히거나 또는 검찰과의 쇠사슬이나 은인자중(隱忍自重)의 구속에만 갇혀 있을 수밖에 없다."(Merle Fainsod, What Soviet Students Think, Atlantic Monthly, February 1957).

제29장
러시아의 과학 진출

구러시아와 소련의 과학자들

과학을 러시아에 주입시켜 놓은 사람은 표트르대제였다. 그는 서방세계를 여행하면서 과학 골동품을 상트페테르부르크에 가져왔다. 그리고 과학관계기관 설립을 한다. 그가 사망한 후 1년이 지난 1725년 카테리나 1세는 제실(帝室)과학원을 창립한다.

이 과학원은 일군의 과학자들과 과학박물관이 있었고 중등학교가 있었다. 이 당시 러시아 과학자들이 없었기 때문에 외국에서 초빙된 과학자들이 대부분이었다. 외국과학자들 중에는 스위스에서 온 레온 하르트, 오이러 와가튼, 그리고 세계적인 수학자 라드가, 베르누이 등 석학들이 있었다.

이러한 외래 석학들로부터 러시아과학자들은 교습을 받고 성장한 후 18세기에는 러시아 문화의 천재인 메첼노브조프카 주동하여 외래학자들에 대한 반대 운동을 일으키기도 했다. 18세기 후반과 19세기를 포함하는 러시아 과학 발전기에는 저명한 과학자들의 배출은 극소수에 불과했다. 그러나 물론 멘델레프(화학 원소의 주기적 창견創見), 로바체프스키(비유크리트의 기하학의 원조) 그리고 파블로프(조건반사설 의학적 확립자) 같은 영재들은 20세기 세계문화유산의 큰 부분을 차지하고 있는 사람들이다. 이외에 물리학자로 자코비렌소, 레베데프 등이 수학자, 화학자로 코바레프스키, 체비셰프, 화학자로 마르코프니코프, 바트레로프, 멘슐킨, 베일스타인, 추게프, 메포말스키, 생물학자로 코바데프키, 버노그라드스키, 파브로프스키, 메치니코프, 베크데레프 같은 과학자들이 있다. 이들의 발견 결과는 러시아 과학뿐만 아니라 인류에 대한 과학을 조장한 과학자들이다. 20세기에 와서 소련정부는 최초의 러시아 과학의 발전을 계속하고 있다.

그러나 다수의 러시아 과학의 명세표를 대부분 공표하지 않은 채 국가 기술발달에 영향을 주지 못했다. 더구나 러시아와 서방세계와의 상호관계에서 언어장벽으로 인해 서방인들은 오랫동안 이들 러시아의 업적을 묵과할 수밖에 없었다. 한편 소련정부는 동서간의 과학 장벽을 해소하려는 것을 고의로 막고 내부적으로는 이들 과학자들에 대한 관심을 쏟고 있었다. 그 예로 팔즈노프의 증기기관 발명, 야브로스코프의 장식용 아크릴 전등, 백열등의 로디진, 라디오의 포포프 등을 러시아의 자랑으로 선전하기 시작한다. 19세기에는 러시아 과학자들은 불리한 상황에서 많은 발달에 영향을 주지 못한다. 그러나 20세기에 이르러 소규모이지만 제실 과학원이 설립되고 여러 개의 대학, 즉 모스크바 대학, 상트페테르부르크 대학, 카잔 대학 등이 설립되어 실지로 교수와 연구 활동은 서방세계에서와 같은 연구 방법으로 연구 활동을 하게 된다. 고도로 훈련된 러시아 과학자들은 서방세계 여러 곳에서 얻은 지식과 연구 결과를 그들의 연구에 주입시켜 발전시킨다.

또한 러시아 과학을 발전시키게 되는 일군의 학자들은 바로 러시아의 인텔리겐자들이었다. 19세기 러시아에서 발생한 경제 변동으로 인해 사회적으로 축출을 당한 인텔리겐자들은 서방의 수준과 같은 부류의 과학자들이었다. 1차 대전과 혁명 그리고 바로 그 뒤를 이은 처참한 대란은 이들 인텔리겐자에게 치명적인 타격을 준다. 1917년에서 1923년에 이르는 기간에 대다수는 프롤레타리아에 의하여 처형되었고 그 외에 사람들은 러시아를 떠나 외국으로 도망하여 타국문화를 위한 일을 하게 된다.

과학은 제정말기에 정부당국의 무시를 받았으나 그 후 소비에트국가의 탄생으로 점차 국가발전에 관여하는 중요한 임무를 맡게 된다. 미약했던 과거의 제실 과학원은 활기 있고 광범위한 소연방 과학원으로 변한다. 4, 5개에 불과하던 대학에서 33개의 대학이 탄생하여 소련 지역에 산재하게 된다.

당국은 다수의 인민에게 과학 및 기술 교육을 부여하기도 하고 한편 과거에 처형을 벗어나고 외국으로 추방을 당했던 소수의 인텔리겐자 인사들을 등용하여 새로운 과학자 계급을 조성하기 위한 효모(酵母)적 역할을 부담시킨다. 마르크스주의 제도하의 체제에서 과학은 실로 다기 다양한 방식을 적용하고 있었다. 소련은 혁명이 끝나자 과학자의 정부 예속을 시도하여 정부의 희망인 생산통제의 보장과 그 결과에 의존한 국가 권력의 통제를 계속한다. 과학자 및 기술자를 뽑아서 노예화하려는 이러한 시도는 실패했는데 그 이유를 마르크스주의자들은 부르주아의 잠재 세력에 의하여 실패했다고 하고 있었다. 프롤레타리아로부터 과학자들을 양성하려고 했으나 전면적인 성공은 거두지 못한다. 2차 대전시에 인텔리겐자 기술자들은 사회적 지위와 경제적 이득을 얻게 된다.

소련 국가를 형성하는 3부류는 노동자, 농민, 및 인텔리겐자였다. 마르크스, 엥겔스,

레닌은 자기들을 스스로 과학자로 자인하고 각종 법칙을 설정하여 변증법적 유물론, 철학에서 구현된 과학 사상을 제약해 놓았다. 원래 변증법적 철학이란 현대 과학을 몰랐던 사람들이 세워 놓은 학설이다. 이것은 자연계의 물질 면을 강조하여 물질이 가지는 중요성을 역설하는 일조의 유물철학이다. 스탈린이 집권하자 종전의 마르크스주의 법적 변증법적 유물론은 그 주요 골자를 스탈린의 과학론으로 변형시킨다. 즉 관념론을 배격할 것, 그리고 과학 연구결과는 신생 소비에트국가를 건설하는데 이용할 것, 자타를 배제할 것, 서방세계에 추종하지 말 것, 구러시아시대의 과학자들을 존경할 것 등이다. 당원과 마르크스주의 철학교수와 보위(保衛)관들을 통하여 국가 당국은 모든 교육 및 과학 기관을 감시하며 간부직원 중에 이탈행위가 없도록 경계하고 있었다.

특히 서방세계의 과학자들과 밀접한 관계가 있는 과학자들은 감시를 더 받아야했다. 자기의 저서가 영어로 번역된 학자들은 관념론자나 서방추종자나 또는 구러시아시대 과학 선배들을 무시하는 자일지 모른다고 하여 항시 내사를 받고 있었다. 소련정부는 과학연구 설립을 고도로 조직화하고 풍부한 자금을 지급하고 있었다. 과학에 관한 업무를 담당하는 기관은 소연방국립과학원이며 소련 내 과학연구활동조직 발전공작 기획집행, 자금충당 등의 가장 중요한 직책을 수행하고 있었다.

이 기관은 자연과학 전 분야, 철학, 역사, 경제, 법률 등 기타 분야까지도 망라하고 있었다. 직무별 조직은 물리 수학국, 지질학국, 생리학국, 공학, (각종 기술 과학) 역사 및 철학국이다. 1956년 이후 소련의 신진 과학자들이 실지 활동을 하기 시작하였는데 이들은 구제정시대의 학자들을 물리치고 과학원의 중요임원이 된다. 국립 과학원은 대개 모스크바와 레닌그라드에 집중되어 있는 그 산하의 각 종 학술단체를 본거지로 하여 연구 사업을 실시하고 있었다.

학술단체는 1957년 이후 약 60개소로 한정하고 과학 관계의 요원을 6천명, 행정 기타 운영관계 요원은 1만 4천명이었다. 물리문제회, 물리화학회, 지구물리학회, 방사능연구회, 발생학회는 소련과학의 정예부대들이다. 국내외의 기재를 풍부하게 사용하고 일류의 민완한 소련 과학자들을 거느리고 있었다. 이들의 연구는 소련 밖에서까지 활용하고 있으며 연구 사업은 모스크바, 레닌그라드, 키예프를 비롯해 주요대학에서 실시하고 있으며 이들 대학과 학술단체간에 면밀한 상호 연계관계를 갖고 있었다. 과학원 산하 각종 단체를 통하여 소련 중심지에서 멀어진 지역의 연구활동까지도 조직화할 목적으로 비상한 노력을 하고 있었다. 이와 같은 여러 연구 단체와 각 대학실험

연구소 외에도 국방부 및 중공업부를 비롯한 정부 각 부처에서 설립한 각종 연구기관이 있다. 과학원은 소련과학을 추진시키는 전체 사업에 강대한 지배력을 발휘하고 있었으며 구체적으로는 각 과학단체에서 제기되는 중요 문제의 처리, 재정후원, 기획사업을 하고 있었다. 소련 과학자들은 경제적 우대를 받고 있었다. 또한 과학원 회원으로 당선되면 월급 이외에 모스크바에 있는 훌륭한 공동주택에서 살 수 있었으며 시골에 별장까지 배당되었다. 승용차도 배당되고 여러 가지 특권이 부여되었다. 과학자들 중에도 대학이나 학술단체에 있는 인재들은 공장에 있는 사람보다 재정상 보수가 많아 가장 우수한 인재를 과학계 및 기술계에 참가시키고 있었다. 과학원은 약 30종의 정기 간행물을 내고 있었다(1960년대).

소련의 최고 일간 신문은 소련 국립 과학원 발행인 도크라디 보고이다. 각종 독창적인 연구발표가 실리고 광범위한 영역이 과학 동태를 알려주고 있다. 1952년의 예를 보면 물리학 부분만도 25개가 넘는 논문이 실리고 있었다. 타의 정간(定刊)물은 소련 내에서 개최되는 과학 회의 연구결과를 세밀하게 알려주고 있었다. 이런 간행물은 서방 세계에도 보급된다. 소련 과학자들은 외부세계의 과학의 동태를 다 파악하고 있었다. 대부분의 과학 서적은 러시아어로 번역되어 낮은 가격으로 배포되고 있었다.

러시아가 개방된 90년대 이후에는 반대로 소련의 과학 서적이 영어로 번역되어 외부 세계로 보급하는 것을 정부 및 개인 사업체가 담당하고 있다. 러시아어를 아는 서방인들이 번역을 담당하게 하고 있다. 소련의 정책은 교육에 중점을 두고 있었다. 특히 과학교육과 기술교육에 두고 있었다. 최소 7세에서부터 14세까지 전 아동들은 학비를 국가에서 부담하여 7년제 학교에서 강제로 교육을 시키고 있었다. 인구가 밀집한 중심지대에는 10년제 학교를 세워 각 아동들은 17세가 되면 완전한 초등교육을 마치게 된다. 추가로 하는 3년의 초등교육에서는 약간의 수업료를 낸다. 그 다음으로 대학에 입학하게 되는데 몇 개의 준비과목, 러시아어, 외국어의 입시과목에 합격해야 대학에 가게 된다. 입시과목의 외국어 시험은 교수와 1대1 회화로 시험이 진행된다.

정규대학은 33개가(1960년) 있었다. 그 외에 880여 개에 달하는 학술기관이 있어 졸업 후 교육과정을 이곳에서 교육하고 있다. 대학 졸업자들의 취직 경쟁은 치열하다. 각 생산 기관이나 학술연구기관의 최고 책임자들은 직접 해당 대학에서 최종으로 실시되는 구두 시험장에서 확인하고 채용을 결정한다. 그리고 그 중에도 우수한 학생들을 대학이나 연구소에 남아서 더 연구를 하게 하고 학위를 획득하도록 한다. 소련의 과학자 수는 미국의 수배에 달하고 있었다. 소련의 과학 교육 및 기술교육은 일반 시민의 많은 수가 과학 교육을 받았다. 소련의 수학계에는 알레산드로프, 콜모그로프 킨치, 폰트리아진 같은 세계적인 수학자가 있다. 물리학계는 핵 연구, 저온조사연구 및 고체연구 등 3개 주요 분야에서 세계에 앞서 있다. 미국의 맥밀란과 때를 같이 한 핵 분자의 운동촉진을 위한 새로운 방법을 제창했다. 체렌코프는 급속도로 운동을 할 때 핵 분자에 나타나는 광물효과를 탐지했는데 '체렌코프 발광 효과'라는 이름을 갖고 있다. 이것은 전 세계적으로 널리 연구되어 왔다. 자보스키는 현대식 전파탐지방법을 이용하여 고체 내에서 전자당자성(電子當磁性)을 발견한다. 소련방사능물체화학학교는 오래된 기관이다. 물리화학자 세메노프는 폭발과 핵 작용에 관한 학설의 이론적 기초를 수립했다. 화학자들의 활동은 플라스틱 금속제조, 살충제, 염료, 구급약품 등 고차원의 기술이 요구되는 분야에 집중되고 있었다.

러시아의 우주과학, 세계 최초의 우주정거장

러시아에서(소련시대) 지구궤도에서 인공위성을(스푸트니크 1호, 83kg)을 발사한 것은 1957년 10월 4일이다. 그리고 11월에는 라이카라는 개가 우주 속에서 죽는다. 스푸트니크 2호에 의해 지구궤도에 발사된 이 개는 인간에 의한 우주비행 실현 가능성을 사상 처음으로 증명한다고 하는 극히 중요한 역할을 수행했던 것이다. 스푸트니크 2호는 총 중량 5083kg 길이 5.8m 직경 1.2m의 원통 형상을 한 작은 위성이지만 생물 실험으로 맥박, 호흡, 혈액순환, 혈압심전도, 행동의 귀중한 데이터가 수집되었다.

소련의 우주개발계획에 새 시대를 이룩한 우주선 소유즈다. 1957년의 1호선에서부터 현재까지 90개의 소유즈형 우주선이 궤도비행은 했거나 혹은 현재도 하고 있다. 유인 우주선으로 출발한 소유즈는 우주비행에 따라 화물 운반 등 다목적형으로 개량되고 있다. 그리고 세계최초의 장기 궤도 정거장, 살류트(Salut)가 우주에서 비행활동을 계속하고 있다. 러시아는 이러한 우주개발을 모두 군사이용에 목적을 두고 있다.

1982년 4월 19일 러시아는 신형 궤도과학 스테이션 살류트 7호를 지구궤도에 진입시켰다. 그와 거의 같은 궤도상에는 살류트 6호가 이미 4년 반(1990년 현재) 이상이나 우주비행을 계속하고 있었다. 이렇게 해서 2대의 궤도 복합선이 동시에 가동했다.

러시아는 1971년 사상 처음으로 우주 스테이션 살류트 1호를 발사한 이래 각기 다른 량형을 잇따라 궤도상에 진입시켜 왔다. 1977년 9월 29일 쏘아 올렸던 살류트 6호에서는 앞 뒤 2개소에 도킹포트를 갖추고 2백 11일 간의 우주 체재 기록을 달성한다. 살류트 7호는 그 후 5월 24일에 프로그레스 13호로부터 보급을 받았다. 프로그레스는 소유즈형 우주선을 개조한 무인 우주 화물선이다. 살류트에 물자와 추진제 같은 것을 보급하여 도킹한 채 로케트 엔진에 점화하면 추진선으로 사용할 수 있었다. 이것은 곧 소련우주스테이션 실현에 대한 이면의 역할이라고도 할 수 있다. 프로그레스는 모두 4개가 살류트 7호에 보급물자를 운반하고 돌아올 때는 우주선 내의 쓰레기 등을 싣고 오다 대기권에서 분리시켜 태우기도 했다. 이어 1982년 6월 24일에는 프랑스인 크레티앙을 포함한 3명을 태운 소유즈 T6호가 발사된다. 이것은 처음으로 사회주의권 이외의 인간이 러시아(소련) 우주선에 의해 비행을 한 것으로써 주목을 받고 있다. 소유즈 T6호는 일주일간 우주에 체재한 다음 7월 2일 무사히 지구로 귀환했다.

8월 18일에는 3명의 우주비행사를 태운 소유즈 T7호가 발사되었다. 이 세 사람 중에는 1963년 보스토크 6호로 우주비행을 했던 데레시코바 이후 사상 두 번째의 여성 우주비행사가 되는 S. 사비카야가 탑승하여 약 1주일간 우주에 체재하고 있었다. 살류트 7호에서는 살류트 6호에 이어 여러 가지 관측이나 실험이 실시되었다. 그 가운데에는 1983년 11월에 발사되었던 스페이스 셔틀 STS 5호로 세계의 이목을 집중시켰던 궤도로부터 소형 인공위성 발사 등도 포함되어 있었다.

실험 내용은 무중력 상태에서 장기간 동안 우주체재가 인간에게 미치는 영향을 살피는 의학적인 실험을 비롯하여 우주 온실 말히트 2에서 식물재배, 특수 카메라에 의한 천체나 지구표면의 관측 등 많은 분야에 이르고 있었다. 이러한 실험에서 우주에서 발아가 되는 미생물이 무중력 상태의 우주공간에서는 지구에서보다 2배 이상의 속도로 성장한다는 것 등 수많은 귀중한 성과를 얻었다. 천문학 분야에서는 프랑스와의 합동 실험으로서 피르미그 실험이 실시되었다. 이것은 가시영역과 적외선 영역의 대기에서 흡수되어 버리는 파장용의 고감도 특수 카메라에 의한 행성 간 물질이나 은하계 등의 천체 촬영을 실시하는 것이다.

또한 천체 관측에서 PSN 실험이라는 실험도 행해졌다. 이것은 살류트 7호에서 야간의 (지구가 그늘에 들어갔을 때) 천체 촬영을 해보자는 것이다. 이로 말미암아 우주로부터의 가장 약한 빛도 기록되었다. 살류트 1호로부터 7호에 이르는 이러한 성과에 의해 러시아의 항구적 우주 스테이션이 실험하고자 하는 것이다. 1982년 11월 러시아는 대형 발사용 로켓 개발 계획을 발표했고 대형 우주 정거장의 건설 계획 진행을 했다. GI로 불리는 이 로켓은 2, 3년 내에 1백 수십 톤이나 되는 우주 정거장을 궤도에 진입시키는 것이 가능하다는 것을 발표하고 있었다. 우주대형 정거장은 약품 공장이나 연구소, 발전소, 등도 궤도상에서 조립할 수가 있다. 화성이나 금성으로 유인 우주선을 보내려 할 때에도 지상으로 쏘아 올리는 것보다 궤도상에서 조립하여 발사하는 방법이 더 효과적이라고 한다. 살류트 7호에서 달성한 2명의 우주비행사에 의한 2백 11일 간이라는 우주체재 기록은 우주에서 생활이 인간에게 얼마만큼의 영향을 끼치느냐는 그런 단순한 의학적 실험뿐만 아니라 장기적인 비전에 입각한 러시아의 우주선 개발 계획의 일환으로서 자리를 굳히게 되었다. 화성으로 유인 비행에는 왕복 약 4백일이 걸렸다. 러시아는 당면 관계로서 인간을 우주에 체재시키는 것을 실현했을 때 생물학적으로는 화성 왕복도 가능하다는 것이 된다.

1957년 소련의 스푸트니크 발사와 자유진영

1957년 10월 4일 소련은 스푸트니크(Sputunik) 1호를 발사했다. 이 인공위성은 일정한 궤도에서 지구를 돌고 있어서 세계 각국의 과학자들이 다 볼 수 있었다. 이보다 앞서 소련은 대륙 탄도탄을 발사한다. 그때 세계는 반신반의했고 NATO의 사령관 놀스타드는 소련의 상례적인 의미 없는 위협적 선전이라고 했다. 그러나 1957년 10월 4일 스푸투닉의 성공적 발사는 부인할 수 없는 사실이었다.

이로써 흐루시초프의 선언 “세계 어느 곳에도 대륙 탄도탄이 날아갈 수 있다.”는 것은 단순한 거짓 선전만이 아니라는 것으로 나타났다. 전 세계는 “미국이 소련에게 패배하였다.”라고 느끼게 되었다. 이리하여 소련의 스푸트니크는 국제관계에 중대한 사태를 야기시켰다. 그리고 자유진영에 큰 충격을 주었다. 스푸트니크에 대한 자유진영의 최초의 국제 반응은 미국, 영국의 거두 회담을 하지 않으면 안되었다. 미국과 영국의 수뇌들은 국제 정세를 재검토하고 자유진영의 외교방식을 강구하자는 것이다.

미국, 영국 정상회담에서 영국의 맥미란 수상은 미국이 우방국가들에게 과학 기술에 대한 정보와 지식을 제공할 것을 강조하였고 아이젠하워 대통령도 이에 동의한다. 특히 모든 자유진영 국가들의 단결을 호소하며 단순한 국가동맹 이상의 단결을 추구하자는 데에 합의한다. 그리고 NATO 사무총장 스파크의 제안에 의하여 1957년 12월에 파리에서 개최될 NATO회담에는 아이젠하워와 맥미란을 위시하여 전 회원국의 수뇌가 참석할 것을 결의한다.

소련의 스푸트니크 발사 후 미국의 초, 중, 고등학교의 수학 교육 증진

미국은 전후 7년간의 오랜 기간 동안 승전국으로서 군사적 우위라는 자만의 꿈에서 깨어나지 않으면 안되었다. 미국은 과학 기술에 있어서도 세계 제일이라고 자부하고 있었다. 그런데 ICBM과 인고위성에 있어서 소련이 미국보다 앞섰다는 사실을 알게 된다. 그리하여 NATO의 강력 방침을 결의하였고 미국이 국방 예산을 증액하여 평화시의 국방 예산으로서는 미국 역사상 최대의 예산을 위해서 초, 중, 고등학교의 수학 교육의 교과 과정도 바꾸게 한다. 그리고 아이젠하워 대통령은 MIT총장, 제임스 킬리안(James Killian Jr)을 대통령 기술 보좌관으로 임명한다. 대통령은 국방장관을 바꾸고 새로 윌리암 호라이데이를 유도탄 특별 보좌관으로 임명한다.

소련의 흐루시초프는 ICBM과 인공위성의 성공적 발사로 정치적 도구로서 이용하기 시작한다. 우선 NATO의 회원국인 인접국인 터키에 대해 위협한다. 만약 터키가 전쟁을 하면 단 하루도 지탱하지 못할 이러한 위협에 대하여 미국무성의 명확한 답변은 미국은 동맹국인 터키나 집단 방위의 원칙을 포기하지 않고 전쟁도 불사한다고 한다. 이에 대해 소련은 또 유럽과 각국에게 위협적인 통보를 한다. 미국의 대소 전략을 전복시키기 위한 것이었다.

미국은 유럽 여러 나라에게 중거리 탄도 미사일(Intermediate Range Ballistic Missiles)을 제공하여 서유럽 중거리 탄도의 기지화를 하려고 했다. 미국의 이러한 계획을 분쇄하기 위하여 소련은 탄도탄의 공격 목표가 될 것이라고 위협한 것이다. 소련은 또 원자무기 실험 중지와 중국, 유럽의 여러 국가의 중립화 즉 핵무기 기지화의 방지를 위한 동, 서 정상 회의를 제안하는 외교공세를 한다.

이와 같이 미국은 NATO를 한층 더 미·소 양극의 직접적인 외교목표로 하고 있었다. 이러한 대립은 미사일 발달을 심각하게 만들었다. 소련 ICBM의 사정거리는 5,000마일인 탄도탄이며 그 후 스푸투니크 2호의 성공을 한다. 이것은 미국이 발사 계획을 하고 있던 인공위성의 5.3배의 중량을 가진 것이었다. 소련은 지구상의 어느 곳에도 도달할 수 있는 로케트를 보유하고 있었다. 모스크바에서 발사하여 뉴욕을 공격할 수 있는 로케트의 성공을 말한다. 한편 미국은 그동안 인공위성이나 ICBM보다는 IRBM에 치중하여 왔었다. IRBM이란 사정거리 1,500마일의 중거리 탄도탄을 말한다. 거리만으로 본다면 미국은 1957년까지 갖고 있는 해외 기지로부터 IRBM을 발사하여 모스크바를 비롯한 소련의 어느 곳이라도 폭격할 수 있었다. 미국의 IRBM은

육·해·공군이 각각 경쟁적으로 연구 발달시키고 있었으므로 종류가 다양했었다. 미국의 ICBM은 1957년 당시에는 IRBM보다 뒤떨어져 있었다. 소련은 스푸트니크 외교를 통하여 장거리 유인 폭격기 시대는 이미 지나갔다고 선전하고 있었다. 미국은 SAC(Stratigic Air Comment)가 유일한 소련의 침략에 대한 견제물이었다. 미국은 자국 및 우방국내에 있는 270여 개의 공군기지에 소련의 전지역을 핵무기로 공격할 수 있는 공격력을 보유하고 있었다. 소련의 스푸트니크는 국제적 세력 균형에 관한 자유진영을 동요시키게 된다. 자유진영의 무력의 배경이며 또한 과학 기술에 있어서 세계의 선진국으로 공인해오던 미국이 머지않아 소련의 ICBM의 사정거리에 들어가게 될지 모른다는 사실은 미국뿐 아니라 안전 보장을 미국의 군사력에 의존하고 있는 모든 NATO 회원국가들에게 큰 위협이 되었다.

NATO 회원국 15개국 정부 수뇌들은 1966년 12월에 파리에서 회합을 한다. NATO는 1953년 스탈린 사망 후 크렘린의 권력 투쟁으로 소련의 대외적 침략의 위험성이 약화된다. 그리하여 NATO 각 국가 간의 협력도 약화되었다. 신생 국가에 대한 공산주의 침투의 위협에 직면한 미국은 아세아와 아프리카, 중동 지방에 있어서 동맹국가들에게 치중하고 있었다. 미국과 영국은 프랑스의 반대에도 불구하고 군대를 튜니지아에 주둔시키고 있었다. 서독에 주둔한 영국군의 유지비를 대지 못하겠다고 하는 NATO군에 대한 불협화음이 상승하고 있었으나 소련의 인공위성은 이러한 불협화음을 잠재우게 되었다. 파리에서 NATO의 회의는 나토국가 간의 군사적 유대뿐만 아니라 경제적 문화적인 유대를 재확인했다. 각국의 생존을 위해 나토의 단결 및 완전한 협조를 강화시켜야 된다는 것을 결의한다. 파리에서 미국은 나토 회원국가들에게 IRBM을 제공하며 유럽 각 국가 내에 있는 미국은 IRBM이 기지를 설치한다.

그러나 미국의 미사일 원자 탄두는 미국이 주관하며 미사일 기지 위치와 실제 시행세칙은 논의되지 않았었다. NATO는 소련과 군축 문제를 다시 토의하도록 노력하되 가능한 한 UN 내에서 한다는 것이다. 미국이 나토 회원 국가들에게 중거리 탄도탄을 제공한다는 것은 터키와 유럽 국가와 특히 영국에 대한 소련의 위협에 대항하는 것이었다. 이와 같은 소련의 스푸트니크는 NATO의 심리적 마지노라인(Mginot Line)을 파괴한다. 그러나 그것은 NATO의 결속을 강화시키고 안심하고 있던 자유진영 국가들을 각성시키는 계기가 되었다. NATO는 1990년 소련이 붕괴되었지만 현재(2007년)까지도 소련을 경계하는 본래의 목적을 강화하기 위해 과거의 경험으로 단결을 더욱 계속하고 있었다.

1980년대부터 소련의 우주군사력 증강(미국 물리학자의 보고)

1957년 소련의 스푸트니크 발사의 충격은 과학적 도구로써의 순수한 목적을 훨씬 능가했다. 소련에 있어서는 스푸트니크 발사가 엄청난 프라이드와 선전의 밑천이었다. 모스크바는 우주에서 과시한 우월성을 지구상에서 소련의 우월성을 증명하는 것이라고 선언했다.

소련의 기관지, 프라우다는 사설에서 "스푸트니크 발사 성공은 볼셰비키의 용기와 명료한 목적의식, 결의, 에너지를 갖고 전진하는 방법을 아는 소련인민의 승리이다. 그것은 소련 사회주의 체제가 착취의 굴레에서 벗어난 조직 노동자들에게 가장 좋은 형태임을 다시 한번 명백하고 납득이 가게 증명했다."라고 쓰고 있었다.

소련 지도자 니키타 흐루시초프는 이 사설이 간과하고 넘어간 것을 재빨리 보완했다. 그는 스푸트니크를 발사시킬 수 있는 로케트는 모두 ICBM(대륙 간 탄도유도탄)을 발사시킬 수 있다는 사실에 주의를 환기시킨 것이다. 그는 필요한 것은 수소폭탄 탄두를 부착시키는 일뿐이다 라고 했다. 확실히 모스크바는 스푸트니크가 미국에 대한 군사적 위험으로 보이기를 원했다. 미국으로서는 스푸트니크 뉴스가 마치 명치에 받은 강한 타격 같은 것이었다. 외국의 신문들은 '미국의 패배'라고 제목을 대서특필했고 '우주에서 진주만 사건' '기술갭' 등이 거론되었다.

국민들은 자국의 기술 수준과 유치원에서부터 대학원까지 교육제도, 새로운 생활방식 전반을 심각하게 검토하기 시작했다. 사회심리학자는 이 나라 전체에 불안감이 고조되어 있다고 말했다. 그러나 이 모든 것의 결과로 워싱턴은 우주에서 '리드(Lead)'를 되찾는 야심적이고 값비싼 계획을 수립하기 시작했고 국민들은 뒷받침을 하기 시작했다. 이 '리드'는 자기 이미지, 국제적 영향력 등이 망라된 의미를 함축하고 있었다. 그 결과는 인상적인 것이었다. 스푸트니크가 지구의 중력에서 벗어난 지 12년 뒤인 1969년 7월, 미국은 달에 인간을 착륙시키는데 성공하여 세계의 상상력을 사로잡는 한편 선도적인 과학기술 강국으로서의 명성을 되찾았다.

스푸트니크 발사 25주년을 맞는 시점에서 미·소 우주경쟁을 되돌아보는 것은 거기 부수되는 흥미 이상의 의미를 갖는다. 역사가 스스로 되풀이 할 태세를 갖추고 있는 것으로 보이기 때문이다. 세계는 우주활동이 중요한 영역의 군사적 목적의 우주이용에서 소련이 다시 한번 리드를 잡기 시작했음을 확신시키는 설득력 있는 증거들이 나타나기 시작했다. 우주전장으로 사용한다는 개념은 공상과학 소설의 영역에나

속하는 것으로 들린다. 그러나 그것은 엄연한 현실의 한 측면이다. 몇 해 전부터 우주는 전략적 중요성을 가진 투기장이 되어 왔다. 이제 두 나라는 외국 주둔군과의 통신(미국 장거리 통신의 75%가 인공위성을 통해 이뤄지고 있다)을 하고 외국의 군대, 해군 선박, 유도탄장치 잠수함을 감시하는데 이용하고 있다. 지구 저 위쪽 정지 궤도에 올려진 조기정보위성들은 잠수함이나 지상에 기지를 둔 격납고에서 발사한 미사일을 가리키는 열(熱)의 섬광을 계속 지켜보고 있다. 이동식 지상 기지미사일들의 움직임은 수백 마일 밖에서도 사람의 손바닥을 촬영할 정도로 강력한 정찰위성으로 감시 받고 있다. 전자첩보위성(ELINTS)들은 미사일에서 나오는 무전 신호는 물론 군사용 레이더나 기타 전자 통신에서 발사되는 극초단파(마이크로웨이브)도 가로챈다.

이와 같은 발전들은 어느 나라도 군사적 준비태세를 오랫동안 갖추는 것이 사실상 불가능하게 됨으로써 국제적 안정에 이바지하게 된다. 그러나 지난 10년 동안 소련은 전혀 성격이 다르고 불길한 징조를 가진 우주능력을 발전시키고 있다. 일부전문가들은 모스크바 핵무기를 운반하는 수단으로서의 인공위성실험을 시작했다고 믿고 있다. 이에 못지않게 불안한 것은 소련이 세계최초의 '킬러 위성'이라는 작전 체제를 배치하기 시작한 것이다. 이것은 다른 위상을 파괴시키는 것을 유일한 목적으로 하는 인공위성이다. 그런 장치는 미국의 군사통신은 물론 정찰 위성이 담당하는 감시와 확인 체제 전체에 위협이 된다. 소련의 우주계획은 다른 불안한 요소를 가지고 있다.

모스크바는 상당히 실속 있는 군사적 중요성을 가진 우주 정거장(Space Station)계획에 착수했다. 1971년 이래 소련이 발사한 7개의 우주정거장 중에서 최소한 두 개가 군사적 목적으로 설계되었다. 항공우주기술Aviation Week and Space Technology지는 군사적 목적이 미래의 소련의 우주정거장을 지배할 것으로 예상된다고 보도하고 있다. 그리고 소련인들은 우주에서 사용할 레이저무기 개발에 미국보다 3－5배의 경비를 소비하는 것으로 보도되었다.

이 같은 움직임은 결국 우주에서 여러 가지 무기 체계들을 테스트하고 운용하기 위한 대대적인 계획이 된다. 나의 견해로는 같은 방법으로 이에 대응해야 한다. 보다 더 좋은 세상을 원한다면 우주를 군사작전과 무관하게 유지하는 것이 바람직하다. 많은 사람들이 그와 같은 세상에 대한 동경을 해왔다. 미국의 우주노력이 소련 계획에 뒤진 것은 이것이 처음이 아니다. 1957년 나는 워싱턴에 있는 해군 연구소에 근무하는 물리학자로 스푸트니크 1호의 궤도를 추적하고 있었다. 12월 6일 나는 해군의 뱅가드 계획－미국의 첫 인공위성 발사시도 책임자인 존 하겐과 우연히 자리를 같이 한 적이 있다. 케이프 카나베랄에서 온 전화가 뱅가드 로키트가 발사대에서 4피트(1.2m) 올라갔다가 떨어져 화염에 휩싸였다고 보고하였을 때 그의 얼굴에 나타났던 일그러진 표정이 아직도 눈에 선하다. 세계의 신문들은 뱅가드 계획을 '플로프니크 카무트니크'(툭 떨어지다 라는 Flop와 결단나다 라는 kaput에 스푸트니크의 어미를 붙인 것이라고 묘사하면서 미국을 가지고 조소했다.) 뱅가드 통제센터에서 누군가가 소련이 달에 도달해 달을 붉은 얼룩으로 표시하여야 한다고 말했다. 다른 과학자는 우리가 거기에 푸른 반점을 보태 달이 붉고 희고 푸르게 보이게 만들 것이라고 농담을 했지만 아무도 웃지 않았다. 두 달 뒤 미국은 가까스로 인공위성을 궤도에 올려놓았다. 그것은 해군의 뱅가드가 아니라 육군의 익스플로러 1호였다.

이것은 2차 대전 후 자신의 엔지니어 팀과 함께 미국에 왔던 독일의 총명한 로키트 과학자 베르너 폰 브라운 밑에서 개발된 것이었다. 1958년 3월 뱅가드 위성도 마침내 궤도에 진입하는데 성공하였다. 뱅가드는 무게 1−3kg에 불과한 구형(球形)으로써 흐루시초프는 거드럭거리며 이것을 일소에 붙이고 미국이 소련을 따라 잡으려면 "오렌지 크기의 인공위성 열 개가 더 필요할 것"이라고 조소했다.

흐루시초프의 미국에 대한 조소(嘲笑)와 미국의 NASA(National Aeronautics and Space Administration) 창설

그러나 미국은 마침내 움직이기 시작했다. 당시 상원 다수당 총무였던 린든 존슨이 인공위성의 발전을 추진시키는 데 기여를 했다. 하원과 아이젠하워는 전국에 뿔뿔이 흩어져 있는 우주에 대한 전문가들을 한데 모았다. 해군의 뱅가드팀, 구 NACA(National Advisory Commttee for Aeronautics 국립항공자문위원회) 칼테크社의 네트추진 연구소 등이 이에 포함했다. 그래서 1958년 10월에 NASA(National Aeronautics and Space Administration)가 창설되었고 육군 소속의 베르너 브라운 팀은 후에 참여한다. 그것은 국민 전체에 땀을 쥐게 하는 시간이었으며 어느새 그 열기에 휩쓸려 있었다.

1958년 11월에 베르너 브라운은 애송이 우주과학자로서 NASA에 가담하였다. NASA의 예산은 10억 달러 선에 있었지만 이것은 우주경쟁의 참가비에 불과했다. 그런 액수의 돈이면 미국이 소련에 더 이상 뒤떨어지지 않겠지만 더 이상의 기반을 넓힐

것도 기대할 수 없었다. 1961년 봄까지만 해도 모든 것이 다시 캄캄하게 느꼈다. 소련은 잇달아 우주에 첫 인간을 발사하고 두 개의 혹성(惑星)간 우주선을 금성(金星)에 보냈다. 우주인 유리 가가린은 궤도에서 불과 108분을 보냈지만 모든 인류는 그의 엄청난 경험을 자기 것처럼 생각했다. 가가린의 비행은 스푸트니크 성공에 못지않게 세계를 흥분시켰다. 1년 전에 대통령이 된 존 F. 케네디는 사태를 바로 잡기 위해 무언가를 해야 한다고 했다. 그는 "우주는 새로운 해양이며 그 해양을 항해하지 않으면 안된다."고 말했다. 케네디는 보좌관들에게 소련을 따라잡기 위해 무엇을 할 수 있는가를 연구하도록 했다.

달에 사람을 보내는 것이 대답이었다. 이 위업을 이룩하려면 초기의 소련의 '리드'가 모스크바에 별로 이득을 제공하지 못한 수많은 장애물들을 극복해야 할 것이었다. 크렘린 지도자들도 같은 목표에 눈을 돌렸다. 1967년 1월 27일에 발생한 미국의 큰 좌절에 따라 소련이 경기에서 승리할 전망은 증가되었다. 발사 연습 중이던 아폴로 1호 캡슐에서 화재가 일어나 4명의 우주인이 소사(燒死)한 것이다. (전문가들은 결정적인 원인을 밝히지 못했지만 어느 전선의 피복이 벗겨져서 산소가 가득 찬 캡슐 내의 가연(可燃) 물질을 점화시킨 것으로 믿고 있다.) "달에 도착하는 경쟁에서 소련이 미국에 지지 않으리라고 나는 단언할 수 없습니다." 이 사고 뒤에 소련 우주인 블라디미르 코마로프가 한 말이다.

달 착륙을 준비하기 위하여 소련은 1968년 9월과 11월에 두 개의 무인 우주선을 보내 달 주위를 시험 비행하게 했다. 두 번의 비행은 순조롭게 되었으며 소련이 곧 유인 우주선을 달에 보내 그 주위를 돌고 돌아오는 '달 탐색비행'을 실시하리라는 것이 일반적인 예측이었다. 그러나 무슨 이유에서인지 소련은 예상을 어기고 그런 시도를 하지 않았다. 이 무렵 미국은 나름대로의 달 탐색비행을 준비하고 있었다. 1968년 12월 21일 세 명의 우주인이 지구를 박차고 하늘로 치솟았다. 크리스마스이브에 달을 빙빙 돌면서 전 세계에 창세기 구절을 읽어 주었다.

그 후 NASA는 아폴로 11호를 1969년 7월 발사한다. 그보다 며칠 앞서 소련은 무인 로키트 우주선인 루나 15호를 발사했다. 이 발사의 목적은 달의 토양을 채취하는 것이 목적이었다. 미국 우주인들이 달에 도착했을 때 루나 15호는 달 주위를 선회하고 있었다. 루나 15호는 달의 착륙 지점에서 하강하다가 산산이 부서지고 말았다. 미국인들은 '고요의 바다'에 내려앉았다. 그 후 소련은 유인우주선을 달에 보낼 의사가 없다고 선언했다.

소련 우주에서 실패

소련이 우주에 기록한 실패는 달 착륙 경쟁 패배만이 아니다. 가장 심각한 사건은 1969년 10월 당시의 소련 전략로키트군 사령관 미트로판 네델린 원수(元帥)가 화성에 대한 무인비행 준비를 지휘할 때 일어났다. NASA의 소련 우주전문가이며 소련의 우주발사인 〈궤도의 붉은 별〉의 저자인 제임스 오버그 박사가 단편적인 정보를 조립해서 작성한 시나리오에 의하면 이 중요한 임무를 위해 3기의 로키트가 마련돼 있었다. 2기가 실패하고 세 번째의 로키트의 카운트다운이 제로에 도달했지만 이 로키트 엔진이 점화되지 않았다. 이 시점에서는 고도로 폭발성이 있는 연료가 100만 파운드(45만kg)가 들어 있는 로키트 탱크를 비운 뒤 기술자들이 결점을 찾는 것이 원칙인데 네델린은 다시 한번 시도해보고 싶은 마음이 강한 나머지 연료가 가득한 채로 점검을 명령했다.

오버그에 의하면 이어서 일어난 폭발로 네델린을 위시하여 2백 명에 달하는 소련의 우주 과학자와 관리들이 목숨을 잃었다. 또 하나의 비극은 세 명의 우주인이 소련의 첫 우주 정거장인 살류트를 방문하고 지구에 돌아온 1971년에 일어났다. 회수 팀이 소유즈 11호의 캡슐을 열어보니 세 우주비행사들은 죽어 있었다. 이들은 첫 우주 희생자들이었다. 그 원인은 단순히 지상에 있는 과학자들의 부주의였던 것으로 보였다. 오버그 박사는 그 우주인들이 지구로 내려오는 도중 결함이 있는 밸브로 캡슐 속의 공기가 세어 나오는 바람에 이들은 필사적으로 밸브를 닫으려고 했지만 그 작업에는 2분이라는 시간이 필요했고 캡슐 속의 공기가 다 빠져나가는 데는 1분밖에 안 걸렸다. 물론 우주복이 이들의 목숨을 구할 수 있었겠지만 이들은 우주복을 한 벌도 갖고 가지 않았다. 소유즈 11호 사건은 소련 사람들에게 커다란 쇼크를 주었다.

그것은 소련의 우주계획의 후퇴를 생각하게 되었다. 1966년 소련의 위대한 로키트 천재 세르게이 코롤레프의 사망과 함께 시작된다. 코롤레프는 ICBM 개발과 스푸트니크 발사를 막후에서 지휘했다. 소련의 계획이 비틀거리는 동안 미국의 계획은 힘을 얻기 시작했다. 아폴로 11호에 이어 2년 동안 유인 우주선 다섯 개가 달 착륙을 했다. 이 우주선의 승무원들은 800파운드(362 kg)의 바위와 수백 마일에 이르는 과학적 기록들을 가져왔으며 과학자들은 계속 씨름을 하고 있었다. 그러나 미국은 이것을 고비로 우주에 대한 흥미를 잃기 시작되었다. 존슨 대통령의 '위대한 계획'은 생각보다 엄청난 돈이 들었다. 그로써 NASA에 대한 예산이 줄고 아폴로계획이 해체된다. 아폴로

계획에서 남은 새턴 로키트 하나가 미국의 첫 우주정거장인 스카이랩에 사용되었다.

스카이랩은 1973년에 발사되어 세 팀의 우주인들이 입주해 있고 1979년에 분해 폐기되었다. 1972년과 1973년에 무인 파이어니어호의 목성 탐색 인간의 첫 외계생물 탐색 시도인 바이킹호가 1976년에 화성 착륙과 1977년 보이저의 토성탐색으로 주목할 만한 과학적 성과를 기록한다. 미국은 통신, 일기예보, 지구의 자원 감시 같은 영역에서 새로운 우주 기술을 상업적으로 이용하는데 전념하는 인공위성 가족도 개발했다. 유인 비행에 관한 시도를 6년간 중단하고 있다(1982년 현재).

소련의 레이저무기의 우주배치(가설)

그 사이에 소련은 유-무인 계획 모두에 꾸준히 노력해오고 있다. 미국의 달 착륙 이후 그들은 우주인을 달에 내리게 하는 시도를 포기했다. 선전이라는 입장에서 볼 때 2등을 해서 별로 이득이 없었던 것이다. 이들은 다시 대형화한 프로젝트를 계획하고 있다. 이들의 예산을 180억 달러를 투입했다. 그것은 NASA의 예산에 5배나 되는 것이다. 나사와 국방성의 예산을 합친 액수보다 30%가 더 많다.

이 같은 소련의 대대적인 활동의 결과는 크다. 소련은 또한 살류트 우주선을 일곱 개나 발사했다. 소련의 우주비행사들은 한 번에 6개월까지 우주에 머물 수 있게 되었는데 이것은 세계 기록이다. 최근에는 우주비행사들이 1년에 여섯 번까지 우주 정거장을 왕복하고 있으며 때로는 다섯 명이 동시에 탑승을 하기도 한다. 1981년 말까지의 우주비행사들의 궤도체재 시간은 미국 조종사들의 배를 넘었다.

보다 중요한 것은 미국이 1981년에 18개의 인공위성을 발사한 반면 소련은 125개의 인공위성을 궤도에 올려놓았다. 82년에 들어서도 6월까지 79개의 인공위성을 다시 발사했다. 그들은 6월 한 달에만도 15개의 인공위성을 궤도에 올려놓아 새로운 세계 기록을 하고 있다. 이 기록은 미국이 81년 내내 발사한 숫자에 육박한다. 소련인공위성이 미국의 그것보다 단명한 것은 사실이지만 양국의 인공위성 발사 숫자 불균형에 대한 충분한 설명이 되지 못한다. 소련 우주관계 전문가, 셀던과 마셔 스미드에 의하면 그중 69%가 군사목적이용으로 설계되어 있다. 25%정도는 민간-군사 겸용이다. 지난 2, 3년 동안 모스크바는 워싱턴 보다 대략 10배나 많은 군사용 위성을 발사했다. 소련의 군사용 위성 중 일부는 범세계적인 통신, 지도 작성, 첩보 수집 같은 것에 사용되고 있다. 소련은 인공위성을 핵무기운반 수단으로 이용하는 데 관해 여러 가지 실험을 해왔다. 이 중에 위성을 궤도에 진입시켰다가 지구를 한 바퀴 돌기도 전에 다시 끌어내리는 실험이 포함되어 있다. FOBS(Fractional Orbit Bombardment System 단편궤도폭격체제)라고 불리는 이 기술에서 안공 위성은 매우 사정거리가 긴 CIM처럼 쓰인다. 이것은 남극으로 통과하는 우회로를 통해 미국 내의 표적에 도달함으로써 레이다의 피키트라인인 BMRWS(Ballistic Missile Early Warning System, 미사일 조기 경보 체제)를 피할 수 있다. 1966년 이래 소련은 이 체제를 이용하여 핵폭탄 공격을 가하는 실험을 20회 정도 실시했다. 이들 실험이 우주에 핵무기 배치를 금지한 1967년 협정에는 위반되지 않지만 그 정신에 어긋나는 것으로 보인다.

소련의 킬러위성 개발

소련은 킬러위성 개발에도 열을 올리고 있다. 모스크바는 이 장치를 약 15년 전부터 실험하기 시작했으며 그 후 20개의 킬러위성을 일관된 계획의 일부로써 발사 테스트 해 왔다. 가장 최근(1981년)의 킬러위성실험은 81년 6월 18일에 실시했다. 이 실험에 동원된 킬러 위성 중에 10개에서는 위성과 표적간의 거리가 1천 야드(914m) 내외였다. 이것은 미국의 우주왕복선(스페이스셔틀)이나 현재 궤도에 올라있는 어떤 미국 인공위성도 파괴하거나 무력화시키기에 충분히 접근한 것이다. 한 전형적인 테스트에서 소련의 킬러 위성은 모의표적 가까이로 움직여 가서 여러 조각으로 폭발했다.

정찰 위성이나 조기 정보위성은 소련의 군사적 의도를 감시하는 미국의 능력에 심각한 위협이 될 수 있다. 더욱이 킬러 위성들은 사령관들의 메시지를 중계하는데 쓰이는 미국의 인공위성들을 넉 아웃시킴으로써 미국의 군사통신을 방해할 수 있다. 소련은 몇 년(80년대 초)전부터 킬러위성용 로키트 발사 시간을 단축하기 위해 신속한 연료보급과 준비작업에 노력하고 있다. 이들은 단 90분 내에 로키트를 발사대에 장치하고 연료를 충전하여 발사태세를 갖추는 데 초점을 둔 개발에 착수하고 있다.

이 같은 신속 반응 체제는 적의 위성을 궤도상에서 오래 추적하지 않고도 공격할 수 있게 해준다. 일부 실험에서는 소련킬러 위성들이 밑에서 올라오면서 불과 수분 내에 궤도에 진입하지 않고도 파괴행위를 하는 것이 관측되었다. 이런 방식은 공격행위가 지상관측자들에게 탐지되는 가능성을 줄여 방어하거나 반격조치를 방해하게 된다. 현재 우주궤도에서는 전에 발사한 수천 개의 큰 파편과 레이다에도 추적되지 않는 수천 개의 작은 파편들이 폭탄보다도 빠른 시속 4천km로 지구궤도를 돌고 있다. 인공위성이 이 파편들 중 서로 충돌해도 무력해서 인공위성의 공격으로 이루어지는 충돌과의 구별이 불가능하다. 미국 인공위성 한 개가 파괴되면 소련 킬러위성에 혐의를 둘 수 있지만 그것을 입증하기는 매우 어려운 일이다. 현재 개발되고 있는 고에너지 레이저 무기들도 표적이 되는 인공위성을 넉 아웃시키기는 또 하나의 방법이다.

국방성 전문가들은 모스크바가 1985년까지는 그런 무기를 배치할 수 있으리라고 관측하고 있다. 레이저 광선은 매우 특별한 종류의 광파(光波)다. 보통 광선은 각각 적은 양의 에너지를 운반하는 여러 개의 개별적인 파동의 범벅이다. 레이저빔에서는 개개의 파동들이 표적을 한꺼번에 때려 엄청난 충격을 야기시킨다. 그것은 마치 해변을 찰싹거리는 잔물결들이 하나의 거대한 파도를 뭉치는 것과 같다. 레이저빔은 광속으로 움직여 육안으로 보는 것이 더욱 어렵다. 일부 과학자들은 레이저를 사용, ICBM발사 직후에 격추시킬 수 있다고 제안했다. 그러나 이 체제의 실현 가능성은 전문가들 사이에 가부양론으로 되어왔다.

"소련은 우주무기인 입자(粒子)빔도 소련 연방 카자흐스탄에 있는 시설에서 실험이 실시 중인 것으로 알려졌다. 우주에 영구히 유인 시설을 실시하려는 노력은 소련의 해묵은 목표이다. 여기는 군사적 목적이 내포되어 있다. 소련인들은 우주 무기들을 미국인공위성을 공격하는 데 사용할 것인가? 소련이 정상 상태에서 미국의 인공위성이나 우주 왕복선을 미행하거나 무력화시킬 것 같지는 않다. 그런 공격은 연원이 밝혀질 경우 맹렬한 보복을 초래할 것이기 때문이다.

보다 있음직한 가능성은 소련이 자기 영토 위에 궤도공간을 영공 연장이라고 선언하고 미국 우주선의 출입을 금지하는 것이다. 한 국가의 영공과 우주의 끝까지 뻗어가는 그 위에 외계공간을 구분 짓는 국제협정은 아직 이루어지지 않았다. 현재로써는 인공위성은 제한 없이 우주공간을 자유로이 여행할 권리를 가진다는 실질적인 컨센서스가 있다. 그러나 앞으로 소련이 이 컨센서스에 이견을 제기할지도 모른다. 소련이 외국 인공위성들에게 영토상공의 우주공간 진입금지를 요구한다면 미국으로서는 이에 대처할 수단이 없다. 이 같은 행동은 미국 대통령으로서는 시작하기 어려운 것이다. 지금 이 순간에도 모스크바는 킬러 위성을 보유하고 워싱턴은 그런 위성을 갖지 않았다. 우리는 지상에서 군사 행동을 통해서 우주에서 활동 제한에 대응할 수밖에 없다. 미국의 첩보 위성이 소련 상공을 비행할 수 없다면 그것은 우리가 소련의 군사비증강을 감시할 수 있는 수단을 상실하는 것이다. 인공위성이 군사적 준비행동을 숨기기 어렵게 만든다는 사실이 지금까지는 세계에서 가장 강력한 안정요소가 되어 왔다. 소련이 자기의 영공(領空)우산을 중동 등지의 우호국에까지 확대, 미국의 첩보 위성이 그 지역까지도 접근하지 못하게 되는 경우를 생각한다면 그런 경우 페르샤만 같은 지역으로 소련군 이동이 비밀의 장막에 가려질 수 있다. 이런 경우도 우리는 속수무책이다. 이것은 우리가 잠재적으로 적대적인 국가로 하여금 우주공간에서 우리보다 우월한 자전 능력과 운영능력을 갖게 만들어 준 대가를 치러야 하는 값비싼 인과응보의 일부인지도 모른다.

미국은 달에서 바위덩어리를 가져오는 것이 아니라 멀리 떨어진 하늘을 컨트롤하는 소련의 능력을 따라잡거나 능가하는 데 있었다는 사실을 잊고 있다. 미국은 그 목표에서 성공했었다. 그리고 경주에서 물러섰다. 영국의 과학 잡지, 자연은 '소련의 우주 계획은 워싱턴에서 큰 하품을 자아내고 있다.'고 논평한 바 있다. 소련은 일편단심으로 우주를 군사적으로 이용하는 데 몰두하고 있음에 비추어 볼 때 이 같은 무관심의 결과는 비참한 것으로 드러날 것이다.

소련의 우주 계획이 처음부터 군사적인 측면을 많이 강조한 것과는 대조적으로 미국의 계획은 지난 25년 동안(1982년 현재) 주로 우주를 '평화적 목적과 모든 인류의 이익을 위해' 탐색하려는 의회의 명령을 수행하는 데서 온 결과이다. 최근에 워싱턴 당국은 미국이 직면하고 있는 '군사적 우주'의 위험의 크기를 인식하고 있다. 미국은 미국의 위험을 무릅쓰고 이 같은 사실들을 무시해 왔다. 25년 전(1982년 현재)에 소련은 스푸트니크를 발사하여 우리를 놀라게 했다. 10여 년 전부터 소련은 우리를 또 한 번 경악하게 하고 박차를 가하고 있다. 이번에는 그 경악보다 심각하고 보다 치명적인 결과를 수반할지도 모른다(로버트 재스트, 콜럼비아대 교수, 전 NASA 소장)."

제30장
한국과 러시아의 외교 및 관계 현황

한국과 러시아 최초의 외교

한국과 러시아의 관계는 역사적 문서나 문헌적 기록에 의하면 19세기 중엽부터 이루어졌다. 1852년부터 1855년에 걸쳐 러시아의 뿌짜찐 제독이 황제 니콜라이 1세의 전권 특명공사로 전함, 빠라다오를 주함(舟艦)으로 하는 선단을 이끌고 세계 주항길에 올랐다. 이때 그가 니콜라이 황제에게 올렸던 상주서와 이 선단의 일지에 1853년에 선단의 측량함이 한국 동해안의 수로를 측량하면서 함흥과 원산에 상륙하여 이 고을의 관원들과 통상을 위한 예비접촉을 가졌던 기록이 있다.

〈오블로모프〉의 저자 곤자로프는 1852년부터 1854년 사이에 뿌짜찐 제독의 비서로서 이 선단의 주함인 빠라다에 동승해서 이때의 여행기, 〈전함, 빠라다오〉(1858)에서 그는 한국 풍물과 인상을 기록해 놓고 있다. 이와 같은 한국과 러시아의 교섭은 마침내 1881년 조·러 통상조약의 체결로 발전했다. 그 뒤 1904년 노·일 전쟁의 결과 러시아는 일본에 한국의 정치, 군사, 경제상의 우월권을 넘겨주고 한국에서 완전히 철수할 때까지의 역사적 격동기에 갑오경장, 아관파천 등과 같은 역사적 사건을 겪으면서 그 관계가 심화되었다.

1908년 11월에 발행된 소년 창가지에 우리나라 사람들이 러시아에 관심을 갖고 있음을 나타내는 글을 싣고 있다. “러시아는 여러분도 아시는 바와 같이 우리나라로 더불어 북편 한 모에 지정을 접한 나라니, 옛날에는 별로 관계가 없었으나 갑오 이후로는 심히 가깝게 지내였으니 우리나라 근대사에는 막대한 관계가 있는 나라요. 우리나라에서도 얼마 전 일아전쟁은 이 나라와 일본이 싸우던 일이요.”

이 글은 한말, 즉 한국의 근대사의 한 시기에 한국이 정치, 경제, 사회, 문화, 군사 등의 면에서 러시아와 얼마나 큰 역사적 관계 및 교섭을 가지고 있었다는 것을 그리고 이 시기에 한국 사람들이 러시아란 나라에 대하여 얼마나 큰 관심을 보이고 있었던가를 잘 실증하여 주고 있다. 러시아의 연해주는 우리나라가 일제에 강점당하여 이 시기에는 한국의 독립투사들이 독립운동을 펼쳤던 주요한 무대가 되기도 했다. 이 시기를 전후하여 러시아로 들어간 한국인들이 오늘까지 80여만 명에 달한다. 문화 면에서는 1910년, 1930년대 근대문학이 성립되는 과정에 우리나라의 시인, 작가 등 많은 지식인들이 영국, 프랑스, 독일 등 서유럽의 문학을 수용하게 되었다. 그 중에도 특히 톨스토이, 뚜르게네프, 체호프, 고리키 등 러시아 작가들의 번역과 소개가 현저하게 나타났다. 이와 같이 수용된 러시아 문학은 한국의 근대 문학의 성격 형성에 큰 영향을 주었다.

러시아에 한인 이주민의 형성과 이주민의 생활

한인들이 러시아에 이주하기 시작한 것은 1861년부터였다. 1861년은 러시아인들이 처음으로 포스트만 지역에 정주하기 시작한 해였다. 러시아 극동지역에 이주한 한인들은 처음에 좋은 대우를 받았기 때문에 많은 한인들이 국경을 넘어가게 되었다. 그러나 한국위정자들은 이들의 이주를 못마땅하게 여겨 여러 수단과 방법으로 막으려고 했다. 이주혐의가 있는 사람들을 사형하거나 재산을 몰수하기도 했다.

그러나 이러한 역경에도 많은 이주가 계속되었다. 1868년에 네 개의 한인촌이 생겼다. 당시 우수리 지방에 한인 총수는 1,800명이 넘었다. 이 지역에 정주하는 러시아 농부와 코사크인 수는 6,200명이었다. 러시아로서는 한인들의 이주를 소중하게 생각했는데 그 이유는 한인 농부들이 자진하여 러시아인과 동화하려고 러시아어를 배우고 러시아 정통교 신앙을 받아들였기 때문이다. 이주 초기부터 한인 이민자들은 기독교인이 되었다.

1867－1869년에 우수리 지방을 여행했던 러시아인 프레즈해발스키는 러시아 황제의 새로운 신민(臣民)이라고 할 이주 한인들이 급속하게 동화되고 있다는 전형적인 예를 들고 있었다. 프레즈해발스키는 티젠츠해촌의 촌장이 한인인데 그는 러시아어를 하고 러시아인의 복장을 하고 있으며 기독교인이 되었고 이름도 러시아 이름으로 바꾸고 있었다고 말하고 있다.

프레즈해발스키는 소련정권하에서 러시아 극동 지역에 대한 권위자로 인정을 받고 있었다. 그는 한인 이주에 대해서 태평양 지역에 새로운 영토를 개척하는 데 도움이 되기는 하지만 위험성을 내포하고 있다는 것을 간파한 사람이었다. 한인들은 국경 근처에 정착시키는 것은 피하라고 선언한다. 한인들을 아무르 강(우수리) 중앙에 정착시키는 것을 건의한다. 그에 의하면 한인이 러시아화를 용이하게 한다는 것이다. 당국자들은 그의 경고를 들어 1871년에 러시아에 온 한인 이민의 새로운 집단은 한·러 국경지역의 개척에 사용하지 않고 하바로브스크 서방 217리 지점에 정착을 시켰다.

이 이민들은 그곳에 축복된 브라고스노벤노예라는 마을을 건설한다. 이 마을은 유복하고 잘 관리된 부락으로 알려졌다. 이 마을이 건설된 지 30년 후에 기관에서 간행된 시베리아 철도 안내서에서 이 마을은 매우 좋은 인상을 주며 그 주민들이 노동과 질서를 사랑한다는 사실을 그들이 집을 건설하고 밭을 경작하는 방법에서 엿볼 수 있었지만 소련정권하에서는 브라고스노벤노예는 유태인 자치령에 편입되었다. 1930년까지 유태인 자치령이 된 지방에는 유태인보다 한인이 더 많았다. 그 지방에는 3,200명의 한인과 2,700명의 유태인이 있었다. 한인은 4개의 국립부락 노동회를 가지고 있었으나 유태인은 3개의 국립 노동회를 가지고 있었다. 비로비드잔에 있는 러시아인 27,350명, 우크라이나 3,000명, 극동 토인 700명, 중국인 500명이 있었다.

1952년에 발간된 대소련 백과사전에는 한인은 언급되지 않고 유태인, 러시아인, 우크라이나인만 언급되어 있다. 브라고스노벤노예는 실험 이주가 성공했는데도 불구하고 수많은 한인은 블라디보스토크 지방에 있는 한국국경지역에 계속 정주하고 있었다. 20세기 초까지는 한인 이민은 주로 경제적 이유로 이민을 했으나 일본이 한국을 점령한 후로는 러시아 극동에 이주하는 정치적 이유 때문이었다. 러시아 태평양 연안 지역에 한인 수는 1898년에는 2,300만 명이던 것이 1907년에는 46,000명에 달했다.

제1차 세계대전 때는 한인들의 러시아화한 한인은 러시아 황제에게 충성한 시민이라는 것으로 4천 명의 한인들이 러시아 군대에 복무했고 그 중 150명은 장교였다. 1917년 2월 혁명은 러시아 극동 지역에 있는 한인 이주민을 정치적, 사회적 활동의 혼란에 끌어들인다.

한인회와 농민동맹이 설립되었고 1917년 5월에 제1차 한인망명단체회의가 미콜스크 우스리스크에서 개최되었다. 대표의 대다수는 러시아 임시정부를 지지했다. 이 회는 한인의 러시아화를 반대했으며 러시아 입법의회에 한인석을 한자리 요구했다. 그리고 한인 학교의 개선을 주장했고 10월 혁명 이후에도 러시아에 있는 한인 대변인은 볼셰비키 운동에 미온적이었으며 사회주의 혁명자들의 정당을 지지했다.

제2차 한인혁명단체회의는 중립성을 선언했다. 그러나 정부의 지방정부기관인 젬스타바(지방 의회)활동에는 가담한다. 공산주의 통치가 점점 강화됨에 따라 전 한민족회의가 의견을 발표할 자유를 구속당한다. 1920년 9월에 이 기관은 소련정부를 지지한다는 성명서를 낸다. 이 성명서를 공산당 당국자들은 곧바로 받아들이려고 하지 않았다. 결국 이 기관은 해체되고 공산주의자가 지도하는 한인 동맹이 생겨서 그 본부를 모스크바에 두고 지부를 레닌그라드, 기타 도시에 두게 된다. 그 후 몇 년이 지나 해체되었는데 러시아 본토 내에 산재하고 있었던 한인 문제만은 다루고 있었다.

소련이 극동 지역에 있어서 한인의 이권을 대표하는 것은 공산주의 청년 동맹이 독점하고 있었다. 소련 극동 지역 공산당부 내에 한인회가 있었다. 그러나 1923년에 해체된다. 한인 당원 중 750명이 민족주의적 경향이 농후하다는 이유로 출당시켰다. 1923년 한인 당원 숙청 이후 1927년에는 블라디보스토크에 공산주의 동맹은 러시아인 7,499명, 한인 5,885명이 있었다. 1917년 혁명 후 혼란기에는 소련 극동지역이 차차 국제화되리라는 희망으로 러시아로 이주가 늘어났다. 완충지대에 있는 한인들은 러시아인, 우크라이나인, 다음으로 많았다. 25만 명의 한인이 있다고 알려져 있었다.

블라디보스토크에 한인들이 집중해 있어 전 인구의 4분의 1을 차지하고 있었다. 포세트 지역의 한국과 만주의 집정지역에 한인 부락을 이루고 있었는데 이 지역의 수십 개의 부락이 병합하여 한인 지구를 형성하게 된다. 그들의 주요 직업은 농경, 임업, 어업이었다. 소련 정권하에서는 한인 사이가 갈등 관계에 있었다.

블라디보스토크 근방 연안지역에 집단 농장을 건립한 후 러시아인에게는 비옥한 땅을 주고 농기구, 융자까지 해주는 혜택을 주었으나 한인들에게는 그렇게 하지 않았다. 이러한 불평등한 조치를 받은 한인들은 당국자들의 배타주의에 불평을 표시하게 됨으로써 이러한 행동은 오히려 러시아인들의 격분을 사게 되고 한인을 습격하거나 한인 농장을 습격하는 일을 내게 했다. 그렇게 됨으로써 한인들은 블라디보스토크 지방에 있는 많은 집단 농장을 해체하지 않으면 안되었다.

1930년부터 1931년에 걸쳐 한인과 러시아인의 충돌사건에 대해 회의를 열고 배타주의를 배격할 것을 결의하지만 별로 효과를 얻지 못하였다. 소련정권은 문화 면에서 약소민족인 한인들을 위하여 발전적인 과업을 시행한다. 제정러시아시대에 누리지 못했던 교육 설비를 한인들에게 부여한다. 한인 학교 수는 300개로 늘렸는데 이 중 53개교는 한인 지역에 세워졌다. 한인은 3개의 중학교와 2개의 전문학교와 2개의 사범학교를 지었다.

그리하여 블라디보스토크에는 한인 연구소가 생기게 되고 소련 내 한국지식계급은 블라디보스토크의 극동 지역에서 수학할 수 있게 된다. 한인 공산주의 신문은 여러 종류가 있었는데 그 중 가장 큰 것이 블라디보스토크에서 발간되는 '선봉(先鋒)'이었다. 발행 부수는 1만 부나 되었다. 1930년부터 해안 지방에 사는 한인 어부들을 위하여 한국어 신문이 발간되었다. 한민족 지구 공산당 위원회도 기관지를 발행했는데 '레닌 노선'이라는 것이었다.

스파이로 취급되는 한인들

1937년 소비에트 민족정책은 소련 극동 지역에 있는 한인 소수민족을 분산시킨다. 소련정부는 프레제해발스키가 주장한 한인 이민의 위험성을 의식해 전략적으로 중요한 국경지역에 한인의 거주는 위험하다고 결정한다.

한인들은 소련정권이 강제적으로 집단 부락을 건설하게 하고 민족주의를 억압하게 한 데 대해 불만을 갖고 있었으므로 일본의 간첩활동을 할 가능성이 있다고 여겼으며 일본의 침략을 두려워했다. 1936년부터 1938년까지 만주 국경에서 분쟁이 많이 일어나 극도의 안전 보장이 위협받고 있다고 생각했기 때문이다. 일본의 간첩행위로 몰려 무고한 한인들이 4천 명이나 학살되었다.

현재(2005년) 모스크바에서 활동하고 있는 음유시인(투루바두루) 유리 김의 아버지 김출산도 기자로 활동하다가 1938년 일본 스파이로 몰려 학살당한다. 소련의 정권 신문인 프라우다지는 1937년 4월 23일 '극동지역의 외국 간첩' 이라는 기사에서 일본 비밀첩보 부대는 소련 지역에서 한인과 중국인을 첩보요원으로 이용하고 있다는 기사를 싣고 있다.

프라우다지는 "첩보원들은 그들이 활동하려는 지역의 주민으로 가장하고 있으며 일본 정보기관은 각 지역에 민족 구성을 조사한 후 한인, 중국인, 러시아인의 반동적 감시인을 배치하고 있다. 단순한 첩보 행위뿐 아니라 중요 군사시설에 침투하여 스파이를 만들어 낼 목적으로 공산주의 청년 동맹과 당 내에도 침투하고 있다."고 쓰고 있었다. 그리고 스파이들은 각 지방에 분산되어 있고 이들은 트로츠키파와 기타 기회주의자들과 밀접한 관계를 갖고 있다고 했다.

소련 극동지역에서는 타지역−우즈베키스탄, 타수겐트, 칠치크, 크오레즘 지역으로 이주한 한인들은 목화와 전답을 잘 경영한 사람들이다. 그리하여 훈장을 받는 등 사회주의 노력에 영웅 칭호를 받는 사람들이 있었으며 그들은 모두 러시아 이름을 갖고 있었다. 이들은 잡초만이 우거진 황무지를 개간하여 비옥한 전답으로 만든 것이다.

타수켄트주와 코레즘주에 한인들은 스탈린 집단 농장을 건설하였고 1928년에는 이들 단체를 형성했는데 '미곡 경작자'라는 단체로서 집단 농장뿐만 아니라 '한인 국립 극장'도 갖고 있었다.

대한민국 임시정부와 러시아의 관계

상해에서 설립된 대한민국 임시정부는 초기부터 러시아와 많은 관계를 맺고 있다. 초기 대한민국 임시정부를 대통령 이승만(1875-1965), 국무총리 이등휘(1873-1935), 노동국 총판, 안창호(1878-1938) 등 세 사람들이 이끌었다. 이들은 임시정부의 실질적인 지도자들이기 때문에 당시 임정은 3각 정부라 불렀다. 이들 세 지도자들의 결합은 임정이 지닌 이념적인 좌우 합작과 자연적인 연합의 성격을 갖고 있다.

이 세 지도자들은 출신, 배경, 독립운동 노선, 활동 기반, 국제관계에 대한 인식, 지도형태 등 여러 면에서 크게 대비되었다. 이승만은 황해도 평산(平山) 출생의 몰락한 왕족의 후예였고 이등휘는 경상남도 단천 출신이었으며 안창호는 평안남도 강서의 농민 출신이었다. 이러한 지역적 신분차이에도 이들 간에는 공통점이 있었다. 이들 모두 조선 말기에 태어난 민족운동 제1세대로서 어린 시절 유학을 했고 서구 문명과 기독교를 적극 수용했다. 1919년 나라가 주권을 상실한 후 이들 세 지도자로서 세력기반과 독립운동 노선의 차이는 뚜렷했다.

이승만은 미국 하와이를 근거로 활동했고 미국식 공화제를 선호한 친미 외교론자였다. 안창호는 미주 서부지역을 활동 무대로 삼았고 공화제를 선호했으나 외교에 의한 독립 달성에는 회의적이었다. 그는 실력 양성을 통해 독립전쟁을 추구했다. 이등휘는 러시아와 북간도 지역을 지지 기반으로 하였고 사회주의자로 전환한 후에는 신흥 소련정부의 지원과 협력을 바탕으로 무장투쟁에 의한 독립 달성을 목표로 했다.

정치 이념으로 보면 이승만과 안창호는 우파, 이등휘는 좌파에 속했다. 임시정부와 러시아와의 직접적인 관계는 이등휘의 영향이 컸다. 이등휘는 좌파로서 북간도의 러시아지역의 지지를 기반으로써 활동한 데에 있다. 대한제국 말기 서울 주재 러시아 공사관의 무관, 포타포프는 장성이었으며 그는 고종황제의 조선 대신들과 친교를 가졌다. 그는 1919년 12월 상해로 와서 임시정부 사람들과 접촉을 한다. 포타포프는 러·일 전쟁과 제1차 세계대전에 공을 세워 니콜라이 2세로부터 최고 훈장을 받았으나 1917년 2월 혁명이 일어나자 친위대 병력을 동원하여 짜르 체제를 붕괴시키고 공화국의 후원자가 된다. 그러나 1918년 2월 왕당파인 콜차크 제독의 주도하에 추방당한다. 그는 일본으로 망명했으나 일본에서도 축출당한다. 포타포프는 임시정부의 대변자인 〈독립신문〉과 회견에서 그는 조선에 체류 중 조선이 일본에 강탈당하는 것을 목격하고 한국을 위하여 전력을 다하겠다고 밝힌다. 이제는 민족자결, 민족평등의 대세 중에 처한 러시아 혁명당의 영수로서 대한민족의 장래에 대해 수수방관하지 않을 것을 말한다.

1919년 5월 시베리아의 하바로브스크에서 한인 사회당을 결성했던 이동휘는 신흥 소비에트 러시아와 제휴함으로써 한국 독립을 달성할 것을 주장했다. 그러나 안창호는 한·중·러시아의 3국 연맹을 구상하고 있다. 파타포프의 출현으로 1920년 1월 말 임시정부는 모스크바 특사파견을 논하게 되며 특사로서 한형권, 여운영, 안중근을 선정했으나 한형권이 특사로 가게 된다. 한형권은 몽골과 시베리아를 거쳐 1920년 5월 말 모스크바에 도착했다. 한형권은 모스크바에 처음 온 외국인으로서 국빈대우를 받게 된다. 소비에트 정부의 수상인 레닌과의 인민위원장 치레린, 아시아 외교담당 카라한 등을 만난다. 한형권은 이때 4개항의 요구조건을 제시했다.

1) 노농 러시아 정부는 대한민국 임시정부를 승인할 것.
2) 한국 독립군의 장비를 적위군과 똑같이 충실하게 하여 줄 것.
3) 독립군 지휘관을 양성하기 위한 사관학교를 시베리아에 세워줄 것.
4) 대한민국 임시 정부에 독립운동 자금을 원조하여 줄 것 등이었다.

소련은 한영권의 요구조건을 모두 들어주었다. 당시 일본은 대일·한·소 공수 동맹이 체결되었다는 것을 알게 된다. 실제로 소련은 임시정부에 금화 200만 루블의 자금 지원을 약속했고 제1차로 40만 루블을 지불했다. 소련은 이와 같이 한국 임시정부에 존재를 인정하고 독립운동 자금을 지원한 최초의 국가다. 이 무렵 소련은 동방의 식민지 약소민족을 지원함으로써 제국주의 열강과 식민지의 연결고리를 끊어 놓으려는 정책을 희망하고 있었다.

이승만은 1920년 12월에서 1921년 5월까지 상해에 체류하는 동안 그가 작성한 차관조건에 의하면 200만 불 달러이상으로 하고 이자는 연 4푼 내지 5푼이며 담보로 독립 후 한국에서 철도 부설권, 광산 채굴권 관세 등을 제공하기로 하고 있다. 그리고 차관을 설정한다. 차관 목적은 군사비와 외교 선전비 그리고 기업 조달이었다. 상환기간은 독립완성 후 5개년으로 정하고 있는데 이승만은 대상국을 1차적으로 소련으로 하고 있다. 이동휘는 1821년 초 이승만에게 임정의 대통령제를 위원제로 변경할 것을 제의하나 거부당하자 국무총리직을 사임한다. 1개월 20일 만에 다시 복귀한다. 그 이유는 상해에 온 국제 공산당 파견원인 보이틴스키의 권고를 받은 것이다. 보이틴스키는 소련정부와의 차관 교섭을 위해서는 임정 국무총리의 명의가 절대적으로 필요한 것이라고 조언한다. 이등휘는 이승만과 안창호와 협력하지 않고도 모스크바 자금을 바탕으로 할 수 있다고 생각한다.

이승만은 이등휘 사임으로 신내각을 짜고 있을 때 레닌 정부가 한형권에게 약속한 자금 가운데 일부가 상해로 유입되어 주로 이등휘가 이끄는 한인 사회당과 상해파 고려 공산당의 경비로 사용되고 있었다. 친미파였던 이승만이 소련과의 접촉을 시도한 것은 임정에 대한 구미 열강의 냉대였다. 미국, 프랑스, 영국은 물론 임정의 존재를 인정하지 않는 이들은 내정문제로 간주하고 있었다. 그들은 1905년의 을사조약에 의하여 한국은 국제적 지위를 상실했다는 것이다. 이승만이 친미파이면서도 소련의 원조를 기대해 보려고 했던 것은 또 다음의 이승만의 활동과 미국의 반응을 보면서 임정의 상황 및 이승만이 소련과의 교섭의 노력을 이해할 수 있다.

이승만은 1919년 8월 워싱턴 DC에 구미 위원부를 설립하고 선전 활동에 주력했다. 그 방법은 대중 집회와 강연 활동, 각종 홍보물 배포, 한국 전우회의 결성 등이다. 강연할 때에는 이승만, 서재필, 정한경, 한국에서 선교활동에 종사했던 헐버트 맥 등이었다. 홍보물은 한국 저요 등 30−40조에 달했다. 한국 전후회는 미국 내 21개 도시와 런던, 파리로 확대되어 나갔다. 그들은 2만 500명의 회원을 확보했다. 구미 위원부에는 미국 내에 친한 여론을 조성함으로써 의회를 움직이고 이를 바탕으로 윌슨 행정부의 대외정책에까지 영향을 미치려고 했다. 그러나 이러한 목표는 달성되지 못했다.

이승만과 구미위원부는 1921년 11월에 개최된 워싱턴회의(일명 태평양회의 또는 태평양 군축회의)에 마지막 기대를 걸었다. 회의는 일본, 영국, 프랑스, 이탈리아, 중국 등 9개국 대표단이 참석했다. 워싱턴회의에서는 제1차 세계대전 이후의 아시아에 미친 태평양 지역의 현안 문제들에 대하여 논의하기로 되어 있었다. 한국의 민족주의자

등은 워싱턴회의에서 비상한 관심을 기울였다. 임정은 전권을 이승만에게 맡긴다. 이승만은 한국 대표단을 구성하고 워싱턴회의에 한국 문제를 상정하기 위하여 총력외교를 펼쳤다. 미국 각처의 한국청우회도 한국 대표단을 측면 지원했다. 하지만 워싱턴회의의 주최국인 미국은 한국대표단의 존재 자체를 인정하지 않았다. 나아가 미국은 일본과 새로운 협력체제를 구축함으로써 소위 워싱턴체제를 출범시킨다.

이로써 3.1운동 이후 지속되어온 한국민의 기대는 실망과 좌절감으로 바뀌었다. 그 결과 임정 내에서 이승만의 입지가 흔들렸다. 따라서 구미위원부는 장기간의 체제가 바뀐다.

1937년 스탈린의 한인 강제 이주와 재소 한인들

고종 때인 19세기 말 선조들은 가난과 굶주림을 견디다 못해 두만강을 건너 극동으로 이주하는 사람들이 많았다. 그 뒤로 계속 불어난 한인들의 수가 20만에 육박할 무렵 스탈린 시절인 1937년 극동지역 한인들은 모두가 일본의 첩자라는 누명을 쓰고 중앙아시아로 강제 이주를 당한다.

한인들은 풀 한 포기 자라지 않는 타자흐스탄과 우즈베키스탄의 황무지로 내쫓긴다. 스탈린과 수상 몰로토프는 1937년 8월 2일 한인 강제 이주에 관한 결정을 서명한다. 이것은 소련인민위원회(정부)와 공산당 중앙 위원회의 결정이었으나 실질적으로는 기관 결정 형식을 취한 스탈린의 자의적인 결정이었다. 1837년 당시 소련의 국내 정세는 '피의 숙청' 회오리에서 소련의 통치 기관이었던 당 중앙위원회 정치국 구성원들이 대부분 처형을 당한 테러와 공갈로 스탈린의 일인 독재가 자행되고 있었던 상황이었다.

따라서 정책 형성 과정과 기능은 스탈린 개인 독재를 은폐하는 것에 불과했다. 스탈린이 재소 한인의 생활 기반과 문화의 정체성을 말살한 인종 탄압을 결정한 이유는 극동 지방에서 일본의 간첩 행위를 저지할 안전의 보장을 위해 재소 한인들을 희생양으로 이용해도 좋다는 정치적 판단이 깔려있다. 게다가 집단 농장을 만드는데 있어서 이에 저항하는 수백만의 농민들을 강제 이주시킨 스탈린의 결정을 이용하게 만들었다. 일부 재소 한인 학자들의 견해에 따르면 아시아인에 대한 스탈린의 혐오감도 이와 무관하지 않았다.

이와 같이 독재체제하에서는 정책 결정에 독재자들의 자질과 성향이 크게 영향을 끼친다는 사례를 한인 강제 이주 결정에서 볼 수 있다. 강제 이주 후 오늘날까지 러시아와 옛 소련이라고 부르는 지역에 고려인이라고 불리는 한인들이 50만이 넘게 살고 있다. 또한 하바로브스크는 일제강점기에 좌파운동의 본거지로서 상하이 임시정부 총리를 지낸 이동휘는 러시아혁명 이듬해인 1918년 이곳에서 최초의 한인 사회주의 정당인 '한인 사회당'을 조직해 독립운동에 앞장선다. 볼셰비키혁명 이후 내전이 한창일 때 독립 운동가들은 항일 운동에 대한 지원을 기대해 혁명군인 적군 편에 서서 반혁 동지들과 함께 총살형을 택했다. 그는 조선의 13도를 상징하는 열 세명 세력인 백군과 싸움을 벌이기도 했다.

한인 최초 여성공산주의자로 이동휘와 함께 사회당 창당을 주도한 김 알렉산드라도 그 중의 한 명이다. 알렉산드라는 하바로브스크를 중심으로 100여 명의 한인 자위대를 이끌며 항일 운동을 펼쳤다. 그는 백군에 사로잡혀 33세의 나이로 처형되었다. 볼셰비키와 관계를 끊으면 살려주겠다는 제안을 단호히 거부하고 몇 발짝을 걸은 후 총에 맞아 숨졌다. 그의 시체는 아무르 강에 던져졌다. 잃어버린 조국을 찾겠다며 먼 이역 땅의 타이가 숲을 헤매고 다녔다. 그는 젊은 여성 혁명가의 안타까운 죽음을 맞는다. 소설 〈낙동강〉의 작가 조명희는 1928년 러시아로 망명했는데 그는 1937년 일본의 첩자 누명을 쓰고 총살을 당했다.

스탈린이 김일성을 북한의 지도자로 선택한 이유

1945년 김일성이 북한체제의 리더로 선택된 경위는 전체주의 체제를 고려한 데서 기인한다. 전체주의 체제에서 수령의 자질과 성향이 정책을 결정하는 가장 중요한 요인이라면 스탈린이 김일성을 택한 것은 이러한 경향을 증명해주는 역사적 사실의 하나이다. 경력으로 보아 보다 적합하다고 할 수 있는 조선 공산당의 지도자 박헌영이 아니라 만주 항일 유격대장 출신의 김일성이 북한의 지도자가 된 것은 스탈린의 개인적인 선택이었다.

그 당시 소련은 미국이 전승국으로서 상당히 오랫동안 일본을 지배할 것이라는 전망하에 이에 대응하고자 했다. 이러한 상황에서 1945년 9월 초 소련군 중앙 정치국으로부터 제1극동 방면 정치국으로 소련공산당 중위위원회의 지시가 전달된다. 내용은 소련군이 점령한 북한에서 정치지도자로서 쓸 만한 인물을 택해서 모스크바로 보내라는 것이었다. 소련이 점령한 동유럽 여러 나라에서는 그 나라 공산당 지도자를 기용할 수 있었으나 북한에서는 사정이 달랐다. 1925년에 창립된 조선 공산당은 잦은 내분으로 활동 능력이 마비되었다는 이유로 코민테른(국제 공산당)이 1928년 말에 이미 해산시키고 당원들을 일본 공산당에 편입시켰기 때문이다. 소련군 점령의 북한에서 인민 수령에 적합한 인물을 소련정치 장교들은 당초 아는 인물이 없었다고 주장했으나 보고하지 않을 수 없는 입장에서 결국 김일성을 추천하게 된다.

일설에 의하면 당시 극동관구정치국에 배속된 한 장교가 소련으로 도피하여 대일 정찰 임무를 수행하고 있던 구민주항일유격대의 생존의 숙영지를 수차례 방문하고 김일성을 잘 알고 있었으나 조선 인민의 영도자 후보로 추천할 자신이 없었다고 하는 설도 있다. 모든 것은 스탈린의 면접과 결정에 달려 있었다.

김일성은 1945년 9월 초 모스크바로 호출된다. 스탈린은 모스크바 근교에 위치한 별장에서 김일성을 면접하여 2－3시간에 걸쳐 대화를 나눈 결과 소련관계자들에게 "쓸모가 있을 것 같다."라는 말을 했다는 것이다. 한 달 뒤 1945년 10월 14일 김일성은 평양 군중집회에 나타난다.

한반도의 운명에 심각한 영향을 미친 스탈린의 김일성 발탁의 동기와 이유는 알 수 없었으나 추측을 낳게 된다. 김일성이라는 지명도 그리고 소련에 거주하고 있었다는 사실이 유리하게 작용했을 것이라고 보고 있다. 또한 김일성이 충분한 교육을 받지 못했다는 점도 소련 지도자들의 경력에 비추어 결코 부정적으로 작용하지 않았으며 오히려 지식인을 멸시하는 속성에 젖었던 소련 지도자들이 보기에는 장점으로 나타났을 것이라고 추측하고 있다. 김일성이 소련 생활을 하는 동안 접할 수 있었다는 서적은 당시 소련 국내 사정으로 보아 스탈린의 저서뿐이었으니 김일성은 스탈린의 저서를 충분히 읽어 대담에 이용했을 것이고 그로써 스탈린의 결정이 이루어진 것으로 보고 있다.

전후 소련의 위성국가로서의 북한과 기타 동유럽의 국가들

전후 유럽과 아시아는 동서 양대 진영과 중립 진영으로 재편된다. 소련의 위성국가란 소련의 정치, 사회, 문화의 패턴을 그대로 본받고 있으며 소비에트 정치권력에 무조건 충성하고 외교 노선에 맹종하는 즉 소련체제의 강점과 약점을 내포하고 있는 국가들이었다. 중공만은 약간의 자주성을 갖고 있었고 폴란드는 자주성을 획득하려다가 좌절되었다. 북한은 조선민주주의 인민공화국이라는 국호를 갖고 출발한 소련의 위성체제의 하나이다. 북한의 정치적 구조는 다른 위상 국가들과 마찬가지로 똑같으며 다른 위성국가가 그 나라의 특성을 갖고 있는 것과도 같으며 소련과의 주종관계도 같다. 트로츠키의 영속 혁명론을 물리치고 스탈린이 공산주의를 건설한 이래로 흐루시초프에 이르기까지 소련은 다른 나라에 공산주의 혁명을 수출하거나 소련의 제도를 강요하지 않으며 소련은 다른 나라의 주권을 존중하며 내정에 간섭하지 않는다고 선언한다. 2차 대전 후 소련군이 동유럽과 아시아에 공산독재정권이 들어섰을 때도 소련은 이 나라에 진주한 소련군은 이 나라 인민들로 하여금 스스로가 나아갈 길을 자유로이 택하게 했을 뿐이라고 주장하고 있었다.

스탈린은 대 동유럽정책에 다음과 같이 선언한다. "우리들에게는 우리들의 원조를 기다리는 유럽의 노예화된 슬라브 및 그밖에 여러 민족에게 우리들의 의사와 제도를 강요하는 전쟁목적이란 없으며 또한 있을 수도 없다. 우리들의 목적은 히틀러의 압제에 대하여 싸우는 여러 민족의 해방 투쟁을 도와주며 그 후 그들이 완전히 자유롭게 될 대까지 도와주는 것이며 다른 민족의 내부 문제에 대하여 어떤 간섭을 해도 안된다." 1960년대까지 소련군이 진주한 동유럽과 아시아의 역사가 어떻게 변모하였던가를 보면 맹신적인 교조적 공산주의자라도 이런 말을 믿을 사람은 없다. 이런 스탈린의 말은 우선 그 지역의 민족주의적 감정을 장악하고자 하는 것이다. 그리고 얄타협정을 위시한 일련의 국제적 협정과 선전문에는 적어도 표면상으로는 이 나라들의 정치 체제는 그곳 인민들의 자유로운 의사에 결정된다는 것이 예속된다는 만큼 소련은 이것을 존중하는 듯한 외교적 표현이 필요했기 때문이다. 이 나라들의 인민의 자발적 의사에 의한다는 민주화(소련은 공산화를 민주화라고 불렀다.)가 진행되면 될수록 지도층의 그러한 공적 문언(文言)과는 정 반대의 사태들이 체계적으로 발전하고 있었다.

북한은 그 전형적인 하나의 예이다. 인민민주주의를 수행하는 과정은 소련의 이론에 의하면 대체로 두 개의 단계로 인텔리겐자나, 진보적 부르주아적 혁명에 유사한 단계다. 제2단계는 이러한 혁명의 성과를 기반으로 하여 사회주의를 건설하는 프롤레타리아 독재의 단계다. 1948년까지 북한은 대체로 제1단계에 속했고 1949년에 제2단계의 시작으로 된다. 그러나 소련의 위성국화라는 과정에서 볼 때 북한은 3단계로 나누어진다. 조선 공산당이 코민테른의 1지부로서 정식 출발한 것은 1925년이다. 그 안에서 격심한 분파와 내통으로 인하여 당 활동이 마비상태에 빠지자 코민테른이 이것을 1928년 12월에 해산시킨다. 그 후 수차에 걸쳐 공산주의자들이 주도하에 소규모의 파업이 일어난 일이 있으나 결국 1934년 이후 모든 운동을 일본 관헌에 의하여 탄압되고 많은 지도자들이 전향한다. 8.15해방까지 한국의 공산주의는 극히 미미한 비조직 세력으로 남아 있었다. 그러나 1945년 8월 이반 치스차코프 장군이 25만의 육군을 북한에 진주시키자 평양에서는 6월에 서울에서는 9월에 각각 공산당이 재건된다.

그리고 그 세력은 1945년 말에는 전국을 통하여 일만 명에 달한다. 1947년에는 북한에만도 70만으로 확장된다. 1948년에는 73만 9천 명으로 된다. 1960년대에는 약 100만 명으로 되었다. 해방 후에도 공산당의 지도층에는 지하운동자, 대세(大勢)추종자, 이상주의자, 열성분자, 출세주의자, 먹고 살기 위한 당원 등 잡다한 세력이 들어있었다. 소련의 방대한 군사력에 의하여 처음부터 북한에다 공산독재정권을 수립할 수 있었으나 1946년 2월경 반소적이 아닌한 어느 정도의 언론과 집회의 자유를 허용하여 공산당 이외의 정당 활동을 용납하였다. 1945년 11월에는 농민, 소시민, 상공업자, 기독교도를 주요한 구성 요인으로 한 조선 민주당이 결성되었다. 1946년에는 우리나라의 농민혁명의 영예를 지니는 천도교의 청우(靑友)당이 발족한다. 소련의 공산당국은 광범한 인민 세력을 집결한다는 명문에서 이러한 정치 세력들과 공산당을 합작시켜 각도에 인민위원회를 조직하고 이 연합정부기관으로 하여금 소련의 정치프로그램을 수행하게 했다.

1946원 2월 8일 김일성을 수반으로 북조선 임시인민위원회를 조직한다. 북한은 1946년 초 민족주의 지도자 조만식이 신탁통치문제로 소련당국과 충돌하여 연금되었기 때문에 조선 민주당은 무력하였지만 몇몇 기회주의 지도자들은 공산당과의 협조를 믿고 이에 가담한다. 이 연립정부 안에서 비공산주의 정당이나 공산당은 각각 최대 강령을 숨기고 공통적인 최소 강령만을 내세웠다. 비공산주의 장당들은 이러한 공동 강령에 따라 대소친선정책을 쓰면서 민주주의적 정책을 할 수 있다고 소박한 생각을 가졌다. 이러한 연립정부의 기반으로써 동유럽에서는 광범위한 민족 통일전선이 조직된다. 유고슬라비아에서는 민족해방전선, 알바니아에서는 민주전선, 불가리아에서는 조국전선, 북한에서는 1947년 7월 공산당의 제창에 의해 북조선 민주주의 민족통일전선위원회가 결성된다. 당시에는 언론의 자유가 존재하였으나 동 전선내의 사회단체도 선의에서라도 소련의 외교정책을 비판할 수 없었다. 누구나 소련의 목표가 북한에서 공산주의를 건설하고 있다는 것을 말할 수 없었다. 이러한 말은 공산주의자들은 반동분자의 선전이라고 비난한다. 그러한 생각을 표현하는 사람을 인민의 적이라고 규탄한다. 김일성은 북조선 민주주의 민족통일 전선위원회 결성대회에서 "오늘의 새 조선의 민주적 과제는 어떤 한 정당의 힘으로써 완수할 수 있는 것은 결코 아니다. 그것은 민주제(諸)당과 사회단체의 공동 노력과 통일적인 분투에 의해서만 달성할 수 있는 것이다."라고 한다.

그러나 전선을 맹목상의 기반으로 하고 1947년 봄, 김일성을 수반으로 하여 북조선 인민위원회가 수립되었을 때는 이미 공산주의 정당은 공산당의 정책을 순순히 수행하는 무력한 것으로 전락한다. 동유럽의 공산화 제일 단계는 동유럽에서 오래 계속하지 못했다. 헝가리, 체코슬로바키아, 불가리아 제국의 연립정부 내에서 공산당은 수상직은 비공산주의 정당 지도자에게 주었지만 권력의 관권인 경찰과 군대는 비공산주의 정당에게 주지 않았다. 헝가리를 제외한 모든 나라에서는 처음부터 내무상(경찰권)의 지위가 공산당, 또는 동조자에 의하여 장악되었다. 헝가리에서는 공산당이 1945년 11월 총선거에서 대패한 후 내무상의 지위를 소지주당원에게 약속했으나 연합국관리 위원회의 의장이었던 소련의 보로시호프 원수(元帥)는 이 보도에 놀라 그러한 제안에 대하여 거부권을 행사한다. 그리하여 위성국들에서는 내무상이 공산당원이 되게 된다.

그러므로 정치기구는 공산당의 하부 조직화한다. 폴란드와 동독은 제2단계를 거치지 않고 루마니아 불가리아에서는 1945년에, 헝가리에서는 1947년에 이 단계가 끝난다. 그러나 체코슬로바키아에서만은 1948년 쿠데타가 일어날 때가지 제2단계가 계속된다. 북한에서는 조만식이 실각한 후 비공산주의 지도자들은 거의 자립성을 가져본 일이 없다. 사실상 연합단계를 거치지 못했다. 정식적으로 통일선거기구가 존재했던 것이다. 경찰기구와 더불어 공산당이 중요시하는 것은 군의 지배였다. 일제하에 군을 가지지 못했던 북한에서는 공산당에 의하여 군이 조직되었고 폴란드에서도 군은 처음부터 공산당이 지배했다.

그러나 체코슬로바키아는 1948년 쿠데타가 일어날 때까지는 전군이 공산주의 손에 있지 않았다. 패전한 동유럽에서는 휴전 조약에 따라 군대의 재건은 소련이 지배하는 연합국관리위원회의 권한에 있었다. 이것을 계기로 모두 공산당 및 그 동조자들에 점령되었고 비공산계 장교들은 믿을 수 없는 비민주주의 분자라고 서서히 제거되었다. 북한의 볼셰비키화, 동독과 폴란드에서처럼 해방직후부터 제 단계에서 시작되었다.

통일전선 내의 각 정당 및 사회단체들의 대표들은 당과 단체에서 선출되는 것이 아니라 공산당이 제2단계에서는 거의 말살되었다. 그러나 동유럽의 몇 개 국가에서는 비공산주의 정당들이 공산당 검열하에서도 기관지를 발행했다.

이 제2단계는 가장된 연합통일의 단계였다. 이때에 조선민주당과 청우당의 간부들 중 반항적인 사람들은 북한을 탈출하거나 지하로 들어가지 않으면 안되었다. 나약하고 기회주의적인 간부만이 매수, 위협, 출세욕에 이겨내지 못하고 전선의 무대에서 공산당의 정치 각본을 실현했다. 그러나 평당원들은 당 의식을 가지고 서로 동지적으로 내통하고 있었으며 반대파로 자처하고 있었다. 북한에서 제2단계가 끝난 것은 1946년 말이다. 루마니아, 불가리아, 폴란드에서는 1947년 가을에 제2단계가 끝난다. 체코슬로바키아에서는 1948년 2월에 쿠데타에 의하여 제2단계를 거치지 않고 제1단계에서 제2단계로 간다. 제 3단계는 공산당의 강력한 전체주의적 단일적 통제가 확립되는 시기다. 통일전선은 이름뿐이었다. 사실은 계층제도와 중앙집권화한 규율과 조직체계를 가진 공산주의 전선에 불과했다.

공산당은 국가의 모든 진로와 정책을 결정할 뿐 아니라 비공산주의 정당의 강령과 조직에 관여했다. 의회는 반대파란 존재할 수 없었다. 비공산주의자들은 언론, 출판, 결사의 자유는 물론 침묵의 자유조차도 가질 수 없었다. 북한에서 이 단계가 시작한 것은 1947년 2월에 북조선 임시인민위원회가 북조선 인민위원회로 바뀌어 합법정부 형식을 취하던 시기였다. 북조선 인민위원회의 출현은 권력 통치의 기반이 확고히 수립됨을 의미하는 것이었다. 제2단계에서도 복수정당이 있었지만 철저한 일당 독재였다. 나치의 침략을 받을 때까지도 독립국가로 존속했고 정당의 조직을 가졌던 동유럽 제국에서는 이 시기에 반대당과 자주세력에 대한 숙청이 일어났다. 마니우와 페트코프는 반역죄로 재판을 받았고 폴란드의 부수상 미코라이지크는 추방당한다.

공산당과의 합당을 반대한 헝가리의 사회민주당 내에서도 일대 숙청이 일어난다(1948년 4월). 그러나 그 중에서도 가장 비극적인 사건은 체코슬로바키아의 베네슈 대통령과 마사리크 외상의 의문의 사망이다. 동유럽에서는 통일노동당원들이 나타나는데 이것은 비공산주의 노동운동과 농민운동을 공산당으로 흡수하여 그 세력을 강화하려는 조치였다. 북한에서는 1946년 8월 북조선공산당과 신민당이 합당하여 북조선노동당을 만들었다. 이렇게 통합이 시기적으로 빨랐다는 것은 한국에서는 자주적 민주적 사회주의 운동이 없었다는 것을 말한다. 북한에서는 제2단계와 제3단계가 동시에 진행된다.

이와 같은 권력 장악의 관계를 통하여 공산주의자들은 북한에 1952년 말까지 그들의 국내파, 소련파, 연안파 할 것 없이 국내의 반동세력과 외래의 제국주의를 타도하는데 단합한다. 북한의 건설과 남한의 파괴라는 분업을 통하여 한국의 공산주의적 통일을 획책한다. 그러나 그들이 북한을 지배하는 힘은 조선의 인민의 힘이 아니고 군사력을 배경으로 하여 그들은 자체의 권력을 공고하게 했다. 그리고 그 권력을 통하여 소련의 모형에 따라 대담한 사회정책과 경제 계획을 단행한다. 1946년 3월의 토지개혁령과 그 해 8월에 중요산업 국유화령 및 노동법령 그리고 1949년에 시작한 인민경제 2개년 계획은 공산주의 건설의 초석에 불과한 것이었다. 1957년부터 시작한 제1차 5개년 계획 그리고 1957년에 완성단계에 들어간 농촌협동화(집단화)정책은 북한의 사회를 근본적으로 소련사회의 모사판으로 만들고 있었다. 북한의 사회는 동유럽의 위성국가들과는 본질이나 형태에 있어서 하등의 차이가 없고 동유럽은 소련과 하등의 차이가 없었다. 이러한 결과가 나타나는 북한의 공산정권이 자력에 의한 정립된 것이 아니라 소련의 군사력에 의하여 하나의 기성품으로써 수여된 때문이었다. 소련과 공산당은 이러한 체제는 인민의 자유의사에 의하여 선택된 것이라고 강변했다. 또한 비공산세계의 동조자들도 고의로 혹은 무지에서 인민민주주의가 진보적인 민주주의라는 점의 논증을 들고 북한이나 동유럽의 자발성을 지지하고 독재주의를 부인하고 있다.

그러나 헝가리의 스탈린주의자, 아코시는 인민민주주의의 성격을 다음과 같이 말했다. “인민민주주의란 소련군의 승리에 입각하면서 노동계급의 지도하에 근로인민이 소련군의 원조에 의하여 수립된 자본주의에서 사회주의로 이행하는 국가이다. 인민민주주의란 소비에트식 형태를 취하지 않는 프롤레타리아 독재다.” 코민테른의 의장이었던 디미트로프는 소비에트 인민민주주의와는 하나의 같은 정치제도의 두 가지 형태이다. 두 개가 다 프롤레타리아 독재에 기초를 두고 있다고 말했다. 만일 이 국제공산주의 지도자들의 말은 북한의 헌법이 명문화하지 않았으며 북한의 인민민주주의 역시 프롤레타리아의 독재다. 북한의 정권을 인민위원회라고 부르는 인민회의(1955년 3월 도, 시, 군, 리 인민위원회를 이렇게 개칭한다)라고 부르던, 소비에트라고 부르던, 그 내용은 차이가 없다. 그러나 이것은 어디까지나 소련의 정치체제가 프롤레타리아 독재라는 것과 마찬가지 의미에서 프롤레타리아 독재인 것이다. 그것은 프롤레타리아의 이름에서 하는 공산당(조선 노동당)의 독재다. 당을 지배하는 당 간부의 독재이며 당 간부를 지배하는 김일성의 독재인 것이었다.

김일성 정권은 소비에트 정권의 사실상의 사본이었다. 북한이 건설하는 사회주의라는 뜻에서 같은 것이다. 북한이 소련을 모사하는 것에 있어서 소련이 제정러시아로부터 유전 받은 전제주의적 수법과 스탈린식 획일주의를 그대로 재현시켜왔다. 스탈린의 개인 종교는 김일성의 숭배로 바뀌었다. 세계의 진보적 위대한 스승이란 말은 북한에서는 '우리 민족의 위대한 지도자, 경애는 수령'으로 바뀌었을 따름이다. 독재자의 영예를 찬미하는 것이다. 북한이 노동자와 농민의 나라라는 것은 소련이 주장하는 것과 같다. 노동자의 사회적 지위와 노동조합과 휴양소, 사회 보장제는 크게 논의됐지만 노동자의 무기인 파업권은 인정되지 않고 있었다. 소련에서와 마찬가지로 노동조합은 그 고용주(정부)에 대하여 노동자의 권익을 대표하기 위한 기관이 아니다. 생산에 있어서 사회주의적 경쟁제도는 엄격한 노동규율, 노동영웅칭호 등 모두가 소련의 제도 그대로다. 1946년 3월 토지개혁에 의하여 북한에서 농토를 사유지로서 분배받았던 농민들 중 10년 후에 북한의 농가의 95.6%, 경지면적의 94,0%가 순 소비에트형 집단농장으로 변형할 것을 예측한 사람은 거의 없었다. 집단화의 3단계적 발전형태는 농기임경소(농기구, 트랙터, 기계를 빌려주는)제도, 이에 설치된 정치파견대제도 등은 소비에트의 콜호즈(집단 농장)의 모방이다. 권력 투쟁의 생리와 심리도 또한 소비에트의 그것과 같다.

해방 후 북한공산당은 대체로 박헌영 중심의 국내파, 김일성 중심의 소련파. 김두봉, 최창익 중심의 연안파로 분류되었다. 이 3파는 북한에서 민족주의 내지는 민주주의 세력의 성장을 반동이라고 하여 말살하는데 단합한다. 1953년에는 소련파와 연안파가 합작하여 국내파를 제국주의의 간첩이라고 하여 처단한다. 국내파도 거세해버린다. 그리하여 김두봉은 최고 인민위원회 상임위원회 의장(대통령직)에서 쫓겨난다. 최창익 등 간부들은 모두 당과 요직에서 밀려난다.

이것은 10월 혁명 후 레닌, 트로츠키, 스탈린, 부하린, 지노비예프 등 모든 볼셰비키들이 사회혁명당, 민셰비키를 타도하는데 단합하였다가 이들이 말살된 후 스탈린은 지노비예프, 가메네프와 합작하여 강적 트로츠키를 매장하고 트로츠키가 실각하자 부하린, 류코프, 톰스키를 규합하여 지노비예프, 카메네프를 제거하고 마지막에는 부하린, 류코프, 톰스키를 처치하고 일인 독재제를 구축한다. 이 방법은 헝거리의 내무상, 라졸로 라즈카가 반대파를 제거하는 수법을 따른 것이다.

라즈코프는 다음과 같이 말하고 있었다. "레닌으로부터 배워라. 만일 동무에게 5명의 적이 있다면 우선 그들과 동맹을 하여야 한다. 그리고 그 중에서 4명을 선동하여

5번째의 적과 싸움을 붙이고 다음에는 3명을 선동하여 4번째의 적과 싸움을 하도록 손을 써라. 동맹 안에서 단 한 명의 적이 남을 때까지 이 수법을 계속하라. 그러면 동무는 이 마지막 적은 자신이 처리하여 동맹으로부터 쫓아낼 수가 있다." 이러한 법은 동유럽 전역에서 사용되었다. 소비에트의 방법은 모든 집회에서 하는 만장일치의 결정 방식, 비밀정치경찰제도, 대중 동원, 강제노동, 납치, 자유 없는 선거제도를 유지하기 위한 투쟁, 대규모의 계획, 상호밀고 제도로 되었다.

공산주의 문화정책에 있어서 사회주의란 말은 소비에트 중심적이란 말로 바꾸면 북한의 소위 민족문화를 본질적으로 이해할 수 있다. 북한에 있어서 마르크스-레닌주의만이 모든 진리의 원칙이었다. 북한의 통일정책은 곧 소련의 반미정책의 일단이며 북한의 모든 의사는 곧 소련의 의사였다. 한 정권은 조선 인민을 대표하는 것이 아니라 소련을 대표하는 것이었다. 해방 후 15년 동안 성장한 북한의 사회적 정치적 체제용은 소련의 강점과 약점 장점과 단점을 그대로 지니고 있는 전체주의적 독재체제였다. 북한은 소련의 다른 위성국가들이 가지고 있지 않은 특수성을 갖고 있다. 그것은 북한의 고유한 지정학적 조건과 그것이 차지하고 있는 국제정치상의 위치에서 오는 것이다.

전후 한국은 불행하게도 미소의 권력 투쟁의 초점이 되었다. 38선을 두고 양 대국 진영의 냉전이 이곳에서 가장 첨예화되어 왔다. 작은 한반도가 차지하는 군사적 가치나 경제적 가치 여하는 별문제로 하고 미국이 지원하는 한국과 대치하고 있는 북한은 정치 심리적으로 주요한 의미를 갖고 있다. 한국은 양대 진영의 발발지점이 되어 오고 있다. 6. 25의 침략을 유엔군이 막지 못했다면 미국의 위신은 말할 것도 없고 유엔 안전보장정책도 위기에 있었을 것이다. 북한이 국경을 중국 및 소련과 더불어 접하고 있다는 것도 국방상 중요하다.

한반도와 일본과의 지정학적 위치는 더욱 중요하다. 그것은 일본도 공산진영으로 끌어들일 가능성을 제공하고 있기 때문이다. 극동의 심장을 공산화한다면 전 동남아시아의 장악도 시간상의 문제로 이것은 세계 공산화로 가게 되는 위험을 안고 있다.

소련의 위성국 중에서 북한은 지정학적 가치를 갖고 있다. 소련군이 진주했던 위성국가가운데서 북한만이 유독 식민지였던 나라이다. 다른 위성국들은 모두가 독립 국가들이었다. 따라서 이들 국가들은 통치의 경험과 정당 조직을 갖고 있었다. 북한은 이런 것들을 갖고 있지 않았기 때문에 소련의 예속화에 개인적인 불만과 민족적 불만은 있었어도 반항 세력은 존재하지 못했다. 동독은 노동자 봉기, 폴란드의 보즈난 폭동, 헝가리의 11월 혁명 같은 레지스탕스 운동이 일어날 수가 없었다. 동유럽의 공산정권 내부에 티토의 영향을 받아 크렘린의 지배로부터 이탈하려는 민족 공산주의 편향이 발생한다. 동유럽 국가들에서는 1945년 당의 대숙청이 전개되었다. 티토와 내통했다는 죄목으로 알바니아의 코치조오게 내상, 헝가리의 내상, 리졸로 라즈코, 불가리아의 부수상, 타라이쵸 코스토프 등이 교수형에 처했다. 북한의 소련 위성국화는 평탄하게 진행되었다. 북한에서는 소련을 괴롭히고 있었던 민족문제가 전혀 일어나지 않았다. 전력(電力)과 광공업의 자원을 북한은 풍부히 갖고 있는 조건이 소비에트화 하는데 속도를 가했다.

북한에 있어서 소련과 중국은 국경을 접하고 있을 뿐 아니라 소련에 의해서는 일제 강점기로부터 해방을 하는 데 도움을 주었고 중국 북한이 남한을 남침했을 때 유엔군으로부터 구출에 군사적 도움을 주었다는 데에서 북한은 이 양대 국가에게 동등한 군사적, 정치적 발언권을 주었다. 따라서 공산권의 패권을 장악하기 위한 중국 소련 간에 전쟁이 벌어질 때에는 북한은 중소의 세력 각축장으로 화할 가능성을 내포하고 있다.

소비에트 국제법 학설과 한국 전쟁의 국제 연합국의 지원문제

1917년 볼셰비키혁명 직후 소련정부는 러시아 전쟁 및 과도정부 시대에 체결된 러시아에 부담이 되는 조약을 일방적으로 폐기했다. 그리고 자본주의체제에 입각한 것이라고 생각되는 전통적인 국제법 전체를 송두리째 제거하려고 했다. 그러나 소련 내에서나 국제사회에서도 온전히 고립할 수 없다는 생각에 전통 국제법을 인정하지 않을 수가 없었다. 그러나 소련이 전통 국제법을 전부 받아들인 것은 아니다. 사회주의 체제에서는 정책에 부합한 부분만을 취하고 이에 독특한 이론을 세워 종래의 국제법 규칙이 소련의 정책에 불리할 경우 이를 부당하게 여겨 이에 응하는 이론을 취했다.

이와 같이 소련의 국제법 학설은 원칙적으로 소련의 정책이 뒷받침의 역할을 하는 데 불과한 것이었다. 또 이 원칙적인 궤도에서 이탈하는 자는 소련의 학자로서 그의 지위를 보전할 수 없는 것이었다. 제2차 대전 전 소련 국제법에 관한 단행본이라던가 전후에 발표된 소련 국제법 학자들의 개별적 문제에 관한 많은 논설에 소련 국제법학설이 고유한 체계를 세우기 어렵다는 것은 소련의 국제관계에서의 태도가 종래의 국제관계의 관습에서 벗어나지 못했다는 것이다. 그 증거로써는 소련과 위성국가 사이의 관계를 규율하는 것이 전통적 국제법의 중추적인 부분을 이루고 있었다. 법은 고유한 존립성을 가지고 고유한 가치에 기반을 두고 있다. 이 법의 고유한 존립성과 가치가 일부 국가의 행동에 의하여 정당화되는 것이므로 어떤 이론에 의하여 전복될 수 없는 것이다. 따라서 전통적 국제법을 완전히 제거하려고 했던 소련은 전통법을 인정하지 않을 수 없게 되었고 동시에 소련 이론가들도 전통 국제법 이론에 접근할 수밖에 없었다. 과거 러시아의 법은 경시되었고 법은 정치적 경제적 성과를 견고히 하는 수단에 불과한 것으로 보아왔다. 1950년대부터 소련은 법 이론가를 양성하고 법과대학을 충실히 했다. 소련의 국제법 학자들이 마르크스주의에 의거하여 국제법을 어떤 경제체계의 상부 구조에 불과하다는 근본 이론을 주장하고 나왔다. 이로써 이론이 정연한 체계를 세우지 못하고 근본 이론을 포기하게 되었다.

소련정책의 옹호

각국의 국제법 학자들은 소속 국가의 정책을 옹호하는 것이 일반적인 경향이다. 그러나 소련의 국제법 학자들과 자본주의 국가의 국제법 이론가들 사이에는 차이를 보이고 있었다. 자본주의 국가에서 합법성이 부정되거나 의문시될 때 이를 합법화하려는 이론이 그 국가의 학자들로부터 제기되는가 하면 그 이론을 비판 평가하는 것이 통례이다. 1955년 미국의 비키니 섬에서 수소탄 실험문제에 관하여 이를 합법으로 보려는 미국국제법 이론가가 있는가하면 이 실험은 국제법상 확립된 공해(公海)의 자유의 원칙에 반한다고 주장하는 미국 학자도 있었다.

이러한 이론이 나타난 것은 1956년 미국 대통령 선거전의 문제로 핵무기 실험금지 문제가 동장하기 전이었다. 이에 대하여 소련의 대외정책은 그것이 현행 국제법에 위반된 것이라도 이는 모든 국제법학자들에 의하여 비판되는 일이 거의 없는 것이었다.

예를 들면 소련은 1926년 4월 15일의 명령에 의하여 북극지대로서 소련 영역에 면하고 있는 해양도(海洋島)를 소련에 편입했다. 이는 국제법규에 반한 것이었으나 소련은 소위 섹터 이론(The Secter Theory)에 의하여 정당화하고 있었으며 이에 공공연하게 반대하는 사람은 없었다. 2차 대전 후 여러 나라의 관심을 끌고 있는 남극지대에 있어서도 소련은 경쟁국에 뒤떨어지지 않으려고 포경대를 파견하는가 하면 1950

년 6월 7일 미국, 영국, 오스트랄리아, 프랑스, 뉴질랜드, 아르헨티나, 칠레 등에 각서를 보내 소련을 제외한 남극지대 처리는 소련에 의하여 인정될 수 있다는 것을 주장하고 있었다. 이러한 소련의 정책을 지지하기 위하여 소련의 학자들은 소련에 아무런 발언권을 허용하지 않을 섹터론을 남극지대에는 적용하지 않고 이 지대는 1820년 1월 28일 러시아인에 의하여 비로소 발견되었다는 사실을 듣고 있다. 그러나 발견 후 적당한 시일 내에 유효한 점령이 없는 한 발견 자체가 어떤 법적 효과도 부여할 수 없다는 것을 지적하는 소련학자는 없었다.

한국 전쟁과 소련의 국제법학자들의 주장

소련의 국제법학자들은 소련 및 위성국가의 행동과 소위 부르주아 국가들의 행동을 국제법에 입각하여 검토하는 공정성을 몰각하고 있었다. 즉 어떤 부류의 행동이 소련에 의하여 취해졌느냐 또는 부르주아 국가에 취했느냐에 따라서 이를 측정하는 것이 달라진다는 것이었다. 소련 학자들의 공격 대상이 되는 것이 주로 미국으로 1950년 6월 25일 한국전쟁에 있어 미국이 한국을 원조한 것은 소련학자들에 의하면 침략이며 내정간섭이라는 것이었다. 그러나 한국전쟁 전에 적어도 형식적으로 북한을 소련이 독립국가로 승인하였음으로 소련학자들이 공정한 입장에서라면 한국이 독립국가로서의 위치를 당연히 인정하여야 하는 것이 옳았다. 한국 전쟁에 한국의 통일을 원조하기 위한 국제연합위원단이 한국에 주둔하고 있었다는 사실 그리고 미국 및 기타 국가들의 한국에 출병은 안전보장이사회의 결정에 입각하였다. 사실은 침략 의도에서 나온 것이 아니라는 것을 소련 국제법 학자들은 고의로 왜곡하고 미국의 출병을 간섭 침략으로 주장하고 있었다. 그리고 한국전쟁에 중공군의 투입은 어떻게 설명하여야 하는 것이냐가 문제다.

국제법에 위반되는 중공군의 투입

국제법에 의하면 중공군의 한국전쟁에 병력투입은 중공 정부의 전쟁 참전이며 침략자를 원조한 것으로써 국제법에 위반하는 행동이었다. 그러나 소련 학자들은 어디까지나 중공군의 전쟁 참전을 의용군으로 보고 중공정부의 참전을 부인해 왔다. 그러나 의용군이란 개개인이 개별적으로 자유의사에 의하여 외국에 전쟁에 참가하는 것을 말할 때 중공과 같이 개인의 출국이 극도로 제한된 정치하에서 정규군에 속한자가 편대를 지어 외국에 참전하는 것을 의용군으로 본다는 것은 소련이나 그 위성국가의 학자들에 의하여 조작된 학설이었다. 이러한 종류의 입장은 소련 국제법학설에서 얼마든지 볼 수 있다. 1939년 폴란드의 소련 침입, 핀란드의 공격, 1940년 발터 3개국의 소련의 합병은 소련 학자들의 비난의 대상이 되지 않았다.

이와 같이 소련의 국제법학자들은 학설에 대하여 규칙을 지키지 않는다는 증명을 해주고 있다. 서구의 저명한 국제법학자들은 개별적인 문제에 있어서 그의 학설을 변경하는 예도 있으며 때로는 그 근본 이론을 수정하는 것을 볼 수도 있다. 그러나 그의 학설은 변경하지 않는 한 그 학설이 적용될 구체적 문제에 따라 이를 변경하지는 않다는 것은 학자의 생명같이 생각하고 있는 것이 보편적이다. 그러나 이러한 것은 소련의 국제법학자에게는 적용되지 않고 있다.

예를 들어 국제사법법원은 국제연합총회의 요청으로 국제연합에 가입문제에 관해 권고하는 의견을 1950년 3월 3일에 결정했는데 그 내용은 국제연합가입에 관하여 안전보장이사회에서 5대 강국의 거부권으로 인해 이사회의 건의가 없을 때에는 총회는 어떤 국가의 가입이나 결정할 수 없다는 것이었다. 이 권고하는 의견은 소련학자의 찬양을 받았다. 소련학자는 종래의 입장에서 벗어나고 있었던 것이다. 국제연합의 소련의 대표자나 소련의 학자들에 의하면 국제연합의 해석에 관하여 총회나 안전보장이사회는 국제법 법원의 권고하는 의견을 요청할 수도 없으며 또 이 법원이 권고하는 의견을 줄 수도 없다는 것이었다. 이러한 견해에 따르면 1950년 3월 3일의 권고적 의견은 그 내용 여하를 막론하고 위헌으로 보고 있다.

회고적 경향과 민족주의

볼셰비키혁명 후 소비에트정부가 성립되자 정부는 종전의 러시아의 모든 국제적 의무에서 벗어난다는 것을 표명하였다. 국제법 학자들은 이를 정당화하기 위하여 이론을 세웠다. 즉 혁명에 의하여 국가 구조의 변경이 이루어진다. 부르주아 정부에서 프롤레타리아 정부로 변경되는데 이러한 변경에도 불구하고 국가의 동일성은 지속된다는 국제법의 원칙은 적용되지 않는다는 것이었다. 따라서 소련은 위정자나 국제법학자들에게 의하면 소비에트정부하의 러시아는 과거 러시아와는 완전히 절연한 새로운 국가인 것이었다. 또 소련의 인민은 과거의 이데올로기 가치관을 완전히 버리고 새로운 것을 취할 것을 요구했다. 제2차 대전 후 소련의 국제법학설에는 러시아 국민의 전통적인 정의 용감성, 우수성을 과시하는 경향이 현저하였다. 대전 후 소련이 미국과 세계적 강국이 되었으나 미국에 비하여 생활수준, 문명수준 기타 많은 점에서 미국 국민에 뒤떨어져 있었다. 여기서 오는 열등감을 극복하기 위해 새로운 방향이 요구되었다. 2차 대전을 이용하여 소련은 많은 위성국가를 만들었다. 이 국가들의 뿌리 깊은 민족주의를 무시할 수 없었으므로 소련은 이를 찬양함으로써 그들을 회유하는 데 노력했다. 러시아는 중세 초기부터 국제무대에서 일류 국가의 지위를 차지하여 왔다. 18세기는 국력이 증가되고 국제관계에 있어서 성공한 것은 경제의 발전과 병력의 우수성에 기인했다.

러시아는 또 18세기에 슬라브 민족 및 발칸 민족의 노예화를 방지하였고 그들의 해방을 위해 용감히 노력했다. 그러나 13세기부터 15세기까지 러시아는 타민족의 노예국가에 지나지 않았다. 그러나 19세기 말 폴란드의 분할은 러시아가 민족 해방을 운운하는 것과는 배리되는 것이었다. 국제법규에 의하여 소련의 권리를 옹호할 수 있는 경우에도 소련국제법학자는 권리의 정당성을 역사적으로 증명하려고 하는 경우가 있었다. 천도열도에 대한 소련의 영역 주권을 주장하는 것은 러시아가 17세기에 러시아인이 최초로 있었고, 17세기의 70년대에 이미 러시아 지리지에 남화태(南樺太)에 대한 일본의 주권을 인정한 1905년의 강화조약은 모두 효력을 인정할 수 없는 것이었다.

이와 같이 소련의 국제법학자는 러시아국민, 군대의 전통적인 정의에 입각한 행위, 용감성 등을 내세우는 반면 그들의 최대 강적인 미국 국민을 경멸하는 경향을 가져왔다. 1950년 한국전쟁에서 소련의 국제법 학자들은 미군이 세균학적 전투방법을 사용하였다는 소련의 선전을 진부의 관계없이 지지하면서 다음과 같이 말하고 있다. "미국이 참전한 144개 전쟁의 대부분에 있어서 비인도적 및 종족 멸종을 목표로 한 전투를 행하였다." 러시아 국제법 학자는 주권 이론에 있어서 러시아 학자가 구미 학자들보다 앞서 있다고 주장하고 있는데 프랑스학자인 보뎅은 1576년에 지은 그의 저서 〈공화국〉에서 처음으로 주권이란 말을 사용하고 그 개념을 규정하기 전에 이미 러시아 학자 조세프 싸닌이 1515년에 쓴 저서 〈목사〉에서 주권의 개념을 명백히 하였다.

소련의 국제법학자는 루소의 인민주권은 소부르주아(뿌띠 부르주아)적이라고 하는 반면 루소의 학설에 따른 18세기 러시아 학자 라기쉬체프의 학설(군주주의 부인, 인민주권, 전제에 대한 혁명의 정당성)은 찬양하고 있다. 소련의 학자들은 그들이 주장하는 주권을 정당하다고 옹호하고 있었으며 부르주아 학자들은 미국 등의 제국주의적 정책을 지지하기 위하여 주권 개념을 파괴하려고 하는데 그들이 주장하는 주권이란 이미 헤겔(1770－1831)에 의하여 주장된 절대주권론에 가까운 것에 불과했다.

전통 국제학설에 접근

소련의 국제법학자들은 마르크스주의, 프롤레타리아 독재 등의 소련 및 사회질서의 이데올로기적 기초에서 떠날 수 없었다. 소련의 국제법학계의 석학인 코로빈(X.A Korovim)은 제2차 대전 전 저서에서 국제법도 법 일반과 같이 국가의 조직과 밀접하게 관련되어 있었다.

따라서 오랫동안 봉건 및 부르주아 사회의 특권계급의 독점물이었다는 것이다. 이러한 국제법이 프롤레타리아의 독재적인 소련에 그대로 수락될 수 없었다고 하고 있다. 그러나 자본주의 국가와 사회주의 국가인 소련이 공존하는 한 상호간의 불가피한 교통을 규율할 국제법 규칙이 필요한 것이며 이러한 규칙 전체를 코로빈은 과도기 국제법이란 자본주의 국가들 내에서 프롤레타리아 혁명이 일어날 때까지의 과도기적인 것일 뿐만 아니라 그 범위에 있어서도 극히 국한된다는 것이었다.

왜냐하면 코로빈에 의하면 국제법의 기초가 되는 것은 지적 요구 및 경제적 이해관계 요구로 총괄할 수 있는 국민의 사생활 현상인데 자본주의 국가와 사회주의 국가 사이에는 극히 국한된 부분에 있어서만 지적 요구와 경제적 이해관계가 부합하기 때문이라는 것이다. 제2차 대전 후에도 소련과 자본주의 국가 사이를 규율하는 과도기 국제법에 관한 코로빈의 견해에는 본질적 변화는 없었다. 대전 후 새로운 현상은 소련의 위성 국가들이 새로 생겨났다는 것이다.

소련과 위성국가 관계에 있어서는 코로빈에 의하면 진보적인 규칙과 민주주의적(소련 학자에 의하면 소련 진영의 국가는 진보적 민주주의라는 것이다.) 그들의 협력을 실현하는 형식의 하나라는 것이다. 코헤니코프(F, L Kohenikov)는 더 명료하게 국제법을 세 가지로 분류하고 있다. 즉 부르주아적 국제법, 사회주의 국제법, 일반 국제법인데 이는 부르주아국 간에 타당한 전통국제법, 소련 및 그의 위성국가 사이에 적용되는 새로운 국제법(과도기적 국제법)을 의미한다. 코로빈 및 코헤니코프가 이와 같이 국제법을 분류한 것은 실제에 있어서는 소련이 자국의 이해관계에 따라 전통 국제법에 포함된 규칙을 선택하겠다는 정책에 순응한 것인데 이론적으로는 이 분류의 토대를 법의 상부구조에 두고 있다. 마르크스주의에 의하면 국제법을 포함한 모든 법은 관계사회 및 국가의 경제 구조에 의하여 성격이 결정되는 것이다.

따라서 자본주의 경제의 소련학자들의 이와 같은 상부구조설 또는 법의 계급성 즉 법은 관계사회의 경제 구조에 있어서 지배 계급에 있는 자들의 독점물이라는 것을 일관시키려면 다음과 같은 것이 요구된다. 고대, 중세 및 근대에 경제 구조가 변경됨에 따라 성격을 달리하는 국제법이 존재한다는 것을 증명하여야 하는 것을 의미한다. 소련 국제법 학자들은 노예제도에 입각한 고대로부터 농노지도에 입각한 중세봉건시대를 거쳐 임금노동제도에 입각한 현대에 이르기까지 사회 및 국가의 경제 구조의 변경에 따라 국제법이 어떠한 변천을 해왔다는데 대해서는 아무런 언급이 없다. 부르주아 국제법과 사회주의 국제법과의 차이에 관해서는 사회주의 국제법이 진보적이며 두 국제법 간의 차이에 대한 명확한 설명을 언급하지 않고 있다.

코헤니코프는 사회주의 국제법의 새로운 제도로써 국가 간의 혼합법의 수립, 상호원조조약을 들고 있다. 이러한 것은 그들이 말하는 부르주아 국제법에서 볼 수 있다. 과도기 국제법은 어떤 경제구조에 입각한 것인가에 대해서 코로빈과 코헤네코프는 국제법은 사회주의 및 자본주의 양 구조에 입각한다고 하고 있다. 이 과도기 국제법이 마르크스주의에 부합한 것인가에 대해서 코로빈은 그렇지 않다고 밝히고 있다.

부르주아를 타도하려고 프롤레타리아가 가진 무기는 과도기 국제법이 동시에 프롤레타리아를 위협하여 착취하는 부르주아의 무기가 될 수 있느냐에 대해서는 코로빈은 과도기 국제법은 양 경제구조의 유사한 점을 표현한 것이나 이 국제법에 의하여 부르주아 계급과 프롤레타리아 계급이 달성하려는 목적은 판이하다고 한다. 코로빈은 상부구조설인 법의 기본 문제에서 법을 준수하는 개별적 동기 및 정치적 문제로 경사하고 있다. 그는 이러한 이론 전개에 소위 과도기 국제법이 자본주의 국가에 유용한 기능을 하지 못하게 되었고 이에 대해 소련의 법학자인 쉴샤로프(M. Shurshalov)가 반론을 제기하고 있다.

과도기 국제법이란 그 내용에서는 전통국제법(코헤니코프의 부르주아 국제법)으로서 소련에 받아들여진다. 국제법을 소련 학자들은 법의 상부구조설에 의하여 설명하려고 했으나 정연한 이론을 설정하지 못하고 있다. 쉴샤로프는 코로빈에 대해 국제법

상부구조 운운은 무의미하며 무익하다고 주장한다. 소련의 국제법 학자들의 합작으로 편집된 소련의 국제교본의 근본 규칙인((Pacta Sunt Servanda) 약속은 지켜져야 한다는 것이다. 소련의 국제법학자들이 국제법의 실질적 기반(정치적, 경제적, 사회적 이해관계, 이념 공통성 등)뿐 아니라 구미학자들과 같이 형식적 기반도 인정한다는 것을 증명하고 있다. 국제법 이론의 기본 문제인 국제법과 국내법과의 관계, 국제법의 연계(淵係)문제에 있어서도 소련 국제법 학설은 전통 국제법 학설에 접근하고 있다. 소련은 국제주권을 완강히 고집하여 소련 학설은 절대 주권론에 가까운 것을 주장하고 있다. 비신스키(A. Ya Vyshinski)에 의하면 주권이란 국가 권력이 국내 국외에 있어서 어떤 타 권력에도 복종하지 않는 독립성을 말하는 것이며 이는 국제법에 대해서도 타당하다는 것이다. 만약 이 견해에 의하면 국가는 국제법에도 복종할 필요가 없으며 국제법의 법적 성격의 부인론, 국내법 우위론에 귀착하게 된다. 코로빈은 과도기 국제법 성격을 명백히 부인하지는 않았으나 결국 그러한 결론을 인정하고 있다.

과도기 국제법에 있어서 부르주아 국가와 사회주의 국가는 각각 그 자체의 노선을 따르고 있다. 이것은 소련이 어떤 국제법 규칙을 인정하더라도 소련의 노선에 변경이 있을 때에는 소련은 일반적으로 국제법을 폐기할 수 있다는 것을 시사하고 있다. 그러나 이러한 국제법의 법적 성격의 부인은 국제적 고립을 초래할 수 있다.

소련의 국제법의 법적 성격의 부인은 국내법의 우위론에 대해 소련의 크릴로프(S.R Krylov)는 다음과 같이 밝히고 있었다. "국제법의 현행 규칙(특히 관계국가에 의해 명백히 수락된 조약 규칙)은 국가의 국내법규와 상충한다 하더라도 폐기될 수는 없으며 폐기될 수 있다면 국제법의 법적 성격의 부인을 의미하게 될 것이다. 또 국제법의 법적 성격을 긍정하며 국내법 우위론을 취하는 전통국제법 이론의 경향에 부합하는 것이다." 국제법의 연원(淵源)에 있어 제2차 대전에 코로빈과 다슈카니의 저서에 의하면 국제조약과 국제관습만 국제법의 연원으로 설명되고 있다.

에브게니예프(V.V. Evgenyev)와 크릴로프는 국제법의 연원으로서 법의 일반 원칙도 들고 있다. 법의 일반 원칙이 국제법의 연원이 될 수 있느냐 하는 것은 전통 국제법 학설에 있어서도 특히 1920년 상설국제 사(司)법원 규정에 이 법원의 재판 규준의 하나로서 법의 일반규칙이 채택된 후 논쟁의 대상이 되었다. 이것을 국제법 연원으로 인정하려는 경향이 되었다. 법의 일반 원칙이라는 것은 국제사회를 구성하는 모든 국가 국민에 공통된 법 확신을 표현한 것이다. 법 확신에 입각한 원칙 없이는 국제법의 존립은 불가능하다. 소련의 국제법 학설이 이 원칙을 인정하였다. 그것은 사회주의가 국가와 국민과 자본주의 국가 국민 사이에도 공통된 법 확신이 있다는 것을 시인한 것이기 때문이다.

이리하여 전통적인 국제법학설에 대한 도전에도 불구하고 소련 국제법학설은 인간성에 뿌리를 박은 법의 고유한 존립을 승인할 수밖에 없었다. 이것은 독립 국가의 국제사회에서 국제법의 본질적 변경은 소련의 힘으로는 불가능하다는 것을 말하는 것이었다.

제31장
미 · 소의 냉전과 6. 25전쟁

북한의 남한 침공

1950년 6월 25일 한국에서 일어난 전쟁은 누가 시작했느냐에 대한 문제는 여러 견해가 있었다. 남한의 북진 개전론은 이미 근거가 없는 주장임이 밝혀졌다. 1975년 6월 25일자 프랑스 신문 르몽드(Le Monde)지에 사회주의 학자가 기고한 '한국전쟁의 시발'에 관한 기사에서 그는 이승만이 북진통일을 주장했기 때문에 한국전쟁은 남한이 선전포고를 한 것이나 마찬가지라는 객관적인 증거에서라기보다 감상적인 판단에서 주장하고 있었다.

이와 같은 감상적인 견해는 유럽에서 문제를 제기하는 사람들이 있었다. 그러나 이 문제는 김영삼 대통령이 1994년 6월 모스크바를 방문했을 당시 옐친 러시아 대통령으로부터 전해 받은 방대한 양의 6.25비밀문서에 의하여 문제가 풀렸다. 6.25개전 결정은 스탈린, 모택동, 김일성 3자가 합의에 의해 이루어진 것으로 보는 측면이다. 표면상으로 김일성이 주역이었으나 스탈린의 재가와 모택동의 지지 없이 김일성이 단독으로 남한을 무력으로 제압하려고 시도했다고 보기는 힘들다. 김일성은 민족 해방의 영웅이 된다는 꿈을 꾸었고 이 꿈을 실현하기 위해 나름대로 민족 분단을 극복하려고 했다.

그의 군사행동을 고무한 요인으로 첫째 미국의 군사지원을 받고 있었던 중국 국민당(장개석)을 중공이 중국 대륙으로부터 추방할 수 있었다는 사실이다. 둘째 1950년 초에 김일성은 스탈린의 '지도논문'을 발표하여 "민족독립의 깃발 높이 울려라"라고 세계 근로 인민들에게 호소했다. 이 논문이 김일성의 민족독립전쟁 의도를 고무했다는 것으로 볼 수 있다. 마르크스-레닌주의의 세계 혁명론에서는 전쟁을 '정의의 전쟁'과 '우정의 전쟁'이라고 인식하고 있었음으로 김일성뿐만 아니라 스탈린 역시 6.25전쟁을 민족독립을 위한 정의로운 전쟁이라고 인식하며 그 당위성과 필요성을 인정하고 있었다. 스탈린, 모택동, 김일성은 각각 나름대로 타산과 목적이 있었기 때문에 이들 삼자의 협조체제는 이른바 삼두마차방식이었으나 사실상 동상이몽의 측면도 있었다. 그러나 중요한 것은 삼자가 공산주의의 세계 전략이라는 공통된 이념을 가지고 있었다는 사실이다. 이념의 공감대가 존재하는 한 소련의 대북정책 바탕은 부동불변이었다. 그러나 스탈린이 1953년 사망하고 1956년 2월 소련 공산당 제20차 대회의 스탈린주의를 신봉하는 북한의 김일성 체제와 스탈린주의를 수정하려는 흐루시초프 체제 사이에 정치 이념의 차이가 발생했고 두 체제간의 불화가 격화되어 갔다.

그 결과 흐루시초프가 1960년 모스크바 주재 북한대사 이상조의 망명을 허용하게 된다. 이것은 이른바 '사회주의 형제국' 사이에서는 정례가 없는 사태였다. 이데올로기를 우선하는 소련의 대북 접근은 브레즈네프 체제하에서 어느 정도 완화되었으며 모스크바와 평양의 대화가 부분적으로 스탈린주의로 돌아갔으며 실리를 중시하게 된다.

프랑스 사회철학자이며 미래학자인 레이몽 아롱이 말하는 6.25전쟁 – 6.25는 냉전의 일환

* D.블롱– 냉전은 언제부터라고 보시는지요?

» 래이몽 아롱– '피가로'를 택한 것은 내 나름의 냉전선택이 아니었습니다.

* D.블롱– 여하튼 그 시절 당신의 선택은 냉전의 시작과 시기적으로 일치하는 것 아닙니까?

» 레이몽 아롱–역사가들마다 좀 다르지만 요즘에 시대구획에 따르면 1947년 입니다. 사실상 그리스의 내전은 이미 냉전의 소산입니다. 45년에 미국과 소련 사이에는 폴란드의 새 정부를 구성하는 조건을 놓고 싸움이 일어났습니다. 그 후에는 독일 문제를 놓고 끊임없이 협상을 했습니다. 가장 상징적 사건은 독일 문제에 대한 서방측과 소련 사이의 협상결렬입니다. 그것은 47년에 일어났습니다. 소련과 협상이 불가능하다는 것을 깨달은 서방측은 우선 미국 지역과 영국 지역을 통합하고 이어서 프랑스 지역을 통합함으로써 서부 독일을 재건하기로 했습니다. 그러니까 서부독일만이 새로운 국가 창설의 윤곽이 분명히 드러났었고 그것은 잠정으로나마 독일의 분단을 뜻한다는 것이었습니다. 그것은 고작해야 한 세대를 넘지 못할 것이라고 생각했습니다. 20년 전에도 나는 그렇게 생각하고 오늘날에 와서도 여전히 그렇게 생각합니다. 그런데 독일이 둘로 분단된 것과 동시에 유럽도 둘로 분단되었습니다. 1950년에 프랑크프르트 대학에서 강연할 때

나는 유럽이 분단하는 이상 독일도 분단되어 있을 것이라고 말했습니다. 독일은 이 분할의 상징인 동시에 그 기원이기도 하는 것처럼 보였습니다. 소련이 독일의 일부를 손에 쥐고 있는 한 유럽 전체는 두 지역, 하나는 소련식으로 통치되는 지역, 또 하나는 민주주의라고 부르는 방식에 의해 통치되는 지대로 갈릴 것입니다.

* J.L미시카— 1947년은 또 마셜 플랜이 나오기도 한 해입니다. 마셜풀랜은 유럽 분단의 요인이었습니까? 아니면 그 결과였습니까?

» 레이몽 아롱— 마셜 플랜은 유럽의 상황, 다시 말해서 빈곤이나 동유럽의 소비에트화(化) 같은 현상에 대한 대응조치였습니다. 이 계획은 소련의 팽창을 군사적이 아니라 정치적 경제적으로 저지하기 위한 의지의 표현이었습니다. 소련 프로파간다를 이겨낼 수 있기 위해 서유럽 국가들이 힘을 길러주는 것이 이 계획의 취지였지요. 그리고 그 필요조건은 유럽의 경제 재건이었습니다. 서유럽을 재건 시켜야 했음으로 거기에 당연히 독일을 포함해야 했습니다. 독일이 대서양기구에서 스스로의 위치를 깨달은 것은 마셜 계획에 참여한 후부터입니다. 소련에도 마셜 플랜이 계획되었으며 그것을 수락하는 것은 스탈린이 결정할 문제였습니다. 소련 연구가들은 스탈린이 이 플랜을 수락하지 않을 것이라고 했고 결국 스탈린은 이 계획을 수락하지 않았습니다.

한국 전쟁과 핵 시대의 서막 – 서구의 전쟁 공포

* 냉전시대에 다음과 같은 중대한 사건들이 일어났습니다. 48년 2월에 프라하 정변, 48년 5월부터 49년 5월까지 스탈린에 의한 동베를린 봉쇄, 53년 6월 소련에 의한 동베를린 반란 진압, 56년 10월–11월 부다페스트 반란 진압 등이었습니다. 또 아시아에서는 49년 1월에 중국 혁명 성공, 50년 2월에 중·소 우호조약 체결입니다. 인도차이나 전쟁도 있었습니다. 50년 6월 발발한 한국전쟁도 있습니다. 그러한 여러 사건들을 경험할 때마다 세계대전이 일어날까 하는 위험을 느꼈습니다.

» 레이몽 아롱— 때에 따라 그런 느낌도 갖기도 했습니다. 그러나 전면전으로 갈 위험이 있다고는 생각하지 않았습니다. 소련도 미국도 전쟁을 일으킬 마음이 없었으며 전쟁을 일으켜야 할 이유도 없었습니다. 그것이 핵 시대의 서막이었지요. 소련도 히틀러의 독일과 마찬가지로 팽창주의적이었지만 그 성격은 전혀 달랐습니다. 스탈린은 아주 신중한 성격이었지요. 냉전시기 동안에도 그는 신중했습니다. 예를 들면 베를린 봉쇄 같은 것

도 결코 말로 공표된 일은 없었습니다. 그저 기정사실이 되었던 것뿐입니다. 소련 사람들은 끊임없이 철도를 고쳐야 한다느니, 수로를 고쳐야 한다느니 하는 말만했습니다. 그래서 마침내 봉쇄가 된 것이지요. 만약 미국이 즉각적인 응답을 했었다면 아마도 스탈린은 봉쇄까지는 하지 않았을 것입니다.

* J.L. 미시카－ 즉각적인 응답이라니요?

» 레이몽 아롱－ 소련의 구실이 별 것 아니며 철도나 하천을 보수한다하더라도 기차나 선박의 통행에도 아무런 지장이 없다는 것을 소련에 따끔하게 말해야 했던 것입니다. 영국의 좌익정치인인 A.베번(1897－1960)은 즉각 베를린 봉쇄가 소련의 허세이며 따라서 겁낼 이유가 하나도 없다고 했습니다. 군 수송대를 파견하여 동독 지대를 지나서 베를린까지 당도하는 것만으로도 충분하다고 그는 말했습니다. 그렇게 되면 베를린 봉쇄가 자연스럽게 풀릴 것이라는 것이 그의 주장이었습니다.

* D.블롱－ 소련은 49년에 원자탄을 제조했습니다. 이로써 세력 균형이 깨지고 전쟁의 위험이 고조되지 않았을까요?

» 레이몽 아롱－ 유럽인들이 실지로 전쟁의 공포를 느낀 순간이 있었습니다. 그것은 한국동란이 발발한 1950년 특히 미군이 후퇴를 하던 처음 몇 주간 이었습니다. 꽁까르노를 통해 앙드레 말로의 편지를 받은 것이 생각납니다. 그는 프랑스인들에 대해 이렇게 말했죠. "정어리를 사재기 하면서 전쟁을 준비하는 이상한 국민이야." 그때는 정말 전쟁공포증이 있었습니다. 그것은 주로 소련의 프로파간다에 의해 조성된 것이었습니다. 예를 들어 북한이 남한을 침략했을 때 동독의 신문들은 "이제 곧 서독 차례가 될 것인가"라고 썼습니다. 한국은 분단 독일과 비슷한 인상을 주고 있었습니다. 그러니까 한국에서 일어난 일은 독일에서 일어날 수도 있었던 것입니다. 그러나 그 두 나라를 비교할 수는 없었습니다. 남한은 독일과는 다른 의미를 가지고 있었지요. 한국에서는 제한적인 전쟁으로 끝날 가능성이 있었으며 실제적으로 미국은 그렇게 했습니다.

* J.L. 미시카－ 그 당시 피가로에 실린 당시의 기사를 보면 당신은 매우 놀라 있었더군요. 당신은 대체로 다음과 같은 내용의 글을 썼습니다. '미국인들은 참으로 이상하다. 거대한 중국 땅에서 공산주의가 승리하도록 내버려두고 이제 와서는 아주 작은 한국 땅을 위해 싸우려 하고 있다.'

» 레이몽 아롱－ 미국인들이 옳았습니다. 만일 중국에서 공산주의를 저지하려 했다면 그것은 베트남전쟁 이상의 대참화를 초래했을 것입니다. 그런데 그들이 한국전쟁에 개입한 것은 그렇게 하지 않았더라면 그 무기력한 수동성이 커다란 상징적 의미를 갖게 될

것이기 때문입니다. 그것이 트루먼 대통령과 애치슨 국무장관의 결정적 동기였다고 생각합니다.

미국이 한국전에 개입한 것은 약속을 지키기 위한 것

» 레이몽 아롱－나는 1950년 12월 초에 워싱턴에서 국무장관과 대화를 나누었습니다. 그는 한국전에 개입할 것을 트루먼 대통령에게 권고한 이유가 다음과 같은 이유였다고 말했습니다. 즉 미국이 한국전에 개입한 것은 그들이 약속을 지킨다는 것을 세계만방에 보여 줄 첫 번째 기회라는 것이었습니다. 북한으로부터 군사적 침략을 받은 남한을 돕지 않는다면 전 세계는 미국의 약속을 의심하게 될 것입니다. 크게 보아서 미국이 한국전에 개입한 것은 유럽을 안심시키기 위한 것이었습니다. 또 한편 남한은 미국과 UN의 보호 아래 세워진 나라입니다. 비교적 자유스러운 선거에 의해 수립된 나라가 UN과의 모든 관계를 거부하는 북한에 의해 파괴되도록 내버려두는 것은 미국에 있어서 정치적 패배이며 진정한 정신적 몰락일 것입니다.

따라서 세계 전체의 상황을 고려해 보면 미국의 한국전 개입은 완전히 정당화될 수 있다고 나는 봅니다. 다시 말해서 우리는 북한의 남침 그것 자체가 가진 의미 이상의 것을 부여했던 것입니다. 오늘날에 와서는 남침을 구상한 것이 북한의 일이지만 김일성 혼자였다는 것을 알게 되었습니다. 물론 스탈린도 청신호를 보냈지만 한국이 남침을 스탈린 자신이 주도했는지는 알 길이 없습니다(1982년 당시).

모택동은 또 어떤가하면 그는 북한이 그 당시 북한의 의도조차 모르고 있었다고 미국의 사학자들은 말하고 있습니다. 이제 와서 생각하면 중공은 한국전에 참가하고 싶지 않았다는 것을 알 수가 있습니다. 중공은 미8군의 북쪽 진격을 두 번 경고했습니다. 중공군의 진격이 개시된 것은 미국이 이 경고를 진지하게 받아들이지 않았기 때문입니다. 한국 전쟁은 양 대 진영의 사이의 오해가 시작된 첫 번째의 중대한 사건입니다.

* D.블롱－ 냉전 문제로 다시 돌아갑시다. 47년에서 56년의 기간 동안에는 도대체 누가 이겼습니까?

» 래이몽 아롱－ 냉전 자체가 승자와 패자가 있는 전쟁을 연상시킵니다. 나는 그 당시 호전적인 평화라는 좀 색다른 표현을 썼는데 그 호전적인 평화가 오늘날까지도 계속되고 있지 않습니다. 냉전기간을 47년에서 53년으로 한정 해 본다면 다시 말해서 독일에 주

둔하고 있던 3개 점령국 불화에서부터 극단적 냉전의 종식을 뜻하는 스탈린의 죽음에 이르기까지 서방측은 실패를 거듭했으나 결국 그들은 이겼습니다. 여하튼 그들은 패하지는 않았습니다. 베를린 봉쇄에서도 이겼고 한국전쟁에서도 지지는 않았습니다. 그들의 군대를 너무 북쪽까지 진격시키지 않았다면 아마 더 많이 이겼을지도 모릅니다. 미국은 결국 분계선을 침범하는 군사적 간섭을 용납하지 않겠다고 단호하게 표명했으며 그렇게 함으로써 서방측 특히 유럽인들에게 미국의 결의를 재확인시켜줬습니다.

* J.L. 미시카— 대서양 조약으로 이야기를 옮겨 봅시다. 당신은 이 문제에 대해서 많이 썼고 거의 투쟁을 하다시피 했는데.

» 레이몽 아롱— 나는 미국의 한국개입을 적극적으로 지지했습니다. 북한의 남침 소식이 전해졌을 때 '힘의 시련'이라는 글을 썼습니다. 그러나 미국의 한국개입을 지지했던 것이지요. 북대서양 기구인 나토에 대해서는 대서양 조약에 분명히 명기되지 않았습니다. 그것은 한국동란 발발 이후 한국전이 유럽까지 확대될 전망이 보이는 가운데 군사기구로서 발족되었습니다. 이 기구는 한국전에 대한 잘못된 해석 때문에 생겨난 것인데 그 해석에 의하면 스탈린은 한국전과 아시아전을 시초로 하여 유럽까지 침략하는 포괄적인 전략 즉 하나의 마스터 플랜을 갖고 있다는 것이었습니다. 군사기구가 탄생한 것은 바로 그때였습니다. 그러나 북대서양기구는 1차 전쟁 이후 유럽이 미국에게 바라던 것이었습니다. 유럽은 자기들이 침략을 받을 때 미국이 개입하겠다는 약속을 바랐던 것입니다. 오늘날까지도 북대서양 조약을 거부한 사람을 이해할 수 없습니다. 〈연번(連繫)된 전쟁〉을 출판했습니다. 책 말머리에 가서 당신은 냉전이 전면적인 시작인지 아니면 대응물인지를 자문하고 있었습니다. 이제 돌이켜 보면 냉전은 전면전의 대응물이라고 할 수 있을까요?

» 레이몽 아롱— 그것은 두 세계 사이의 극단적인 경쟁 형태였습니다. 그러나 이 경쟁은 오늘날까지도 전면전 없이 전개되어 오고 있습니다. 솔제니친도 전쟁 없는 이 전쟁이 서구에게는 계속적인 패배 또는 재난을 의미한다고 말하고 있습니다. 탈 식민도 서구의 패배를 나타내는 한 양식이라고 생각했습니다. 식민지에서 해방된 수많은 나라들이 소련의 블록에 속하게 되었다는 것이 서구몰락의 증거이며 징후라는 것이었습니다.

6.25전쟁을 부른 애치슨라인은 맥아더가 설정
– 1940년대 말 한국문제를 둘러싸고 미국무부와 군부의 의견 불일치

1970년대 이후 미행정부의 한국전쟁에 관한 극비문서들이 공개되었다. 한국전쟁의 기원에 관한 논쟁은 대개 세 가지로 분류된다.

첫째 소련과 중공 및 북한의 아시아 적화 통일의 일환으로서 남침설, 둘째 미국과 남한의 공동 전략에 의한 북침설, 셋째 남북한이 모두 전쟁 준비를 하고 있는 상황에서 북한이 선제공격을 했다는 중간설이다. 이 가운데 공산측에 의한 남침설이 학계에서 부인할 수 없는 통설로 확고히 정착되고 있다. 그러나 일부 수정주의자들은 미 행정부가 강력한 반공세계정책을 전개할 계기를 찾기 위해 한국전쟁을 유도했다고 유추하고 있다. 수정주의자들의 이러한 주장은 정확한 자료에 근거하지 않고 단순한 어떤 정책과 어떤 사건을 전쟁기원의 연구를 위한 고려대상을 삼고 있는 것이다.

수정주의자들은 1949년의 주한미군철수와 이보다 약 6개월 후인 1950년 1월 12일 한국과 대만을 미국의 극동 방위선에서 제외시킨 '애치슨라인'의 발표도 같은 맥락에서 보려는 경향이 있다. 또 수정주의자들은 미 CIA가 북한의 군사력 증강과 남침가능성을 모르고 있었다는 것이 이상한 것이라고 주장하고 있다.

수정주의자들은 남침 유인설을 설명할 때 미국외교정책 결정과정에서 나타나는 관료정치의 속성을 의도적으로 회피하거나 간과하고 있는 것이 분명하다. 미국의 경우 외교정책 결정은 각기 다른 시각과 이해관계를 가진 조직과 개인들이 서로 협상과 타협을 통해서 이루어지는 정치적 산물이다. 그러나 결정된 정책은 반드시 합리적인 것이 아니며 관료들은 어떤 결정이 내려졌다 해도 그 결정이 자기들의 주장대로 관철되지 않을 경우 이행과정에서 의도적으로 집행을 회피하거나 방해하고 자기들 주장에 맞게 수정하려는 경향이 있다.

1946년 말 트루먼 행정부의 주한 미군 철수과정은 관료들의 이러한 행태를 잘 나타내고 있는 대표적 예라고 할 수 있다. 1940년대 말 전면전쟁의 개념에 사로잡힌 군부는 군비감축, 병역 감축에 직면하여 대소전(對蘇戰)에서 보다 중요한 지역을 방어하기 위해 "전략적 가치가 없는" 한국에서 조기철군을 해야 한다고 주장한다. 그리고 궁극적으로는 한반도가 소련의 지배하에 놓일 것이라는 것도 상정하고 있었다.

그러나 애치슨을 포함한 국무부관리들은 미·소간의 대결에서 한국이 상징적 그리고 이념적 시험장이라고 주장하면서 조기철군을 반대하였다. 국무부관리들은 공산위협에 놓인 한국이 자체방어능력을 증진한 다음 안전하게 미군이 철수할 수 있도록 남한에 경제적 원조를 제공하고 정치적 안정을 도와야 한다는 입장을 강조했다. 미국무부와 군부의 이러한 갈등은 제2차 세계대전 직후 미군이 남한에 진주한 후 몇 개월 후부터 시작되었으며 1949년 6월말 철군이 단행될 때까지 약 3년 반 동안 두 부처는 어려운 협력과 타협을 거쳐야만 했다. 국무부관리들은 철군 연기를 위해 맹렬한 노력을 했으나 결과적으로 군부의 철군주장을 꺾지 못했다. '애치슨라인'도 결국은 군부의 극동방위선(1948년 3월 맥아더가 구체적으로 입안한)을 대변한 것에 불과했던 것이다.

2차 전쟁 후 소련지배를 최소화 하기 위해 신탁통치 지지

'애치슨라인'의 설명은 제2차 세계대전 종전 무렵 일본군의 항복을 받기 위한 한반도의 점령지역 문제에 관해 국무부와 군부는 의견을 달리하고 있었다. 국무부장관 번즈와 주소 미 대사 헤리먼은 소련이 남쪽으로 진주하기 전에 가능한 한 북한이나 만주까지 역의 범위가 너무 넓다는 이유로 소련이 한반도에 침입하기 전에 북한까지 점령한다는 것은 현실적으로 불가능하며 이상은 점령할 수 없다고 주장했다.

38선 확정에 관한 국제적인 여러 가지 설명이 있지만 미행정부로서는 점령이 임박한 상황에서 빨리 점령 지역을 설정해야하는 상황이었던 것만은 분명하다. 군부의 견해로는 만약 미국이 당시 점령할 수 있는 군사력을 초과하여 일본군의 항복을 받게 되면 소련은 이를 미국의 영토적 관심으로 오해하여 받아들일 가능성이 없다고 판단한다. 국무부와 국방부의 의견 대립을 해소하기 위하여 육군 차관 존 매클로이와, 촬스 본 스틸 3세 그리고 덜레스 대령(당시 국방부 일반 참모, 케네디 대통령 정부 국무장관)은 타협안을 만들었다. 그것은 가능한 점령 지역을 북한까지 넓히자는 국무부의 정치적 욕망과 그렇게 하는 것은 군사적 한계가 있다는 군부의 의견을 협의하여 38선이 적절하다고 건의하는 내용이었다. 이것은 실제 군부의 입장으로서는 미군사력을 초과하는 것이었다.

그러나 그들이 38선을 선택한 것은 미군책임하에 한국의 수도 서울을 포함시킨다는 것이 매우 중요하다는 생각이었기 때문이고 소련도 이것을 받아들인 것이다. 점령지역에 대한 군부와 국무부의 대립은 시간이 지날수록 점령 기간에 관한 의견 대립으로 발전하였다. 점령 후 미국은 소련과의 협력으로 신탁통치가 쉽게 이루어질 수 있다고 생각했으며 중앙정부가 성립되면 미군 정부도 곧 종식될 수 있다고 생각했다. 그러나 소련과의 의견의 일치가 이루어지지 않아 통일된 행정부를 수립하는 것은 불가능했다. 이 시점(1945년)부터 철군 문제가 미국의 대한 정책에 긴급한 과제로 다루어지기 시작했으며 군부는 미군의 조기 철군을 제기했다.

1945년 11월 초 육군 장관 로버트 패터슨은 국무장관 제임스 번즈에게 병력 감축은 결과적으로 한국점령에 필요한 수를 감소시킬 것이며 한국경찰이 법과 질서를 책임질 것이고 미국은 한국에 소수의 병력만을 유지해야 한다고 했다. 11월 29일에 국무부와 군부의 의견 차이를 해소하기 위해 국무부 육군부, 해군부 조정위원회(SWNCC)는 하나의 타협안을 마련하였다. 조정위원회는 한국이 군사적 정치적 견지에서 미군점령이 바람직하지 않는 곳이라는 것을 인정하는 대신 소련 지배의 가능성을 최소화하고 동북아시아에서 긴장을 감소시키면서 미군 철수를 가능하게 하는 수단으로써 신탁통치안을 지지했다. 당시 국무부는 한국의 초기 통일과 독립에 가장 훌륭한 길이 신탁통치이며 이를 위해 소련과의 협상을 원했다. 육군부 하지, 그리고 하지의 정치고문, 랭던은 임시정부를 핵심으로 한 독립된 정부를 원하고 있었다. 그들은 이러한 접근 방법이 미군의 조기 철수를 가능케 하는 기회가 될 것이라고 믿었다.

점령 3개월 후인 12월 16일 하자는 결론을 내고 합참에 다음과 같이 보고하였다. 38선이 재개되지 않는 상황이 계속 되면 동시에 미·소군이 철수를 하고 한국인들끼리 문제를 해결하도록 소련과 협의하는 문제를 고려해야 한다고 건의하였다. 하지와 군부는 신탁통치를 실현시키려는 국무부의 비효과적인 정책에 대항하고 있었다. 1946년 국무부는 미·소간의 전반적인 대립, 구체적으로 미·소 공동위원회의 실패 그리고 군부의 철군 압력에 대처하기 위해 세 가지 대소(對韓)정책, 점령기간의 연장 그리고 한국 문제에 관한 소련과의 협정 거부였다. 트루먼 대통령은 대한 경제 원조와 점령기간의 연장을 간접적으로 승인하였다.

1946년부터 좌-우파의 이념 충돌과 한국은 전략적 가치가 없기 때문에 조기 미군 철수 주장

1946년 9월부터 1947년 5월 사이에 남한에서는 좌-우파의 충돌 등 정치적 불안이 전개되었고 소련의 비공식적인 철군 제의 그리고 북한에서의 모병과 남침준비로 간주된 군사훈련 등의 사건이 연속적으로 일어났다. 국무부의 대한정책은 군부 지도자들로부터 강력한 도전을 받았다. 1947년 1월 전 육군 총장이던 조지 마셜이 국무장관으로 기용되면서 육군 장관 그리고 합참, 육군부는 국무부의 철군 지연 정책을 무산시키려고 했다. 그러나 국무부도 조기철군 주장을 쉽게 받아들이지 않았다. 1947년 2월에 설치된 각 부처회의(Interdepartment Commitee)에서는 새로운 타협안이 마련되었는데 그것은 국무부가 마지못해 소련과 정부차원의 협상을 추구해야 한다는 데 동의한 대신 장기간에 걸친 보다 많은 대한군사원조계획을 위한 지원을 얻어냈다. 또한 어떤 형태이든 한국정부가 수립된 후에 철군을 한다는 조건을 받아냈다. 부처간에서 합의한 대한정책원조계획을 위한 회의승인을 얻기 위해 국무차관, 애치슨은 육군장관 패터슨에게 협조를 요청했다.

그러나 패터슨은 국무부의 지원요청에 협조하기보다는 매우 비판적이었다. 패터슨은 한국점령 비용이 육군부 예산에서 지출되기 때문에 이러한 비용을 가능한 한 절감시킬 것을 원하고 있었다. 패터슨은 남한에 대한 경제원조를 비난했으며 정치적 불안을 지적하고 군부의 예산 삭감이 철군의 불가피한 이유라고 강조했다. 패터슨은 군부의 지엽적인 이해관계에서 조기 철군이 어떤 것보다 우선하는 정책이어야 한다고 결론을 내린다. 1947년 4월 말 패터슨의 조기 철군 주장은 합참 산하의 합동전략조사위원회(Joint Strategic Survey Commitee)의 강력한 지시를 받고 있었다.

이 위원회의 보고서는 경제-군사원조의 긴급성과 전략적 가치를 고려하여 원조대상국을 16개국을 선정하여 한국을 13위에 올려놓았다. 그리고 아시아 대륙에서 도서변방전략(Island Parameter Strategy)을 수립하기 위해 한국을 이 전략에서 제외시켰다. 군부와 국무부는 각기 다른 상반되는 대한정책을 추구하고 있었다. 5월 7일 삼부조정회의 승인을 얻기 위해 새로운 정책을 제출하였다. 즉 북한의 남침에 대비하여 철군 전에 강력한 군대를 가진 한국의 중앙정부가 수립되어야 한다는 것이었다. 그러나 군부지도자들은 이미 4월 말경 독자적으로 국무부의 대한정책과 상반되는 세밀한 정책을 수립하였다. 상부조정위원회에서 패터슨은 가능한 한 조속한 시일 내에 주한미군을 철수해야 한다는 것을 강조했다. 그는 한국은 경제적, 전략적 가치가 없으며 미국의 점령 비용이 과중하다는 점을 재차 강조하였다. 5월 중순 맥아더는 5월 1일자 하지의 북한의 동태 보고에 대해 자신은 북한의 남침에 대한 하지의 우려에 신뢰성을 두지 않았으며 전쟁을 예외로 하고 현 병력은 모든 사태에 적절하다는 반응을 보였다. 맥아더의 의견으로는 북한군의 규모와 잠재성이 지나치게 과대평가 되었다는 것이다. 맥아더는 북한 내에 소련군의 감군은 국제적 정치상황에 상응하는 조치였으나 그러한 큰 병력의 병참지원에 수반되는 곤란과 정비때문이라고 판단하였다. 미군철수에 대한 압력은 소련군의 발표되지 않은 감축에서만 오고 있는 것이 아니었다. 우익기구인 민의원은 현재 한국인들 스스로 세우고 있는 과도정부에 지장이 되지 않도록 점령군은 즉각 철수하라고 요구하였다. 1947년 여름에는 미·소 공동위원회의 교착과 더불어 미국의 외교적 능력도 한계에 도달하고 있었다. 미의회에서는 국무부의 야심적인 대한경제원조의 전망도 밝히고 있지 않았다. 7월에는 국무부의 대한정책 담당자들이 떠나고 새로운 관리들이 임명되었다. 애치슨 국무차관 후임으로 로버트 로베트, 빈센트 극동국장이후임으로, 버트워즈, 점령지역 국무차관 힐드링 후임으로 살즈먼이 각각 임명되었다. 새로운 인물들은 대한 정책에서 권위나 영향력이 결여되어 있었다. 이 시기에 정책개회국장인 캐넌이 대한정책에 기여하게 되었다.

1947년 7월 23일 삼부조정위원회는 미·소 공동위원회의 교착상태와 남한에서 악화되고 있는 정치적 상황에 대하여 특별위원회(Ad Hoc Commitee)를 설치하고 국무부와 군부의 의견을 한데 묶어 새로운 타협안을 마련하였다. 타협안은 철군은 바람직하지만 미국은 소련이 한반도를 지배하게 되는 그러한 상황에서는 철군을 하지 않을 것을 강조하였다. 이 타협안은 장기적인 대한 경제원조계획을 다음 회기에 의회에 제출할 것을 건의하고 미·소 공동위원회의 실패에 대비, 정부수립과 선거를 위한 방안을 4강 회의에 제출할 것을 제안한다. 8월에 소련은 이 제의를 거부하였다. 그 후 국무부는 한국문제를 유엔에 상정할 준비를 하고 있었다. 대소(對蘇)봉쇄 수립정책에 크게 기여했던 캐넌은 미국의 능력을 현실적으로 평가하고 미국의 대소봉쇄정책을 한국에서만은 선택적으로 적용할 것을 주장하면서 국무부의 새로운 대한정책 관리들을 설득하였다. 캐넌은 한국이 전략적 가치가 없다는 군부의 의견에 동조, 미국은 가능한 한 조속한 시일 내에 한국에서 철수해야 한다고 하였다. 비록 캐넌의 개입이 짧은 기간에 이루어졌지만 그것은 국무부의 전열에 치명적인 타격에 기여했다.

1947년 여름부터 트루먼 대통령은 주한 미군 철군문제에는 어느 쪽에도 가담하지 않고 해외에 주둔하고 있는 미군을 철수하는 문제를 연구하도록 국무장관과 육군장관에 지시했다. 대통령은 미국의 공약에 대한 비중을 측정하고 미국이 어디서부터 안전하게 철수할 수 있는지를 검토하도록 지시하고 9월 19일 극동정세(한국과 중공)를 파악하고 돌아온 웨드마이어 장군의 보고서를 주지시켰다. 웨드마이어는 군부와 국무부 어느 쪽에도 치우치지 않는, 때로는 상충되는 보고서를 제출했다. 1947년 여름

동안 캐넌의 지원과 대통령의 중립은 군부의 철군 정책을 더욱 강화했다. 9월 하순 군부의 철군 압력과 대통령의 해외주둔 미군철수 검토 지시에 부응하여 새로운 정책을 모색하기 시작했다.

9월 26일 국무부는 점령기간 연장에 대한 전략적 가치를 합참에 문의하였다. 합참이 국무장관에게 보낸 비타협적인 회신은 '군사적 안보측면에서 한국에 군사적 기지를 유지할 전략적 이익이 없다.'는 것이었다. 합참은 이어 "전쟁이 발생하면 한국은 방어하기 힘든 곳이며... 군 병력의 심각한 상태에서 한국에 주둔하고 있는 4만 5천명의 2개 사단은 타지역에서 유효하게 사용될 수 있다."고 분석했다. 합참은 한반도에 대한 소련의 궁극적인 지배를 받아들이고 있었다. 그리고 남한의 군대를 훈련시키고 장비를 갖추는 데 필요한 병력과 자금의 지출을 최소화하려 했다. 군부는 전략적 가치가 없는 한국에 대한 경제원조를 기피했다. 합참은 만약 미국이 신속히 철수하지 않으면 남한의 무질서로 인해 굴욕적인 철수를 강요당할 것이라고 했다.

맥아더가 구체화시킨 극동 방위선 – 미국이 군사적 방위선에 직접 관여

9월 29일 국무장관 마셜의 주재로 열린 국무부의 중요정책입안자들 회의에서 종래의 국무부의 대한정책을 유지하면서 동시에 군부의 의견도 반영하는 방법을 모색하였다. 이 회의에 결론은 막대한 자금과 노력을 지불하더라도 한국에서 미군을 안전하게 보호하기는 힘들기 때문에 가능한 한 조속히 한국으로부터 철수하도록 하는 정책을 수립해야 한다는 것이다. 다만 한국문제를 유엔에 상정하고 점령군이 철수하기 전에 한국정부가 수립되어야 한다는 것이다. 9월말 철군 문제에 관한 한 군부의 승리로 끝이 났다. 국무부는 군부의 견해를 마지못해 받아들였다.

1947년 10월 이후 국무부는 한반도에 통일된 민주국가를 수립한다는 당초의 미국 정책을 가급적 많이 반영시킨다는 취지에서 국제연합에서 해결을 모색해 보려고 했다. 그러나 군부는 그러한 정책은 미군의 철수를 지연시킬 수 있는 위험을 수반한다는 관점에서 이를 의문시했다. 결국 1948년 4월 8일에 양자는 '안보리의 8호'(NSC–8)를 마련하기에 이르렀다고 대통령의 승인을 받았다. 이 타협은 국무부와 군부의 상충되는 정책을 동시에 반영하고 있었다. 군부는 철군 원칙을 분명히 획득했으며 국무부는 최소한 유엔이 개입한 한국정부 수립과 경제원조를 확보하였다. 또한 대통령의 입장에서는 이 타협안이 군비삭감을 요구하는 의회의 요구를 충족시켜 주었고 병사를 귀국시키라는 여론에 부응하는 것이었다. 그러나 'NSC－8'은 군부와 국무부 사이에 분쟁의 여지를 남겨 놓았다. 'NSC－8'은 한국이 전략적 가치가 없으니 철수해야 한다는 즉 한국을 포기한다는 군부의 극단론을 내포하고 있는 반면 경제원조와 한국의 방위력 증강의 필요성 그리고 한반도에서 소련의 지배를 반대한다는 국무부의 의견을 동시에 포함하고 있다. 'NSC－8'은 두 개의 상반된 이견을 포함하고 있었기 때문에 이 결정의 이행 단계에서 어려움을 겪어야만 했다.

1948년 5월 이후 군부와 국무부는 'NSC－8'에 대한 그들 각자의 해석을 관철시키려고 노력했으며 그러한 해석에 입각하여 정책을 시행하도록 주장했다. 군부는 미국이 유엔에 제출한 한반도 통일안은 유엔계획과 관계없이 철군을 가했다. 이에 대해 국무부는 대한 경제 원조, 방위력 증강 유엔 활동 등의 사태 진전에 따라 유연성 있게 대처해야 한다고 주장하고 유엔 계획에 진전 없이 철군은 있을 수 없으며 한국을 공산위험으로부터 구출하는 것은 국제적인 공약이라고 군부의 견해를 반박한다. 즉 군부는 국제환경의 변화와는 관계없이 철군 시한을 정하고 이를 강행시켜 나가려 했으며 국무부는 군부의 경직성을 비난하면서 미국의 외교정책을 유연성 있게 수행해 나가야 한다고 주장했다. 두 부처 간의 갈등으로 철군은 지연되었다.

1948년 4월 이후 약 1년 동안 국무부의 대한 정책 관계자들은 계속해서 한국의 정략적 가치를 재평가해 줄 것을 안보회의에 요청했다. 안보리회의는 1949년 3월에 다시 철군 문제를 논의했으나 이미 대세는 기울어졌고 철군은 돌이킬 수 없는 상황이 되었다. 안보회의는 군부의 철군 주장을 재확인하고 6월 30일까지 완료하도록 'NSA－8/2'를 결정했다. 이렇게 해서 철군 원칙과 철군 시기에 대한 논쟁에서는 군부의 승리로 끝을 맺고 6월 30일에 약 5백 명의 군과 고문단만을 남기고 철군을 완료했다. 그로부터 약 6개월 후인 1950년 1월 12일 애치슨은 군부가 1947년부터 발전시켜 온 극동 전략 즉 맥아더가 구체화시킨 미국의 극동방위선(Defense Parameter)을 발표하게 되었다. 사실 애치슨 연설은 2주일쯤 전에 채택된 'NSC－48/2'를 알기 쉽게 해설한 것에 지나지 않는다. '애치슨라인'은 아류산도, 일본, 오키나와, 필리핀제도를 잇는 지역을 미국의 극동방위선으로 규정하고 미국이 군사적 방위에 직접적으로 관여한다는 것이었다. 태평양 밖의 지역에서는 군사적 공격에서 보장할 수 없다는 것이다.

여기에 한국과 대만이 제외되어 있었던 것이다. 'NSC－48/2'는 아시아－태평양 지역에서 공산주의의 위협을 소련군에 의한 군사적 공격과 국지적인 전복과 침투로 명확히 구별하고 후자는 군사적 수단에 의해서 저지될 수 없다고 정의하고 있다. 만일 군사적 공격이 발생할 때에는 어디서부터 발생할지 확인하기 어려우나 먼저 유엔에 의지해야 할 것이라는 것이다.

애치슨라인은 불필요한 선언 – 6.25 발발 후 비판의 대상

애치슨은 프레스 클럽에서 연설한 다음 날 상원 비밀 청문회에서 남한은 단독으로 북한의 침공에 대처할 수 있으나 소련이나 중공의 강력한 지원에 의한 침략에는 대처할 수 없다고 하고 그런 경우에는 유엔에서 모든 행동을 취할 것이며 군사력 사용은 배제할 것이라고 증언했다. 애치슨은 한국에 대해서 한국정부 수립 때의 미국협력을 상기시키고 한국이 확고히 자리 잡을 때까지 그 협력을 계속할 것을 의회에 요청하고 있다고 증언했다. 애치슨은 한국을 완전히 포기하거나 한국의 수립을 중도에서 그만두어야 한다는 생각은 심한 패배주의자라고 했다.

애치슨 발표의 내용은 어떤 의미에서도 한국의 포기를 시사하는 것은 아니다. 애치슨은 한국으로부터 미군이 철수한 이후 대한경제원조계획을 의회에서 통과시키기 위해 많은 노력을 기울였다. 그 결과 1950년 2월과 6월에 걸쳐 대한경제 원조가 의회에서 승인되었다. 어쨌든 애치슨라인의 발표는 미국 조야에서조차도 불필요한 선언이라는 비판이 있었고 특히 6.25가 발발한 이후 그 비판은 증가했다. 애치슨의 발표가 있은 후 코넬리 상원의원(외교관계위원장)이 한국의 포기를 시사한 발언이 있었고 국무부 관리들은 이에 민감한 반응을 보였으며 그것은 국무부의 방침과는 관계가 없는 패배주의적 태도의 표명이라고 강력히 비난받았다. 국무부 관리들은(러스크와 무쵸대사) 미군철수와 애치슨라인 발표로 위축된 한국정부와 국민들의 사기를 고무하기 위해 덜레스 고문을 한국에 공식 방문토록 했다.

한반도에서는 남북한 양측의 통일 요구가 무르익어 있었고 북한 남침 감행 1년 동안 38선 지역에서 지속적인 무장 충돌과 경계심이 있었다. 북한의 남침 가능성에 대한 지속적인 정보 보고도 있었다. 당시 미국의 정책 결정자들은 소련의 팽창주의에 대항하기 위하여 미군의 군사력이 너무 약하다는 데 인식을 같이하고 군사력 증강의 필요성을 대통령에게 건의했다. 트루먼 대통령은 수소폭탄의 개발을 승인하고 중국혁명의 성공, 소련의 원폭보유, 수폭 개발 등의 전망을 고려한 대외정책과 전략 계획의 전반적인 재검토를 명령했다. 대통령 지시에 따라 작성된 'NSC-68'은 미국의 군사력 증강을 역설했다. 'NSC-68'은 미소(美蘇)간에는 이데올로기적 차이에 기인한 근본적인 이해대립이 존재하며 자유세계 정치, 경제, 군사력의 급속한 증강 없이는 소련의 교섭은 불가능하다고 강조하고 국방예산의 비약적인 증대를 요구했다.

그러나 'NSC-68'은 한국전쟁 발발 이전에는 그와 같은 전략적 연구가 미국의 대한 정책을 변경시키지는 않았다. 아마 한국전쟁이 발발하지 않았다면 'NSC-68'은 하나의 계획서로서 남았을 것이다. 확실히 '애치슨라인'의 발표는 미국의 대한 정책에 있어서 북한과 동맹국들에게 보내는 메시지로서는 불필요한 것이었다. 그러한 발표가 누구의 지시에 의해서 이루어졌는지는 아직은 알 길이 없다.(1989년 현재)

사실 애치슨 자신은 주한 미군의 조기 철군을 반대해 왔고 대한경제원조를 강력히 추진하면서 한국을 공산화 위협으로부터 구출하기 위해서 많은 노력을 기울여 왔다. 만약 그의 주장대로 모든 것이 진행되었더라면 6.25의 비극은 없었을지도 모른다. 애치슨과 트루먼은 한국에서도 대소(對蘇)봉쇄정책을 원했으나 단지 군부와 의회의 충분한 지원을 받지 못했던 것이다. 애치슨은 자신의 입장과 다른 군부의 극동방위선을 발표하게 됨으로써 한국민들에게는 가장 비우호적인 미국인으로 영원히 기억에 남게 되었다. 그는 예수를 살리려다 결국 그에게 사형선고를 내려야 했던 빌라도에 비유될 수 있는 것이다. '애치슨라인'은 차라리 '맥아더라인'으로 명명되어야 할 것이다(김철범 국방대학 교수).

한국전쟁의 원폭 투하의 위기와 소련의 개입으로 제3차 대전 공포

6.25 당시 중공군의 개입으로 유엔군의 심각한 상황을 맞이하게 되었을 때 미국정부에서 원자탄 사용 문제를 검토하고 있다는 소식이 온 세계에 전해진 바 있었지만 그 진상이 아직 밝혀진 바 없다(1982년 현재).

다음은 일본의 히도츠바시대 대학의 교수인 호소야 치히로(細谷千博)가 영국정부의 중요기록이 30년 만에 처음으로 공개된 것을 계기로 미국의 기록과 함께 엮은 다큐멘터리 〈한국전쟁 원폭 투하의 위기〉이다.

새로운 전쟁

1950년 11월 30일 투르먼 미국 대통령이 기자회견 석상에서 한 말은 세계를 발칵 뒤집어 놓았다.

» 대통령 – 군사정세에 대응하기 위하여 필요하다면 어떤 수단이라도 동원하겠다.

* 원자폭탄도 거기 포함되는가.

» 대통령 – 우리나라가 포함된 무기가 다 포함된다.

* 보유하는 모든 무기라고 말했는데 그 말은 원자폭탄의 사용을 적극적으로 고려(Active Consideration)한 것을 뜻하는 것인가

» 대통령 – 원자폭탄 사용에 관한 적극적인 고려는 언제든지 있다. 다만 사용이 현실로 된 것은 애초부터 바라지 않는다. 그것은 전율할 무기다. 군사적 침략과는 아무런 상관이 없는 무고한 국민들을 향해 사용되므로 좋은 무기가 아니다. 그러나 실제로 사용될 경우 무고한 국민들도 그 피해를 면할 수가 없다.

* 대통령의 발언 중 사용은 오로지 군사적 목표에만 한정된다고 받아들여도 좋은가. 아니면 민간 시설도 포함한다는....

» 대통령 – 그것은 군인이 결정할 사항이며 이 일에 판단을 내릴 군사적 권위는 나에게는 없다. 무기사용에 관한 재량은 현지의 군사령관에게 맡겨져 있다.

이 인터뷰는 중공군의 인해전술에 대항하여 UN군의 형세약화를 만회하고 한반도 통일의 목적을 달성하기 위해 미국 정부는 원자무기 사용을 진지하게 검토하고 있다는 인상을 세계에 알려줬다. 더구나 원자폭탄의 방아쇠에 손을 댈 수 있는 최종 권한은 맥아더에게 줬다고 오해받는 발언도 증대했다. 당황한 백악관은 같은 날 이 발언의 정정 발언을 했지만 이런 트루먼 발언이 세계에 끼친 파문은 컸다.

이보다 며칠 전인 11월 26일 중공군은 대공세를 한다. 10월 말 중공군이 한국전쟁에 개입한 이래 교착상태에 있던 북한의 전국(戰局)은 이것을 계기로 변한다. 약 20만 명의 중공군이 투입됨으로써 지상병력이 압도적으로 열세에 몰려 전선(戰線)의 중앙을 돌파 당한 UN군은 많은 희생을 치르면서 전선(戰線)이 후퇴, 38선 남쪽으로 되밀리게 될 것도 시간문제로 되었다. 전국(戰局)은 '아주 새로운 전쟁'(맥아더)의 모습을 띠게 되었다. UN군의 눈사태 같은 후퇴에 덩케르크의 불길한 상황을 예상하는 비

관론도 일기 시작하자, 사태의 심각성에 비해 만주(滿洲)를 성역(聖域)으로 방치하는 전략방침에 대한 의혹과 전환의견이 미국 군부 안에 생겼다. 이미 UN군사령관 맥아더 장군은 만주 폭격을 제의했고 열세 만회를 위해서는 어떤 대담한 조치가 필요하다는 의견이 펜타곤(군부)에서는 차차 유력해졌다. 국민정부군(國民政府軍)의 사용론도 표면화되고 코린즈 육군참모총장 등도 만주에 대한 원자폭탄 사용이 필요하다고 주장했다. 트루먼 발언의 충격파가 전해진 런던에서 애들리 영국 수상은 우려할 사태인 만큼 바로 그날 밤 임시 각료회의를 소집, 워싱턴으로 날아가 직접 트루먼 대통령을 만나고 싶다는 의견을 전하고 합의를 구했다. 그날 오후 영국하원 런던은 트루먼 발언 뉴스로 떠들썩했다. 여당인 노동당의원 100명은 연명으로 수상에게 원자폭탄 사용가능성에 대해 항의하도록 편지를 보냈고 보수당 당수로부터 강력한 우려를 나타내는 발언이 잇따라 마치 전쟁 전야의 광경 같았다. 토론의 마지막에 애들리가 급히 워싱턴으로 날아가고 싶다고 밝히자 박수로 환영했다.

이에 대해 애들리는 지난날 일본에 원자폭탄을 투하했을 때도 트루먼으르로부터 사전 연락이 있었던 전례를 떠올렸을 것이다. 트루먼 도서관에는 '1945년 8월 1일자 트루먼이 애들리에게 일본에 사용할 신무기에 관한 귀하의 편지를 받았습니다' 하는 한 편지의 사본이 남아있다. 이 두 나라의 정상의 만남이 실현되었다면 포츠담회담 후 처음이 되겠지만 정상회담 요청은 그 해 그것이 처음이 아니라 8월 중순에도 영국 쪽에서 한 일이 있었다. 그때는 한국전쟁 발발이라는 정세로 서구에서의 방위력 강화와 유럽 연합군의 문제에 대해 이야기를 나누는 것이 주목적이었으나 미국 쪽이 난색을 보여 회담은 실현되지 못했다. 그러나 이번만은 황급한 요청인데도 미국은 이를 수락했다. 사태의 긴급성에 비추어 미-영 협력 태세를 굳혀 공산주의 진영의 공세에 맞설 필요성이 인식되었다. 재빠른 반응을 보인 애들리였으나 그의 염두에는 트루먼과의 회담을 통해 원자폭탄을 만주에 사용할 의도를 부인하는 약속을 받아낼 뿐더러 한국전쟁이 미-중공간의 전면 군사대결로 발전할 기세에 강력한 브레이크를 가하고 나아가서는 중공과의 협상을 통한 한국전쟁 해결과 미-중공화해 가능성을 모색한다는 목적이 그 속에 있었다.

또 진작부터 UN군 총사령관으로서의 맥아더 단독 전횡을 못마땅해 온 애들리는 맥아더에 대한 불신감과 의구심을 트루먼 대통령에게 직접 전달하는 일도 중요했었고 서구의 미군 증파와 유럽 통합군의 최고 사령관 임명을 요구하는 것도 중요한 현안 과제였다. 11월 29일 영국정부 각 의회에서는 베빈 외상이 미국군부에 의한 어떤 경솔한 행동과 맥아더가 국경을 넘어 만주에 군사목표에 공격을 가할 가능성에 중요한 염려를 표명했다. 이어 베빈은 한국에서의 사태는 유럽에 대한 경계심 강화를 촉구하고 있다고 발언했다. 이 말을 받은 애들리는 UN은 극동 사태에 대해 균형 잃은 노력을 기울이는 덫에 빠져서는 안된다. 한국사태는 민주주의 국가로서 전략적으로 그다지 중요치 않고 군사력을 이 이상 유럽이나 중동에서 이 지역으로 돌리는 것은 바람직하지 않다고 영국의 세계 전략에서 한국이 차지하는 상대적 비중의 낮음을 강조하는 발언을 했다. 이날 각 의회에서 논의의 초점이 된 것은 맥아더 UN군사령관으로서의 시빌리언 컨트롤이 충분히 가능하지 않은 상태에 대한 불만이었다. 거기에 맥아더의 경질을 바라는 공기마저 떠돌고 있었다.

다음날 '트루먼 발언'의 보고가 도착하기 전 각의에서 베빈 외상을 통해 소련 항공기가 만주로 이동 중이라는 정보도 보고되었다. 이날 밤의 임시각의는 그야말로 대전쟁 전날 밤 같은 긴박감이 가득 찼고, 애들리 수상의 '평화사절'에 절대적인 희망이 걸렸었다. 원자탄 사용에 대해 이날 밤 각의에서의 발언이다. "이러한 중대 결정은 현지 사령관 그리고 미국정부에만 맡길 수는 없다. 한국에서 UN군에 참가한 모든 나라들은 협의에 참여하여 동의 없이는 원자탄 사용결정은 내려질 성질의 것이 아니다." 워싱턴으로의 출발을 하루 앞둔 애들리에게 12월 2일 프랑스의 프레방 수상과 슈망 외상 등 일행이 갑자기 찾아와 긴박한 공기를 한층 더 높인다. 원자탄 사용과 한국전쟁확대에 대해 지닌 공통된 염려와 유럽통합군에 대한 증가와 방문이 목적이었다. '평화의 사명'을 띠고 12월 3일 워싱턴으로 간 애들리 일행 중에 베빈 외상의 모습은 보이지 않았다. 심장병을 무릅쓰고 격무를 봐온 베빈은 마침내 육체적 한계에 도달했던 것이다(이듬해 4월에 사망).

애들리에게는 미·중공 충돌의 확대로 소련이 개입, 제 3차 대전에 돌입하는 위험한 조짐이 보였던 것이다. 또 아시아에 대한 미국의 군사적 깊은 개입은 소련의 군사적 행동을 세계 다른 지역에서 유발할지도 모른다는 시나리오도 걱정거리였다. '평화의 사명'을 의식한 애들리였으나 미국군부의 매파들의 눈에는 중국에 대한 양보와 타협을 트루먼에게 설득하는 유화(宥和)의 사자(使者)로도 비치고 제2차 대전의 N.체임벌리와도 똑같이 보였다.

미·영의 기본적인 상황

애들리수상이 워싱턴에 도착한 날 밤 곧 제1차 정상회담이 백악관에서 열렸다. 트루먼을 보좌하여 애치슨 국무장관, 마셜 국방장관 이하 국무 국방의 두 간부들이 배석했고 애들리 수상을 보좌하여 주미 프랭크 대사, 슬림 참모총장이 참석했다. 애들리의 한국전쟁에 있어서 영국이 취하여야 할 것을 제안한다.

1) 전쟁을 만주로 확대하여 중공과의 전면적 충돌에 들어가는 것은 회피할 필요가 있다.
2) 사태를 수습하기 위해서는 중공과의 외교교섭을 할 필요가 있다. 카이로 선언에 따라 중공에 의해 대만 반환, UN에서의 중국승인, 중공의 정식 승인 같은 것이 필요하다.
3) 동북아시아에 군사적인 깊숙한 개입으로 유럽의 방위가 약화한 것은 대 소 전략상 위험하다. 그러나 한국전쟁 발생 이후의 영국의 정책은 이 나라는 UN군의 일원으로서 먼저 해군력파견에 협력, 이어 영연방 각국과 더불어 지상군병력에도 협력한다. 미국이 한반도에 너무 몰두해 세계의 다른 지대의 위험에 관심이 약해지는 것을 염려한다. 애들리는 7월 6일 트루먼에게 편지로 이런 점에 대해 일깨운다. 그러나 중공이 무력 개입을 한국전쟁에 해오자 사태는 다른 양상을 띠게 된다. 한만(韓滿)국경에 따라 완충지대 내지 비무장지대를 설치하는 안이 영국이 제시한다. 그것은 새로운 사태에 대응하는 외교적인 움직임의 일환이었다. 애들리와 트루먼의 회담에서 직접 트루먼의 입으로부터 "한국전쟁에서 원자폭탄 사용할 의도가 없다."고 하는 말을 나오게 한 성과를 얻는다. 또한 스탈린도 영국에 있는 비밀정보를 통해 한국전쟁에 원자폭탄을 사용하지 않는다는 보도를 듣고 스탈린도 안심하게 된다. 트루먼의 원자폭탄 사용에 관한 '트루먼 발언'은 조심성 없다기보다 공산세력의 군사행동에 대한 억지효과를 지닌 의도적인 것이었다고 볼 수 있다. 그 후의 한국전쟁에 대한 공산진영의 전략계획에 일정한 영향을 주었다. 한국전쟁에서 작전을 짜는 데 유용한 정보를 소련에 제공하여 원자탄이 지닌 전쟁 억지효과를 감쇠시킨 점은 1941년 6월 독·소 전쟁 때 일본의 움직임에 관한 정보를 스탈린에게 전달, 관동군 특별연습의 효과를 감쇠시킨 졸개의 구실에 비할 만한 것이라 평가하고 있다.

제32장
한국과 러시아 관계의 현황

러시아의 두 개의 한국 정책

러시아의 대 한반도 정책은 남북한 등거리 정책으로 알려졌다. 러시아는 남북한이 분단국가라는 것에서 통일될 때까지 남북한을 포함한 주변국가들과 선린관계를 유지할 필요가 있다고 하고 있다. 그렇게 하는 것이 한반도의 평화와 안전 유지를 위해서도 도움이 된다는 것이다. 러시아가 남북통일을 지지하는가 라는 질문에 러시아는 주변 어느 나라보다 남북통일을 지지한다고 하며 그 이유는 미국, 일본, 중국 등 주변국들이 현상에 만족하는 현상유지 세력인데 반해 러시아는 정치적 평화구도를 위한 현상 타파 세력이기 때문이라고 한다.

러시아의 두 개의 코리아 정책은 오로지 러시아만의 독특한 대 한반도 정책이 아니라 이는 미국, 일본, 중국 등 주변 모든 나라의 한반도 정책이기도 하다. 주변국들의 두 개의 코리아 정책의 원인은 남북한 당사자에 있다는 것이다. 이해관계가 얽혀 있는 주변국의 입장에서 보면 남북한은 도저히 타협할 수 없는 적대적 관계이면서도 그렇다고 어느 한 쪽이 상대를 평정하거나 흡수할 수 없는 국내의 상황이어서 현상적으로 두 개의 코리아 정책 이외에는 다른 차선책이 없다는 것이다.

두 개의 코리아 정책이 얼마나 오래 갈 것인가는 남북한이 하기에 달렸다고 보고 있다. 서울과 평양의 정치 지도자들이 실제 행동으로 통일을 앞당기는 조치를 취하면 주변국들은 어쩔 수 없이 통일을 기정사실로 하는 하나의 코리아 정책을 구사할 것이라는 견해도 있다. 그러나 주변국이 보는 남북한 지도부의 속셈은 말뿐이지 분단 상태로 만족하고 있으며 진정 통일을 원하는지가 불투명하다.

그러므로 그들은 두 개의 코리아 상태가 한반도 긴장완화와 평화 유지에 도움이 된다고 보고 있다. 주변국 가운데 러시아의 영향이 한국의 관심사다. 1996년 현재까지 주변 네 나라 가운데 러시아가 차지하는 국가지위(Country Status) 순위는 맨 마지막이었다. 1945년 제2차 전쟁 후부터 1990년 소련 말기 고르바초프 시대까지 근 45년간 소련은 범세계적 국제질서 유지는 물론 한반도 주변정세를 주관하는 데에 미국과 함께 공동 1위권을 유지해 왔다. 소련이 붕괴되고 엘친 이후 소련의 국가 지위는 미국 다음으로 현저한 차이를 보이는 제2위를 기록하고 있었다. 1995년 전후하여 러시아는 한반도 주변 4개국 가운데 4위를 유지하게 되었다. 이것은 한국인들이 주변국 순위를 미국, 중국, 일본 그리고 러시아로 꼽게 된 것이다.

러시아는 1996년 현재 경제력으로 GDP 8,250억불과 1인당 GNP 5,500불은 미국, 중국, 일본에 뒤진다. 그러나 러시아는 전략 핵 군사력은 아직도 미국과 공동 1위를 유지하고 있으며 비토권을 지닌 UN안보리 상임이사국이다. 러시아는 1995년 8월 IMF로부터 추가로 받은 260억불의 금융지원도 모자라 9월 150억불을 요청할 정도이지만 G-7으로부터 확대, G-7회원국인 G-8예우를 받는 무시 못할 잠재적 강국이다. 모스크바의 잠재력은 러시아의 여러 가지 국가적 재원에 기반하고 있지만 그밖에 강대국의 역사적 경험을 무시할 수 없다. 식민주의를 해본 나라 러시아의 국제 정치적 인프라, 노하우, 잠재력은 무시 못한다. 러시아 경제가 흔들리고 그 나라 정치가 극히 민족주의로 선회하거나 깨질 만큼 러시아가 지니고 있는 국제적 파급 효과는 '방해력'으로 작용하여 특정국가의 목표를 방해할 수 있다.

러시아의 방해력(Denial Power)

현재까지 러시아는 두 개의 코리아 정책을 행사하지 않았다. 러시아는 한국에 대하여 현재까지 잠재력 행사를 과시 또는 암시하는 러시아의 등거리 정책은 그동안 남북한에게 형평을 유지해 왔다. 러시아는 남북한과 각각 형평성 있는 기본조약을 체결하고자 노력했으며 이에 대한 북한의 반발에 굴하지 않았다. 그런가하면 러시아를 통해 남북한의 정보 요구에 형평성을 이루고 있다. 한국에 대한 러시아의 방해력 행사(러시아가 사회주의로 회귀하여도 세계정치 질서가 깨질 만큼 러시아가 지니고 있는 국제적 파급 효과는 방해력으로 작용하여 특정국가의 국가적 목표를 방해할 수 있다는 것) 할 수 있다.

다시 말해서 한국이 추구하는 외교적 목표를 못하도록 방해할 수 있다는 것이다. 영역별로 보면 거절 가능성이 높은 분야가 특히 남북한 관계와 연계되는 외교적 기능 분야가 될 것으로 보고 있다. 결국 남북한 주변 강국의 입장에서 한국을 보는 러시아의 시각은 두 개의 코리아 입장이며 러시아는 "북한에 비해 월등한 한국을 바라지 않는다." 그런 의미에서 러시아는 한국정부에 대해 적절한 방해 행사를 구상하고 있다고 본다(2006년 현재).

고르바초프의 인류 공동체에 대한 과제로서의 견해와 한국 통일 문제에 대한 견해

1994년 3월 24일 한국 국회에서 연설 내용 : 전 세계를 포괄하는 경제적, 과학 기술적, 문화적 공동체 건설을 희망

> 저는 오늘 전반적인 세계 공통의 문제에 몇 가지 말씀을 나누고자 합니다. 먼저 말씀드릴 수 있는 것은 국제 관계에서 놀라운 변화가 일어났다는 것입니다. 양대 정치 군사 블록 간의 대립이 사라졌고 제2차 대전 후의 국제 정세를 암울하게 만들었던 냉전시대도 종식되었습니다. 그리고 마치 모든 것을 먹어치우는 괴물처럼 인간에게 필요한 인적, 물적, 지적 자원을 소진시켰던 그런 군비경쟁도 중단되었습니다. 그리고 인류를 핵전쟁의 핵 공포로부터 해방시킬 수 있는 군비축소에도 상당한 진전이 있었습니다. 나아가 국제관계에 있어서의 민주화와 탈 이데올로기화가 가속화되었습니다. 따라서 국가 간, 민족 간의 전반적인, 그리고 호혜적인 협력 관계를 맺을 수 있는 그런 전제조건이 형성되었습니다. 우리는 전 세계를 포괄하는 경제적, 과학, 기술적, 문화적인 공동체를 건설할 수 있을 것이라는 희망을 가질 수 있게 되었습니다. 또한 주목할 만한 것을 포함해 신흥 공업 국가들이 정치, 경제면에서 새로 발돋음을 하고 있다는 것입니다.
>
> 그리고 또한 중요한 변화 중의 하나는 유럽과 아시아의 광대한 지역에 걸쳐 있던 과거의 사회주의 체제였던 소비에트 블록에서 발생하고 있는 변화입니다. 이 지역에서는 개혁 세력의 강력한 활동으로 비민주적이고 전체적인 체제가 붕괴되었고 사회 경제적인 근본적 개혁이 전개되기 시작했습니다. 변화하고 있는 것은 기술뿐만 아니라 사회생활양식이 변화하고 있고 인간 자체가 변화하고 있으며 나아가서 사회경제 정치체제 자체의 변화가 일어나고 있습니다. 서방 선진국에서는 사회복지를 중요시하는 혼합 경제체제가 형성되고 있다고 보고 있습니다. 그리고 인간사회 각 분야에 있어서 민주화가 진행되고 있다고 생각하고 있습니다.

그리고 국제관계 면에서는 점차 정치 경제적으로 통합되어 가고 있는 변화가 일어나고 있습니다. 한 마디로 말해 세계는 이제 20년 전의 세계가 아닙니다. 계속해서 세계는 급속하게 변하고 있는 것입니다. 여기에서 중요한 것은 우리가 세계적인 변화를 이해함에 있어서 어떤 단순한 해석을 내리려고 하거나 아니면 어떤 낡은 대립구도나 이데올로기적인 고정관념의 포로가 되어서는 안된다는 것입니다. 단순하게 이런 변화를 해석하려고 한다면 승리나 패배의 구도로 모든 것을 귀착시키려고 하는 시도가 있을 수도 있습니다. 다시 말해 "서방 블록은 승리했고 소비에트 블록은 실패를 했다."는 식으로 말입니다. 하지만 저는 그렇게 생각하지 않습니다. 저는 모든 국가 모든 민족이 냉전 중에는 모두가 패자였다고 생각합니다. 그리고 우리가 냉전을 종식시킨 이 순간은 모두가 승자라고 생각합니다. 우리는 지금 새로운 문명의 시대로 접어들고 있습니다. 새로운 문명은 한편으로 우리에게 희망을 안겨주고 있지만 다른 한편으로는 심각한 우려와 도전으로 다가오는 것입니다. 여기서 우리는 어떤 환상을 품어서는 안됩니다.

지금 인류는 이제 21세기의 문턱에 서서 과거로부터 결코 극복하기 쉽지 않은 유산을 상속받았다고 생각합니다. 인류의 역사나 진보 자체가 언제나 문제를 야기하고 있고 새로운 위협을 가져다주고 있다고 볼 때 우리는 이에 대해서 아주 진지하게 문제를 직시하고 끊임없이 해결책을 모색하여야 된다고 생각합니다. 최근 변화 중에 하나로서 긍정적인 것은 우리 인류가 핵 참사 위협으로부터 해방될 수 있는 것입니다. 물론 그것이 완전히 제거되지 않았지만 매우 긍정적인 진보라고 생각합니다. 여기서 중요한 것은 미·소(美·蘇)라는 핵 강대국뿐만 아니라 모든 국가가 핵무기 위협을 완전히 제거하기 위해서 노력을 기울여야 합니다. 이와 관련해 저는 한반도를 비핵화하는 정책을 적극적으로 지지하는 바입니다. 그리고 그런 장애를 제거하는 데 있어 우리가 모든 노력을 아끼지 말아야 한다고 생각합니다.

우리 인류가 새로운 문명의 시대로 접어드는 이 시점에서 우리 앞에 있는 커다란 문제 중에 하나는 환경과 인구 문제라고 생각합니다. 국제환경 기구인 '녹십자' 활동 원칙에 대해서 말씀드리자면 제가 '녹십자'의 의장으로 있습니다만 최근 그 활동이 굉장히 주목을 받고 있고 저도 활동에 전념을 하고 있습니다. 활동문제라는 것은 고속산업화에 의해서 야기된 것이라고 생각합니다. 하지만 유감스럽게도 국제사회가 지금 생태계의 균형을 유지하기 위해 기울이고 있는 노력은 턱없이 부족할 뿐 아니라 그 노력 자체가 분산되어 있고 제대로 상호조절이 되고 있지 않습니다. 이 시점에서 우리에게 중요한 것은 전 세계차원에서 환경정책을 마련하고 그 문제를 해결하는 관련 메카니즘을 만들어 내는 것이라고 생각합니다. 또 다른 문제로 지적 할 수 있는 것은 자연자원의 유한성에 관한 문제입니다. 최근 몇 십 년간 자연자원에 대한 수요가 엄청나게 증가했습니다. 특히 선진국에서 그 수요가 증대되었습니다. 그리고 선진국을 제외한 다른 나라에서는 점차 자연자원을 개발하는 것을 가속화시키고 있습니다. 그리고 이것은 전적으로 정당한 일이라고 생각합니다. 만약에 전 세계의 일인당 에너지 소비량이 현재에 미국의 일인당 에너지 소비량에 달한다면 지금 지구상에 존재하고 있는 석유자원이나 가스 같은 자연자원이 겨우 10년 만에 바닥이 날 것이라고 생각합니다. 그러면 이런 자연자원의 문제를 어떻게 해결할 것인가 저는 이 해결책은 과학이 가져다 줄 수 있을 것이라고 생각합니다. 먼저 자원소비를 절감하는 방향으로 생산 기술을 변화시켜야 합니다. 두 번째 자원 소비를 합리화하여야 하고 폐기물을 재활용하는데 모든 노력을 기울여야 할 것입니다. 그리고 전 세계적으로 공업 생산속도와 자원 소비수준을 합의해 조절할 수 있는 그런 가능성이 있다고 생각합니다. 지금 미국은 전 세계의 에너지 소비량의 34%를 소비하고 있습니다. 그런 소비수준을 다른 나라에서도 따라가게 된다면 우리는 자원 문제에 있어서 심각한 결과에 봉착하게 될 것입니다. 그렇기 때문에 지금 이 시점에서 가장 중요한 문제는 환경 문제와 자원 문제를 해결하는데 있어서 전 세계가 조화를 이뤄야 한다는 것입니다.

현 국제 사회에 있어서 인구 폭발 가능성이 커다란 불안을 야기시키고 있습니다. 동시에 급격하게 발전해 나가고 있는 국제사회에 있어서 출산율과 인구 증가율에 대한 사회적 조정력이 정신적으로나 물질적으로 크게 뒤처져 있음을 알 수 있습니다. 이러한 인구 문제의 해결은 국가 인구정책과 이에 대한 사회적 여론 조성을 통해 가능하다고 봅니다. 이것은 국제 협력을 해나가야 할 가장 중요한 분야 중에 하나라고 생각합니다.

또한 과학 기술 혁명은 현재까지 인류가 축적해 놓고 있는 사회적 정신적 가치를 엄격하게 심판하고 있는 듯합니다. 종종 이러한 심판은 인류 도덕체계의 붕괴, 사회관계와 가족관계의 파괴, 인간 탈 개성화 등으로 인식해 왔습니다. 본인 생각에 이것은 새로운 문명 정착의 첫 단계에서 인류가 치러야할 비용이라고 생각됩니다. 현대적 정보 정산 체계와 인류의 정신적 문화적 경험을 통합시키려는 노력이 이루어져야 합니다. 바로 여기에 이러한 현상들을 그저 관찰만 하는 것이 아니라 현대 과학과 기술의 업적과 국제적 정신적 미학적 문화를 적극적으로 통합, 활성화 해 나가는 것을 적극적으로 도와야 할 것입니다. 신문명은 지역 및 민족의 운명과 전통 보존 문제와 긴밀히 관련돼 있다고 생각합니다. 신문명, 다시 말해 다이내믹하고 질적인 시장 경제 민주주의 자유 및 민족자결에 토대를 둔 새로운 문명이라고 하는 것은 각 민족 그리고 지역의 전통 보존을 토대로 하여야 한다고 하는 것이 저의 소신입니다. 저는 신문명이라고 하는 것이 얼마나 다양한 성격을 지닌 것인지 또한 어떠한 경로를 통해서 인류가 이러한 새로운 운명에 도달할 수 있을 것인가 하는 문제에 대해 제 나름대로 예견을 할 수 있다고 생각합니다. 여기에는 삶의 방식, 사고방식, 종교 및 사회제도 등에 대한 변화 모델 등이 있을 수 있을 것입니다. 현재 국제 관계에 있어서 복잡하고 모순에 가득 찬 그런 현상들이 우리를 기다리고 있습니다.

두 진영으로 나뉘어 대결하던 양극화된 세계는 사라지고 있습니다. 동시에 건전치 못하고 기형적인 구태의연한 국제적 관계는 파괴 돼가고 있습니다. 그러나 새로운 국제관계구조는 아직도 존재하고 있지 않습니다. 또한 이러한 전이(轉移)과정에서 불안정한 상황이 펼쳐지고 있으며 그것은 적지 않은 위험성을 내포하고 있는 것입니다. 분명히 이러한 상황에서 한 국가 또는 몇몇 강대국들이 자신의 의지를 다른 국가에 강요하려는 시도 또는 경향은 현대적 국제 발전에 저해 요소가 될 뿐만 아니라 결국 그 국가들 자신에 있어서 장기적 이익에 상반되는 결과를 초래하게 될 것이라고 확신하는 바입니다. 세계의 발전이 과연 어떠한 방식으로 이루어질지는 미래가 보여줄 것입니다. 그러나 현재 이미 국제사회에는 북반구에 세계의 중심이 형성되고 있습니다. 북 아메리카, 유럽 그리고 동아시아가 바로 그곳입니다. 이러한 각각의 지역들은 그들의 리더를 선정했거나 또는 선정하고 있습니다. 그리고 이러한 지역들의 영향력은 점점 증대되고 있습니다.

그리고 양 진영의 대결이 종식됨에 따라 조성된 새로운 국제발전 구조에 있어 남북, 즉 선진국과 후진국 관계의 중요성이 증대되고 있습니다. 그들의 사회 제 발전의 불균형이 국제사회 상황에 점점 더 큰 영향을 끼치고 있습니다. 또한 불안의 갈등이 심각한 요인으로 작용하고 있으며 새로운 문명 구축의 저해 요소가 되고 있습니다. 선진국과 후진국 즉 남북문제는 과거보다 커다란 국제사회의 관심을 필요로 한다고 생각합니다. 우리는 이러한 선진국과 후진국의 관계발전이 신문명을 이룩하는데 있어 관과 할 수 없는 주요한 의미를 갖고 있습니다. 이러한 새로운 국제 질서하에 대부분 옛 소련국가에 경제적 정치적으로 미치는 러시아의 위치가 중요한 문제로 대두되고 있습니다. 새로운 국제정치하에서 러시아는 새로운 정치체제를 연결할 수 있는, 다시 말해 서구와 동유럽, 아시아, 북아메리카를 연결할 수 있는 연결 고리가 될 수 있을 것이라고 생각합니다. 러시아의 CIS 국가들의 위기 상황에서 탈피 그리고 구소련 국가들의 안정과 러시아의 주도적 역할 그리고 러시아와 서구 및 동구 파트너 국가들과의 긴밀한 관계가 러시아의 이러한 연결고리 역할에 있어서 중요한 변수가 될 수 있을 것이라고 생각합니다.

한국은 잠재력이 강한 러시아의 훌륭한 파트너

바로 3년 전에 한·소 양국은 국교를 체결했습니다. 또한 단기간 내에 훌륭한 관계발전을 이루어왔습니다. 따라서 본인은 한국은 러시아의 훌륭한 잠재력이 강한 파트너가 될 수 있을 것이라고 확신하고 있습니다. 또한 러시아에서는 한국이 가지고 있는 특이하고 독특한 경험에 커다란 관심을 갖고 있습니다. 한국은 근면함과 조직력 등을 바탕으로 현대 과학 기술 발전을 이용해 약 20여 년 만에 현재의 경제 기적을 이룩할 수 있었습니다.

저는 현재 서울에서 대화를 통해 한국 역시 많은 문제를 안고 있음을 알 수 있었습니다. 그러나 그러한 문제들은 20년이나 25년 전에 한국이 겪었던 문제들과는 다른 성격이라고 생각합니다. 또한 한국 정부는 정력적으로 이러한 문제들을 해결하고 있다고 생각합니다. 남북통일은 한민족의 지고의 목적이라고 이해하고 있습니다. 저는 이러한 한국민들의 희망을 이해할 수 있습니다. 한국민 여러분들이 생각하시는 대로 남북통일은 남북 간의 상황 이해와 점진적인 정치, 경제적, 인도적 접근을 통해 이루어져야 한다고 생각합니다. 물론 제 3국가들의 사절단들은 이러한 남북통일 과정을 촉진시킬 수 있을 것이고 평화 통일을 위한 국제상황을 조성해 줄 수 있으리라고 생각합니다.

한국과 러시아의 경제 문제와 문화 교류 및 한국의 분단 문제

러시아가 한국이 중장기적으로 중요한 이유는 북한과 러시아 사이에 이루어진 깊은 관계 때문이다. 제2차 대전 이후 한민족이 광복을 맞이하면서 외세에 의한 분단과 이에 따른 남북한 분리정권의 수립과정에 남한은 미국에 의해 그리고 북한은 소련에 의해 탄생된다. 미국이 남한 정부를 수립하는 데 미국적 가치판단을 쏟아 부었고 북한이 남침하자 미국은 자국의 젊은 생명 10만 명을 희생시키며 남한정부를 공산 세력으로부터 방위했다. 한국전과 전후 복구비로 미국은 한국에 1950년도 기준 가치로 80억불을 투입했다. 그것은 현재 가치로 900억불에 해당한다.

같은 기간에 소련은 북한 공산주의 국가를 수립하고 경제 원조는 물론 6. 25전쟁을 치르도록 지원한 돈 모두를 합하면 당시 가격으로 45억불에 해당한다. 그때의 소련 공산주의자들이 오늘의 러시아 탈공산주의자들이다. 국가명과 이념이 바뀌었어도 똑같은 슬라브 민족은 바뀐 것이 없다. 소련인들은 그들이 도와서 이룩한 북한이 잘 되기를 바란다고 하며 미국 또한 그들의 피땀과 피로 지킨 한국이 미국의 자존심이 걸린 나라라고 하고 있다. 즉 공산주의가 멸하고 탈공산주의가 설립되고 소련이 러시아로 변했어도 불변하는 것은 거대한 러시아국과 슬라브 러시아 민족이라는 것이다.

이렇게 해서 러시아는 북한과 숙명적인 인연을 맺고 서로가 그러한 역사적 의미를 간직하게 되었다. 북한은 김일성 주체사상이 반외세적 반러시아적, 민주주의 정신을 주장하지만 북한의 정신문화와 사고체제, 교육체제와 학문과 문화 예술 및 과학은 물론 예식과 의식체계에 이르기까지 러시아적이라는 것을 부인할 수 없다. 북한의 그러한 정치, 경제 체제와 문화 및 산업시설을 형성시킨 러시아는 북한의 모든 부분에 대해 정보를 갖고 있다. 단기적으로는 북한과 협력 관계를 수립하고 장기적으로는 통일을 준비하여야 하는 한국은 러시아가 지니고 있는 풍부한 북한 정보와 북한통 지식을 필요로 한다. 1990년부터 러시아와 한국의 관계에서 한국정부는 많은 교훈을 얻었다. 한국에 부임한 러시아 외교관과 통신원이 직간접으로 정보원이라는 사실이다.

소련 시절 KGB가 1991년 국내의 보안국(FSB)과 해외정보국(SVR)으로 바뀌었지만 아직도 러시아의 정보체제는 8만 여명의 정보원으로 미 중앙정보국(CIA)과 연방수사국(FBI)에 버금가는 제2의 정보부를 형성하고 있다. 현재 북한 관계는 한반도 전문가 또는 평양과 남한과 북한 핸(Hands)들이 교대로 평양과 서울에서 근무하며 정보를 수집하고 첩자를 심고 있다고 한다.

이렇게 해서 남북한 정보통을 서울에서 만날 수 있다는 사실은 한국의 위험이 아니라 도리어 한국에 있어서 정보를 얻을 수 있는 통로로 작용할 수 있다. "북한은 한국과 같은 운명 선상에서 분단된 전체로서 숙명적 동심(同心)체이다. 한국은 이러한 북한과 좋든 나쁘든 대처하여야 하며 북한과 잘 안되면 평화도 통일도 기대할 수 없으며 엄청난 민족적 재앙에 빠질 수 있다." 러시아는 북한과 미국을 제일 오래 거래하고 다루어 온 나라이다.

따라서 한국은 러시아의 대미 및 대북 경험과 정보를 필요로 하고 있다. 한·러 간의 기본 인식의 틀은 그러한 러시아의 경험과 정보에서 찾아야 할 것으로 생각한다. 즉 한·러의 미래는 확실한 관계의식으로부터 출발해야 한다고 생각한다. 러시아가 가지고 있는 미국과 북한의 풍부한 정보와 지식 및 경험은 한국의 국가적 전략 지원이 되고 있다. 러시아도 한국으로부터 중요한 협력 부분이 있다. 러시아는 두만강에 접한 한반도와 남한이 가지고 있는 군사적 지리적, 정치적 그리고 경제적 관문의 가치가 있다. 러시아는 장기적 대국의 안목으로 한반도에서의 미국의 위치와 역할에 대해 깊은 관심을 가지고 있으며 이 점에 대하여 한·러 간 공동의 인식 기반을 설정하고자 하고 있다. 한반도가 러시아에 있어서 태평양으로 향하는 관문의 역할을 할 수 있다. 물론 러시아 극동 연해주에 블라디보스토크와 나호트카 항구가 있지만 러시아의 태평양 관문이 될 수 있다.

한국은 제정러시아시대부터 러시아의 지정학적 요충지로 알려졌다. 한·러의 미래상은 한국이 러시아에 관문의 역할을 어떻게 할 것이라는 확신을 주어야 한다고 보고 있다. 한·러 관계에 미국의 변수는 아주 중요하다. 토크빌(Alexis de Tocqueville)은 1835년 그의 저서 〈미국의 민주주의〉에서 지구상에서 미국과 러시아의 경쟁관계는 상당 기간 지속될 것으로 보고 있다. 제정러시아가 소련으로 변하고 구소련이 러시아로 변하더라도 러시아와 미국과의 강대국 관계인 것이다. 러시아가 경제적으로 볼 때 토크빌이 150년 전에 예견한 것처럼 러시아는 미국과의 경쟁 관계는 계속될 것이다. 이러한 미·러의 경쟁 관계는 60년 전에 한반도에서 재현되었으며 계속되고 있다. 러시아는 중국과 일본 등 주변국들의 대 한반도 개입상황을 경계하며 한반도에서 바람직한 미－러 관계 정립에 한국의 건설적 역할이 필요하다.

한국에서 러시아 문학의 보급

일제 강점기에 압박에 있던 조선 민중과 지식인, 작가들은 사회성, 도덕성, 이상성, 공리성을 강조하게 됨으로써 민중을 지도하고 교화시키고자 했다. 19세기 후반의 조선 지식인들과 문학가들은 러시아의 지식인들과 러시아 문학가 그리고 러시아 문학에 쉽게 공감하고 친숙해질 수 있었다. 러시아 문학과 한국 독자의 만남은 필연적이었고 진실한 것이었다.

따라서 1920년대와 1930년대 한국에서 러시아 문학의 번역과 소개는 다른 여러 나라의 문학(영, 독, 불)에 비해 수적으로 월등했다. 그 중에서도 톨스토이, 체호프, 고리키, 도스토예프스키, 푸시킨, 뚜르게네프 등의 작품이 주류를 이루고 있었다. 김병철의 〈한국 근대문학사 연구〉에 의하면 1920년대에 한국에 번역 소개된 러시아 문학작품은 127편에 달하고 있다. 이 숫자는 당시 번역 소개된 미국 문학작품 65편, 독일 문학작품 68편, 프랑스 문학작품이 100편이였음을 고려할 때 러시아 문학의 인기를 입증해주고 있다. 러시아 작가들의 작품이 1820－1930년대 소개된 것은 톨스토이의 〈나의 참회〉, 〈어둠의 힘〉, 〈부활〉, 〈사람은 무엇으로 사는가〉, 〈부활 후의 카츄샤〉, 〈바보 이반〉, 〈회개한 죄인〉, 그리고 뚜르게네프의 〈첫 사랑〉, 〈아버지와 아들〉, 〈산문시〉, 〈전 날 밤〉, 〈봄 물결〉, 〈불행한 처녀〉, 〈밀회〉가 있으며, 체호프의 〈변덕쟁이〉, 〈키스〉, 〈재판 구경〉, 〈훈장〉 등과 고리키의 〈첼가쉬〉, 〈반역자의 어머니〉 등이 있다.

위의 작품들은 일어를 통한 중역이며 완역이 아닌 초역, 축역, 경개역이었지만 한국문학과 작가들에게는 크나큰 창작의 동기를 주었다. 특히 당시에는 뚜르게네프와 톨스토이가 인기 있었다. 1945년 이후 러시아 문학은 영어를 해독하는 사람들이 많아져서 영어로 번역된 작품들이 수입되었으며 특히 60년대 이후 소련 망명 작가 솔제니친, 파스테르나크 등의 영역된 작품을 통해 러시아의 현대작품을 접하게 되었다.

지금도 도스토예프스키의 작품, 〈죄와 벌〉은 대학생들이 많이 읽는 작품이 되었다. 파스테르나크의 〈닥터 지바고〉는 영화화해서 이 작품을 읽는 독자들이 많다. 이 작품을 영화로 만든 것은 영국의 감독 데이비드 린이다. 배경은 모스크바이지만 촬영은 스페인에서 한 것으로 인조 눈으로서 러시아의 겨울 풍경을 연출한 것이다.

이 작품은 현재(2006년) 러시아 감독이 러시아에서 러시아의 정서를 정확하게 한다는 뜻으로 촬영에 들어갔다. 88년 서울 올림픽을 통해 러시아인들은 한국에 관심을 갖고 서울에 많은 예술단과 연극들을 가지고 와서 공연을 하는 기회가 많아졌다.

80년대 말 체호프의 〈벚꽃 동산〉을 모스크바 극단이 서울에서 공연함으로써 러시아의 리얼리즘 연극을 만끽할 수 있는 기회를 한국인들은 가졌다. 그리고 이 작품은 국내에서도 가장 많이 무대에 올린 작품이다.

또한 2006년에 아브라모프의 작품 〈형제자매들〉을 연출한 말리 극장의 예술 감독 레프 도진(Lev Dogin)이 서울 LG 아트센터에서 무대에 올렸다. 이 작품은 상연 시간이 무려 7시간 반이나 된다. 〈형제자매들〉은 공연 준비만 10년이 걸린 것이다. 이 원작은 3권으로 되어 있으며 스탈린 집권기 집단 농장을 배경으로 한 삶과 땅, 가족에 대한 애착을 보여주는 작품이다. 도진은 이 작품을 연출하기 위해 1985년 초연했는데 그날 밤 체르넨코가 사망하고 고르바초프가 집권한다. 도진은 〈형제자매들〉이 소련의 권력 체계를 정화한 것이라는 유머도 보이고 있다. 체르넨코는 소련의 예술을 이데올로기에 맞도록 강요하고 있었다. 이 작품의 공연 시간을 길게 한 이유에 대해서 그는 세상이 빨리 갈수록 연극과 극장은 느리고 심각해져야 한다고 하고 있다. 일상에 파묻히고 외면에 치중하는 사람들을 끌어내 사랑, 죽음, 희망 등이 무엇인지 본질적으로, 깊이 탐색하여야 한다는 것이다. 2000년 유럽 연극상을 받은 도진은 강력한 흡인력을 지닌 연출로 러시아 연극을 부흥시킨 연출가다. 그는 현대인에게서 부족한 것은 타인과의 공감이라고 하고 있다. 연극은 타인과의 공감하는 법을 알려주고 있다고 하고 있다. 20세기 독일 작가 토마스만은 뚜르게네프, 톨스토이, 도스토예프스키, 체호프 같은 작가들의 작품에 감탄했고 또 모파상은 러시아 문학의 뛰어난 예술적 아름다움에 감격하고 있었다. 한국의 독자들도 이와 같이 러시아 문학을 탐닉했었다. 한국에서는 비록 문학을 하는 사람뿐만 아니라 법학자들도 자연과학을 하는 사람들도 이들의 작품을 탐닉했었다.

1990년대 이후 한·러 간의 양국 학문 연구

현재 러시아에서는 아카데미의 동방 연구소를 비롯한 많은 대학의 학술 연구기관에 한국학 관계 연구업적을 계속 발표하고 있다. 한국에서는 영어, 프랑스어, 독일어, 중국어, 일어, 아랍어, 스페인어 등 외국어로 인정받아 각급 교육 기관에서 교육되면서도 러시아에 대한 관심은 지극히 낮다. 즉 러시아어는 중요한 외국어로서 대우를 받지 못하고 있었다.

그러나 1990년 한국과 러시아간의 국교 수립 후 러시아에 대한 이미지 변화와 함께 이미 30여개 종합대학교를 비롯하여 러시아교육이 활발히 이루어지고 있다. 제2차 세계대전 이후 러시아 과학의 급속한 발달과 더불어 주로 과학자들 사이에 러시아어의 중요성이 인정되기 시작함으로써 오늘날 러시아어는 미국을 비롯한 세계 각국에서 활발히 연구되고 있다. 특히 과학 교류는 여러 대학에서 교환교수 제도를 수립하여 과학의 교류가 이루어지고 있다.

특히 러시아의 우주선을 타기 위해 이소연 박사가 러시아에서 러시아인들로부터 훈련을 받고 우주과학 연구를 한 일은 양국 간의 크나큰 학문의 교류라고 간주할 수 있다. 이 밖에도 지질학에 대한 양국의 교류가 활발히 진행되고 있다. 특히 공주대학교 자연과학대학에서 지질학의 공동 연구가 행해지고 있다(1996년 현재).

러시아 문서보관소와 한국 관계 자료

현재 러시아에 소재한 문서보관소로서 한국의 근, 현대사 관련 자료들을 소장하고 있는 곳은 러시아 현대사 문서보관소 및 연구센터, 러시아 국립 문서보관소, 러시아 대외 문서보관소, 제정러시아 대외정책 문서보관소, 러시아 연방국방 문서보관소, 러시아 국립군사, 역사문서보관소, 현대문서보관소, 러시아 경제문서보관소(이상은 모스크바 소재), 러시아 국립중앙역사 문서보관소, 러시아 연방해군 문서보관소(이상은 상트페테르부르크 소재), 톰스크 극동 문서보관소(톰스크 소재), 러시아 국립극동 문서보관소(블라디보스토크 소재), 이르쿠츠크 국립문서보관소, 하바로스크 국립문서보관소 등이 있다. 이들 가운데 한국관련 자료를 가장 많이 소장하고 있는 연구소는 러시아 국립역사 문서보관소와 러시아 현대사보관소 연구센터이다. 러시아 국립문서보관소는 1943년 톰스크에 설립되었다.

이 문서 보관소에는 혁명 이전 또는 이후에 하바로브스크 연해주 등 극동 지역의 관청문서들을 보관해 오고 있다. 대부분의 자료들은 시기적으로 19세기 후반에 집중되어 있으며 부분적으로 그 이전 자료들도 보관되어 있다. 몇 가지 주요한 폰드(문서군)를 보면 동시베리아 본부 폰드(1858－1903), 연해주 총독 폰드(1884－1917), 프리모스크 폰드(1822－1849), 등 시베리아 행정청 폰드(1856－1917), 아무르군 총독 폰드(1885－1917) 등이 있다. 이들 폰드에 러시아극동 진출과정(경제 발전, 이주 정책, 문화 등)을 반영하는 자료들, 한국, 중국, 일본 또는 부분적으로 미국, 영국 등과의 교류관계를 드러내는 자료들, 극동 지역 국가들의 민족성에 관한 보고서들과 그들에 대한 짜르의 정책 관련 자료들, 혁명관련 자료들이 포함되어 있다. 그밖에 극동에서 사회주의 혁명운동의 소비에트 권력 수립에 관한 문서들, 농업 관련 자료, 또는 집단화 관련자료, 이민교육과 문화 관련 자료가 있다.

러시아 문서보관 및 연구센터는 당 문서보관소로 널리 알려져 있다. 1917년 기존의 소연방 공산당 중앙위원회 사회주의 이론 역사 연구소, 중앙당 문서보관소를 당시 조직함으로서 현재와 같은 명칭을 갖게 되었다. 이곳에는 서유럽 정치사자료, 국제노동운동사자료, 사회주의 및 공산주의 조직과 운동사자료 등을 풍부하게 소장하고 있다. 전체 보관량은 548폰드, 150만개의 문서철에 달한다.

특히 같은 폰드와 오삐시(소문서 군)가 있다. 중앙위원회 비서과 및 비서국 오삐시(1920－1934), 러시아공산당 중앙위원회 극동 폰드(1923－1943), 코멘테른(국제 공산당) 비행위원회 폰드(1919−1943) 등이 있다. 한국 근, 현대사 자료와 관련된 독립 운동사 자료는 1908년에서 1928년까지의 20여 년간에 걸쳐 분포되어 있으며 내용상으로는 러시아 10월 혁명 이전의 독립운동사 자료와 후의 독립운동사 이전의 한인 이주민 사회사 자료로서 3부분으로 나누어져 있다.

1910년대 말까지 독립운동사 관련 자료가운데 〈한국과 만주경찰에 대한 보고서〉, 〈권업의 규약〉, 〈공립협회 규약〉, 〈반일적 성향의 한인들의 언동에 대한 정보〉 등이 주목받은 내용들이다. 〈반일적 성향의 한인들의 언동에 관한 정보〉는 당시의 성향 묘사를 적나라하게 밝히고 있어 흥미롭다. 1920년대 관련자료 가운데 일련의 〈러시아공산당 중앙위원회 극동국 한인부 회의록〉 등은 사회주의 운동사 연구와 관련해서 가치 있는 내용을 제공하고 있다. 또한 〈니콜스크의 전반적 상황〉, 〈극동의 관 구 이주청〉 등의 자료는 당시 러시아 극동지역 한인들의 정치적 상황뿐만 아니라 사회생활사 측면에까지 시야를 제공하고 있다(2006년 현재).

한국의 대 러시아 교류에 있어서 유연한 사고의 필요성

1987년 당시 한국의 대 러시아 경제현황을 보면 민자 투자가 10억불에 지나지 않았다. 이것은 한·러 관계를 대변하는 것을 의미하는 것으로 볼 수 있다. 한국은 러시아의 21번째 교역국이고 러시아 총 수출의 1−2%와 총 수입의 1.2%를 차지하고 있었다. 1998년의 통계에 의하면 이 해에 연 인원 5천명이 넘는 한국유학생이 러시아에서 학업을 하고 연 평균 1,000여 명에 이르는 관광객이 러시아를 찾았다. 또한 러시아에는 무용단 등 각종 예술단이 서울을 찾았다.

이와 같은 교역과 교류는 한·러 협약이 있은 후에도 별 큰 진전이 없는 교역이다. 한·러 모두가 경제적 어려움을 겪고 있었다. 한·러 간의 교류 및 교역은 정부 간의 기틀이 아니더라고 얼마든지 의미 있는 협소 차원에서 더 찾을 수 있다고 하고 있다.

예로 정부차원과 비정부차원에서 이루어 놓은 한·러 간의 각종 친분 코넥션과 협의 및 협력체의 창구를 활짝 열고 이를 통한 지속적인 통신과 교류를 증진할 수 있다. 러시아와 한국의 여러 대학과 연구소들 간에 체결한 각종 학술교류와 협력 합의 같은 것이다. 연구소의 교류, 학문의 교류 등이 비록 소규모이긴 하지만 일부대학에서는 1990년 이후 이루어지고 있다. 1996년 이후 교육부나 유관 기관의 재정적 배려도 철회된 상태이다. 정부가 일정한 가이드라인을 협의의 가동으로 한·러 우호 증진의 제도적 장치를 마련하는 것도 좋은 일이다. 정부와 지식사회는 방해력(Power Denial)을 인식하고 러시아의 강대국의 지위를 재인식하는 홍보 조치가 필요하다. 마치 러시아를 제3세계국가로 취급해도 되는 것처럼 인식이 굳어져있다. (G8 이후는 달라지기 시작했음)이는 러시아가 용납할 수 없을 것이며 한국에 대한 모스크바의 방해력 행사를 자초할 우려가 있다. 한국정부가 한·러 관계 발전의 제2도약기를 과학을 위해 구체적인 조치를 취할 필요가 있다(2004년 현재).

한국은 러시아가 진 빚 17.7억불에 대한 상환 연기 조치를 취함으로써 파리 클럽과 보조를 맞출 필요가 있다. 러시아가 진 빚에 해당하는 상당액을 한국의 과학을 위해서 러시아 현지 훈련비로 하는 것도 바람직한 일이다. 이렇게 함으로써 한국 탐사기술, 레저공학, 환경 공학 등 러시아가 소유하고 있는 각종 우수한 첨단 과학 기술 분야에서 한국의 과학 기술 두뇌를 양성할 수 있다. 유라시아 정서 속에는 한국적 감정과 애수가 있어 한국인과 러시아인은 쉽게 이심전심의 경지가 이루어질 가능성이 있다. 이와 같은 개인과 개인 타인의 친근감과 유대감이 공적 조직사회의 제도화로 이어지지 못하는 까닭은 다분히 한국인의 독특한 편견에서 기인한다고 볼 수 있다.

초기 대·러 관계에서 한국인은 많은 공익과 기교를 부렸다. 한반도에서 미국을 견제하고 경계하는 러시아이지만 한국보다는 미국, 북한과 긴밀한 정보 교환을 하고 있다. 한·러 관계는 다시 출발하여 처음부터 새롭게 출발할 필요가 있다. 패망한 소련을 승계한 러시아가 자동적으로 한·러 관계로 이어짐으로서 한·러 간은 처음부터 외교적 기본 틀도 없이 국교관계에 진입했다. 최근(2004년 현재)에 야기된 한·러 관계 수립을 위해서 좋은 계기가 되었다. 한국과 러시아의 외무당국은 물론 양국의 유관 기관과 집단들도 한·러 관계에 참된 이정표를 세우기 위한 고민을 해야 된다.

〈부록(附錄)〉

용어 해설

검사총장(Germeral Procurator)－ 형무소나 법체계의 감독 외에 검관이나 검사관의 기능을 통합한다. 최고회의에 의해 임명된다. 모스크바의 검사총장에 종속하는 지방 검사국이 있다.

고스플란(Gosplan)－ 국가계획위원회

굴라그(GULAG)－ 그라부노에, 우프라브, 레니에, 라게레이(국가위원회와 내무성 관할의 수용소 관리국)의 약칭, 약칭은 수인(囚人)들에게 사용된 비공식 슬랭으로서 알렉산드르 솔제니친에게는 일반적이 되었다.

노멘클라투라(Nomenklatura)－ 당 및 국가 기관에 있어서 중요한 직책을 가진 신분으로 임명에는 당 상층부로부터 승인을 필요로 한다. 당 및 국가 기관의 직업 관리를 의미한 노멘클라투르니, 라보토닉이라는 말에서 왔다.

다차(Dacha)－ 보통은 휴양지나 교외에 있는 휴가용 집, 당 관리에게 있어서는 일정 기간 또는 평생 동안 주어졌던 특별한 국유 별장을 가리킨다.

당－ 국가 통제 위원회, 중앙위원회와 각료의 쌍방에 부속하는 권한을 가진 공통의 통제 기관으로서 1962년에 흐루시초프에 의해서 설립되었다. 흐루시초프 해임 후 폐지되고 보다 하급 인민통제위원으로 바뀌었다.

MGB－ 미니스체르스토보 가스다르트토벤노이 베스파소노스치(국가 보안성의 약칭). 1946년부터 1953년까지 존재했다.

MVD－ 미니스체르스토보 브누트렌니프 데르(내무인민위원부)의 약칭

CPUS－ 소연방 공산당

사미즈다트(Samizdat)－ 코피나(복사), 사진 복사 또는 타이프로 재생되어 공식 감시기구의 범위 밖에서 개인에 의해 배포된 문학, 정치 등에 관한 작품. 현재는 지하 출판물을 통틀어 말한다.

오브컴(Obkom)－ 오브라스트누이 라보토닉의 약칭

OVIR－ 내무성의 비자 등록국. 소련에는 공식적인 이주 사무국은 없다. 그러나 이주 준비 업무는 OVIR에서 하고 거기서는 또 개인 적인 해외여행도 담당하고 있다.

연방 구성 공화국(Union Republic)－ 소련 연방은 공화국이라고 부르는 15개의 공화국으

로(개방 후 연방국이 독립됨) 구성되어 있었다. 크고 또한 뚜렷한 소수 민족이 존재하면 연방 구성 공화국은 다시 자치 공화국이나 자치국으로서 기능을 발휘하는 것이 보편적이었다.

제3인터내셔널(The Third International)– 공산주의 인터내셔널을 말함, 세계 각국의 공산당의 통일적인 국제 조직, 1919년 레닌 주도의 지도하에 러시아 공산당과 독일 사회민주당 좌파를 중심으로 세계 각국의 공산당 사회주의 운동을 지도하여오다가 제2차 세계대전 중 1943년 5월에 해산됨. 적색 인터내셔널, 코민테른, 국제공산당

코민테른(Kominrtern)– 제3인터내셔널

코민포름(Kominform)– Communist Information Burau : Informationnoe Byuro Kommunisticheskikhi, 1947년 소련, 동유럽, 이탈히아, 프랑스 등 9개국의 공산당이 정보교환 또는 조사활동을 하기 위하여 설립한 국제 공산주의 운동의 국제적인 지도기관. 베오그라드 에서 설립하였으며 후에 본부를 부카레스트로 옮김, 1956년에 해산되었다.

KGB– 코미즈 가스다르스트벤노이 베조파스노스치(국가 보안위원회)의 약칭

콤소몰(Komsomol)– 콤니스치체스키 소유즈 마라즈지(청년 공산 동맹)의 약칭. 대다수의 청년이 속해 있는 대중 운동 최고회의(Supreme Soviet), 민족과 인구 비율을 선거구를 바탕으로 한 2개의 의원(議院)에서 선출된 대의원으로 구성되는 소련 의회 보통은 지방의 당 기관에 의해 추천된 단 한 사람의 후보가 각각 입후보 한다. 대의원은 최고 의회 기간 중에만 입법부원으로서 일한다. 최고 의회는 매회 2–3일 간 계속되고 1년에 두 번 열린다. 최고회의는 회의 간부회에 의해 이미 통과된 법률을 승인하는 스탭프기관으로서 기능을 발휘한다.

콜호즈, 콜호즈닉– 집단 농장, 집단 농장원

크메르 루즈(Kemer Rouge)– 적(赤)색 크메르 군 캄보디아로부터 외세를 퇴치한다는 명목으로 1970년 창설, 이후 론놀정권 타도에 성공, 1975년 4월 공산군에 항복

트로츠키주의– 러시아 혁명 후 일국사회주의 건설의 이론에 반대하여 트로츠키가 제창한 이론. 혁명의 규모를 세계에 확대하지 않으면 러시아의 프롤레타리아 혁명을 성공할 수 없다는 생각, 공산주의 주류에 반대하고 독자적인 운동을 전개하려는 극좌파, 전위파.

트로츠키스트– 트로츠키주의를 신봉하는 사람

프라우다(Pravda)– 소련공산당 중앙위원회 기관지

소비에트의 정치 조직

소비에트 공산당기관은 중앙위원회와 최고 회의다. 당 대회는 5년마다 중앙위원회 보고, 당규약과 프로그램의 변경을 토의하기 위해서 소집한다. 당 대회는 새로운 당 기관을 선출한다. 대회는 중앙위원과 중앙위원후보로 구성되는 소련공산당 중앙위원회를 선출한다.

중앙위원회의 중앙위원회는 3-4개월마다 총회를 연다. 대회에서 중앙감사 위원회를 선출한다. 중앙위원회는 정회원(00명)과 (00)명의 후보로 구성되는 정치국과 서기장(00)으로 구성되고 서기가 의장이 되어 당통제위원회를 선출한다. 서기장은 매주 정치국 회의와 서기국회의의 쌍방을 사회한다. 중앙위원회의 서기는 각각 중앙위원회 상설기관의 관계부국을 통일한다.

중앙회의 기관은 다음과 같은 약 25-26개의 부로 구성되어 있다. 농업, 화공업, 국제(사회주의 제국), 국제(기타의 국가들), 총무, 중공업, 경공업, 경-식품공업, 문화, 국방공업, 당 관리, 선전, 과학, 교육, 운수, 통신 등 중앙위원회 기관은 또 몇 개의 연구소(예로, 마르크스-레닌주의 연구소, 국제 노동 운동 연구소)나 교육 시설(예로, 사회과학 아카데미, 고급 당 학교) 외에 외부 보다 큰 부과(部課)를 움직이는 부문까지도 포괄한다. 모든 소비에트 시민의 해외여행 허가 등 비밀사항에 관계하는 몇 개의 부문도 있다.

최고회의는 이원제(二元制)이다. 4년마다 개선(改選)되고 연방회의와 민족 회의의 두 가지 의회는 동등한 권한을 가지며 보통은 공통의 회기(會期)로서 개최된다. 연방회의는 약 900개의 선거구(인구 30만 명마다)로부터의 대의원으로 구성된다. 민족회의는 각 공화국의 동등한 대표를 기초로 하여 선출된 대의원으로 구성된다. 내역은 연방구성 공화국마다 32명, 자치 공화국마다 11명, 자치주마다 5명, 자치 관구(管區)마다 1명, 최고회의는 일반적으로 연 2회 정례회의로서 소집되고, 2-3일간 심의가 실시된다. 4년의 임기 최초에 최고회의는 간부회, 간부회 의장, 부의장, 각료회의를 선출한다. 이 선출들은 중앙위원회의 공식 추천에 의거해서 실시된다. 통상은 서기장이 각료회의 의장(수상) 지위의 후보를 제안하고, 새로 선출된 수상은 각료 명부를 제의한다.

최고회의 간부의장(정치국원), 제1부의장(정치국원 후보), 부의장 15명, 연방 구성 공화국마다 1명 회원 23명(몇 사람은 정치국원이거나 중앙위원회 회원), 각료회의수상(정치국원) 제1부수상 3－4명의 부수상 12－13명 각료 66명 내각의 국가위원장 의장 14명 각외(閣外)의 국가위원회 의장 8명이다.

최고회의 간부회는 최고회의의 회기와 회기의 사이에 모든 법적 권력을 가진다. 동 간부회는 각료, 대사의 면직 및 임명 및 새로운 법률의 의결, 최고 재판소 재판관을 임명할 수 있다. 이 간부회는 새로운 법률의 초안을 준비한다. 최고회의 상설위원회(특히 외무, 교육, 환경)와 협력하여 작업을 추진한다. 최고회의 짧은 회기 중에 연차 예산, 연차 경제 계획, 나아가 5개년 계획이 법률이 된다. 최고회의는 헌법을 수정할 수가 있다. 최고회의는 그 회의 폐회 중에 그 회의에 의해 이미 만들어진 법률이나 결정을 사후 승인한다. 모든 결정은 공개된 자리에서 박수로서 채택된다. 비밀 투표는 실시되지 않는다.

당과 정부 조직의 연동(連動)중앙위원회 부국 의장은 규칙에 따라서 서기국에 의해 임명된다(또 정치국에 의해 승인을 받는다).각 부국은 일반적으로 정부 관청이나 정부 부문에 해당하는 부과로 나뉘어졌다. 그때문에 정부 기구가 바뀔 때에는 부국의 형태로 바뀐다. 예컨대 농업부는 농업상의 임무를 감독하고, 동시에 관계성청(트랙터, 농업 기계, 조달 등)은 농업부내의 그것에 대응하는 부과의 감독을 받는다. 공업부문의 각 지부 기관이나 모든 주요한 전문 분야(고등 교육, 중등 교육, 스포츠, 보건, 출판 등)는 중앙위원회의 각 부국으로 대표된다. 모든 주요한 결정(예로, 과학 아카데미, 작가 동맹, 전문잡지나 일반 잡지, 신문의 편집부, 성청, 외교에 있어서)은 중앙위원회의 담당부과의 승인을 받아야 한다. 이 승인을 필요로 하는 모든 직업은 보통 노멘클라투라라고 간주되고 있다.

똑같은 규칙은 공화국의 당 대회, 중앙 위원회, 같은 수준의 정부기관의 구조에도 적용된다. 당과 정부기관의 연동은 헌법에서 명확하게 정해져있지 않은 관습적인 불문율이 기초가 되어 있다. 최고회의 간부의 의장과 수상은 정치국원이 아니면 안된다. 몇 사람의 중요 각료(예로, 현재는 국방상, 외상)도 역시 정치국원이 아니면 안된다. 태반의 그밖에 각료나 국가위원에 의장은 중앙위원회나 중앙 감시위원회의 위원이거나 후보이다. 각료나 국가위원회 의장의 당에 있어서의 특권의 정도는 보통으로 국내 문제의 그들의 기관의 용도를 반영한다. 최고회의 상설위원회 의장은 보통으로 중앙위원회에 대응하는 부국의 책임자이다. 중앙위원회 회원은 보통 별개의 선거구에서 선출된 최고회의의 대의원으로서 봉사한다. 당면한 정치 경제 문제에 관한 중요 결정은 중앙위원회가 각료회의의 공동결정으로 정해진다. 중앙위원회의 총회와 총회사이는 정치국과 서기국의 공동결정은 통상 중앙위원회 결정으로서 공개된다. 각료회의의 전체회의 폐회 중은 각료회의 간부회(수상, 제1부수상, 부수상으로 구성)의 결정이 각료회의 결정으로 통보된다. 지구당 서기는 정상적인 상태에서 중앙위원회의 위원 또는 후보로서 그들의 지구 선거구 하나에서 최고회의 대의원으로서 선출된다. 소련의 정책 결정 과정에 있어서 당조직은(정치국 또는 중앙위원회를 거쳐서) 지령을 내린다. 최고회의는(간부 지령을 통해서) 그 지령을 법률이나 지령으로써 공식화하고 각료회의는 그것을 실천의 수단으로 하여 이행한다. 국내의 당의결정이나 문제는 서기국에 의해 다루어진다.

소비에트 약사(略史)

1898년 3월 러시아 사회민주주의 사회노동당 제1차 대회(민스크, 공산당 성립)

1903년 7월 사회민주노동당 제2차 대회(브뤼셀, 런던, 볼셰비키, 민셰비키로 분열

1904년 1월 노일전쟁(1905)

1905년 1월 피의 일요일 사건

1912년 5월 【푸라우다】 창간

1914년 7월 제1차 세계대전 8월 페테르부르크를 페테르그라드로 개칭

1917년 3월 부르주아 민주주의(2월) 혁명 11월 프롤레타리아 사회주의(10월) 혁명, 레닌을 수반으로 하는 소비에트 정부수립 12월 체카 설치

1918년 3월 제7차 당 대회(페트로그라드)에서 러시아 공산당(볼셰비키)으로 개칭, 열강의 군사 간섭 시작(8월 시베리아 출병), 수도를 모스크바로 옮김, 7월 러시아 공화국 헌법 제정

1919년 3월 코민테른 결성

1921년 3월 제10차 당 대회(8차 대회 이후 모스크바에서 개최)에서 새 경제 정책(법)채용

1922년 3월 제11차 당 대회(레닌 은퇴, 스탈린 서기장 선출, 4월), 12월 소비에트 사회주의 공화국 연방 성립

1924년 1월 21일, 레닌 사망(26일 페트로그라드를 레닌그라드로 개칭), 소련 헌법 제정 1925년 1월 트로츠키 인민위원 해임. 일본과 국교 수립, 12월 제14차 당 대회에서 '전(全)소공산당(볼셰비키)'으로 개칭

1927년 12월 제15차 당 대회에서 트로츠키 등 제명, 스탈린의 일국사회주의론 승리

1928년 1월 토지 소유 금지 법안 발표(농업집단화 강화), 10월 제1차 5개년 계획 개시

1930년 6월 몰로토프, 인민위원회 의장(수상)에 취임

1934년 12월 키로프 암살(대숙청 시작)

1936년 8월 지노비에프, 카메노프 등 처형, 12월 스탈린 헌법 제정

1937년 6월 토하체프스키 등 적군(赤軍)의 8장군 처형

1938년 (안드로포프, 야로스타프 주 콤소몰 제1서기)

1939년 5월 몰로토프, 외무인민위원 외상 겸무, 모몬한 사건, 8월 독·소 불가침 조약, 9월 독일군 폴란드 침입(제2차 세계대전 시작되다), 11월 핀란드와 '겨울전쟁'(1940년 3월)

1940년 7월 발트 3국, 소연방에 편입

1941년 4월 일·소 중립 조약 5월 스탈린, 인민위원회 의장(수상), 6월 독일군 침공(대·소 전쟁 개시)

1943년 코민테른 해산

1944년 안드로포프, 페트로자보츠크시 당 위원 제2서기

1945년 2월 미·영·소 3수뇌의 얄타회담 4월 일·소 중립 조약 폐기, 5월 베를린 함락, 8월 대·일 선전포고, 일본 항복

1947년 9월 코민포름 결성, 4월 베를린 봉쇄 10월 스탈린, 자연 개조 계획 발표

1949년 1월 동구 경제 상호 원조 위원회(코메콘) 설치, 3월 비신스키 외상 취임, 9월 원자폭탄 보유 발표

1950년 2월 중·소 우호 동맹 상호원조조약, 6월 한국 전쟁 시작, 1952년 10월 제19차 당 대회(소련 공산당으로 개칭)

1953년 3월 5일 스탈린 사망, 말렌코프 수상, 몰로토프 외상으로 복귀, 6월 베리아 부수상 겸 내상 추방(12월, 처형), 9월 흐루시초프 제1서기 선출

1954년 안드로포프 헝가리 주재 대사로

1955년 2월 말렌코프 수상 사임. 후임 불가닌, 5월 동구 7개국과 바르샤바조약 조인

1956년 2월 제20차 당 대회, 흐루시초프 제1서기 스탈린 비판, 6월 몰로토프 외상 사임(후임 세필로프), 10월 일. 소 국교회복, 11월 헝가리 침공

1957년 2월 그로미코 외상 취임, 6월 반당그룹 사건(몰로토프, 말렌코프, 카가노비치, 세필로프 해임), 10월 세계 최초의 인공위성 발사(스푸트니크 1호), 주코프 국방상 해임 후임 말리노프스키, 11월 공산당, 노동당 회의, 모스크바 성명(중·소 논쟁 시작되다), 안드로포프, 당제1부국장

1958년 3월 불가닌 수상 사임, 흐루시초프 제1서기가 겸임

1959년 1월 제21차 당 대회(2월), 9월 흐루시초프 미국방문, 캠프데이비드에서 아이젠하워 대통령과 회담, 1960년 5월 위로시코츠 최고회의 간부회 의장 사임, 후임 브레즈네프, 미 U2형기 사건, 7월 소련 전문가 중공 철수(중. 소 대립)

1960년 10월 우주선 발사 전 폭발로 네델린 원수 비롯 200명의 소련 우주과학자와 관리인들 사망

1961년 4월 가가린의 보스톡 1호 발사 5월 빈에서 흐루시초프. 케네디 회담 10월 제22차 당 대회(새 당 강령 채택), 흐루시초프에 의해 레닌 묘에서 스탈린의 유해 철거

1962년 10월 쿠바 위기
1963년 6월 테레시코바 태운 보스톡 6호 발사, 8월 부분 핵정(核停) 조약 조인
1964년 7월 미코얀 최고회의 간부회 의장 취임, 10월 흐루시초프 해임, 제1서기에 브레즈네프, 수상에 코시킨
1965년 12월 보드고니 최고회의 간부회 의장 취임
1966년 2월 다니엘. 시냐프스키 재판, 3월 제23차 당 대회(브레즈네프 서기장이 되다—4월)
1966년 12월 21일 소련의 루나15호 달 착륙 중 폭발, 3명의 우주인 사망
1967년 코시킨 수상. 미국 존슨 대통령 그라스보로 회담(5월 안드로포프 세미챠르니 대신 KGB의장으로, 6월 정칙국원 후보로 승진), 1968년 8월 소련군 체코 침공, 11월 브레즈네프가 '제한 주권론'
1969년 3월 우수리강에서 중·소 무력 충돌
1970년 8월 소련·서독 무력 불가침 조약, 10월 솔제니친 노벨 문학상 수상
1971년 제24차 당 대회(4월)
1972년 2월 미국 대통령 중국 방문 5월 닉슨 소련 방문(SALT 조인)
1973년 6월 브레즈네프 미국 방문, 9월 야키로 일본 수상 소련 방문, 4월 안드로포프, 그레치코 국방상, 그로미코 외상과 함께 정치국원으로 승격, 조레스 메드베데프, 런던 체재 중에 소련 시민권 박탈
1974년 2월 솔제니친 국외 추방, 11월 블라디보스토크에서 브레즈네프·미국 포드 대통령과 회담
1975년 4월 셀레핀 정치국원 해임, 7월 헬싱키에서 전 유럽 안보협력회의(8월), 10월 사하로프 박사에게 노벨 수상
1976년 2월 제25차 당 대회(3월), 9월 미그 25기 사건
1977년 6월 포드고르니 최고회의 간부회 의장 해임, 브레즈네프 서기장이 겸임
1978년 10월 새 헌법 채택
1979년 1월 미·중공 국교 수립, 6월 빈에서 브레즈네프·카터 회담(SAKT2 조인, 미 의회 비준 않다), 12월 소련군 아프가니스탄 침공
1980년 1월 사하로프 박사 고리키시로 유형, 7월 모스크바 올림픽(미·일·서독·중공 등 불참–8월), 10월 중·소 동맹 상호원조조약 실효, 10월 코시킨 사임(12월 사망), 후임 티오노프
1981년 1월 수슬로프 서기장의 타시켄트 연설(중공에 관해 개선 호소), 5월 안드로포프,

KGB의장직 해임, 다시 당 중앙위 서기 9월 헬싱키 그룹 해산, 11월 10일, 브레즈네프 서기장 선출, 1981년－1982년 소련 살류트 우주정거장 7개 설립, 한번에 6개월 이상 머물다. 1년에 우주정거장을 왕복하기도 한다. 1983년 6월 안드로포프 서기장, 최고회위원회의 간부회 의장을 겸임, 1984년 소련은 인공위성은 125개가 발사, 궤도를 돌고 있다.

조병옥
이화여자대학교 영어영문학과 졸업(학사)
한국외국어대학 대학원 프랑스어과 졸업(불문학 석사)
프랑스 프랑쉬-꽁떼 대학교(불문학 누보 로망 박사)
공주대학교 미술과(서양화 석사)
공주대학교 불문과 교수 역임

저서
로브-그리에의 문학관과 작품해설
누보로망 작가 로베르 뼁제의 작품해설
Le Français
프랑스 문화와 문화정책

역서
『영화사』 제라르 베똥 저
『영화미학』 앙리 아젤 저
『발레의 역사』 필립 뼁쉬벨 저
『빠사까이으』 로베르 뼁제 작

러시아 소비에트 문화와 문화정책

초판 1쇄 발행 _ 2013년 10월 23일

저 자 • 조 병 옥
발 행 인 • 정 현 걸
발 행 • 신 아 사
인 쇄 • 예지인쇄
출판등록 • 1956년 1월 5일 (제9-52호)
주 소 • 서울특별시 은평구 녹번동 28-36번지 2F
전 화 • (02)382-6411 • 팩스 (02)382-6401
홈페이지 • www.shinasa.co.kr
E-MAIL • shinasa@daum.net

ISBN: 978-89-8396-817-3 (93920)
저자와의 협의로 인지를 생략합니다.

정가 18,000원